Guinness World Record
Largest Skateboard
36 feet 7 inches long

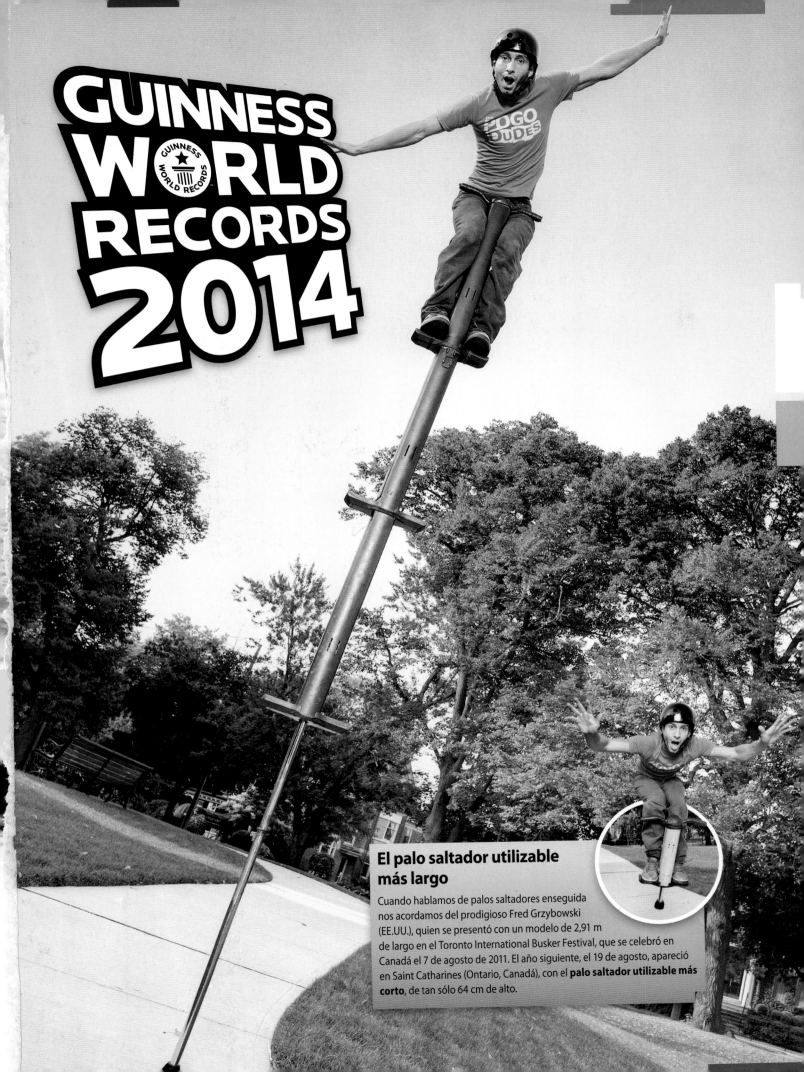

GUINNESS WORLD RECORDS 2014

El palo saltador utilizable más largo

Cuando hablamos de palos saltadores enseguida nos acordamos del prodigioso Fred Grzybowski (EE.UU.), quien se presentó con un modelo de 2,91 m de largo en el Toronto International Busker Festival, que se celebró en Canadá el 7 de agosto de 2011. El año siguiente, el 19 de agosto, apareció en Saint Catharines (Ontario, Canadá), con el **palo saltador utilizable más corto**, de tan sólo 64 cm de alto.

ISBN: 978-84-08-11838-1
Depósito legal: B. 12.636-2013

Para una lista completa de créditos y agradecimientos, ver pág. 268.

Los récords se establecen para ser batidos, de modo que si encuentras alguno que, en tu opinión, puedas superar, cuéntanoslo y formula una solicitud de récord. Averigua cómo hacerlo en la pág. 10. Ponte siempre en contacto con nosotros *antes* de emprender cualquier intento.

Visita con regularidad el sitio web oficial (**www.guinnessworldrecords.com**) para conocer noticias sobre nuevos récords y ver algunos vídeos de los diversos intentos. También puedes unirte a la comunidad virtual del Guinness World Records.

Sostenibilidad
Los árboles que se talan para imprimir el *Guinness World Records* se seleccionan cuidadosamente en bosques controlados para evitar la deforestación del paisaje.

El papel con que se ha impreso la presente edición fue fabricado por Stora Enso (Kabel, Alemania). La planta de producción ha recibido la certificación de Cadena de Custodia y funciona con sistemas de protección medioambiental que cumplen el estándar ISO 14001, cuyo objetivo es garantizar una producción sostenible.

Tipografía
Esta edición del *Guinness World Records* ha sido compuesta en Myriad Pro, un tipo de letra de palo seco de bellas proporciones y sumamente legible, diseñada a principios de la década de 1990 por Robert Slimbach y Carol Twombly (ambos de EE.UU.).

La letra de los titulares y encabezamientos es una versión en negrita y condensada de **FLYER**, un tipo diseñado también en la década de 1990, en esta ocasión por Linotype.

OFFICIALLY AMAZING

THE JIM PATTISON GROUP

Editor jefe
Craig Glenday

Editor adjunto
Stephen Fall

Equipo de maquetación
Rob Dimery, Jo Maggs, Lucian Randall

Editora adjunta
Roxanne Mackey

Equipo editorial
Theresa Bebbington (revisión para EE.UU.), Chris Bernstein (índice), Matthew White (corrección de pruebas)

Editor fotográfico
Michael Whitty

Editores fotográficos adjuntos
Fran Morales, Laura Nieberg

Documentación fotográfica
Jenny Langridge

Vicepresidente editorial
Frank Chambers

Directora de contrataciones
Patricia Magill

Directora editorial
Jane Boatfield

Ayudante editorial
Charlie Peacock

Asesores de producción
Roger Hawkins, Dennis Thon, Julian Townsend

Impresión y encuadernación
MOHN Media Mohndruck GmbH (Gütersloh, Alemania)

Producción de la cubierta
Spectratek Technologies, Inc., Bernd Salewski (Günter Thomas)

Realidad aumentada
Red Frog

Diseño
Paul Wylie-Deacon, Richard Page de 55design.co.uk

Fotografía original
Richard Bradbury, Sam Christmas, James Ellerker, Paul Michael Hughes, Ranald Mackechnie, David Ovenden, Javier Pierini, Kevin Scott Ramos, Ryan Schude

Asesores editoriales
Dr. Mark Aston, Iain Borden, Dick Fiddy, David Fischer, Mike Flynn, Marshall Gerometta, Ben Hagger, David Hawksett, Alan Howard, Dominique Jando, Eberhard Jurgalski, Justin Lewis, Christian Marais, Ralph Oates, Ocean Rowing Society, Glen O'Hara, Paul Parsons, Dr. Karl Shuker, Samppa von Cyborg, Matthew White, Adrian Willis, Stephen Wrigley, Robert Young

Coordinación editorial de la versión española
EdiDe, S.L.

Traducción
Alberto Delgado, Olga Martín, Daniel Montsech, Gabriela Miciulevicius, Noelia Palacios

Presidente: Alistair Richards
Vicepresidente sénior de desarrollo empresarial global: Frank Foley
Vicepresidente senior (América): Peter Harper
Presidente (China): Rowan Simons
Directora nacional (Japón): Erika Ogawa
Directora nacional (EAU): Talal Omar

SERVICIOS PROFESIONALES
Vicepresidenta ejecutiva financiera, jurídica, de recursos humanos y ventas internacionales: Alison Ozanne
Directores financieros: Neelish Dawett, Scott Paterson
Directora de cuentas por pagar: Kimberley Dennis
Directora de cuentas por cobrar: Lisa Gibbs
Director jurídico y comercial: Raymond Marshall
Director ejecutivo jurídico y comercial: Michael Goulbourn
Director de IT: Rob Howe
Desarrolladores de aplicaciones web: Imran Javed, Anurag Jha
Asistencia técnica: Ainul Ahmed
Directora de recursos humanos: Jane Atkins
Directora de oficina (R.U.): Jacqueline Angus
Director de recursos humanos y personal (EE.UU.): Morgan Wilber
Directora de recursos humanos y personal (Japón): Michiyo Uehara
Directora de recursos humanos y personal (China): Tina Shi

TELEVISIÓN
Vicepresidente sénior de programas y ventas para televisión: Christopher Skala
Director de televisión: Rob Molloy
Directora de distribución para televisión: Denise Carter Steel
Director ejecutivo de contenidos para televisión: Jonny Sanders

GESTIÓN DE RÉCORDS
Vicepresidente sénior de récords: Marco Frigatti
Vicepresidente comercial: Paul O'Neill
Director de operaciones: Turath Alsaraf
Director de gestión de récords (EE.UU.): Kimberly Partrick
Director de gestión de récords (Japón): Carlos Martínez
Directora comercial (China): Blythe Fitzwiliam
Directora de desarrollo empresarial (R.U.): Hayley Nolan
Directora de desarrollo empresarial (EE.UU.): Amanda Mochan
Director de desarrollo empresarial (Japón): Kaoru Ishikawa
Gestión de base de datos: Carim Valerio
Operaciones: Alex Angert (EE.UU.), Anatole Baboukhian (Francia), Benjamin Backhouse (R.U.), Kirsty Bennett (Australia), Jack Brockbank (R.U.), Fortuna Burke (R.U.), Shantha Chinniah (R.U.), Michael Empric (EE.UU.), Jacqueline Fitt (R.U.), Manu Gautam (R.U.), Jess Hall (R.U.), Johanna Hessling (EE.UU.), Tom Ibison (R.U.), Sam Mason (R.U.), Aya McMillan (Japón), Annie Nguyen (EE.UU.), Eva Norroy (R.U.), Anna Orford (Francia), Pravin Patel (R.U.), Philip Robertson (EE.UU.), Chris Sheedy (Australia), Athena Simpson (EE.UU.), Elizabeth Smith (R.U.), Louise Toms (R.U.), Gulnaz Ukassova (Kazajistán), Lorenzo Veltri (Italia), Charles Wharton (R.U.)
Departamento comercial: Dong Cheng (China), Asumi Funatsu (Japón), Ralph Hannah (R.U. y Paraguay), Annabel Lawday (R.U.), Takuro Maruyama (Japón), Nicole Pando (EE.UU.), Gail Patterson (R.U.), Terje Purga (Estonia), Lucia Sinigagliesi (Italia), Şeyda Subaşı-Gemici (Turquía), Charlie Weisman (EE.UU.)

MARKETING GLOBAL
Vicepresidenta sénior de marketing global: Samantha Fay
Director de marketing (EE.UU.): Stuart Claxton
Directora de marketing (China): Sharon Yang
Director de relaciones públicas: Jamie Panas
Directora ejecutiva de relaciones públicas y marketing (EE.UU.): Sara Wilcox
Director de marca (Alemania): Olaf Kuchenbecker
Directora de marketing: Justine Bourdariat
Directora ejecutiva de marketing: Christelle BeTrong
Directores de relaciones públicas (R.U.): Jaime Strang, Amarilis Whitty
Directora de relaciones públicas y marketing (R.U.): Claire Burgess
Directora de relaciones públicas y marketing (Japón): Kazami Kamioka
Director ejecutivo sénior de relaciones públicas: Damian Field
Jefa de prensa R.U. e internacional: Anne-Lise Rouse
Directora de medios digitales: Katie Forde
Director de contenidos de vídeo: Adam Moore
Administrador de comunidad virtual: Dan Barrett
Editor virtual: Kevin Lynch
Diseñador: Neil Fitter
Director ejecutivo de diseño: Jon Addison
Directora ejecutiva creativa y de marca (Japón): Momoko Cunneen
Director de contenidos (EE.UU.): Mike Janela
Director de contenidos (Japón): Takafumi Suzuki

VENTAS EDITORIALES Y LICENCIAS
Vicepresidenta de ventas editoriales y licencias (R.U. e internacional): Nadine Causey
Directora de ventas y producto (EE.UU.): Jennifer Gilmour
Directora de contenidos (China): Angela Wu
Director sénior de contabilidad nacional (R.U. e internacional): John Pilley
Director ejecutivo de ventas y distribución (R.U. e internacional): Richard Stenning
Directora de licencias de marca: Samantha Prosser

UN NUEVO 3D

REALIDAD AUMENTADA: ¿CÓMO FUNCIONA?

Los lectores de este año pueden conocer «virtualmente» a más poseedores de récords que nunca. ¡Descarga la aplicación GRATUITA y verás cómo los récords cobran vida ante tus ojos!

Desde la cubierta hasta las páginas interiores con distintivos especiales, podrás ver a los poseedores de récords en animaciones en 3D, vídeos y rasgos interactivos con tan sólo orientar tu dispositivo hacia las páginas del libro. ¡Si tienes un *smartphone* o una tableta, no puede resultar más fácil! Sigue estos sencillos pasos y prepárate para asombrarte.

1 Descarga la aplicación GRATUITA «DISFRÚTALO EN 3D».

guinnessworldrecords.com/seeit3d

Available on the App Store

ANDROID APP ON Google play

2 Busca los símbolos «DISFRÚTALO EN 3D» o «MIRA EL VÍDEO» por todo el libro. Ejecuta la aplicación, enfoca el libro y verás cómo los poseedores de récords cobran vida.

DISFRÚTALO EN 3D

MIRA EL VÍDEO CON LA APP GRATUITA

3 Sácate una foto con tu poseedor de récord favorito y compártela *online* con tu familia y amigos.

CONSEJOS

- Orienta tu dispositivo hacia los poseedores de récords, muévelo y verás cómo te siguen con la mirada. ¡Increíble!
- Acerca tu dispositivo a la fotografía del monte Everest. Entrarás en el modo de Realidad Aumentada (RA) y podrás ver la panorámica de 360° como si hubieras escalado hasta la cima.
- ¡Toca la pantalla cuando se te indique que interactúes con los poseedores de récords!

¡ATENCIÓN, REALIDAD AUMENTADA!
3D EN ESTA PÁGINA

Busca esta marca; esto significa que hay 3D en la página.

Los récords cobran vida:

- *Guinness World Records 2014:* cubierta
- El aparcamiento en línea más estrecho: págs. 10-11
- *Mapa Dymaxion:* págs. 14-15
- El mayor dinosaurio carnívoro: págs. 26-27
- La cobra escupidora más grande: págs. 28-29
- La avispa más grande: págs. 30-31
- La mayor distancia de una cabra en monopatín: págs. 42-43
- La mujer viva más baja: págs. 44-45
- *Fotomatón:* págs. 50-51
- El pico más alto: págs. 74-75
- Más personas en un Mini: págs. 106-107
- La moto pilotable más alta: págs. 156 -157
- El robot andador más grande: págs. 178-179

COMPATIBILIDAD DE DISPOSITIVOS CON LA APP

Apple

Sistema operativo: Apple iOS 4.3 o superior, incluido iOS 6.1.3

Los dispositivos compatibles son iPhone 4, 4S y 5, iPad 2, iPad mini (3.ª y 4.ª generación) e iPod touch (4.ª y 5.ª generación)

Lista de dispositivos Android preferidos

Samsung Galaxy Tab 2 (7 y 10,1 pulgadas)	Samsung Galaxy S2 y versiones posteriores
Gama HTC One, es decir, S, X, V	Gama HTC Desire
Asus Google Nexus Tab	Terminales Motorola Razr desde los últimos 18 meses

Para todos los demás dispositivos las especificaciones mínimas absolutas son:

Procesador ARMv7	Tarjeta gráfica Open GL 2.0
Versión Android 2.2 o superior, incluida 4.2.2	Cámara trasera

Para más información sobre compatibilidad de dispositivos, entra en www.guinnessworldrecords.com/seeit3d

SUMARIO

Imágenes extraordinarias: Más de 1.500 fotografías extraordinarias distribuidas por estas páginas. ¡Algunas nunca se han visto antes!

Realidad aumentada: Disfruta de la versión en vídeo y 3D del récord gracias a nuestra aplicación exclusiva. ¡Descárgala gratuitamente con tu dispositivo móvil y verás cómo la página cobra vida! *(Más información en la pág. 3.)*

VER EN 3D

VENENO

10 de propina: Diez temas afines en pequeños recuadros, con «los diez primeros» y varios esquemas cronológicos.

CITA
«Frases sabias o ingeniosas que han pronunciado los poseedores de récord y hemos transcrito literalmente.»

BUSCA OTROS RÉCORDS RELACIONADOS

En resumen: Un repaso a las novedades en cada una de las páginas de deportes.

Secciones codificadas por colores: El nuevo diseño te ayudará a encontrar tus récords favoritos en un santiamén.

DEPORTES DE RAQUETA

Tablas y cuadros: Un sinfín de datos que podrás mirar de un vistazo.

Medidas: Datos impresionantes sobre nuestros héroes y sus proezas.

4.000 entradas: Revisadas y con más de 3.000 hazañas extraordinarias, nuevas y actualizadas.

Curiosidades: Anécdotas que rodean a los récords recogidos.

E-book gratuito

Para que puedas llevar contigo el *Guinness World Records* allá donde vayas, te ofrecemos un e-book gratuito para que lo descargues en tu dispositivo digital. Encontrarás un montón de contenidos extras sobre tus récords favoritos, así como del proceso en que se llevan a cabo y el modo en que puedes batir tu propio récord. Asimismo, descubrirás cómo se logró la increíble Realidad Aumentada y podrás poner a prueba tus conocimientos en nuestro concurso. Para descargarlo, tan sólo tienes que ir a www.guinnessworldrecords. com/freebook o enfocar el lector QR al código que aparece sobre estas líneas.

DÍA GWR

Todos los años, a mediados de noviembre, miles de personas de todo el mundo intentan batir o superar récords en el Guinness World Records Day. Busca el logotipo del **Día GWR** en el libro para los récords que se establecieron aquel día de 2012.

DÍA GWR
NOVIEMBRE DE 2012

Y QUE CONSTE...

Fíjate en los recuadros **Y que conste...:** proporcionan información complementaria sobre los poseedores de récords y el campo que han elegido para distinguirse. Mira desde un punto de vista distinto los récords más sobresalientes y sitúa los datos en su contexto.

Tamaño real: ¡Fotografías de tamaño natural! ¿Y cuál es el récord de esta cucaracha? *Averígualo en la pág. 32.*

TAMAÑO REAL

CARTA DEL EDITOR

¡Bienvenidos a *Guinness World Records 2014*! A lo largo de los últimos 12 meses nos han desbordado miles de peticiones de todo el mundo. Han sido tantas que sólo es posible mostrar los mejores récords que hemos verificado. Pero no podrás quejarte: encontrarás un perro que camina por la cuerda floja, una mujer barbuda, una motocicleta gigante e incluso ¡una orquesta de hortalizas! Si dejamos extravagancias de lado, verás que ha sido un año de primicias, como los miles de millones de veces que se han visto los clips de PSY, y proezas impensables, como el épico descenso en paracaídas de Felix Baumgartner o la primera circunnavegación del globo en solitario sólo con tracción humana…

Para compilar un libro tan exhaustivo como el *Guinness World Records* hemos tenido que cribar 50.000 solicitudes de récord, ver incontables vídeos durante horas y horas, asistir a cientos de espectáculos desarrollados en lugares tan diversos como Siberia o la isla de Mauricio, y organizar un centenar de sesiones fotográficas por todo el mundo.

Muy pocas solicitudes superan el estricto proceso de aprobación. El año pasado, tan sólo un 5,3% de los desafíos se saldaron con éxito. Sí, cualquiera puede batir un récord, ¡pero nadie dijo que fuese fácil! Este año, si contamos los certificados que ha emitido nuestro equipo de asesores, se

La bachata más numerosa

La bachata es un género musical bailable originario de la República Dominicana. El Buena Vista Social Dance Club de Rusia organizó una bachata con 325 parejas en el estadio Lenin de Khabarovsk (Rusia) el 30 de junio de 2012. Las parejas bailaron al son de la música interpretada en directo por el cantante cubano Mr. Tito, nombre artístico de Ramón Barrios.

juguete más larga, batido por el entusiasta Henrik Ludvigsen y el club Byggepladen de fans de LEGO®, quienes montaron una vía de 4.000 m de largo en Broby (Dinamarca) el 11 de mayo de 2013. ¡Tardaron seis horas en montar el circuito y dos en recorrerlo!

Nuestro periplo continúa en Grecia, donde Michael Marakomichelakis, el 5 de septiembre de 2012, reunió en la ciudad cretense de Heraklion el **conjunto de mandolina más numeroso,** con 414 participantes. *(En las págs. 114 y 115 aparecen más grupos musicales multitudinarios.)* En Budapest

Más llamas prendidas por un tragafuegos en un minuto

Fredrik Karlsson (Suecia) –bombero de profesión– prendió 108 llamas en Sergels Torg (Estocolmo, Suecia) el 3 de noviembre de 2012. Podrás conocer más hazañas temerarias de artistas circenses modernos en las págs. 86 y 87.

515
Número de cortes con que Béres mejoró el récord anterior de Zdeněk Bradáč.

han ratificado un total de 5.220 récords nuevos y actuales.

Personas intrépidas de todo el globo continúan en su empeño de establecer marcas. En la República Checa, el récord de **más tornillos apretados en cinco minutos** lo batieron unos trabajadores de Hilti, quienes consiguieron apretar 858 en Praga el 12 de enero de 2013. Dinamarca fue el escenario de un nuevo récord de la **vía de un trenecito de plástico de**

Los 201 metros más veloces de un coche eléctrico

Mate Rimac (Croacia) recorrió 201 m con un coche eléctrico en 7,604 s. El BMW M3 E30, equipado con un motor eléctrico, batió el récord en el ETC de Velika Gorica (Croacia) el 17 de abril de 2012, tras alcanzar una velocidad máxima de 95,24 km/h.

La mayor concentración de personas disfrazadas de personajes de *Dragon Ball*

El 1 de noviembre de 2012, con motivo de la celebración del Saló del Manga en Barcelona (España), tuvo lugar la mayor reunión de personas disfrazadas como personajes de la serie *Dragon Ball*. En total, acudieron 307 aficionados al acto, patrocinado por Editorial Planeta (España).

Más cortes de naipes con una mano en una hora

Los magos cortan mazos de cartas con una mano para añadir atractivo visual a sus números, aunque en rigor no se trata de un truco. El 21 de junio de 2012, Béres Balázs (Hungría) efectuó 2.985 cortes en Oradea (Rumanía).

VELOCIDAD VERDE
Mate Rimac empezó los trabajos de modificación del coche cuando tenía sólo 19 años y fundó su propia empresa automovilística en 2009.

El coche más rápido sobre hielo

Janne Laitinen (Finlandia) alcanzó una velocidad de 335,71 km/h en un Audi RS6 modificado con patrocinio de Nokian Tyres en el golfo de Botnia (Finlandia) el 9 de marzo de 2013. En las págs. 70 y 71 encontrarás más récords de velocidad terrestre en superficies que van desde la tierra firme hasta el espacio exterior.

ESTRELLAS DEL DEPORTE

En cuanto se completa un libro del *Guinness World Records*, empezamos a trabajar en el siguiente. Emprendimos la presente edición en el verano de 2012, cuando Londres y el resto del mundo ardían de fiebre olímpica. En Guinness World Records recordaremos siempre aquel verano como un período emocionante. Era la tercera vez que los Juegos Olímpicos se celebraban en Londres, y la primera desde la fundación del Guinness World Records en 1954. Tal y como se esperaba, los Juegos resultaron espectaculares en cuanto a superación de récords, y pudimos dar fe de centenares de superlativos. Fue un verdadero honor conocer a algunos de los atletas y entregarles en persona sus certificados del Guinness World Records, así que gracias a todos los que

El viaje más largo de un parapentista motorizado

Miroslav Oros (República Checa) voló 9.132 km, con salida desde Sazená y llegada a Lipová-lázn (República Checa) entre el 1 de abril de 2011 y el 30 de junio de 2011. Miroslav utilizó un paramotor Nirvana Instinct y parapentes Nirvana Komata, Komata XS y Desire durante su tentativa de récord.

La cola de frac más larga

Ignacio Forner Varoch (España) confeccionó una cola de frac que medía 99,8 m, ¡casi tan larga como un campo de fútbol! Se desplegó en Teruel (España) el 23 de noviembre de 2012.

largo en coche por un solo país. Gennadij Paramonov, Alexey Vorobiev, Alexander Nesterov, Andrey Ivanov, Ilya Novikov, Alexey Simakin, Rafael Usmanov y Denis Solomovich (todos de Rusia) y Rainer Zietlow (Alemania) condujeron tres Volkswagen Amarok a lo largo de 15.793 km desde Moscú hasta Petropavlovsk-Kamchatsky entre el 8 de febrero y el 8 de abril de 2013. Y no hay que olvidar a Finlandia, donde Kemin Matkailu construyó la **mayor embarcación de papel plegado,** con 10,08 m de eslora, en Kemi el 1 de septiembre de 2012. Croacia fue escenario del récord de **más flexiones con un brazo en un minuto,** batido por el búlgaro George Ivanov Gaydardzhiev; George consiguió 17 flexiones en una prueba organizada por Only Men Stuff en el Zagreb Westgate Shopping Center el 5 de octubre de 2012.

buscasteis tiempo. Encontrarás lo más relevante de los Juegos Olímpicos –y de todas las demás proezas deportivas– en el capítulo Deportes, que este año empieza en la pág. 218.

Otro acontecimiento estelar del verano en el Reino Unido fue el London Wonderground, un escaparate de los artistas de circo y variedades más extremos del mundo que se instaló en un espacio provisional del South Bank londinense. Con múltiples récords en su haber, Space Cowboy –nombre artístico de Chayne Hultgren (Australia)– nos invitó a varios espectáculos y actuaciones en los que hicimos muchos amigos e incorporamos a algunos de los participantes con más talento a nuestra base de datos sobre récords. Para aprovechar al máximo este fascinante material nuevo creamos un capítulo especial sobre Circo, que encontrarás en las págs. 80-91.

El «saca y corta» más rápido con una espada de artes marciales

Konstantinos Karipidis (Grecia) sacó su katana, cortó un bloque de paja de arroz y envainó el arma para, después repetirlo 10 veces en 42,02 s. El récord se batió en el gimnasio Lido de Heraklion (Creta) el 25 de noviembre de 2012.

(Hungría), Milka organizó el 9 de junio de 2012 el **mayor baile con parejas:** ¡2.599! Y el baile prosigue en España con las **sevillanas más multitudinarias;** el 21 de mayo de 2012, Pascual González y los Cantores de Híspalis organizaron en Córdoba un espectáculo de esta variante tradicional del flamenco que contó con 1.556 participantes. En Rusia se batió un nuevo récord del **viaje más**

4 Generaciones de la familia de Mikhail que han sido artistas de circo.

Más cabeceos de pelota en un minuto caminando por la cuerda floja

Mikhail Ivanov (Rusia) cabeceó la pelota 101 veces en un minuto en Ivanovo (Rusia) el 18 de septiembre de 2012. Mikhail aparece también en la pág. 91 por su récord de malabares montando en monociclo.

CARTA DEL EDITOR

nuestros valiosísimos certificados del Guinness World Records. Ah, y tampoco te olvides de nuestra web Challengers, cada vez más popular. En las *págs. 10 y 11* podrás averiguar –entre otras muchas cuestiones– cómo puedes conseguir que tu nombre figure en el **libro con el copyright más vendido** del mundo.

ASESORES EXPERTOS

Mientras preparábamos la edición de este libro, nos tomamos unos minutos para dar la bienvenida a nuestro equipo de asesores y a Iain Borden, profesor de Arquitectura y Cultura Urbana en la Bartlett School of Architecture de la UCL de Londres (R.U.). La pasión de Iain por el tema nos animó a incluir un capítulo nuevo, «Vida Urbana» *(pág. 138)* y le brindamos la oportunidad de

Más latas de bebida aplastadas con las manos en un minuto

El 2 de junio de 2012, René *Golem* Richter (República Checa) aplastó 17 latas llenas sin protección en las manos durante la emisión en directo de *Das Sommerfest der Abenteuer* (ARD Germany) en Magdeburgo (Alemania).

Más gente manteniendo pelotas de playa en el aire

Catorce mil novecientas noventa y tres personas mantuvieron pelotas de playa en el aire durante una exhibición organizada por la Coordinadora de Peñas de Valladolid (España) el 2 de septiembre de 2012. Para más iniciativas de grupos, salta a las *págs. 106 y 107*.

El Wonderground proporcionó a nuestro experto equipo de fotógrafos, con el editor Michael Whitty a la cabeza, una gran cantidad de talento para retratar. Una vez más, el equipo se ha empleado a fondo para obtener unas imágenes increíbles, viajando por el mundo para traerte, por ejemplo, desde Alemania el **robot más grande capaz de caminar** *(págs. 178 y 179)*; el **mayor felino del mundo,** desde EE.UU. *(págs. 24 y 25)*; a Ozzy, el perro funámbulo, desde R.U. *(pág. 41)*, y a Vivian Wheeler, la **mujer con la barba más larga,** desde EE.UU. *(pág. 55)*.

Pero eso no es todo: el año pasado, Guinness World Records dio la campanada con su nuevo programa televisivo. Además del *Guinness World Records Gone Wild!*, se emitió *Officially Amazing,* presentado por Ben Shires en el canal CBBC de R.U. para celebrar los mejores récords y algunos intentos heroicos que quizá no tuvieron tanto éxito. En la *pág. 11* puedes leer algo más sobre estos programas, pensados no sólo para entretener, sino para entregar

65
Número de láminas con unas medidas de 2 × 1,2 m que componen la imagen.

La mayor imagen lenticular

La tecnología lenticular produce imágenes que parecen en 3D, aunque no se necesitan gafas especiales para experimentar la ilusión de profundidad. El 2 de noviembre de 2012, 3DContact (Rusia) creó una imagen lenticular de 78 × 2 m en Moscú (Rusia).

satisfacer su otra gran pasión: el skateboarding *(págs. 108 y 109)*.

Asimismo, contamos con otros asesores nuevos, como el reportero y cronista Eberhard Jurgalski, quien nos ha proporcionado una ayuda inestimable en el capítulo «Pioneros» *(págs. 66-79)*; el adicto al *piercing* y demás modificaciones corporales Samppa von Cyborg, de Finlandia *(págs. 46 y 47)*, y el historiador y economista Glen O'Hara, quien aporta su sapiencia a nuestros récords de «Dinero y Economía», en las *págs. 122 y 123*.

Los asesores nos proporcionan una ayuda esencial. De hecho, les debemos más de 3.000 récords nuevos y actuales este año, así que mil gracias a todos ellos y a nuestras fuentes, antiguas y nuevas, que han colaborado cotejando y aprobando todos los récords que figuran en el libro que ahora tienes en las manos.

APLICACIÓN GRATUITA (APP)

Los fans del distintivo sobre Realidad Aumentada que introdujimos el año pasado estarán encantados de

El mazapán más largo

El 10 de diciembre de 2011, los niños del centro de tratamiento Schuberts Minde (Dinamarca), con la ayuda de algunos adultos, confeccionaron una barra de mazapán que medía 22,5 m de largo en Ringkøbing (Dinamarca). Un total de 33 participantes ayudaron a elaborar el dulce. El mazapán se fabrica por lo común mezclando almendras y azúcar.

Más velocidad alcanzada por un vehículo en pista cubierta

El 25 de febrero de 2013, Mikko Hirvonen (Finlandia, *a la derecha*) condujo a 140 km/h en un Speed Car XTRM Crosskart en el Exhibition & Convention Centre de Helsinki (Finlandia). Si te gustan los coches rápidos, encontrarás nuestros récords de velocidad en tierra en las *págs. 70 y 71*.

CROSSKART GANADOR
Un crosskart es un tipo de kart todoterreno utilizado para correr en pistas de circuito, nieve o tierra, en vez de pistas asfaltadas.

10.000
Número de personas que participaron en la elaboración del mosaico en la plaza Aristotelous.

El mosaico de origami más grande

Myrto Dimitriou (Grecia) y el teniente de alcalde a cargo del Departamento de Juventud, Deportes y Voluntariado de Tesalónica supervisaron la creación de 40.000 nenúfares de origami que medían 403 m² en Tesalónica (Grecia) el 31 de mayo de 2012. La imagen representaba la Torre Blanca de Tesalónica, un monumento y museo de la ciudad.

abandonar la comodidad de tu sillón. Y como remate puedes acercarte también al **mayor dinosaurio carnívoro** (*pág. 26*).

Y hablando de dinosaurios, las ilustrativas *págs. 26 y 27* son la creación de nuestro equipo de diseño en 55 Design. Cuando afrontaron el desafío de mostrar a los lectores las enormes dimensiones de aquellos enormes animales, los dibujantes Paul y Rich se inspiraron en los bellos y sumamente realistas juguetes del fabricante alemán Schleich y crearon una escena fantasiosa en que estas criaturas prehistóricas invaden Trafalgar Square, en Londres. ¡Gracias a 55 Design y Schleich por ayudarnos a que esta fauna extinta cobrara vida!

Si quieres batir un récord y quizá recaudar dinero para alguna obra benéfica, no tienes más que pasar la página para averiguar cómo hacerlo. No hace falta que saltes de un globo

La mayor clase de adiestramiento canino

Felcan (España), una sociedad protectora de animales, puso a prueba las habilidades de 390 perros en el parque Mossèn Sorribes de Rocafort (Valencia, España) el 22 de abril de 2012. En las *págs. 40 y 41* encontrarás otros perros increíbles. Para mascotas no caninas consulta las *págs. 42 y 43*.

comprobar que vuelve a aparecer en esta edición, pero más grande y mejor que antes. Nos hemos asociado con Red Frog (R.U.) para presentarte gráficos animados en 3D, fotografías interactivas y material en vídeo, disponibles para los lectores que posean una tableta o un *smartphone*. Lo único que debes hacer es descargar la aplicación gratuita y dirigir tu dispositivo hacia cualquier página en la que veas el icono DISFRÚTALO EN 3D. Es tu oportunidad de fotografiarte con Jyoti Amge (la **mujer viva más baja** del mundo, *págs. 44 y 45*) y de contemplar la panorámica de 360° desde lo alto del monte Everest (el **pico más alto** del mundo, *pág. 74*) sin

en el espacio ni que sumes millones de visionados en YouTube para inscribir tu nombre en el libro: con Guinness World Records, el establecimiento de récords es gratuito y abierto a cualquiera que quiera intentarlo. Sea cual sea tu intento, ¡buena suerte! Mientras tanto, disfruta con el libro de este año.

Craig Glenday
Editor jefe
Sígueme en Twitter:
@craigglenday

La mayor exposición de linternas de hielo

Durante 10 años, los ciudadanos de Vuollerim (Suecia) decoraron su pueblo con el resplandor de las linternas hechas con hielo para celebrar la llegada del mercado de invierno al cercano Jokkmokk. El 5 de febrero de 2013, Vuollerimbygden (Suecia) juntó 2.651 linternas en Vuollerim.

DENUNCIA SOBRE RUEDAS
César realizó su viaje para resaltar el cambio climático y cómo la falta de nieve dificulta la práctica del esquí de fondo.

El viaje más largo sobre patines de ruedas

César Baena (Venezuela) –un esquiador de fondo– se calzó los patines de ruedas para viajar desde Estocolmo, en Suecia, hasta Oslo, en Noruega. Entre el 11 de mayo y el 5 de julio de 2012 cubrió una distancia total de 2.246 km.

La barra de regaliz más larga

El 4 de abril del 2012, Lakritsfabriken y Scandi Candy (ambos de Suecia) crearon una barra de regaliz de 519 m de largo en Vellinge (Skåne, Suecia). Después de la cocción, el regaliz pesó 62 kg. Los 12 participantes tardaron 3 h y 14 min en preparar el dulce.

¡BATE UN RÉCORD!

¿Eres oficialmente asombroso? ¡Demuéstraselo a nuestros jueces!

Con los libros Guinness World Records, los programas de TV, las páginas web, las ediciones digitales y los actos en directo… ¡nunca había sido tan fácil demostrarnos hasta dónde puedes llegar!

Batir un récord es gratis y puedes intentarlo en cualquier lugar, da igual dónde vivas. Tan sólo tienes que visitar www.guinnessworldrecords.com y contarnos tu idea. Si lo consigues, nuestros editores lo tendrán en cuenta y… quizá tu nombre aparezca en ¡la próxima edición del **libro con derechos de autor más vendido** del mundo!

Aspirantes *online*

Puedes batir un récord ahora mismo. ¿A qué esperas? Entra en **www.guinnessworldrecords.com/challengers,** elige un reto en «Pick a challenge» o propón uno nuevo. Sólo tienes que grabar un vídeo de tu intento y subirlo a nuestra página. Y no te preocupes si te parece demasiado extravagante: no pasa nada por erigir la **torre de dados más alta en un minuto** (Eric Richey, *arriba a la derecha*, apiló 40 dados el 17 de septiembre de 2012) o **beber 500 ml de agua en el menor tiempo** (Tom Maryniak, *derecha,* tardó sólo 2,6 s el 15 de noviembre de 2011).

1. Tu primera tarea como aspirante será empaparte de toda la información disponible sobre los Guinness World Records. Tendrás que buscar y buscar hasta dar con el récord que quieres batir. Y si tienes una propuesta nueva, puedes hacerte una idea del tipo de cosas que queremos leer y ver en los programas.

2. La forma más sencilla de ponerte en contacto con nosotros es a través de www.guinnessworldrecords.com. Usa el formulario de solicitud para contárnoslo todo sobre tu idea. Ah, y no te olvides de que debes hacernos tu propuesta con varias semanas de antelación para que nos dé tiempo a valorarla.

4. Reúne tus pruebas y mándanoslas. Necesitaremos declaraciones de testigos independientes, fotos, vídeos y demás. Comprueba las bases específicas para el récord que has elegido.

3. Si nos gusta tu idea (o si es una categoría de récord ya existente), te mandaremos las bases oficiales que tú y cualquiera que pretenda batir el récord deberéis seguir. Si, por el contrario, tu propuesta no nos convence, te explicaremos por qué.

Nosotros nos encargaremos de juzgarte…

Aunque en el verano de 2012 presentamos los nuevos uniformes para los jueces del Guinness World Records (puedes verlos en esta foto de algunos miembros del equipo), no es necesario que un juez esté presente cuando intentes batir un récord. Basta con que nos mandes todas las pruebas necesarias y nosotros nos encargaremos de certificarlas. Eso sí, tendrás que seguir estos cinco pasos:

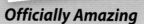

Guinness World Records Gone Wild!

Hemos vuelto a las pantallas estadounidenses con *Guinness World Records Gone Wild!* El programa lo presenta Dan Cortese, quien aparece en la foto de arriba con el juez Stuart Claxton y los poseedores de un récord, Sweet Pepper Klopek y Burnaby Q. Orbax *(ver pág. 86)*, ambos canadienses. El programa es un homenaje a los récords más extravagantes, como el legendario éxito de Mike O'Hearn (EE.UU.) atravesando **más paneles de vidrio templado** (18 en total). ¡Ay!

Officially Amazing

Los fans del R.U. del Guinness World Records pudieron ver a nuestros jueces en plena acción en *Officially Amazing*. El equipo del nuevo programa de TV de la BBC, con sus propios personajes animados *(izquierda)*, recorrió el mundo en busca de los récords más vertiginosos, como el **aparcamiento en línea más estrecho.** El 10 de diciembre de 2012, John Moffatt (R.U.) dejó un diminuto hueco de 13,1 cm tras aparcar su antiguo Mini Mayfair entre otros dos coches durante la celebración del programa en exteriores en Hereford (R.U.). Puedes ver el vídeo usando la APP de Realidad Aumentada *(para saber cómo conseguirla, ve a la pág. 3).*

MÁS DE UN RÉCORD

Algunos aspirantes dedican su vida a batir marcas. Son adictos a los récords y no hay quien los pare. Conócelos en las págs. 94-95.

5. Espera el resultado. En el caso de que no lo hubieses conseguido, ¡no tires la toalla! Puedes volver a intentarlo o cambiar de récord. Pero si lo logras, ¡recibirás un documento que certificará que eres oficialmente asombroso!

28 Los cubos usados en el intento de récord de pirámide de siete pisos con cubos.

Eventos en directo del Guinness World Records

Guinness World Records organiza espectáculos en directo por todo el mundo, una ocasión para que tú o cualquiera intente batir un récord. ¿Por qué no intentas mejorar el **menor tiempo en construir una pirámide de siete pisos con cubos de cartón?** Tendrás que batir a John Ric G. Villanueva (Filipinas, *no en la foto*), quien sólo tardó 35,72 s en levantar su pirámide de siete pisos en un acto organizado en el Marina Mall de Salmiya (Kuwait), el 16 de marzo de 2013.

DATO: El presentador de OMG! Oli White *(abajo)* batió un récord al lograr el **menor tiempo en comerse un dónut de mermelada sin manos** y sin relamerse. Lo hizo en 30,53 s durante la transmisión en directo de OMG! del 26 de octubre de 2012. ¡Enhorabuena, Oli!

Servicios *premium*

La tramitación de una solicitud dura de cuatro a seis semanas. Y no cuesta nada. El proceso comprende desde la primera petición hasta la entrega de un certificado oficial del Guinness World Records (en el caso de que se acepte el récord, claro). Sin embargo, si necesitases una respuesta urgente, puedes utilizar nuestro servicio *premium* Fast-Track, que te asigna al instante un Mánager de Récords y te garantiza una respuesta en un plazo de tres días. Hay otros servicios *premium* disponibles, como eventos corporativos y campañas de marketing, entre otros. Para saber más, visita www.guinnessworldrecords.com.

OMG!

En 2012 Guinness World Records lanzó su nuevo canal OMG! en YouTube (www.youtube.com/GWRomg). Presentado por una pandilla de caras famosas de YouTube, OMG! se divide en secciones como «Do Try this at Home» («Pruébalo en casa») o «Slo-Mo Test Lab» («Laboratorio de pruebas a cámara lenta»). Desde su creación, el canal ha registrado más de 8 millones de visitas. Abajo, a la derecha, aparece el equipo que presenta el programa de dos horas en directo, junto a Dan Barrett, *Community Manager* del Guinness World Records.

El desastre natural más costoso

A menudo, a los tsunamis se los denomina incorrectamente *maremotos*. Su origen puede encontrarse en varios fenómenos distintos, como erupciones volcánicas, terremotos, desprendimientos en glaciares e impactos de asteroides. Los efectos de un tsunami al llegar a tierra pueden ser devastadores, como vivieron los japoneses en marzo de 2011. Las empresas de seguros tuvieron que desembolsar 32.000 millones de dólares para hacer frente a la devastación que provocó el tsunami, producido a consecuencia de un terremoto frente a las costas del país.

OLA DE DESTRUCCIÓN
Esta imagen de Ōtsuchi, en la prefectura de Iwate, tomada el 24 de marzo de 2011, muestra un yate varado sobre un edificio de dos plantas.

PLANETA AGITADO

Mapa mundial de las fuerzas más intensas de la naturaleza

La Tierra es un planeta dinámico: su corteza, sobre la que vivimos, se halla en continuo cambio y debajo bulle un océano de roca fundida. Por si fuera poco, el clima y el medio ambiente –únicos en el sistema solar– también están en constante evolución. Volcanes, terremotos, tornados, tsunamis y temperaturas extremas dan forma a nuestro planeta e influyen en miles de millones de vidas.

Todos los días, 8.000 terremotos de distinta intensidad sacuden la Tierra. Y, además, vivimos a la sombra de 1.500 volcanes activos. El clima nos influye a diario: en los peores casos, puede convertirse en la causa directa de catástrofes capaces de arrasar comunidades enteras. Sin embargo, a pesar de los horrores que vemos a menudo en las noticias, a estos acontecimientos se debe tan sólo el 0,06% de las muertes que se producen en el mundo cada año.

El mapa de esta página presenta algunos de los acontecimientos más importantes que han hecho de la Tierra el planeta que es hoy. «El cambio tal vez sea –según la NASA– la única constante en la historia de nuestro planeta.»

El mayor volcán activo
El Mauna Loa, en Hawái (EE.UU.), tiene la forma de una extensa cúpula achatada de 120 km de largo y 50 km de ancho por encima del nivel del mar. Su volumen total es de 42.500 km³. La última gran erupción tuvo lugar en 1984.

Hace 105.000 años
El tsunami más elevado debido a un corrimiento de tierra submarino
En Lanái, Hawái (EE.UU.), pueden hallarse a 375 m de altura sedimentos depositados por un tsunami causado por un corrimiento de tierra submarino.

18 de mayo de 1980
El mayor corrimiento de tierra (en tiempos modernos)
2.800 millones de m³ de roca se deslizaron por el monte St. Helens, en Washington (EE.UU.), precediendo una erupción. Fue la **avalancha más rápida** (402,3 km/h).

18 de abril de 1906
El incendio más dañino
Las obras de reconstrucción tras el incendio debido al terremoto de San Francisco (EE.UU.) costaron 350 millones de dólares (8.970 millones actuales).

13-19 de febrero de 1959
La mayor tormenta de nieve
4.800 mm de nieve cayeron en el transcurso de una sola tormenta en el monte Shasta Ski Bowl, en California (EE.UU.).

−89,2 °C
Récord de temperatura bajo cero. Se registró en Vostok, en la Antártida, el 21 de julio de 1983.

31 de mayo de 1970
Más víctimas mortales por un único corrimiento de tierra
Más de 18.000 personas murieron en una avalancha de rocas en el monte Huascarán (Perú).

22 de mayo de 1960
El terremoto más potente registrado
Terremoto de 9,5 M_w cerca de Lumaco (Chile). Hubo más de 2.000 muertos, 3.000 heridos y unos 2 millones de personas perdieron su hogar.

10 de abril de 1996
Viento a más velocidad
Cerca de Bridge Creek (Oklahoma, EE.UU.), se registró un tornado que giraba a 486 km/h.

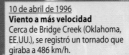

3 de mayo de 1999
El tornado más grande
Cerca de Mulhall (Oklahoma, EE.UU.) se detectó un tornado de 1.600 m de diámetro.

DISFRÚTALO EN **3D**

8 de octubre de 1871
El incendio forestal más mortífero
Murieron entre 1.200 y 2.500 personas a causa de unos incendios forestales en el noreste de Wisconsin y en la Península Superior de Michigan (EE.UU.). Las llamas destruyeron más de 3.800 km² de bosques y campos de cultivo.

12 de enero de 2010
El terremoto más mortífero (en tiempos modernos)
Se produjo 25 km al oeste de Puerto Príncipe (Haití). Murieron entre 100.000 y 316.000 personas.

DEL 3D AL 2D: EL MAPA DYMAXION

La proyección del mapa de arriba se inspira en las creaciones del ingeniero, pensador y genio estadounidense Richard Buckminster «Bucky» Fuller (1895-1983). Normalmente, cuando se hace un mapa en 2D de globos en 3D, los continentes se distorsionan. Para reducir este efecto, Fuller proyectó los continentes en un icosaedro –un poliedro regular con 20 caras triangulares y 30 aristas– que podía desplegarse de varias maneras para crear mapas. Con esta representación del mundo en «Dymaxion» no hay una parte superior preponderante, lo cual permite mostrar el planeta desde un punto de vista culturalmente neutral.

Tsunami

 Volcán

 Tornado

 Incendio forestal

 Tormenta de nieve

 Inundación

 Terremoto

Ola de calor

Corrimiento de tierra

130 d.C.
La erupción más violenta
Se calcula que la erupción del Taupo (Nueva Zelanda) arrojó 30.000 millones de toneladas de piedra pómez y arrasó un área de 16.000 km².

1 de septiembre de 1923
El terremoto más destructivo
La mayor devastación física causada por un terremoto ocurrió en la región de Kantō (Japón). Se destruyeron 575.000 viviendas y hubo 142.807 víctimas mortales.

5-10 de abril de 1815
El mayor volumen de una erupción
Se calcula que el volcán Tambora, en Sumbawa (Indonesia), expulsó entre 150 y 180 km³ de materia y causó el **mayor impacto en el clima registrado a causa de una erupción volcánica.** Las temperaturas de todo el planeta descendieron 3 °C. Asimismo, ocasionó el **mayor número de víctimas mortales por una erupción volcánica** (92.000 muertos). *Recreación artística arriba.*

10 de abril de 1996
La velocidad del viento más alta (no de un tornado)
En Barrow Island (Australia) se registró viento a una velocidad de 408 km/h.

11 de marzo de 2011
El desastre natural más costoso
El tsunami originado por un terremoto frente a las costas de Japón costó 32.000 millones de dólares a las compañías de seguros.

23 de enero de 1556
El terremoto más mortífero
Ocurrió en las provincias de Shaanxi, Shanxi y Henan (China). Se cree que murieron 830.000 personas.

9 de julio de 1958
La ola más alta causada por un tsunami
En la bahía de Lituya (Alaska, EE.UU.) se formó una ola de 524 m de altura tras un corrimiento de tierra.

Hace 18.000 años
La mayor inundación
La ruptura de un antiguo lago siberiano de unos 120 km de largo provocó una avenida de agua dulce de 490 m de profundidad, que avanzó a 160 km/h.

Octubre de 1887
La inundación más mortífera
900.000 personas murieron con el desbordamiento del Huang He (río Amarillo) en Huayan Kou (China).

 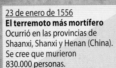

26 de diciembre de 2004
El terremoto más prolongado
Un terremoto en las islas de Sumatra y Andamán (Indonesia) duró entre 500 y 600 s.

16 de diciembre de 1920
El corrimiento de tierra más mortífero
Una serie de corrimientos de tierra causados por un único terremoto en la provincia de Gansu (China) provocaron las más de 180.000 víctimas mortales del suceso.

26 de abril de 1989
El tornado más mortífero
1.300 personas murieron en Shaturia (Bangladesh) y hasta 50.000 personas perdieron el hogar.

11 de abril de 2012
El terremoto de desgarre más potente
Un terremoto de 8,6 M$_w$ sacudió la costa del noroeste de Sumatra (Indonesia).

10 de julio de 1949
El corrimiento de tierra con más pérdidas
Fue causado por un terremoto en el distrito de Khait, en el oblast de Gharm (Tayikistán): enterró 33 aldeas y causó la muerte de 28.000 personas.

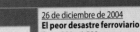

26 de diciembre de 2004
El peor desastre ferroviario
Entre 800 y 1.500 personas murieron cuando un tsunami hizo descarrilar el tren de pasajeros *Queen of the Sea* cerca del pueblo de Telwatta (Sri Lanka).

3-9 de febrero de 1972
La tormenta de nieve más mortífera
Unas 4.000 personas murieron en zonas rurales de Irán al quedar sepultadas bajo 3 m de nieve. Antes hubo una sequía de 4 años.

Verano de 2010
La ola de calor más mortífera
56.000 personas murieron en Rusia por el aumento de temperaturas, sequías, incendios forestales y polución.

Más tornados en relación con la superficie
En los Países Bajos se forma un tornado por cada 1.991 km² de tierra; en los EE.UU., uno por cada 8.187 km².

34 °C
Temperatura media anual más alta registrada. Se dio durante seis años (1960-1966) en Dallol (Etiopía).

10 de enero de 1977
El flujo de lava más rápido
La lava de la erupción del volcán Nyiragongo (República Democrática del Congo) alcanzó velocidades de hasta 60 km/h. El volcán aloja el **mayor lago de lava**, de 250 m de ancho.

TERREMOTOS

La peor devastación causada por un terremoto

El terremoto de la llanura de Kanto (Japón), ocurrido el 1 de septiembre de 1923, alcanzó una magnitud de 7,9 y ocasionó la destrucción de 575.000 viviendas en Tokio y Yokohama. El número oficial de fallecidos y desaparecidos en lo que se llamó el *dai-shinsai* («gran temblor») y los incendios posteriores ascendió a 142.800 personas.

EL PRIMER SISMÓGRAFO

Los primeros sismógrafos modernos se inventaron en 1848, pero la forma más antigua de detectar un terremoto se remonta al año 132 d.C. en China. El primer aparato fue concebido por el astrónomo chino Zhang Heng, quien construyó una urna de bronce de 15 cm de altura con un péndulo en su interior. Cuando el suelo se movía, el péndulo dejaba caer unas bolas que se introducían en las bocas de unos sapos de bronce colocados debajo, lo cual indicaba que se había producido un terremoto.

El terremoto más potente

En términos generales, el mayor terremoto que haya podido medirse con precisión fue el que estremeció a Chile el 22 de mayo de 1960. Alcanzó una magnitud de 9,5 según la escala vigente en la época, equivalente a 8,3 grados Richter (ver *Y que conste…*, pág. siguiente). En Chile mató a más de 2.000 personas, causó heridas a otras 3.000 y se calcula que dejó sin hogar a más de dos millones. Asimismo, desencadenó un tsunami que provocó graves daños y unas 200 muertes a miles de kilómetros, en Hawái, Japón y la costa oeste de EE.UU.

Más muertos por un terremoto

Se calcula que murieron 830.000 personas tras el largo terremoto (o *dizhen*) que asoló las provincias chinas de Shaanxi, Shanxi y Henan, el 23 de enero de 1556.

El año con más terremotos intensos

Según datos del US Geological Survey, la Tierra experimenta un promedio de 16 terremotos al año con magnitudes de 7 o más. Desde que comenzaron a registrarse, en torno a 1900, el año con temblores de tierra más intensos fue 2010, en que se produjeron 24 seísmos de magnitud 7 o superior.

El terremoto más potente por falla de desgarre

El 11 de abril de 2012, a las 8 h y 30 min (UTC), un terremoto de magnitud 8,6 sacudió durante 3 minutos el este del océano Índico. Los temores de que provocara un tsunami se demostraron infundados porque el terremoto fue de desgarre y la corteza terrestre se desplazó horizontalmente a cada lado de la falla, y no hacia arriba o hacia abajo.

El terremoto más largo

El gran terremoto de Sumatra-Andamán, registrado en el océano Índico el 26 de diciembre de 2004, duró entre 500 y 600 s, y alcanzó una magnitud de momento de 9,1 a tenor de los resultados publicados en la revista *Science* en mayo de 2005.

El seísmo provocó también la **ruptura de falla por terremoto jamás medida** en términos de distancia. La ruptura se produjo a lo largo de unos 1.200-1.300 km de la frontera entre la

El terremoto con más muertos de la época moderna

A las 21:53 (UTC*) del 12 de enero de 2010 se produjo un terremoto de magnitud 7 con epicentro a unos 25 km al oeste de Puerto Príncipe, capital de Haití. Un año después del desastre, el Gobierno haitiano reconoció de manera oficial 316.000 muertos, si bien otras fuentes rebajan la cifra a 100.000. El desastre desplazó a unos 1,3 millones de personas y destruyó 97.294 viviendas. Buena parte de Puerto Príncipe quedó reducido a escombros (en la fotografía). Un inmenso número de haitianos continúa hoy sin hogar.

* Siglas inglesas de Tiempo Universal Coordinado, el estándar de la Unión Internacional de Telecomunicaciones que regula la hora en el mundo.

LOS TERREMOTOS MÁS MORTÍFEROS DE LOS ÚLTIMOS 100 AÑOS

1920 — **1923** — **1948** — **1970** — **1976**

16 dic 1920: Haiyuan (China)
Muertos: 200.000
Magnitud: 7,8

1 sep 1923: Kanto (Japón)
Muertos: 142.800
Magnitud: 7,9

5 oct 1948: Asjabad (República Socialista Soviética de Turkmenistán)
Muertos: 110.000
Magnitud: 7,3

31 may 1970: Chimbote (Perú)
Muertos: 70.000
Magnitud: 7,9

27 jul 1976: Tangshan (China)
Muertos: 242.769
Magnitud: 7,5

Fuente: U.S. Geological Survey

4.830
Distancia en kilómetros recorrida por el tsunami en 2004. Llegó hasta África.

El peor tsunami causado por un accidente nuclear

El 11 de marzo de 2011 se produjo un megaterremoto de magnitud 9,03 frente a la costa japonesa. El seísmo y el consiguiente tsunami provocaron una sucesión de fusiones, fallos y emisiones de material radiactivo en la central nuclear Fukushima 1 de Japón. La Agencia Internacional de la Energía Atómica clasificó el suceso como de «nivel 7», una magnitud reservada hasta entonces a los desastres nucleares.

El mayor simulacro de terremoto

El 18 de octubre de 2012, unos 9,4 millones de personas participaron en el quinto Great California ShakeOut, un simulacro que se realiza todos los años en este estado norteamericano con gran actividad sísmica.

La condena de cárcel más larga por no predecir un terremoto con exactitud

El 22 de octubre de 2012, un tribunal regional italiano condenó a seis años de cárcel a seis científicos y a un funcionario del Gobierno por delito de homicidio al responsabilizarlos de la muerte de 309 personas en el terremoto de magnitud 6,3 que devastó la ciudad italiana de L'Aquila a la 1 h y 30 min (UTC) del 6 de abril de 2009. Los magistrados decidieron que los siete hombres habían quitado importancia al riesgo de un terremoto grave en los días previos al desastre.

Más muertos por un tsunami

El 26 de diciembre de 2004 se produjo un terremoto de magnitud 9,1 bajo el océano Índico, frente a la costa de Indonesia. El tsunami inundó el litoral de nueve países bañados por el océano Índico. Puede que nunca llegue a saberse el número total de víctimas, pero se cree que perecieron más de 226.000 personas en aquella catástrofe.

placa indoaustraliana y la región suroriental de la placa euroasiática. En determinados puntos, el desplazamiento del lecho marino a lo largo de la falla alcanzó los 15 m.

A consecuencia de la catástrofe, el Tsunami Earthquake Appeal reunió 19.863.186 dólares a través de la web Disasters Emergency Committee. La colecta tuvo lugar entre las 18 h y 16 min del 30 de diciembre y las 18 h y 16 min del 31 de diciembre de 2004, y se saldó con la **mayor cantidad de dinero donada por internet en 24 h.**

El peor desastre por un incendio (daños materiales)

Se calcula que el incendio que siguió al terremoto del 18 de abril de 1906 en San Francisco (EE.UU.) costó unos 350 millones de dólares de entonces, equivalentes a 8.970 millones de dólares en 2012. El seísmo arrasó casi el 80% de la ciudad.

Los terremotos más intensos de los que se tiene noticia

Fecha	Lugar	Magnitud	
8 jul 1730	Valparaíso (Chile)	8,7	**10**
1 nov 1755	Lisboa (Portugal)	8,7	**10**
4 feb 1965	Islas Rat (Alaska, EE.UU.)	8,7	**10**
31 ene 1906	Frente a la costa de Esmeraldas (Ecuador)	8,8	**08**
27 feb 2010	Frente a la costa de Bío-Bío (Chile)	8,8	**08**
26 ene 1700	Desde la actual Columbia Británica (Canadá) hasta California (EE.UU.)	9,0	**04**
13 ago 1868	Arica (Perú, hoy Chile)	9,0	**04**
4 nov 1952	Kamchatka (URSS, hoy Rusia)	9,0	**04**
11 mar 2011	Al este de Honshu (Japón)	9,0	**04**
26 dic 2004	Sumatra-islas de Andamán (Indonesia)	9,1	**03**
28 mar 1964	Estrecho del Príncipe Guillermo (Alaska, EE.UU.)	9,2	**02**
22 may 1960	Cerca Lumaco (Chile)	9,5	**01**

ESTADÍSTICAS PARA TEMBLAR
Se calcula que cada año se detectan 500.000 terremotos, de los cuales 100.000 pueden sentirse y unos 100 causan daños.

Y QUE CONSTE...

Tiempo atrás, la fuerza de los terremotos solía medirse utilizando la escala de magnitud Richter, ideada en 1935 por el **Dr. Charles Richter** (EE.UU., *derecha*). Hoy se considera que la escala de magnitud de momento, introducida en 1979, es un sistema de medición más preciso.

CUANDO EL CLIMA SE VUELVE LOCO... VER PÁG. 22

1990 | 2004 | 2005 | 2008 | 2010

20 jun 1990: Norte de Irán
Muertos: 50.000
Magnitud: 7,4

26 dic 2004: Sumatra (Indonesia)
Muertos: 226.000
Magnitud: 9,1

8 oct 2005: Pakistán
Muertos: 86.000
Magnitud: 7,6

12 may 2008: Sichuán oriental (China)
Muertos: 87.587
Magnitud: 7,9

12 ene 2010: Haití
Muertos: 316.000
Magnitud: 7

VOLCANES

El volcán más activo

El volcán en escudo Kilauea es uno de los cinco volcanes que forman la isla de Hawái (EE.UU.). Su episodio de actividad se inició el 3 de enero de 1983. A día 3 de enero de 2013, el Kilauea había cubierto 125,5 km² con flujos de lava y formado 202 nuevas hectáreas de tierra firme, tras arrojar unos 4 km³ de lava.

La descripción más antigua de una erupción volcánica

Cayo Plinio Cecilio Segundo (también conocido como Plinio el Joven) y su padre, Plinio el Viejo, fueron testigos de la erupción del Vesubio (Italia) en el año 79, que sepultó a las ciudades romanas de Pompeya y Herculano, y causó la muerte de unas 16.000 personas, entre ellas el mismo Plinio el Viejo. Unos 25 años después, Plinio el Joven mandó dos cartas a su amigo el historiador Tácito que dan detalles de la erupción y de sus consecuencias.

El mayor número de víctimas mortales por una erupción volcánica

Noventa y dos mil personas murieron después de que el volcán Tambora en Sumbawa (Indonesia, llamada entonces Indias Orientales Holandesas) entrara en erupción del 5 al 10 de abril de 1815.

El momento más cercano a la extinción humana

Con la erupción del supervolcán Toba (Indonesia) hace unos 75.000 años se expulsaron unos 800 km³ de cenizas a la atmósfera y se formó el **mayor cráter volcánico** de la Tierra, de unos 1.775 km.

Se piensa que los tsunamis que provocó y el invierno volcánico subsiguiente redujeron la población total de la humanidad a apenas 10.000 individuos.

La erupción basáltica más larga en tiempos históricos

En torno al año 924, la fisura volcánica que compone el sistema islandés de Eldgjá inició una erupción que duró entre cuatro y siete años. Se produjo a través de varios respiraderos situados en los 75 km de longitud de este sistema discontinuo de fisuras, y expulsó unos 19,6 km³ de lava.

La erupción más reciente con un Índice de Explosividad Volcánica de 8

El Índice de Explosividad Volcánica (IEV) se usa para medir la explosividad relativa de los volcanes y va de 0 a 8. El IEV 8 se refiere a una erupción en la que se expulsan más de 1.000 km³ de material de origen volcánico. El último acontecimiento de este tipo fue la erupción Oruanui, protagonizada por el volcán Taupo (Nueva Zelanda), hace unos 26.500 años, que expulsó alrededor de 1.170 km³ de material y formó una enorme caldera (un cráter volcánico) en cuyo espacio se encuentra ahora el lago Taupo, el más grande de Nueva Zelanda.

Las columnas volcánicas más altas

Devils Tower, en Wyoming (EE.UU.), es una intrusión ígnea que se formó hace más de 50 millones de años. Con el tiempo, la roca sedimentaria que la rodeaba, más blanda, se fue erosionando, dejando este hito monolítico elevándose sobre el paisaje actual. Está compuesto de columnas volcánicas formadas a partir del enfriamiento y contracción de la

Los lahares más mortíferos

El 13 de noviembre de 1985, el volcán Nevado del Ruiz (Colombia) entró en erupción. Las rocas ardientes y la ceniza que expulsó se mezclaron con el hielo y la nieve que lo cubrían y se formaron cuatro flujos de sedimentos y lodo, o *lahares*, que discurrieron por las laderas del volcán a 60 km/h, arrastrando la arcilla y la tierra de los valles fluviales por los que pasaron. En cuatro horas, los lahares habían recorrido 100 km y causaron la muerte de 23.000 personas.

La isla más grande en el lago de una isla que a su vez está en el lago de una isla

Dentro del lago Taal, en la isla de Luzón (Filipinas), se encuentra el volcán Taal, cuyo cráter es ahora el centro de un lago llamado Crater Lake. Vulcan Point es una minúscula isla, de unos 40 m de ancho, situada dentro del Crater Lake.

LAS ERUPCIONES MÁS MORTÍFERAS DE LOS ÚLTIMOS 100 AÑOS

1919 · 1951 · 1951 · 1963 · 1980

1. Monte Kelud, Java (Indonesia): Iniciada el 19 de mayo de 1919, dejó 5.115 muertos (por flujos de lodo).

2. Monte Lamington (Papúa Nueva Guinea): Iniciada el 18 de enero de 1951, dejó 2.942 muertos (por nubes de ceniza).

3. Monte Hibok-Hibok, isla de Camiguin (Filipinas): Iniciada el 4 de diciembre de 1951, dejó 500 muertos (por nubes de ceniza).

4. Monte Agung, Bali (Indonesia): Iniciada el 18 de febrero de 1963, dejó 1.184 muertos (por nubes de ceniza).

5. Monte Saint Helens, Washington (EE.UU.): Iniciada el 18 de mayo de 1980, dejó 57 muertos (por nubes de ceniza).

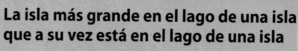

400
Anchura en kilómetros del penacho de cenizas y gas originado en 1991 tras la erupción del Pinatubo.

intrusión de magma. Algunas de ellas miden unos 180 m de altura.

Los volcanes más pequeños

Los volcanes de arena se forman cuando tiene lugar un terremoto y el agua se filtra desde las capas del subsuelo, arrastrando sedimentos, hasta la superficie. Los más grandes sólo tienen unos pocos metros de ancho, con una altura de unas pocas decenas de centímetros.

MÁS GRANDE...

Volcán activo

El Mauna Loa, en Hawái (EE.UU.), tiene la forma de una extensa cúpula de perfil suave de 120 km de largo y 50 km de ancho (sobre el nivel del mar). Sus flujos de lava han ocupado más de 5.125 km² de la isla y su volumen total es de 42.500 km³, un 84,2% del cual está por debajo del nivel del mar.

Explosión en tiempos históricos

La explosión tuvo lugar el 27 de agosto de 1883, con la erupción del Krakatoa, en el estrecho de la Sonda (Indonesia). La nube de ceniza se elevó entre 48 y 80 km y la explosión se escuchó a 4.776 km de distancia.

Isla creada por erupciones volcánicas

La mayor isla volcánica es Islandia, que se formó a partir de erupciones

volcánicas en la dorsal Mesoatlántica, sobre la que se asienta. Con un tamaño de 103.000 km², Islandia es esencialmente fondo marino situado por encima de la superficie del océano.

Erupción basáltica

Hace unos 248,3 millones de años se inició, en lo que hoy es Siberia, una erupción de lava que duró un millón de años. Varios millones de kilómetros cúbicos de lava brotaron por fisuras en la corteza terrestre, cubriendo alrededor de 2 millones de km². El período eruptivo de los traps siberianos fue una causa potencial de la extinción del Pérmico-Triásico, la mayor de la historia.

Maar

Un maar es un cráter volcánico ancho y bajo formado a partir de una erupción freático-magmática (un explosión de agua subterránea que se convierte en vapor al entrar en contacto con magma). El maar de Devil Mountain Lakes, en el Bering Land Bridge National Preserve de la península de Seward (Alaska, EE.UU.), se compone de dos cráteres que cubren 30 km² y llegan a alcanzar los 200 m de profundidad. Se formó hace 17.500 años y su tamaño se debe a la interacción del magma con permafrost en lugar de agua.

Lodo volcánico

El flujo de lodo de Osceola tuvo lugar hace unos 5.600 años y se inició en la cima del monte Rainier, en la cordillera de las Cascadas (EE.UU.). Fue resultado de una erupción volcánica y consistió en un flujo de escombros de unos 3 km³. Cuando llegó al estrecho de Puget, a más de 100 km de distancia, el flujo de lodo aún tenía un espesor de unos 30 m.

La mayor nube estratosférica de SO$_2$ vista desde el espacio

El estratovolcán Pinatubo, en Luzón (Filipinas), entró en erupción el 15 de junio de 1991 formando un penacho de hasta 34 km. Expulsó entre 15 y 30 millones de toneladas de dióxido de azufre (SO$_2$) a la atmósfera, que fueron captadas por los satélites de observación de la Tierra.

El mayor lago de lava activo

El volcán en escudo Nyiragongo (República Democrática del Congo) alberga un lago de lava activo dentro de su cráter, de unos 250 m de ancho. El volcán ha entrado en erupción al menos 34 veces desde 1882.

El volcán más tiempo en continua erupción

El Stromboli, en el mar Tirreno, frente a las costas de Italia, ha estado experimentando continuas erupciones volcánicas por lo menos desde el siglo 7 a.C., cuando los colonos griegos dejaron constancia de su actividad. Sus leves explosiones regulares de gas y lava –por lo general, varias cada hora– han hecho que se le conozca como el «Faro del Mediterráneo».

6. El Chichón (México): Iniciada el 28 de marzo de 1982, dejó 2.000 muertos (por nubes de ceniza).

7. Nevado del Ruiz, (Armero): Iniciada el 13 de noviembre de 1985, dejó 23.000 muertos (por flujos de lodo).

8. Pinatubo, Luzón (Filipinas): Iniciada el 2 de abril de 1991, dejó 800 muertos (por enfermedades).

9. Nyiragongo (República Democrática del Congo): Iniciada el 17 de enero de 2002, dejó 147 muertos (por flujos de lava).

10. Monte Merapi, Java (Indonesia): Iniciada el 25 de octubre de 2010, dejó 353 muertos (por nube de gas).

FUERZAS DE LA NATURALEZA

La mayor distancia arrastrado por un tornado

El 12 de marzo de 2006, Matt Suter (EE.UU.), de 19 años de edad, fue engullido del interior de una caravana por un tornado cerca de Fordland, en Misuri (EE.UU.). Quedó inconsciente y despertó en el campo a 398 m de distancia.

El viento a más velocidad

El 10 de abril de 1996 se registraron ráfagas de viento de 408 km/h en la isla de Barrow (Australia), provocadas por el ciclón tropical *Olivia*. Se trata de la velocidad más alta de un viento, no generado por un tornado, de la que se tiene constancia.

La ráfaga recta más rápida

Una ráfaga recta es un vendaval de larga trayectoria asociado a una banda de lluvias y tormentas eléctricas que se mueven con rapidez. El 31 de mayo de 1998, a primeras horas del día, una ráfaga recorrió los estados americanos de Wisconsin y la península Inferior de Michigan. En el este de Wisconsin se registraron ráfagas de viento de 206 km/h y en Michigan se calcula que alcanzaron los 209 km/h.

La microrráfaga más fuerte

Las microrráfagas son un extraño fenómeno meteorológico caracterizado por una corriente descendente de vientos huracanados breve y localizada. A menudo suponen un peligro para los aviones durante su

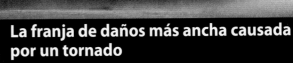

La franja de daños más ancha causada por un tornado

El 22 de mayo de 2004, el Medio Oeste de EE.UU. fue azotado por 56 tornados, aproximadamente. Uno de ellos, conocido como *Hallam Nebraska*, dejó en algunas zonas una franja de destrucción de hasta 4 km de ancho.

despegue o aterrizaje. La microrráfaga más fuerte jamás registrada tuvo lugar el 1 de agosto de 1983 en la base aérea de Andrews Field, en Maryland (EE.UU.), con una velocidad del viento de 240,5 km/h.

La mayor marejada ciclónica

El 4 de marzo de 1899, el ciclón tropical *Mahina* azotó la bahía de Bathurst en Queensland (Australia). La marejada ciclónica asociada –una subida del nivel del agua del mar

causada por una combinación de fuertes vientos y baja presión– alcanzó los 13 m y se encontraron peces y delfines varados en lo alto de acantilados de 15 m de altura. La marejada ciclónica causó la muerte de más de 400 personas.

CICLONES

La mayor distancia cubierta por un ciclón tropical

El huracán o tifón *John* se formó el 11 de agosto de 1994 en el este del océano Pacífico. Cubrió 13.280 km y duró 31 días, hecho que lo convirtió en el **ciclón tropical más duradero.** Se movió de este a oeste del océano Pacífico. Como en esas dos regiones los ciclones tropicales son nombrados de distinto modo (*ver más abajo*), es conocido como huracán y como tifón.

El ciclón tropical con el ojo más grande

El ciclón tropical *Kerry*, activo entre el 13 de febrero y el 6 de marzo de 1979 en el mar de Coral, frente a la costa australiana, tenía un ojo de unos 180 km de diámetro. Varios aviones de reconocimiento lo midieron el 21 de febrero.

El lugar con más tormentas de arena

La depresión de Bodélé es una región seca en el noreste del lago Chad, en el extremo sur del desierto del Sahara, situada en una estrecha brecha entre dos regiones montañosas. Los vientos que pasan por la brecha y cruzan la depresión agitan los sedimentos superficiales, cuya evolución geológica ha hecho muy erosionables. Por término medio, cada año se forman unas 100 tormentas de arena que inyectan a diario unas 700.000 toneladas de arena a la atmósfera.

CONOCE A LAS TORMENTAS

Ventisca: Fuerte tempestad de nieve y vientos a más de 56 km/h, que provoca bajos niveles de visibilidad.

Huracán*: Sistema de tormentas tropical muy intenso, con vientos de 119 km/h o más, que se da en los océanos Atlántico o Pacífico oriental.

Tormenta eléctrica: Violenta tormenta con rayos y truenos. Va acompañada frecuentemente de aguaceros o lluvias fuertes y granizo.

Tormenta de hielo: Caracterizada por unas temperaturas extremadamente bajas; la nieve y la lluvia se congelan al caer sobre cualquier objeto.

Ciclón/ciclón tropical*: Tormenta intensa que se forma sobre aguas tropicales o subtropicales.

Más tornados en 24 horas

Entre el 25 y el 28 de abril de 2011 se desató una inmensa sucesión de tornados que asoló el noreste, el sur y las regiones del Medio Oeste de EE.UU., causando la muerte de 354 personas. Desde las ocho de la mañana, según la hora del Este, del 27 de abril, hasta las ocho del día siguiente, se formaron unos 312 tornados por la actividad de las tormentas.

El ciclón tropical formado más cerca del ecuador

La rotación de la Tierra hace que objetos que se mueven libremente (como aviones, misiles o el viento) se desvíen hacia la derecha en el hemisferio norte y hacia la izquierda en el hemisferio sur. Esto se conoce como efecto Coriolis. Se creía que en las regiones a 300 km al norte o al sur del ecuador no era posible que se generara un ciclón tropical, pues el efecto Coriolis ahí es más débil. Sin embargo, el 26 de diciembre de 2001, el tifón *Vamei* se formó en el mar de la China Meridional, a sólo 150 km al norte del ecuador.

HURACANES

Más huracanes en una temporada

Desde que comenzaron a registrarse en 1851, dos veces, en 1961 y 2005, ha habido 12 huracanes durante la temporada de huracanes (1 de junio-30 de noviembre).

El último huracán de la temporada de 2005 fue el *Wilma*, de categoría 5 y registrado en octubre, el **más fuerte del que se tiene constancia**. Un avión cazador de huracanes midió la presión barométrica en su ojo, que con apenas 882 milibares es la **más baja jamás registrada** en un huracán. La velocidad del viento en la pared del ojo del *Wilma* alcanzó unos asombrosos 270 km/h.

El huracán *Epsilon*, que azotó EE.UU. el 2 de diciembre de 2005 (dos días después del final oficial de la temporada de huracanes), fue el decimocuarto huracán en llegar a EE.UU. en 12 meses, el **mayor número de huracanes en un año.**

TORNADOS

El tornado más grande que se ha medido

El 3 de mayo de 1999, un tornado de 1.600 m de diámetro se originó cerca de Mulhall, en Oklahoma (EE.UU.).

El tornado discontinuo más largo

El 26 de mayo de 1917, un tornado recorrió 471,5 km por Illinois e Indiana (EE.UU.), aunque no estuvo en permanente contacto con el suelo.

Las mayores tormentas eléctricas

Las superceldas son potentes tormentas que se forman alrededor de un mesociclón, una profunda corriente de aire ascendente. Miden varios kilómetros de un extremo a otro y se prolongan durante horas, lo que las convierte en las **tormentas eléctricas más grandes y de mayor duración.** Ocurren en las Grandes Llanuras de EE.UU. y generan tornados.

Nueva York

2.200 km

Dallas

El mayor ciclón tropical

El tifón *Tip* tenía un diámetro de unos 2.200 km cuando fue estudiado por la Fuerza Aérea de EE.UU. (USAF) en el océano Pacífico, el 12 de octubre de 1979. La USAF envió unas 60 misiones de investigación al interior del *Tip*.

TIFÓN TITÁNICO
Aunque el *Tip* nunca llegó a territorio de EE.UU., si lo hubiera hecho podría haberse extendido entre Nueva York y Dallas (¡en Texas!).

Las peores inundaciones catastróficas (pérdidas económicas)

Los daños ocasionados por el huracán *Katrina*, que devastó la costa de Luisiana (EE.UU.) y de los estados limítrofes el 29 de agosto de 2005, ascendieron a 71.000 millones de dólares, las mayores pérdidas provocadas nunca por un huracán. Al menos 1.833 personas murieron por el *Katrina* y las inundaciones que provocó.

El mayor recorrido de un tornado

El 18 de marzo de 1925, un tornado viajó al menos 352 km por los estados de EE.UU. de Misuri, Illinois e Indiana. Murieron 695 personas, más que con cualquier otro tornado en la historia de EE.UU.

Más tornados en relación a la superficie

De manera sorprendente, en los Países Bajos se concentra la mayor densidad de tornados, con uno cada 1.991 km² de tierra firme. En cambio, en EE.UU. se produce uno por cada 8.187 km².

MÁS RÉCORDS EN LA PÁG. 180

Tormenta de nieve: Caracterizada por precipitaciones de nieve fuertes y persistentes. La velocidad del viento es menor que en una ventisca.

Granizada: Tormenta eléctrica que provoca la caída de granizo (grandes bolas de hielo).

Tifón*: Ciclón tropical que tiene lugar en el océano Índico o al oeste del océano Pacífico.

Tornado: Torbellino violento en forma de embudo. Su extremo inferior está en contacto con el suelo y el superior con las nubes. Puede tener un diámetro de varios cientos de metros.

Vendaval: Temporal con viento fuerte o violentas ráfagas, con escasas o nulas precipitaciones.

* Se trata del mismo fenómeno, pero los nombres cambian según las regiones en las que se da.

CLIMA EXTREMO

Las peores consecuencias del tiempo en una guerra

El tiempo siempre desempeña un papel impredecible en la guerra y a veces cambia el curso de la historia. Tal vez el ejemplo más significativo sea el efecto de la Oscilación del Atlántico Norte (NAO), resultado de las fluctuaciones entre la zona de baja presión situada sobre Islandia y la de alta presión que se halla sobre las islas Azores, en el Atlántico. Cuando la NAO es fuerte, se generan vientos templados y húmedos desde el Atlántico hacia Gran Bretaña y Europa Occidental; cuando es débil, permite que el aire frío entre desde Europa. En el crudo invierno de 1941-1942, cuando los alemanes invadieron la URSS, las temperaturas cayeron hasta los –40 °C, hecho que influyó mucho en el número de muertes durante la campaña. A principios de 1943, las bajas totales rondaban los 250.000 soldados.

Más granizadas en un año

En la región de las colinas de Kericho (Kenia), cae una granizada 132 días al año por término medio. Se trata de una de las principales zonas productoras de té del mundo y es posible que las partículas de polvo que se elevan durante la recolección actúen en la atmósfera como puntos de nucleación alrededor de los cuales se forma el granizo.

Más víctimas mortales por una granizada

En 1942, en el estado himalayo de Uttarakhand (India), un guarda forestal descubrió cientos de esqueletos en el lago glacial Roopkund. En 2004, un equipo de científicos financiado por National Geographic dirigió una expedición que halló hasta 600 cuerpos. Algunos esqueletos tenían fracturas en la parte superior del cráneo. Probablemente, este grupo se vio sorprendido por una intensa granizada que mató a algunos de manera instantánea, mientras que el resto quedaría aturdido o herido y sucumbió a la hipotermia.

14 MILLONES de años ha permanecido aislado el lago Vostok, situado a gran profundidad bajo la estación de investigación.

La temperatura más baja en la Tierra

Como destino de vacaciones de invierno, la estación de investigación rusa Vostok no es muy recomendable. No sólo registró una temperatura de –89,2 °C el 21 de julio de 1983, sino que el oxígeno escasea dada la altitud (3.420 m), el viento puede alcanzar los 97 km/h y la noche polar dura varios meses.

NIEVE Y HIELO

Más víctimas mortales por una tormenta de nieve

Una «supertormenta» atravesó por entero la costa este de EE.UU. los días 12 y 13 de marzo de 1993. Causó la muerte de 500 personas y unas pérdidas materiales por valor de 1.200 millones de dólares. Un informe la calificó como una tormenta con «alma de huracán».

La mayor nevada en un año

Unos sorprendentes 31.102 mm de nieve cayeron en la región de Paradise del Mount Rainier National Park, Washington (EE.UU.), entre el 19 de febrero de 1971 y el 18 de febrero de 1972. El monte Rainier, de 4.392 m, está permanentemente cubierto de nieve.

El copo de nieve más grande

El 28 de enero de 1887, en Fort Keogh, Montana (EE.UU.), el ranchero Matt Coleman informó de un copo de nieve que medía 38 cm de ancho y 20 cm de grosor, y que más tarde describió como «más grande que las cazuelas para la leche». Un mensajero fue testigo de la caída de estos copos gigantes desde varios kilómetros de distancia.

El mayor pedazo de hielo caído del cielo

El 13 de agosto de 1849 se informó de la caída de un pedazo de hielo de 6 m de largo en Ross-shire (Escocia, R.U.). El hielo era claro y estaba compuesto de otros pedazos de hielo más pequeños o granizo. Estos objetos se denominan ahora «megacriometeoros».

LLUVIA

Más días lluviosos

En el monte Wai`ale`ale (1.569 m de altura) en la isla de Kaua`i (Hawái, EE.UU.), se dan hasta 350 días de lluvia al año. En 1982 se registraron en su cima unos chorreantes 16.916 mm de lluvia.

TEMPERATURAS EXTREMAS

El desierto más frío: Los valles secos de McMurdo en la Antártida reciben menos de 100 mm de precipitaciones al año y tienen una temperatura media anual de –20 °C.

Lugar más frío habitado permanentemente: La aldea siberiana de Oymyakon llegó a casi –68 °C en 1933, la temperatura más baja fuera de la Antártida.

Parte más fría de la atmósfera: En la mesosfera, entre 50 y 80 km por encima de la superficie terrestre, la temperatura desciende con la altitud, llegando a unos –100 °C.

Mayor rango de temperaturas: Las temperaturas en Verkhoyansk, al este de Rusia, han llegado a oscilar 105 °C, desde –68 °C a 37 °C.

Carretera más fría: La autopista de Kolyma, en Rusia, pasa por algunos de los lugares habitados de la Tierra más fríos, como Oymyakon (ver izquierda), donde se han registrado temperaturas de hasta –68 °C.

La precipitación anual más alta

Mawsynram, en Meghalaya (India), tiene un promedio de 11.873 mm de lluvia al año. La mayoría de las lluvias tienen lugar durante la temporada de los monzones, entre junio y septiembre. Meghalaya significa «tierra de las nubes».

Más en 24 horas
Entre el 15 y el 16 de marzo de 1952, cayeron 1.870 mm de lluvia en 24 h en Cilaos, en la isla de la Reunión, en el océano Índico.

Más en un mes de calendario
En julio de 1861, cayeron 9.300 mm de lluvia en Cherrapunji, Meghalaya (India).

Gotas de lluvia más grandes
El profesor Peter V. Hobbs (R.U.) y Arthur Rangno (EE.UU.), de la Universidad de Washington (EE.UU.), emplearon un equipo basado en el láser para tomar imágenes de gotas de lluvia mientras caían. Detectaron gotas que medían un mínimo de 8,6 mm en

dos ocasiones: septiembre de 1995 (en Brasil) y julio de 1999 (en las islas Marshall, océano Pacífico central).

Arcoíris más duradero
Los arcoíris aparecen cuando la luz solar pasa a través de las gotas de lluvia. La luz se refracta en diferentes ángulos, haciendo que el espectro de colores pueda ser visto mientras la luz del sol esté detrás del espectador y la lluvia enfrente. El 14 de marzo de 1994, pudo verse un arcoíris durante 6 h seguidas, entre las 9:00 y las 15:00 h, en Wetherby, Yorkshire (R.U.). Pocos arcoíris llegan a durar una hora.

RAYOS

Más descargas en un rayo
Los rayos se componen de un número indeterminado de descargas o impulsos de corriente, por lo general demasiado rápidos para poder seguirlos a simple vista. El mayor número de pulsos o descargas detectados en un único rayo son los 26 de un rayo nube-tierra caído en Nuevo México (EE.UU.) en 1962. Lo registró Marx Brook (EE.UU.).

Más vacas muertas
El 31 de octubre de 2005, un solo rayo mató a 68 vacas Jersey refugiadas bajo un árbol en la granja Warwick Marks, cerca de Dorrigo, en Nueva Gales del Sur (Australia). Otras tres quedaron paralizadas durante unas pocas horas, pero más tarde se recuperaron.

La tormenta de hielo más dañina

Del 5 al 9 de enero de 1988, en el este de Canadá y zonas limítrofes de EE.UU., las condiciones meteorológicas cortaron la energía a 3 millones de personas. La tormenta cubrió las líneas eléctricas con 10 cm de hielo e hizo caer muchos postes. Las pérdidas fueron de 2.100 millones de dólares.

El diablo de polvo más mortífero

Los diablos de polvo son torbellinos que, en condiciones soleadas, se elevan desde el suelo. El 19 de mayo de 2003 uno derrumbó una casa en Lebanon, Maine (EE.UU.), causando la muerte de un hombre. Un segundo incidente se registró el 18 de junio de 2008, con el hundimiento de un cobertizo cerca de Casper, en Wyoming (EE.UU.), en el que murió una mujer.

El lugar más caluroso de la Tierra

El aire que hay alrededor de un rayo se calienta hasta unos 30.000 °C durante una fracción de segundo. Esta temperatura es unas cinco veces mayor que la detectada en la superficie visible del Sol. El **rayo más potente** de todos es el rayo positivo, en el que la transferencia neta de la carga de la nube al suelo es positiva. Los rayos positivos son menos del 5% de todos los que caen. Duran más que los rayos normales (negativos) y generan un campo eléctrico más fuerte que da lugar a descargas de hasta mil millones de voltios y a una corriente eléctrica que puede alcanzar los 300.000 amperios.

La temperatura más alta registrada

El 10 de julio de 1913 se registró una temperatura de 56,7 °C en Greenland Ranch, en el valle de la Muerte, California (EE.UU.). Posteriormente se creyó que ésta había sido superada por los 58 °C registrados en El Azizia (Libia) en 1922, pero el 13 de septiembre de 2012 la Organización Meteorológica Mundial invalidó ese registro devolviéndole el récord al valle de la Muerte.

40 MM es la precipitación media anual en el valle de la Muerte.

Parte más caliente de la atmósfera: La termosfera comienza a unos 80 km de altura y llega hasta alrededor de los 500 km. La temperatura se eleva con la altitud y puede alcanzar los 2.000 °C cuando el Sol es particularmente fuerte.

Mayor rango de temperatura en un día: Entre el 23 y el 24 de enero de 1916, en Browning, Montana (EE.UU.), la temperatura bajó 56 °C. Un frente frío ártico penetró haciéndola bajar desde 7 °C a –49 °C.

Océano más cálido: La mayor parte del océano Índico se encuentra en los trópicos. Su temperatura superficial mínima es de unos 22 °C, pero en el este puede llegar a 28 °C.

Más precipitaciones en un minuto: El 26 de noviembre de 1970 se registraron 38,1 mm en un minuto en Basse-Terre (Guadalupe), en el Caribe.

Lugar más seco de la Tierra: Entre 1964 y 2001, la precipitación media anual en la estación meteorológica de Quillagua, en el desierto de Atacama (Chile), fue de sólo 0,5 mm.

¿HAMBRE FELINA?

Hércules come unos 12 kg de carne al día (aproximadamente el peso de un niño de dos años), regados con varios litros de agua.

El felino vivo más grande

Hércules es un ligre (un híbrido de león y tigresa) macho adulto que vive en la Myrtle Beach Safari, una reserva natural en Carolina del Sur (EE.UU.). Mide 333 cm de largo, 125 cm de alto hasta la cruz y pesa 418,2 kg. Aquí aparece con Moksha Bybee, domadora de animales de la reserva natural. Los ligres suelen ser más grandes que sus progenitores. Por el contrario, los tigones –nacidos del cruce contrario (tigre y leona)– son más pequeños.

VIDA PREHISTÓRICA

Contempla las mayores criaturas que han pisado la Tierra

Apreciar en toda su dimensión el tamaño de los dinosaurios y los animales prehistóricos más grandes del mundo puede resultar difícil. Los fragmentos de huesos y los fósiles desenterrados por los paleontólogos sólo nos ofrecen una visión parcial. Una cosa son los esqueletos, pero ¿cómo sería encontrarse cara a cara con estos terribles «lagartos»?

Para que puedas hacerte una idea de la enormidad de estas criaturas, hemos pedido a nuestros creativos de 55 Design (R.U.) que preparasen este fotomontaje con modelos de los fabricantes de juguetes alemanes Schleich que, creemos, son los que más se aproximan a la realidad. Así podrás imaginar qué pasaría si los dinosaurios se plantasen en medio de Trafalgar Square, en Londres (R.U.)…

DISFRÚTALO EN 3D

¡ATENCIÓN, REALIDAD AUMENTADA! 3D EN ESTA PÁGINA

3. Brachiosaurus
El clado de los saurópodos lo componen dinosaurios herbívoros terrestres como el *Diplodocus* o el *Brachiosaurus* que aparecieron por primera vez en el Triásico Superior, hace unos 200 millones de años. El **dinosaurio más largo** de todos era el *Amphicoelias*, que medía unos 60 m, más o menos como un Jumbo o el doble que una ballena azul *(Balaenoptera musculus)*, el **mamífero más grande** vivo en la actualidad.

1. Spinosaurus
El **mayor dinosaurio carnívoro**, y posiblemente el **mayor depredador terrestre de todos los tiempos**, era el *Spinosaurus*, que deambulaba por el actual desierto del Sáhara hace 100 millones de años. Nuevos análisis de fragmentos del cráneo realizados por el Museo Cívico de Historia Natural de Milán (Italia) calcularon que medía 17 m de largo –4 más que su compañero terópodo, el *Tyrannosaurus rex*– y pesaba entre 7 y 9 toneladas.

2. Ankylosaurus
El *Ankylosaurus* de 4 toneladas del Cretácico Superior (hace entre 70 y 65 millones de años) era el **mayor dinosaurio acorazado.** Su cuerpo estaba recubierto de duras placas y tenía una fila de púas que iban desde la parte trasera de la cabeza al mazo caudal. De hasta 10,7 m de largo y 1,2 m de alto, el *Ankylosaurus* era el tanque de la época de los dinosaurios. Con sus 1,8 m era –en proporción– el **dinosaurio más ancho** descubierto hasta ahora.

4,5 TONELADAS Peso del *Stegosaurus armatus*, el mayor de los estegosaurios.

4. Stegosaurus
A pesar de sus 9 m de longitud, era el **dinosaurio con el cerebro más pequeño**: tenía el tamaño de una nuez y pesaba tan sólo 70 g, el 0,002% de las 3,3 toneladas que solía pesar por término medio (en un elefante, representa el 0,06% y, en el ser humano, el 1,88%). En la foto puedes ver el **mayor estegosaurio**, el *Stegosaurus armatus*, reconocible por la doble fila de placas en forma de cometa que se extienden a lo largo de su lomo.

MEGAFAUNA
El término, que significa «animal grande», se usa para describir a las criaturas gigantes. La mayor megafauna sobre la Tierra vivió hace alrededor de 200 millones de años.

6. *Quetzalcoatlus*
La **mayor criatura voladora de todos los tiempos** fue el pterosaurio *Quetzalcoatlus northropi* («serpiente emplumada»). Hace unos 70 millones de años, sobrevolaba vastas áreas de EE.UU. Restos parciales descubiertos en Texas en 1971 indican que este reptil debió de medir 10-11 m de envergadura y pesar entre 86 y 113 kg.

5. *Triceratops*
Los ceratópsidos eran los dinosaurios herbívoros con el **cráneo más grande** y se distinguían por sus grandes cuernos y defensas. El propósito de los cuernos no está claro, pero es probable que los usaran para defenderse o en el ritual de apareamiento. Entre los ceratópsidos se hallaban los *Triceratops* (en la foto), que tenían los **cuernos de dinosaurio más largos**, de hasta 1 m, y los *Pentaceratops*, con el **cráneo más grande para un animal terrestre** de 3,2 m de altura.

7. *Allosaurus*
El *Allosaurus* era un miembro del suborden Theropoda («pie de bestia»), que alberga los **mayores dinosaurios carnívoros,** como el *Tyrannosaurus rex* y el *Spinosaurus* (ver a la izquierda). Los terópodos fueron la **especie de dinosaurios más afortunada** en términos de longevidad y diversidad, y dominaron la Tierra desde hace casi 200 millones de años hasta la extinción de los dinosaurios, hace 65 millones de años.

SERPIENTES

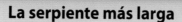

La serpiente terrestre más rápida

La agresiva mamba negra (*Dendroaspis polylepis*) recibe su nombre por el color del interior de su boca más que por el de su piel. Puede alcanzar velocidades de 16-19 km/h en acelerones cortos que la levantan del suelo. Por suerte para los humanos, prefiere emplear su velocidad para huir en lugar de atacar. *Averigua algo más en el Top 10 que aparece abajo.*

La serpiente más pesada

La anaconda verde (*Eunectes murinus*) de los bosques tropicales de América del Sur y Trinidad mide entre 5,5 y 6,1 m de longitud. El ejemplar más largo del que se tiene constancia es una hembra que se cazó en Brasil hacia 1960. Medía 8,45 m de largo y 111 cm de circunferencia, y debía de pesar alrededor de 227 kg.

La serpiente venenosa más pesada

El crótalo adamantino (*Crotalus adamanteus*) habita en el sureste de EE.UU. Aunque su veneno es mortal, no es tan agresivo como se cree. Pesa entre 5,5 y 6,8 kg, y mide entre 1,52 y 1,83 m de largo. El ejemplar más pesado llegaba a los 15 kg y medía 2,36 m de largo.

La serpiente más larga

La pitón reticulada (*Python reticulatus,* derecha), del sudeste de Asia, Indonesia y Filipinas supera normalmente los 6,25 m de largo. En 1912, se capturó una de 10 m en la isla de Célebes (actual Sulawesi, Indonesia). La **serpiente viva más larga en cautividad** –y de hecho, la **serpiente más larga de todos los tiempos**– es *Medusa* (arriba). Según la última medición, realizada el 12 de octubre de 2011 en Kansas City, Missouri (EE.UU.), alcanzaba los 7,67 m.

La serpiente marina más larga

La serpiente marina amarilla (*Hydrophis spiralis*) alcanza los 2,75 m. Habita en grandes áreas del océano Índico, en especial en su región norte. Aunque venenosa, no suele morder al hombre.

La víbora más larga

El nombre de la serpiente de cascabel muda (*Lachesis muta*), originaria de Sudamérica, podría traducirse como «destino silencioso», lo cual dice mucho acerca de su reputación en los bosques ecuatoriales del este de los Andes y en la isla de Trinidad, donde habita. Aunque mide unos 2 m, puede llegar a los 3 m. El ejemplar más largo conocido se acercaba a los 3,65 m.

La serpiente de cascabel más venenosa

La serpiente de cascabel tigre (*Crotalus tigris*) es una serpiente bastante pequeña (menos de 100 cm de largo) y produce poco veneno, unos 11 mg por término medio. Sin embargo, su valor DL_{50} – la dosis letal de veneno medido en miligramos por kilogramo de masa (ver el Top 10, más abajo)– es de sólo 0,6 mg/kg, lo cual la convierte en la serpiente de cascabel más venenosa, así como en la serpiente más venenosa de toda América.

DATO:
Ninguna especie actual se acerca a la **serpiente más larga de todos los tiempos**, un pariente prehistórico de la boa. Como su propio nombre indica, la *Titanoboa cerrejonensis* era un titán: medía entre 12 y 15 m. Su parte más gruesa era de casi 1 m de diámetro y pesaba unos 1.135 kg. Los fósiles indican que vivió hace entre 58 y 60 millones de años.

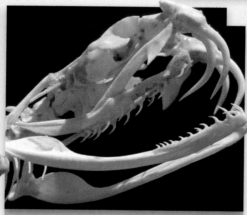

La serpiente albina más larga en cautividad

Pese a su nombre, *Twinkie* no es exactamente una mascota cariñosa. Mide 7 m de largo, algo normal para una pitón albina reticulada de 168 kg. Vive en el Reptile Zoo de Fountain Valley, California (EE.UU.) y ha aparecido varias veces en la televisión estadounidense.

La serpiente con colmillos más largos

De todas las serpientes, la víbora de Gabón (*Bitis gabonica*) es la que puede producir más veneno. Sus colmillos, de 50 mm de longitud (un ejemplar suele medir 1,83 m de largo), lo inyectan a una gran profundidad. El veneno de un macho adulto bastaría para matar a 30 personas. El envenenamiento se asocia con síntomas como hipotensión, hemorragia, paro cardíaco y sangrado espontáneo. Son dóciles y lentas pero poseen un comportamiento impredecible y atacan de improviso.

LAS 10 MÁS VENENOSAS

1. Serpiente feroz (taipán del interior o serpiente de escamas pequeñas) *Oxyuranus microlepidotus*
Australia
$DL_{50} = 0,025$ mg/kg

2. Serpiente marrón oriental
Pseudonaja textilis
Australia, Nueva Guinea, Indonesia
$DL_{50} = 0,037$ mg/kg

3. Taipán costera
Oxyuranus scutellatus
Australia y Nueva Guinea
$DL_{50} = 0,106$ mg/kg

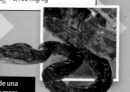

4. Krait con bandas de Taiwán
Bungarus multicinctus
Principalmente en China, Taiwán y sureste de Asia
$DL_{50} = 0,108$ mg/kg

5. Serpiente tigre peninsular
Notechis ater
Australia
$DL_{50} = 0,131$ mg/kg

DL_{50} mide la toxicidad: la dosis letal para el 50% de los sujetos de una muestra en un tiempo determinado, calculada en mg por kg de masa corporal. Los venenos más potentes son letales con una dosis mínima.

La serpiente más aérea

10
metros miden algunos ejemplares de *Chrysopelea* que se han visto desplazándose por el aire.

La serpiente voladora habita en el sureste de Asia. Perteneciente al género de las *Chrysopelea*, no vuela, sino que planea: se dobla en forma de «J» para proyectarse desde una rama, encoge el abdomen y extiende las costillas para formar un «ala» cóncava que ondula con ese movimiento tan típico que realizan las serpientes.

A MÁS ALTITUD

Una especie de crótalo venenoso (*Gloydius himalayanus*) habita en el Himalaya a 4.900 m de altitud. Estas serpientes disponen de un órgano termorreceptor situado entre los ojos que las guía con precisión en el momento de dar caza a presas de sangre caliente.

El país con más especies venenosas

Australia no sólo es el país que alberga más especies de serpientes venenosas, sino también el hogar de cinco de las serpientes que aparecen en nuestro *Top 10* de las más venenosas (ver abajo). Éstas son: en el n.º 1, el taipán del interior (*Oxyuranus microlepidotus*);

LA SSSSERPIENTE MÁSSSS CORTA

La *Leptotyphlops carlae* es una especie de serpiente hilo que mide 10 cm. Enroscada, apenas ocupa la superficie de una moneda de 50 céntimos y es tan delgada como un espagueti.

TAMAÑO REAL

20
personas –o un elefante– pueden morir por el veneno de una cobra real.

¡ATENCIÓN, REALIDAD AUMENTADA!
3D EN ESTA PÁGINA

La serpiente de colmillos traseros más venenosa

Las serpientes venenosas suelen tener los colmillos cerca de la parte delantera de la mandíbula superior. Sin embargo, en algunas especies de la familia Colubridae se hallan un poco más rezagados y vueltos hacia atrás, de ahí que se las conozca como serpientes de colmillos traseros. La más venenosa es la boomslang (*Dispholidus typus*). Habitual en el África subsahariana, posee una DL$_{50}$ de 0,06-0,72 mg/kg. En una de las novelas de la saga de Harry Potter, escritas por J. K. Rowling, se emplea su piel para elaborar una poción.

¡DISFRÚTALO EN 3D

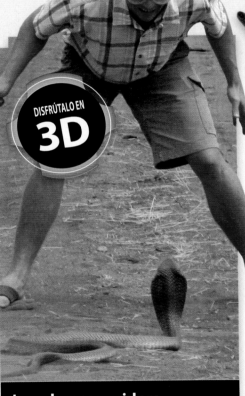

en el n.º 2, la serpiente marrón oriental (*Pseudonaja textilis*); en el n.º 3, el taipán costero (*Oxyuranus scutellatus*); en el n.º 5, la serpiente tigre peninsular (*Notechis ater*), y en el n.º 8 la serpiente tigre occidental (*Notechis scutatus occidentalis*).

La serpiente venenosa más extendida

La víbora alfombra (*ver más abajo el n.º 6*) recibe su nombre por el dibujo de sus escamas, que recuerda al de las alfombras árabes. Tiene la reputación de morder y causar la muerte de más personas que ninguna otra especie. Tan mala fama se debe al gran número de individuos y de variedades existentes. Es muy agresiva cuando se la provoca. Produce el característico sonido de sonajero (estridulación) frotando su piel antes de atacar y su mordedura causa hemorragias que no coagulan.

La serpiente venenosa más larga

La cobra real (*Ophiophagus hannah*), o hamadríada, mide entre 3 y 4 m por término medio. Autóctona de la India y el sudeste de Asia, en 1937 se capturó en Malasia el ejemplar más largo del que se tiene noticia. Trasladada al zoo de Londres (R.U.), en otoño de 1939, medía 5,71 m. Por desgracia, hubo que sacrificarla, al igual que todas las serpientes venenosas del zoo, al estallar la Segunda Guerra Mundial para evitar que se escapasen en caso de bombardeo.

LA SERPIENTE NADADORA MÁS RÁPIDA

La serpiente marina amarilla (*Pelamis platurus*) alcanza una velocidad de 1 m/s en distancias cortas, en ocasiones con la cabeza fuera del agua. Está tan adaptada a la vida en el agua que es incapaz de moverse si queda varada en tierra.

La cobra escupidora más grande

La cobra escupidora gigante (*Naja ashei*) vive en la región costera de Kenia. El ejemplar más largo conocido medía 2,7 m. Posee veneno para matar a por lo menos 15 personas y es la segunda serpiente más venenosa tras la cobra real (*ver derecha*).

6. Víbora alfombra
Echis carinatus
Oriente Medio y Asia Central
DL$_{50}$ = 0,151 mg/kg

7. Mamba negra
Dendroaspis polylepis
África subsahariana
DL$_{50}$ = 0,185 mg/kg

8. Serpiente tigre occidental
Notechis scutatus occidentalis
Australia
DL$_{50}$ = 0,194 mg/kg

9. Serpiente de coral oriental
Micrurus fulvius
México y EE.UU.
DL$_{50}$ = 0,196 mg/kg

10. Cobra filipina
Naja philippinensis
Filipinas
DL$_{50}$ = 0,2 mg/kg

VENENO

TAMAÑO REAL

TAMAÑO REAL

EL AVISPÓN MÁS GRANDE

El avispón asiático gigante *(Vespa mandarinia)* es una especie autóctona de las montañas de Japón. Su cuerpo alcanza los 5,5 cm de largo y posee una envergadura alar de unos 7,6 cm. El aguijón puede medir 0,6 cm de largo e inyectar un veneno tan potente que disuelve los tejidos humanos.

En estas páginas encontrarás criaturas venenosas y criaturas tóxicas. ¿Cuál es la diferencia entre ambas? Tiene que ver con el modo en que se libera la toxina: a diferencia del veneno, que se inyecta en la víctima, la toxina forma parte del cuerpo del animal y resulta dañina cuando se toca al animal o se devora.

El primer dinosaurio venenoso

Después de examinar un cráneo bien conservado de *Sinornithosaurus*, un equipo dirigido por Empu Gong (China) informó en 2009 que este dinosaurio presentaba unas características que indicaban que había sido venenoso, incluyendo unos visibles surcos que recorrían la superficie de sus dientes. Estos, inusualmente largos, se asemejaban a colmillos. Fue la primera vez que se encontraban evidencias de que un dinosaurio había producido veneno. El *Sinornithosaurus* vivió en lo que hoy es China a principios del período cretácico (hace entre 22 y 24,6 millones de años).

La rana más tóxica

El veneno de la rana dardo dorada *(Phyllobates terribilis)* es lo bastante potente como para matar a 10 personas adultas o 20.000 ratones de laboratorio. Algunas tribus de nativos americanos impregnaban sus dardos con el veneno de estas criaturas, de ahí su nombre común. Por suerte, de las 175 especies existentes, muy pocas se han usado con ese propósito.

La hormiga más peligrosa

Es la hormiga bulldog *(Myrmecia pyriformis)*, presente en el litoral australiano. Arriba está comiéndose un avispón *(Vespa crabro)*; lo ataca con su aguijón y sus mandíbulas a la vez. Desde 1936 ha causado la muerte de por lo menos tres personas.

Las aves acuáticas más tóxicas

El ganso con espolones *(Plectropterus gambensis)* vive en los humedales del oeste de África. Con sus 75-115 cm de altura, es el ave acuática más grande de África. Sus tejidos albergan un veneno llamado cantaridina que proviene de los escarabajos ácidos de los que se alimenta. Con sólo 10 mg de cantaridina se puede dar muerte a un ser humano. Su carne se vuelve tan tóxica que puede ser mortal para las personas que la consumen.

TAMAÑO REAL

LA VÍBORA MÁS VENENOSA

La víbora alfombra *(Echis carinatus)*, que aparece sobre estas líneas mientras se la «ordeña», por su veneno, alcanza los 80 cm de largo y puede inyectar hasta 12 mg de veneno con una única mordedura. Bastan 5 mg para matar a una persona adulta.

El lagarto venenoso más longevo

El lagarto moteado mexicano *(Heloderma horridum)* es una especie de color negro y amarillo. Habita en bosques y mide hasta 90 cm de largo. Un ejemplar vivió 33 años y 11 meses en cautividad.

El mayor lagarto venenoso

De hasta 3 m de largo y 70 kg de peso, el dragón de Komodo *(Varanus komodoensis)* es el **mayor lagarto venenoso** y la **mayor especie animal terrestre venenosa.** Aunque hace mucho tiempo que los científicos saben que en estado salvaje su saliva contiene bacterias patógenas, no fue hasta 2009 cuando se descubrió que también posee un par de glándulas secretoras de veneno en su mandíbula inferior.

12
El número de comidas al año con las que un dragón de Komodo puede sobrevivir.

La araña más venenosa

Las arañas errantes brasileñas del género *Phoneutria* son las arañas más venenosas. La araña del banano *(P. fera)* –que aquí aparece comiéndose una rana– posee el neurotóxico más activo entre todas las arañas vivas. Bastan 0,006 mg para matar a un ratón. El cuerpo y las patas de estas arañas alcanzan los 17 cm de envergadura.

TAMAÑO REAL

PELIGROS DE LAS PROFUNDIDADES

El erizo de mar más peligroso:
Las toxinas de las púas y los pedicelarios (unos órganos parecidos a pinzas) del erizo flor *(Toxopneustes pileolus)* causan dolor, problemas respiratorios y parálisis.

El molusco más venenoso:
Dos especies de pulpos de anillos azules *(Hapalochlaena maculosa y H. lunulata)* infligen unas picaduras bastante dolorosas que pueden matar en cuestión de minutos.

La serpiente marina más venenosa:
La *Hydrophis belcheri* (debajo) produce una miotoxina más tóxica que el veneno de una serpiente terrestre. La serpiente marina de pico ganchudo *(Enhydrina schistosa)* probablemente no sea menos mortífera.

El pez comestible más venenoso:
El pez globo *(Tetraodon)* produce una potente toxina llamada tetrodotoxina. Basta 0,1 g para matar a un adulto en 20 minutos.

El gasterópodo más venenoso: Los conos *(Conus)* producen un veneno neurotóxico que actúa rápidamente. Varias especies son mortales para el ser humano.

TAMAÑO REAL

El ciempiés más venenoso

El veneno de una peligrosa especie de *Scolopendra subspinipes* –un ciempiés que se encuentra sobre todo en el sureste de Asia– es tan potente que se conocen casos de personas que, tras sufrir picaduras en sus manos, las han sumergido en agua hirviendo para mitigar el insoportable dolor.

La primera terapia con veneno de abeja

Los antiguos griegos, chinos y romanos usaron la apiterapia (uso farmacológico de productos de las abejas) para tratar enfermedades. Se dice que el médico griego Galeno (129-200 d.C.) usó el veneno de abeja para tratar la calvicie.

DISFRÚTALO EN
3D

¡ATENCIÓN! REALIDAD AUMENTADA!
3D EN ESTA PÁGINA

LA SERPIENTE TERRESTRE MÁS VENENOSA

Con una sola mordedura, la serpiente de escamas pequeñas o taipán (*Oxyuranus microlepidotus*) puede inyectar 60 mg de veneno, suficiente para matar en segundos a un pequeño marsupial… o para acabar con varias personas adultas. Por suerte, vive sólo en Australia.

La avispa más grande

La avispa caza tarántulas (*Pepsis heros*) es al mismo tiempo la avispa más grande y el insecto más grande del orden de los Hymenoptera. El ejemplar más grande conocido es una hembra encontrada en el Parque Nacional de Yanachaga-Chemillén (Perú), con una envergadura alar de 121,5 mm y un cuerpo curvo de unos 62 mm de largo. Su nombre hace referencia a las presas de la avispa –las tarántulas y, en especial, la Goliat–. La avispa toma la araña entre sus mandíbulas, la paraliza con su aguijón y la arrastra hasta su nido, donde pone un huevo en su cuerpo. Las larvas de avispas recién nacidas se alimentarán de la araña aún viva.

La medusa más venenosa

La avispa de mar o medusa de caja (*Chironex fleckeri*) habita frente a las costas del norte de Australia, mar adentro. Produce suficiente veneno como para causar la muerte de 60 personas y, de hecho, se calcula que una persona muere cada año por su causa.

Los tentáculos siguen siendo tóxicos incluso cuando el animal ha muerto (*ver más abajo*). De hecho, en 2000, un socorrista australiano se salvó por muy poco después de beber agua de una

botella que contenía los tentáculos casi transparentes de un ejemplar de esta medusa.

La araña con glándulas venenosas más largas

Con casi 10,2 mm de largo y 2,7 mm de diámetro, la araña con glándulas venenosas más largas es la *Phoneutria nigriventer*, seguramente la especie de araña más agresiva de América del Sur. Cada glándula puede contener hasta 1,35 mg de veneno, suficiente para matar a 225 ratones.

La abeja más peligrosa

Aunque la abeja africana (*Apis mellifera scutellata*) suele atacar sólo cuando se la provoca, cuesta darle esquinazo. Es muy agresiva y protege ferozmente territorios de hasta 0,8 km de radio. Su veneno no es más potente que el de otras abejas, pero al atacar en enjambre el número de picaduras infligidas puede causar la muerte de su víctima.

El escorpión más venenoso

El escorpión de cola gorda (*Androctonus australis*) es el responsable del 80% de las picaduras y del 90% de las muertes por picaduras en el norte de África. Puede alcanzar los 10 cm de largo y los 15 g de peso.

TAMAÑO REAL

LA MAYOR EXCAVADORA

Descubierta en 2012 en la isla de Sulawesi, la **mayor avispa excavadora** (*Megalara garuda*) puede alcanzar los 34 mm de largo.

2.000
Número de especies de escorpión. Unas 30 son mortales para los seres humanos.

La medusa más grande:
La medusa melena de león ártica (*Cyanea capillata arctica*) es un enorme predador marino de 2,28 m de ancho y 36,5 m de largo. Su picadura puede matar a una persona.

La anémona marina más tóxica:
Los tejidos de la matamalu, o anémona seta gigante (*Rhodactis howesii*), contienen una toxina paralizante única que puede ser mortal para las personas que la comen cruda.

El pez más venenoso:
El pez piedra (*Synanceia horrida*), de la familia de los Synanceiidae, posee unas glándulas venenosas mayores que las de cualquier otro pez conocido. El contacto con las espinas de sus aletas puede resultar mortal.

La medusa más venenosa:
La picadura de la avispa de mar o medusa de caja (*Chironex fleckeri*) provoca vómitos, náuseas, diarrea, escalofríos, sudoración y dolores antes de causar la muerte.

El tiburón más tóxico:
La carne del tiburón de Groenlandia (*Somniosus microcephalus*) contiene una neurotoxina y debe ser hervida varias veces cambiando el agua antes de que pueda comerse.

BICHOS

El insecto palo más pesado

Las hembras del insecto palo gigante *(Heteropteryx dilatata)* pesan más que los machos. En 1977, el zoo de Londres registró una de 51,2 g. Se trata de una especie autóctona de los bosques pluviales del Sudeste Asiático, como Malasia Peninsular, Sarawak (en Borneo, Malasia), Sumatra (Indonesia), Singapur y Tailandia.

Invertebrados

Los solífugos del género *Solpuga* tienen una capacidad de aceleración aproximada de 16 km/h. Viven en África del Norte y Oriente Próximo. También se los denomina arañas camello y arañas sol, lo cual es erróneo puesto que su cuerpo se divide en cabeza, tórax y abdomen, a diferencia de las demás arañas, que sólo tienen cabeza y tórax.

La cucaracha más pesada

La cucaracha rinoceronte *(Macropanesthia rhinoceros)* de Queensland oriental (Australia) no tiene alas y vive en madrigueras. El ejemplar con más peso fue una hembra de 33,45 g, casi el doble de lo normal en la especie.

MÁS RÁPIDO...

Insecto volador

La libélula australiana *(Austrophlebia costalis)* puede alcanzar los 58 km/h en distancias cortas. En 1917, se registró una velocidad en el suelo de 98,6 km/h en un tramo de 73-82 m.

Araña

La araña casera gigante *(Tegenaria gigantea)* es originaria de América del Norte. En 1970, una hembra adulta alcanzó una velocidad máxima de 0,53 m/s en distancias cortas.

Aleteo de un insecto

Un mosquito pequeño del género *Forcipomyia* agita las alas 62.760 veces por minuto. El ciclo de contracción-expansión muscular del insecto dura 0,00045 s. Es el **movimiento muscular más rápido** jamás registrado.

El movimiento automático más rápido

El bachaco *(Odontomachus bauri)* cierra las mandíbulas exteriores a 35-64 m/s, en un tiempo medio de 0,13 milisegundos: 2.300 veces más rápido que un parpadeo humano.

La mayor familia de arácnidos

Los saltícidos son arañas saltadoras y por su clasificación –o taxonomía– constituyen la familia más numerosa. Cuenta con unas 5.000 especies de más de 500 tipos –o géneros–, que suponen aproximadamente el 13% de todas las especies de arañas conocidas.

CUERNOS DE LUCHA
El escarabajo hércules macho se enfrenta a otros usando los cuernos, que pueden levantar hasta 2 kg de peso.

MÁS GRANDE...

Mariposa

La envergadura de una mariposa alas de pájaro hembra *(Ornithoptera alexandrae)*, de Papúa Nueva Guinea, puede superar los 28 cm y su peso, más de 25 g. Posee un tamaño similar al de un gorrión común *(Passer domesticus)*.

El escarabajo más grande

El escarabajo hércules *(Dynastes hercules)* de Sudamérica mide 17 cm, cuernos incluidos. Contando sólo la longitud del cuerpo, ostenta el récord el titán *(Titanus giganteus)*, también de Sudamérica. Aunque son pocos los ejemplares de más de 15 cm, se midió uno disecado de 16,7 cm.

BICHOS DIMINUTOS*

El insecto más pequeño: El escarabajo de alas plumosas de la familia *Ptiliidae* (0,25 mm); vive en todo el mundo.

La mariposa nocturna más pequeña: *Stigmella ridiculosa* (2 mm); vive en las Islas Canarias.

La abeja más pequeña: *Perdita minima* (2 mm); vive en el suroeste de EE.UU.

El escorpión más pequeño: *Microbuthus pusillus* (13 mm); vive en la costa del mar Rojo.

La mosca más pequeña (díptero): *Euryplatea nanaknihali* (0,4 mm); vive en Tailandia.

*No se muestra el tamaño real

El vinagrillo más grande

El alacrán látigo *(Mastigoproctus giganteus)*, originario del sur de EE.UU. y gran parte de México puede crecer hasta los 6 cm de longitud. El ejemplar más pesado era de 12,4 g. Estos arácnidos parecidos a escorpiones lanzan una sustancia química por las glándulas anales para repeler a los depredadores. Su componente principal es el ácido acético (vinagre), de ahí su nombre común.

TAMAÑO REAL

TAMAÑO REAL

El escarabajo más pesado

Un ejemplar de larva desarrollada de escarabajo elefante *(Megasoma actaeon)*, de las regiones septentrionales de Sudamérica, alcanzó los 228 g en 2009. Con casi el mismo peso que una rata hembra adulta, es el artrópodo no marino más pesado (sin contar los crustáceos). Es decir, no sólo es el escarabajo de mayor peso del mundo sino el **insecto más pesado** de todos.

TAMAÑO REAL

El parásito más peligroso

Entre las especies del mosquito del género *Anopheles,* las hay capaces de transmitir parásitos de la malaria. Probablemente son los responsables de la mitad de las muertes humanas desde la Prehistoria, guerras y accidentes aparte.

La termita más grande

Las reinas de termita guerrera africana *(Macrotermes bellicosus)* pueden medir 14 cm de largo y 3,5 cm de ancho, tamaño con el que pueden poner 30.000 huevos al día. Su pareja macho y ella viven hasta 20 años en gigantescas colonias con millones de termitas. En la República Democrática del Congo se registró el **montículo de termita más alto,** de 12,8 m.

Extendiéndolas de orilla a orilla de un río mediante un mecanismo aún desconocido, logra las **telarañas más largas** del mundo, de 25 m.

Las **áreas continuas más largas de telarañas** las crean los miembros del género indio *Stegodyphus.* A diferencia de las arañas que tejen telas planas, éstas las superponen y entrelazan creando redes tridimensionales que pueden cubrir varios kilómetros de vegetación.

Insecto prehistórico

La libélula *Meganeura monyi* vivió hace aproximadamente unos 280 millones de años. Los restos fósiles de las alas descubiertos en Commentry (Francia) indican una envergadura de hasta 70 cm.

El cuerpo de insecto más largo

El Museo de Historia Natural de Londres conserva un ejemplar de insecto palo *(Phobaeticus chani)* de 35,5 cm de largo. Con las patas estiradas alcanza los 56,6 cm. Hallaron esta especie poco común en Borneo (Malasia).

Ciempiés

El ciempiés gigante *(Scolopendra gigantea)* mide 26 cm. Vive en Centroamérica y Sudamérica y caza ratones, lagartijas y ranas, y una población que vive colgada boca abajo en grutas venezolanas se alimenta de murciélagos. *Ver también pág. 31.*

Telarañas

La araña ladradora de Darwin *(Caerostris darwini)* de Madagascar teje telarañas que cubren hasta 2,8 m².

TAMAÑO REAL

Las mariposas más ruidosas

Las mariposas tronadoras *(Hamadryas)* de Centroamérica y Sudamérica hacen honor a su nombre: en su cortejo, las alas anteriores producen un chasquido que se puede oír a 30 m de distancia.

La avispa más pequeña: *Dicopomorpha echmepterygis* (0,139 mm); vive en Costa Rica.

El ciempiés más pequeño: El ciempiés enano de Hoffman *(Nannarrup hoffmani;* 10,3 mm); N.Y. (EE.UU.).

La cucaracha más pequeña: Hormiga cucaracha *Attaphila fungicola* (3 mm); vive en EE.UU.

La araña más pequeña: *Patu marplesi* (0,43 mm); vive en Samoa Occidental.

La mariposa más pequeña por su envergadura: El enano azul *Oraidium barberae* (14 mm); vive en Sudáfrica.

AVES DE PRESA

19
Años que pueden vivir los gerifaltes en cautividad.

El halcón más grande

El gerifalte hembra *(Falco rusticolus)* posee una envergadura que oscila entre 1,24 y 1,6 m, un peso entre 1,2 y 2,1 kg y una longitud de 51 a 65 cm. Reside principalmente en las costas e islas árticas de Europa, Asia y Norteamérica.

El ave de presa más pequeña

Dos aves comparten este récord: el halconcito indonesio *(Microhierax fringillarius)* del sudeste asiático y el halconcito de Borneo *(Microhierax latifrons)* del noroeste de Borneo. Ambas especies tienen una longitud media de entre 14 y 15 cm –incluyendo una cola de 5 cm– y pesan alrededor de 35 g.

El búho más grande de todos los tiempos

Considerado nada o poco volador, el ya extinto búho cubano gigante *(Ornimegalonyx)* medía 1,1 m de altura, con unas patas en proporción, y es probable que pesara al menos 9 kg. Esta criatura colosal fue descubierta cuando se estudiaban cuatro especies muy cercanas que databan del Pleistoceno tardío, hace 10.000 años.

Las especies de búhos más nuevas

Las especies de halcón-búho Cebú *(Ninox rumseyi)* y halcón-búho Camiguin *(N. leventisi),* ambos encontrados en Filipinas, se registraron

en un mismo trabajo publicado en 2012 por *Forktail,* una revista científica dedicada a la ornitología asiática. El autor principal del trabajo fue el profesor Pam Rasmussen de la Universidad Estatal de Míchigan, en East Lansing, Míchigan (EE.UU.).

El buitre del Viejo Mundo de mayor envergadura

El quebrantahuesos *(Gypaetus barbatus)* es una especie un tanto atípica, con la cola en forma de cuña y la cabeza con plumas, autóctona de la Europa meridional, África, el subcontinente indio y el Tíbet. Mide hasta 2,83 m de envergadura, un poco más que el no menos impactante buitre leonado *(Gyps fulvus)* de la Europa meridional, el norte de África y Asia, que puede llegar a los 2,80 m.

Y QUE CONSTE…

Genéticamente, los buitres del Viejo y del Nuevo Mundo no están muy relacionados; ambas familias de aves son similares, a causa de la «evolución convergente», en la que ciertos animales desarrollan características similares por vivir en entornos similares.

El ave de presa más grande

El cóndor andino macho *(Vultur gryphus),* un buitre del Nuevo Mundo autóctono de las costas del Pacífico en Sudamérica, es el ave de presa más grande tanto por su peso (entre 9 y 12 kg) como por su envergadura (3,2 m).

Un cóndor californiano *(Gymnogyps californianus)* conservado en la Academia de Ciencias de California en Los Ángeles (EE.UU.), llegó a pesar 14,1 kg. Sin embargo, esta especie suele ser más pequeña que la andina y raramente excede los 10,4 kg.

El buitre más pequeño del Viejo Mundo

El alimoche sombrío *(Necrosyrtes monachus),* nativo del África subsahariana, mide entre 62 y 72 cm, pesa sólo entre 1,5 y 2,6 kg, y su envergadura oscila entre 1,6 y 2,6 m.

TAMAÑO REAL

La especie de halcón más pequeño

El halconcito indonesio *(Microhierax fringillarius),* un ave que suele habitar en los bosques, pesa sólo 35 g y mide entre 14 y 16 cm de largo, y entre 27 y 32 cm de envergadura, casi como un gorrión.

Las especies de gavilanes más nuevas

Oficialmente descrito y nombrado en 2010, el busardo de Socotra *(Buteo socotraensis)* ya está reconocido como una nueva especie. Es nativo de Socotra, una isla remota en el océano Índico que alberga otras tantas especies endémicas.

Las aves que vuelan más alto

La mayor altitud registrada por un ave es de 11.300 m por el buitre de Rüppell, que chocó contra un avión comercial sobre Abiyán (Costa de Marfil), el 29 de noviembre de 1973. La cantidad de restos de plumas del ave que se recuperó permitió que el Museo Americano de Historia Natural realizara una identificación positiva de esta ave que raramente se observa por encima de los 6.000 m.

AVES AGRESIVAS

Carancho norteño *(Caracara cheriway):* Este audaz carroñero es una de las pocas aves que caza de pie y permanece a muy poca distancia del suelo. A menudo roba o ahuyenta con saña a otros depredadores, como los buitres.

Búho real *(Bubo bubo):* Es uno de los búhos más grandes y poderosos de la actualidad. Se sabe que ha derribado zorros e incluso ciervos.

Casuario común *(Casuarius casuarius):* Con una reputación temible por atacar al hombre cuando se la molesta, esta enorme ave no voladora puede asestar un golpe o un corte mortal con sus garras en forma de daga.

Gavilán colirrojo *(Buteo jamaicensis):* Este ruidoso carnívoro, durante la caza, emite un chillido aterrador para repeler a gavilanes rivales, y defiende su territorio de manera agresiva.

Barnacla canadiense *(Branta canadensis):* Este ganso norteamericano, que se encuentra generalmente en parques urbanos de Canadá, se vuelve muy susceptible cuando anida, y atacará y morderá a quien se le acerque.

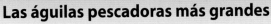

La familia de aves de presa más pequeña

La familia Sagittariidae consta sólo de una especie viva: el secretario africano (*Sagittarius serpentarius*). Su cresta en forma de plumas desbarbadas y sus largas patas similares a las de la grulla lo distinguen enseguida del resto de aves de presa. Había sido clasificado en la familia de las aves relacionadas con las grullas conocidas como *seriemas,* pero desde 1935 cuenta con una familia propia.

El buceo más veloz de un ave

Al zambullirse, el halcón peregrino (*Falco peregrinus*) desarrolla una velocidad terminal de unos 300 km/h, de ahí que la presa tenga pocas posibilidades de escapar. El buceo más veloz totalmente documentado tuvo lugar durante una serie de experimentos en los cuales un halcón peregrino alcanzó los 270 km/h al incidir con un ángulo de 30º y los 350 km/h con otro de 45º.

La dieta más restrictiva

En condiciones normales, el caracolero común o gavilán caracolero (*Rostrhamus sociabilis*) se alimenta solamente de caracoles manzana, grandes moluscos gasterópodos de agua dulce, autóctonos de los Everglades de Florida (EE.UU.). Durante las sequías, cuando estos caracoles escasean, el caracolero devora también cangrejos de río para sobrevivir, pero recupera su dieta de caracoles tan pronto como se restablecen las condiciones normales.

Las águilas pescadoras más grandes

Con un tamaño, una potencia y una agresividad increíbles, el pigargo de Steller (*Haliaeetus pelagicus*) es incluso más dominante que sus primos, el águila calva y el pigargo europeo. Se encuentra a lo largo de la costa nororiental de Asia. Las hembras pesan entre 6,8 y 9 kg, y su envergadura oscila entre los 1,95 y los 2,5 m.

50 Kilos de presión al estrujar los huesos, fuerza que las harpías aplican a su presa con los talones.

El ave de presa más fuerte

Capaz de matar y transportar animales con un tamaño igual o superior al suyo, el águila harpía hembra (*Harpia harpyja*) pesa 9 kg. Este superdepredador (llamado así porque está en la cima de su cadena alimentaria) es conocido por alimentarse regularmente de mamíferos que cuelgan de los árboles, como perezosos y monos.

La lechuza común más grande

Reconocibles por su máscara en forma de corazón, las lechuzas comunes o titónidos constituyen una familia taxonómica completamente distinta (*Tytonidae*) de otras lechuzas (*Strigidae*). El más grande de los majestuosos titónidos es el búho enmascarado australiano (*Tyto novaehollandiae*) y se encuentra en las zonas no desérticas de Australia y también en el sur de Nueva Guinea. Las hembras presentan una envergadura de hasta 1,28 m, pesan entre 0,55 y 1,26 kg, y alcanzan una altura entre 0,4 y 0,5 m.

El nido más grande

Un par de águilas calvas (*Haliaeetus leucocephalus*), y posiblemente sus vástagos, construyeron un nido de 2,9 m de ancho y 6 m de profundidad cerca de San Petersburgo, en Florida (EE.UU.). El enorme nido pesaba más de dos toneladas cuando se midió, el 1 de enero de 1963.

Los montículos de incubación construidos por el faisán australiano de tierra (*Leipoa ocellata*) pueden conllevar una acumulación de material con un peso de hasta 300 toneladas.

AVES DE PLUMA Estos amigos enmascarados a menudo mantendrán el mismo compañero toda la vida y defenderán juntos su territorio. El macho incluso alimenta a la hembra durante los 30 o 32 días que pasa incubando los huevos.

El buitre más común del Nuevo Mundo

La población global del buitre americano de cabeza roja (*Cathartes aura*) es de unos 4.500.000 ejemplares, hecho que lo convierte en la especie de buitre o catártido más predominante del Nuevo Mundo.

Águila coronada (*Stephanoaetus coronatus*): Considerada como el águila africana más feroz debido a su gusto por las presas grandes como los antílopes, esta ave majestuosa ha sido apodada en África como «el leopardo del aire».

Halcón mexicano (*Falco mexicanus*): Rápido y temerario, este depredador de tamaño medio posee un carácter nervioso que lo hace impredecible y despiadado durante los ataques.

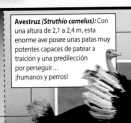
Avestruz (*Struthio camelus*): Con una altura de 2,1 a 2,4 m, esta enorme ave posee unas patas muy potentes capaces de patear a traición y una predilección por perseguir… ¡humanos y perros!

Águila marcial (*Polemaetus bellicosus*): Este superdepredador posee la habilidad de cazar aves en pleno vuelo. Incluso se lo ha visto atrapar babuinos y cachorros de león.

Págalo grande (*Stercorarius*): Este pirata de los cielos acosa enérgicamente y roba comida a depredadores más grandes. Y se echará en picado sobre cualquier criatura que se acerque a su nido.

BESTIAS EXTRAÑAS

2
Longitud en metros del enorme cuerno presente en la frente de esta bestia.

El primer tiburón híbrido

En enero de 2012, los científicos revelaron que se habían descubierto los primeros tiburones híbridos en las costas de Queensland (Australia), resultado del cruce del tiburón de puntas negras australiano (*Carcharhinus tilstoni*) y el tiburón de puntas negras común (*C. limbatus*). El primero sólo se halla en aguas tropicales, pero su descendencia híbrida habita en aguas más frías.

El animal marino más largo

A simple vista similares a la medusa, los sifonóforos son, sin embargo, criaturas muy diferentes. Cada sifonóforo es en realidad una colonia o superorganismo; es decir, cada parte de su cuerpo es un organismo diferente y muy especializado, adaptado

anatómicamente para cumplir una determinada función (por ejemplo, flotar, picar, alimentarse o reproducirse). Una especie de sifonóforo, la *Praya dubia,* mide entre 30 y 50 m y está considerada como la criatura de mar más larga.

La longitud de onda de luz más larga percibida por un pez

Hasta hace poco, se creía que los peces no podían percibir la luz infrarroja. Sin embargo, en octubre de 2012, biólogos de la Universidad de Bonn (Alemania) anunciaron que unos experimentos habían confirmado que el *Pelvicachromis taeniatus* –una especie africana de cíclido de agua dulce que vive en ríos turbios y oscuros– es capaz de percibir a su presa

El mayor unicornio real

El mamífero más grande con un cuerno en el centro de la cabeza fue el rinoceronte prehistórico conocido como *Elasmotherium*, o «unicornio gigante». Era del tamaño de un mamut; su altura excedía los 2,5 m; su longitud, a veces, los 5 m, y pesaba unas 5 toneladas.

en un rango de longitud de onda por encima de los 780 nanómetros. En el espectro electromagnético, esta longitud se encuentra dentro del rango del infrarrojo cercano.

El cangrejo yeti más nuevo

Los cangrejos yeti son un género particular (*Kiwa*) de crustáceos con forma de cangrejo nombrados así por las abundantes hebras (*setae*) con forma de cabello en sus extremidades torácicas. En enero de 2012, los científicos anunciaron el descubrimiento de una nueva especie de cangrejo yeti a unos 2.500 m de profundidad en el suelo del océano Antártico. Esta especie presentaba abundantes *setae* en patas, garras y la parte inferior del tórax. Se lo había apodado «Hasselhoff», por el actor norteamericano David Hasselhoff, quien a menudo exhibía su torso hirsuto en la serie de TV *Los vigilantes de la playa*.

50
Crías de Poitou nacen cada año, y son más escasos que los rinocerontes blancos y los pandas gigantes.

La raza de asno con el pelaje más largo

El asno francés Baudet du Poitou está recubierto de un pelaje cuya longitud media es de 15 cm. A menudo se deja deliberadamente que se enmarañe para que adquiera una forma característica, llamada *cadenette*. El animal la conserva durante toda la vida, lo que hace que su apariencia adquiera progresivamente un aspecto andrajoso.

Y QUE CONSTE…

Zoe Pollock y su madre Annie (*izquierda*) viven en Norley Farm cerca de Lymington, en Hampshire (R.U.), con una manada de siete Poitous. En mayo de 2012, sometieron a sus peludos asnos a un refrescante corte de pelo. Para algunos, ¡era el primero en 17 años!

EN LO MÁS PROFUNDO

Escorpión: El *Alacran tartarus* se encuentra en cuevas a más de 800 m de profundidad.

Colonia de murciélagos: Una colonia de pequeños murciélagos marrones (*Myotis lucifugus*) hiberna en una mina de cinc de Nueva York (EE.UU.) a 1.160 m de profundidad.

Insecto: Las larvas del mosquito no picador *Sergentia koschowi* viven a 1.360 m de profundidad en el Baikal (Siberia), el **lago más profundo del mundo**.

Pulpo: El pulpo Dumbo (*Grimpoteuthis*) vive a 1.500 m de profundidad, cerca del suelo oceánico. Su cuerpo mide aproximadamente 20 cm de longitud.

Estrella de mar: Un ejemplar de *Porcellanaster ivanovi* fue hallado a 7.584 m de profundidad en la fosa de las Marianas, en el océano Pacífico occidental.

TAMAÑO REAL

nariz estrellada (*Condylura cristata*), con un tiempo récord de 120 milisegundos.

La nariz del topo de nariz estrellada está cubierta con 25.000 mecanorreceptores, conocidos como órganos de Eimer, y es el **órgano animal más sensible.** Ultrasensible al tacto, la nariz de este animal es cinco o seis veces más sensible que la mano humana.

La mayor tortuga de agua dulce

La *Carbonemys cofrinii* («tortuga carbón») vivió hace 60 millones de años, en la época del Paleoceno. Los primeros restos conocidos de esta tortuga gigante se hallaron en 2005 en una mina de carbón colombiana, pero no fue nombrada ni descrita de manera oficial hasta 2012. Su caparazón medía 1,72 m de largo –la altura media de un hombre– y su longitud total, alcanzaba los 2,5 m, unas dimensiones equivalentes a un coche Smart.

La mayor proporción entre ojo y cuerpo

El *Vampyroteuthis infernalis* llega a los 28 cm de largo, mientras que sus ojos alcanzan un diámetro de 2,5 cm, con una proporción alrededor de 12:1. A pesar de su imponente nombre –«calamar vampiro de los avernos»– es inofensivo. El **ojo más grande** pertenece al calamar gigante del Atlántico (*Architeuthis dux*), con un diámetro de 40 cm.

El mamífero que come a mayor velocidad

Una investigación publicada en febrero de 2005 por el Dr. Kenneth Catania de la Vanderbilt University, Tennessee (EE.UU.), registró un tiempo promedio de ingesta de alimentos de 230 milisegundos en un topo de

SIN PEREZA PARA CRECER
Incluso a cuatro patas, este enorme perezoso habría sido más alto que un elefante africano de sabana macho.

Los parásitos fosilizados más antiguos

En enero de 2013, los científicos hicieron público el descubrimiento de 93 huevos de tenia en los coprolitos (excrementos) de un tiburón fosilizado de 270 millones de años de antigüedad en Brasil. Uno de los huevos incluso contenía una supuesta larva en desarrollo. Estos huevos de tenia fosilizados –del Paleozoico Superior– son 140 millones de años más antiguos que los de cualquier otro parásito fosilizado.

El animal terrestre vivo con más dientes

El geco de cola de hoja (*Uroplatus fimbriatus*) de Madagascar tiene 169 dientes en su mandíbula superior y 148 en la inferior. Entre los animales no acuáticos, sólo ciertos pterosaurios prehistóricos (reptiles voladores) han poseído una cantidad de dientes tan grande.

El perezoso más grande

El perezoso terrestre de Florida (*Eremotherium eomigrans*) vivió desde hace 4,9 millones de años hasta el Pleistoceno, hace aproximadamente 300.000 años. Pesaba más de 5 toneladas y medía 6 m de largo. De pie sobre sus patas traseras, podía alcanzar los 5,2 m de alto, y tenía cinco dedos, cuatro de los cuales ostentaban unas enormes garras de casi 30 cm de largo.

EXPLORA EL MUNDO TAL COMO LO VE UN BICHO EN LA PÁG. 32

El tiburón virgen más fecundo

Zebedee es un tiburón cebra hembra (*Stegostoma fasciatum*) que está expuesto en el acuario de un restaurante en el hotel Burj Al Arab de Dubái (EAU). Desde 2007, lleva produciendo una gran cantidad de crías de huevos de tiburón, aunque no ha estado en compañía de ningún tiburón macho. Algunas hembras de tiburón se reproducen partenogenéticamente –es decir, a través de un parto virginal (reproducción asexual)– y *Zebedee* es la más prolífica en cautiverio.

Crustáceo: En noviembre de 1980, el buque estadounidense de investigación *Thomas Washington* halló anfípodos vivos a 10.500 m de profundidad en el abismo de Challenger (fosa de las Marianas) en el océano Pacífico occidental.

Pez: El *Abyssobrotula galatheae*, una especie de brótula de 20 cm de largo, fue hallada en la fosa de Puerto Rico a 8.370 m de profundidad.

Esponja: Algunos ejemplares de la familia *Cladorhizidae* fueron hallados a 8.840 m de profundidad.

Vida multicelular: Una especie de gusano nematodo (*Halicephalobus mephisto*) de 5 mm de largo vive a unos 3,6 km por debajo de la superficie terrestre.

Xenophyophore: En julio de 2011, los científicos del Scripps Institution of Oceanography descubrieron ejemplares de estas formas de vida unicelulares a 10,6 km de profundidad, en la fosa de las Marianas.

ZOOS

El mayor acuario interior

El S.E.A. Aquarium de Singapur exhibe 47 hábitats (acuarios) diferentes que contienen un total de 38,7 millones de litros de agua dulce y salada. Parte del Resorts World Sentosa, fue inaugurado oficialmente el 7 de diciembre de 2012. El acuario alberga 100.000 animales –de más de 800 especies– incluidas manta rayas, meros guasa y tiburones.

El primer zoo

En 2009, se halló al sur de Luxor (Egipto) una colección de más de 112 animales, descubierta cuando se excavaban los antiguos asentamientos de Hieracómpolis. Los restos de animales –elefantes, gatos salvajes, babuinos, ñus e hipopótamos– datan del 3500 a.C.

El **zoo más antiguo abierto de manera ininterrumpida** es el Tiergarten Schönbrunn, que forma parte del Palacio Schönbrunn, en Viena (Austria). Creado en 1752 como una colección de la corona por orden de Francisco I, emperador del Sacro Imperio Romano, se abrió por primera vez al público en 1779.

La primera casa de insectos

La casa de insectos del Zoo de Londres (R.U.) se inauguró en 1881 con el objeto de exponer gusanos de seda, así como las mariposas y gusanos más raros de Europa. El Zoo de Londres también albergó el **primer zoo para niños**, inaugurado en 1938 por el estadounidense Teddy Kennedy –el futuro senador Edward Kennedy– cuando tenía seis años de edad.

La gorila en cautiverio más longeva

Colo (n. el 22 de diciembre de 1956) vive en el Columbus Zoo and Aquarium de Powell (Ohio, EE.UU.). El 4 de abril de 2013, con 56 años y 103 días, era la gorila en cautiverio más longeva. De nombre *Columbus,* como su lugar de nacimiento, *Colo* también fue la **primera gorila nacida en cautiverio**.

El primer acuario público

El 18 de febrero de 1852, el Consejo de la Zoological Society of London (R.U.) encargó la construcción de un Vivero Acuático (el nombre con el que se designaba a los acuarios por entonces) en el Zoo de Londres. Se inauguró en mayo de 1853 y muy pronto se conoció como «Fish House». En 1894, el naturalista británico Philip Henry Gosse acuñó allí el término *acuario;* al principio no fue muy popular entre los investigadores clásicos, ya que significaba «abrevadero para el ganado».

El mayor pantano interior

El mayor pantano interior alojado en el Henry Doorly Zoo and Aquarium de Omaha (Nebraska, EE.UU.), ocupa 10 ha y alberga casi 730.000 litros de agua.

LA CÚPULA
La Desert Dome exhibe plantas y animales de tres grandes desiertos: el de Namibia, en el sur de África; el de Sonora, en Norteamérica, y el Red Centre en Australia.

El mayor desierto interior

Alojada bajo la **mayor cúpula geodésica de vidrio** (armazón de forma esférica) que existe, la Desert Dome de Omaha (Nebraska, EE.UU.), forma parte del Henry Doorly Zoo and Aquarium y abarca 7.840 m² de exposición dividida en dos niveles.

Más okapis criados en cautiverio

Los okapis, que no fueron descubiertos por los científicos hasta 1901, son muy difíciles de criar en cautiverio. Sin embargo, a enero de 2013, el Zoo de Amberes (Bélgica) había criado 47. En 1954, se transformó en el primer zoo fuera de la República Democrática del Congo en criar este raro habitante de los bosques emparentado con la jirafa.

45 CM
Distancia a la que se puede estirar la lengua de un okapi. No sólo la usa para comer: ¡también para limpiarse los ojos y los oídos!

LOS 10 ZOOS MÁS GRANDES (EN NÚMERO DE ESPECIES)

Zoo de Berlín (Alemania): El zoo más antiguo de Alemania abrió en 1844 y actualmente alberga más de 1.500 especies.

Wilhelma (Alemania): Es el mayor jardín botánico y zoológico de Europa. Alberga 1.000 especies.

Henry Doorly Zoo (EE.UU.): Alberga el mayor complejo felino de Norteamérica y la exhibición nocturna, el pantano interior y la cúpula del desierto más grandes de todos los zoos del mundo. Exhibe 962 especies.

Zoo de Amberes (Bélgica): Es el parque animal más antiguo de Bélgica y alberga una colección de 950 especies.

Zoo de Moscú (Rusia): El mayor zoo de Rusia abarca 21,5 ha y posee animales de 927 especies.

La mayor exhibición nocturna

Kingdoms of the Night se encuentra en el Henry Doorly Zoo de Omaha (Nebraska, EE.UU.), y cubre una superficie de 3.900 m². Inaugurado en abril de 2003, hasta aquel momento, las obras costaron 31,5 millones de dólares. El ciclo del día está invertido, lo que permite a los visitantes observar la vida cotidiana de diversos animales nocturnos como cerdos hormigueros, fosas *(recuadro)*, murciélagos de la fruta y salamandras gigantes japonesas.

Posee cipreses y una guarida de castor, y alberga 38 especies animales típicas de los pantanos, incluido el raro cocodrilo albino americano.

La mayor reserva de caza

Es la Selous Game Reserve de Tanzania, con una superficie total de más de 55.000 km². Sin presencia humana, ocupa un área más grande que Suiza y debe su nombre al explorador y naturalista inglés Frederick Selous.

La mayor exhibición de animales bicéfalos vivos

Entre el 22 de agosto y el 5 de septiembre de 2006, el World Aquarium de Saint Louis (Misuri, EE.UU.), exhibió 11 especímenes bicéfalos vivos; entre ellos, una víbora ratonera albina llamada *Golden Girls*.

Más zoos visitados

Mark Lehman, de San Bernardino (California, EE.UU.), visitó 341 zoos de todo el mundo entre julio de 1993 y octubre de 2000.

La dieta animal más rara

El examen interno de un avestruz muerto que había vivido en el Zoo de Londres (R.U.) reveló que durante su vida se había tragado ¡un reloj despertador, un franco belga, dos cuartos de penique, un carrete de fotos, un lápiz, tres guantes y un pañuelo!

El pingüino con el rango más alto

Sir Nils Olav, un pingüino rey macho, posee el rango de coronel en jefe de la Guardia Real de Noruega. Vive en el Zoo de Edimburgo, en Escocia (R.U.), donde fue ascendido de sargento mayor de regimiento a su rango actual, el 18 de agosto de 2005.

21
Es la edad del conde de Brockelsby cuando inauguró Reptile Gardens, en 1937.

El mayor zoo de reptiles

Originariamente, el conde de Brockelsby (EE.UU.), un humilde aficionado a la herpetología, lo montó en 1937 para su deleite personal. Actualmente, Reptile Gardens, en las afueras de Rapid City (Dakota del Sur, EE.UU.), alberga al menos 225 especies y subespecies diferentes de reptiles.

Más especies en un zoo

El Zoologischer Garten Berlin (Jardín Zoológico de Berlín) –el primer zoo alemán– se inauguró el 1 de agosto de 1844. En 2012 sus 35 ha albergaban 19.484 animales de 1.474 especies diferentes; entre ellas, osos hormigueros, osos polares e hipopótamos *(en la foto)*. Es uno de los zoos más populares del mundo y el más célebre de Europa. En 2011 registró alrededor de 2,9 millones de visitantes.

LOCOS POR KNUT

En la foto de arriba, *Knut* el oso polar (5 de diciembre de 2006 a 9 de marzo de 2011). Hacía más de 30 años que no nacía un cachorro de oso polar en el zoo de Berlín, y sobrevivía hasta llegar a la edad adulta.

PERROS INCREÍBLES

DESFILE
El desfile de mascotas de Saint Louis (Misuri, EE.UU.) se celebra cada año desde 1994. La temática de los disfraces varía en cada ocasión.

Más perros disfrazados

Nestlé Purina Pet Care (EE.UU.) organizó una Beggin' Pet Parade para 1.326 perros en Saint Louis, Misuri (EE.UU.), el 12 de febrero de 2012. Aunque se trataba de un carnaval para todo tipo de mascotas, acudieron sobre todo perros, en su mayor parte ataviados con trajes muy coloridos.

El perro de asistencia más pequeño

Cupcake es un chihuahua de pelo largo hembra que, el 8 de septiembre de 2012, medía 15,87 cm de alto y 36,19 cm de la nariz a la cola. Es propiedad de Angela Bain de Moorestown (Nueva Jersey, EE.UU.). Los perros de asistencia son entrenados para ayudar a sus propietarios.

La raza canina con más dientes

Los cachorros de chow chow suelen tener 44 dientes, mientras que otros perros tienen 42 o menos.

El rabo de perro más largo

El 12 de abril de 2012, *Bentley* tenía una cola de 66,04 cm. Este gran danés de Colorado Springs (Colorado, EE.UU.) pertenece a Patrick Malcom y es el sobrino de *Gibson,* el ejemplar que ostentaba el récord del perro más alto.

Las orejas más largas de un perro vivo

Harbor, propiedad de Jennifer Wert, de Colorado (EE.UU.), es un perro cazador de mapaches negro y cobre cuyas orejas izquierda y derecha miden 31,1 y 34,3 cm, respectivamente.

UN DANÉS DE ALTURA
La altura media de un gran danés adulto oscila entre los 76 y 86 cm para un macho, y los 71 y 81 cm para una hembra.

La perra más alta

El 27 de junio de 2012, *Bella,* un gran danés propiedad de Andrew y Suzanne Barbee, de Chandler (Arizona, EE.UU.), registró una altura hasta la cruz de 94,93 cm. Ha ganado cuatro títulos de prueba de obediencia. Otro gran danés llamado *Zeus* es el **perro más alto** (y el **perro más alto de todos los tiempos**). Medía 111 cm de altura el 4 de octubre de 2011. Sus dueños son Denise Doorlag y su familia, de Otsego (Míchigan, EE.UU.).

3
Días que Rob y *Davy* practicaron, en agosto de 2012. Su mejor lanzamiento fue de 111,55 m.

El disco volador atrapado por un perro lanzado a más distancia

El whippet *Davy* atrapó un disco volador arrojado a 122,5 m por Robert McLeod (Canadá) en Thorhild (Alberta, Canadá), el 14 de octubre de 2012. Rob es un competidor profesional de disco volador que ha conseguido el récord de **más latas de bebida golpeadas con discos voladores en un minuto:** 28.

La raza con más dedos

El lundehund noruego, o perro frailecillo, tiene seis dedos por pata. Los dedos extra le sirven para agarrarse a las cuevas de las paredes de los acantilados, donde caza frailecillos.

Las orejas de perro más largas

Tigger, un San Huberto de Saint Joseph (Illinois, EE.UU.), se convirtió en el perro con las orejas más largas de todos los tiempos. En 2004, medían 69,1 cm.

TRABAJANDO COMO UN PERRO

Más perros guía entrenados por una organización: Hasta 2011, la Guide Dogs for the Blind Association (R.U.) había entrenado con éxito a más de 29.000 perros para servir de lazarillos.

El perro más veloz cazando ratas: Un «bull terrier» llamado *Billy,* que vivió a principios del siglo XIX, mató 4.000 ratas en 17 h.

El primer animal cuyo testimonio se admite en un juicio: Los perros de San Huberto se han usado para rastrear humanos desde la época de los romanos. Su testimonio es admisible en algunos juzgados de EE.UU.

La mayor recompensa por un perro: En 2004, la cabeza de *Agata*, una golden labrador, tenía un precio de 10.000 dólares por haber detectado más de 300 kg de cocaína en Colombia.

La primera estrella canina del cine: *Rollie Rover* fue tan popular en *Salvado por su perro* (R.U., 1905) que el negativo se gastó y la película tuvo que rodarse de nuevo.

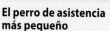

120
Decibelios produce un motor de avión en el despegue. Una exposición prolongada resulta peligrosa.

El ladrido más fuerte

Sin duda, el ladrido de *Charlie* es peor que su mordedura. El 20 de octubre de 2012 alcanzó los 113,1 dB, durante el Purina Bark in the Park, en Rymill Park (Adelaida, Australia). El golden retriever, de enormes pulmones, pertenece a Belinda Freebairn.

El **mayor ladrido de una jauría de perros** alcanzó los 124 dB y lo realizaron 76 perros en un evento en Washington Park, Colorado (EE.UU.), el 7 de noviembre de 2009.

La raza canina más pesada

El mastín inglés macho y el San Bernardo generalmente pesan entre 77 y 91 kg.

El salto de muelle más largo

El salto de muelle es una prueba en la que los perros corren por un muelle –generalmente de unos 12,19 m de largo– y saltan hacia el agua para atrapar un juguete. *Taz*, un labrador propiedad de Mike Chiasson (Canadá), realizó un salto de muelle de 9,44 m de largo en Clayton, Nueva York (EE.UU.), el 17 de junio de 2012. El récord lo igualó el 4 de agosto de 2012 *Cochiti*, un whippet propiedad de la criadora de perros Diane Salts, de Ridgefield (Washington, EE.UU.).

OZZY EN LÍNEA
Un video de YouTube de *Ozzy* balanceándose con sus patas traseras en una cuerda de metal tuvo más de 80.000 visitas por día.

El perro vivo más pequeño

El 21 de febrero de 2013, *Milly* –un chihuahua propiedad de Vanesa Semler de Dorado (Puerto Rico)– medía 9,65 cm de altura.

Otro chihuahua, *Heaven Sent Brandy,* propiedad de Paulette Keller, de Largo (Florida, EE.UU.), ostenta el récord del **perro vivo de menor longitud,** alcanzando los 15,2 cm desde la nariz a la cola, el 31 de enero de 2005.

Ambos están por encima del **perro más pequeño de todos los tiempos,** un yorkshire terrier enano propiedad de Arthur Marples de Blackburn (R.U.). Este diminuto perro medía 7,11 cm hasta los hombros y 9,5 cm de la nariz a la cola. Murió en 1945.

TAMAÑO REAL

Más pelotas de tenis sostenidas por un perro con la boca

Augie, un golden retriever propiedad de la familia Miller de Dallas (Texas, EE.UU.), mantuvo cinco pelotas de tenis con su boca el 6 de julio de 2003.

La bola de pelos de perro más pesada

El Texas Hearing and Service Dogs (EE.UU.) cepilló 8.126 perros para crear una bola de pelo que pesó 91,17 kg. Ocurrió en Austin (Texas, EE.UU.), el 7 de abril de 2012.

La raza canina más inteligente

Un estudio publicado en 2009 por Stanley Coren (EE.UU.), profesor de psicología en la Universidad de la Columbia Británica (Canadá) –y una encuesta entre 200 jueces de obediencia canina– reveló que el border collie es la raza de perro más inteligente, seguida por el poodle y el pastor alemán. Los perros más inteligentes entienden 250 palabras, ¡el equivalente a un niño de dos años!

El perro más rápido en atravesar una cuerda floja

Un ejemplar producto del cruce de border collie y kelpie llamado *Ozzy* atravesó una cuerda floja de 3,5 m de largo en 18,22 s en el F.A.I.T.H. Animal Rescue Centre, en Norfolk (R.U.), el 1 de febrero de 2013. *Ozzy* –cuyo nombre completo es *Osbert Humperdinck Pumpernickle*– vive en Norwich (R.U.), con su dueño, Nick Johnson.

La raza canina con menos pelo

El xoloitzcuintli (nombre completo del xolo o perro pelón mexicano) no suele tener pelo en el cuerpo, aunque sí tiene pelos cortos en la cabeza, las patas y la punta de la cola. Esto se debe a un gen mutante dominante que, al tratarse de una raza antigua, probablemente se originó hace muchos miles de años y puede haberle ayudado a cazar en climas calurosos.

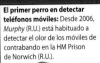

El salto en paracaídas de un hombre y un perro desde más altura: Mike Forsythe (EE.UU.) y *Cara* saltaron en paracaídas desde un avión a 9.174 m y aterrizaron sanos y salvos.

El primer perro en detectar teléfonos móviles: Desde 2006, *Murphy* (R.U.) está habituado a detectar el olor de los móviles de contrabando en la HM Prison de Norwich (R.U.).

El perro rastreador más exitoso: *Snag,* un perro de aduanas de EE.UU., realizó 118 decomisos de droga por un valor de 810 millones de dólares en 2003.

SNAG
SAN DIEGO
PACIFIC REGION

El primer perro del espacio: *Laika* viajó al espacio en noviembre de 1957 a bordo de la nave rusa *Sputnik 2.*

El más joven en ganar un concurso de perros de caza: El cachorro de labrador negro de 246 días *Surprise of Triple Crown* ganó el South of Ireland Gundog Club's Open Field Trial Stake en Offaly (Irlanda), el 6 de diciembre de 1971.

MASCOTAS

DISFRÚTALO EN 3D

¡ATENCIÓN, REALIDAD AUMENTADA! 3D EN ESTA PÁGINA

El primer periquito común albino

En 1931, nació la variante albina del periquito común *(Melopsittacus undulatus)* en la pajarera del señor E. Böhm von Bawerk de Viena (Austria). Los progenitores de la hembra, la última de nueve crías, eran de color cobalto y blanco.

El mayor vocabulario de un pájaro

Puck, el periquito de Camille Jordan, de Petaluma (California, EE.UU.), sabía unas 1.728 palabras cuando falleció en 1994. Expertos en ornitología documentaron su vocabulario durante varios meses.

El récord del **mayor vocabulario de un pájaro vivo es** de 148 palabras, pronunciadas por otro periquito, *Oskar,* propiedad de Gabriela Danisch, de Bad Oeynhausen (Alemania). Su parloteo se puso a prueba el 8 de septiembre de 2010.

El **primer periquito común parlante** perteneció al preso inglés Thomas Watling, afincado en Australia en 1788 tras su traslado. A su periquito le enseñó a decir «¿Qué tal, doctor White?» (el doctor James White era el médico de la colonia y un apasionado naturalista). Fue el primer ejemplo de mascota parlante del que se tiene constancia, aunque el nombre del pájaro no quedó registrado para la posteridad.

El loro más anciano

El más anciano y vivo es *Poncho,* un guacamayo hembra de 87 años que dedicó su «carrera» al cine de Hollywood pero que hoy, jubilada, vive en Telford (Shropshire, R.U.). *Poncho* llegó al R.U. en 2000 para rodar *102 Dálmatas* (EE.UU.-R.U.) pero al estar muy débil para volver a casa, la adoptaron Rebecca Taylor y Sophie Williams (ambas de R.U.), propietarias de una tienda de mascotas.

El salto más largo de una cobaya

Truffles (R.U.) dio un brinco de 48 cm en Rosyth, Fife (R.U.), el 6 de abril de 2012. Batió así su propio récord de 40 cm, logrado el 30 de marzo de 2012.

La raza de canario doméstico más grande

Es el canario rizado parisino; el adulto mide de 19 a 22 cm de largo.

¡LEVÁNTATE Y PATINA!
¡Happie habría llegado más lejos de no chocar contra una barrera de aparcamiento!

La mayor distancia de una cabra en monopatín

Happie es una cabra enana de Nigeria que vive con Melody Cooke y su familia en Fort Myers (Florida, EE.UU.), donde ha conseguido perfeccionar sus excelentes dotes sobre el monopatín.

El 4 de marzo de 2012 se montó en uno y recorrió una distancia de 36 m en 25 s.

El gato de compañía más alto

Guinness World Records se entristeció al conocer la muerte de *Savannah Islands Trouble,* el gato de 48,3 cm de alto, el 15 de agosto de 2012. Propiedad de Debby Maraspini (EE.UU.), se midió en Reno, Nevada (EE.UU.), el 30 de octubre de 2011. Ningún gato de compañía ha superado su altura.

El ronroneo de gato más alto

Pese a haber varios gatos en lid, el récord del ronroneo más alto sigue ostentándolo *Smokey,* el gato de Ruth Adams (R.U.). El 25 de marzo de 2011, su ronroneo alcanzó los 67,7 dB.

ANIMALES TRABAJADORES

El chimpancé con más éxito de Wall Street: En 1999, *Raven* se convirtió en el 22.º mejor gestor de cuentas de EE.UU. al elegir acciones de una lista de 133 empresas de Internet tirando los dardos.

El primer concierto de piano para gato: *Catcerto* es un concierto para gato y orquesta, compuesto por Mindaugas Piečaitis (Lituania) y ejecutado por su gata *Nora* (EE.UU.). Se estrenó el 5 de junio de 2009.

El camello de mayor rango: *Bert* es un agente policial voluntario del departamento del *sheriff* del condado de Los Ángeles (EE.UU.) y sale de patrulla con su adiestrador, Nance Fite (EE.UU.).

El gato con más cartas de fans: *Socks,* que vivió en la Casa Blanca durante la presidencia de Bill Clinton de 1992 a 2000, por lo visto recibía 75.000 cartas y paquetes por semana.

El burro más valiente: En 1997, un burro del ejército australiano llamado *Murphy* recibió la Cruz Púrpura al valor animal de la RSPCA Australia en nombre de todos los burros de la batalla de Galípoli de 1915-1916 en la Primera Guerra Mundial. *Murphy* transportaba heridos a los hospitales de campaña.

MÁS ANCIANO...

Gato
Creme Puff nació el 3 de agosto de 1967 y vivió con Jake Perry en Austin (Texas, EE.UU.), hasta el 6 de agosto de 2005, es decir, durante 38 años y 3 días.

Cacatúa ninfa
Pretty Boy tenía 28 años y 47 días cuando murió en 2004. Este ejemplar macho nació en 1975 y perteneció a Catherine Masarin, de Hinckley (Ohio, EE.UU.).

La raza de conejo más prolífica

En época de apareamiento, el californiano *(arriba)* y el neozelandés pueden producir de cinco a seis camadas, cada una de hasta 12 gazapos. En comparación, un conejo salvaje suele producir cinco camadas de tres a siete crías.

Jerbo (enjaulado)
Sahara, un jerbo de Mongolia *(Meriones unguiculatus)* que nació en mayo de 1973 y perteneció a Aaron Milstone de Michigan (EE.UU.), murió el 4 de octubre de 1981, a los 8 años y 4 meses.

Carpín
Tish, un carpín dorado *(Carassius auratus)*, vivió 43 años después de que sus dueños, la familia Hand (R.U.), lo ganaran en una feria en 1956.

Hámster
El de Karen Smeaton, de Tyne & Wear (R.U.), cumplió 4 años y 6 meses.

Loro (disecado)
Al poco de fallecer en 1702 Frances Stuart, duquesa de Richmond y Lennox –una amante del rey Carlos II de Inglaterra–, su loro gris africano *(Psittacus erithacus)* también murió, supuestamente de pena. Hoy, el pájaro disecado posa junto a una efigie de cera de la duquesa, expuesta en el museo de la Abadía de Westminster de Londres (R.U.).

Los conejos más ancianos

En enero de 2013 se produjo la muerte de *Do*, el **conejo más anciano vivo** del mundo *(arriba)*. *Do*, que vivió con Jenna Antol en Nueva Jersey (EE.UU.), cumplió 17 años y 14 días, y le quedaba menos de un año para convertirse en el **conejo más anciano de la historia,** récord que ostenta *Flopsy* (1964-1983), propiedad de L. B. Walker, de Tasmania (Australia).

42 Son las razas felinas reconocidas por la Cat Fanciers' Association, entre ellas las 40 con estatus de campeonato.

El pelaje de gato más largo

Colonel Meow, un cruce de himalayo-persa de dos años de Anne Marie Avey de Seattle, Washington (EE.UU.), saltó a la fama en Internet por su cómica expresión de enfado. Sin embargo, ha entrado en el libro de los récords por su pelaje. Medido el 20 de noviembre de 2012, los mechones más largos –basándose en una media de al menos 10 pelos– alcanzaban los 22,87 cm.

El mejor gato ratonero: Una gata tortuga llamada *Towser* (R.U), la felina ratonera de la destilería Glenturret, cerca de Crieff, en Perth and Kinross (R.U.), se había deshecho de unos 28.900 ratones en 1987.

La perra señal con más años de servicio: *Donna*, la perra señal de John Hogan de Pyrmont en Nueva Gales del Sur (Australia), cumplió 18 años de asistencia el 6 de mayo de 1995.

La mayor orquesta de animales: La Thai Elephant Orchestra del Thai Elephant Conservation Centre de Lampang (Tailandia) está formada por 12 miembros y pesa unas 23 toneladas.

El galgo con más carreras ganadas consecutivas: Entre el 15 de abril de 1985 y el 9 de diciembre de 1986, *Ballyregan Bob* (R.U.) ganó 32 carreras de galgos consecutivas.

El perro policía más pequeño: *Midge* es un cruce de chihuahua y Rat Terrier de 28 cm de alto y 58 cm de largo. La perrita trabaja con su dueño, el *sheriff* Dan McClelland (EE.UU.), en su oficina del condado de Geauga, en Chardon (Ohio, EE.UU.).

DISFRÚTALO EN
3D

TAMAÑO
REAL

CUERPO HUMANO

La mujer viva más baja

El 16 de diciembre de 2011, Jyoti Amge, que mide 62,8 cm, cumplió 18 años y se convirtió en la mujer viva más baja. Guinness World Records acompañó a Jyoti, que hasta ese momento había sido la **persona adolescente más baja**, mientras se media en el Wockhardt Super Speciality Hospital de Nagpur (India), el día de su cumpleaños. Se comprobó que era 6,2 cm más baja que el anterior poseedor del récord. Estrella en ciernes, Jyoti se dispone ahora a actuar en las películas de Bollywood.

Datos:	
Corpoalteración	046
El tamaño importa	048
Anatomía alucinante	050
Pies asombrosos	052
Pelo	054
Maravillas médicas	056
Los más ancianos	058
Mente y memoria	060
Gastronautas	062
Gastronomía a lo grande	064

¡ATENCIÓN, REALIDAD AUMENTADA!
3D EN ESTA PÁGINA

CORPOALTERACIÓN

Conoce a los modificadores corporales más extremos del mundo

Piercings, tatuajes, implantes, corsés, dilataciones, escarificaciones, limado de dientes... Cuesta imaginarse la cantidad de maneras en que los seres humanos podemos modificar nuestros cuerpos con fines estéticos. A continuación vemos algunas personas que han llevado al límite esta sorprendente, y muchas veces controvertida, forma de expresión.

Los tatuajes en la frente de Gabriela están realizados y poseen una dimensión extra por los implantes subcutáneos.

Y QUE CONSTE...

Un implante es una estructura –generalmente hecha de metal, silicona o coral– que se coloca debajo de la piel. Los hay de dos tipos: subcutáneo *(arriba)*, que se aloja completamente debajo de la piel; y transcutáneo, que sobresale de la piel. ¡Los Peralta tienen ambos tipos! *Ver la tabla en la página siguiente.*

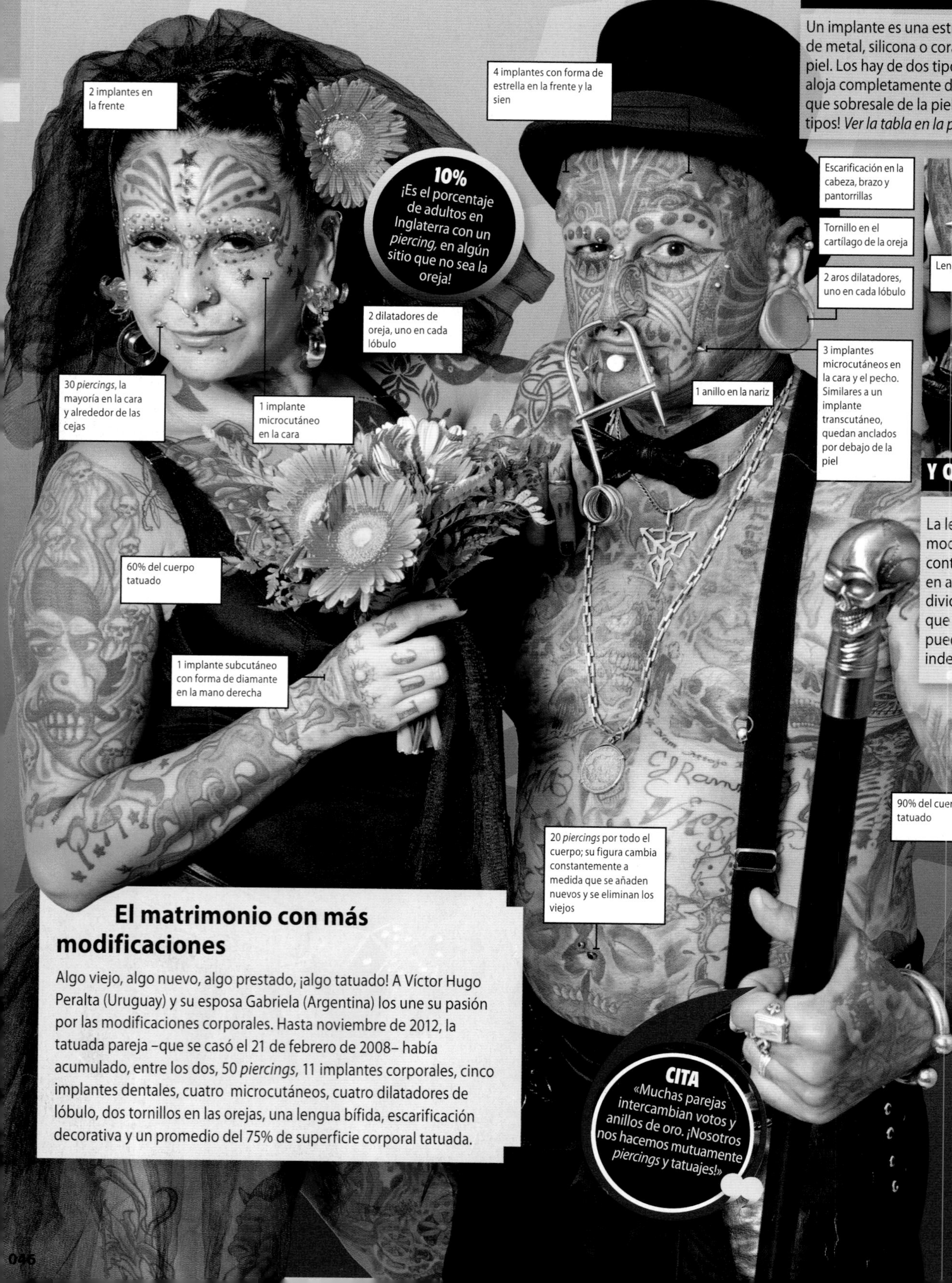

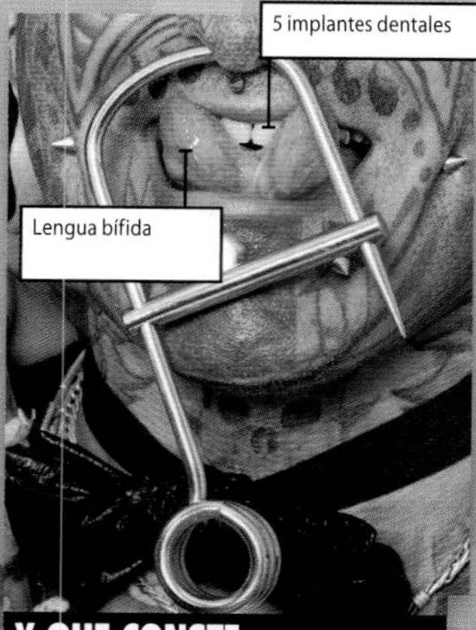

2 implantes en la frente

4 implantes con forma de estrella en la frente y la sien

Escarificación en la cabeza, brazo y pantorrillas

5 implantes dentales

Tornillo en el cartílago de la oreja

10%
¡Es el porcentaje de adultos en Inglaterra con un *piercing*, en algún sitio que no sea la oreja!

2 dilatadores de oreja, uno en cada lóbulo

2 aros dilatadores, uno en cada lóbulo

Lengua bífida

30 *piercings*, la mayoría en la cara y alrededor de las cejas

1 implante microcutáneo en la cara

3 implantes microcutáneos en la cara y el pecho. Similares a un implante transcutáneo, quedan anclados por debajo de la piel

1 anillo en la nariz

Y QUE CONSTE...

La lengua de Víctor es bífida. La modificación –no exenta de controversia e incluso prohibida en algunos países– consiste en dividir la lengua en dos, de modo que cada parte, con la práctica, pueda moverse de manera independiente.

60% del cuerpo tatuado

1 implante subcutáneo con forma de diamante en la mano derecha

90% del cuerpo tatuado

4 implantes subcutáneos: una estrella y una horquilla en cada brazo

20 *piercings* por todo el cuerpo; su figura cambia constantemente a medida que se añaden nuevos y se eliminan los viejos

El matrimonio con más modificaciones

Algo viejo, algo nuevo, algo prestado, ¡algo tatuado! A Víctor Hugo Peralta (Uruguay) y su esposa Gabriela (Argentina) los une su pasión por las modificaciones corporales. Hasta noviembre de 2012, la tatuada pareja –que se casó el 21 de febrero de 2008– había acumulado, entre los dos, 50 *piercings*, 11 implantes corporales, cinco implantes dentales, cuatro microcutáneos, cuatro dilatadores de lóbulo, dos tornillos en las orejas, una lengua bífida, escarificación decorativa y un promedio del 75% de superficie corporal tatuada.

CITA
«Muchas parejas intercambian votos y anillos de oro. ¡Nosotros nos hacemos mutuamente *piercings* y tatuajes!»

DESCUBRE MÁS MARAVILLAS MÉDICAS (PÁGS. 56-57)

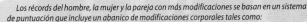

Los récords del hombre, la mujer y la pareja con más modificaciones se basan en un sistema de puntuación que incluye un abanico de modificaciones corporales tales como:

MODIFICACIÓN	¿QUÉ ES?
Tatuajes	La tinta indeleble se inyecta en la capa de la dermis de la piel, debajo de la epidermis y por debajo del tejido subcutáneo.
Piercings	Se perfora la piel para añadir joyas –generalmente pendientes, tornillos y anillos– ya sea de manera provisional o permanente.
Implantes subcutáneos	Joyas o estructuras (a menudo de silicona o teflón) que se colocan debajo de la piel, donde se realiza una incisión y se crea un «bolsillo» en el que se implanta la estructura, después de ésta la incisión se cose.
Implantes transcutáneos	Es un implante que se hace debajo de la piel y que sobresale por encima.
Implantes microcutáneos	Aunque parece un implante transcutáneo se ancla por debajo de la piel y resulta menos invasivo que los procedimientos transcutáneos.
Implantes dentales	Similares a los implantes dentales convencionales que se fijan a la encía de manera permanente, si bien en esta ocasión se emplean dientes de metal (generalmente de titanio o acero).
Remodelación dental	Se liman los dientes para conseguir formas poco habituales, como colmillos de vampiro.
Escarificación	Se graba la superficie de la piel con una punta afilada (o, de un tiempo a esta parte, con un láser) para que las cicatrices formen dibujos.
Estiramiento de piel	Suele realizarse en los lóbulos perforados mediante el uso de joyas pesadas o dilatadores diseñados especialmente.
Bifurcación de lengua	Se realiza una incisión en la punta de la lengua y se prolonga unos centímetros hacia dentro para que adopte una forma bífida.

La mujer con más *piercings*

Si se trata sólo de *piercings*, nadie puede vencer a la colorida Elaine Davidson (Brasil/R.U.). La suma total cambia continuamente a medida que la cantidad de pendientes y remaches se le va quedando pequeña y se coloca otros nuevos, pero se ha perforado al menos 4.225 veces desde el año 2000.

El hombre más tatuado

Lucky Rich (Australia/NZ) es lo máximo en tatuajes, tras someterse a más de 1.000 horas de tatuado. Los nuevos tatuajes se graban sobre los antiguos, lo que hace que esté cubierto casi en un 200%.

La mujer con más modificaciones

María José Cristerna (México) se ha realizado 49 modificaciones, incluyendo una gran superficie tatuada, implantes subcutáneos en la frente, el pecho y los brazos, y *piercings* en las cejas, los labios, la nariz, la lengua, los lóbulos y el ombligo.

El hombre con más modificaciones

Puede que reconozcas al alemán Rolf Buchholz; aparecía en la edición del 2012 de los *Guinness World Records* como el **hombre más perforado**, con 453 *piercings*. Desde entonces, se ha sometido a una serie de modificaciones que incluyen más *piercings*, implantes sub y transcutáneos (que incluyen un nuevo par de cuernos) y tatuajes. El 1 de enero de 2013, contaba con 510 modificaciones en total.

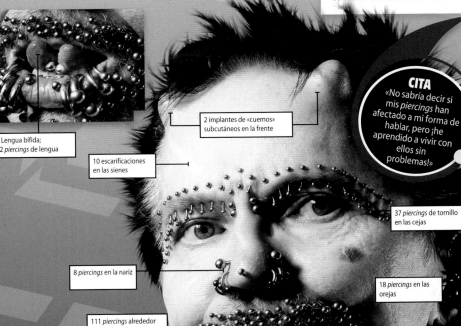

Lengua bífida; 2 *piercings* de lengua

2 implantes de «cuernos» subcutáneos en la frente

10 escarificaciones en las sienes

37 *piercings* de tornillo en las cejas

8 *piercings* en la nariz

18 *piercings* en las orejas

111 *piercings* alrededor de la boca y los labios

Fuera de la fotografía: 285 *piercings* y 7 implantes en el resto del cuerpo

9 implantes subcutáneos en el antebrazo (6 en el derecho, 3 en el izquierdo)

5 *piercings* en la barbilla

6 implantes subcutáneos en la muñeca

4 dilatadores de oreja, 2 en cada lóbulo

CITA
«No sabría decir si mis *piercings* han afectado a mi forma de hablar, pero ¡he aprendido a vivir con ellos sin problemas!»

90% de tatuajes; sólo la cara y los genitales no están tatuados

Y QUE CONSTE...

Rolf, consultor informático, comenzó a modificar su cuerpo 13 años atrás. Se hizo su primer *piercing* y su primer tatuaje el mismo día, con 40 años de edad. Aquí lo vemos antes de que comenzase a alterar su cuerpo.

5 implantes magnéticos en la punta de los dedos de la mano derecha

EL TAMAÑO IMPORTA

El hombre más alto de todos los tiempos

El hombre más alto de la historia del que se tienen pruebas médicas irrefutables es Robert Pershing Wadlow (EE.UU., 22 de febrero de 1918-15 de julio de 1940). Cuando lo midieron por última vez, el 27 de junio de 1940, alcanzaba los 272 cm de altura. Su mayor peso registrado fue de 222,71 kg al cumplir 21 años. Cuando murió pesaba 199 kg. Lo enterraron en Alton, Illinois (EE.UU.), en un ataúd de 3,28 m de largo. *Ver pág. 50 para más detalles.*

La mujer más alta de todos los tiempos

Zeng Jinlian (China, 26 de junio de 1964-13 de febrero de 1982), de la aldea de Yujiang, en la comuna de la Luna Brillante (provincia de Hunan), medía al morir 248 cm. Esta cifra representaba su altura suponiendo una curvatura vertebral normal, ya que padecía escoliosis severa (curvatura de la columna) y no se podía mantener erguida. A los cuatro meses, comenzó a crecer de manera anormal. Antes de cumplir cuatro años ya medía 156 cm, y 217 cm al cumplir 13.

La mujer más baja de todos los tiempos

Pauline Musters, conocida como la Princesa Pauline (Países Bajos), nació en Ossendrecht el 26 de febrero de 1876. En aquel momento medía 30 cm. A los nueve años, alcanzó los 55 cm, aunque pesaba sólo 1,5 kg. Murió de neumonía y meningitis el 1 de marzo de 1895, en Nueva York (EE.UU.), a los 19 años. Un reconocimiento post mórtem determinó que medía exactamente 61 cm.

La mujer viva más baja

Jyoti Kisanji Amge (India) medía 62,8 cm en Nagpur (India), el 16 de diciembre de 2011. *Ver pág. 44 para más detalles.*

La estatura más variable

La única persona clínicamente documentada que ha sido tanto enano como gigante es Adam Rainer (Austria, 1899-1950). A los 21 años medía sólo 118 cm, pero comenzó a crecer con rapidez. Hacia 1931, casi había duplicado su altura: medía 218 cm. Se debilitó tanto que pasó el resto de su vida postrado en la cama. Al morir, su estatura era de 234 cm.

CRECIMIENTO REPENTINO
A los cuatro años, Brenden tenía la altura media de un niño de ocho años; a los ocho, era tan alto como uno de 15.

CITA
«Los niños solían burlarse y para mí era muy difícil. Pero ahora estoy muy orgulloso de ser alto.»

El hombre vivo más alto

Sultan Kösen (Turquía) sigue ocupando el trono del hombre –y la persona– viva más alta del planeta. El 8 de febrero de 2011, en su última revisión médica en Ankara (Turquía), medía 251 cm. Sultan, que nació el 10 de diciembre de 1982, también tiene las **manos más largas** –28,5 cm desde la muñeca hasta la punta del dedo corazón– y la **mano de mayor envergadura**, con 30,48 cm.

El adolescente más alto

Brenden Adams, nacido el 20 de septiembre de 1995 en Ellensburg (Washington , EE.UU.), con sus 225,1 cm, se ha convertido en el adolescente más alto. Brenden padece un trastorno cromosómico muy raro –actualmente es el único caso conocido– y en algunos momentos de su infancia llegó a ser más alto que Robert Pershing Wadlow (**el hombre más alto de todos los tiempos**, *ver arriba*) a la misma edad.

Y QUE CONSTE...

La altura más descomunal reivindicada por un gigante fue de 283,2 cm, por el finlandés Daniel Cajanus (1724-1749). Su altura real, determinada post mórtem, ¡era de 222,2 cm!

¡PARA MÁS ANATOMÍAS ALUCINANTES, PASA A LA PÁG. SIGUIENTE!

UN CUERPO DE RÉCORD

El músculo más fuerte: El masetero (uno a cada lado de la boca), con el que se muerde.

La arteria más larga: La aorta, que distribuye la sangre oxigenada por todo el cuerpo; tiene 3 cm de diámetro cuando sale del corazón.

La vena más larga: La vena cava inferior, que transporta la sangre de la parte baja del cuerpo al corazón.

La articulación con más movimiento: La del hombro; por ello se disloca con más facilidad.

El matrimonio más bajo

Douglas Maistre Breger da Silva y Claudia Pereira Rocha (ambos de Brasil) medían 90 y 93 cm, respectivamente –183 cm en total– cuando se casaron el 27 de octubre de 1998, en Curitiba (Brasil).

La mujer viva más alta

A finales de 2012, Guinness World Records se lamentó al enterarse de la muerte de Yao Defen (China) quien, con 233,3 cm, era la mujer más alta del planeta. En diciembre, un juez y un equipo médico viajaron a la casa de la posible sucesora, Siddiqa Parveen, del sur de Dinajpur (India, *en la foto*). Los primeros informes de un centro de salud local le otorgaban 249 cm. Lamentablemente, debido a problemas de salud y a la imposibilidad de la señorita Parveen para mantenerse erguida de pie, no puede determinarse su altura exacta. El doctor Debashis Saha, quien realizó el reconocimiento, calculó que su altura de pie sería de al menos 233,6 cm.

DATO:
Dangi tenía 72 años cuando lo midieron por primera vez, en febrero de 2012. Esto lo convierte en la persona más anciana de todos los tiempos en obtener el título del hombre más bajo.

El matrimonio vivo más alto

Los ex jugadores de básquet Yao Ming y Ye Li (ambos de China) miden 228,6 y 190,5 cm respectivamente, lo que da un total de 419,1 cm. Se casaron en Shanghái (China), el 6 de agosto de 2007.

El matrimonio más alto de todos los tiempos

Se dice que Anna Haining Swan (Canadá, 1846-1888) medía 246 cm, pero su altura real a los 17 años era de 241 cm, hecho que la convierte en la **adolescente más alta de todos los tiempos**. El 17 de junio de 1871, Anna se casó con Martin van Buren Bates (EE.UU., 1837-1919), quien medía 236 cm, y formaron el matrimonio más alto del que se tiene constancia.

El hombre vivo más bajo

Con 54,6 cm, el hombre vivo más bajo –y el **más bajo de todos los tiempos**– es Chandra Bahadur Dangi (Nepal), a quien midieron en el CIWEC Clinic Travel Medicine Center de Lainchaur, Katmandú (Nepal), el 26 de febrero de 2012. Desde que consiguió el récord, Dangi ha hecho sus primeros viajes transoceánicos para visitar Australia, Japón e Italia. Esta foto se tomó durante sus vacaciones en Roma.

EL CLUB DE LOS 2,45 M: LA HISTORIA DE LOS 13 GIGANTES DE MÁS DE 245 CM

A menudo, las exageraciones impiden precisar la altura real de los gigantes humanos. Las únicas personas cuya altura de 245 cm o más se ha registrado de manera fiable son las 13 que aparecen a continuación.

NOMBRE	LOCALIZACIÓN	ALTURA
Robert Pershing Wadlow (1918–1940)	Alton (Illinois, EE.UU.)	272 cm
John William Rogan (1871–1905)	Gallatin (Tennessee, EE.UU.)	264 cm. Padecía anquilosis (endurecimiento de las articulaciones debido a la formación de adhesiones) y no se podía poner en pie; lo midieron sentado
John F Carroll (1932–1969)	Búfalo (Nueva York, EE.UU.)	263,5 cm. Padecía cifoescoliosis severa (curvatura vertebral); la cifra representa la altura suponiendo una curvatura normal, y se calculó a partir de una altura de pie de 245 cm
Väinö Myllyrinne (1909–1963)	Helsinki (Finlandia)	251,4 cm
Sultan Kösen (n. 1982)	Mardin (Turquía)	251,0 cm
Don Koehler (1925–1981)	Denton, Montana (EE.UU.)	248,9 cm
Bernard Coyne (1897–1921)	Anthon, Iowa (EE.UU.)	248,9 cm. Padecía gigantismo eunucoide
Zeng Jinlian (1964–1982)	Yujiang (Hunan, China)	248 cm. Padecía escoliosis severa; su altura se calculó suponiendo una curvatura vertebral normal
Patrick Cotter (O'Brien) (1760–1806)	Kinsale (condado de Cork, Irlanda)	246,4 cm. Su altura se revisó basándose en una nueva medición de su esqueleto después de exhumar sus huesos, el 19 de diciembre de 1972
Brahim Takioullah (n. 1982)	Guelmim (Marruecos)	246,3 cm
«Constantine», también conocido como Julius Koch (1872–1902)	Reutlingen (Alemania occidental)	245,8 cm. Gigante eunucoide; altura estimada, ya que le amputaron ambas piernas al gangrenarse; afirmaba medir 259 cm
Gabriel Estêvão Monjane (1944–1989)	Manjacaze (Mozambique)	245,7 cm
Suleiman Ali Nashnush (1943–1968)	Trípoli (Líbia)	245 cm

El músculo más largo: El sartorio –un músculo estrecho con forma de cinta que va desde la pelvis hasta la punta de la tibia, debajo de la rodilla–; permite el cruce de piernas.

El músculo más grande: El glúteo mayor, que se extiende hacia el muslo; es el más grande de los 639 músculos del cuerpo catalogados.

El hueso más pequeño: El estribo, uno de los tres osículos auditivos del oído medio. Mide entre 2,6 y 3,4 mm, y pesa de 2 a 4,3 mg.

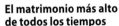

El músculo más pequeño: El estapedio, que controla el estribo en el oído, tiene una longitud menor a 0,127 cm.

El hueso más largo: El hueso del muslo o fémur representa el 27,5% de la estatura de una persona (por ejemplo, 50 cm de largo en un hombre que mida 180 cm).

El órgano más grande: La piel se considera un órgano y es, por lo tanto, el más grande de todos, con una superficie que oscila entre 1,5 y 2 m².

ANATOMÍA ALUCINANTE

5.000 Calorías. Sharran las consume a diario cuando se prepara para un combate de sumo.

Jeanette, la esposa de Minnoch, sólo pesaba 50 kg; esta diferencia de 585 kg es la **mayor diferencia de peso entre un matrimonio.**

El hombre vivo más pesado

Manuel Uribe (México) pesaba 444,6 kg en marzo de 2012. En enero de 2006 alcanzó los 560 kg. Desde entonces, y con ayuda médica, ha perdido peso de forma gradual. Aunque lleva postrado en cama desde 2002, Manuel se casó con su segunda esposa, Claudia Solís, en 2008.

La mujer más pesada de todos los tiempos

Rosalie Bradford (EE.UU., 1943-2006) alcanzó los 544 kg en enero de 1987. Tras un problema médico, redujo su consumo diario a 1.200 calorías y, al cabo de cinco años, había perdido un peso equivalente al de siete mujeres de dimensiones medias.

La deportista más pesada

La atleta más pesada en activo es la luchadora de sumo Sharran Alexander, de Londres (R.U.), que pesaba 203,21 kg el 15 de diciembre de 2011. Sharran está reconocida por la Federación Británica de Sumo y ha ganado cuatro medallas de oro en competiciones internacionales.

La mujer viva más pesada

Pauline Potter, de California (EE.UU.), pesaba 293,6 kg en julio de 2012, hecho que la convierte en la mujer viva de mayor peso confirmado por los médicos. Aunque otras mujeres han reclamado este récord, ninguna ha podido presentar pruebas médicas.

El hombre más pesado de todos los tiempos

En marzo de 1978, Jon Brower Minnoch (EE.UU.) ingresó en el University Hospital de Seattle (Washington, EE.UU.), donde el Dr. Robert Schwartz, especialista en endocrinología, le calculó un peso de más de 635 kg, debidos en gran parte a una retención de líquidos causada por una cardiopatía congestiva.

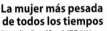

El deportista más pesado

Emmanuel *Manny* Yarborough, de Rahway (Nueva Jersey, EE.UU.), mide 203 cm y pesa 319,3 kg. *Manny* es un luchador de artes marciales mixtas que se introdujo en el sumo de la mano de su entrenador de judo; siete años después, había alcanzado el número uno en la categoría de sumo para aficionados.

Y QUE CONSTE...

El objetivo del sumo es forzar a tu oponente (*rikishi*) a salir del ring (*dohyo*), o hacer que toque el suelo con cualquier parte del cuerpo que no sean las plantas de los pies. Es un deporte muy ceremonial, ya que sus orígenes se sitúan en la religión sintoísta japonesa.

La persona más pesada que termina un maratón

El 20 de marzo de 2011, el luchador de sumo Kelly Gneiting (EE.UU.) terminó el Maratón de Los Ángeles 2011 en California (EE.UU.) en un tiempo de 9 h, 48 min y 52 s. Pesaba 181,44 kg media hora antes del comienzo de la carrera; al final, su peso había descendido a 179,7 kg.

PARTES DEL CUERPO

Las manos más grandes de todos los tiempos

Como era de esperar, las manos de Robert Pershing Wadlow (EE.UU.), **el hombre más alto de todos los tiempos** (*ver pág. 48*), también eran superlativas. Medían 32,3 cm desde la muñeca hasta la punta del dedo corazón. Usaba un anillo de tamaño 25.

PARTES DEL CUERPO IMPRESIONANTES

La lengua más larga: 9,8 cm desde la punta al centro del labio superior cerrado; Stephen Taylor (R.U.), 11 de febrero de 2009.

Las uñas de las manos más largas de todos los tiempos (mujer): 865 cm; Lee Redmond (EE.UU.), 23 de febrero de 2008.

La nariz más larga: 8,8 cm desde el caballete a la punta; Mehmet Ozyurek (Turquía), 18 de marzo de 2010.

La cintura más pequeña: 38,1 cm encorsetada, 53,34 cm sin encorsetar; Cathie Jung (EE.UU.), 19 de diciembre de 1999.

Las manos más grandes: 28,5 cm desde la muñeca a la punta del dedo corazón; Sultan Kösen (Turquía), 8 de febrero de 2011.

LOS MÁS PESADOS DE LA HISTORIA (MÁS DE 454 KG)

Los pesos máximos de las personas detalladas abajo proceden de informes médicos autentificados o de cálculos realizados por profesionales médicos.

NOMBRE	LUGAR	PESO MÁXIMO
Jon Brower Minnoch (1941-1983)	Washington (EE.UU.)	635 kg; extrapolado por los médicos a partir de su índice diario de ingesta y evacuación
Manuel Uribe (n. 1965)	Monterrey (México)	560 kg
Walter Hudson (1944-1991)	Brooklyn, (Nueva York, EE.UU.)	544 kg
Carol Ann Yager (1960-1994)	Flint (Michigan, EE.UU.)	544 kg; peso al morir; máximo estimado por su pareja en más de 725 kg, pero no comprobado médicamente
Rosalie Bradford (1943-2006)	Sellersville (Pennsylvania, EE.UU.)	544 kg; máximo estimado en 1987; confirmado en 477,6 kg en 1989
Michael Walker, alias Francis Lang (n. 1934)	Gibsonton (Florida, EE.UU.)	538 kg; peso máximo alcanzado en 1971
Robert Earl Hughes (1926-1958)	Baylis (Illinois, EE.UU.)	484 kg; también registró el **torso más grande,** con 315 cm
Carol Haffner (1936-1995)	Hollywood (Florida, EE.UU.)	464 kg
Mike Parteleno (1958-2001)	Struthers (Ohio, EE.UU.)	463 kg; peso aportado por una empresa de dietas en 1988; antes de eso, Parteleno afirmó que sólo pesaba 292,5 kg
Mills Darden (1799-1857)	Carolina del Norte (EE.UU.)	462 kg; padecía acromegalia (gigantismo)
Michael Edelman (1964-1992)	Pomona (Nueva York, EE.UU.)	457 kg; máximo no confirmado de 544,3 kg; murió de hambre tras sufrir miedo mórbido a comer demasiado

Las **manos más grandes de una persona viva** pertenecen al equivalente de Wadlow en la actualidad, Sultan Kösen *(ver abajo, a la izquierda).* Sultan también ostentó brevemente el récord a la persona viva con los pies más grandes. ¡Si quieres saber quién es el plusmarquista actual, pasa la página!

Más dedos en manos y pies

Pranamya Menaria y Devendra Harne (ambos de India) tienen 25 dedos en total cada uno (12 dedos de las manos y 13 de los pies) debido a la polidactilia.

El **mayor número de dedos de las manos y los pies al nacer** –14 dedos de la mano (siete en cada mano) y 20 dedos de los pies (10 en cada pie)– pertenecían a Akshat Saxena (India). El récord lo confirmaron médicos de la India el 20 de marzo de 2010. Desde entonces, Akshat se ha sometido a una operación y ahora tiene el número usual de dedos.

Más dientes en la boca

Kanchan Rajawat (India) y Luca Meriano (Italia) tenían 35 dientes, el 17 de octubre de 2008.

Sean Keaney (R.U.), de Newbury (Berkshire, R.U.), nació el 10 de abril de 1990 con 12 dientes, **el mayor número de dientes al nacer.** Se los extrajeron para prevenir posibles problemas de alimentación. A Sean le volvieron a salir los dientes a los 18 meses de edad.

La piel más elástica

Garry Turner (R.U.) puede estirarse la piel hasta alcanzar los 15,8 cm de longitud a consecuencia del síndrome de Ehlers-Danlos, un trastorno del tejido conectivo, lo cual también explica su éxito en otra categoría Guinness World Records: **más pinzas de la ropa sujetas en una cara,** pues ha llegado a llevar 159 a la vez.

Las uñas más largas

Mujer: Las uñas de Chris *The Dutchess* Walton (EE.UU., *en la imagen)* miden un total de 601,9 cm.

Mujer (todos los tiempos): Las uñas de Lee Redmond (EE.UU.) crecieron 865 cm antes de que las perdiera en un accidente de coche en 2009 *(ver abajo, a la izquierda).*

Hombre (una sola mano): Cuando se las midieron por última vez en febrero de 2004, las uñas de Shridhar Chillal (India) medían 705 cm.

Hombre (todos los tiempos): Las uñas de las manos de Melvin Boothe (EE.UU, f. 2009) medían 985 cm en total *(ver abajo, a la derecha).*

AMÉRICA TIENE GARRAS
Mano izquierda: 309,8 cm.
Mano derecha: 292,1 cm.

¿QUIERES UN CUERPO MÁS SUPERHUMANO?
VE A LA PÁG. 208

Las piernas más largas (mujer): 132 cm; Svetlana Pankratova (Rusia), 8 de julio de 2003.

La boca más ancha: 17 cm; Francisco Domingo Joaquim *Chiquinho* (Angola), 18 de marzo de 2010.

Más distancia con los ojos fuera de las órbitas: 12 mm; Kim Goodman (EE.UU.), 2 de noviembre de 2007.

Las uñas de las manos más largas de todos los tiempos (hombre): 985 cm; Melvin Boothe (EE.UU.), 30 de mayo de 2009.

La lengua más larga (mujer): 9,75 cm desde la punta al centro del labio; Chanel Tapper (EE.UU.), 29 de septiembre de 2010.

PIES ASOMBROSOS

MÁS PIES Y AXILAS OLIDOS

Madeline Albrecht (EE.UU.) probó los productos de la empresa de calzado y cuidado del pie Dr. Scholl, durante 15 años en los laboratorios Hill Top Research de Cincinnati (Ohio, EE.UU.). En el transcurso de su trabajo, olió unos 5.600 pies y un número indeterminado de axilas.

Los pies más largos de todos los tiempos

Robert Pershing Wadlow (EE.UU.), el **hombre más alto** de todos los tiempos (*ver pág. 48*), también tenía unos pies insuperables: usaba zapatos del número 75 para sus pies de 47 cm de largo.

Los dedos de los pies más largos

No hay constancia de que se midieran los dedos de los pies de Robert Pershing Wadlow, pero los de Matthew McGrory (EE.UU., 1973-2005)

se documentaron en la década de 1990. En aquella época, Matthew era la persona viva con los pies más grandes: su pie derecho medía 44,45 cm de largo, el equivalente a un zapato del número 63, y sus dedos gordos medían 12,7 cm. Sus dedos pequeños «sólo» medían 3,81 cm.

El par de calcetines más largos

Ni siquiera Wadlow o McGrory podrían llenar los calcetines más grandes del mundo. En octubre de 1986, Michael Roy Layne (EE.UU.) creó un par de calcetines de nailon que medían 3,05 m

Las uñas de los pies más largas

Louise Hollis (EE.UU.) dejó de cortarse las uñas de los pies en 1982. Cuando se las midieron en 1991, las 10 uñas medían 220,98 cm en total.

Los pies más grandes de una persona viva

Si excluimos los casos de elefantiasis, los pies más grandes que se conocen en la actualidad son los de Brahim Takioullah (Marruecos, n. 1982), cuyo pie izquierdo mide 38,1 cm y su pie derecho 37,5 cm. Se los midieron en París (Francia), el 24 de mayo de 2011.

En la imagen Brahim aparece con Jyoti Amge (India), la **mujer viva más baja.** Para averiguar más sobre la increíble Jyoti, consulta la pág. 44.

CHICO RASCACIELOS

No es sorprendente que Brahim tenga unos pies tan grandes, pues miden 246,3 cm, lo que lo convierte en el segundo hombre más alto del mundo tras Sultan Kösen.

de ancho y 13,72 m desde la parte superior hasta el dedo gordo, para celebrar la victoria del equipo de béisbol Boston Red Sox en la American League Championship y su entrada en la World Series.

Los zuecos más grandes

Peter de Koning (Países Bajos) fabricó un par de zuecos de madera de 3,04 m de largo, 1,08 m de ancho y 1,10 m de alto. Los hizo con un único trozo de madera de álamo. Se midieron en Halsteren (Países Bajos), el 20 de octubre de 2012.

LA MAYOR ROTACIÓN DE PIES

Moses Lanham (EE.UU.) giró los pies 120° en el plató de *Lo Show dei Record* en Milán (Italia), el 10 de marzo de 2011. También logró el récord al **más rápido en caminar 20 m con los pies encarados hacia atrás:** ¡19,59 segundos!

CALZADO COLOSAL

El mayor mosaico de cordones de zapatos: 6,03 m². Creado por ECCO Shoes HK en Hong Kong (China), el 20 de abril de 2013.

La mayor fila de calcetines: 3.184 m. Creada por The Sir Peter Blake Trust en Wellington (Nueva Zelanda), el 30 de junio de 2011.

La mayor bota de montaña: 7,14 m de largo, 2,5 m de ancho, 4,2 m de alto, por Schuh Marke (Alemania). Presentada en Hauenstein (Alemania), el 30 de septiembre de 2006.

La cadena de zapatos más larga: 24.962, por Shoeman Water Projects en Stankowski Field, University of Misuri (Columbia, EE.UU.), el 7 de mayo de 2011.

La mayor colección de calzado tribal y étnico: 2.322 pares de zapatos de 155 países, propiedad de William *Boy* Habraken (Países Bajos).

La primera mujer que pilota un avión con los pies

Jessica Cox (EE.UU.) obtuvo la licencia de piloto el 10 de octubre de 2008, a pesar de haber nacido sin brazos. Accede a los controles con un pie y guía la columna de dirección con el otro.

El zapato de tacón más grande

El 8 de mayo de 1996, Edmund Kryza (Polonia) fabricó unos zapatos de tacón de aguja de 1,84 m de largo y 1,12 m de alto con cuero artificial.

El mayor cuadro de pisadas

El 3 de junio de 2012, IN56 y Loving Power (ambos de Hong Kong) crearon un cuadro de pisadas de 1.684,74 m² en Hong Kong (China). La imagen mostraba un padre y su hijo cruzando un puente en forma de arco.

La línea de pisadas más larga

Se creó una línea de 15.200 huellas que medía 4.484 m en un evento organizado por WA Newspapers en Perth (Australia Occidental), el 10 de diciembre de 2005.

Las mayores huellas de dinosaurio

La cantera Cal Orck'o cerca de Sucre (Bolivia) contiene más de 5.000 huellas de dinosaurio individuales, el **mayor número de huellas de dinosaurio en un lugar.** Se han identificado más

Más distancia disparando una flecha a un blanco con los pies

Claudia Gómez (Argentina) disparó una flecha con un arco usando los pies mientras mantenía el equilibrio con las manos desde una distancia de 5,5 m en el plató de *El Show de los Récords* en Madrid (España), el 15 de noviembre de 2001.

de 250 huellas, hechas por un dinosaurio terópodo hace unos 68 millones de años.

MÁS…

Botellas de cerveza abiertas con los pies en un minuto

Zlata, mote de Julia Günthel (Alemania), abrió siete botellas de cerveza en un minuto en Pekín (China), el 16 de agosto de 2011. Para el intento adoptó la posición de contorsionismo *elbow stand* (elevarse apoyando los antebrazos).

NUEVA HAZAÑA
¡Rob sacó dos rebanadas de pan de un paquete, la piel de la mortadela de Bolonia y el envoltorio de plástico del queso con los pies!

Menos tiempo en hacer un bocadillo con los pies

El 10 de noviembre del 2000, en Los Ángeles (EE.UU.), Rob Williams (EE.UU.) preparó un bocadillo de mortadela de Bolonia, queso y lechuga, y unas banderillas de aceitunas con los pies… en 1 min y 57 s.

Saltos con un pie en 30 segundos

El 2 de julio de 2012, Stefano Vargiu (Italia) saltó 113 veces con un pie en 30 s en Quartu Sant'Elena (Italia).

Calcetines puestos en un pie

Fiona Nolan (Irlanda) se puso 152 calcetines en un pie en Shannon (Irlanda), el 25 de marzo de 2011.
El **mayor número de calcetines puestos en un pie en un minuto** es 35, por Shaun Cotton (R.U.) en Paignton (R.U.), el 13 de noviembre de 2012.

Victorias en el Campeonato del Mundo de lucha libre con el dedo del pie

Hombre: seis, por Alan *Nasty* Nash (R.U.) en 1994, 1996-1997, 2000, 2002 y 2009.
Mujer: cuatro, por Karen Davies (R.U.) en 1999-2002.

¡TUS PIES SON OFICIALMENTE ASOMBROSOS!

¡METE LA PATA Y LOGRA UN FANTÁSTICO RÉCORD MUNDIAL!

¡ES TU OPORTUNIDAD DE QUE TU NOMBRE (Y TUS PIES) SALGAN EN EL LIBRO DE LOS RÉCORDS!

Para celebrar tus fascinantes pies, ya sean grandes, pequeños, apestosos o peludos, te pedimos que te esfuerces por conseguir un reto **GUINNESS WORLD RECORDS** muy especial y te conviertas en plusmarquista sobre la marcha.

Estamos creando el **mayor álbum en línea con fotos de pies** y necesitamos por lo menos 50.000 *piesgrafías* para que todo el que participe sea un plusmarquista del Guinness World Records. Fotografía tus pies o crea tu propia huella y súbela a **www.officiallyamazing.tv/feet**. ¡Si batimos el récord, podrías ser el orgulloso propietario de un certificado del Guinness World Records!

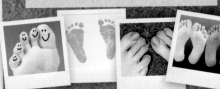

La mayor colección de calzadores: 1.594 calzadores, propiedad de Martien Tuithof (Países Bajos). Se conserva en el Zijper Museum de Schagerbrug (Países Bajos).

El primer zapato de piel: 5.500 años. Descubierto por arqueólogos en la cueva Areni-1 en la provincia de Vayots Dzor (Armenia) en 2008.

La mayor colección de objetos relacionados con zapatos: 15.665 objetos diferentes a 20 de marzo de 2012, propiedad de Darlene Flynn (EE.UU.).

El zapato más pesado con el que se ha caminado: 146,5 kg. Se lo puso Ashrita Furman (EE.UU.) en Potters Fields (Londres, R.U.) durante el Guinness World Records Day, el 18 de noviembre de 2010.

Más calcetines emparejados en 30 s: 18 pares, por Silvio Sabba (Italia) en Pioltello (Milán, Italia), el 5 de mayo de 2012.

PELO

Más peso levantado con el pelo

El 8 de diciembre de 2012, Suthakaran Sivagnanathurai (Sri Lanka), elevó con su cabello 65 kg de peso en la Saint Mark's Catholic Primary School de Brisbane, en Queensland (Australia). Aguantó tal peso durante más de un minuto. El 18 de diciembre de 2011 realizó otra proeza: resistió el **mayor tiempo suspendido por el cabello,** al colgarse durante 23 min y 19 s en el auditorio de la Uniting Church de Brisbane (Australia).

El vehículo más pesado tirado por el pelo

Ajit Kumar Singh (India) usó su cabello para tirar de un camión de 9,38 toneladas en Nawada (Bihar, India), el 21 de septiembre de 2010. Lo arrastró a lo largo de 55 m.

La peluca más ancha

El 7 de enero de 2013, Annie Woon (China) creó una peluca de 1,65 m de ancho y 39 cm de alto en Hong Kong (China).

La **peluca más alta** la realizó Emilio Minnicelli, de Bolonia (Italia), con cabello auténtico. El 15 de mayo de 2004, medía 14,3 m de alto.

El cabello más largo

Hombre:
Swami Pandarasannadhi (India) tenía una melena de 7,93 m cuando se midió en Madrás (India) en 1948. A juzgar por las fotografías, parecía sufrir de *plica neuropática*, un trastorno que provoca apelotonamiento y enredo del cabello.

Mujer:
La melena de Xie Qiuping (China) medía 5,627 m el 8 de mayo de 2004. Dejó de cortarse el pelo en 1973.

El pelo corporal más largo

Pecho: 22,8 cm, Richard Condo (EE.UU.).
Piernas: 19,01 cm, Guido Arturo (Italia).
Brazos: 18,90 cm, Kenzo Tsuji (Japón).
Orejas: 18,1 cm, Anthony Victor (India).
Cejas: 18,1 cm, Sumito Matsumura (Japón).
Pezones: 15,16 cm, Timothy McCubbin (Australia).
Espalda: 13 cm, Craig Bedford (R.U.).
Pestañas: 6,99 cm, Stuart Muller (EE.UU.).

Más victorias en el Campeonato Mundial de Barbas y Bigotes

Karl-Heinz Hille (Alemania) ganó ocho certámenes entre 1999 y 2011. Compitió en la categoría Barba Parcial Imperial, un estilo que rinde homenaje al rey Guillermo I de Prusia (1797-1888). Según la normativa, la barba debe crecer en las mejillas y en el labio superior, con los extremos apuntando hacia arriba sin retorcerse.

CITA
«Me gusta visitar colegios, sobre todo a los que acuden niños que son diferentes. No pasa nada por ser diferente», Jesús Manuel Fajardo Aceves.

La familia peluda más numerosa

En la foto *(de izquierda a derecha)* están Luisa Lilia De Lira Aceves, Karla Michelle Aceves Díaz, Luis Abran Aceves y Jesús Manuel Fajardo Aceves (todos de México). Son cuatro miembros de una familia de 19 afectada por un extraño trastorno denominado *hipertricosis generalizada congénita*, caracterizada por un exceso de vello en el rostro y el torso. Las mujeres están cubiertas por una capa fino-media de vello, mientras que los hombres presentan vello espeso en el 98% de su cuerpo.

CORTES Y RASURADOS DESCOMUNALES

Más cabezas rapadas en una hora por una persona: John McGuire (Irlanda) pasó su maquinilla a 60 personas en Today FM en Dublín (Irlanda), el 18 de febrero de 2010.

Más cabezas rapadas en una hora por un equipo: 10 peluqueros afeitaron 318 cabezas en el Style Club de Dublín (Irlanda), el 18 de febrero de 2011.

Más cabezas rapadas en una hora (varios lugares): La Fundación de Niños con Cáncer organizó un acto benéfico llamado «Funrazor» rasurando 722 cabezas en nueve lugares de Nueva Zelanda, el 7 de diciembre de 2006.

Más cortes de pelo seguidos en 24 h por una persona: Nabí Salehi cortó el pelo de 526 cabezas en el A&N Style de Londres (R.U.), el 4 de junio de 2011.

Más cortes de pelo seguidos en 12 h (equipo): Los estilistas de Great Clips, en Springfield, Ohio (EE.UU.), realizaron 392 cortes, el 14 de mayo de 2011.

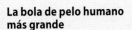

La bola de pelo humano más grande

Henry Coffer (EE.UU.), un barbero de Charleston, Misuri (EE.UU.), empezó a guardar pelo a petición de un cliente. Pasados más de 50 años, en diciembre de 2008, Henry había creado una bola de pelo de 75,7 kg.

El objeto más pesado extraído del estómago

Un tricobezoar es una bola de pelo formada a causa de la tricofagia (la ingesta del propio cabello). En noviembre de 2007, en el Rush University Medical Center de Chicago, Illinois (EE.UU.), a una mujer de 18 años se le extrajo del estómago una de 4,5 kg.

La mayor colección de mechones de personajes históricos

John Reznikoff, de Connecticut (EE.UU.), reunió una colección de mechones de pelo de 115 personajes históricos tan legendarios como Abraham Lincoln, Albert Einstein y Elvis Presley.

El afro más grande

«Afro» –diminutivo de *afroamericano* y a menudo llamado «natural»– es un peinado que popularizó la comunidad afroamericana en la década de 1960. El récord del más grande lo ostenta Aevin Dugas (EE.UU): el 31 de marzo de 2012, su melena medía 16 cm de alto y 1,39 m de circunferencia.

La mayor donación de cabello

Los peregrinos del templo Tirupati de Andhra Pradesh (India) se tonsuran para donar su pelo. Se calcula que, con la ayuda de 600 barberos, 6,5 millones de personas al año realizan una donación de cabello, que el templo subasta entre los fabricantes de pelucas y las fábricas químicas y de abonos. Con sus 30.000-40.000 visitantes diarios, Tirupati es el **templo hindú más visitado.**

La cresta más alta

El 28 de octubre de 2011, Kazuhiro Watanabe (Japón) se hizo un altísimo peinado de 113,5 cm en la peluquería Bloc de l'art de Shibuya, en Tokio (Japón). Pero hay otros que siguen su moda: el programa *The Ray D'Arcy Show* de Today FM logró la **mayor reunión de gente con cresta:** 257 personas en total. Se dieron cita en Dublín (Irlanda), el 22 de febrero de 2013.

CITA
«Sin barba, no soy yo. Es como querer ser alguien que no eres.»

La barba de mujer más larga (viva)

El 8 de abril de 2011, el vello facial de Vivian Wheeler (EE.UU.) medía 25,5 cm desde el folículo hasta la punta de las barbas. Vivian empezó a afeitarse la cara con siete años y tras cuatro matrimonios y la muerte de su madre en 1993, por fin decidió no recortarse el vello y dejarse barba. Prefiere recogérsela para seguir con sus tareas diarias.

La **barba de hombre más larga (vivo)** es la de Sarwan Singh (Canadá), que desenmarañada medía 2,495 m; se midió en la Columbia Británica (Canadá), el 8 de septiembre de 2011.

Más tijeras para un corte de pelo: Zedong Wang (China) realizó un corte de pelo usando 10 pares de tijeras en una mano y a la vez en Pekín (China), el 31 de octubre de 2007.

El corte de pelo más caro: Stuart Phillips (R.U.), del salón Stuart Phillips de Covent Garden, Londres (R.U.), realizó un corte de pelo de 16.400 dólares el 29 de octubre de 2007.

El corte de pelo más rápido: Ivan Zoot (EE.UU.) lo realizó en 55 s en el Roosters Men's Grooming Center de Austin, Texas (EE.UU.), el 22 de agosto de 2008.

La barbería más antigua: Truefitt & Hill, «perfumería y peluquería para caballeros», abrió en 1805 en el n.º 2 de Cross Lane, Long Acre, Londres (R.U.).

El peinado más alto: En un evento organizado por KLIPP unser Frisör se creó una torre de cabello, real y postizo, de 2,66 m. Ocurrió en Wels (Austria), el 21 de junio de 2009.

MARAVILLAS MÉDICAS

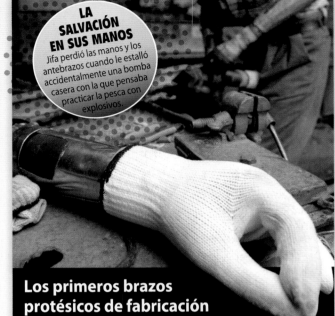

Las células humanas vivas durante más tiempo

El 4 de octubre de 1951, Henrietta Lacks (EE.UU., n. el 1 de agosto de 1920) murió de cáncer en el Johns Hopkins Hospital de Baltimore, Maryland (EE.UU.). Las células que se extrajeron de su cáncer cervical antes y después de su muerte se transformaron en las primeras células humanas en sobrevivir y dividirse fuera del cuerpo humano. Conocidas como las células HeLa *(arriba a la derecha)*, sus descendientes aún sobreviven y se usan en investigaciones sobre el cáncer, la vacuna de la polio y la fertilización in vitro realizadas en todo el mundo. No en vano, las células de Henrietta se mencionan en más de 60.000 artículos de investigación.

completamente nueva, desde el cuero cabelludo a la base del cuello, incluyendo ambas mandíbulas, los dientes y una porción de la lengua.

El primer trasplante de células cerebrales

El 23 de junio de 1998, médicos del University of Pittsburgh Medical Center de Pennsylvania (EE.UU.) realizaron el primer trasplante exitoso de células cerebrales con el objetivo de revertir el daño que un derrame cerebral había causado a Alma Cerasini (EE.UU.), una mujer de 62 años, y debido al cual había perdido el habla y sufría parálisis del lado derecho.

El mayor trasplante de riñón en cadena

Una cadena de trasplantes de riñón une a gente que desea donar un riñón a un amigo o familiar, pero que no puede hacerlo porque no son clínicamente compatibles.

Los primeros brazos protésicos de fabricación casera funcionales

El 14 de agosto de 2012, el periódico británico *The Daily Telegraph* informaba del caso de un hombre de 51 años, Sun Jifa (China), quien había perdido las manos y los antebrazos en un accidente de pesca ocho años atrás. Desde entonces, Jifa había pasado todos esos años construyendo una serie de prototipos de brazos protésicos. El par que lleva en la actualidad, fabricado principalmente de desechos de metal, contiene poleas internas y cables que puede controlar con los codos, lo que le permite coger y sostener objetos y seguir trabajando en su granja.

El primer trasplante total de cara realizado con éxito

El 20 de marzo de 2010, y tras 24 h de duro trabajo, un equipo de médicos del Hospital Universitario Vall d'Hebron, en Barcelona (España), realizaron el primer trasplante total de cara con éxito. El paciente era un hombre de 31 años conocido como *Óscar*, víctima de un accidente con arma de fuego. Sus músculos, nariz, labios, maxilar, paladar, dientes, mejillas y mandíbula se trasplantaron por medio de cirugía plástica y técnicas quirúrgicas reconstructivas microneurovasculares.

El trasplante de cara más extenso

El 20 de marzo de 2012, los cirujanos del University of Maryland Medical Center de Baltimore (Maryland, EE.UU.), sometieron a Richard Lee Norris (EE.UU.) a una compleja intervención. Al cabo de 36 h, Norris tuvo una cara

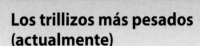

Los trillizos más pesados (actualmente)

El 29 de julio de 2003, Michelle Lee Wilson (EE.UU.) dio a luz a unos trillizos que juntos pesaron 10,33 kg. Los bebés –Evan Patrick (3,89 kg), Aiden Cole (3,32 kg) y Lilly Kathryn (3,11 kg)– nacieron a intervalos de 2 min en Englewood (Colorado, EE.UU.) tras permanecer en el vientre de su madre durante 36 semanas y 5 días.

El donante entrega su riñón a un desconocido que lo necesite y la persona a quien el donante deseaba darlo recibe otro compatible, de otro desconocido.

Entre el 15 de agosto y el 20 de diciembre de 2011, se realizaron un total de 30 trasplantes de riñón como resultado de una cadena que se extendió de costa a costa de EE.UU. «Chain 124» comenzó con Rick Ruzzamenti de 44 años y finalizó en el Loyola University Medical Center de Illinois (EE.UU.) con el último receptor, Don Terry (EE.UU.), de 46 años.

Más tiempo con un corazón trasplantado

Tony Huesman (EE.UU., 1957-2009) sobrevivió con un único corazón trasplantado durante 30 años, 11 meses y 10 días. A Huesman le habían diagnosticado una cardiomiopatía viral con 16 años y recibió un trasplante de corazón el 30 de agosto de 1978, 11 años después de que se realizara en Sudáfrica el **primer trasplante de corazón** del mundo. Murió de cáncer el 9 de agosto de 2009 en su casa de Washington Township (Ohio, EE.UU.).

SUPERVIVIENTES DE RÉCORD

La mayor caída en vertical con esquís: Brídget Mead (Nueva Zelanda) cayó unos 400 m en el World Extreme Skiing Championships de 1997, en Valdez (Alaska, EE.UU.).

Más veces alcanzado por un rayo: El ex guardabosques Roy C. Sullivan (EE.UU.) es la única persona que ha sobrevivido tras ser alcanzado por un rayo ¡en siete ocasiones!

El accidente de coche a mayor velocidad: En 1960, Donald Campbell (R.U.) estrelló un *Bluebird CN7* mientras conducía a 579 km/h en el Bonneville Salt Flats de Utah (EE.UU.).

La caída desde más altura por el hueco de un ascensor: En 1998, Stuart Jones cayó 70 m por el hueco de un ascensor en el Midland Park Building de Wellington (Nueva Zelanda).

El mayor porcentaje de quemaduras corporales: Tony Yarijanian (EE.UU.) sobrevivió a quemaduras en el 90% de su cuerpo debido a una explosión en California (EE.UU.), el 15 de febrero de 2004.

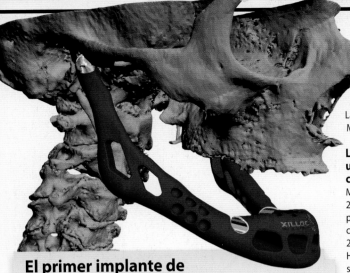

El primer implante de mandíbula inferior completa creado con una impresora 3D

En junio de 2011, una mujer de 83 años se sometió a una operación en el Orbis Medisch Centrum de Sittard-Geleen (Países Bajos) en la cual se le implantó una mandíbula creada con una impresora 3D. Se construyó de polvo de titanio fundido con un láser y la realizó LayerWise junto con científicos de la Universidad de Hasselt (ambos de Bélgica).

El tumor, de 1,2 kg, representaba el 40% del peso del bebé, de 3 kg. La operación se llevó a cabo en Imphal, Manipur (India).

La primera persona en utilizar una mano robótica controlada con la mente

Matthew Nagle (EE.UU., 1979 a 2007) quedó paralítico de cuello para abajo al ser atacado con un cuchillo en 2001. El 22 de junio de 2004 en el New England Sinai Hospital de Massachusetts (EE.UU.), se conectó la interfaz de un ordenador cerebral experimental BrainGate a la

Más leche materna donada

Entre el 9 de junio de 2011 y el 28 de marzo de 2012, Alicia Richman (EE.UU.) donó 315,1 kg de leche materna, la mayor cantidad donada por una persona, al Mothers Milk Bank de North Texas, en Fort Worth (Texas, EE.UU.).
La leche fue extraída, almacenada y, más tarde, pasteurizada para alimentar a bebés prematuros en las unidades locales de cuidados intensivos para neonatos.

La primera persona curada de VIH

El 24 de julio de 2012 se anunció que el paciente de VIH Timothy Ray Brown (EE.UU., *a la izquierda*) estaba libre del virus a pesar de haber sido diagnosticado seropositivo en 1995. Brown se sometió a una terapia de antirretrovirales durante 11 años antes de conocer a Gero Hütter (*derecha*), un hematólogo alemán, en 2007. Hütter trasplantó células madre de un donante que tenía la mutación CCR5, la cual inmuniza las células del VIH, y Brown dejó su medicación regular. Ahora está curado.

El mayor tumor extirpado

En 1905, el doctor Arthur Spohn trató un caso de quiste de ovario que se calculó que pesaba 148,7 kg. Antes de quitar el caparazón del quiste mediante cirugía, se practicó un drenaje. La paciente se recuperó en Texas (EE.UU.).
El **mayor tumor extirpado intacto** fue una masa multiquística de un ovario derecho que pesaba 138,7 kg. Lo extirpó la profesora Katherine O'Hanlan y el doctor Douglas J. Ramos, del Stanford University Medical Center de California (EE.UU.), en octubre de 1991.

El mayor tumor facial

Un tumor benigno en la mejilla de John Burley fue extirpado sin anestesia por el cirujano John Hunter (R.U., 1728-1793). Se descubrió que pesaba 4,53 kg. El tumor aún está expuesto en el Hunterian Museum, en el Royal College of Surgeons de Londres (R.U.).

El mayor tumor de nacimiento

El 17 de marzo de 2003, un equipo dirigido por el doctor Palin Khundongbam (India) extirpó un higroma quístico benigno del cuello de un bebé nacido en la India el 5 de marzo del mismo año.

16
Días que tardó Lomas en completar el maratón.

La primera persona en completar un maratón con un aparato robótico para caminar

Claire Lomas (R.U.), que quedó paralítica de cintura para abajo en un accidente de caballo en 2007, completó el Virgin London Marathon de 2012 usando un exoesqueleto robótico ReWalk para las extremidades inferiores, creado por Argo Medical Technologies (Israel).

superficie de su corteza motora, el área del cerebro que normalmente controlaría el brazo izquierdo. El implante se unió a un conector en su cráneo y éste a su vez se conectó a un ordenador. Nagle aprendió a usar el BrainGate, que traducía sus ondas cerebrales y le permitía mover un cursor en un monitor y también usar una mano robótica.

La primera cirugía en microgravedad

El 27 de septiembre de 2006, un equipo de cinco médicos dirigidos por Dominique Martin extirpó con éxito un tumor benigno del brazo de un voluntario, Philippe Sanchot (ambos de Francia), en una operación que duró alrededor de 10 min. El procedimiento se llevó a cabo a bordo de un Airbus A300 modificado, que volaba en parábolas para imitar el entorno de microgravedad del espacio. La intervención formaba parte de un experimento para comprobar si era posible practicar cirugía en astronautas durante viajes espaciales largos.

El mayor tiempo sin comida: Angus Barbieri (R.U.) sobrevivió sin comida sólida 382 días, de junio de 1965 a julio de 1966, en el Maryfield Hospital de Dundee (R.U.).

Más ahorcamientos: En 1803, Joseph Samuel (Australia) sobrevivió a tres ahorcamientos fallidos consecutivos. John Lee (R.U.) pasó por el mismo trance en 1885.

El accidente de moto a mayor velocidad: El 12 de julio de 1998, Ron Cook (EE.UU.) chocó a unos 322 km/h en El Mirage Lake de California (EE.UU.).

Más aguijones de abeja extraídos: A Johannes Relleke (Zimbabue), le extirparon un total de 2.443 aguijones en la mina de estaño de Kamativi, en Gwaii River, distrito de Hwange (Zimbabue, entonces Rodesia), el 28 de enero de 1962.

El mayor nivel de azúcar en sangre: Michael Patrick Buonocore (EE.UU.) registró un nivel de azúcar en sangre de 147,6 mmol/l en East Stroudsburg, Pennsylvania (EE.UU.), el 23 de marzo de 2008. El nivel habitual oscila entre los 4,4 y los 6,6 mmol/l.

LOS MÁS ANCIANOS

La mayor edad conjunta de nueve hermanos vivos

Los nueve hermanos Melis vivos: Consolata, Claudina, Maria, Antonino, Concetta, Adolfo, Vitalio, Fida Vitalia y Mafalda, hijos de Francesco Melis (1880-1967) y su esposa Eleonora (1889-1952), de Perdasdefogu (Italia), sumaban entre todos 818 años y 205 días el 1 de junio de 2012.

en Aberdeenshire (Escocia). Evelyn nació a las 16:00 y Edith a las 17:30, según consta en sus partidas de nacimiento.

Kin Narita y Gin Kanie (de solteras Yano, Japón; n. el 1 de agosto de 1892), cuyos nombres significan Oro y Plata, fueron las **gemelas más ancianas de todos los tiempos.** Kin murió de un infarto el 23 de enero de 2000 a los 107 años de edad y Gin, el 28 de febrero de 2001 a los 108 años. Los **gemelos más ancianos de todos los tiempos** fueron Glen y Dale Moyer (EE.UU., n. el 20 de junio de 1895), quienes lograron el récord el 23 de enero de 2000. Ambos alcanzaron los 105 años de edad.

La más anciana del rápel

El 18 de mayo de 2013, Doris Cicely Long, Miembro de la Orden del Imperio Británico (R.U., n. el 18 de mayo de 1914), descendió 35 m por un lateral de la Mercantile House (Portsmouth, R.U.) a los 99 años. De este modo, completó su quinto descenso con éxito en cinco años.

La persona más anciana de todos los tiempos

Jeanne Louise Calment (Francia) vivió hasta los 122 años y 164 días de edad. Nacida el 21 de febrero de 1875, hija de Nicolas y Marguerite (de soltera, Gilles), Jeanne murió en una residencia para ancianos de Arlés, en el sur de Francia, el 4 de agosto de 1997. Calment también se convirtió en la **actriz más anciana** cuando se interpretó a sí misma en *Vincent and Me* (Canadá, 1990) a los 114 años de

edad. Se cree que fue la última persona viva que conoció a Vincent van Gogh, y la **paciente más anciana,** pues sobrevivió a una operación de cadera en enero de 1990, a los 114 años y 11 meses de edad.

Las gemelas vivas más ancianas

Las gemelas vivas más ancianas son las británicas Edith Ritchie y Evelyn Middleton (de solteras, Rennie), nacidas el 15 de noviembre de 1909

61
¡Número de Primeros Ministros japoneses que han ejercido durante la vida de Kimura!

La mayor reunión de centenarios

El 25 de septiembre de 2009, David Amess (R.U.) organizó una merienda en Iveagh Hall de Leigh-on-Sea (Essex, R.U.) a la que acudieron 28 personas de 100 años o más.

La mayor población de centenarios

El censo más reciente en EE.UU. contabilizó 53.364 personas de 100 años o más a 1 de abril de 2010. Esto representa 17,3 centenarios por 100.000 personas en una población total de 308.745.538 habitantes.

El hombre vivo más anciano

Jiroemon Kimura (Japón) nació el 19 de abril de 1897 y, a 14 de abril de 2011, es el hombre vivo más anciano, un título que ganó a los 113 años y 360 días de edad. El 28 de diciembre de 2012, a los 115 años y 253 días de edad, se convirtió en el **hombre más anciano de todos los tiempos,** tras batir el récord logrado por Christian Mortensen (Dinamarca/EE.UU., 1882-1998). Al cierre de esta edición (15 de mayo de 2013), Kimura también es la **persona viva más anciana del mundo,** tras haber celebrado su 116.º cumpleaños. Le arrebató el título a Dina Manfredini (EE.UU., 1897-2012), el 17 de diciembre de 2012.

GUINNESS WORLD RECORDS

CERTIFICATE

The oldest person (male) living is Jiroemon Kimura (Japan) aged 115 years and 179 days as of 15 October 2012 in Kyotango, Kyoto, Japan

GUINNESS WORLD RECORDS

Y QUE CONSTE...

El señor Kimura atribuye su longevidad a una vida moderada. Se despierta cada mañana a las 6:30 y hasta hace poco le gustaba leer el periódico y mirar los combates de sumo por la televisión. También atribuye su buena salud al hecho de comer poco, hacer siestas regulares y tener un poco de buena suerte. Proviene de una familia longeva, ya que cuatro de sus cinco hermanos vivieron hasta los 90 años y uno alcanzó los 100 años de edad.

SENIORS SUPERLATIVOS: CONOCE A LOS MÁS ANCIANOS

Jugador de fútbol: Tércio Mariano de Rezende (Brasil, n. el 31 de diciembre de 1921) jugó como lateral derecho para el Goiandira Esporte Clube de Goiás (Brasil), con 88 años de edad.

Bailarina de kuchipudi: Anuradha Subramanian (EE.UU., n. el 26 de octubre de 1946) actuó en el Stafford Civic Center de Houston (Texas, EE.UU.) a los 59 años de edad.

Bailarina de ballet: Grete Brunvoll (Noruega, n. el 27 de julio de 1930) continúa actuando a sus más de 80 años.

Sobre alas: El 30 de mayo de 2012, Thomas Lackey (R.U., n. el 21 de mayo de 1920) caminó sujeto a las alas de un avión sobre el Gloucestershire Airport de Staverton (R.U.), a los 92 años y 9 días.

Wakeboarder: Linda Brown (EE.UU., n. el 10 de diciembre de 1945) tenía 63 años y 227 días de edad cuando compitió en el Battle of Bull Run Wakeboard Tournament de Smith Mountain Lake (Virginia, EE.UU.), el 25 de julio de 2009.

LAS PERSONAS VIVAS MÁS LONGEVAS

Éstas son las 10 personas vivas más ancianas cuya edad haya podido verificarse (por lo general, mediante la partida de nacimiento). A excepción del Sr. Kimura, que figura el primero, todas son mujeres. La lista proviene del Gerontology Research Group (EE.UU.), un grupo de «médicos, científicos e ingenieros dedicados a intentar frenar y, en última instancia, revertir el envejecimiento humano en los próximos 20 años».

Nombre	Nacionalidad	Fecha de nacimiento	Edad
♂ Jiroemon Kimura	Japón	19 abr 1897	116
♀ Misao Okawa	Japón	5 mar 1898	115
♀ Jeralean Talley	EE.UU.	23 may 1899	113
♀ Susannah Jones	EE.UU.	6 jul 1899	113
♀ Bernice Madigan	EE.UU.	24 jul 1899	113
♀ Soledad Mexia	México/EE.UU.	13 ago 1899	113
♀ Evelyn Kozak	EE.UU.	14 ago 1899	113
♀ Naomi Conner	EE.UU.	30 ago 1899	113
♀ Mitsue Nagasaki	Japón	18 sep 1899	113
♀ Emma Morano	Italia	29 nov 1899	113

Datos vigentes a 23 de mayo de 2013

Los supercentenarios, las personas de 110 años o más, representaban el 0,6% de la población centenaria.

El país con el **mayor número de centenarios per cápita** es Japón, con 40,29 por 100.000 personas de 100 años o más.

La mayor concentración de hombres centenarios

A 2012, Villagrande, en Cerdeña (Italia), es el pueblo con el mayor ratio de hombres centenarios per cápita (entre los pueblos con una población de al menos 1.000 residentes). Villagrande tiene una población que experimentó la mayor probabilidad de convertirse en centenaria para los hombres nacidos durante los años 1876-1911. Esta probabilidad, conocida como *índice de longevidad extrema* (ILE), suele ser menor de 0,5% en los países en vías de desarrollo, aunque en el caso de Villagrande asciende a 1,267%.

La persona más anciana que circunnavega la Tierra usando transporte público

Saburo Shochi (Japón, n. el 16 de agosto de 1906) celebró su 106.º cumpleaños dando la vuelta al mundo en transporte público. Comenzó el viaje el 16 de julio de 2012, visitó seis países y recorrió 56.700 km en total.

El voluntario más anciano

A febrero de 2013, Violet *Vi* Robbins (Australia, n. el 28 de febrero de 1902) trabajaba como voluntaria en el Prince of Wales Hospital de Randwick (Sídney, Australia) a los 111 años de edad. Vi colabora como voluntaria con varias organizaciones australianas desde la década de 1960.

100
Edad a la que Margaret logró otro récord con un parapente en tándem en octubre de 2007.

La más anciana que se lanza en parapente en tándem

La temeraria Margaret McKenzie McAlpine (R.U., n. el 30 de octubre de 1907) tenía 104 años y 168 días de edad cuando completó un vuelo de parapente en tándem en Karaoğlanoğlu (norte de Chipre), el 14 de abril de 2012.

La mujer viva más anciana

La mujer viva más anciana cuya edad haya podido verificarse es la japonesa Misao Okawa (de soltera, Aoki; n. el 5 de marzo de 1898, *arriba*). El 15 de mayo de 2013 tenía 115 años y 71 días de edad. La señora Okawa nació en Osaka y se casó con su esposo Yukio en 1919. Tuvo tres hijos y ahora, cuatro nietos y seis biznietos. Su marido murió el 20 de junio de 1931 –es viuda desde hace más de 80 años– y sigue residiendo en Higashisumiyoshi-ku, en Osaka, en una residencia de ancianos.

La señora Okawa logró el título de la mujer viva más anciana el 12 de enero de 2013 tras la muerte de Koto Okubo, de 115 años de edad (n. el 24 de diciembre de 1897). Okubo-san falleció en Kawasaki (Kanagawa, Japón), donde vivía con su hijo.

El profesor más anciano

Nacido el 23 de diciembre de 1912, el padre Geoffrey Schneider (Australia) sigue ejerciendo como profesor en el Saint Aloysius' College de Milsons Point (Nueva Gales del Sur, Australia). El 17 de mayo de 2013, el padre Schneider tenía 100 años y 145 días de edad.

¡CHICA!
¿Cuál es el secreto de Ida para una larga vida? ¡Evitar la comida basura, hacer jardinería, tomar una copa de jerez después de la comida y… coquetear un poco!

MÁS HERMANAS QUE LLEGAN A LOS 100 AÑOS

El primer caso registrado de cuatro hermanas centenarias ocurrió el 2 de abril de 1984, cuando Lily Beatrice Parsons (de soltera, Andrews) alcanzó su 100.º cumpleaños después de sus tres hermanas: Florence Eliza White (n. en 1874), Maud Annie Spencer (n. en 1876) y Eleanor Newton Webber (n. en 1880). La familia procedía de Devon (R.U.).

La profesora de yoga más anciana

La profesora de yoga más anciana es Ida Herbert (Canadá, n. el 21 de agosto de 1916), que sigue en activo a los 95 años y 270 días de edad (a 16 de mayo de 2012). Ida se jubiló tras una carrera de 20 años como profesora de yoga a tiempo completo en el YMCA de Orillia (Ontario, Canadá), pero sigue dando una clase semanal en Bayshore Village de Ontario.

Submarinista: Saul Moss (Australia, n. el 27 de julio de 1924) completó una inmersión sin ayuda en Bare Island (Sídney, Australia) el 1 de agosto de 2009, a los 85 años y 14 días de edad.

Culturista (mujer): E. Wilma Conner (EE.UU., n. el 5 de septiembre de 1935) compitió en el 2011 NPC Armbrust Pro Gym Warrior Classic Championships de Loveland (Colorado, EE.UU.) a los 75 años y 349 días de edad.

Piloto de combate en activo: El jefe de escuadrón Philip Frawley (Australia, n. el 8 de marzo de 1952) es un piloto de combate e instructor de vuelo en activo del Escuadrón 76 de la Real Fuerza Aérea Australiana, a los 60 años y 137 días de edad.

Paracaidista en tándem: El 30 de septiembre de 2004, Estrid Geertsen (Dinamarca, n. el 1 de agosto de 1904) realizó un salto en tándem desde una altura de 4.000 m, a los 100 años y 60 días de edad.

Persona que alcanza la cima del Everest: Min Bahadur Sherchan (Nepal, n. el 20 de junio de 1931) conquistó el Everest el 25 de mayo de 2008, a los 76 años y 340 días de edad.

MENTE Y MEMORIA

El menor tiempo en sumar 10 números de 10 dígitos

El 24 de noviembre de 2012, Naofumi Ogasawara (Japón) sumó 10 números de 10 dígitos escogidos al azar y completó la tarea 10 veces en 2 min y 51,1 s. Ogasawara compitió en el Memoriad 2012, un concurso de mente y memoria que se celebra el mismo año que los Juegos Olímpicos. El evento de 2012 tuvo lugar los días 24 y 25 de noviembre de 2012 en el Belconti Resort Hotel de Antalya (Turquía).

La secuencia de números binarios más larga memorizada en un minuto

El 8 de marzo de 2011 Jayasimha Ravirala (India) memorizó 264 números en un minuto en el Holy Mary Institute of Technology en Hyderabad (India). Tardó nueve minutos en recitarlos y no cometió ningún error.

El mismo día, Jayasimha consiguió la **secuencia de colores más larga memorizada,** con 152. Se usaron cuatro colores y la recitó en 5 min y 4 s. El 22 de junio de 2012, también estableció el récord de la **secuencia de objetos más larga memorizada en un minuto,** con 40.

El mayor premio en metálico para las matemáticas

En mayo de 2000, el Clay Mathematics Institute (EE.UU.) ofreció 1 millón de dólares por cada «pregunta clásica a la que durante años no se ha encontrado solución». En su momento eran: P *versus* NP, la conjetura de Hodge, la conjetura de Poincaré, la hipótesis de Riemann *(ver arriba a la derecha),* la existencia de Yang-Mills y del salto de masa, las ecuaciones de Navier-Stokes y la conjetura de Birch y Swinnerton-Dyer.

El problema numérico más difícil

Los matemáticos consideran que la validez (o no) del teorema conocido como la hipótesis de Riemann es el problema no resuelto más importante de la teoría matemática. En 1859, Bernhard Riemann (Alemania) formuló una hipótesis que contenía una complicada entidad matemática llamada *función zeta de Riemann.* Los ceros de esta función parecen estar relacionados con la posición de los números primos (números sólo divisibles por sí mismos y por 1). Riemann sugirió que todos los ceros de la función zeta se apoyan sobre una línea recta muy definida. Validó esta idea con números pequeños, pero no consiguió probarla de manera general.

Si la hipótesis fuera cierta, ampliaría nuestros conocimientos básicos de los números y de cómo funcionan.

Más cartas memorizadas en 30 minutos

Ben Pridmore (R.U.) memorizó 884 cartas (17 barajas) en el Derby Memory Championships de Derbyshire (R.U.), en 2008. Tuvo 30 min para memorizar las cartas mezcladas aleatoriamente en una pila y una hora para repetirlas exactamente en el mismo orden.

MENOR TIEMPO EN...

«Calculadora humana»

Scott Flansburg (EE.UU.) sumó a sí mismo un número de dos dígitos escogido al azar (38) 36 veces en 15 s correctamente sin usar calculadora. Consiguió esta proeza mental el 27 de abril de 2000 en el plató de *Guinness World Records* de Wembley (R.U.).

Factorizar mentalmente 20 números de cinco dígitos

El 22 de diciembre de 2010, Willem Bouman (Países Bajos) factorizó 20 números de cinco dígitos escogidos al azar en 13 min y 39 s. Factorizar significa descomponer un número en «factores», números que cuando se multiplican dan el número original. Bouman dividió sus números de cinco dígitos en sus factores primos (divisibles por ellos mismos y por 1). Por ejemplo, 3 y 10 son factores de 30; sus factores primos son 2, 3 y 5.

Memorizar una baraja

Simon Reinhard *(ver abajo a la izquierda)* necesitó sólo 21,19 s para memorizar y repetir el orden de una baraja en el torneo German Open, en Heilbronn (Alemania), los días 16 y 17 de septiembre de 2011.

El más rápido en dividir un número de 10 dígitos por uno de 5

El 15 de marzo de 2012, el Dr. Amit Garg (EE.UU.) dividió un número de 10 dígitos por uno de 5 en sólo 34,5 s. Fue el tiempo promedio de 10 intentos con números escogidos al azar, realizados en 5 min y 45 s.

Más dígitos decimales memorizados en 30 minutos

Simon Reinhard (Alemania) memorizó 1.400 dígitos en el German Open, los días 16 y 17 de septiembre de 2011. Dispuso de 30 min para memorizar dígitos colocados aleatoriamente en filas de 40 y una hora para repetirlos en voz alta. En la foto de arriba, Simon con Melik Duyar, fundador de Memoriad.

LOCURAS CON EL CUBO DE RUBIK

Más cubos resueltos corriendo un maratón: El 17 de abril de 2011, Uli Kilian (Alemania) resolvió 100 mientras corría el maratón de Londres de 2011, en 4 h, 45 min y 43 s.

El menor tiempo promedio para un 3×3 en una competición: Feliks Zemdegs (Australia) lo resolvió en 7,53 s en Melbourne (Australia), los días 1 y 2 de septiembre de 2012.

La resolución más veloz con los ojos vendados: Gabriel Alejandro Orozco Casillas (México) tardó tan sólo 30,9 s en el Tulancingo Open de 2010, en Tulancingo, Hidalgo (México), el 11 de diciembre de 2010.

El menor tiempo en resolver cinco cubos con una mano: Yumu Tabuchi (Japón) marcó un tiempo de 1 min y 52,46 s en Tokio (Japón), el 15 de marzo de 2010.

El menor tiempo en resolver un 7×7: Michal Halczuk (Polonia) tardó 3 min y 25,91 s en Pabianice (Polonia), los días 18 y 19 de septiembre de 2010.

El menor tiempo en calcular la raíz cuadrada de un número de seis dígitos

El 3 de enero de 2012, en el Lourdes Covent School de Surat (India), Priyanshi Somani (India) empleó 16,3 s de promedio para cada cálculo de 10 intentos. En total, tardó 2 min y 43 s. Esta niña de 13 años, que compite a nivel internacional desde los 10 años, dio la respuesta correcta con ocho cifras significativas.

Decimales de Pi (π) memorizados

Chao Lu (China) recitó 67.890 decimales de pi de memoria en la Northwest A&F University, en la provincia de Shaanxi (China), el 20 de noviembre de 2005. Este estudiante de química practicó durante cuatro años antes del intento, que duró 24 h y 4 min, y que fue registrado en 26 cintas de vídeo.

Objetos al azar memorizados

Prijesh Merlin (India) llevaba los ojos vendados cuando repitió 470 objetos aleatorios en el orden que se los habían leído, en Kannur (India), el 23 de junio de 2012.

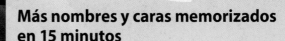

Más nombres y caras memorizados en 15 minutos

Boris Nikolai Konrad (Alemania) recordó 201 nombres y caras en el German Memory Championships de Heilbronn, en noviembre de 2010. Konrad, un gran maestro de la memoria que ocupa el n.º 10 mundial, trabaja como neurocientífico en el Instituto Max Planck de Psiquiatría de Múnich (Alemania). También ostenta el récord de **más fechas de nacimiento memorizadas,** con 21 en 2 min, en el bar Purist de Augsburgo (Alemania), el 14 de febrero de 2011.

Deletrear 50 palabras al revés

Shishir Hathwar (India) deletreó al revés correctamente 20 palabras de seis letras, 15 de siete letras y 15 de ocho letras en 1 min y 22,53 s. Lo consiguió en el Press Club of Bangalore, en Bangalore (India), el 13 de noviembre de 2010.

El total es levemente menor al de **más palabras pronunciadas al revés en un minuto,** que está en 71. Lo consiguió Nada Bojkovic (Suecia) en el centro comercial de Nordstan en Goteborg (Suecia), el 24 de noviembre de 2007.

MÁS…

Crucigramas editados

Hasta el 30 de junio de 2013, Roger F. Squires (R.U.) había editado 74.634 crucigramas, el equivalente a más de 2,25 millones de enunciados. Cumplió 81 años el 22 de febrero de 2013, año en el que también alcanzó los 50 años como editor profesional. Roger creó su enunciado número 2.000.000 para el periódico británico *Daily Telegraph* en mayo de 2007, y decía: «Dos niñas, una en cada rodilla (7)». *(Ver abajo, a la derecha, para la solución.)*

Los crucigramas de Roger han aparecido en 115 publicaciones de 32 países, incluidos varios periódicos nacionales británicos.

Más fechas históricas recordadas en cinco minutos

En el Swedish Open Memory Championship de 2011, el atleta alemán de la memoria Johannes Mallow memorizó 132 de 140 fechas históricas ficticias. Los concursantes tienen que memorizar una serie de eventos inventados. Luego se les da la lista en un orden diferente y tienen otros 15 min para colocar las fechas correctas.

Cálculos mentales en un minuto

El 2 de noviembre de 2007, Chen Ranran (China) realizó ocho cálculos mentales en *Zheng Da Zong Yi – Guinness World Records Special* de Pekín (China). Cada suma se componía de 11 números suministrados por la World Abacus and Mental Arithmetic Association.

Victorias de ajedrez simultáneas con los ojos vendados

En 1947, el legendario ajedrecista Miguel Najdorf (Argentina) se enfrentó a 45 jugadores simultáneamente, manteniendo cada partida en su cabeza. En 23 h y 25 min ganó 39, empató 4 y perdió 2. Najdorf se vio forzado a dejar su familia en Polonia al inicio de la Segunda Guerra Mundial. Todos murieron en campos de concentración, pero Najdorf pensaba que si batía un récord, la noticia podría llegar a oídos de algún superviviente. Pero nunca lo contactaron.

Días de la semana identificados a partir de fechas en un minuto

Si te dieran una fecha al azar entre el 1 de enero de 1600 y el 31 de diciembre de 2100, ¿serías capaz de calcular a qué día de la semana corresponde? Yusnier Viera Romero (Cuba) identificó 93 días de la semana a partir de fechas escogidas al azar, el 4 de diciembre de 2010, en Miami (Florida, EE.UU.). Se le proporcionaron las fechas con el formato día-mes-año y si se hubiera equivocado con alguna, habría quedado descalificado.

El menor tiempo en multiplicar 10 pares de números de ocho dígitos

Freddis Reyes Hernández (Cuba) multiplicó 10 pares de números de ocho dígitos escogidos al azar, el 24 de noviembre de 2012, en Antalya (Turquía), en 3 min y 54,12 s. El mes anterior, había ganado el trofeo Memoriad en la Mental Calculation World Cup 2012.

Más cubos resueltos en 24 h: Milán Baticz (Hungría) resolvió 4.786 cubos en 24 h, en Budapest (Hungría), los días 15 y 16 de noviembre de 2008. El promedio fue de 3,32 cubos por minuto.

Más cubos resueltos con los ojos vendados: Marcin Kowalczyk (Polonia) resolvió 26 de 29 cubos en 53 min y 1 s en Starogard Gdański (Polonia), entre el 4 y el 5 de agosto de 2012.

Más cubos resueltos en un monociclo: El piloto Adrian Leonard (Irlanda) resolvió 28 cubos mientras pedaleaba en el Mary Peters Track de Belfast, Irlanda del Norte (R.U.), el 6 de octubre de 2010.

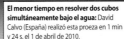

El menor tiempo en resolver dos cubos simultáneamente bajo el agua: David Calvo (España) realizó esta proeza en 1 min y 24 s, el 1 de abril de 2010.

El menor tiempo en resolverlo con los pies: Fakhri Raihaan (Indonesia) tardó sólo 27,93 s en resolver un 3×3 con los pies en Makasar (Indonesia) el 14 y el 15 de julio de 2012.

GASTRONAUTAS

EL MÁS RÁPIDO COMIÉNDOSE...

Tres crackers saladas
El 9 de mayo de 2005, Ambrose Mendy (R.U.) se comió en Londres (R.U.) tres crackers, sin beber agua, solamente en 34,78 s.

Una cebolla cruda
Peter Czerwinski (Canadá) contuvo las lágrimas para comerse una cebolla cruda en 43,53 s. En Mississauga, Ontario (Canadá), el 2 de noviembre de 2011.

Una rosquilla de mermelada (sin manos)
Oli White (R.U.) necesitó 33,17 s para comerse una rosquilla de mermelada sin usar las manos ni lamerse los labios, tal como indicaban las normas. Ocurrió en Londres (R.U.), el 25 de octubre de 2012, en el plató de *OMG!*, el canal que Guinness World Records tiene en YouTube.

Tres *éclairs*
El 6 de abril de 2012, como colofón a su carrera como presentador de *Live with Gabby* en Channel 5 (R.U.), Gabby Logan desafió a sus invitados Keith Chegwin y Sean Hughes (ambos del R.U.) a comerse tres pastelillos de crema y chocolate *éclairs* en el menor tiempo posible. Chegwin (R.U.) fue el más rápido, al devorarlos en 1 min y 5 s, estableciendo el récord mundial.

Un Ferrero Rocher (sin manos)
Russell Jones (EE.UU.) desenvolvió y se comió un bombón Ferrero Rocher sin usar las manos en 11,75 s, el 30 de abril de 2012, en el Sheraton Chicago (Illinois, EE.UU.).

Un *muffin* (sin manos)
Mohamed Hossam (Egipto), invitado del espectáculo itinerante *En un minuto* organizado por Guinness World Records, se comió un muffin de unos 60 g en 38,6 s en el Marina Mall de Kuwait City (Kuwait), el 2 de marzo de 2012.

Una pizza de 30,5 cm
Peter Czerwinski (Canadá) se comió una pizza de 30,5 cm de diámetro con cuchillo y tenedor en 41,31 s en la pizzería Mama's and Papa's de Los Ángeles (California, EE.UU.), el 30 de enero de 2013, ante las cámaras del canal *OMG* del GWR.

ESFUERZO EXTRAORDINARIO
Suresh ha batido la impresionante cifra de 17 récords mundiales.

Más sandías aplastadas con la cabeza en un minuto
Ahmed Tafzi (Alemania) usó su cabeza para establecer un nuevo récord en el Rose Festival, celebrado en Sajonia-Anhalt (Alemania), el 27 de mayo de 2011: ¡en 60 s partió a cabezazos 43 sandías! ¡Ay!

Más huevos sujetados con la mano durante 30 segundos
Suresh Joachim (Canadá) sostuvo 24 huevos con una mano, el 17 de agosto de 2012 en Mississauga, Ontario (Canadá), e igualó el récord establecido por Zachery George (EE.UU.), en el restaurante Subway de Parsons (Virginia Occidental, EE.UU.), el 21 de marzo de 2009. El primer récord de Suresh fue muy distinto: la **mayor distancia recorrida a pie durante 1.000 horas consecutivas**. Entre el 19 de agosto y el 29 de septiembre de 1996, cada hora corrió una distancia de 3,49 km, en Colombo (Sri Lanka).

Una naranja de chocolate
El 24 de febrero de 2013, Marc-Etienne Parent (Canadá) sacó de su caja, desenvolvió y se comió un Terry's Chocolate Orange en 1 min y 38 s, en Campbellton, New Brunswick (Canadá).

Tres pimientos *bhut jolokia*
Birgit Tack (Alemania) se comió tres pimientos abrasadores *bhut jolokia* («pimiento fantasma») en 1 min y 11 s en el plató del *Guinness World Records - Wir holen den Rekord nach*

Deutschland en Berlín (Alemania), el 2 de abril de 2011. Con un índice de 300.000-1.000.000 en la escala Scoville, estos pimientos se hallan entre los más picantes del mundo.

Un vaso de vidrio
El menor tiempo empleado para comerse un vaso de vidrio normal y corriente –que suele pesar unos 100 g como mínimo– es de 1 min y 27 s. Patesh Talukdar (India) lo consiguió en el plató del *Guinness World Records - Ab India Todega*, en Bombay (India), el 10 de marzo de 2011. ¡No intentes batir este récord en casa!

A TODA MECHA

Perritos calientes: Takeru Kobayashi (Japón) se zampó seis perritos calientes en 3 min, el 25 de agosto de 2009, en Kashiwa (Japón).

Ajos: Patrick Bertoletti (EE.UU.) se comió en 1 min 36 intensos dientes de ajo en East Dundee (Illinois, EE.UU.), el 14 de enero de 2012.

Pasteles de carne: David Cole (R.U.) se comió en directo tres pasteles de carne en 1 min y 26 s en el *The Paul O'Grady Show* de la ITV, en Londres (R.U.), el 20 de diciembre de 2005.

Judías al horno: Gary Eccles (R.U.) se comió 258 judías al horno, en 5 min, con un palillo de cóctel para apoyar la Comic Relief. Ocurrió en Coventry (R.U.), el 18 de marzo de 2011.

Ferrero Rocher: Michael Saleeba (Australia) se comió 15 bombones en 3 min y 59 s en Seminyak (Bali, Indonesia), el 6 de marzo de 2012.

El más rápido en beberse un bote de ketchup

El reportero de televisión Benedikt Weber (Alemania) es un fanático de la salsa de tomate: sorbió con una pajita hasta 396 g de ketchup Aro de una botella de vidrio estándar, en 32,37 s en el programa *Galileo*. Ocurrió en Núremberg (Alemania), el 17 de febrero de 2012.

MÁS...

Big Macs comidos en toda la vida

En octubre de 2012, el superfan de la comida rápida Donald Gorske (EE.UU.) alcanzó un hito importante en su vida: se comió su McDonald Big Mac número 26.000. Durante 40 años, Gorske ha comido por lo menos un Big Mac a diario.

Nuggets de pollo comidos en tres minutos

Christian Williams (EE.UU.) engulló 494,9 g de nuggets de pollo en 3 min. Ocurrió en San Leandro (California, EE.UU.), el 25 de agosto de 2012. Sólo se le permitió usar una mano, de acuerdo con el reglamento oficial.

Jamón cortado en una hora

Diego Hernández Palacios (España) se entrenó durante tres meses para batir este récord. Usó tres patas de jamón de Guijuelo, de 6 kg cada una. El 12 de abril de 2011 cortó 2.160 lonchas –10,04 kg en total– en Madrid (España).

Trufas de chocolate hechas en dos minutos

Gino D'Acampo (Italia) preparó 47 trufas cubiertas con chocolate en polvo, coco deshidratado y azúcar glas en el programa de ITV *Let's Do Christmas with Gino & Mel* (R.U.), emitido el 21 de diciembre de 2012.

Y QUE CONSTE...

Una inspiración para todos los que aspiran a batir un récord. Entre los muchos relacionados con la comida, Ashrita posee el de **menor tiempo en pelar y comerse un kiwi** (5,35 s, el 10 de diciembre de 2008) y **un limón** (8,25 s, el 3 de mayo de 2010). *Lee más sobre el fantástico Sr. Furman en la pág. 94.*

Helados de distintos sabores mostrados a la vez

Michael y Matthew Casarez (ambos de EE.UU.) crearon 985 helados de distintos sabores, desde la vainilla al mango habanero, en el restaurante Crook's Palace de Black Hawk (Colorado, EE.UU.), el 17 de julio de 2011.

Ostras abiertas en un minuto

Patrick McMurray (Canadá) abrió 38 ostras durante la emisión del programa *Zheng Da Zong Yi*, en Pekín (China), el 21 de mayo de 2010.

Plátanos pelados y comidos en un minuto

Patrick Bertoletti (EE.UU.) peló y se comió ocho plátanos sin que se le cayeran, en los Sierra Studios de East Dundee (Illinois, EE.UU.), el 14 de enero de 2012.

El más rápido en beberse 200 ml de mostaza

Ashrita Furman (EE.UU.) estableció un nuevo récord cuando se bebió 200 ml de mostaza en unos picantes 20,8 s, en el New York Sri Chinmoy Center de Nueva York (EE.UU.), el 15 de diciembre de 2011. La mostaza se exprimió de un bote de la casa Plochman.

UN PEDACITO DE VIDA
Ryan se formó como maestro y combina su habilidad en las artes marciales con su carrera como conferenciante.

Más pepinos sostenidos con la boca mientras se cortan con una espada en un minuto

Ryan Lam (Canadá), conocido como el samurái Hayashi, mantuvo la calma mientras cortaba por la mitad 22 pepinos en 1 min. Para añadir un mayor grado de peligro, los pepinos los sujetaban con la boca sus valientes y tranquilos ayudantes, quienes estaban sentados espalda contra espalda. La aterradora exhibición se realizó en Roma (Italia), el 28 de marzo de 2012.

CITA
«[Hayashi es] tan peligroso como irresistible de ver...» Piers Morgan, *Britain's Got Talent*, 2010.

Smarties/M&M'S con palillos: El 18 de agosto de 2011, Kathryn Ratcliffe (R.U.) se comió 65 M&M'S en 1 min usando para ello palillos chinos. Ocurrió en Pekín (China), en el plató de *CCTV Guinness World Records Special.*

Uvas: El veterano plusmarquista Ashrita Furman (EE.UU.) devoró 213 uvas en 3 min en Nueva York (EE.UU.), el 16 de agosto de 2010.

Coles de Bruselas: Linus Urbanec (Suecia) se comió 31 de estas pequeñas coles en 1 min en Rottne (Suecia), el 26 de noviembre de 2008.

Guisantes: Mat Hand (R.U.) se comió 211 guisantes en conserva en 3 min con un palillo de cóctel. En Nottingham (R.U.), el 8 de noviembre de 2001.

Rosquillas de mermelada: Patrick Bertoletti (EE.UU.) engulló tres de estas rosquillas –sin lamerse los labios– en un solo minuto. Lo hizo en East Dundee (Illinois, EE.UU.), el 14 de enero de 2012.

GASTRONOMÍA A LO GRANDE

Moneda de chocolate

El 15 de noviembre de 2012, en un evento organizado por BF Servizi SRL (Italia) en Bolonia (Italia), se descubrió un euro de chocolate de 658 kg. La gigantesca moneda medía 1,96 m de diámetro –más alta que un hombre adulto medio– y 17 cm de grosor.

Porción de milhojas de vainilla

El 3 de junio de 2012, Flinders Fish and Chips (Australia) usó 61 cubos de natillas de vainilla para elaborar una porción gigante de milhojas de 508,11 kg en Flinders, Victoria (Australia).

10.000
¡Fueron las raciones en que dividieron la espléndida lasaña!

La lasaña más grande

Creada en honor de la selección italiana de fútbol en la Eurocopa de 2012, la lasaña más larga del mundo estuvo 9 h en el horno. El clásico plato de pasta y carne pesaba 4.865 kg y lo elaboraron el restaurante Magillo y el supermercado Makro (ambos de Polonia), en Wieliczka (Polonia), el 20 de junio de 2012.

El cuenco de gachas más grande

La empresa Flahavan's y los organizadores del Waterford Harvest Festival (ambos de Irlanda) prepararon un gigantesco cuenco de gachas de 1.380 kg –equivalente a 5.500 raciones normales– en Waterford (Irlanda), el 16 de septiembre de 2012.

MAYOR...

Loncha de queso

El 13 de julio de 2012, Halayeb Katilo Co. de Egipto sirvió en El Cairo (Egipto) una gigantesca loncha de queso *roumy*, una especialidad egipcia. Tardaron 18 meses en elaborarla y pesó 135,5 kg.

El mosaico de galletas más grande

El 29 de septiembre de 2012, 300 estudiantes de la Bright School y el MoonPie (ambos de EE.UU.), prepararon un mosaico de galletas de 126,21 m² en Chattanooga (Tennessee, EE.UU.), para celebrar el centenario de la escuela. Se usaron 16.390 galletas MoonPie de vainilla, chocolate y plátano.

Guiso de pescado

El 3 de septiembre de 2011, los servicios de comedor de la Universidad de Massachusetts (EE.UU.) prepararon para los estudiantes un guiso de pescado de 3.020 kg –el peso de una orca–, en Amherst (Massachusetts, EE.UU.). Entre los ingredientes había 453 kg de pescado y marisco (como mejillones, langosta, almejas, eglefino y salmón) y 515 kg de patatas.

Tarta de frutas

Just Bake (India) preparó una tarta de frutas tradicional navideña de 3.825 kg para la Food & Kitchen EXPO 2011 en el recinto del palacio de Bangalore Tripura Vasini, Karnataka (India), en diciembre de 2011. La tarta medía 9 m de largo y 6 m de ancho, ¡lo bastante grande como para llenar un comedor de tamaño decente!

El postre helado más largo

El 9 de junio de 2012, 160 golosos de The LiGht Youth Group (EE.UU.) prepararon en Cavalier (Dakota del Norte, EE.UU.) un postre helado de chocolate de 204,26 m. Para elaborar el delicioso dulce de 338,83 kg de helado de vainilla y 34 kg de sirope de chocolate cerraron la calle principal de la ciudad.

Enchilada

Para crear la enchilada más grande del mundo, hubo que preparar una tortilla de 70 m (torta circular y aplanada hecha con harina de trigo) con una máquina diseñada para la ocasión. El plato mexicano –que significa «aderezado con chile»– llevaba pollo, aguacate, tomate y cebolla, enrollados en una tortilla, y pesaba 1.416 kg. La sirvieron en la Explanada de Iztapalapa de Ciudad de México (México), el 20 de octubre de 2010.

Macedonia

El 28 de agosto de 2012, los servicios de comedor de la Universidad McGill (Canadá) se valieron de 250 voluntarios para crear este postre de 5.078,88 kg en el recinto universitario, situado en Montreal (Quebec, Canadá).

Panecillo de Pascua

La RSPB y Greenhalghs Bakery (ambas de R.U.) hornearon un panecillo de Pascua de 168 kg en Bolton (R.U.), el 5 de abril de 2012. Este panecillo especiado y con pasas lleva una cruz en la masa y suele comerse el Viernes Santo.

COMIDAS MAGNÍFICAS: LAS MÁS CARAS DEL MUNDO

Pizza: La de virutas de trufa blanca (ver recuadro a la derecha), del restaurante Maze de Gordon Ramsay en Londres (R.U.), costaba 178 dólares en 2005.

Sándwich: El von Essen Platinum Club Sandwich, creado en 2007 por Daniel Galmiche (R.U.) en el hotel Cliveden de Buckinghamshire (R.U.), costaba 200 dólares.

Cerezas: El australiano Nick Moraitis pagó 31.771 dólares por una caja de cerezas en una subasta de Sydney Markets, que se celebró en Australia el 24 de octubre de 2007.

Huevo de chocolate sin engastes: Chocolateros de Japón y R.U. crearon el «huevo moteado con oro», vendido por 11.107 dólares en Londres (R.U.), el 20 de marzo de 2012.

Perrito caliente: El California Capitol City Dawg se vende por 145,49 dólares, en el Capitol Dawg de Sacramento (California, EE.UU.). Entró en la carta el 31 de mayo de 2012.

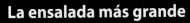

La mayor hamburguesa comercializada

En Juicys Outlaw Grill, en Corvallis (Oregón, EE.UU.), sirven una monstruosa hamburguesa de 352,44 kg. Su peso equivale al de 3.108 hamburguesas de 113 g. Cuesta 5.000 dólares y debe pedirse con 48 h de antelación.

1.375.000 Las calorías de la hamburguesa de Juicys. ¡Suficientes para dos años!

Milhojas

Gilles Desplanches (Suiza) preparó una variante de 1.221,67 m en Ginebra (Suiza), el 11 de noviembre de 2012.

MAYOR RACIÓN DE...

Dumplings

El A Chang Meat Dumpling Restaurant (Taiwán) preparó 685 kg de *dumplings* en el estadio Changhua County en Changhua City, Changhua County (Taiwán), el 18 de noviembre de 2012.

Mejillones

Con motivo de su 25.º aniversario, el restaurante de pescado Havfruen de Trondheim (Noruega), se propuso batir un récord sirviendo una ración de mejillones de 4.898 kg, el 3 de agosto de 2012.

Nachos

Estos trocitos de tortilla fritos con queso fundido por encima deben el nombre a su creador, Ignacio Anaya (México). La ración más grande jamás servida pesaba 2.126,89 kg, por gentileza de Centerplate, en la Universidad de Kansas en Lawrence (Kansas, EE.UU.), el 21 de abril de 2012.

La ensalada más grande

Aunque siempre hay que comer verdura, ¡ni el mayor fan de los platos verdes podría hacerle frente a una ensalada de 19.050 kg! Kaufland y Salve Club (ambos de Rumanía) crearon un bosque de verdor en la feria Exporom de Pantelimon, en Bucarest (Rumanía), el 23 de septiembre de 2012.

La taza de café más grande

De'Longhi (Italia), para dar una carga de energía a quienes iban a trabajar, levantó todo un revuelo al instalar una taza con 13.200 litros de café en Londres (R.U.), el 5 de noviembre de 2012. La taza medía 2,9 m de alto y 2,65 m de ancho.

La botella de whisky más grande

De 1,7 m de alto, la llenaron con 228 litros de The Famous Grouse (R.U.) en su destilería de The Hosh en Crieff Perthshire (R.U.), el 12 de agosto de 2012, una fecha también conocida como «el glorioso día 12» *(the Glorious Twelfth)*, cuando se abre la temporada de caza del lagópodo escocés.

Estofado de carne

El chef de BeefMaster, Grzegorz Cielecki (Polonia), cocinó un estofado de 4.087 kg –el mismo peso que suele tener una elefanta africana– en Chorzów (Polonia), el 9 de septiembre de 2012.

Tortilla

El ayuntamiento de Ferreira do Zêzere (Portugal) rompió un montón de huevos –145.000, para ser exactos– para preparar una tortilla de 6.452,35 kg en Santarém (Portugal), el 11 de agosto de 2012.

Polenta

El 24 de junio de 2012, voluntarios de Pro Loco Pianello di Cagli (Italia) prepararon una polenta de 3.560 kg en Pianello di Cagli (Italia).

MÁS LARGO...

Chikuwa

El Seitoku 140th Anniversary Committee (Japón) creó un *chikuwa* –plato japonés de pescado preparado alrededor de un palo de bambú– de 14,27 m en Kurayoshi, Tottori (Japón), el 3 de noviembre de 2012.

216.000 Tazas de café exprés que podían servirse con aquella cantidad.

Seta: La trufa blanca *(Tuber magnatum pico)* es un hongo comestible que alcanza unos 3.000 dólares el kilo. Las trufas crecen bajo tierra y las husmean perros adiestrados.

Tarta: Jerry Mumma (EE.UU.) compró en una subasta una tarta de plátano y manteca de cacahuete por 3.100 dólares en Rich Hill, Misuri (EE.UU.), el 6 de julio de 2012.

Caviar: En 2006, la variante Almas del caviar de Beluga –«oro negro»– se vendía por unos 34.500 dólares (entonces) el kilo.

Chocolate: Cada Madeline au Truffe, creadas en 2012 por el chocolatero Fritz Knipschildt (Dinamarca), costaba 250 dólares, ¡2.600 dólares por 0,45 kg!

Café: El Kopi Luwak se vende a unos 300 dólares la libra (453 g). Los granos se recogen de los excrementos de la civeta palmera asiática, que vive en las montañas de Irian Jaya, (Indonesia).

SU PASAPORTE, POR FAVOR

«¿Cuál es el motivo de su viaje?», preguntó el funcionario de aduanas que recibió a Wallenda en Canadá. «Inspirar a la gente», le contestó.

Final: Table Rock Welcome Centre (Canadá)

Principio: Isla de Goat (EE.UU.)

550 m

53 m

La primera persona que ha cruzado la base de las cataratas del Niágara sobre una cuerda floja

El 15 de junio de 2012, el osado Nik Wallenda (EE.UU.), una leyenda del circo, se convirtió en el primer equilibrista que cruzaba las cataratas por la base y no por la garganta, río arriba, como habían hecho los acróbatas anteriores. Wallenda recorrió 550 m desde la isla de Goat en EE.UU., pasando sobre las cascadas, hasta Table Rock, en Canadá.

La **primera persona que cruzó la garganta del Niágara sobre una cuerda floja** fue Charles Blondin, nombre artístico de Jean François Gravelet (Francia, 1824-1897), quien cruzó la garganta, de 335 m, cerca del punto donde se levanta el Rainbow Bridge, a unos 2 km de distancia, río arriba, de las cataratas propiamente dichas.

SALTO AL VACÍO

Un nuevo hito del paracaidismo

El 14 de octubre de 2012, tras siete años de planificación, la misión Red Bull Stratos alcanzó el clímax: a las 9:28 de la mañana (hora local; 15:28 GMT), Felix Baumgartner (Austria) despegó de Roswell (Nuevo México, EE.UU.) con destino a la estratosfera. En tres horas, debía regresar a la Tierra después de establecer los récords de **salto desde mayor altitud (38.969,4 m)***, **distancia vertical en caída libre (36.402,6 m)** y **mayor velocidad en caída libre (1.357,6 km/h)**. También se convirtió en el **primer paracaidista en romper la barrera del sonido.**

El traje de Felix

La estratosférica hazaña de Felix requirió un equipamiento muy sofisticado. Su traje, fabricado por la David Clark Company (EE.UU.), incluía suministro de oxígeno, tres paracaídas (y guantes con espejos para confirmar su apertura), un medidor de altitud y cuatro dispositivos de GPS. Su casco estaba equipado con micrófono y auriculares.

Visor climatizado

Mochila delantera (incluye las unidades de GPS y los sensores de velocidad y orientación)

Suministro de oxígeno

Apertura del paracaídas principal

Tirador de emergencia del paracaídas

Altímetro (calibrador de altitud)

Sistema de control de la presión

Botón de activación del paracaídas de frenado (para desplegar un pequeño paracaídas que aumentaría su estabilidad)

Espejo

Cámaras HD en cada pierna

Cuatro capas:
• Forro aislante
• Membrana de gas
• Malla de contención
• Capa externa ignífuga y de aislamiento térmico

DATO:

Más que un traje, Felix vestía un sistema de soporte vital. El equipamiento no sólo le proporcionó oxígeno, sino que también lo protegió de temperaturas de hasta –70,9 °C. El traje estaba completamente presurizado, ya que a esa altitud la presión del aire es tan baja que la sangre de Felix ¡habría hervido dentro de su cuerpo!

«Inspirar a otros a perseguir sus sueños...»

Para el Guinness World Records, fue un orgullo hacer entrega a Felix de su certificado oficial con el que celebraba y reconocía su pionera misión. Durante el acto, dijo las siguientes palabras:

«Después de años de esfuerzos para que esta misión tuviera éxito, cuando al final lo logras hay una pequeña parte de ti que piensa: ¿Ha pasado de verdad? Nuestro principal objetivo fue siempre mejorar la seguridad aeroespacial, pero la recepción del certificado del Guinness World Records fue un recordatorio tangible de que mi sueño supersónico finalmente se había convertido en realidad.»

«También significa mucho saber que millones de personas estaban allí con nosotros gracias a la retransmisión en directo por Internet. Hoy sigo escuchando que la misión Red Bull Stratos ha inspirado a otras personas alrededor del mundo a perseguir sus propios sueños, y eso es uno de los grandes honores de ostentar un récord.»

Estructura exterior con aislamiento de espuma

Globo hecho con tiras de polietileno de alto rendimiento

Puerta acrílica

Esfera presurizada de fibra de vidrio y resina epoxi

1. EL LANZAMIENTO

Felix debía ascender hasta superar el récord de altitud de los aviones a reacción. Su cápsula se elevó con un gran globo de helio que, en el momento del despegue, flotaba a 167,6 m de altura, tanto como un edificio de 55 plantas. Se necesitó casi una hora para inflarlo con helio, un gas que, a la altitud del salto, se expandió hasta llenar por completo los casi 850.000 m³ de capacidad.

FELIX BAUMGARTNER

Zona de impacto (con almohadillas capaces de soportar un golpe de más de 8 Gs)

Y QUE CONSTE...

Joe W. Kittinger (EE.UU., *arriba a la derecha*) fue el principal contacto entre Felix y el centro de control de la misión durante el ascenso. El 16 de agosto de 1960, Joe estableció un récord de caída libre tras alcanzar una velocidad máxima de 988,1 km/h durante un descenso de casi 14 min.

2. LA ASCENSIÓN

La cápsula (*arriba*) ascendió durante más de dos horas. En ese tiempo Felix descubrió algo inesperado: su visor se empañaba con el aire que exhalaba. Podría haber abortado la misión en ese momento, pero decidió no hacerlo. Cuando el globo (detalle, *recuadro*) llegó al límite con el espacio, Felix despresurizó la cápsula y se preparó para saltar...

0,02 mm
Es el espesor del globo de helio que elevó la cápsula de Felix.

*Certificada por la Federación Aeronáutica Internacional (FAI) como la «máxima altitud de salida»

3

15
Número de
cámaras en la cápsula
(nueve, de alta
definición).

38.969,4 m
Altitud a la que
saltó Felix.

37.734 m
Récord de altitud
no oficial
alcanzada por un
globo tripulado,
establecido
por Nicholas
Piantanida
(EE.UU.), el 2 de
febrero de 1966.

34.668 m
Récord de altitud
oficial establecido
por Malcolm Ross
y Victor Prather
(ambos de EE.UU.),
el 4 de mayo
de 1961.

33.445 m
Felix alcanza
la velocidad
del sonido.

3. EL SALTO

Poco después de saltar, Felix entró en barrena. Podría haber
desplegado el paracaídas de estabilización en ese momento, pero
gracias a su gran entrenamiento recuperó el control. Su descenso fue
tan rápido que rompió la barrera del sonido, 65 años después del día
en que Chuck Yeager (EE.UU.) se convirtiera en el primer hombre en
hacerlo. Pero Chuck había logrado la hazaña, en lo que fue el **primer
vuelo supersónico,** a bordo de un avión a reacción Bell XS-1.

31.333 m
Anterior récord
de salto a
más altitud,
establecido en
1960 por el
capitán Joe W.
Kittinger, de la
Fuerza Aérea de
EE.UU.

**4 MINUTOS
Y 20 SEGUNDOS**
Tiempo que Felix
estuvo en caída
libre.

**HOMBRE
SUPERSÓNICO**
Felix rompió la barrera
del sonido a los 34 s
de caída libre y continuó
acelerando hasta los
1.357,6 km/h
(Mach 1,25).

4. EL ATERRIZAJE

Felix desplegó su paracaídas a unos 1.525 m de altitud y aterrizó
a sólo 72 km del lugar de despegue. Entre quienes le esperaban para
darle la bienvenida se hallaba el director técnico del proyecto Red
Bull Stratos, Art Thompson *(abajo a la derecha)*.

10.160 m
Vesna Vulović
(Yugoslavia)
sobrevivió a una
caída desde esa
altitud el 26 de
enero de 1972,
debido a una
explosión en el
DC-9 en el que
trabajaba. Se trata
de la **caída desde
más altitud a la
que se ha
sobrevivido sin
paracaídas.**

4

130.000 pies

120.000 pies

110.000 pies

100.000 pies

90.000 pies

80.000 pies

70.000 pies

60.000 pies

50.000 pies

40.000 pies

30.000 pies

20.000 pies

10.000 pies

NIVEL DEL MAR

EN LA CARRETERA

Más velocidad en un vehículo de propulsión humana (HPV)

Sam Whittingham (Canadá) alcanzó los 133,284 km/h en su bicicleta reclinada aerodinámica *Varna Tempest* durante el World Human Powered Speed Challenge, celebrado cerca de Battle Mountain (Nevada, EE.UU.), el 9 de septiembre de 2009. El récord se midió en un recorrido de 200 m con salida lanzada.

Y QUE CONSTE...

Sam estableció su récord de velocidad en la autopista 305, que cada año atrae a muchos corredores de HPV. ¿Sabes por qué? Porque es la carretera más llana y recta de toda América del Norte. Se halla a 1.370 m de altitud y el aire permite que los pilotos vayan a mayor velocidad.

El viaje más largo en un coche de propulsión eólica

Entre enero y febrero de 2011, Dirk Gion y Stefan Simmerer (ambos de Alemania) viajaron 5.000 km desde Perth hasta Melbourne (Australia) en el *Wind Explorer*, un coche propulsado por el viento. Una turbina eólica cargaba una batería de iones de litio que propulsaba al vehículo y, cuando el viento era lo bastante fuerte, se utilizaba una cometa para controlar su energía.

VUELTAS AL MUNDO

La primera en coche

La piloto de carreras Clärenore Stinnes (Alemania), acompañada por el cineasta Carl-Axel Söderström (Suecia), emprendieron la que se considera la primera vuelta al mundo en coche. El 25 de mayo de 1927, partieron de Fráncfort (Alemania) y terminaron al cruzar la meta en Berlín, el 24 de junio de 1929, tras cubrir un recorrido total de 46.063 km. La pareja conducía un automóvil Adler Standard 6 de 50 CV sin más modificaciones que dos sillones añadidos para proporcionar mayor comodidad. El viaje duró 2 años y 1 mes, y abarcó 23 países. Al año siguiente, Stinnes y Söderström, quienes se habían conocido dos días antes de la salida en 1927, se casaron.

La primera de un coche propulsado con hidrógeno

Mercedes-Benz se convirtió en la primera marca automovilística que dió una vuelta al mundo con un vehículo impulsado por una célula de hidrógeno; se necesitó una flota de tres coches idénticos (basados en el *hatchback* clase B de la compañía) en un viaje de 125 días para celebrar el 125.º aniversario de la marca. La expedición empezó y terminó en Stuttgart (Alemania), y pasó por 14 países.

La primera en coche anfibio

Frederick Benjamin *Ben* Carlin (Australia) y su esposa estadounidense Elinore salieron de Montreal (Canadá) en *Half-Safe*, un todoterreno anfibio Ford GPA modificado, el 24 de julio de 1950, en un intento de dar la vuelta al mundo por tierra y por mar. El viaje estuvo lleno de incidentes –Elinore abandonó a su marido en la India y solicitó el divorcio–, pero al final Ben regresó a Montreal el 8 de mayo de 1958 después de viajar 62.765 km por tierra y 15.450 km por mar. Durante la etapa transpacífica, desde Tokio (Japón) hasta Anchorage (Alaska, EE.UU.), a Carlin se le unió el periodista de *The Japan Times* Boyé Lafayette De Mente.

La más rápida en coche

El récord del hombre y la mujer que dan la vuelta a la Tierra en coche por primera vez y con más rapidez atravesando seis continentes, según las normas vigentes en 1989 y 1991, y cubriendo una distancia superior a la longitud del ecuador (40.075 km), se halla en posesión de Saloo Choudhury y su esposa Neena Choudhury (ambos de India). El viaje duró 69 días, 19 h y 5 min desde el 9 de septiembre hasta el 17 de noviembre de 1989. La pareja conducía un Hindustan «Contessa Classic» de 1989 y el viaje empezó y terminó en Delhi (India).

El viaje más largo en coche utilizando carburante alternativo

Desde el 15 de noviembre de 2009 hasta el 4 de mayo de 2010, Tyson Jerry (Canadá, *a la izquierda*), del proyecto Driven to Sustain –un programa educativo de concienciación medioambiental–, recorrió 48.535,5 km a través de América del Norte en un Mitsubishi Delica propulsado únicamente con biogasóleo y aceite vegetal. Chloe Whittaker (*a la derecha*) se unió a Tyson durante parte de la ruta.

LA MAYOR DISTANCIA RECORRIDA...

En 24 horas (coche de serie)

La distancia más larga recorrida en un coche de serie en 24 h son 5.459,92 km, récord que se anotó un equipo de 13 periodistas y pilotos de pruebas en un Saab Turbo 900 en la Talladega Superspeedway de Alabama (EE.UU.), el 19 de octubre de 1996. Los pilotos mantuvieron una velocidad media de 227,49 km/h durante las 24 h. Según lo establecido por la FIA, el organismo internacional que regula el automovilismo, el coche fue seleccionado al azar en la cadena de montaje de Saab.

Sobre dos ruedas laterales

La distancia más larga recorrida por un coche conducido sobre dos ruedas laterales son 371,06 km, proeza conseguida por Michele Pilia (Italia)

RÉCORDS DE VELOCIDAD EN TIERRA

Vehículo lunar:
- 17 km/h
- Rover del *Apolo 17*
- Eugene Cernan (EE.UU.)
- 12 de diciembre de 1972

Coche comestible:
- 17,2 km/h
- Coche-tarta (réplica a escala 1:2 de un Indycar Racer de 1933)
- Carey Iennaccaro (EE.UU.)
- 4 de marzo de 2012

Tanque:
- 82,23 km/h
- S 2000 Scorpion Peacekeeper LC (R.U.)
- 26 de marzo de 2002

Vehículo propulsado con energía solar:
- 88,738 km/h
- *Sunswift IV*
- Barton Mawer (Australia)
- 7 de enero de 2011

Carro de vela:
- 202,9 km/h
- *Greenbird*
- Richard Jenkins (R.U.)
- 26 de marzo de 2009

18.592
¡Horas que pasaron los Schmids al volante gastando 165.559 litros de combustible!

El viaje más largo al volante

Hasta el 18 de diciembre de 2012, Emil y Liliana Schmid (Suiza) llevaban recorridos 668.485 km en su Toyota Land Cruiser. La osada pareja –sin domicilio fijo– emprendió su épico viaje el 16 de octubre de 1984 y, hasta la fecha, han atravesado 172 países y territorios.

en un BMW 316 de 1.766 cc modelo E30 de 1983 en el estudio de Sant'Elia, en Cagliari (Italia), el 26 de febrero de 2009.

De un vehículo propulsado por energía solar

En el viaje más largo realizado a bordo de un vehículo eléctrico con paneles solares, se recorrieron 29.753 km. El equipo al volante del coche solar desarrollado en la Escuela Superior de Bochum (Alemania) partió de Adelaida (Australia) el 26 de octubre de 2011 y dio una vuelta al mundo antes de llegar a Mount Barker (Australia), el 15 de diciembre de 2012.

Con un solo depósito de combustible

La mayor distancia recorrida con un solo depósito de combustible son 2.545,80 km en un Volkswagen Passat 1.6 TDI BlueMotion durante una prueba organizada por la revista *Auto Motor i Sport* (Croacia). El coche iba conducido por Marko Tomac e Ivan Cvetković (ambos de Croacia), que viajaron por el interior de Croacia entre el 27 y el 30 de junio de 2011. El consumo medio fue de 3,08 litros por cada 100 km, con lo cual se superó el récord de distancia anterior en 88,92 km.

Y QUE CONSTE…

Irvin pagó el equivalente a un año de sueldo por su amado coche; sólo lo venderá si consigue un dólar por cada milla recorrida.

El viaje más largo en taxi

Leigh Purnell, Paul Archer y Johno Ellison (todos de R.U.) salieron de Covent Garden (Londres, R.U.) en taxi el 17 de febrero de 2011 y viajaron 69.716,12 km alrededor del mundo hasta regresar a Covent Garden el 11 de mayo de 2012. El taxímetro de *Hannah* –un taxi negro londinense LTI Fairway FX4 de 1992– marcaba 79.006,80 libras esterlinas (127.530 dólares; 98.490 euros) al final del viaje. Durante su periplo, el equipo batió además el récord de **mayor altitud en taxi** al alcanzar los 5.225,4 m en la provincia de Qinghai (China), el 29 de agosto de 2011.

¡SIGA ESE COCHE!
En la fotografía de la izquierda aparecen Leigh, Paul, Johno y *Hannah* en Angkor Wat (Camboya); atrapados en la nieve en Finlandia; y a su llegada a Sídney (Australia).

El mayor kilometraje de un vehículo

Un Volvo P-1800S de 1966, propiedad de Irvin Gordon (EE.UU.) indicaba 4.773.314 km en el cuentakilómetros el 9 de julio de 2012. El coche se sigue utilizando a diario y recorre de 140.000 a 160.000 km al año, debido en parte porque acude a numerosas exposiciones automovilísticas de EE.UU. y, de vez en cuando, de otros países. Irvin compró su P-1800S el 30 de junio de 1966 por 4.150 dólares, a los 25 años de edad.

PARA RÉCORDS DE MOTOR, VER PÁGS. 248-249

Coche eléctrico:

- 495,140 km/h
- *Buckeye Bullet 2*
- Roger Schroer (EE.UU.)
- 24 de agosto de 2010

Coche de gasóleo:
- 563,418 km/h
- *JCB DIESELMAX*
- Andy Green (R.U.)
- 23 de agosto de 2006

Motocicleta:
- 605,697 km/h
- *Top Oil-Ack Attack* aerodinámica
- Rocky Robinson (EE.UU.)
- 25 de septiembre de 2010

Vehículo conducido sobre ruedas (la potencia del motor se aplica a las ruedas del coche):
- 737,794 km/h
- *Vesco Turbinator*
- Don Vesco (EE.UU.)
- 18 de octubre de 2001

Coche (absoluto):

- 1.227,985 km/h
- *Thrust SSC*
- Andy Green (R.U.)
- 15 de octubre de 1997

EN EL AGUA

La primera circunnavegación de las Américas en solitario y sin escalas

Entre el 13 de junio de 2011 y el 18 de abril de 2012, Matt Rutherford (EE.UU.) recorrió 43.576 km en el *Saint Brendan*, una nave de 8,2 m de eslora. Zarpó en la bahía de Chesapeake, en Maryland (EE.UU.), y circunnavegó América del Norte y del Sur. El 19 de septiembre de 2011, el *Saint Brendan* se convirtió en el **barco más pequeño que había sorteado el paso del Noroeste**, en el océano Ártico.

CIRCUNNAVEGACIÓN

La primera

A pesar de que se considera a Fernando de Magallanes (Portugal) como la primera persona en realizar la vuelta al mundo, la realidad es que murió en el camino y nunca completó la travesía. Capitaneó una flota de cinco naves que salieron de España el 20 de septiembre de 1519; pero de éstas sólo regresó la *Victoria*, comandada por Juan Sebastián Elcano y con sólo 17 miembros de la tripulación original, el 8 de septiembre de 1522. Magallanes murió en Mactán (Filipinas) el 27 de abril de 1521 en el transcurso de un combate con los nativos.

La primera en solitario y sin escalas

Hombres: Robin Knox-Johnston (R.U.) partió de Falmouth, en Cornualles (R.U.), el 14 de junio de 1968 en la *Sunday Times* Golden Globe Race y volvió el 22 de abril de 1969 como el único competidor restante.

Mujeres: Kay Cottee (Australia) partió de Sídney (Australia) el 29 de noviembre de 1987 en su yate de 11 m, el *First Lady*, y regresó el 5 de junio de 1988, 189 días después.

La primera circunnavegación en solitario con propulsión humana

Erden Eruç (Turquía) dio la vuelta al mundo haciendo remo, kayak, senderismo y bicicleta. Zarpó de Bodega Bay, en California (EE.UU.). El viaje duró 5 años, 11 días, 12 h y 22 min, entre el 10 de julio de 2007 y el 21 de julio de 2012, y regresó al punto de partida.

La circunnavegación más veloz en solitario en monocasco

François Gabart (Francia) ganó la regata de veleros Vendée Globe 2012-2013 en 78 días, 2 h y 16 min a bordo del *MACIF*. Partió el 10 de noviembre de 2012 de Sables-d'Olonne (Francia) y llegó allí mismo el 27 de enero de 2013. Con 29 años, Gabart (n. el 23 de marzo de 1983) se ha convertido en el **ganador más joven de la regata de veleros Vendée Globe.**

La primera en solitario y sin escalas hacia el oeste

Hombres: El 6 de agosto de 1971, Chay Blyth (R.U.) completó una travesía de 292 días a bordo del *British Steel*. La ruta hacia el oeste hace frente a fuertes vientos y corrientes que se desplazan en el sentido de la rotación de la Tierra. La más popular es la ruta hacia el este.

Mujeres: Dee Caffari (R.U.) necesitó 178 días, 3 h, 5 min y 34 s para volver a Portsmouth (R.U.). Fue a bordo del *Aviva*, un monocasco de 22 m de eslora, entre el 20 de noviembre de 2005 y el 18 de mayo de 2006.

Caffari también participó en la Vendée Globe –que seguía la ruta hacia el este– y la finalizó el 16 de febrero de 2009, convirtiéndose en la **primera mujer en navegar sin escalas alrededor del mundo en ambas direcciones.**

La cabina frontal contiene los frenos náuticos, que incluyen el ancla de capa, la de fondeo, cuerdas, defensas y repuestos

Los paneles solares de la parte superior de la cabina cargan las baterías para alimentar todos los sistemas electrónicos

Cabina principal de popa

El *Around-n-over* está construido de contrachapado marino

El agua de lastre en el interior ayuda a mantener recto el bote

Diseñada para ayudar a la estabilidad direccional

CITA

«El reto fue mantenerme sereno mentalmente y controlar la inquietud. Mi intención no es conquistar la naturaleza sino estar en armonía con ella. Deseo ser parte del mar.»

Alforjas laterales en el equipo de ciclismo para colocar la carga en compartimentos de fácil acceso

Carrito para la carga extra en los tramos de viaje por tierra

Y QUE CONSTE...

Individual: Jason Lewis *(en la otra página)* completó su circunnavegación con propulsión humana (HPC) cinco años antes que Erden, pero fue acompañado y ayudado por amigos en varios tramos de los 74.842 km de viaje.

En solitario: Erden *(izquierda)* completó su HPC solo: es decir, fue la primera persona en hacerlo sin ningún acompañante.

RÉCORDS ACUÁTICOS DE VELOCIDAD

Submarino de propulsión humana:
• 8,035 nudos (14,9 km/h)
• *OMER 5*
• Escuela Superior de Tecnología, Universidad de Quebec (Canadá)
• Junio de 2007

Nave de propulsión humana:
• 18,5 nudos (34,26 km/h) en 100 m
• Hidrodeslizador *Decavitator*
• Mark Drela (EE.UU.)
• 27 de octubre de 1991

El submarino militar más veloz:
• 40 nudos (74 km/h)
• Alfa class (Rusia)
• Encargado en 1971

Navegación (mujer):
• 45,83 nudos (84,88 km/h)
• Tabla *Mistral 41* y vela *Simmer Sail 5.5 SCR*
• Zara Davis (R.U.)
• 17 de noviembre de 2012

Navegación (hombre):
• 65,45 nudos (121,21 km/h) en 500 m
• *Vestas Sailrocket 2*
• Paul Larsen (Australia)
• 24 de noviembre de 2012

74.842 KM
Recorrió Jason Lewis en su intento.

La primera circunnavegación individual con propulsión humana

El 12 de julio de 1994, Jason Lewis (R.U.) inició un viaje de 13 años desde Greenwich, Londres (R.U.). Caminó, se desplazó en bicicleta y en patines en línea por los cinco continentes, navegó en kayak, nadó, remó y pedaleó por los océanos. Cubrió una distancia superior a la de la circunferencia de la Tierra –40.075 km– y finalizó el 6 de octubre de 2007. En algunos tramos del viaje lo acompañaron algunos amigos y seguidores.

el 1 de agosto, tras remar 5.262 km en 55 días. Estos hombres, cuyo récord se ha mantenido más de 100 años, esperaban obtener un premio en metálico de 10.000 dólares –unos 250.000 dólares actuales– pero nunca lo recibieron.

Más travesías a remo por una misma persona

Simon Chalk (R.U.) ha realizado siete travesías oceánicas a remo: la Atlántica de este a oeste en equipos de dos (1997), de cinco (2007-2008), de seis (2013), de ocho (2012) y de 14 (2011); y la Índica de este a oeste, solo (2003) y en un equipo de ocho (2009).

El hombre más anciano en atravesar el Atlántico a remo y en solitario

Pavel Rezvoy (Ucrania, n. el 28 de noviembre de 1938) se embarcó en una exitosa travesía a remo por el Atlántico, de este a oeste y en solitario, en el *Marion-Lviv*, el 20 de enero de 2004, a la edad de 65 años y 53 días.

El tándem más joven en atravesar a remo el océano Índico

Los remeros británicos James Thysse (n. el 8 de diciembre de 1986) y Jamie Facer-Childs (n. el 11 de julio de 1987) iniciaron una travesía a remo en tándem a través del océano Índico el 19 de abril de 2009 a bordo del *Southern Cross*. James tenía 22 años y 132 días; y Jamie, 21 años y 282 días. Llegaron a tierra el 31 de julio de 2009.

La travesía más rápida en el Pacífico

Olivier de Kersauson (Francia) recorrió 2.925 millas náuticas (5.417 km) de Los Ángeles (California, EE.UU.) a Honolulú (Hawái, EE.UU.). Fue en noviembre de 2005 y tardó 4 días, 19 h, 31 min y 37 s, a una velocidad media de 19,17 nudos (35,5 km/h) en su trimarán *Geronimo*.

27,75
Es la velocidad media en nudos conseguida por Francis Joyon.

La mayor distancia en solitario en 24 horas

Francis Joyon (Francia) recorrió 666,2 millas náuticas (1.233,8 km) sin ayuda en su trimarán *IDEC* de 29 m de eslora, los días 30 y 31 de julio de 2012. Antes, había conseguido la **circunnavegación en solitario más rápida**, con 57 días, 13 h, 34 min y 6 s, del 23 de noviembre de 2007 al 20 de enero de 2008.

OCÉANOS

La primera travesía a remo por el Atlántico

George Harbo y Frank Samuelsen (ambos de origen noruego y nacionalidad estadounidense) atravesaron el Atlántico de oeste a este, desde Nueva York (EE.UU.) hasta las islas Sorlingas (R.U.). Partieron el 6 de junio de 1896 en un esquife de 5,48 m de eslora y llegaron

LA TRAVESÍA A REMO MÁS LARGA DEL OCÉANO ÁRTICO

Paul Ridley, Colin West, Neal Mueller y Scott Mortensen (todos de EE.UU.) recorrieron 1.600 km a remo de Inuvik (Canadá) a Point Hope (Alaska) en 40 días, 3 h y 7 min, entre el 17 de julio y el 26 de agosto de 2012, a bordo de un bote de 8,8 m de eslora.

La primera travesía a remo por el océano Atlántico ida y vuelta, sin escalas

Charles Hedrich (Francia) remó desde San Pedro y Miquelón en el Atlántico noroccidental cerca de Canadá, pasando por las islas Canarias, en las costas del norte de África, hasta Petite Anse d'Arlet, en la isla caribeña de Martinica, en un viaje sin escalas que duró 145 días, 10 h y 57 min. Se embarcó en su aventura solitaria y sin asistencia el 9 de julio de 2012 y finalizó el 2 de diciembre, habiendo remado un total de 11.000 km en su bote *Respectons la Terre*.

Esquí acuático (mujer):
• 96,54 nudos (178,8 km/h)
• Dawna Patterson Brice (EE.UU.)
• 21 de agosto de 1977

Esquí acuático descalzo:
• 117,95 nudos (218,44 km/h)
• Scott Pellaton (EE.UU., *en la foto durante un entrenamiento*)
• 1 de noviembre de 1989

Deslizador Fórmula 1:
• 138,36 nudos (256,25 km/h)
• Bote ligero de fibra de carbono con un motor Mercury de 2,5 litros
• Guido Cappellini (Italia)
• 29 de abril de 2005

Bote de hélice:
• 229,92 nudos (425,81 km/h)
• *Problem Child*
• Dale Ishimaru (EE.UU.)
• 21 de abril de 2006

El bote más rápido:
• 275,97 nudos (511,11 km/h)
• El hidroplano *Spirit of Australia*
• Ken Warby (Australia)
• 8 de octubre de 1978

EN LA CUMBRE

La persona más longeva que asciende a las Siete Cumbres

Takao Arayama (Japón) conquistó las Siete Cumbres –los picos más altos de cada continente– cuando completó su ascensión al Kilimanjaro en Tanzania (África), el 18 de febrero de 2010 a la edad de 74 años y 138 días.

Más personas en el monte Everest en un solo día

El 19 de mayo de 2012, 234 escaladores subieron al Everest –el mayor número de personas en un día–. Batieron el récord de 170, establecido en 2010. El abarrotamiento es un problema grave en la **montaña más alta,** pues 3.721 escaladores han alcanzado la cima desde que fue conquistada por primera vez en 1953 (ver a la derecha). El **día más mortífero del Everest** fue el 10 de mayo de 1996, cuando 8 escaladores perecieron durante una ventisca.

LOS MÁS RÁPIDOS...

Subida al monte Everest

El 21 de mayo de 2004, el sherpa Pemba Dorje (Nepal) ascendió por la cara sur del Everest en 8 h y 10 min. Aunque su tiempo fue impugnado por un sherpa rival, el Gobierno y el Ministerio de Turismo nepalíes refrendaron el récord.

Ascensión de los *ochomiles*

Jerzy *Jurek* Kukuczka (Polonia) ascendió por los 14 picos que rebasan

los 8.000 m en 7 años, 11 meses y 14 días entre el 4 de octubre de 1979, cuando alcanzó la cima del Lhotse (8.516 m) en la frontera entre Nepal y Tíbet, y el 18 de septiembre de 1987, día en que conquistó con éxito el Shisha Pangma (8.027 m) en Tíbet.

Triplete de los *ochomiles*

La proeza conocida como «triplete de los *ochomiles*» consiste en escalar tres de los 14 picos de la Tierra que superan los 8.000 m. En junio de 1983, Erhard Loretan y Marcel Rüedi (ambos de Suiza) coronaron el Gasherbrum II,

La primera mujer en subir al Everest dos veces (en una temporada)

La sherpa Chhurim Dolma (Nepal) escaló el Everest dos veces en una temporada: la primera vez que una mujer conseguía tal hazaña; alcanzó la cima desde el lado de Nepal el 12 de mayo de 2012 y otra vez el 19 de mayo.

Más rapidez en escalar el monte Everest y el K2

Karl Unterkircher (Italia, 1970-2008) tardó sólo 63 días en escalar los dos picos más altos de la Tierra: el Everest (8.848 m), el 24 de mayo de 2004 y el K2 (8.611 m), el 26 de julio de 2004, en ambos casos sin ayuda de oxígeno.

el Gasherbrum I y el Broad Peak en 15 días. Los tres picos se levantan en la frontera entre Pakistán y China.

Ascensión de las Siete Cumbres

Vernon Tejas (EE.UU.) escaló el pico más alto de cada uno de los siete continentes, entre el 18 de enero y el 31 de mayo de 2010: un tiempo récord de tan sólo 134 días.

LOS PRIMEROS...

Subida al Everest

El monte Everest fue conquistado a las 11:30 del 29 de mayo de 1953 cuando Edmund Percival Hillary (Nueva Zelanda) y Tenzing Norgay (India/Tíbet) alcanzaron la cima. Al frente de la expedición iba Henry Cecil John Hunt.

Persona que corona dos *ochomiles* en un día

El 15 de mayo de 2012, Michael Horst (EE.UU.) cruzó desde la cumbre del monte Everest, por el Collado Sur, hasta la cumbre del Lhotse, el cuarto pico más alto. Esta fantástica proeza constituye también el **menor tiempo**

Menos tiempo en escalar el pico más alto de cada país africano

Eamon *Ginge* Fullen (R.U.) tardó cinco años en escalar los picos más altos de todos los países del continente africano. El 25 de diciembre de 2005 remató la tarea al coronar el pico Bikku Bitti de Libia (3.376 m).

LOS 10 PICOS MÁS ALTOS Y SUS PRIMEROS CONQUISTADORES

1. Monte Everest (8.848 m)
Edmund Hillary (Nueva Zelanda) y Tenzing Norgay (India/Tíbet), el 29 de mayo de 1953.

2. K2 (8.611 m)
Lino Lacedelli y Achille Compagnoni (ambos de Italia), el 31 de julio de 1954.

3. Kangchenjunga (8.586 m)
Joe Brown y George Band (ambos de R.U.), el 25 de mayo de 1955.

4. Lhotse (8.516 m)
Ernst Reiss y Fritz Luchsinger (ambos de Suiza), el 18 de mayo de 1956.

5. Makalu (8.485 m)
Jean Couzy y Lionel Terray (ambos de Francia), el 15 de mayo de 1955.

en alcanzar la cima de dos *ochomiles*: poco más de 20 h.

Ascensión del K2 por una mujer

Wanda Rutkiewicz (Polonia) escaló el K2 el 23 de junio de 1986, convirtiéndose en la primera mujer que ascendía a este pico.

El 17 de mayo de 2010, Edurne Pasaban Lizarribar (España) se convirtió en la **primera mujer que escalaba los 14 picos de más de 8.000 m (indiscutible)** al coronar el Shisha Pangma en Tíbet. Un mes antes, Oh Eun-Sun (Corea del Sur) había reclamado este título, pero como surgieron dudas sobre su conquista del Kangchenjunga en 2009, su récord continúa puesto en tela de juicio.

La **primera mujer que escaló todos los** *ochomiles* **sin oxígeno** fue Gerlinde Kaltenbrunner (Austria), que conquistó su última cumbre (el K2) el 23 de agosto de 2011.

La primera mujer en subir el monte Everest

Junko Tabei (Japón) escaló el monte Everest el 16 de mayo de 1975. El 28 de junio de 1992 se convirtió en la **primera mujer que subía a las Siete Cumbres** (el pico más alto de cada continente) cuando coronó el Puncak Jaya.

¿El mayor escalador de todos los tiempos?

En lo que se refiere a conquistar picos vertiginosos, pocos escaladores superan a Reinhold Messner (Italia), como demuestra la tabla de abajo. Puede que otros montañeros hayan efectuado más escaladas en solitario, pero Messner es el maestro de las hazañas a grandes altitudes y con alto riesgo. Empezó de joven: su padre también era escalador y lo llevó a su primera ascensión –un pico de 900 m– cuando tenía 5 años.

La fotografía inferior a la derecha muestra a Messner en 1980 con una imagen del monte Everest; había escalado el pico en solitario y sin ayuda de oxígeno, llevando únicamente una mochila pequeña.

LA PERSONA MÁS LONGEVA QUE ASCIENDE A...

Everest
El alpinista japonés Yuichiro Miura (n. 12 de octubre de 1932) coronó la cima del monte Everest el 23 de mayo de 2013, a los 80 años y 223 días.

Kilimanjaro
Martin Kafer (Suiza, nacido el 10 de mayo de 1927) alcanzó la cima del monte Kilimanjaro (Tanzania, África) a la edad de 85 años y 144 días, el 1 de octubre de 2012.

La subida la realizó en compañía de su esposa, Esther Kafer (Suiza, nacida el 23 de abril de 1928), que se convirtió así en la **mujer más longeva que ascendía al monte Kilimanjaro,** a la edad de 84 años y 161 días.

Una montaña de 8.000 metros sin botella de oxígeno
El único poseedor indiscutible de un récord en esta categoría es Carlos Soria Fontán (España, nacido el 5 de febrero de 1939), que coronó el Gasherbrum I sin botella de oxígeno el 3 de agosto de 2009, a la edad de 70 años y 179 días.

Las Siete Cumbres (mujer)
Carolyn *Kay* LeClaire (EE.UU., nacida el 8 de marzo de 1949) completó sus ascensiones de las Siete Cumbres cuando conquistó el Everest el 23 de mayo de 2009, a la edad de 60 años y 76 días.

CUESTIÓN DE OLFATO
The Nose («la Nariz») es una cresta que separa las dos paredes rocosas de El Capitan y la ruta más conocida para escalar esta montaña.

24 Escaladores que han muerto en El Capitan desde 1905, 13 de ellos en «la Nariz».

El mejor tiempo en escalar El Capitan

La ascensión más rápida de El Capitan (2.308 m) en California (EE.UU.) por la ruta de «la Nariz» la establecieron Hans Florine y Alex Honnold (ambos de EE.UU.) en 2 h, 23 min y 51 s, el 17 de junio de 2012: casi 13 min más rápido que el récord anterior. Por lo general, los montañeros pueden tardar hasta tres días en escalar este precipicio casi vertical por dicha ruta.

Florine batió también el récord de **más rapidez en escalar El Capitan en solitario,** al coronar la montaña en 11 h y 41 min, el 30 de julio de 2005.

CITA «Se aprende por el fracaso, no por lo que consideramos victorias.»

3D EN ESTA PÁGINA ¡ATENCIÓN, REALIDAD AUMENTADA!

RÉCORD	DETALLES	FECHA
Primera ascensión al monte Everest sin oxígeno	Lo consiguió Peter Habeler (Austria)	8 may 1978
Primera subida en solitario al monte Everest	Messner tardó tres días en realizar la ascensión desde su campamento base a los 6.500 m	20 ago 1980
Primer triplete de los *ochomiles*	Kangchenjunga el 6 de mayo de 1982; Gasherbrum II el 24 de julio de 1982; Broad Peak el 2 de agosto de 1982	2 ago 1982
Primera persona que escala todos los *ochomiles*	Empezó en junio de 1970. Remató su hazaña subiendo al Lhotse en la frontera entre Nepal y Tíbet	16 oct 1986
Primera persona que escala todos los *ochomiles* sin oxígeno	Messner no fue sólo la primera persona que subió a todos los *ochomiles*, sino también la primera que lo hizo sin botella de oxígeno	16 oct 1986

6. Cho Oyu (8.188 m) Josef Jöchler, Herbert Tichy (ambos de Austria) y Pasang Dawa Lama (sherpa de Nepal), el 19 de mayo de 1954.

7. Dhaulagiri I (8.167 m) Kurt Diemberger (Austria), Peter Diener (Alemania), Ernst Forrer, Albin Schelbert (ambos de Suiza), Nawang Dorje y Nima Dorje (ambos sherpas de Nepal), el 13 de mayo de 1960.

8. Manaslu (8.163 m) Un equipo japonés encabezado por Yuko Maki, el 9 de mayo de 1956.

9. Nanga Parbat (8.125 m) Hermann Buhl (Austria), el 3 de julio de 1953.

10. Annapurna I (8.091 m) Maurice Herzog y Louis Lachenal (ambos de Francia), el 3 de junio de 1950.

EN EL HIELO

Ártico en el archipiélago ruso de Tierra del Norte, sin asistencia externa y en 52 días, del 2 de marzo al 23 de abril de 1994. Realizó la **travesía al polo Norte con esquís y en solitario.** No usó ningún tipo de transporte motorizado. Ni siquiera un cometa *parafoil.*

La travesía con esquís y con asistencia más rápida (mujeres)

Catherine Hartley y Fiona Thornewill (ambas de R.U.) llegaron esquiando al polo Norte –con reabastecimiento– en 55 días, del 11 de marzo al 5 de mayo de 2001, partiendo de la isla Ward Hunt en los territorios del Noroeste (Canadá).

La travesía al polo Sur en solitario, sin soporte y sin asistencia, más rápida (mujeres)

Hannah McKeand (R.U.) llegó esquiando al polo Sur desde la ensenada de Hércules en el borde del continente Antártico, en 39 días, 9 h y 33 min. Partió el 19 de noviembre y llegó el 28 de diciembre de 2006.

La expedición antártica más larga con *snowkite*

El 3 de febrero de 2012, Dixie Dansercoer y Sam Deltour (ambos de Bélgica) completaron su Antarctic ICE Expedition a través de la Antártida oriental. Llevaron a cabo su viaje de 5.013 km sin ningún tipo de asistencia externa ni uso de vehículos motorizados.

La expedición más rápida al polo Norte

Una expedición con soporte y asistencia compuesta por Tom Avery (R.U.), Matty McNair (Canadá), Andrew Gerber (Sudáfrica), George Wells (R.U.) y Hugh Dale-Harris (Canadá) llegó al polo Norte en 36 días, 22 h y 11 min, del 21 de marzo al 26 de abril de 2005. Trataban de recrear la discutida expedición de 1909 de Robert Peary *(ver a la izquierda).* Como Peary, pudieron reabastecerse cuatro veces a lo largo del camino. *(Para la travesía a pie más rápida, ver a la derecha.)*

La primera distancia larga realizada a nado en el polo Norte

El 15 de julio de 2007, Lewis Gordon Pugh (R.U.) nadó 1 km en el polo Norte. Su baño, llevado a cabo en aguas cuya temperatura oscilaba entre los –1,7 ºC y los 0 ºC y sin traje de buzo, duró 18 min y 50 s.

La expedición al Ártico (en línea recta) con *snowkite* y sin asistencia, más larga

Adrian Hayes (R.U.) y los exploradores Devon McDiarmid y Derek Crowe (ambos de Canadá) realizaron una travesía con *snowkite* de 3.120 km en línea recta, cruzando en vertical el casquete nevado de Groenlandia. El viaje duró 67 días, del 20 de mayo al 25 de julio de 2009.

POLO NORTE

Los primeros en llegar al polo Norte

La cuestión de quién llegó primero al polo Norte ha sido un gran motivo de debate durante mucho tiempo. Robert Peary, que viajaba con Matt Henson (ambos de EE.UU.), indicó que había llegado al polo Norte el 6 de abril de 1909. Frederick Cook (EE.UU.) afirmó haber llegado un año antes, el 21 de abril de 1908. Ninguna de las hazañas ha podido probarse de manera fehaciente.

La **primera travesía por tierra indiscutida al polo Norte** finalizó el 19 de abril de 1968, cuando el líder de la expedición Ralph Plaisted (EE.UU.), acompañado por Walter Pederson,

Gerald Pitzl y Jean Luc Bombardier, llegó al polo en motonieve después de atravesar el mar helado en 42 días.

La primera expedición en solitario

El 1 de mayo de 1978, Naomi Uemura (Japón, 1941-1984) se convirtió en la primera persona en llegar al polo Norte caminando en solitario a través del mar Ártico helado. Recorrió 770 km partiendo del cabo Columbia, en la isla Ellesmere (Canadá).

Børge Ousland (Noruega) llegó esquiando al polo Norte desde el cabo

Y QUE CONSTE...

Una vez en el polo, el equipo *(a la derecha)* posó para una fotografía que recreaba una imagen del equipo de Peary *(a la izquierda)* tomada en abril de 1909. La imagen original fue usada por Peary como prueba de que había llegado al polo.

PIONEROS DE LA EXPLORACIÓN

14 de diciembre de 1911: Los primeros en llegar al polo Sur. Un grupo de cinco hombres encabezado por el capitán Roald Amundsen (Noruega).

2 de marzo de 1958: Los primeros en cruzar la Antártida. Sir Vivian Ernest Fuchs (R.U.) encabezó un grupo de 12 personas en una travesía a pie de 99 días a través del polo desde la base de Shackleton a la de Scott.

19 de abril de 1968: La primera travesía por tierra indiscutida al polo Norte. Ralph Plaisted (EE.UU.) encabezó un grupo que viajó 42 días con ayuda de motos de nieve.

29 de mayo de 1969: La primera travesía por el Ártico. La realizó la British Trans-Arctic Expedition, encabezada por Wally Herbert (R.U.).

1 de mayo de 1978: La primera expedición en solitario al polo Norte. El japonés Naomi Uemura recorrió 770 km en solitario desde cabo Columbia (Canadá).

La primera nave de superficie en el polo Norte

El rompehielos nuclear soviético (ahora ruso) *NS Arktika* medía 150 m de eslora, con una manga de 30 m y un desplazamiento de 23.460 toneladas. Comenzó a funcionar de manera experimental en 1974 y estuvo operativo hasta 2008. Era capaz de abrirse paso a través de capas de hielo de hasta 5 m de espesor. El 17 de agosto de 1977, se convirtió en la primera nave de la historia en llegar al polo Norte.

Adrian también estableció el **menor tiempo en completar el desafío de los Tres polos** –conquistar el Everest y los polos Norte y Sur– en 1 año y 217 días. Coronó el Everest el 25 de mayo de 2006, llegó al polo Norte el 25 de abril de 2007 (desde la isla Ward Hunt en Canadá) y alcanzó el polo Sur desde la ensenada de Hércules el 28 de diciembre de 2007.

La travesía al polo Norte con soporte más rápida

David J. P. Pierce Jones (R.U.), Richard y Tessum Weber (ambos de Canadá), y Howard Fairbanks (Sudáfrica) llegaron esquiando al polo Norte en 41 días, 18 h y 52 min, del 3 de marzo al 14 de abril de 2010. El equipo partió el 3 de marzo de los 82º 58' 02" N y los 77º 23' 3" O, y fue recogido después de llegar al polo Norte, a 90º N, el 14 de abril de 2010.

POLO SUR

Los primeros en llegar al polo Sur

El polo Sur fue conquistado a las 11:00 el 14 de diciembre de 1911 por una expedición noruega de cinco hombres encabezada por el capitán Roald Amundsen (1872-1928), después de una marcha de 53 días con trineos de perros desde la bahía de las Ballenas.

La travesía por tierra al polo Sur más rápida

Un equipo que viajaba en el *Thomson Reuters Polar Vehicle* –un Toyota Tacoma modificado– marcó un nuevo récord para la travesía al polo Sur por tierra más rápida. Salieron de Patriot Hills (Antártida) el 18 de diciembre de 2011 y llegaron a su destino 1 día, 15 h y 54 min después.

Y QUE CONSTE...

Travesía a pie: Sólo a pie, sin esquís.
Travesía con esquís: A pie, con esquís.
En solitario: Travesía completada por una sola persona, que no está acompañada por otros exploradores en ningún tramo del viaje.
Individual: Completada por una persona, pero acompañada en varios puntos del viaje.
Con asistencia: La ayuda se da a lo largo del camino en forma de reabastecimiento, entrega de comida y asistencia médica.
Con soporte: Asistencia mecánica como cometas, perros y vehículos motorizados usados para propulsarse.
Por tierra: Una travesía de superficie por cualquier medio.

El equipo británico estaba compuesto por dos miembros: Jason De Carteret y Kieron Bradley.

La travesía al polo Sur con esquís, sin asistencia y sin soporte, más rápida

Ray Zahab, Kevin Vallely y Richard Weber (todos de Canadá) llegaron al polo Sur desde la ensenada de Hércules, el 7 de enero de 2009, después de una veloz travesía de 1.100 km. Alcanzaron los 3.050 m de altitud en sólo 33 días, 23 h y 30 min.

La travesía al polo Sur con esquís y en solitario, sin asistencia y sin soporte, más rápida

El 13 de enero de 2011, Christian Eide (Noruega), de 35 años, completó una travesía al polo Sur con esquís, en solitario y sin soporte, en 24 días, 1 h y 13 min. Inició su aventura de 1.150 km el 20 de diciembre de 2010 y optó por la ruta de la ensenada de Hércules. Cubrió una media de 47 km por día (aunque el último, esquió 90 km).

El menor tiempo en completar los Tres polos (mujeres)

Cecilie Skog (Noruega) llegó a los tres puntos extremos de la Tierra, conocidos como los Tres polos, sólo en 1 año y 336 días: coronó el Everest el 23 de mayo de 2004, llegó al polo Sur el 27 de diciembre de 2005 y finalmente alcanzó el polo Norte el 24 de abril de 2006.

El más joven en atravesar la Antártida

Con 20 años y 120 días, Teodor Johansen (Noruega, n. el 14 de agosto de 1991) fue el más joven de un grupo de seis que atravesaron la Antártida con éxito en 2011. Partió del glaciar Axel Heiberg el 26 de noviembre, llegó al polo el 18 de diciembre y finalizó la travesía –con ayuda de elementos de viento y con asistencia– en la ensenada de Hércules, el 12 de enero de 2012.

La primera mujer en atravesar la Antártida en solitario

Felicity Aston (R.U.) llegó a la ensenada de Hércules, en la barrera de hielo de Ronne, el 23 de enero de 2012, después de una travesía de 1.744 km que duró 59 días. Inició el viaje en la barrera de hielo de Ross –con reabastecimiento– mientras tiraba de dos trineos y sin ayuda de cometas o cualquier otro tipo de propulsión.

1.665 KM Distancia cubierta por Teodor y sus acompañantes en la Antártida.

PARA CLIMAS EXTREMOS, IR A LA PÁG. 22

11 de mayo de 1986: El primero en llegar al polo Norte en solitario. Fue el Dr. Jean-Louis Étienne (Francia), aunque se le avitualló varias veces a lo largo del viaje.

14 de mayo de 1989: El primero en llegar a pie a los dos polos. Robert Swan (R.U.) llegó caminando al polo Sur el 11 de enero de 1986; y al polo Norte, el 14 de mayo de 1989.

27 de diciembre de 1995: El primero en llegar a pie a ambos polos en solitario y sin asistencia. Marek Kamiński (Polonia) llegó al polo Norte el 23 de mayo de 1995 y al polo Sur, el 27 de diciembre de 1995.

27 de mayo de 1997: La primera expedición polar femenina. Veinte británicas –en cinco equipos de relevos de cuatro personas– fueron caminando al polo Norte desde la isla Ward Hunt (Canadá). En total, recorrieron 768 km.

1 de febrero de 2002: La primera travesía al polo Sur con esquís y sin soporte (mujer): Tina Sjögren (Suecia) completó la travesía, con su marido Thomas, en 63 días.

GUINNESS WORLD RECORDS 14

EN EL AIRE

La persona más joven en circunvolar la Tierra en avión

Walter Toledo (Brasil, n. 4 de diciembre de 1991) rodeó el globo en un Piper Malibú Matrix PA-46, que partió de Goiânia (Brasil) el 8 de julio y terminó el 29 de agosto de 2012. Tenía 20 años y 269 días.

Realizó su vuelo inaugural el 4 de noviembre de 1974 desde Bicycle Lake en la reserva militar de Fort Irwin (California, EE.UU.). Hizo 28 vuelos antes de estropearse por las turbulencias nubosas de cúmulos.

La circunnavegación más rápida por los polos

Walter H. Mullikin (EE.UU.) dio la vuelta al mundo pasando por ambos polos geográficos en 54 h, 7 min y 12 s, el 28-31 de octubre de 1977, a bordo de un Boeing 747 SP. El viaje empezó y acabó en San Francisco (EE.UU.).

El vuelo más largo de un aerodino a propulsión humana

El 28 de agosto de 2012, Colin Gore (EE.UU.), un estudiante de la Universidad de Maryland (EE.UU.), mantuvo en el aire el aerodino a propulsión humana *Gamera II* durante 1 min y 5,1 s en el Prince George's Sports & Learning Complex de Landover, Maryland (EE.UU.). Este tipo de aeronave usa la sustentación generada por las alas o palas rotoras, que giran en torno a un mástil.

AVIÓN

El primer vuelo transatlántico

Entre el 16 y el 27 de mayo de 1919, Albert Cushing Read (EE.UU.) y su tripulación volaron desde Trepassey Harbour en Terranova (Canadá) vía las Azores hasta Lisboa (Portugal).

El 1 de septiembre de 1974, los comandantes James V. Sullivan y Noel F. Widdifield (ambos de EE.UU.) cruzaron el Atlántico en un Lockheed SR-71A Blackbird en 1 h, 54 min y 56,4 s y realizaron el **vuelo transatlántico más rápido**. La velocidad media de los 5.570,80 km del tramo Nueva York-Londres fue de 2.908,02 km/h.

El primer vuelo sobre el Everest

El 3 de abril de 1933, dos biplanos Westland realizaron el primer vuelo tripulado sobre el monte Everest, la **montaña más alta del mundo** (8.848 m).

Un avión lo pilotaba el jefe de escuadrón Lord Clydesdale junto con el coronel L. V. S. Blacker, quien viajaba como observador aéreo, y el otro lo dirigía el teniente de vuelo D. F. MacIntyre, acompañado por el cámara S. R. Bonnett.

El primer avión solar

El *Sunrise*, de AstroFlight, fue un avión eléctrico experimental no tripulado, diseñado por Roland Boucher (EE.UU.) para que funcionara con energía solar.

HELICÓPTERO

La circunnavegación más rápida

Edward Kasprowicz y Stephen Sheik (ambos de EE.UU.) pilotaron un helicóptero AgustaWestland Grand alrededor del mundo. El viaje acabó el 18 de agosto de 2008 tras 11 días, 7 h y 5 min a una velocidad media de 136,7 km/h. Despegaron y aterrizaron en Nueva York (EE.UU.).

El piloto de helicóptero en solitario más anciano

El 28 de junio de 2012, Donald Hinkel (EE.UU.) realizó un vuelo en solitario por el

El vuelo más largo con traje aéreo

El 20 de abril de 2012, Jhonathan Florez (Colombia), vestido con un traje aéreo, se mantuvo en el aire sobrevolando La Guajira (Colombia) durante 9 min y 6 s. Al día siguiente, también sobre La Guajira, logró el **salto con traje aéreo a mayor altitud,** desde 11.358 m. Aparece aquí *(derecha)* con su mujer, Kaci, y algunos de sus certificados GWR.

PIONEROS DEL AIRE

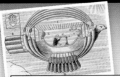

El primer vuelo en globo: El padre Bartolomeu de Gusmão (Portugal) creó un prototipo de globo aerostático y realizó una demostración de vuelo dentro de la Casa da Índia de Terreiro do Paço (Portugal), el 8 de agosto de 1709.

El primer vuelo tripulado: El 15 de octubre de 1783, Jean-François Pilâtre de Rozier se elevó 26 m del suelo montado en un globo aerostático anclado, construido por Joseph-Michel y Jacques-Étienne Montgolfier (todos de Francia).

El primer vuelo con motor: El 17 de diciembre de 1903, Orville Wright (EE.UU.) pilotó el *Flyer I*, que funcionaba con una cadena de transmisión, durante 36,5 m a una altitud de 2,5-3,5 m cerca de Kill Devil Hill, Kitty Hawk (Carolina del Norte, EE.UU.).

El primer vuelo en helicóptero: El 13 de noviembre de 1907, Paul Cornu (Francia) pilotó por primera vez en vuelo libre un helicóptero experimental en Francia.

El primer vuelo transatlántico en solitario: A las 12:52 GMT del 20 de mayo de 1927, Charles Lindbergh (EE.UU.) despegó con su monoplano *Spirit of Saint Louis* desde Long Island (Nueva York, EE.UU.). Aterrizó a las 22:21 GMT del 21 de mayo de 1927 en el aeropuerto de Le Bourget de París (Francia), tras un vuelo de 33 h, 30 min y 29,8 s.

El primer salto en caída libre sin paracaídas

El 23 de mayo de 2012, el doble de acción Gary Connery (R.U) usó un traje aéreo para saltar desde un helicóptero a 732 m sobre Oxfordshire (R.U.) y así convertirse en el primer paracaidista que aterriza sano y salvo –en una pila de 18.600 cajas de cartón– sin abrir un paracaídas. Connery se hizo famoso en la ceremonia de inauguración de los Juegos Olímpicos de 2012 al saltar de un helicóptero vestido como la reina Isabel II.

El primer vuelo en globo sobre el polo Norte

El 20 de abril de 1996, Ivan André Trifonov (Austria) voló 1 km en un globo para un pasajero Thunder and Colt Cloudhopper por encima del polo Norte a las 18:30 GMT.

El 8 de enero de 2000, Trifonov también completó el **primer vuelo en globo sobre el polo Sur,** que cruzó a 4.571 m de altura con dos tripulantes españoles, a bordo de un globo aerostático Cameron AX 60 - EC-HDB.

La persona más anciana en volar en globo aerostático

El 27 de julio de 2004, con 109 años y 70 días, Emma Carroll (de soltera, Lanman, EE.UU., 18 de mayo de 1895-10 de julio de 2007) realizó un vuelo de una hora en un globo aerostático en Ottumwa (Iowa, EE.UU.).

El primer paseo en el espacio exterior

Al Worden (EE.UU.) era el comandante del módulo del *Apolo 15,* que despegó el 26 de julio de 1971 y regresó a la Tierra el 7 de agosto de 1971. A unos 320.000 km de la Tierra, Worden dio el primer paseo espacial fuera de la órbita baja terrestre. Duró 39 min.

aeropuerto del condado de Oscoda en Mio, Michigan (EE.UU.), a la edad de 86 años y 206 días.

El **piloto de helicóptero militar en activo más anciano** es el comandante Mike Crabtree (R.U.), que voló para las Reales Fuerzas Aéreas de Omán a sus 64 años y 305 días, el 18 de octubre de 2012.

La primera *taikonauta*

El término *taikonauta* se refiere a un astronauta chino. Liu Yang (China) entró en órbita el 16 de junio de 2012 a las 10:37 UTC (Tiempo Universal Coordinado) en la nave *Shenzhou-9.* Con su misión, China realizó el primer acoplamiento tripulado con su estación espacial *Tiangong-1.*

GLOBO

Más altitud en un globo tripulado

El 4 de mayo de 1961, Malcolm D. Ross y Victor A. Prather (ambos de EE.UU.) se elevaron sobre el golfo de México (EE.UU.) hasta 34.668 m de altura en su globo aerostático *Lee Lewis Memorial.* Éste fue uno de los récords que *no* batió Felix Baumgartner en su hazaña de 2012 *(ver pág. 68)* ya que, según las normas de la FAI (Federación Aeronáutica Internacional), el globo debe regresar al suelo.

La primera circunnavegación en globo

El 20 de marzo de 1999, Bertrand Piccard (Suiza) y Brian Jones (R.U.) completaron un vuelo sin escalas a bordo del *Breitling Orbiter 3.* Despegaron de Château-d'Oex (Suiza) hasta un punto situado a 9,27° oeste en Mauritania, en África del Norte.

Steve Fossett (EE.UU.) rodeó el planeta en el *Bud Light Spirit of Freedom* del 19 de junio al 2 de julio de 2002. Recorrió 33.195 km y realizó la **primera circunnavegación en solitario en un globo aerostático.** El 1 de julio de 2002, durante su exitoso intento, Fossett alcanzó una velocidad máxima de 322,25 km/h, hecho que le valió el récord por la **mayor velocidad en globo aerostático.**

DATO: Dos años después, el astronauta James Lovell *(izquierda)* volvió al espacio en la misión *Apolo 13.* La explosión de un tanque de oxígeno y el consecuente incendio hicieron que se temiera por la seguridad de la tripulación, pero por suerte lograron pilotar el módulo de vuelta a la Tierra sin peligro alguno.

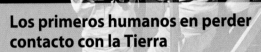

Los primeros humanos en perder contacto con la Tierra

La tripulación de la misión *Apolo 8* de la NASA –James Lovell, William Anders y Frank Borman (todos de EE.UU., *de izquierda a derecha)*– despegaron de la Tierra el 21 de diciembre de 1968 y fueron los primeros en viajar más allá de la órbita terrestre baja. A las 68 h, 58 min y 45 s de la misión, el 24 de diciembre, mientras completaban su primera órbita por la cara oculta de la Luna, la tripulación perdió el contacto de radio con el centro de control en Houston durante 34 min, tal como estaba programado. Fue la primera vez que un humano perdía todo contacto con el planeta.

El primer vuelo transpacífico: La tripulación del monoplano *Southern Cross* salió de Oakland en California (EE.UU.) a las 8:54 del 31 de mayo de 1928 y llegó a Brisbane en Queensland (Australia) a las 10:50 del 9 de junio de 1928.

El primer vuelo sobre el polo Sur: El pionero de la aviación Richard Byrd (EE.UU.) sobrevoló el polo Sur el 29 de noviembre de 1929. El viaje de ida y vuelta desde la base de la expedición en la barrera de hielo de Ross duró 19 h.

El primer vuelo transatlántico en solitario (mujer): El 20-21 de mayo de 1932, Amelia Earhart (EE.UU.) voló desde Harbour Grace, Terranova (Canadá), hasta Londonderry, Irlanda del Norte, (R.U.), en 13 h y 30 min.

La primera circunnavegación en avión en solitario: Wiley Post (EE.UU.) realizó el primer vuelo en solitario alrededor del mundo del 15 al 22 de julio de 1933. Con inicio y fin en Nueva York (EE.UU.), recorrió 25.089 km.

El primer vuelo que superó la velocidad del sonido: El 14 de octubre de 1947, el capitán Charles *Chuck* Elwood Yeager (EE.UU.) llegó a velocidad Mach 1,015 (1,078 km/h) sobre el lago Muroc (California, EE.UU.).

SUMARIO

PISA CON GARBO
Chelsea, que da vida a Lady Torpedo, es la creadora de *Cantina*, un espectáculo de circo y cabaret ambientado en un «trasnochado mundo de seducción, sudor y tequila».

LA CAMINATA MÁS LARGA SOBRE UNA CUERDA FLOJA

El 22 de enero de 2013, Chelsea McGuffin (Australia) atravesó una cuerda floja de 7,52 m con un par de tacones de 12 cm de altura en Sídney (Australia). La cuerda se hallaba a 2,42 m del suelo y sus tacones tenían una plataforma de 2 cm.

CIRCO TRADICIONAL

EL PRIMER CIRCO MODERNO

En la primavera de 1770, Philip Astley (R.U.), un antiguo sargento mayor de caballería convertido en jinete de circo, juntó acróbatas, bailarines de cuerda y payasos al *show* ecuestre de su escuela de equitación de Londres (R.U.).

Circus es el vocablo latino para «aro» o «circular» y, aunque Astley cabalgaba en círculos, el nombre no se usó hasta el 4 de noviembre de 1782, cuando Charles Hughes (R.U.) inauguró el Royal Circus. Este *show*, presentado en un estadio circular de 19,7 m de diámetro, remitía a un *circus.* El nombre *circus show* no tenía conexión con el mucho más antiguo circo romano.

1826: El primer circo bajo una carpa de tela

En octubre de 1825, los empresarios de circo J. Purdy Brown y Lewis Bailey (ambos de EE.UU.) usaron una carpa de tela llamada *pabellón* para un espectáculo de circo. Su primera temporada de *shows* diarios comenzó en mayo de 1826. Existen pocas imágenes de carpas de circo anteriores a 1847, una época en la cual las carpas se habían hecho más grandes en diámetro o largo y habían evolucionado visualmente. El término *carpa* se hizo habitual hacia 1883 con la promoción del «P. T. Barnum's Greatest Show on Earth and Great London Circus».

1860: El primer circo de tres pistas

Lord George Sanger (R.U.) introdujo el sistema que permitía a las audiencias mirar más de un número a la vez en 1860. Más tarde (en 1872) fue adoptado por William Cameron Coup para el *show* que dirigía con PT Barnum, el «P. T Barnum's Museum, Menagerie and Circus» y, subsecuentemente, por todos los grandes circos americanos. Sanger alentó el rumor de que la reina Victoria de Inglaterra le había otorgado un título por haberla dejado meter su cabeza en la boca de un león. Al autoproclamarse *lord* animó a otros empresarios de circo a llamarse *capitán, sir* e incluso *rey.*

1896: La primera flecha humana

Alar, the Human Arrow, nombre artístico de Mary Murphy (R.U.), fue lanzada 12,19 m desde una ballesta gigante a través de un blanco de papel hasta el portor de un trapecio. Mary, una de las Flying Zedoras, realizó esta proeza en el Barnum & Bailey Circus en 1896. El siguiente abril, en el Madison Square Garden de Nueva York (EE.UU.), la ballesta (con el mismo mecanismo que el de la bala humana, *ver abajo*) no funcionó y Mary quedó tendida. La prensa informó del incidente con una imagen de la artista inconsciente en una plataforma encima de la multitud. En 1902, su hermana menor, Frances, se convirtió en Alar.

LA CARPA DE CIRCO AMBULANTE MÁS GRANDE

La empresa Ringling Bros. and Barnum & Bailey Circus poseía una carpa que cubría 8.492 m², un área equivalente a 32 pistas de tenis. Estaba compuesta por una cúpula circular de 61 m de diámetro con cinco secciones medias de 18 m de ancho cada una y se usó en giras por EE.UU. desde 1921 a 1924.

1904: La primera acrobacia en bicicleta

La bicicleta acrobática fue introducida por *Les Frères Ancillotti* (Italia) en 1868. En 1904, en el Barnum & Bailey Circus, uno de los Ancillotti bajó por una rampa y realizó un giro completo por primera vez. El círculo estaba incompleto en su parte superior, de manera que el ciclista realizaba toda la parte invertida del giro, un tramo de 3,3 m, sin apoyo alguno.

1910: El primer triple mortal desde un trapecio volante a un portor

Las fechas clave de las proezas de circo a menudo son difíciles de precisar, ya que suelen ser el resultado de la práctica continua y, antiguamente, no se llevaba un registro diario. Los artistas preferían actuar regularmente a establecer un único récord, pero sabemos que en algún momento de 1910 Ernest Clarke (R.U.) completó un triple mortal hacia atrás para acabar en las manos de su hermano Charles en el Ringling Bros. Circus (EE.UU.). Clarke intentaba su triple salto regularmente en escena, pero no lograba conseguirlo siempre. También trabajaba solo en una plataforma lejana, sincronizando su regreso con el balanceo de su trapecio.

LA PRIMERA BALA HUMANA

El 2 de abril de 1877, Zazel, nombre artístico de Rosa Richter (R.U.), se convirtió en la primera bala humana. Tenía sólo 14 años cuando la lanzaron a una distancia de 6,1 m en el Westminster Aquarium de Londres (R.U.). El lanzamiento se hizo con unos resortes e incluso se simuló una detonación.

EL CIRCO QUE MÁS HA VIAJADO

El circo de Giuseppe Chiarini (Italia) viajó extensamente por Asia, Australasia, Europa, Sudamérica, EE.UU. y las Indias Occidentales desde su creación en 1856 hasta la muerte de Chiarini en 1897. Su circo estaba afincado en San Francisco (EE.UU.).

EL PRIMER CUÁDRUPLE MORTAL EN TRAPECIO VOLANTE

Miguel Vázquez (México) hizo un cuádruple mortal desde un trapecio a un portor en el Ringling Bros. and Barnum & Bailey Circus en Tucson, Arizona (EE.UU.), el 10 de julio de 1982.

1920: El primer triple mortal en trapecio volante realizado habitualmente

Lograr un truco en el trapecio por un golpe de suerte no está mal, pero lo que distingue a un verdadero actor de circo es hacerlo cada noche. Aunque Alfredo Codona (México) no fue el primer trapecista en realizar un triple mortal hacia atrás, sí fue el primero en hacerlo de manera regular. Su primer triple lo ejecutó en Chicago, Illinois (EE.UU.), en el Sells-Floto Circus, el 3 de abril de 1920. A partir de ahí, lo realizó de manera regular —con su hermano Abelardo de portor— hasta 1933, cuando sufrió un accidente que truncó su carrera.

REY DEL TRAJE
La prenda de una sola pieza popularizada por Jules Léotard fue nombrada en su honor en la década de 1880.

EL PRIMERO EN USAR UN TRAPECIO VOLANTE

El gimnasta francés Jules Léotard utilizó el trapecio volante por primera vez el 12 de noviembre de 1859 en el Cirque d'Hiver de París. Fue su padre, Jean Léotard, quien ideó el equipo. Jules volaba solo de trapecio en trapecio. El portor (y los saltos desde un trapecio a manos de un portor) llegaron más tarde, a finales del siglo XIX.

EL CIRCO MÁS ANTIGUO TODAVÍA EN ACTIVO

El Cirque d'Hiver («Circo de Invierno») se inauguró en París (Francia) el 11 de diciembre de 1852. Construido por el célebre arquitecto Jacques Ignace Hittorff para el empresario Louis Dejean, se inauguró como «Cirque Napoléon» y fue rebautizado en 1873. En 1934, lo compró la familia circense Bouglione y continúa abierto bajo su dirección.

EL PRIMER TRIPLE MORTAL Y MEDIO HACIA ATRÁS

Tony Steele (EE.UU.) completó un triple mortal y medio hacia atrás desde un trapecio a un portor que lo capturó por las piernas en 1962 en Durango (México), y lo realizó de manera regular a partir de entonces. Tony comenzó su carrera a los 15 años, cuando escapó de su casa y se unió al circo.

FLYING TRAPEZE
TONY STEELE

1920: La primera captura por los tobillos en un trapecio volante

Un trapecista que vaya a realizar una captura por los tobillos, deslizará sus piernas por la barra hasta colgarse del revés por los tobillos. La primera persona en lanzarse de un trapecio volante asido de los tobillos fue Winnie Colleano (Australia).

1985: La primera pirueta en un trapecio volante

El 6 de junio de 1985, Elena Panova (n. Elena Nikolaevna Borisova, URSS), de la Escuela Estatal de Circo de Moscú, realizó de manera brillante una pirueta completa desde la posición de pie a una toma por las rodillas en las cuerdas del trapecio. El truco fue llevado a cabo en la función de su debut profesional.

1992: El primer cuádruple mortal en trapecio volante desde trapecio a portor (mujer)

La primera trapecista conocida en lograr un cuádruple mortal hacia atrás desde un trapecio a un portor es Jill Pages (EE.UU.), que fue capturada por su marido, Willy Pages, durante una sesión de prácticas en San Juan (Puerto Rico), el 19 de febrero de 1992.

2011: El primer triple mortal plano en un trapecio volante

El mortal plano se realiza desde una posición estirada en lugar de carpada. Farhad Sadykov, el mayor volador de la compañía White Birds de Kazajistán, realizó un triple salto de esta modalidad en el International Circus Festival de Montecarlo, en enero de 2011.

CIRCO MODERNO

LA MAYOR ORGANIZACIÓN CIRCENSE

El *Cirque du Soleil* (Canadá) cuenta con una plantilla de 1.300 artistas contratados, nueve espectáculos fijos en EE.UU. (en Las Vegas y Orlando), 11 producciones itinerantes por el mundo y unos ingresos anuales de unos 900 millones de dólares. Su fundador, Guy Laliberté (Canadá), creó la marca en 1984 con artistas callejeros. En marzo de 2013, ésta valía 1.800 millones de dólares.

MÁS GIROS INTEGRALES EN UN MINUTO HACIENDO UN *CHEST-STAND*

Leilani Franco (R.U.-Filipinas) completó 25 giros en el Box Theatre del Soho, Londres (R.U.), el 11 de marzo de 2013. Leilani colocó el pecho contra el suelo, arqueó la espalda y estiró las piernas sobre su cuerpo sin despegar los talones del suelo, colocados delante de la cara. Luego, empezó a dar vueltas completas con las piernas alrededor del cuerpo, volviendo cada vez a su posición inicial.

CITA
«Nunca he visto nada igual en toda mi vida.»
Simon Cowell,
Britain's Got Talent.

Menos tiempo en recorrer 20 metros formando una rueda con el cuerpo

El 11 de marzo de 2013, la contorsionista Leilani Franco *(ver abajo, izquierda)* formó una rueda con su cuerpo y recorrió 20 m en sólo 17,47 s en el Royal Festival Hall de Londres (R.U.). En este ejercicio, los acróbatas parten de pie, arquean la espalda hacia atrás y se impulsan hacia delante mientras ruedan sobre el pecho.

Ese mismo día, Leilani logró otro récord al completar los **20 m más rápidos caminando hacia atrás haciendo el puente** en 10,05 s. En el puente, las manos y los pies son lo único en contacto con el suelo; los brazos están extendidos por encima de la cabeza y la espalda está completamente arqueada.

El salto más alto atravesando un agujero usando una cama elástica

El 12 de marzo de 2012, Charlie Burrows (R.U.) dio un salto de 2 m y ejecutó un salto mortal carpado hacia atrás atravesando un agujero de 80 cm², en Roma (Italia). En una cama elástica, dio volteretas hacia atrás para coger impulso y luego pasó por el agujero sin tocarlo.

EL EQUILIBRIO MÁS ALTO SOBRE UNA PILA DE SILLAS

El 15 de septiembre de 2007, en Pekín (China), Luo Jun (China), de la Zunyi Municipal Acrobatic Troupe, hizo el pino sobre una torre de 11 sillas.

Más motos dando volteretas hacia atrás

El 28 de febrero de 2013, Nitro Circus –cuyo cofundador es la estrella de los deportes de acción Travis Pastrana (EE.UU.)– presentó a 16 motociclistas dando volteretas hacia atrás a la vez en un espectáculo en directo en The O2 Arena de Londres (R.U.).

Más giros del péndulo de la muerte en tres minutos

Un «péndulo de la muerte» está formado por dos ruedas para hámster de tamaño humano que giran sobre un pivote central. El 30 de noviembre de 2011, Wan Xiaohua y Zhang Yizhan (ambos de China) de la Zhoukou Acrobatic Troupe completaron 42 giros en 3 min en Pekín (China).

Más saltos a la comba en un péndulo de la muerte por una pareja

El 24 de enero de 2013, durante el espectáculo *Kooza* del *Cirque du Soleil*, celebrado en el Royal Albert Hall de Londres (R.U.), Ronald Montes y Jhon Robinson Valencia Lozada (ambos de Colombia) realizaron 33 saltos en un péndulo de la muerte en movimiento.

Más motos en un globo de la muerte

El 5 de diciembre de 2010, diez motociclistas del Puyang Haoyi Acrobatic Group (China) condujeron dentro de un globo de la muerte en la ciudad de Puyang (China). Igual que en la pared de la muerte, los artistas desafían la gravedad mientras dan vueltas con las motos, aunque también pueden conducirlas por arriba y sobre la esfera del globo.

Más tiempo colgando del cuello

Donovan Jones quedó unido a Rebecca Peache (ambos de EE.UU.) mediante un soporte acrobático que se colocaron en el cuello. A continuación, a él lo elevaron en un trapecio boca abajo. Rebecca, suspendida debajo, empezó a girar sin parar durante 1 min y 12,29 s. Fue en Pekín (China), el 14 de agosto de 2011.

MÁS TIEMPO EN EQUILIBRIO EN UN MANILLAR

Ivan Do-Duc (Francia), un ciclista artístico del *Cirque du Soleil*, mantuvo el equilibrio sobre un manillar de bicicleta durante 1 min y 39,49 s. Durante la acrobacia, realizada en Milán (Italia), el 14 de abril de 2011, se limitó a dibujar círculos de tan sólo 10 m de ancho con la bicicleta.

Más tiempo colgado por los dientes

Igor Zaripov (Rusia), del *Cirque du Soleil*, se mantuvo colgado agarrándose con los dientes durante 2 min y 32 s en el plató de *Good Morning America* en Nueva York (EE.UU.), el 8 de mayo de 2012.

Más veces subiendo y bajando de un caballo en movimiento en 30 segundos

Liu Wei (China), de la Zhoukou Acrobatic Troupe (China), cabalgó y descabalgó de un caballo 16 veces en el Hangzhou Safari Park en la provincia de Zhejiang (China), el 27 de noviembre de 2010.

SUBIENDO LA BARRA

Tras ejecutar sus acrobacias, el artista siempre tiene que aterrizar con mucha precisión sobre la estrecha barra rusa flexible.

EL PRIMER CUÁDRUPLE SALTO MORTAL SOBRE BARRA RUSA (MUJERES)

Anna Gosudareva de la Rodion Troupe (ambas de Rusia) completó un cuádruple salto mortal hacia atrás sobre una barra rusa (una vara flexible) en el Festival Internacional de Circo de Montecarlo en enero de 2005. El fundador de la *troupe,* Valery Rodion *(izquierda),* y Aleksandr Mikhaylov sujetaban la barra en el aire.

HULA-HOOP

Aunque la moda del hula-hoop nació en EE.UU. en la década de 1950, los aros ya llevaban tiempo usándose para hacer ejercicio y divertirse. En la antigua Grecia los niños se ejercitaban con un aro de bronce llamado *trochus.*

MÁS GIROS DE UN ARO DE FUEGO HACIENDO EL *SPAGAT*

Pippa Coram (Australia), conocida como *The Ripper,* hizo girar tres hula-hoops ardientes a la vez mientras hacía el *spagat* en el London Wonderground de Londres (R.U.), el 14 de septiembre de 2012. Para su hazaña, modificaron los aros colocándoles mechas impregnadas de gasolina en su perímetro.

ARTES DE FERIA

CITA
«Tratas de mantener la cara lo más horizontal posible debajo de la antorcha para evitar la peor parte de la llama.»

LA ANTORCHA SOSTENIDA CON LOS DIENTES POR MÁS TIEMPO

Como si tragar fuego no fuera bastante arriesgado, Carisa Hendrix (Canadá) fue un poco más allá y lo «mordió» sujetando la antorcha con los dientes sin respirar, con la llama hacia abajo. Le costó un mes conseguirlo pero pudo demostrarlo durante 2 min y 1,51 s en *Lo Show dei Record*, Roma (Italia), el 12 de abril de 2012.

JUGAR CON FUEGO

El mayor número de llamas sopladas en un minuto

Fredrik Karlsson (Suecia), bombero de profesión, sopló 108 llamas en Sergels Torg (Estocolomo, Suecia), el 3 de noviembre de 2012. Aunque está más acostumbrado a apagar incendios, también consiguió establecer el récord por **soplar una llama constante durante más tiempo,** en 9,96 s, el 19 de noviembre de 2011.

El mayor número de antorchas apagadas en 30 segundos

Hubertus Wawra (Alemania), más conocido como Master of Hellfire, apagó con su boca 39 antorchas en 30 s, en Bombay (India), el 21 de febrero de 2011.

El mayor número de sopletes apagados con la lengua en un minuto

The Space Cowboy (ver arriba a la derecha) usó su lengua para apagar 27 sopletes de gas en un minuto, el 27 de septiembre de 2012, en Londres (R.U.).

El mayor número de antorchas encendidas y apagadas en un minuto

Preacher Muad'dib (R.U.) encendió y apagó 83 antorchas en Londres (R.U.), el 18 de noviembre de 2010. Usó dos teas alternativamente.

También realizó **el mayor número de giros con un bastón de fuego en un minuto,** tras dar 150 con un bastón de 119 cm de largo en Whitby (R.U.), el 31 de octubre de 2009.

ARMAS BLANCAS

El mayor número de cuchillos atrapados en un minuto

Ashrita Furman atrapó 34 cuchillos Hibben de 30 cm –arrojados por Bipin Larkin (ambos de EE.UU.)– con una mano y en un minuto, en el Sri Chinmoy Center de Nueva York (EE.UU.), el 16 de mayo de 2012.

El mayor número de cuchillos arrojados hacia atrás alrededor de un blanco humano en un minuto

Patrick Brumbach (Alemania) arrojó 63 cuchillos alrededor de su asistente mientras miraba hacia atrás, en Schloß Holte-Stukenbrock (Alemania), el 17 de agosto de 2011.

CITA
«Durante miles de años, mucha gente se ha metido cosas por la nariz, ya fuese por razones médicas o por mero entretenimiento.»

EL MAYOR NÚMERO DE ESPADAS TRAGADAS A LA VEZ

Chayne Hultgren, The Space Cowboy (Australia), se convirtió en el mayor tragasables cuando, el 12 de septiembre de 2012 en el hotel Guoman, junto al Puente de la Torre, Londres (R.U.), introdujo 24 espadas –cada una de al menos 38 cm de largo– hasta el esófago.

El mayor número de globos estallados al lanzar cuchillos en un minuto

The Space Cowboy (*arriba*) estalló 21 globos en un minuto lanzándoles cuchillos, en el Wonderground de Londres (R.U.), el 24 de agosto de 2012. Se colocó a 5 m de los globos y usó 10 cuchillos en total, que recogía y usaba de nuevo.

El mayor número de manzanas cortadas en el aire con una espada en un minuto

Tsurugi Genzou (Japón) cortó 28 manzanas arrojadas al aire, con una espada de 66 cm de largo, en el plató del programa *Waratte Iitomo!* del canal FNS 27HR TV, en Hizen Yume Kaido, Saga (Japón), el 22 de julio de 2012.

LA ESPIRAL DE METAL MÁS LARGA PASADA POR LA NARIZ Y LA BOCA

Andrew Stanton (EE.UU.) del SwingShift SideShow de Las Vegas, interpreta a Mr. Screwface. Con la ayuda de un taladro, introduce espirales de metal en algunos lugares muy poco apropiados. El 31 de marzo de 2012, pasó una de 3,63 m de largo a través de su nariz y su boca, en el plató de *Lo Show dei Record*, en Roma (Italia).

EL MAYOR NÚMERO DE BLOQUES DE HORMIGÓN ROTOS SOBRE UN VIENTRE EN UN MINUTO

Daniella D'Ville, también llamada Danielle Martin (R.U.), se tendió sobre una cama de clavos en el Wonderground de Londres (R.U.) e hizo que The Great Gordo Gamsby (Australia) le rompiera ocho bloques de hormigón sobre el vientre, de uno en uno, en un minuto, el 14 de septiembre de 2012. Cada bloque medía 10 × 44 × 21,5 cm y pesaba 5,8 kg. Gordo los destrozó con un mazo de 6,35 kg.

El vehículo más pesado arrastrado por un tragasables

Ryan Stock (Canadá) se tragó una espada de 43,18 cm de largo y 2 cm de ancho. Pero eso fue sólo el comienzo. Luego ató cadenas a la empuñadura y arrastró 6,38 m un Audi A4 del 2002 durante 20,53 s en Las Vegas, Nevada (EE.UU.), el 28 de octubre de 2008. Ryan también estableció en 725 kg el récord del **vehículo más pesado arrastrado usando un gancho sujeto a la cavidad nasal y a la boca,** en Roma (Italia), el 21 de marzo de 2012.

LÁTIGOS

El mayor número de flores rotas con un látigo sostenido con la boca en un minuto

The Space Cowboy usó un látigo para partir 31 flores colocadas de una en una en la boca de Zoe L'Amore *(a la derecha)*, en Londres (R.U.), el 28 de septiembre de 2012.

El mayor número de velas apagadas con un látigo en un minuto

Xu Xinguo (China) apagó 78 en el plató del programa *Guinness World Record Special* de la CCTV en Pekín (China), el 10 de diciembre de 2012.

EL MAYOR NÚMERO DE VENTILADORES DETENIDOS CON LA LENGUA

Zoe L'Amore, nombre artístico de Zoe Ellis (Australia), usó su lengua para detener en 1 min 20 ventiladores, con aspas de 27 cm de ancho, en el Wonderground de Londres (R.U.), el 14 de septiembre de 2012. Usó dos ventiladores que sostenía con ambas manos: detenía las aspas de uno antes de pasar al otro y así alternativamente.

El látigo más veloz

El récord mundial del latigazo más veloz y más preciso lo ostenta Adam Crack, también llamado Adam Winrich (EE.UU.), quien azotó 10 objetos, uno tras otro, en 4,85 s, en la Bristol Renaissance Faire en Kenosha, Winsconsin (EE.UU) el 8 de julio de 2008.

EL MAYOR NÚMERO DE BANDEJAS PARA HORNEAR ABOLLADAS EN LA CABEZA EN UN MINUTO

Burnaby Q. Orbax *(derecha)* y Sweet Pepper Klopek (canadienses) actúan como los Monsters of Schlock. La pareja se golpeó en la cabeza, por turnos, con 55 bandejas para hornear en 60 s, en Niágara, Ontario (Canadá), el 31 de agosto de 2012.

4 CM
Es el diámetro mínimo que debe tener la abolladura de las bandejas para horno de 3 mm de espesor para que se consideren válidas.

MAGIA

EL MAYOR NÚMERO DE SERES VIVOS SACADOS EN UNA ACTUACIÓN

En un especial del programa *Don't Try This at Home,* grabado en 1990, Penn & Teller (EE.UU.) hicieron que aparecieran más de 80.000 abejas para simbolizar a todos los animales que los magos del mundo han sacado de la nada.

4,69 s en el Aylestone Leisure Centre de Leicester (R.U.), el 9 de junio de 2011. También llevó a cabo el **mayor número de fugas de una camisa de fuerza en una hora** para *Officially Amazing* (Lion TV), con un total de 49 en el Old Vic Tunnels londinense (R.U.), el 9 de enero de 2013.

Unas esposas con los ojos vendados
El 10 de abril de 2012, Thomas Blacke (EE.UU.) se liberó de unas esposas reglamentarias en 3,45 s mientras tenía los ojos vendados, en South Yarmouth (Massachusetts, EE.UU.). Además, realizó el **escape submarino más rápido de unas esposas** –en sólo 3,425 s– también en South Yarmouth, el 25 de octubre de 2011.

Una cadena bajo el agua
Weasel Dandaw, nombre artístico de Daniel Robinson (R.U.), se soltó de una cadena bajo el agua en 10,76 s en los London Studios de Londres (R.U.), el 11 de septiembre de 2004.

Film transparente estando colgado
Rob Roy Collins (R.U.) se liberó de un envoltorio de 10 capas de film transparente, mientras estaba colgado boca abajo de una grúa, en 27 s en Campden (Ontario, Canadá), el 30 de agosto de 2012.

EL MENOR TIEMPO EN ESCAPAR DE UNAS ESPOSAS

El 8 de enero de 2011, el fortísimo especialista Chad Netherland (EE.UU.) se liberó de un par de esposas de doble cierre en tan sólo 1,59 s en Las Vegas (Nevada, EE.UU.). *Puedes ver otros increíbles récords de Chad en la pág. 103.*

La clase de magia más multitudinaria
Kevin McMahon (R.U.) impartió una clase de magia ante 1.063 participantes en un acto organizado por Royal Blind (R.U.) en el Fettes College de Edimburgo (R.U.), el 27 de octubre de 2012.

El **mayor número de personas participando en una clase de magia impartida en varios lugares** son 2.573, a cargo de la Fundación Abracadabra de Magos Solidarios (España) en 51 hospitales españoles, el 10 de diciembre de 2010.

El truco de magia más mortífero
Al menos 12 personas (ocho magos y cuatro espectadores) han fallecido durante el truco en el que se abre fuego contra un mago que intenta atrapar la bala con

los dientes. Aunque se usan técnicas de ilusionismo, la hazaña está plagada de peligros. La muerte más famosa fue la de Chung Ling Soo (EE.UU., n. William Ellsworth Robinson), quien recibió un disparo actuando en el Wood Green Empire, Londres (R.U.), el 23 de marzo de 1918.

LA FUGA MÁS RÁPIDA DE...

Una camisa de fuerza
Sofia Romero (R.U.) escapó de una camisa de fuerza Posey en

MÁS CONEJOS DE UNA CHISTERA

El dúo italiano de magos «Jabba», formado por Walter Rolfo y Piero Ustignani, sacó 300 suaves conejos blancos de una chistera en menos de 30 min. Esta insólita versión del truco se llevó a cabo durante el congreso Masters of Magic de Saint-Vincent, (Aosta, Italia), el 17 de mayo de 2008.

Unos grilletes de traslado de presos

Mike Sanford (EE.UU.) escapó de unos grilletes de doble cierre para presos en 1 min y 54,34 s en Sammamish (Washington, EE.UU.), el 31 de octubre de 2004.

EL MAYOR NÚMERO DE...

Copas rotas en una ilusión de mentalismo

El 15 de abril de 2011, en un truco clásico para probar «el poder de la mente» durante el congreso Masters of Magic de Saint-Vincent (Italia), Walter Rolfo y Piero Ustignani (ambos de Italia, *ver abajo a la izquierda*) rompieron 66 copas de vino.

Trucos bajo el agua en tres minutos

Alessandro Politi (Italia) realizó 13 trucos bajo el agua en el plató de *Lo Show dei Record* en Milán (Italia), el 25 de abril de 2009.

Magos en un espectáculo de magia

El mayor número jamás reunido ascendió a 106. Se logró en una reunión del Círculo Mágico de

Alemania y Julius Frack (Alemania), en el Landestheater Tübingen de Tubinga (Alemania), el 4 de marzo de 2012.

Personas que desaparecen en una ilusión

Criss Angel (EE.UU.) logró que 100 personas «desaparecieran» en una ilusión llevada a cabo durante el espectáculo *Criss Angel: Mindfreak* del Luxor Hotel and Casino de Las Vegas (Nevada, EE.UU.), el 26 de mayo de 2010.

LA FUGA MÁS RÁPIDA DE UNA CAMISA DE FUERZA COLGADO (SIN CADENAS)

El ilusionista Lucas Wilson (Canadá) tardó sólo 8,4 s en liberarse de una camisa de fuerza Green Posey, mientras estaba colgado por los tobillos a 1 metro de altura. Lucas ejecutó esta fuga boca abajo en la Holy Trinity Catholic High School de Ontario (Canadá), el 8 de junio de 2012.

EL MAYOR NÚMERO DE TRUCOS DE MAGIA CON LOS OJOS VENDADOS EN UN MINUTO

Fernando Díaz (Venezuela) realizó 17 trucos en un minuto con los ojos vendados en el plató del programa de TV *Buenas Noches* en Caracas (Venezuela), el 24 de agosto de 2011. Cada truco, como el del «globo que sale de la botella» o el de la «esponja que cambia de color», contaba con un mínimo de dos efectos o elementos y se llevó a cabo con público en directo.

CITA
«Debo mantener la calma porque si no, echo a perder todo por lo que me he estado entrenando.»

MALABARISMO

MÁS REPETICIONES DE LA «MARIPOSA» EN 3 MINUTOS

El 11 de noviembre de 2012, Niels Duinker (Países Bajos) repitió 212 veces la técnica de malabarismo conocida como la «mariposa» en el NEMO Science Center de Ámsterdam (Países Bajos). Durante la realización de esta maniobra, la pelota y la mano deben estar en contacto permanente.

Más distancia recorrida en un monociclo haciendo malabares con tres objetos

El 22 de agosto de 2011, Ashrita Furman (EE.UU.) recorrió 2,816 km en un monociclo mientras hacía malabares con tres pelotas cuando participaba en la carrera Joe Michaels Mile celebrada en Bayside (Nueva York, EE.UU.).

El primer malabar en el espacio

El 15 de abril de 1985, el piloto de la NASA Donald E. Williams (EE.UU.) hizo malabares con varias piezas de fruta a bordo del transbordador espacial *Discovery*.

MÁS...

Pelotas pasadas entre un dúo haciendo malabares

En febrero de 2011, los hermanos Chris y Andrew Hodge (EE.UU.) se pasaron 15 pelotas y realizaron 38 pases (75 capturas en total).

Capturas de *bounce-juggling* por un dúo (16 pelotas)

El 13 de noviembre de 2005, David Critchfield y John Jones (ambos de EE.UU.) lograron 74 capturas mientras hacían *bounce-juggling* con 16 pelotas. Comenzaron con cuatro pelotas en cada mano, y cada uno las lanzó sucesivamente a las manos opuestas de su pareja. Cada pelota botó una vez antes de que el otro la capturara y se la devolviera.

«Extremo a extremo» con cajas de puros en 30 segundos

A pesar de que se le conoce como una forma de malabarismo, en esta maniobra las cajas no se lanzan al aire, sino que se colocan frente al cuerpo (una en cada mano, y la tercera entre las otras dos) y se manipulan sencillamente moviéndolas de izquierda a derecha (de un «extremo a otro»). El mayor número logrado con tres cajas de puros en 30 s es 36. Lo realizó The Great Gordo Gamsby (Australia) en London Wonderground (R.U.), el 14 de septiembre de 2012.

MÁS TIEMPO HACIENDO MALABARES CON TRES OBJETOS BOCA ABAJO

Quinn Spicker (Canadá) logró la mareante hazaña de hacer malabares con tres objetos durante 12 min y 50 s mientras estaba suspendido boca abajo en el PNE Garden Auditorium de Vancouver (Canadá), el 22 de julio de 2010.

MÁS CAMBIOS COMPLETOS HACIENDO MALABARES CON TRES OBJETOS

Los malabaristas Matt Baker y Joe Ricci (EE.UU.) hicieron 13 cambios (mientras uno saltaba sobre el otro) en un minuto en el plató de *Torihada Scoop 100 – New Year SP* en Tokio (Japón), el 1 de enero de 2012.

MÁS CAPTURAS CONSECUTIVAS DE MAZOS

Usando mazos (hachas grandes) de 69 cm de largo y 4,3 kg de peso, Erik Kloeker (EE.UU.) realizó 86 capturas secuenciales en Newport (Kentucky, EE.UU.), el 30 de agosto de 2012.

MÁS CAPTURAS DE UNA MOTOSIERRA EN UN MONOCICLO

The Space Cowboy, o sea Chayne Hultgren (Australia), hizo ocho capturas de una motosierra desde un monociclo en Pekín (China), el 7 de diciembre de 2012.

MÁS CAPTURAS DE *BACKCROSS* (SIETE OBJETOS)

Un *backcross* consiste en lanzar un objeto con una mano por detrás de la espalda, recogerlo por delante con la otra y luego lanzarlo por detrás de la espalda y recuperarlo con la primera mano. El 25 de febrero de 2013, Ty Tojo (EE.UU.) hizo 69 capturas seguidas de *backcross* en Las Vegas (Nevada, EE.UU.).

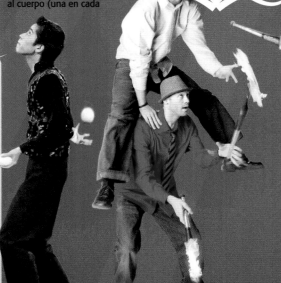

Mazas pasadas espalda contra espalda por un dúo

El equipo formado por los hermanos Vova y Olga Galchenko (de origen ruso, pero con nacionalidad estadounidense) hizo malabares con 10 mazas colocadas espalda contra espalda durante unas sesiones de entrenamiento en mayo de 2003, en su ciudad natal de Penza (Rusia). La mejor marca del dúo fue 57 pases capturados.

Rotaciones individuales de mazas estirado boca arriba (cuatro mazas)

David Cain (EE.UU.) hizo malabares con cuatro mazas sobre la cabeza mientras estaba estirado boca arriba, y completó 10 lanzamientos y capturas mientras se grababa a sí mismo practicando en su casa de Ohio (EE.UU.), el 2 de noviembre de 2012.

Malabares con pelotas de ping-pong con la boca

Tony Fercos (de origen checoslovaco, pero con nacionalidad estadounidense) es capaz de lanzar y capturar 14 pelotas de ping-pong seguidas con la boca en un único ciclo. Se mete cada pelota en la boca, la lanza al aire y la vuelve a recoger con la boca.

Anillas pasadas entre dos personas mientras hacían malabares

En agosto de 2010, Tony Pezzo (EE.UU.) y Patrik Elmnert (Suecia) lograron pasarse 15 anillas y realizaron 30 capturas al tiempo que hacían malabares.

MALABARES CON MÁS PELOTAS

El ucraniano Alexander Koblikov hizo malabares con 14 pelotas en el 37.º Festival Internacional de Circo de Montecarlo (Mónaco) el 16 de enero de 2013. Koblikov usa la técnica «múltiplex», lanzando y capturando dos pelotas (no unidas) a la vez. Alex Barron (R.U.) hizo malabares con 11 pelotas individualmente el 3 de abril de 2012 en el Roehampton Club de Londres (R.U.).

Capturas de motosierras

El 25 de septiembre de 2011, Ian Stewart (Canadá) realizó 94 capturas de tres motosierras totalmente engranadas en el Hants County Exhibition de Windsor (Nueva Escocia, Canadá).

MALABARES CON MÁS BASTONES

Françoise Rochais (Francia) realizó malabares con siete bastones al mismo tiempo en 1999, y hoy sigue actuando con el mismo número de bastones. Hace malabares con los bastones como si fueran mazas, en lugar del típico estilo de giros usado por las majorettes.

MALABARES CON MÁS BOLAS DE BOLERA

El 19 de noviembre de 2011, Milan Roskopf (Eslovaquia) hizo malabares con tres bolas de bolera ante 350 testigos. Las pelotas pesaban 4,53 kg cada una y los malabares duraron 28,69 s en el Prague Juggling Marathon (República Checa).

MALABARES CON MÁS OBJETOS EN UN MONOCICLO

Mikhail Ivanov (Rusia), la cuarta generación de una familia de artistas de circo, hizo malabares con siete pelotas en un monociclo sin sillín (la «rueda última») en Ivanovo (Rusia), el 18 de septiembre de 2012. Tuvo las pelotas en el aire durante 12,4 s.

Flash con mayor número de anillas realizado por un dúo

Rojic Levicky y Victor Teslenko (ambos de Rusia) realizaron 18 capturas con 18 anillas en 2008.

Malabares con vasos mezcladores

La hazaña de hacer malabares con 10 vasos mezcladores la logró por primera vez John McPeak (EE.UU.) en 1980, en el casino Nevada Palace de Las Vegas (EE.UU.). Sosteniendo cinco vasos apilados en cada mano, lanzó al aire cuatro de ellos simultáneamente y retuvo el quinto. Cada vaso volador rotó 360º antes de aterrizar, en orden inverso, en los que tenía en las manos.

Más pases de una motosierra por debajo de las piernas realizado por un dúo (un minuto)

The Space Cowbow (ver izquierda) y Mighty Gareth, alias Gareth Williams (R.U.), realizaron 40 pases de una motosierra por debajo de las piernas en Pekín (China), el 7 de diciembre de 2012.

MALABARES CON MÁS MAZAS DE FUEGO MIENTRAS SE TRAGA UNA ESPADA

The Great Gordo Gamsby (Australia) hizo malabares con tres mazas de fuego mientras se tragaba una espada durante 10 s en London Wonderground (R.U.), el 14 de septiembre de 2012.

PROEZAS EXTRAORDINARIAS

APIÑADOS, PERO CON CABEZA

El equipo contactó con matemáticos de su escuela, que aconsejaron cómo colocar más de 19 personas en el coche.

El mayor número de personas apiñadas en un Smart

Veinte miembros del Glendale Cheerleading Team (todos muy ágiles y de EE.UU.) se apretujaron en un Smart para el *Guinness World Records Gone Wild!*, celebrado en Los Ángeles (EE.UU.), el 28 de septiembre de 2011. El equipo lo formaban mujeres que medían por lo menos 1,52 m de altura.

ADICCIÓN A LOS RÉCORDS

¿Por qué se baten los récords?

A muchos de nosotros nos bastaría con obtener un certificado del GWR para darnos por satisfechos. Pero hay quien no tiene bastante. Algunas de nuestras estrellas son más tenaces, valientes y atrevidas de lo que cabría pensar y nos han presentado cientos de solicitudes. Conoce a quienes han convertido los récords en una forma de vida.

Suresh Joachim (Canadá)

OBRAS DE CARIDAD
Las proezas de Suresh han servido para contribuir a un sinfín de buenas causas, como las aportaciones a la Cruz Roja o a varias asociaciones contra el cáncer.

BIOGRAFÍA

Nombre: Suresh Joachim
Nacionalidad: Sri Lanka/Canadá
Solicitudes: 451
Récords actuales: 17
¡Corten! El 22 de mayo de 2009, Suresh hizo un largometraje, desde el guión hasta la proyección, en un tiempo récord de 11 días, 23 h y 45 min.

UN ÉXITO PERSISTENTE

Al observar la larga lista de Guinness World Records de Suresh, una cosa está clara: tiene un deseo insaciable de poner a prueba su resistencia.

Ya sea realizando la **gateada ininterrumpida más larga** (56,62 km; *extremo izquierda*) o recorriendo la **distancia más larga botando una pelota de baloncesto en 24 horas** (177,5 km; *centro izquierda*), Suresh ha trabajado duro para dejar atrás a sus competidores.

Pero no tiene que ir muy lejos para batir récords. Suresh ha pasado más tiempo que nadie **balanceándose sobre un pie** (76 h y 40 min; *izquierda*) y **meciendo una mecedora** (75 h y 3 min; *arriba*). ¡No hay duda de que es constante y metódico!

Ashrita Furman (EE.UU.)

BIOGRAFÍA

Nombre: Ashrita Furman
Nacionalidad: EE.UU.
Solicitudes: 470
Récords actuales: 155 ¡por ahora!
En abril de 2009, este hombre, una máquina de batir récords, se convirtió en la primera (y hasta el momento, la única) persona en conseguir 100 certificados del GWR a la vez.

VIVIENDO UN SUEÑO
Para Ashrita, batir récords es una manera de cumplir sus sueños. Como dijo con orgullo una vez: «¡Esto es mi vida!»

«Mi objetivo es llegar a los 200 récords antes de dejarlo»

NUEVO DÍA, NUEVO RÉCORD

La lista de Ashrita incluye récords de volteretas, muelle saltador, rayuela, carrera de sacos, salto de cuerda bajo el agua, caminata con zancos, carrera con un huevo en una cuchara y de empujar una naranja con la nariz. Algunos son agotadores y un poco extraños (**mayor número de saltos de cuerda con aletas en cinco minutos**: 253; *izquierda*). Algunos requieren destreza y paciencia (**mayor número de Smarties comidos con los ojos vendados usando palillos en un minuto**: 20; *arriba*). Otros simplemente son divertidos (**mayor número de cañones de serpentinas lanzados en un minuto**: 64, *arriba izquierda*; **mayor número de aviones de papel cogidos con la boca durante un minuto**: 16, *derecha* –conseguido con Bipin Larkin [EE.UU.]). Y cuando leas esto, ¡seguramente habrá establecido otro más!

🇬🇧 Paddy Doyle (R.U.)

UN HOMBRE DURO DE PELAR

Este es el rostro de un hombre que está por la labor. Desde 1987, Paddy ha demostrado ser un maestro de las flexiones, en diferentes categorías y períodos de tiempo, incluyendo el **mayor número de flexiones en 12 horas** (19.325) y, algo extremadamente difícil, **el mayor número de flexiones sobre el dorso de la mano en un minuto cargando una mochila con 45,35 kg** (26; *izquierda*). También ha registrado el **mayor número de sentadillas en una hora** (4.708), el **mayor número de patadas de boxeo americano en una hora** (5.750; *extremo izquierda*) y el récord de 29.850 **puñetazos de boxeo americano** en sólo una hora (*abajo*). Fuerza, velocidad y resistencia: eso es, en resumen, Paddy Doyle.

SÚPER EN FORMA
Judo, boxeo, artes marciales… No es raro que a Paddy se le apode como «el hombre más en forma del mundo».

BIOGRAFÍA

Nombre: Paddy Doyle
Nacionalidad: R.U.
Solicitudes: 128
Récords actuales: 33
Paddy puede decir con justicia que es el hombre más duro del planeta. ¿Y quién discutiría con alguien que ha conseguido un récord tras disputar 141 combates de artes marciales seguidos?

«Para mí, los Guinness World Records significan llegar a lo más alto. Ser el mejor del mundo»

🇨🇿 Zdeněk Bradáč (República Checa)

«Mi pasión por batir récords no ha cesado nunca. Los desafíos más importantes están por llegar»

¡INCLUSO BAJO EL AGUA!
Zdeněk logró el récord de tiempo haciendo malabares con tres pelotas bajo el agua –1 h y 30 min–, mientras buceaba el 18 de febrero de 2011.

EL GRAN ESCAPISTA
Para Zdeněk, quitarse un par de esposas es tan fácil como salir de la cama. Actualmente tiene el récord del **mayor número de esposas abiertas en un minuto** (7) y ha registrado el **mayor número de aperturas de esposas en una hora** (627) y **en 24 horas** (10.625). Y no es ningún aficionado con las cartas, ya que ha registrado **el tiempo más rápido en arreglar una baraja de cartas mezcladas** (36,16 s) y el **mayor número de cortes Charlier (con una mano) de una baraja en un minuto** (73).

Muy habilidoso, a Zdeněk también le gusta mantener objetos en el aire, habiendo registrado el **tiempo más largo haciendo malabares con cuatro objetos** (2 h, 46 min y 48 s) y el **mayor número de capturas haciendo malabares con tres pelotas en un minuto** (422). Como *recordman*, por tanto, no hay quien lo atrape…

BIOGRAFÍA

Nombre: Zdeněk Bradáč
Nacionalidad: República Checa
Solicitudes: 109
Récords actuales: 12
Zdeněk es un mago de los malabares, el escapismo y los naipes. En septiembre de 2009, se liberó de tres pares de esposas en 38,69 s y debajo del agua.

A LO GRANDE

MÁS GRANDE...

Mochila

Con espacio suficiente para meter todo cuanto contiene una casa, la mochila más grande mide 10,37 m de alto, 7,8 m de ancho y 2,8 m de fondo, y la fabricó Omasu (Arabia Saudí) en Jeddah (Arabia Saudí), el 4 de abril de 2012.

Bolsa de patatas fritas

Calbee, Inc. de Japón presentó al público una enorme bolsa de patatas fritas de 501 kg, equivalente al peso de 10 muchachos de 14 años, en la Calbee Chitose Factory, de Chitose (Hokkaido, Japón) el 16 de julio de 2012. La bolsa –una versión gigante del paquete de patatas fritas de Calbee– medía nada menos que 4,8 × 4,2 m.

Bolígrafo

Acharya Makunuri Srinivasa (India) fabricó un bolígrafo de 5,5 m de alto grabado con escenas de la mitología hindú, que presentó en Hyderabad (India), el 24 de abril de 2011.

Libro

El libro más grande mide 5 × 8,06 m, pesa alrededor de 1.500 kg, consta de 429 páginas y lo presentó el Mshahed International Group, en Dubái (EAU) el 27 de febrero de 2012.

Botella de vino

La botella de vino de mayor tamaño –¡nada menos que 3,8 m de altura y 1 m de diámetro!– la fabricó OK Watterfäscht 2011 (Suiza). Se midió en Watt (Gemeinde Regensdorf, Suiza), el 9 de julio de 2011.

El balón de fútbol más grande

Sería muy complicado meter un gol con este balón… Hecho de cuero artificial, el balón de fútbol más grande mide 12,18 m de diámetro y 38,30 m de circunferencia, y pesa unos 960 kg. Se fabricó por encargo del Doha Bank, de Doha (Qatar) y se expuso en el aparcamiento del LuLu Hypermarket de dicha ciudad, el 12 de febrero de 2013.

La batería más grande

El ambicioso conjunto de percusionistas Drumartic (Austria) construyó *Big Boom*, una colosal réplica de una batería a escala 5,2:1 que funciona con toda normalidad. Mide 6,5 m de alto por 8 m de ancho y se presentó, se tocó y se midió en Lienz (Austria), el 7 de octubre de 2012.

Y QUE CONSTE...

Los cuatro integrantes del conjunto Drumartic, con Peter Lindsberger a la cabeza, tienen la fuerza precisa para manejar dos gigantescas baquetas cada uno, y sincronizarse para tocar sin verse unos a otros.

REDOBLES

Estos son los diámetros de cada pieza: bombo 2,9 m; tom de piso 2,11 m; tom de aire 1,57 m; caja 1,85 m; platillos de contratiempo (dos) 1,73 m; platillo de remate 1,98 m y platillo de ritmo 2,24 m.

LOS JUGUETES MÁS GRANDES

Figura de ajedrez: Un rey que medía 4,46 m de alto y 1,83 m de perímetro en la base, en Saint Louis (Misuri, EE.UU.), el 24 de abril de 2012.

Controlador para videojuegos: Un controlador en condiciones de funcionar de 3,66 × 1,59 × 0,51 m, en la Universidad Técnica de Delft (Países Bajos) en septiembre de 2011.

Muñeca de trapo: Con 4,62 m de alto, la muñeca fue fabricada en Génova (Italia) en 2005.

Juego de muñecas rusas: Un juego de 51 piezas, la mayor de las cuales medía 53,97 cm de altura. Se terminó el 25 de abril de 2003 en Cameron (Carolina del Norte, EE.UU.).

Cojín de flatulencias: Lo fabricó Steve Mesure (R.U.) en Londres (R.U.), el 14 de junio de 2008 y medía 3,05 m de diámetro.

El mayor carro de la compra

Con tamaño suficiente para contener 250 carros de tamaño normal, el carro más grande del mundo medía 16,6 m de altura desde el suelo hasta el mango. Con una caja de 9,6 m de largo y 8,23 m de ancho, y ruedas de 1,2 m de diámetro, Migros Ticaret A.Ş (Turquía) necesitó un mes de trabajo y 9,9 toneladas de hierro para fabricar este carro gigantesco que se presentó el 14 de junio de 2012 en Estambul (Turquía).

La bicicleta más grande que se puede montar

Entre las muchas y disparatadas creaciones ciclistas del inventor Didi Senft (Alemania), destaca esta bicicleta mastodóntica. Mide 7,8 m de largo y 3,7 m de alto, cuenta con ruedas de 3,3 m de diámetro y pesa 150 kg, según la medición que se efectuó en Pudagla (Alemania), el 2 de octubre de 2012.

Bola de discoteca
Una bola centelleante de 9,98 m de diámetro, fabricada por el BSG Luxury Group para Bacardi Russia, fue expuesta en una fiesta en Moscú (Rusia), el 26 de abril de 2012.

Galleta para perros
Con un tamaño más de 2.000 veces mayor que el de una galleta normal para perros, la compañía Hampshire Pet Products de Joplin (Misuri, EE.UU.) horneó una galleta de 279,87 kg, el 8 de julio de 2011. Al final se troceó y la Joplin Humane Society la repartió entre diversos perros.

Sobre
Dirigido a Naciones Unidas y lleno de mensajes a favor de la paz en el mundo, el sobre más grande medía 11,02 m de largo y 7,61 m de ancho. Se confeccionó en la Aligarh Muslim University (India), en Uttar Pradesh (India) el 1 de mayo de 2012.

Chaqueta de alta visibilidad
Una chaqueta de alta visibilidad de 13,88 m de alto y 10,68 m de ancho fue fabricada por Febelsafe and Secura, en Bruselas (Bélgica). Se midió el 7 de febrero de 2013. Esta chaqueta gigantesca cuenta con la certificación CE, tal como exige la legislación europea sobre salud y seguridad.

Pelota de playa inflable
Diseñada para parecer un balón de fútbol, esta gran pelota la encargó el hipermercado «real,-» (Polonia). El 8 de mayo de 2012, se midió su diámetro, 15,82 m, en Czluchów (Polonia).

MICRÓFONO MÁS GRANDE
El artista David Åberg (Suecia) inventó un enorme micrófono de 4,5 de largo, con un diámetro de 1,18 m en la cabeza, creación con la que batió un récord y que presentó al público en Helsingborg (Suecia), el 19 de octubre de 2012.

Piruleta
See's Candies celebró el Día Nacional de la Piruleta en EE.UU. con una versión de 3.176,5 kg de su piruleta de chocolate para *gourmets*, el producto estrella de la casa. La golosina, de 1,8 m de alto, se elaboró en su fábrica de Burlingame (California, EE.UU.), el 18 de julio de 2012.

Fiambrera
Coupons for Change (EE.UU.) fabricó con ocasión del *Hunger Action Month* una gigantesca fiambrera de 2,29 × 2,03 × 1,02 m y la llenó con 400 mochilas de comida para niños necesitados, en Mountain View (California, EE.UU.) el 15 de agosto de 2012.

Lápiz
Ashrita Furman y miembros del Sri Chinmoy Center (ambos de EE.UU.) fabricaron un lápiz de 23,23 m de largo y 9, 84 toneladas de peso, en la ciudad de Nueva York (EE.UU.), el 27 de agosto de 2007.

Tarjeta postal
Andrej Maver y Glasbena Agencija GIG (ambos de Eslovenia) crearon una postal de 52,48 m² en Nova Gorica (Eslovenia), el 27 de agosto de 2012.

EN BICI
De triste fama en los circuitos del Tour de Francia y el Giro d'Italia, a Didi se le suele ver montando alguno de sus inventos y siempre vestido con su disfraz de diablo.

Juego de Twister: El tablero de Twister más grande medía 52,15 × 42,7 m y se utilizó para una gigantesca partida disputada el 1 de septiembre de 2011, en Enschede (Países Bajos).

Caballito mecedor: Con unas medidas de 7,6 × 3,22 × 6,1 m, fue fabricado en Tzoran-Kadima (Israel), el 12 de septiembre de 2010.

Pato de plástico: Tenía 25 m de alto y permaneció flotando en el puerto de Saint-Nazaire (Francia), como parte de una instalación artística, desde junio hasta septiembre de 2007.

Juego de mesa: Un tablero de Monopoly de 225 m², fabricado por De Eindhovense School (Países Bajos), en Eindhoven (Países Bajos) el 27 de enero de 2012.

Hula-hop: Tiene un diámetro de 5,04 m. Ashrita Furman (EE.UU.) lo hizo girar más de tres veces en la ciudad de Nueva York (EE.UU.), el 9 de septiembre de 2010.

COLECCIONES

La mayor colección de tubos de pasta dentífrica

El 15 de junio de 2012, el dentista Val Kolpakov (EE.UU.) había coleccionado 2.037 tubos de pasta dentífrica. Su colección procede de todas partes del mundo e incluye artículos de Japón, Corea, China, India y Rusia.

LA MAYOR COLECCIÓN DE...

Abridores de botella
El 2 de noviembre de 2011, Marinus Van Doorn compartía su casa de Veghel (Países Bajos) con 33.492 abridores de botella.

Cascos de bombero
El 9 de febrero de 2102, Gert Souer de Haren (Países Bajos), había reunido 838 cascos de bombero.

Recuerdos de Garfield
Mike Drysdale y Gayle Brennan, de Los Ángeles (California, EE.UU.), han coleccionado 3.000 artículos relacionados con Garfield, su personaje de cómic preferido. La pareja ha convertido su hogar en un santuario dedicado al famoso gato. Todos los rincones están llenos de peluches, vídeos, ropa de cama, vajillas, radios, juguetes de cuerda y otros artículos relacionados con Garfield. La pareja los colecciona desde 1994.

Rompecabezas
Durante los últimos 26 años, Georgina Gil-Lacuna, de Tagaytay City (Filipinas) ha acumulado una incomparable colección de 1.028 rompecabezas diferentes. El mayor rompecabezas tiene 18.000 piezas.

La mayor colección de recuerdos de Iron Maiden

El 9 de febrero de 2012, Rasmus Stavnsborg (Dinamarca) había coleccionado 4.168 artículos de Iron Maiden en Karlslunde (Dinamarca). Rasmus comenzó a escuchar la música de la icónica banda británica de heavy metal en 1981, a los ocho años de edad.

Revistas
James Hyman, de Londres (R.U.), ha reunido una colección de 50.953 revistas diferentes. El total se comprobó el 1 de agosto de 2012.

Maquetas de coches
El 17 de noviembre de 2011, Nabil Karam (Líbano), tenía la mayor colección de maquetas de coches, con 27.777 piezas.

Artículos relacionados con los panda
La mayor colección de artículos relacionados con los panda pertenece a Edo e Iva Rajh (ambos de Croacia). Consta de 1.966 sellos diferentes de World Wildlife Fund (WWF) con el logo de un panda.

La colección se contabilizó en Zagreb (Croacia), el 2 de abril de 2012.

Juegos de té de tres piezas
Pyrmonter Fuerstentreff (Alemania) ha coleccionado la fabulosa cantidad de 999 juegos de té de tres piezas, que se exhibió en Bad Pyrmont (Alemania), el 7 de julio de 2012.

La mayor colección de zapatos Converse

La mayor colección de zapatos Converse pertenece a Joshua Mueller (EE.UU.). El 8 de marzo de 2012, tenía 1.546 pares diferentes. Joshua, de Lakewook (Washington, EE.UU.), se los calza… ¡con una bolsa de plástico encima para que no se le ensucien!

4,2
Años que Joshua podría ponerse un nuevo par de sus zapatos cada día… ¡y sin repetir!

MÁS COLECCIONES

Billetes de autobús: 200.000 billetes únicos de 36 países, a 30 de septiembre de 2008. Propiedad de Ladislav Sejnoha (República Checa).

Tostadoras: 1.284 tostadoras, propiedad de Kenneth Huggins, de Columbia (Carolina del Sur, EE.UU.), a 31 de julio de 2012.

Sellos de Papas: 1.580 sellos, propiedad de Magnus Andersson (Suecia), contabilizados en la biblioteca pública de Falun (Suecia) el 16 de noviembre de 2010.

Bálsamos labiales: 491 diferentes, propiedad de Eleanor Miller de Tel Aviv (Israel), a 29 de noviembre de 2011.

Carretes sin revelar: 1.250 carretes diferentes, a 30 de junio de 2012, propiedad de Ying Nga Chow (Hong Kong), en Hong Kong (China).

MÁS COLECCIONES

COLECCIÓN	CANTIDAD	PROPIETARIO	FECHA CONTABILIZADA
Bolsas para el mareo	6.290	Niek Vermeulen (Países Bajos)	28 feb 2012
Recuerdos de Batman	1.160	Zdravko Genov (Bulgaria)	10 dic 2011
Botellas de cerveza	25.866	Ron Werner (EE.UU.)	27 ene 2012
Velas	6.360	Lam Chung Foon (Hong Kong)	23 dic 2011
Juegos de ajedrez	412	Akın Gökyay (Turquía)	30 ene 2012
Cafeteras	27.390	Robert Dahl (Alemania)	2 nov 2012
Potes de galletas	2.653	Edith Eva Fuchs (EE.UU.)	20 ago 2012
Pines decorativos	18.431	Arvind Sinha (India)	10 may 2010
Abrecartas	5.000	Santa Fe College Foundation (EE.UU.)	25 oct 2012
Recuerdos de Mickey Mouse	4.127	Janet Esteves (EE.UU.)	12 mar 2012
Maquetas militares	2.815	Francisco Sánchez Abril (España)	16 feb 2012
Maquetas de ambulancias	10.648	Siegfried Weinert y Susanne Ottendorfer (ambas de Austria)	7 abr 2012
Maquetas de coches	27.777	Nabil Karam (Líbano)	17 nov 2011
Servilletas	50.000	Antónia Kozáková (Eslovaquia)	1 ago 2012
Maquetas de vehículos a pedales	400	Phil Collins (R.U.)	4 sep 2012
Artículos relacionados con los caracoles	1.377	Professor Henryk Skarżyński, MD, PhD (Polonia)	15 jul 2012
Zapatillas de deporte	2.388 pares	Jordy Geller (EE.UU.)	17 may 2012
Platos de recuerdo	621	Familia Kundin (Rusia)	1 oct 2012
Sobres de azúcar	9.596	Kristen Dennis (EE.UU.)	11 feb 2012
Videojuegos. Capturas de pantalla	17.000	Rikardo Granda (Colombia)	sep 2012
Juguetes de cuerda	1.042	William Keuntje (EE.UU.)	26 nov 2011
Etiquetas de vino y champán	16.349	Sophia Vaharis (Grecia)	17 ene 2012

La mayor colección de recuerdos de Chevrolet

La mayor colección de recuerdos de Chevrolet pertenece a Charles Mallon (EE.UU.), de Downingtown (Pennsylvania, EE.UU.). El 11 de abril de 2012, constaba de 2.181 artículos diferentes de Chevrolet.

La mayor colección de aspiradores

El 31 de octubre de 2012, James Brown (R.U.) poseía 322 modelos diferentes en su taller de reparaciones Mr. Vacuum Cleaner de Heanor (Derbyshire, R.U.) y de Hucknall (Nottinghamshire, R.U.). ¡Sin duda, ha barrido a sus competidores!

ASPIRADOR ANTIGUO
Los modelos preferidos de James son los Kirby. Su aspirador más antiguo es un Hoover 700 fabricado en 1926.

Envoltorio de caramelos: 2.048 envoltorios, propiedad de Amanda Destro, de Venecia (Italia), a 16 de febrero de 2012.

Etiquetas de bolsitas de té: 839 etiquetas, coleccionadas por Daniel Szabo (Budapest, Hungría), a 4 de septiembre de 2011.

Dientes humanos: 2.000.744 dientes, coleccionados por el Hermano Giovanni Battista Orsenigo de la Hospedería Fatebenefratelli de Roma (Italia).

Rosarios: 3.642 rosarios, propiedad de Jamal Sleeq de Kuwait City (Kuwait), a 9 de marzo de 2012.

Flotadores salvavidas: 100 flotadores, coleccionados por José Octavio Busto Iñiguez (EE.UU.), a 23 de mayo de 2012.

TEMERIDADES

TIERRA DEL FUEGO '98

EL SEÑOR DEL LIMBO

Otros récords de Rohan son pasar por debajo de 20 coches patinando limbo y patinar limbo con los ojos vendados.

Patinaje limbo a menor altura a lo largo de 10 metros

Rohan Kokane (India) recorrió 10 m en patinaje limbo por debajo de una fila de coches en el plató de *Lo Show dei Record*, en Roma (Italia), el 4 de abril de 2012. ¡Entre el suelo y los automóviles sólo había 25 cm! ¡Éste es uno de los récords que *no* conviene imitar en casa!

LA MAYOR DISTANCIA...

Caminando sobre brasas

Trever McGhee (Canadá) recorrió 181,9 m sobre brasas a una temperatura de entre 657,6 °C y 853,3 °C en el Symons Valley Rodeo Grounds de Calgary (Alberta, Canadá), el 9 de noviembre de 2007.

Lanzando y atrapando una motosierra en funcionamiento

Chayne Hultgren lanzó una motosierra en funcionamiento a 4 m de distancia para que la cogiese al vuelo Gordo Gamsby (ambos de Australia). Lo consiguieron en el London Wonderground (R.U.), el 14 de septiembre de 2012. Se bloqueó el gatillo de la motosierra de dos tiempos Spear & Jackson para que la hoja no dejase de girar.

Recorrida por un muro (Parkour)

Amadei Weiland (Alemania) recorrió 3,49 m por la superficie de un muro en el plató del *Guinness World Records - Wir Holen Den Rekord Nach Deutschland*, en Europa Park, Rust (Alemania), el 13 de julio de 2012.

Carrera en llamas

Denni Duesterhoeft (Alemania) corrió 153 m envuelto en llamas en el plató del show de televisión *Das Herbstfest der Überraschungen* (ARD, Alemania) en Riesa (Alemania), el 13 de octubre de 2012.

Como bala de cañón humana

El 10 de marzo de 2011, David Smith, Jr. (EE.UU.), también conocido como The Bullet, fue disparado con un cañón a 59,05 m en el plató de *Lo Show dei Record*, en Milán (Italia).

¡MENUDO CABALLITO!

El caballito superó los 335,3 m de largo. Jesse pilotaba una Suzuki GSXR-750 de 2004.

Mayor distancia en traje aéreo

Shinichi Ito (Japón) voló 28,707 km vestido con un traje aéreo en el condado de Yolo (California, EE.UU.), el 26 de mayo de 2012. Su osadía le brindó los récords de **mayor distancia absoluta recorrida en traje aéreo** y **mayor distancia horizontal recorrida en traje aéreo:** 26,9 km. *Más deportes aéreos en la pág. 222.*

El caballito invertido a más velocidad

Jesse Toler (EE.UU.) ejecutó un invertido –frenar haciendo el «caballito» con la rueda delantera– a 241,4 km/h, gracias a una hábil combinación de frenos y control de la moto en posición estable. Fue en el ZMax Dragway durante el Charlotte Diesel Super Show, en Concord (Carolina del Norte, EE.UU.), el 6 de octubre de 2012.

RÉCORDS DE PELÍCULA

Caída libre desde más altura: Dar Robinson (EE.UU.) se lanzó desde una cornisa en lo alto de la CN Tower de Toronto (Canadá), a 335 m de altura, para la película *La cúspide* (Canadá, 1982).

Más coches destrozados por un especialista: 2.003, récord de Dick Sheppard (R.U.) tras más de 40 años.

Mayor presupuesto para especialistas: Más de tres millones de dólares para *Titanic* (EE.UU., 1997).

Acrobacia más popular de una película de James Bond: Un salto desde una grúa a otra en *Casino Royale* (R.U./ República Checa/EE.UU./ Alemania/Bahamas, 2006). Fuente: *Radio Times*.

Salto más largo en lancha: El especialista Jerry Comeaux (EE.UU.) alcanzó los 36,5 m en *Vive y deja morir* (R.U., 1973).

HOT WHEELS
Ambos coches fueron modelados sobre los Hot Wheels de Mattel. El de Tanner es el amarillo y el de Greg, el verde.

A MAYOR ALTURA...

Paseo por la cuerda floja
El 7 de agosto de 1974, Philippe Petit (Francia) caminó por un cable tendido a 411 m de altura entre las torres del World Trade Center de Nueva York (EE.UU.).

La **cuerda floja a más altura recorrida en moto** se hallaba a 130 m sobre el suelo y medía 666,1 m de largo. El récord lo estableció Mustafa Danger (Marruecos), quien recorrió un cable tendido entre el Monte Tossal y el Gran Hotel Bali, en Benidorm (España), el 16 de octubre de 2010.

Mayor tirabuzón en coche

Greg Tracy y Tanner Foust (ambos de EE.UU.) ejecutaron un looping de 18,29 m de diámetro para Mattel (EE.UU.) en Los Ángeles (California, EE.UU.), el 30 de junio de 2012. La pista era una réplica a escala de la pista de juguete Hot Wheels Double Dare Snare y el récord se batió durante los X Games 18.

Salto al agua desde más altura y envuelto en llamas

El 14 de septiembre de 2012, Yoni Roch (Francia) logró una hazaña doblemente peligrosa al saltar envuelto en llamas desde una altura de 65,09 m en el viaducto de la Souleuvre (Normandía, Francia).

David también ostenta el récord de **mayor altura alcanzada disparado con un cañón:** 23,62 m. Lo consiguió en el Charlotte Motor Speedway en Concord (Carolina del Norte, EE.UU.), el 15 de octubre de 2011.

EL MÁS RÁPIDO...

Coche sobre hielo
Janne Laitinen (Finlandia) pilotó un Audi RS6 modificado a 331,61 km/h en el golfo de Botnia (el mar Báltico «helado»). Lo logró en Finlandia, el 6 de marzo de 2011.

Coche conducido con los ojos vendados
Metin Şentürk (Turquía), presidente de la World Handicapped Foundation, condujo con los ojos vendados un Ferrari F430 a 292,89 km/h en el aeropuerto de Urfa (Turquía), el 31 de marzo de 2010.

Saltando sobre tres coches que venían de frente
Aaron Evans (EE.UU.) saltó por encima de tres coches que le venían de frente en 29,09 s en Los Ángeles (California, EE.UU.), el 9 de julio de 2012.

Haciendo el «caballito» en motocicleta en una cuerda floja
Johann Traber (Alemania) alcanzó una velocidad de 53 km/h subido en una motocicleta por una cuerda floja en el Tummelum Festival, en Flensburg (Alemania), el 13 de agosto de 2005.

En quad (ATV)
La máxima velocidad alcanzada en un quad (o vehículo todoterreno) con salida lanzada es de 315,74 km/h. Terry Wilmeth (EE.UU.) logró el récord con su ALSR Rocket Raptor versión 6.0 (un Yamaha 700 Raptor modificado con un cohete híbrido) en el aeropuerto de Madras, (Oregón, EE.UU.), el 15 de junio de 2008.

Salto con rampa en silla de ruedas

Aaron Fotheringham (EE.UU.) alcanzó los 60 cm de altura en un salto con rampa en silla de ruedas en Roma (Italia), el 24 de marzo de 2010. El deporte ha llevado a Aaron por todo el mundo para sorprender a los jóvenes y mostrar su talento y su increíble control de la silla de ruedas.

La **cuerda floja a más altura recorrida en bicicleta** estaba a 72,5 m sobre el nivel del suelo y unía las Royal Towers del hotel Atlantis Paradise Island, en Nassau (Bahamas). Lo consiguió Nik Wallenda (EE.UU.), el 28 de agosto de 2010.

Salto estático sin ayuda sobre un colchón de aire
El 7 de agosto de 1997, Stig Günther (Dinamarca) saltó desde una grúa a 104,5 m de altura hasta un colchón de aire de 12 × 15 × 4,5 m. Su velocidad en el momento del impacto era de unos 145 km/h.

Más rápido en escalar el Burj Khalifa sin ayuda

El extraordinario escalador Alain Robert (Francia) escaló el Burj Khalifa –el **edificio más alto** del mundo *(ver págs. 144-145)*, con sus 828 m– en Dubái (EAU), en 6 h, 13 min y 55 s, el 29 de marzo de 2011. Emaar Properties, los promotores del edificio, insistieron en que llevara equipos de seguridad para realizar el intento.

UNA HISTORIA QUE ENGANCHA
Alain, alias Spiderman, esta vez llevaba equipo de seguridad. En general, se vale tan sólo de sus manos y de sus zapatos de goma.

Más duelos a espada: Christopher Lee (R.U.) se batió en duelo en 17 películas con floretes, sables, espadas láser y tacos de billar.

Salto desde más altura sin paracaídas: 70,71 m, por A. J. Bakunas (EE.UU.) en *Hooper, el increíble* (EE.UU., 1978). Cayó sobre un colchón de aire.

La explosión más prolongada: Una serie de explosiones de 9 s en *Volar por los aires* (EE.UU., 1994). Se emplearon 2.727 litros de combustible y 32 cargas explosivas de 453 g cada una.

Más vueltas de campana en un coche: Siete, a cargo del especialista Adam Kirley (R.U.) en un Aston Martin DBS, durante el rodaje de *Casino Royale* (2006).

Escena aérea más cara: Un millón de dólares. Simon Crane (R.U.) pasó de un avión a otro a 4.572 m de altitud en *Máximo riesgo* (EE.UU., 1993).

SUPERHOMBRES

10
Longitud en centímetros de cada clavo. Cada uno penetró 5 cm en la madera.

CITA
«He pasado toda mi vida representando números terriblemente divertidos.»

MÁS PESADO...

Peso arrastrado con la lengua
The Great Gordo Gamsby (Australia) arrastró un peso de 132 kg más de 10 m en el London Wonderground (R.U.), el 16 de septiembre de 2012. Gordo empleó un gancho que le atravesaba la lengua para cargar con su glamurosa ayudante, Daniella D'Ville (R.U.), quien iba sentada en un carrito.

Peso levantado con los dedos de los pies
Guy Phillips (R.U.) levantó un peso de 23 kg en Horning, Norfolk (R.U.), el 28 de mayo de 2011. Guy empleó una mancuerna provista de una correa que sólo le permitía emplear sus dedos de los pies para levantarla.

Peso levantado con los omóplatos
Feng Yixi (China) sostuvo entre sus omóplatos un peso de 51,4 kg en el plató de *CCTV Guinness World Records Special*, en Pekín (China), el 8 de diciembre de 2012. De acuerdo con las normas, tuvo que levantarlo del suelo un mínimo de 10 cm y mantenerlo durante cinco segundos.

Vehículo arrastrado con la barba
Sadi Ahmed (Pakistán) ató su barba a un camión de 1.700 kg y lo arrastró 5 m durante el Punjab Youth Festival, celebrado en Lahore (Pakistán), el 21 de octubre de 2012.

El más rápido en sacar cinco clavos con los dientes

El 28 de marzo de 2012, René «Golem» Richter (República Checa/Alemania), un forzudo que ostenta varios récords Guinness, extrajo con los dientes cinco clavos de acero de una tabla de madera en 32,39 s, en el plató de *Lo Show dei Record*. René afirma que no hace nada especial para fortalecer o cuidar su fortísima dentadura. ¡Simplemente tiene la suerte de que sus dientes son así de duros!

EL MÁS RÁPIDO...

Lanzando cinco piedras de Atlas
El 28 de abril de 2011, Travis Ortmayer (EE.UU.) lanzó en Milán (Italia) cinco piedras de Atlas –unas pesas esféricas de 750 kg en total– por encima de un obstáculo de 1,5 m de altura en 15,83 s.

Arrastrando 25 metros un avión
El 21 de abril de 2011, Žydrūnas Savickas (Lituania) arrastró 25 m un avión en 48,97 s en el plató de *Lo Show dei Record*. Para hacerse con el récord, el avión debía pesar más de 10 toneladas, incluyendo el piloto.

DATO:
El coche que Igor arrastró con sus dientes pesaba tanto como 26 hombres adultos de tipo medio, ¡o todos los jugadores de un partido de fútbol más el árbitro y los linieres!

Más peso levantado con ganchos cogidos a los antebrazos

Burnaby Q. Orbax (Canadá), miembro del dúo circense Monsters of Schlock *(ver también la pág. 87)*, levantó un barril metálico de sidra de 14,4 kg y lo sostuvo en alto durante 10 s con unos ganchos para carne que le atravesaban la piel de sus antebrazos. Lo hizo en el London Wonderground (R.U.), el 28 de julio de 2012.

TALENTO EXTREMO
Igor realiza números extremos y acrobacias aéreas en el *Cirque du Soleil*. No en vano, es la figura principal de muchos espectáculos.

El más rápido arrastrando un coche 30 metros con los dientes

El 12 de abril de 2012, la superestrella de las acrobacias Igor Zaripov (Rusia) arrastró con la boca un coche con un pasajero y el depósito lleno (1.645 kg en total) más de 30 m en tan sólo 18,42 s. La hazaña tuvo lugar en Las Vegas (Nevada, EE.UU.).

LEVANTAR Y EMPUJAR

Mayor peso levantado con el cuello: Frank Ciavattone (EE.UU.) levantó con el cuello un peso de 366,5 kg en Walpole (Massachusetts, EE.UU.), el 15 de noviembre de 2005.

Mayor peso levantado con la barba: El 18 de abril de 2012, Antanas Kontrimas (Lituania) levantó en Roma (Italia) a una mujer de 63,5 kg con la barba.

Mayor peso levantado con la lengua: El 1 de agosto de 2008, Thomas Blackthorne (R.U.) levantó un peso de 12,5 kg prendido de un gancho que le atravesaba la lengua.

Mayor peso levantado con las cuencas de los ojos: Manjit Singh (R.U.) levantó 24 kg en Leicester (R.U.), el 15 de noviembre de 2012.

Mayor peso levantado con los pezones: The Great Nippulini, nombre artístico de Sage Werbock (EE.UU.), levantó un peso de 31,9 kg –dos yunques más las cadenas– con los pezones en Hulmeville (Pennsylvania, EE.UU.), el 26 de septiembre de 2009.

Más tiempo sujetando dos avionetas

Tormentas, niebla, rayos… Todo puede retrasar el despegue de un avión. Pues bien, a esa lista cabe añadir un fenómeno más: ¡Chad Netherland! (EE.UU.). El 7 de julio de 2007, Chad impidió el despegue de dos avionetas Cessna que tiraron en direcciones opuestas durante 1 min y 0,6 s en el aeropuerto Richard I. Bong, en Superior (Wisconsin, EE.UU.).

CITA
«Mantengo la motivación marcándome continuamente nuevas metas.»

Reventando una bolsa de agua caliente
El 31 de marzo de 2011, Shaun Jones (R.U.) hinchó una bolsa de agua caliente normal y corriente con sus pulmones hasta que estalló. Lo consiguió en el plató de *Lo Show dei Record*, Milán (Italia) en tan sólo 6,52 s.

MÁS...

Bloques de hormigón apilados rotos de un golpe
Ali Bahçetepe (Turquía) rompió una pila de 36 bloques de hormigón en Muğla (Datça, Turquía), el 18 de marzo de 2012.

Bancos apilados sostenidos con los dientes
El 19 de agosto de 2011, Huang Changzhun (China) mantuvo 17 bancos en equilibrio con los dientes durante 10 s en el plató de *CCTV Guinness World Records Special*, en Pekín (China).

Barras de hierro dobladas en un minuto
Alexander Muromskiy (Rusia) dobló 26 barras de hierro –de 61 cm de largo y 12 mm de grosor cada una– en el Trade Complex Angar Auto de Moscú (Rusia), el 3 de noviembre de 2012.

Bloques de hielo rotos por un ariete humano
J. D. Anderson (EE.UU.) fue usado como ariete humano para romper 13 bloques de hielo con su cabeza de un golpe, en el plató del *Guinness World Records Gone Wild!*, en Los Ángeles (California, EE.UU.), el 3 de julio de 2012.

Guías telefónicas rotas (por el lomo) en dos minutos
El 21 de diciembre de 2010, Cosimo Ferrucci (Italia) rompió 33 guías telefónicas por el lomo en el plató de *Zheng Da Zong Yi - Guinness World Records Special*, en Pekín (China).

Alexander Muromskiy estableció también el impresionante récord de **más guías telefónicas rotas por detrás de la espalda en tres minutos**, cuando destrozó 10 en el centro comercial Global City, en Moscú (Rusia), el 30 de abril de 2011.

Bates de béisbol rotos con la espalda en un minuto
Tomi Lotta (Finlandia) partió 16 bates de béisbol con la espalda en Roma (Italia), el 21 de marzo de 2012. Lotta, un culturista de prestigio internacional, compitió con su colega Ákos Nagy (Hungría) para lograr el récord.

Más tablas de pino rotas de una patada dando una voltereta hacia atrás

En una increíble hazaña física, Huynh Dang Khoa (Alemania) rompió 5 tablas de pino de 2,54 cm de grosor en 1 min en Roma (Italia), el 31 de marzo de 2012.

Más flexiones con un solo dedo en 30 segundos

El 8 de diciembre de 2011, Xie Guizhong (China) demostró que tiene un dedo de acero en Pekín (China), cuando estableció un récord de 41 flexiones con un solo dedo en 30 s.

Las hazañas de Xie con los dedos no se detienen ahí. El 11 de diciembre de 2012, en la ciudad de Shenzhen (China), logró el **mejor tiempo en empujar un coche 50 m con un dedo**. Sólo necesitó 47,7 s para mover el vehículo, que pesaba la friolera de 1.890 kg.

HASTA EL LÍMITE
¡Xie tenía el récord anterior de más flexiones con un solo dedo, pero superó su propia marca, de 25, en una competición con otro atleta chino!

Tren más pesado arrastrado con los dientes: En 2003, Velu Rathakrishnan (Malasia) arrastró en la estación de tren de Kuala Lumpur (Malasia) un tren de 260,8 toneladas con los dientes a lo largo de 4,2 m.

Mayor peso arrastrado por una pareja en 30,5 m: Kevin y Jacob Fast (ambos de Canadá) arrastraron 30,5 m un coche de bomberos de 69.753,43 kg en Coubourg (Canadá), el 18 de junio de 2011.

Menor tiempo en arrastrar 15 m un coche con «latas a modo de ventosas» en las manos: En Roma (Italia), el 4 de abril de 2012, Wei Wei (China) tardó 23 s.

Mayor distancia arrastrando un vehículo cogido con ganchos a la espalda: El 25 de octubre de 2011, Burnaby Q. Orbax (Canadá) arrastró dolorosamente un camión de 4.050 kg a lo largo de 111,7 m. Ocurrió en Vancouver (Canadá).

Vehículo más pesado arrastrado con los dientes: Igor Zaripov (Rusia) arrastró un autobús de dos pisos de 12.360 kg en *Officially Amazing*, en Londres (R.U.), el 15 de octubre de 2012.

SUPERMUJERES

Más peso arrastrado con la lengua

Elaine Davidson (R.U.), la **mujer con más** *piercings* **del mundo** *(ver pág. 47)*, arrastró 113 kg con un garfio de carnicero que le atravesaba la lengua. La carga estaba formada por una plataforma en la que se sentaba una voluntaria, Grizelda August, y la cadena de metal sujeta a la plataforma y a la lengua de Elaine.

El mismo día, Elaine batió el récord del **mayor número de pinchos metálicos en la lengua.** Se insertó 14 de 25 cm de largo y 4 mm de ancho en la lengua.

Las piedras pesaban 80 kg, 105 kg, 120 kg y 135 kg y, según las normas de la competición, debían levantarse una a una por orden de peso.

Más personas levantadas y lanzadas en dos minutos

El 19 de diciembre de 2008, Aneta Florczyk (Polonia) levantó y lanzó a 12 personas en el plató del *Guinness World Records* de Madrid (España). Florczyk superó a la española Irene Gutiérrez, quien lanzó a 10 personas.

El barril de cerveza lanzado a más altura

El 12 de marzo de 2012, en el plató de *Lo Show dei Record* de Roma (Italia), la fortísima Nina Geria (Ucrania) lanzó un barril de cerveza a 3,90 m de altura.

Más tiros libres de baloncesto en un minuto

El 31 de marzo de 2012, la baloncestista profesional Ashley Graham (EE.UU.) encestó 40 canastas de tiro libre en el plató de *Lo Show dei Record* de Roma (Italia). La ayudaron cinco jugadores del equipo de baloncesto romano.

Más peso levantado con el pelo

El 8 de abril de 2011, en el plató de *Lo Show dei Record* en Milán (Italia), Joanna Sawicka (Polonia), más conocida como *Anastasia*, fue elevada cabeza abajo mientras su pelo aguantaba a una persona de 53,4 kg.

Menos tiempo en levantar cuatro piedras de Atlas

El 18 de abril de 2012, Nina Geria (Ucrania) levantó cuatro piedras de Atlas en 24,23 s en Roma (Italia).

Más sentadillas en dos minutos levantando 130 kg

El 4 de abril de 2012, la culturista Maria Catharina Adriana Strik (Países Bajos) realizó 29 sentadillas en 2 min, levantando 130 kg en el plató de *Lo Show dei Record* de Roma (Italia).

4,04
Segundos de diferencia entre la marca de Julia y el actual récord femenino en 100 m de la IAAF.

Los 100 metros más rápidos con tacones

El 13 de julio de 2012, Julia Plecher (Alemania) cruzó la meta en 14,531 s sobre un par de tacones de aguja en el plató del *Guinness World Records: Wir Holen den Rekord nach Deutschland* de Europa Park, Rust (Alemania).

MUJERES MARATONIANAS

La fruta más rápida: El 26 de abril de 2009, Sally Orange (R.U.) registró un tiempo de 4 h, 32 min y 28 s vestida de naranja en el Flora London Marathon (R.U.).

Cadeneta de ganchillo más larga: Susie Hewer (R.U.) hizo una cadeneta de ganchillo de 77,4 m mientras corría el Virgin London Marathon (R.U.), el 25 de abril de 2010.

La heroína más rápida: Disfrazada de Superwoman, Jill Christie (R.U.) corrió el Virgin London Marathon (R.U.) el 25 de abril de 2010 en 3 h, 8 min y 55 s.

La más rápida en uniforme militar: El 22 de noviembre de 2009, Sophie Hilaire (EE.UU.) acabó el maratón de Filadelfia (EE.UU.) en tan sólo 4 h, 54 min y 15 s.

El personaje animado más rápido: El 19 de septiembre de 2010, Larissa Tichon (Australia), vestida de Bob Esponja, completó el Blackmores Sydney Marathon (Australia) en 3 h, 28 min y 26 s.

HAY MÁS HAZAÑAS MARATONIANAS EN LA PÁG. 246

1.352,5
¡Los kilos totales que Nina ha levantado, tirado, caminado y lanzado en sus cinco Guinness World Records!

Más listines telefónicos rotos en tres minutos

El 9 de febrero de 2007, la culturista Tina Shelton (EE.UU.) rasgó 21 listines de teléfono –de 1.028 páginas cada uno– de arriba abajo en la Ranchland Church de Escondido, California (EE.UU.). Batió su anterior récord de 14, establecido en Phelan, California (EE.UU.), en septiembre de 2006.

Menos tiempo en romper 16 bloques de hormigón sobre el cuerpo

El 15 de noviembre de 2012, Asha Rani (India) recibió una buena tunda en el polideportivo Cossington de Leicester, en Leicestershire (R.U.), mientras le rompían con un mazo, uno a uno, los 16 bloques de hormigón que le colocaban sobre el cuerpo

en 53.828 s. ¡Y todo porque era el Día de los Guinness World Records!

Rani también ostenta el récord del **vehículo más pesado remolcado con el pelo.** Ató su cabellera a un autobús de dos pisos de 12.101 kg ¡más de 210 veces su peso! y lo remolcó a lo largo de 17,2 m en Humberstone Gate en Leicester, Leicestershire (R.U.), el 18 de agosto de 2012.

Los 20 metros más rápidos cargando con 120 kg

El 28 de marzo de 2012, Nina Geria (Ucrania), la mujer de acero, recorrió 20 m en 12,33 s tirando de 120 kg. También estableció dos nuevos récords tras recorrer la **mayor distancia llevando un coche en una carretilla (90 m)**, el 31 de marzo de 2012, y resistir el **mayor tiempo aguantando dos pilares de Hércules** (de 220 kg cada uno y dos cadenas de 30 kg) durante 47,72 s; el 12 de abril de 2012. Batió los tres récords en Roma (Italia).

Más distancia en caída libre en paracaídas

Elvira Fomitcheva (URSS) recorrió 14.800 m en caída libre tras saltar en paracaídas en Odessa, Rusia (hoy Ucrania), el 26 de octubre de 1977.

Más tiempo conteniendo la respiración voluntariamente

Tras cuatro meses de entrenamiento e inhalando oxígeno durante 24 min antes de su intento, Karoline Mariechen Meyer de Brasil contuvo la respiración durante 18 min y 32,59 s en la piscina de la Racer Academy de Florianópolis (Brasil), el 10 de julio de 2009.

Más tiempo en una cama de clavos

Geraldine Williams (R.U., hoy *Gray*), alias *Miranda*, Reina de los Faquires, es una de las dos mujeres que actualmente ostenta un Guinness World Records sobre una cama de clavos (la otra es su compatriota británica Daniella D'Ville, *ver pág. 87*). Miranda permaneció tendida durante 30 h en una cama de clavos de 15,2 cm de largo, separados 5 cm entre sí, en Welwyn Garden City, Hertfordshire (R.U.), del 18 al 19 de mayo de 1977.

Más patadas de artes marciales en un minuto (una pierna)

El 5 de mayo de 2011, compitiendo a la vez contra otra rival, Yuka Kobayashi (Japón) completó 273 patadas que la llevaron al éxito en el plató del programa televisivo *100 Beautiful Women Who Have Guinness World Records* en los estudios de televisión de Shiodome Nihon en Tokio (Japón).

La fruta más rápida (medio maratón): El 26 de noviembre de 2011, Joanne Singleton (R.U.) recorrió el Schaumburg Half Marathon Turkey Trot de Schaumburg, Illinois (EE.UU.), vestida de fresa en 1 h, 35 min y 45 s.

El hada más rápida: El 17 de abril de 2011, Emily Foran (R.U.) acabó el Virgin London Marathon (R.U.) en 3 h, 20 min y 52 s.

La botella más rápida: Sarah Hayes (R.U.) completó el MBNA Chester Marathon en Cheshire (R.U.) el 9 de octubre de 2011 en 4 h, 36 min y 19 s.

El personaje de película más rápido: El 25 de abril de 2010, Alisa Vanlint (R.U.) corrió el Virgin London Marathon (R.U.) en 3 h, 53 min y 40 s enfundada en el bikini que vestía la Princesa Leia en *La Guerra de las Galaxias Episodio VI: El Retorno del Jedi*.

El medio maratón más rápido empujando un cochecito: Nancy Schubring (EE.UU.) tardó 1 h, 30 min y 51 s en acabar el Mike May Races Half Marathon de Vassar, Michigan (EE.UU.), el 15 de septiembre de 2001.

HAZAÑAS EN GRUPO

10
Tamaño máximo habitual de un grupo para realizar este baile.

DÍA GWR
NOVIEMBRE DE 2012

El mayor baile de Kaikottikali

Kaikottikali o Thiruvathirakali, es un baile folclórico realizado tradicionalmente por las mujeres de Kerala (India) que se acompaña con canciones y palmas. Lo organizó la Mumbai Pooram Foundation (India) el Día GWR (9 de noviembre de 2012) en Dombivli (norte de Bombay, India). Participaron 2.639 bailarinas.

MAYOR…

Torneo de tirar de la cuerda
El lema del evento («Los ganadores pueden fanfarronear mientras los perdedores se revuelcan en el barro») describe a la perfección la lucha que se celebra anualmente en el Rochester Institute of Technology, donde 1.574 estudiantes participaron en el último torneo organizado por Phi Kappa Psi y Zeta Tau Alpha en Rochester (Nueva York, EE.UU.), el 22 de septiembre de 2012.

Flor humana
Dos mil ciento noventa personas crearon una margarita gigante en un evento organizado por la University Church of England Academy (R.U.), en Ellesmere Port (Cheshire, R.U.), el 9 de noviembre de 2012.

Reunión de niños probeta
El 16 de octubre de 2011, la Infertility Fund R.O.C. (Taichung, Taiwán)

organizó una reunión para 1.232 niños nacidos mediante inseminación artificial.

Torneo de cromos
Cuatro mil trescientos sesenta y cuatro participantes acudieron al 100.º Campeonato *Yu-Gi-Oh!* en el Long Beach California Convention Center (California, EE.UU.), celebrado entre el 23 y el 25 de marzo de 2012.

Más personas apiñadas dentro de un fotomatón

Siete flexibles contorsionistas se metieron en un fotomatón en la estación de King's Cross de Londres (R.U.), el 4 de julio de 2012, en un evento organizado por Photo-Me International (R.U.). El fotomatón medía 192 cm de alto, 75 cm de profundidad y tenía una anchura de tan sólo 150 cm, ¡incluido el espacio reservado para la maquinaria!

La mayor reunión de personas disfrazadas de monja

Tanto los hombres como las mujeres tuvieron que ponerse hábitos para conmemorar el Día de la Monja en el pueblo irlandés de Listowel (County Kerry, Irlanda), el 30 de junio de 2012. El acto se organizó para recaudar fondos para la organización benéfica Pieta House (Irlanda).

GRUPOS DE DISFRACES

Piratas: Roger Crouch y el ayuntamiento de Hastings (R.U.) reunieron a 14.231 piratas en Pelham Beach, Hastings, East Sussex (R.U.), el 22 de julio de 2012.

Zombis: 8.027 muertos bien vivos participaron en el Zombie Pub Crawl en Minneapolis (Minnesota, EE.UU.), el 13 de octubre de 2012.

Pavos: 661 pavos se reunieron en el 44.º Annual Capital One Bank Dallas YMCA Turkey Trot en Dallas (Texas, EE.UU.), el 24 de noviembre de 2011.

Brujas: Pendle Council, Pendleside Hospice y Pendle Witch Walk (todos del R.U.) reunieron a 482 brujas en el Barley Village Green de Barley (Lancashire, R.U.), el 18 de agosto de 2012.

Enfermeras: BBC WM y la organización benéfica Cure Leukaemia (ambas del R.U.) lograron que 201 personas disfrazadas de enfermeras se reunieran en Victoria Square (Birmingham, R.U.), el 21 de febrero de 2012.

MÁS PERSONAS...

CATEGORÍA	PERSONAS	ORGANIZADOR	LUGAR	FECHA
Con una narizota roja	16.092	Credit Union Christmas Pageant	Adelaida (Australia)	12 nov 2011
Cantando y bailando (múltiples lugares)	15.122	Salt and Pepper Entertainment (India)	Karnataka (India)	28 ago 2012
Llevando peluca	12.083	Blatchy's Blues (Australia)	ANZ Stadium, Sídney, (Nueva Gales del Sur, Australia)	13 jun 2012
Corriendo una carrera de relevos	8.509	40.ª Batavierenrace	De Nimega a Enschede (Países Bajos)	28 abr 2012
Desinfectándose las manos	7.675	Saint Gurmeet Ram Rahim Singh Ji Insan y Shah Satnam Ji Green «S» Welfare Force Wing (ambos de India)	SMG Sports Complex, Dera Sacha Sauda Sirsa, Haryana (India)	23 sep 2012
Tocando el arpa de boca	1.344	Nikolay Kychkin (Rusia)	Yakutsk National Circus, Yakutsk República de Sakha (Rusia)	24 jun 2011
Sentadas en una silla (silla humana)	1.311	Onojo City (Japón)	Madoka Park en Onojo (Fukuoka, Japón)	28 oct 2012
Convertidas en un dominó humano de colchones	1.150	Höffner Möbelgesellschaft GmbH & Co. KG (Alemania)	Gründau-Lieblos (Alemania)	12 ago 2012
Abrazando árboles	702	Forestry Commission (R.U.)	Delamere Forest, Cheshire (R.U.)	11 sep 2011
Mirando las estrellas	683	México	Universidad Nacional Autónoma de México (UNAM), Ciudad de México (México)	3 dic 2011
Llevando bigote falso	648	Saint Louis Rams (EE.UU.)	Edward Jones Dome en St. Louis (Missouri, EE.UU.)	16 sep 2012
Recibiendo un masaje	641	Departamento de Salud, Ministerio de Salud Pública	Nonthaburi (Tailandia)	30 ago 2012
Bailando hula-hop	290	Michelle Clinage (EE.UU.)	Allen Elementary School en Hutchinson (Kansas, EE.UU.)	21 may 2012
Bailando el palo de mayo	173	Victory House (R.U.)	Hurst Community College (Hampshire, R.U.)	18 jul 2012

La mayor reunión de personajes de libros de cuentos

Érase una vez… el 17 de febrero de 2012 para ser más exactos. Un récord de 921 alumnos y profesores del colegio San Agustín de Valladolid (España) se disfrazaron de personajes de libros de cuentos. Organizado como parte de la celebración del 50.º aniversario del colegio, en el acto participaron personajes de 57 fábulas e historias diferentes.

Más personas estallando embalaje de burbujas

El 28 de enero de 2013, Sealed Air Corporation y Hawthorne High School (ambos de EE.UU.) reunieron a 366 personas para estallar a la vez burbujas de plástico en Hawthorne (Nueva Jersey, EE.UU.). Hawthorne es la cuna de este tipo de embalaje. El intento formaba parte del Bubble Wrap Appreciation Day, una celebración que creó la Spirit 95 FM Radio Station en 2001.

Más personas apiñadas dentro de un Mini nuevo modelo

El 15 de noviembre de 2012, un equipo de 28 mujeres (todas del R.U.) que se hacía llamar David Lloyd Divas, liderado por Dani Maynard, se apretujó en un Mini Cooper SD 2011, en Londres (R.U.). El mismo día, más tarde, Dani y sus Divas lograron otro récord: **más personas apiñadas en un Mini**, el clásico y más pequeño Mini de la década de 1960. Cupieron 23 en total.

MIRA EL **VÍDEO** CON LA APP GRATUITA

Más árboles plantados simultáneamente

La organización benéfica Love to Live International (India) convocó a miles de voluntarios para plantar 99.103 árboles en algunas de las tierras más inhóspitas de Ladakh (India), el 29 de octubre de 2012.

DÍA GWR NOVIEMBRE DE 2012

¡ATENCIÓN, REALIDAD AUMENTADA! **3D EN ESTA PÁGINA**

Tortugas Ninja: Nickelodeon Universe (EE.UU.) organizó un grupo de 836 tortugas Ninja en el Mall of America de Bloomington (Minnesota, EE.UU.), el 17 de marzo de 2012.

Sombreros de vaquero: 39.013 personas donaron sus sombreros en una reunión organizada por Angels Baseball en el Angel Stadium de Anaheim (California, EE.UU.), el 2 de junio de 2012.

Personajes de Star Trek: 1.040 aficionados a la ciencia ficción se reunieron en la Official Star Trek Convention celebrada en Las Vegas Rio Suites Hotel (Las Vegas, EE.UU.), el 13 de agosto de 2011.

Chefs: 2.847 personas se disfrazaron de chefs, el 4 de enero de 2013, en un evento organizado por el Department of Tourism and Commerce Marketing (Dubái, EAU.).

Personajes de canciones de cuna: 396 niños de Brookmans Park Primary School (R.U.) se disfrazaron de personajes de canciones de cuna en el Village Day 2011, celebrado en Brookmans Park (Hertfordshire, R.U.), el 18 de junio de 2011.

SKATEBOARDING

TABLAS

Los primeros skateboards

No es posible afirmar con exactitud cuándo ni quién inventó el skateboard; las patentes para monopatines con que corrían los primeros aficionados se remontan a principios del siglo xx. A mediados de la década de 1950 muchos skateboarders los fabricaban por su cuenta.

Frank Nasworthy (EE.UU.) desarrolló las **primeras ruedas de poliuretano** en Encinitas (California, EE.UU.) entre 1970 y 1973, un avance sobre las

La película de skateboarding más taquillera

Los amos de Dogtown (EE.UU., 2005), dirigida por Catherine Hardwicke, recaudó 13.411.957 dólares en las taquillas de todo el mundo. Basada en la vida real de los «Z-Boys», un grupo de skaters californianos que revolucionaron el deporte a mitad de la década de 1970, la protagonizaron Emile Hirsch y el fallecido Heath Ledger.

El skatepark más antiguo en funcionamiento

La construcción del Kona Skatepark de Jacksonville (Florida, EE.UU.) comenzó en febrero de 1977 y abrió al público el 4 de junio de 1977. Tras un breve cierre a finales de la década de 1970, el parque reabrió y sigue en funcionamiento bajo la dirección de la familia Ramos.

ruedas de metal duro o arcilla usadas anteriormente. Nasworthy fundó Cadillac Wheels en 1973 para comercializar su invento, lo que condujo a un resurgimiento mundial del skateboarding.

El skateboard más grande

Diseñado y fabricado por Rob Dyrdek y Joe Ciaglia (ambos de EE.UU.) en Los Ángeles (California, EE.UU.) el mayor skateboard medía 11,14 m de largo, 2,63 m de ancho y 1,10 m de alto. Se presentó el 25 de febrero de 2009 en la serie *Rob Dyrdek´s Fantasy Factory* de la cadena MTV. Dyrdek, un experto skater, ostenta 17 Guinness World Records.

Más personas usando el mismo skateboard

En el vídeo musical de la canción «Troublemaker», de Weezer, rodado en Los Ángeles (California, EE.UU.), el 21 de agosto de 2008, 22 personas se subieron a un skate de gran tamaño.

MÁS LARGO...

Trayecto en skateboard

Rob Thomson (Nueva Zelanda) recorrió 12.159 km desde Leysin (Suiza) hasta Shanghái (China), entre el 24 de junio de 2007 y el 28 de septiembre de 2008.

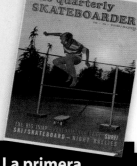

La primera revista de skateboarding

En 1964, durante los primeros días del skating, Surfer Publications (EE.UU.) lanzó *The Quarterly Skateboarder*, pero sólo se publicaron cuatro números. Reapareció en la década de 1970 como *Skateboarder*.

Manual (wheelie)

Jeffrey Nolan (Canadá) realizó un wheelie de 217,1 m en la North Augusta Road de Brockville (Ontario, Canadá), el 13 de junio de 2012.

Manual estático

Hlynur Gunnarsson (Islandia) logró un manual estático que duró 7 min y 59,13 s en un centro comercial de Reykjavik (Islandia), el 2 de octubre de 2011.

El mayor skatepark

Con 13.700 m² de terreno practicable (más que dos campos de fútbol o que 52 pistas de tenis) el SMP Skatepark de Shanghái (China) abrió el 6 de octubre de 2005 y costó 26 millones de dólares, detalle que lo convierte en el **skatepark más caro del mundo.**

El parque alberga el **mayor bowl de hormigón,** conocido como «Mondo Bowl» *(en la imagen),* que abarca una superficie de 1.415 m² (cinco veces más grande que una pista de tenis); así como la **rampa vert más larga del mundo.** Con sus 52 m de longitud, ¡es más larga que una piscina olímpica!

Y QUE CONSTE...

El **primer skatepark de hormigón** fue ScatBoard City, más tarde llamado Skateboard City, que abrió en Port Orange (Florida, EE.UU.) en febrero de 1976. Tenía pistas y bancos de hormigón con pendientes suaves, pero ninguno de los bowls, piscinas y pipes de los skateparks posteriores.

EN LOS X GAMES

Más medallas: Andy Macdonald (EE.UU.) se colgó la primera en 1999 y ha ganado un total de 19 medallas de skateboarding en los X Games.

El atleta más joven: Jagger Eaton (EE.UU., n. 21 de febrero de 2001) debutó en los X Games 18 (28 de junio-1 de julio de 2012) a los 11 años y 129 días de edad.

Más victorias skateboard vert masculinas: Entre 2002 y 2010, Pierre-Luc Gagnon (Canadá) ganó cinco competiciones vert en los X Games.

El salto más largo: En los X Games 10, Danny Way (EE.UU.) realizó un 360 air de 24 m desde una mega rampa, el 8 de agosto de 2004.

Más ollies 180 en un minuto: Gray Mesa (EE.UU.) realizó 17 ollies 180 en un minuto en los X Games 16, el 30 de julio de 2010.

280.000 DÓLARES
Coste de la «mega rampa».

La rampa más grande

En 2006, el skater profesional Bob Burnquist (EE.UU.) construyó una mega rampa en su casa, cerca de San Diego (California, EE.UU.). Medía 23 m de alto y tenía una sección de lanzamiento de 55 m de largo y un quarter pipe de 9 m. ¡La rampa permite a los skaters alcanzar velocidades de 88 km/h y lanzarse 6 m o más sobre el quarter pipe!

One-wheel manual

El wheelie más largo con una rueda en una superficie plana es de 68,54 m. Lo logró Stefan Åkesson (Suecia) en el centro comercial Gallerian de Estocolmo (Suecia), el 2 de noviembre de 2007.

Handstand

El handstand más largo lo realizó Sam Tartamella (EE.UU.), que recorrió 687,33 m en la Nakoma Road de Madison (Wisconsin, EE.UU.), el 21 de julio de 1996.

MÁS RÁPIDO...

Velocidad (de pie)

Mischo Erban (Canadá) alcanzó la astronómica velocidad de 129,94 km/h en Les Éboulements (Quebec, Canadá), el 18 de junio de 2012.

Velocidad (remolcado)

La mayor velocidad de un skateboard remolcado es 150 km/h y la alcanzó Steffen Eliassen (Noruega) en el circuito Rudskogen de Rakkestad (Noruega), el 24 de agosto de 2012. Eliassen fue remolcado a la velocidad récord por un Tesla Roadster Sport que conducía Øystein Westlie.

50 MILLONES
Número aproximado de skateboarders en todo el mundo.

El mayor full pipe en un skatepark

El Louisville Extreme Park de Kentucky (EE.UU.), alberga el mayor full pipe, que mide 7,3 m de diámetro. El parque, que está hecho de hormigón, tiene 3.715 m² de superficie exterior para practicar el skate y abrió al público el 5 de abril de 2002.

El primer...

Ollie: El ollie, en el que el skateboarder hace que la tabla salte al aire sin usar las manos, fue inventado por Alan Gelfand (EE.UU.), quien lo realizó por primera vez en Florida (EE.UU.) en 1977. En la imagen, Gelfand aparece saltando por los aires en Gainesville (Florida, EE.UU.), en julio de 1979.

Ollie imposible: Es un truco muy complejo, en el que se combina un ollie con un giro vertical de 360° de la tabla alrededor del pie delantero o trasero del skater. Rodney Mullen (EE.UU.) lo realizó por primera vez en 1982. Mullen es uno de los skateboarders callejeros más influyentes.

900: Tony Hawk (EE.UU.) se convirtió en la primera persona en lograr dos giros y medio de 360° en el aire en los X Games, celebrados el 27 de junio de 1999. Lo logró en su 11.º intento en la competición Best Trick.

1080: Un mes antes de convertirse en el **medallista de oro más joven de los X Games (hombre)** a los 12 años y 229 días de edad, Tom Schaar (EE.UU., *derecha*), realizó los primeros tres giros de skateboard en el aire. Logró esta épica hazaña en una mega rampa de Tehachapi (California, EE.UU.), el 26 de marzo de 2012.

Eslalon de 50 conos

El menor tiempo en hacer un eslalon de 50 conos con un skateboard es 10,02 s y lo logró Jānis Kuzmins (Letonia) en el Nike Riga Run de Mežaparks (Riga, Letonia), el 28 de agosto de 2011.

Kuzmins también ostenta el récord al **eslalon de 100 conos más rápido**, logrado en 20,77 s en el mismo parque, el 12 de septiembre de 2010. Cada cono estaba separado a una distancia de 1,6 m.

Más ollies en un minuto: Jacob Halpin (EE.UU.) realizó 51 ollies en los X Games 18, celebrados el 30 de junio de 2012.

Más axle stalls en un minuto: El 1 de agosto de 2010, Annika Vrklan (EE.UU.) logró 31 axle stalls en un minuto en los X Games 16.

Más victorias skateboard vert femeninas: Lyn-Z Adams Hawkins (EE.UU.) logró un total de tres victorias en los X Games entre 2004 y 2009.

El competidor de skateboard de más edad: Steve Alba (EE.UU.) compitió en el evento Park Legends de los X Games 2010 a los 47 años y 176 días de edad.

Los 100 m más rápidos realizados por un perro: El bulldog inglés *Tillman* recorrió 100 m en 19,678 s durante su visita a los X Games XV, el 30 de julio de 2009.

OBJETIVOS TRIVIALES

El mayor número de conos golpeados con discos voladores en un minuto

Brodie Smith (EE.UU.), el prodigio del disco volador, golpeó ocho conos con discos voladores en un minuto para *Lo Show dei Record* celebrado en Roma (Italia), el 31 de marzo de 2012. Los conos estaban colocados a 10 m de Brodie y a 1 m por encima del suelo.

CITA
«Mis fans me dan la motivación para esforzarme, ir más allá... ¡Y hacer locuras!»
Brodie Smith

EL MAYOR NÚMERO DE...

Globos inflados con la nariz en una hora

El 7 de agosto de 2012, Ashrita Furman (EE.UU.) infló 328 globos con la nariz en una hora, en Nueva York (EE.UU.).

Fichas de dominó apiladas en una pirámide 3D

Sinners Domino Production (Alemania) apiló 13.486 fichas de dominó en una pirámide 3D, erigida en el Wolfgang-Ernst-Gymnasium de Büdingen (Alemania), el 6 de julio de 2012.

Anillas de latas de bebida arrancadas con los dientes en un minuto

Ryan Stock (Canadá) arrancó 11 anillas de latas de bebida en 1 min, en el plató del *Guinness World Records Gone Wild!* en Los Ángeles (California, EE.UU.), el 2 de julio de 2012.

El lanzamiento más alto de un naipe

Jordan Barker (R.U.) lanzó un naipe a 13,1 m de altura en el plató de *Officially Amazing* (CBBC/Lion TV) en Tunbridge Wells (R.U.), el 5 de noviembre de 2012.

La distancia más larga que se ha lanzado con el pie una chancla

Phillip Conroy (R.U.) lanzó una chancla con el pie a 33,9 m en el Hotel Orquídea de Gran Canaria (España), el 10 de junio de 2012.

El mayor número de cucharas en equilibrio sobre el cuerpo

Eitibar Elchiev (Georgia) mantuvo 52 cucharas sobre su cuerpo estando de pie en el plató del *Guinness World Records Special* de la CCTV, en Pekín (China), el 7 de diciembre de 2012. Atribuye su éxito a su singular y «pegajosa» transpiración. ¡Excelente!

UN HOMBRE HONRADO
Eitibar nos contó que en su récord anterior se computaron, erróneamente, 55 cucharas; deberían haber sido 51. ¡Gracias!

507 MILLONES
(Más o menos...) De notas adhesivas se necesitarían para rodear la Tierra.

El mayor número de notas adhesivas en el cuerpo

Sarah Greasley (R.U.) mantuvo 454 notas adhesivas en su cuerpo simultáneamente en el Magdalene College de Cambridge (R.U.), el 17 de junio de 2011. Unas cuantas notas salieron volando debido a que el día resultó bastante ventoso.

EN UN MINUTO

El mayor número de zapatos colocados por pares: 11, por Ercan Metin (Turquía), el 12 de febrero de 2010. Igualado por Ozgur Tasan (Turquía), el 26 de marzo de 2010.

El mayor número de pinzas prendidas en la cara: 51, por Silvio Sabba (Italia), el 27 de diciembre de 2012.

El mayor número de huevos rotos con la cabeza: 142, por Scott Damerow (EE.UU.), el 7 de julio de 2012.

El mayor número de clavos clavados a mano: 31. Lo hizo Boguslaw Bialek (España), el 8 de octubre de 2012.

El mayor número de camisetas plegadas: 23, por Graeme J. Cruden (R.U.), el 3 de marzo de 2009.

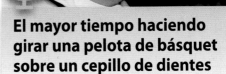
0,38 S
Tiempo que tarda en cerrarse una trampa para ratones, como la «Little Nipper».

World Records– lanzó 29 cañones de serpentina en 30 s, en Londres (R.U.). *Para el récord en un minuto, ver la pág. 94.*

EL TIEMPO MÁS RÁPIDO EN...

Preparar un tablero de ajedrez

Mehak Gul (Pakistán) preparó un tablero de ajedrez en 45,48 s durante el Punjab Youth Festival en el Expo Centre Lahore (Pakistán), el 21 de octubre de 2012.

Construir una pirámide de cinco pisos con fichas de dominó

Es de 18,4 s y lo consiguió Silvio Sabba (Italia) en Pioltello (Italia), el 11 de diciembre de 2012.

Construir una pirámide de cartas de tres pisos

Es de 6,8 s y lo consiguió el batidor de récords en serie Silvio Sabba (Italia), en Pioltello (Italia), el 26 de junio de 2012.

Pegar una persona a la pared con cinta de embalar

Ashrita Furman pegó a la pared con cinta de embalar a Alec Wilkinson (ambos de EE.UU.) en 32,85 s en Nueva York (EE.UU.), el 2 de octubre de 2012. Permaneció pegado a la pared durante 1 min, según las directrices para batir el récord.

Cablear un enchufe

Mian Nouman Anjum (Pakistán) cableó un enchufe en sólo 35,93 s en Lahore (Pakistán), el 21 de octubre de 2012.

El mayor número de trampas para ratones activadas con la lengua en 1 min

El duro canadiense Sweet Pepper Klopek activó 47 trampas para ratones en su lengua en 60 s, en Los Ángeles (California, EE.UU.), el 7 de julio de 2012. El récord femenino lo ostenta Painproof Princess, nombre artístico de Zoe Ellis (Australia, *abajo*), con 24 trampas, en Londres (R.U.), el 28 de septiembre de 2012. ¡Ay!

un récord al sostener 27 pelotas de golf con una mano.

Abrazos dados por una persona en una hora

La poseedora de múltiples récords, Jayasimha Ravirala (India) dio 2.436 abrazos en una hora, en Tekkali (India), el 29 de septiembre de 2012.

Pelotas de golf sostenidas con una mano

El 16 de octubre de 2012, Silvio Sabba (Italia) visitó la página web del Guinness World Records Challengers y estableció

Cañones de serpentina lanzados en 30 segundos

El 19 de octubre de 2012, Alfie Deyes (R.U.) –una de las estrellas de GWR OMG!, el canal de YouTube del Guinness

El mayor tiempo haciendo girar una pelota de básquet sobre un cepillo de dientes

Lo consiguió Michael Kopp (Alemania) sobre la punta de un cepillo de dientes durante 26,078 s en Fliegende Bauten, en Hamburgo (Alemania), el 14 de noviembre de 2012, para celebrar el Guinness World Records Day.

El mayor número de palillos en una barba

El mayor número de palillos colocados en una barba es de 3.107 por Ed Cahill (Irlanda) en el *Ray D'Arcy Show* de Today FM (Irlanda), el 28 de septiembre de 2012. Ed necesitó casi tres horas para completar la tarea sin ninguna ayuda.

14
Centímetros por año: el índice al cual crece una barba masculina.

Más tiempo en contacto con la nieve desnudo

Jin Songhao (China) pasó la friolera de 46 min y 7 s en contacto con la nieve, en A'ershan, en la Región Autónoma de Mongolia Interior (China), el 17 de enero de 2011.

PARA RÉCORDS CON CLIMAS EXTREMOS, VER LA PÁG. 22

El mayor número de monedas apiladas en una torre: 40, por Abdullah Alasaad (Jordania), el 3 de marzo de 2012.

El mayor número de calzoncillos puestos: 36, por Sheena Reyes (Australia), el 28 de julio de 2011.

La torre de tazas de café más alta: 209,9 cm, obra de Silvio Sabba (Italia), el 29 de mayo de 2012.

El mayor número de calcetines aparejados con un pie: 11 pares, por Yui Okada (Japón), el 3 de junio de 2012.

El mayor número de gomas elásticas colocadas en la cara: 82, por Shripad Krishnarao Vaidya (India), el 19 de julio de 2012.

EQUILIBRISMOS

364
Guinness World Records obtenidos por Ashrita durante los últimos 25 años.

Y QUE CONSTE...

El destacado plusmarquista Ashrita Furman (EE.UU.) es el rey del equilibrio. Actualmente posee nada menos que 24 récords relacionados con el equilibrio. Ha sostenido desde tacos de billar y bates de béisbol hasta libros, huevos, cajas de puros o motosierras. *Ver más abajo.*

Más distancia con un balón de fútbol en equilibrio sobre la cabeza

Abdul Halim (Bangladesh) recorrió a pie 15,2 km con un balón de fútbol sobre la cabeza en el Bangabandhu National Stadium de Daca (Bangladesh), el 22 de octubre de 2011.

SANGRE FRÍA
Jacopo tenía sólo 18 años cuando batió el récord y se mostró increíblemente tranquilo mientras mantenía esta postura tan forzada.

Más tiempo con las piernas extendidas entre dos objetos

Jacopo Forza (Italia) pasó 3 min y 48 s con las piernas extendidas entre dos coches para *Lo Show dei Record* en Roma (Italia), el 28 de marzo de 2012. En esta posición, las piernas se extienden a izquierda y derecha del tronco hasta formar un ángulo de 180°.

LOS MÁS PESADOS...

Coche en equilibrio sobre la cabeza

John Evans (R.U.) sostuvo sobre la cabeza un Mini de 159,6 kg (se vació el interior) durante 33 s, en Londres (R.U.) el 24 de mayo de 1999.

Peso en equilibrio sobre los pies

Guo Shuyan (China) mantuvo en equilibrio sobre los pies una gran urna de hierro colado llena de sacos de arena y a una persona –356 kg en total– en el plató del *Guinness World Records Special* emitido por CCTV desde Pekín (China) el 5 de diciembre de 2012.

Peso en equilibrio sobre los dientes

Frank Simon (EE.UU.) mantuvo una nevera de 63,5 kg en equilibrio sobre los dientes durante 10 s en Roma (Italia), el 17 de mayo de 2007. También batió el récord de **más tiempo con un neumático en equilibrio sobre los dientes**: 31 s, fijado en Pekín (China) el 21 de junio de 2009. Una condición del récord era que el neumático pesara como mínimo 50 kg.

MÁS TIEMPO...

En equilibrio sobre una bicicleta a gran altura

Xavier Casas Blanch (Andorra) pasó 4 h y 2 min en equilibrio sobre su bicicleta en la cúpula del Hesperia Tower Hotel, a 107 m sobre el nivel de la calle, en Barcelona (España), el 29 de septiembre de 2011.

Sobre dos ruedas en una silla de ruedas manual

El atleta extremo en silla de ruedas Aaron «Wheelz» Fotheringham (EE.UU.), mantuvo una silla sobre las ruedas laterales durante 18,22 s, en Roma (Italia) el 12 de abril de 2012.

DATO:

La palabra *equilibrio* procede de la voz latina *aequilibrium*, formada por *aequi* («igual») y *librium* («peso»), en referencia a la balanza con pesos iguales a cada lado.

Más piruetas en punta sobre la cabeza

Wu Zhengdan y su esposa Wei Baohua (ambos de China), de la Guangdong Acrobatic Troupe, ejecutaron cuatro piruetas consecutivas con Wei sobre la cabeza de Wu, en Roma (Italia) el 28 de marzo de 2012. Wu lleva un gorro con una pequeña ranura en la que su esposa introduce la punta de la zapatilla.

MÁS...

Bicicletas en equilibrio sobre la barbilla

El 8 de diciembre de 2011, en Pekín (China), Sun Chaoyang (China) mantuvo sobre la barbilla tres bicicletas de montaña para adultos durante 30 s.

Monedas en equilibrio sobre la cara (1 minuto)

El 9 de octubre de 2012, el plusmarquista Silvio Sabba (Italia) sostuvo 48 monedas sobre la cara sin que se movieran durante 1 min, en Pioltello (Italia).

Huevos en equilibrio por un grupo

Según una creencia popular de Taiwán, cualquiera que pueda mantener un huevo en equilibrio vertical sobre una mesa o en el suelo el día de la fiesta del Barco del Dragón gozará de un año de buena suerte. En un acto celebrado el día de la fiesta (23 de junio de 2012) en Hsinchu, 4.247 personas consiguieron realizar tan prometedora proeza.

Más tiempo con una motosierra en equilibrio sobre la barbilla

El 12 de noviembre de 2012, el plusmarquista Ashrita Furman (EE.UU.) mantuvo una motosierra en equilibrio sobre la barbilla durante 1 min y 25,01 s, en el Sri Chinmoy Center de la ciudad de Nueva York (EE.UU.).

LOS EQUILIBRIOS DE ASHRITA

Bates de béisbol: 14,48 km recorridos a pie con un bate en equilibrio sobre el dedo, en Bali (Indonesia) el 7 de febrero de 2011.

Libros: 32,18 km recorridos a pie con un libro en equilibrio sobre la cabeza, en Bali (Indonesia) el 29 de enero de 2011.

Escalera: 2 min y 50 s con una escalera en equilibrio sobre la barbilla, en la ciudad de Nueva York (EE.UU.) el 2 de octubre de 2012.

Cajas de puros: 223 cajas en equilibrio sobre la barbilla, en la ciudad de Nueva York (EE.UU.) el 12 de noviembre de 2006.

Huevos: 1 min y 15,72 s con una docena de huevos en equilibrio sobre el suelo de una cocina, en la ciudad de Nueva York (EE.UU.) el 3 de abril de 2012.

Más volteretas sobre una barra fija en 1 minuto

Dos gimnastas de talento han entrado con honores en los libros de récords con la asombrosa marca de 20 volteretas hacia atrás sobre una barra fija en 1 min. El 28 de marzo de 2012, Giulia Bencini (Italia), que aparece aquí con 11 años de edad, realizó la hazaña en Roma (Italia) e igualó el récord establecido por Emilie Schutt (Francia) en el plató de *L'Été De Tous Les Records*, en Soulac-sur-Mer (Francia), el 16 de agosto de 2005.

PIONERA
En 1964, la gimnasta alemana Erika Zuchold se convirtió en la **primera mujer que ejecutaba una voltereta hacia atrás sobre una barra fija.**

Escalones subidos con una persona en equilibrio sobre la cabeza

Qiaoling Yang subió 25 escalones mientras mantenía en equilibrio a Qiao Deng (ambas de China) sobre la cabeza, en el plató de *Zheng Da Zong Yi: Guinness World Records Special* en Pekín (China), el 18 de diciembre de 2010.

Copas de vino en equilibrio sobre la barbilla

Sun Chao Yang (China) mantuvo en equilibrio sobre la barbilla una pila de 133 copas de vino, en el plató del *Guinness World Records Special* de la CCTV, en Pekín (China) el 4 de diciembre de 2012.

La increíble proeza equilibrista de Sun supera el récord actual de **más copas de vino en una mano,** establecido en 39 por Reymond Adina (Filipinas), en el restaurante Els Quatre Gats de Barcelona (España) el 24 de octubre de 2007.

Rotaciones de piernas haciendo hula-hop en posición de arabesco (1 minuto)

El arabesco consiste en permanecer en pie sobre una pierna y estirar la otra hasta formar un ángulo de 90º. Rashmi Niranjan Joshi (India) mantuvo dicha posición mientras hacía girar el aro 104 veces sobre la pierna extendida, en el plató de *Guinness World Records: Ab India Todega* en Mumbai (India), el 15 de marzo de 2011.

Sombreros en equilibrio sobre la cabeza (1 minuto)

El 16 de septiembre de 2012, Melanie Devoy (R.U.) mantuvo 53 sombreros en equilibrio sobre la cabeza durante 1 min, en el Hotel Orquídea de Gran Canaria (España).

Paraguas abiertos en equilibrio simultáneo sobre el cuerpo

Liu Lina (China) mantuvo en equilibrio nueve paraguas abiertos en el plató de *Lo Show dei Record* en Milán (Italia), el 28 de abril de 2011. Tumbada en el suelo, Liu sostenía cuatro sobre un pie, tres sobre el otro y uno en cada mano.

31
Récord de **más flexiones sobre cuatro pelotas suizas en 1 min**, batido por Neil en agosto de 2011.

9,6
Distancia en metros recorrida por Chelsea caminando sobre botellas.

Más rapidez saltando entre pelotas suizas

Neil Whyte (Australia) saltó entre 10 pelotas suizas, sin caerse, en 8,31 s en Roma (Italia), el 13 de abril de 2012. Neil había batido también el récord del **salto más largo entre dos pelotas suizas** al salvar una distancia de 2,3 m en 2006.

Distancia caminando sobre más botellas de cristal verticales

Chelsea McGuffin (Australia) caminó sobre los golletes de 51 botellas de champán abiertas y vacías, el 20 de septiembre de 2012 en el Spiegeltent («tienda de los espejos») del London Wonderground de Londres (R.U.). Las botellas carecían de puntos de apoyo y estaban en posición vertical y Chelsea calzó zapatillas de *ballet* durante el intento.

Cortacésped: Un cortacésped sobre la barbilla durante 4 min y 12 s, en la ciudad de Nueva York (EE.UU.) el 20 de octubre de 2012.

Botella de leche: Recorrer 1,6 km en 13 min y 37,35 s haciendo el hula-hop con una botella de leche en equilibrio en la cabeza, en Nueva York (EE.UU.) el 11 de marzo de 2012.

Cajas de leche: 17 cajas, con un peso total de 42,4 kg, en equilibrio sobre la cabeza durante 11,23 s, en la ciudad de Nueva York (EE.UU.) el 16 de junio de 2006.

Taco de billar: 4 h y 7 min con un taco de billar en equilibrio sobre un dedo, en la ciudad de Nueva York (EE.UU.) el 18 de noviembre de 2009.

Vasos de una pinta: 81 vasos de cerveza de una pinta en equilibrio durante 12,10 s en el patio de su casa, en la ciudad de Nueva York (EE.UU.) el 12 de agosto de 2007.

ARTES ESCÉNICAS

15
Edad a la que Imaan empezó su carrera de monologuista.

MONÓLOGOS

Más entradas vendidas

El monologuista Peter Kay (R.U.) vendió 1.140.798 entradas de su *Tour That Doesn't Tour Tour*, en cartelera entre el 23 de febrero de 2010 y el 25 de noviembre de 2011. La gira por el R.U. e Irlanda recaudó 39,8 millones de libras, con una media de 274.929 libras (426.855 dólares) por actuación.

La **gira de monólogos que más recaudó por espectáculo** fue *Showtime*, de Michael McIntyre. En 2012 recaudó 20,96 millones de libras en 73 espectáculos, con un promedio de 287.123 libras (463.798 dólares) por actuación.

La actuación más larga

El monólogo más largo interpretado por una persona duró 40 h y lo realizó

13
Miembros actuales: un técnico de sonido, otro de vídeo y 11 concertistas.

Más conciertos de una orquesta vegetal

The Vegetable Orchestra (Austria) actúa con instrumentos construidos únicamente con verduras frescas. Entre abril de 1998 y septiembre de 2012, dieron un total de 77 conciertos en salas de todo el mundo. El conjunto utiliza una amplia gama de verduras para producir sus sonidos únicos, entre los que se incluyen los creados por flautas hechas de zanahoria y percusiones producidas con calabazas.

El monologuista más bajo

El monologuista más bajo es Imaan Hadchiti (Líbano/Australia). Este pequeño gran humorista, de 102,5 cm, inició su andadura por el circuito cómico australiano y británico en 2005.

Más globos gigantes introducidos y explotados en dos minutos

Paolo Scannavino (Italia) se introdujo en el interior de 11 globos gigantes en dos minutos y los estalló, en el plató de *Lo Show dei Record* en Roma (Italia), el 31 de marzo de 2012. Paolo es un actor de circo italiano.

EL PRÍNCIPE DE LOS PAYASOS
Paolo no sólo es payaso profesional, sino que también hace malabares con fuego y equilibrios acrobáticos con pesos.

Bob Marley (EE.UU.) en el Comedy Connection de Portland (Maine, EE.UU.), del 22 al 23 de septiembre de 2010.
El espectáculo de monólogos continuo más largo interpretado por múltiples comediantes duró 80 h y lo logró Laugh Factory (EE.UU.) en su club de Hollywood (California, EE.UU.), entre el 6 y el 9 de diciembre de 2010.

La actuación a mayor altura

El 12 de marzo de 2011, el comediante irlandés Dara Ó Briain y los británicos Jack Whitehall y Jon Richardson interpretaron sus monólogos a bordo del *Flying Start* de British Airways a 10.668 m de altitud. El *Smile High Show* recaudó 160.000 dólares destinados a obras benéficas.

El espectáculo de comedia más tiempo en cartelera (con el mismo reparto)

Comedy to Go, de Comedy Store Players (R.U.) comenzó a representarse en 1985 y, 27 años después, sigue teniendo el mismo reparto: Paul Merton (alias Paul Martin), Neil Mullarkey, Josie Lawrence y Richard Vranch (todos del R.U.). El teatro también sigue siendo el mismo: The Comedy Store, en el centro de Londres (R.U.).

TEATRO

La mayor recaudación en una sola semana en Broadway

Wicked, la precuela musical de *El Mago de Oz*, recaudó 2.947.172 dólares en Broadway durante nueve representaciones que tuvieron lugar en la última semana de diciembre de 2012.

Más tiempo en el mismo espectáculo del West End

David Raven (R.U.) interpretó al Mayor Metcalf en *La Ratonera*, de Agatha

PARA MÁS ESPECTÁCULOS, VER PÁGS. 196-217

LOS MAYORES CONJUNTOS

Acordeones: 1.137 en el festival Panonika Harmonika 2011, celebrado en Cerklje ob Krki (Eslovenia), el 8 de agosto de 2011.

Gaitas: 333 gimiendo al unísono con la Art of Living Foundation en el Palacio Nacional de Cultura de Sofía (Bulgaria), el 16 de mayo de 2012.

Flautas: 3.742, en un evento organizado por el comité ejecutivo Tsugaru Yokobue Guinness en el castillo Hirosaki (Aomori, Japón), el 31 de julio de 2011.

Mandolinas: 414, organizado por Michael Marakomichelakis (Grecia) en Heraklion (Creta, Grecia), el 5 de septiembre de 2012.

Sierras musicales: 53, dispuestas por Natalia Paruz, también conocida como «Saw Lady», (EE.UU.) en la Trinity Church de Astoria (Nueva York, EE.UU.), el 18 de julio de 2009.

5
Edad a la que Ethan empezó a componer su propia música.

Más premios Laurence Olivier

Matilda the Musical ganó siete Oliviers en 2012: Mejor Musical Nuevo, recogido por el escritor Dennis Kelly (R.U.) y el compositor y letrista Tim Minchin (Australia); Mejor Actriz de Musical, compartido por las cuatro chicas que interpretan a Matilda: Cleo Demetriou (Chipre), Eleanor Worthington-Cox, Kerry Ingram y Sophia Kiely (todas del R.U); Mejor Actor, Bertie Carvel, travestido para su papel de directora de colegio; Mejor Ambientación, Rob Howell; Mejor Coreógrafo de Teatro, Peter Darling; Mejor Diseño de Sonido, Simon Baker; y Mejor Director, Matthew Warchus (todos del R.U.).

El músico más joven en encabezar una gira en solitario

Ethan Bortnick (EE.UU., nacido el 24 de diciembre de 2000) encabezó el concierto realizado en el Wentz Concert Hall de Naperville (Illinois, EE.UU.), el 3 de octubre de 2010, a los 9 años, 9 meses y 9 días de edad, como parte de su gira. El joven genio comenzó a los 3 años y ha actuado en el show de TV de Oprah Winfrey.

Christie, en 4.575 ocasiones entre 1957 y 1968. (A 25 de noviembre de 2012, se habían realizado un total de 25.007 representaciones continuas de la obra, el **mayor número de representaciones teatrales** de la historia.)

La carrera teatral más larga

Hanna Maron (Israel) nació en 1923 y comenzó a hacer teatro a los cuatro años de edad; hoy en día sigue actuando, casi 85 años después.

La producción teatral más rápida

Youth Theatre Performerz en

asociación con MRL Productions (ambos del R.U.) montaron el musical *Our House*, de Tim Firth –quien se encargó de toda la producción, incluidas las audiciones, las sesiones de coreografía, la planificación, los ensayos, el diseño de escenario y luces, y la creación de vestuario y decorados– en tan sólo 22 h, en el Princes Theatre de Clacton-on-Sea (Essex, R.U.), del 31 de marzo al 1 de abril de 2012.

DANZA

Mayor distancia bailando la conga

Catorce miembros del personal de las tiendas Tesco de Salford y Stretford

(R.U.) bailaron durante 5,487 km en Old Trafford (Manchester, R.U.), el 2 de diciembre de 2012.

La fila más larga de bailarines

Una fila de 2.569 bailarines organizada por la asociación benéfica Walkway Over the Hudson bailó el *Hokey Pokey* en Poughkeepsie (Nueva York, EE.UU.), el 9 de junio de 2012.

Más pasos 1-2-3 de danza irlandesa en 30 segundos

Ben Carolan (Irlanda) marcó 43 pasos de danza irlandesa conocidos como 1-2-3 en 30 s en el plató de *Elev8*

(RTÉ; Dublín, Irlanda), el 3 de agosto de 2012. El salto de tres pasos es un elemento fundamental de la danza tradicional irlandesa.

Menos tiempo en recorrer 20 m bailando el moonwalk

Ashiq Baluch (R.U., *en la imagen*) dejó pasmados a sus competidores, cinco imitadores de Michael Jackson, al recorrer 20 m en 7,81 s bailando el moonwalk en el plató de *Lo Show dei Record* Roma (Italia), el 4 de abril de 2012. Tres participantes fueron descalificados por desviarse de la técnica de Jacko.

TOCANDO EL CIELO CON LAS MANOS

El **menor tiempo en recorrer 100 m bailando el moonwalk** es 32,06 s. Lo logró Luo Lantu (China) en Pekín (China) el 8 de diciembre de 2010.

Saxofones: 1.432, en un evento en Houli House Farm en Taichung (Taiwán), el 7 de agosto de 2011.

Melódicas: 664, por la escuela de primaria Adile Altinbas (Turquía) en el estadio Nizip (Gaziantep, Turquía), el 23 de abril de 2011.

Ukeleles: 2.134, durante el Ukulele Picnic organizado por Leiland Grow Inc. (Japón) en Yokohama Red Brick Warehouse en Yokohama (Kanagawa, Japón), el 28 de julio de 2012.

Triángulos: 574, tintineando juntos con Cambridgeshire Music (R.U.) en Godmanchester (R.U.), el 13 de mayo de 2012.

Tubas: 502, logrado por TubaChristmas (EE.UU.) en Anaheim (California, EE.UU.), el 21 de diciembre de 2007.

Barack Obama
@BarackObama

Four more years.
pic.twitter.com/bAJE6Vom

200,936   63,786
RETWEETS   FAVORITES

12:16 PM · 7 Nov 12 · Embed this Tweet

El mensaje de las redes sociales con mayor difusión en 24 horas

El 7 de noviembre de 2012, Barack Obama (EE.UU.), al ganar las elecciones, escribió en Twitter «Four more years» («Cuatro años más») y acompañó el texto con una foto suya abrazando a su mujer, Michelle. En las 24 horas posteriores a su publicación, el mensaje fue retuiteado 771.635 veces.

LAS MAYORES EMPRESAS

Las empresas más importantes según su valor de mercado

En abril de 2013, Apple era la empresa con mayor valor en un mundo de los negocios que no ha crecido como se esperaba en los últimos 12 meses. Los bancos y las compañías petrolíferas encabezan los sectores más rentables.

Las siguientes cifras se basan en la lista Global 2000 que la revista *Forbes* elabora cada mes de abril a partir de una encuesta en las 2.000 empresas de mayor éxito del mundo. Se recogen las principales compañías de diversos sectores, clasificadas por su valor de mercado. Pero ¿por qué concentrarse sólo en esta variable? Los datos basados sólo en la facturación minusvaloran el verdadero tamaño del sector bancario; hablar del número de empleados puede dar una falsa idea de la implantación de algunas empresas, y los beneficios, como saben los expertos en finanzas, pueden «desaparecer» al realizar la declaración de la renta, por eso no son un indicador fiable de la salud de una empresa.

El valor de mercado (también llamado «capitalización de mercado») es la cotización de una empresa multiplicada por el número de acciones emitidas. Es decir, esta cifra es el valor que los inversores atribuyen a una empresa.

Walmart (EE.UU.)
Cadena de supermercados
Valor de mercado: 242.500 millones de dólares
Posición: 7
Walmart (fundada en 1962) es el **mayor minorista** *(ver pág. 147)*. Sus 8.500 almacenes y grandes superficies están presentes en 15 países. En el R.U. se llaman Asda; en Japón, Seiyu; y en India, Best Price.

Caterpillar, alias CAT (EE.UU.)
Maquinaria pesada
Valor de mercado: 58.200 millones de dólares
Posición: 97
Caterpillar nació en 1925 a raíz de la fusión entre la Holt Manufacturing Company, que empezó produciendo tractores de cadenas a principios del siglo XX, y su rival C. L. Best Tractor Company.

469.160 MILLONES DE DÓLARES
Las ventas de Walmart en 2012. (Ver pág. 147.)

Coca-Cola (EE.UU.)
Bebidas
Valor de mercado: 173.100 millones de dólares
Posición: 26
Coca-Cola lleva apagando nuestra sed desde 1886 y hoy abarca conocidas marcas de refrescos como Fanta, Sprite, Schweppes, Dr. Pepper, Kia-Ora, Lilt, Coca-Cola y Coca-Cola Light.

Comcast (EE.UU.)
Comunicaciones
Valor de mercado: 106.300 millones de dólares
Posición: 53
Fundada en 1963, proporciona servicios de TV por cable, Internet de banda ancha, teléfono e incluso de seguridad en el hogar.

Procter & Gamble (EE.UU.)
Droguería e higiene personal
Valor de mercado: 208.500 millones de dólares
Posición: 16
Fundada en 1837, entre sus productos están Head & Shoulders, Braun, BOSS, Daz, Ariel, Duracell, Dreft, Bold y Pampers.

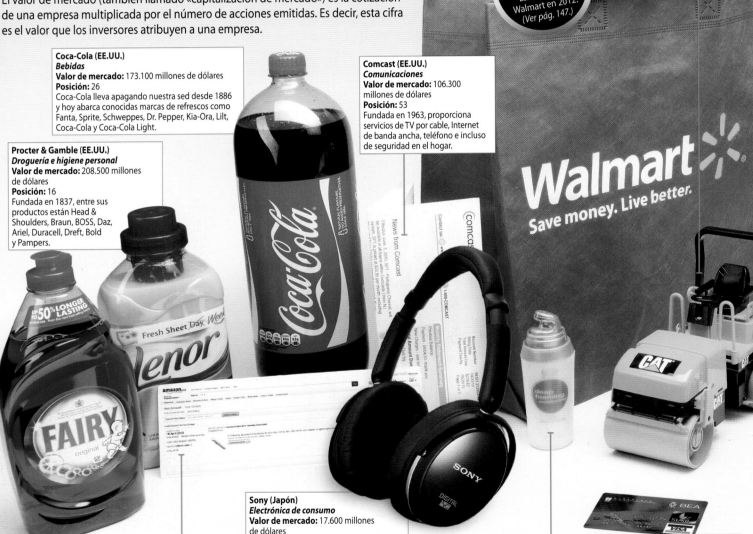

Sony (Japón)
Electrónica de consumo
Valor de mercado: 17.600 millones de dólares
Posición: 547
Fundada en 1946, empezó fabricando productos de audio y lanzó el primer grabador de cintas magnéticas de Japón (el G-Type) en 1954 y el primer transistor de radio del país (el TR-55) en 1955. Luego se expandió a los sectores del vídeo, las comunicaciones y la tecnología de la información.

Visa (EE.UU.)
Servicios financieros de consumo
Valor de mercado: 104.800 millones de dólares
Posición: 56
Esta multinacional de servicios financieros se fundó en 1958 y hoy es célebre por sus tarjetas de crédito y débito que hacen posibles las transferencias electrónicas de fondos.

Amazon.com (EE.UU.)
Venta por Internet y por catálogo
Valor de mercado: 119.000 millones de dólares
Posición: 43
El portento de las ventas por Internet (fundada en 1994) es la **mayor tienda en línea** *(ver pág. 146)*.

Fuente: Global 2000 de Forbes.
Datos estadísticos correctos a 17 de abril de 2013

CVS Caremark (EE.UU.)
Venta de fármacos
Valor de mercado: 66.000 millones de dólares
Posición: 109
CVS Caremark (fundada en 1892) es el mayor suministrador farmacéutico de EE.UU., con una plantilla de 203.000 personas.

LISTA GLOBAL 2000 DE *FORBES*. LAS 10 PRIMERAS POSICIONES

Aparte del valor de mercado, la revista Forbes –fuente de los datos aquí incluidos– también clasifica las empresas según otras tres categorías, como ventas, beneficios y activos. Si se comparan las empresas de acuerdo con los cuatro valores combinados, Forbes crea anualmente su lista Global 2000 con las mayores empresas de capital abierto del mundo. En la edición de 2013, las primeras 10 posiciones corresponden a las siguientes:

	COMPAÑÍA	SECTOR	VENTAS	BENEFICIOS	ACTIVOS	VALOR
1	Industrial and Commercial Bank of China (ICBC)	Grandes bancos	134.800 millones de dólares	37.800 millones de dólares	2 billones 813.500 millones de dólares	237.300 millones de dólares
2	China Construction Bank	Bancos regionales	113.100 millones de dólares	30.600 millones de dólares	2 billones 241.000 millones de dólares	202.000 millones de dólares
3	JPMorgan Chase (EE.UU.)	Grandes bancos	108.200 millones de dólares	21.300 millones de dólares	2 billones 359.100 millones de dólares	191.400 millones de dólares
4	General Electric (EE.UU.)	Conglomerado empresarial	147.400 millones de dólares	13.600 millones de dólares	685.300 millones de dólares	243.700 millones de dólares
5	ExxonMobil (EE.UU.)	Petróleo y gas	420.700 millones de dólares	44.900 millones de dólares	333.800 millones de dólares	400.400 millones de dólares
6	HSBC Holdings (R.U.)	Grandes bancos	104.900 millones de dólares	14.300 millones de dólares	2 billones 684.100 millones de dólares	201.300 millones de dólares
7	Royal Dutch Shell (Países Bajos)	Petróleo y gas	467.200 millones de dólares	26.600 millones de dólares	360.300 millones de dólares	213.100 millones de dólares
8	Agricultural Bank of China	Bancos regionales	103.000 millones de dólares	23.000 millones de dólares	2 billones 124.200 millones de dólares	150.800 millones de dólares
=9	PetroChina	Petróleo y gas	308.900 millones de dólares	18.300 millones de dólares	347.800 millones de dólares	261.200 millones de dólares
=9	Berkshire Hathaway (EE.UU.)	Servicios de inversión	162.500 millones de dólares	14.800 millones de dólares	427.500 millones de dólares	252.800 millones de dólares

Datos vigentes a 17 de abril de 2013

CLASIFICACIÓN
Forbes califica independientemente las compañías según los cuatro parámetros; luego los combina para posicionar la compañía en la clasificación de Global 2000.

Apple (EE.UU.)
Hardware
Valor de mercado: 416.600 millones de dólares
Posición: 1
Se fundó en 1976 y tras una mala racha en la década de 1990, se recuperó de forma espectacular bajo las riendas de Steve Jobs como consejero delegado, con una gama de productos en constante cambio, como el iMac, el iPod, el iPhone y el iPad.

United Parcel Service (EE.UU.)
Servicio de mensajería
Valor de mercado: 81.500 millones de dólares
Posición: 81
Esta empresa (UPS) atiende a 8,8 millones de clientes diarios en 220 países y territorios. Fundada en 1907 en Seattle, Washington (EE.UU.), cuenta con una plantilla total de 397.100 empleados.

Nestlé (Suiza)
Procesado de alimentos
Valor de mercado: 233.500 millones de dólares
Posición: 11
Con marcas tan famosas como Perrier, Nescafé, Nesquik, Häagen-Dazs, Aero y KitKat, cuenta con unos 300.000 empleados. Su fundador, Henri Nestlé, era un farmacéutico alemán.

Toyota Motor Corporation (Japón)
Fabricantes de coches y camiones
Valor de mercado: 167.200 millones de dólares
Posición: 29
Fundada en 1937 por Kiichiro Toyoda, fue el principal fabricante de coches del mundo en 2013, con unas ventas declaradas de 9,75 millones de vehículos durante el año anterior. En 2012 la empresa produjo su vehículo número 200 millones.

Nike (EE.UU.)
Ropa y complementos
Valor de mercado: 49.400 millones de dólares
Posición: 160
El gigante de la ropa deportiva y de ocio se fundó en 1964.

ExxonMobil (EE.UU.)
Explotación petrolífera y de gas
Valor de mercado: 400.400 millones de dólares
Posición: 5
Este coloso del gas y el petróleo es la **mayor empresa de capital abierto por beneficios** *(ver pág. 123)*.

ICBC (China)
Grandes bancos
Valor de mercado: 237.300 millones de dólares
Posición: 9
El Industrial and Commercial Bank of China (ICBC) se fundó en 1984. *(Ver también pág. 122.)*

McDonald's (EE.UU.)
Restaurantes
Valor de mercado: 99.900 millones de dólares
Posición: 61
Abrió su primer establecimiento de comida rápida en 1940 y en 1958 ya había vendido 100 millones de hamburguesas; el Big Mac apareció 10 años después. En 2011, los restaurantes McDonald's estaban presentes en 119 países.

Microsoft (EE.UU.)
Software y programación
Valor de mercado: 234.800 millones de dólares
Posición: 10
Fundada por Bill Gates y Paul Allen en 1975, es el principal fabricante de *software* por ingresos. Sus ventas de 72.900 millones de dólares casi duplican las de su rival más cercano, Oracle (37.100 millones de dólares).

Johnson & Johnson (EE.UU.)
Equipo y suministros médicos
Valor de mercado: 221.400 millones de dólares
Posición: 13
El abanico de esta multinacional abarca medicamentos sin receta, productos de cuidado infantil y otros para la piel y el cabello. Se fundó en 1886.

General Electric (EE.UU.)
Conglomerado empresarial
Valor de mercado: 243.700 millones de dólares
Posición: 6
Desde su fundación en 1892, ha ido creciendo hasta operar en todo un abanico de sectores como la aviación, la energía, la asistencia sanitaria y el alumbrado.

Samsung Electronics (Corea del Sur)
Semiconductores
Valor de mercado: 174.400 millones de dólares
Posición: 25
Fundada en 1938, operaba en varias áreas de mercado, como ventas al por menor, textil y procesamiento de alimentos. Hoy es más conocida por los bienes electrónicos, que empezó a producir en la década de 1960.

97.811
La plantilla de Microsoft en el mundo, en marzo de 2013. En EE.UU. la empresa cuenta con 57.572 trabajadores.

POBLACIONES

Más móviles per cápita

En los Emiratos Árabes Unidos (EAU) hay 1.709 teléfonos móviles por cada 1.000 personas, según las últimas cifras del World Factbook de la CIA. En 2011, el país contaba con 11,7 millones de móviles. En total, el país con **más teléfonos móviles** es China: el 20 de julio de 2012 tenía 1.040 millones de terminales. India ocupa el segundo lugar, con 890,5 millones, mientras que en EE.UU. hay 300 millones.

Mayor índice de natalidad

Según los datos de The Economist para 2005-2010, Níger cuenta con el más alto del mundo, con 49,5 nacimientos por cada 1.000 habitantes.

La nación que vive a más altura

La mayoría de Nepal (68%) se halla en las cordilleras de Mahabharat, Siwalik y Chure, de clima templado y a una altitud media de 3.000 m.

El país con el mayor porcentaje de pobres del mundo

En India, pese a su creciente economía, vive el 41,01% de los pobres del mundo. En términos generales, tiene 1.240 millones de habitantes, algunos menos que China; ésta, con 1.330 millones de personas, es el **país más poblado,** aunque sólo tiene el 22,12% de la población global de pobres. Nigeria ocupa el tercer lugar, con el 8,03% pero sólo tiene 155,2 millones de habitantes.

1,25 DÓLARES (o menos) al día. Es el sueldo que la ONU fija como pobreza.

MAYOR...

Inmigración forzosa

El número aproximado de personas trasladadas a la fuerza desde África hasta el continente americano como esclavos entre 1501 y 1866 es de 12,5 millones. Una cantidad parecida pudo haber sido trasladada a los países árabes, aunque no hay constancia escrita. El máximo se alcanzó en 1829, con el traslado de 117.644 hombres, mujeres y niños africanos.

Migración en masa

El 15 de agosto de 1947, la partición de la India británica desplazó a más de 18 millones de personas. Este proceso se llevó a cabo de forma arbitraria, siguiendo fronteras religiosas para crear los estados nación de India y Pakistán, con una línea divisoria que atravesaba los pueblos.

La partición avivó las tensiones civiles y religiosas ya existentes entre musulmanes e hindúes, lo que desencadenó el **mayor índice de víctimas a causa de una migración.** Cuando Pakistán se convirtió en el hogar de una mayoría musulmana e India principalmente hindú, murió al menos un millón de personas y 12 millones perdieron su hogar.

La población con la edad media más baja

En 2012, la edad media de los habitantes de Uganda era la más baja del mundo. Situada en 15,1 años (15 los hombres y 15,2 las mujeres), los ugandeses son 34,8 años más jóvenes que los habitantes de Mónaco, la **población con la edad media más alta.**

Democracia

India, con 1.240 millones de habitantes, es la mayor democracia del mundo. Se calcula que sólo el electorado ascendía a 714 millones para los comicios nacionales de 2009 (más que los de EE.UU. y la UE juntos). India tiene un parlamento bicameral: la cámara alta, con 245 escaños, y la cámara baja, con 545.

MÁS SOBRE EL ENVEJECIMIENTO DE LA POBLACIÓN EN PÁG. 58

UN MUNDO MARAVILLOSO

El país más feliz: Los ciudadanos de Costa Rica valoraron su felicidad para la World Database of Happiness en 8,5 sobre 10.

La mejor clasificación en el Índice de Respeto Ambiental: Suiza logró 76,69 puntos (de 100) en 2012, según un foro internacional; algunos de los indicadores son la biodiversidad, los métodos de cultivo y la preparación para el cambio climático.

La mayor esperanza de vida: Los japoneses viven una media de 83,7 años: 80,1 los hombres y 87,2 las mujeres.

El país con mayor eficiencia energética: En 2008, Hong Kong tenía 20 PIB por unidad de consumo energético (producto interior bruto por kilo de petróleo equivalente a uso energético).

El mayor donante de ayuda exterior: EE.UU. donó 28.800 millones de dólares en ayudas a otros países en 2009.

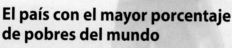

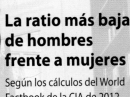

El continente con la mayor concentración de biomasa humana

De los 7.000 millones aproximadamente de población mundial, el 6% vive en América del Norte, aunque suponen un 34% de la biomasa humana total. En Asia vive el 61% de la población mundial, pero sólo es el 13% de la biomasa humana. Una tonelada de biomasa humana equivale a unos 12 adultos de América del Norte y 17 de Asia.

MENOR...

Consumo de alimentos

La Organización de las Naciones Unidas para la Alimentación y la Agricultura ha calculado que en Sierra Leona y en la República Democrática del Congo se consume una media de 1.500 calorías al día, es decir, el 39% del consumo medio de un ciudadano estadounidense.

Índice de natalidad

Hong Kong (China) registró 8,2 nacimientos por cada 1.000 habitantes entre 2005 y 2010. El segundo índice de natalidad más bajo fue el de Alemania, con 8,4 por cada 1.000 habitantes.

Aumento de la población

Se calcula que el crecimiento natural de la población búlgara entre 2010 y 2015 será de –0,8% (es decir, un *decrecimiento* del 0,8%). En 2010 Bulgaria tenía 7,45 millones de habitantes, cifra que según la ONU se reducirá hasta los 5,46 millones en 2050.

La ratio más baja de hombres frente a mujeres

Según los cálculos del World Factbook de la CIA de 2012, Estonia tiene la menor ratio con 84 hombres por cada 100 mujeres. La **ratio más baja de mujeres frente a hombres** se da en los Emiratos Árabes Unidos (EAU), con 219 hombres por cada 100 mujeres.

Estos datos, junto con la emigración en masa, ponen el sistema de pensiones contra las cuerdas, con una población que envejece financiada cada vez por menos jóvenes.

MÁS...

Cines per cápita

Bielorrusia tiene más cines per cápita que ningún otro país del mundo, con uno por cada 2.734 habitantes. En total, hay 3.780 cines para sus 10.335.382 habitantes.

Respuestas a un censo electrónico

Estonia acabó su primer censo electrónico en febrero de 2012, con una participación del 66% de la población. En Estonia, casi el 99% de las transacciones bancarias y el 94% de las declaraciones fiscales se realizan a través de Internet.

Millonarios per cápita

Singapur es el país con más millonarios del mundo, con un 17,1% de hogares cuyo valor asciende a 1 millón de dólares o más. Ello es equivalente a un total de 188.000 familias, según una encuesta sobre la densidad de millonarios realizada por el Boston Consulting Group en 2011.

Asesinatos por país

Según el Estudio Global sobre el Homicidio de 2011 de la Oficina de las Naciones Unidas contra la Droga y el Delito, en Brasil hubo 43.909 asesinatos, es decir, 22,7 por cada 100.000 habitantes.

Y QUE CONSTE...

Los investigadores de la London School of Hygiene and Tropical Medicine calcularon que la biomasa de humanos total es de 256 millones de toneladas. Usaron información sobre el índice de masa corporal (IMC) y la altura según la distribución de la población por regiones.

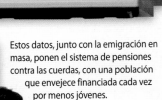

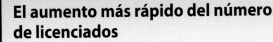

Impuesto sobre la renta

Los ciudadanos de Bahréin y Qatar no pagan este impuesto, independientemente de sus ingresos. Las economías de ambos países se apoyan en el petróleo, que inyecta al Estado más de la mitad de sus ingresos.

El aumento más rápido del número de licenciados

En 1998, China sólo tenía un millón de estudiantes. Para 2004, había 2.236 facultades y universidades, y en 2008, contaba con el mayor sistema del mundo. Entre febrero de 2007 y febrero de 2011, se licenciaron 34 millones de estudiantes, «la expansión más rápida en la historia de la humanidad», según el rector de la Universidad de Yale, Richard C. Levin (EE.UU.).

El menor coste de la vida: En la encuesta mundial del Coste de la Vida de diciembre de 2011 por The Economist Intelligence Unit, Pakistán tenía una puntuación de 46; EE.UU. es el valor de referencia, con 100 puntos.

El menor índice de mortalidad infantil: En Bermudas es del 2,5 por cada 1.000 habitantes, una cifra calculada por The Economist en 2011.

El menor índice de inflación: En Qatar era del –4,9% en 2010, según The Economist.

El país con menos corrupción: Nueva Zelanda, Dinamarca y Finlandia empatan en el Índice de Percepción de la Corrupción de 2012, elaborado por Transparency International, con 90 puntos sobre 100.

El país más pacífico: Según el Índice de Paz Global del Instituto para la Economía y la Paz, Islandia tenía una puntuación de 1,113.

DINERO Y ECONOMÍA

30
Porcentaje de acciones de L'Oréal en manos de la familia Bettencourt.

3
Años consecutivos que Carlos Slim y su familia figuran como los más ricos del mundo.

La mujer más rica

Según la lista de las personas más ricas del mundo publicada en abril de 2013 por la revista *Forbes*, Liliane Bettencourt (Francia), heredera de L'Oréal, poseía más de 30.000 millones de dólares. En 1999 figuraba como la mujer más rica del mundo.

La persona más rica

El magnate de las telecomunicaciones mexicano Carlos Slim Helú y su familia poseen un patrimonio de 69.000 millones de dólares. Slim domina sectores enteros de la economía mexicana, incluyendo participaciones en bancos, compañías aéreas y minas. En 1990 compró la primera empresa de telecomunicaciones de México, su mayor fuente de riqueza, cuando ésta fue privatizada.

La **mayor nación comercial** es EE.UU., con un PIB total de 14,58 billones de dólares en 2010. China, en segundo lugar, tiene un PIB de 5,92 billones de dólares.

En 2010, Luxemburgo tenía el **mayor PIB por habitante:** 105.190 dólares per cápita. *Ver abajo el cálculo del PIB realizado por el Banco Mundial para 2011.*

Los mayores presupuestos
Educación: Timor Oriental (República Democrática de Timor-Leste) dedica el 14% de su PIB a educación, según las cifras para 2006-2011.
Sanidad: El gobierno norteamericano gastó el 17,9% de su PIB en atención sanitaria en 2010.

El país con mayor libertad económica

Según el Índice de Libertad Económica de 2011, los ciudadanos de Hong Kong siguen disfrutando de lo que el Índice define como «el derecho fundamental de todo ser humano a controlar su trabajo y su propiedad. En una sociedad económicamente libre, las personas son libres de trabajar, producir, consumir e invertir como deseen, y el Estado debe tanto preservar como no restringir dicha libertad».

La mayor absorción de una empresa alimentaria

En febrero de 2013, se reveló que la intervención de Warren Buffett, el segundo hombre más rico de EE.UU. tras Bill Gates, fue decisiva a la hora de realizar una oferta de 28.000 millones de dólares por la empresa alimentaria Heinz. La suma, la mayor que se ha barajado en la industria alimentaria, fue bien acogida por la directiva de Heinz, pero a 18 de febrero de 2013 los accionistas aún tenían que aprobarla.

Los ciudadanos más pobres

La República Democrática del Congo lleva dos décadas azotada por la violencia de la guerra civil y las constantes invasiones. Sus ciudadanos son los más pobres del mundo de acuerdo con su Producto Interior Bruto (PIB) per cápita –el valor de mercado de todos los productos y servicios finales

producidos dentro de las fronteras de un país en un año–. Cada ciudadano vive con unos 400 dólares anuales.

El banco más seguro

Si se evalúan las calificaciones de crédito a largo plazo de las agencias de crédito, así como los activos de los bancos, la revista *Global Finance* considera al banco KfW alemán el más seguro del mundo. KfW pertenece al Estado alemán y a los 16 estados

federales o *Länder*. Su gobierno, que tiene uno de los costes de préstamo bancario más bajos del mundo, apoya casi toda su actividad crediticia.

El mayor crecimiento económico

Entre 2000 y 2010, el PIB de Guinea Ecuatorial, en África Central, creció un 17%, el mayor aumento del porcentaje medio anual.

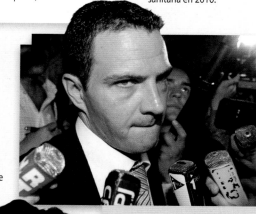

La persona más endeudada

Jérôme Kerviel (Francia) era uno de los principales *traders* de Société Générale antes de ocasionar unas enormes pérdidas al banco francés tras realizar varias operaciones fraudulentas en la Bolsa europea por valor de 73.000 millones de dólares. En octubre de 2012, tras su imputación y detención por las autoridades francesas, los tribunales determinaron que debía la asombrosa cifra de 6.300 millones de dólares a su antigua empresa.

La mayor empresa por ventas

Según *Forbes*, a 18 de abril de 2012, la mayor empresa por ventas es la multinacional del gas y el petróleo Royal Dutch Shell, que alcanzó los 470.200 millones de dólares. Su gran rival, Wal-Mart Stores, Inc., ingresó «sólo» 447.000 millones de dólares.

LAS 10 MAYORES ECONOMÍAS DEL MUNDO

1. EE.UU.: 14.991 billones de dólares.

2. China: 7.318 billones de dólares.

3. Japón: 5.867 billones de dólares.

4. Alemania: 3.601 billones de dólares.

5. Francia: 2.773 billones de dólares.

Fuente: Banco Mundial, enero de 2013

La economía más innovadora

Un consorcio liderado por la escuela de negocios INSEAD que incluye a la Organización Mundial de la Propiedad Intelectual, una agencia de las Naciones Unidas, publica anualmente el Índice Mundial de Innovación. Suiza encabeza la lista de innovación económica, seguida de Suecia.

EVALUANDO LA INNOVACIÓN

El Índice considera varios factores, como la economía, las instituciones políticas, la educación, las infraestructuras y la tecnología.

El mayor rescate de un banco

La Federal National Mortgage Association, financiada por el gobierno norteamericano (más conocida como «Fannie Mae» por sus siglas FNMA) y la Federal Home Loan Mortgage Corporation (o «Freddie Mac») se derrumbaron durante la crisis del mercado inmobiliario estadounidense que estalló en 2007. Como resultado, sufrieron un rescate en el que fueron nacionalizadas y refinanciadas. En 2008, el Departamento del Tesoro de EE.UU. puso un límite de 100.000 millones de dólares para cada rescate, que se eliminó en diciembre de 2009 cuando se hizo evidente la magnitud de la crisis. A finales de 2012, estos gigantes heridos habían recibido 187.500 millones de dólares. La Federal Housing Finance Agency calcula que la factura final puede ascender a unos 360.000 millones de dólares.

Fannie Mae es la **mayor empresa en activos:** 3.211 millones de dólares a 18 de abril de 2012, según *Forbes*.

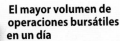

Las elecciones más caras

Según el Center for Responsive Politics, las elecciones presidenciales estadounidenses de 2012 fueron las más caras de la historia democrática. Su coste ascendió a 6.000 millones de dólares. Como observó la Comisión de Elecciones Federales, los dos candidatos a la presidencia, Barack Obama y el candidato perdedor Mitt Romney *(imagen),* gastaron 30,33 dólares por segundo.

La mayor empresa pública

En abril de 2012, Exxon Mobil fue valorada en 433.500 millones de dólares en ventas, 41.060 millones de dólares en beneficios, 331.000 millones de dólares en activos y 407.400 millones de dólares en valor total en el mercado.

El mayor volumen de operaciones bursátiles en un día

El 10 de octubre de 2008, la Bolsa de Nueva York realizó 7.341.505.961 operaciones bursátiles.

El menor crecimiento económico

En 1999-2009, el PIB de Zimbabue *descendió* un 6,1% anual.

En 2009, Burundi tenía el **menor PIB per cápita,** con 160 dólares por ciudadano.

Los presupuestos más bajos

Educación: Congo-Kinshasa y Birmania tienen el **menor presupuesto para educación.** Cada uno dedica un 2% de su PIB a educación, según las últimas cifras disponibles.

Sanidad: Como 2009, los países con el **menor presupuesto para sanidad** son Congo-Brazzaville y Birmania; tan sólo dedican el 2% de su PIB a este sector.

87
Número de días que el crudo se estuvo derramando en el Golfo de México.

La mayor sanción corporativa

En abril de 2010, la explosión de la plataforma Deepwater Horizon vertió millones de barriles de crudo en el Golfo de México, mató a 11 trabajadores y arruinó a muchas empresas estadounidenses. Como compensación, BP tuvo que pagar 2.400 millones de dólares a la US National Fish and Wildlife Foundation, además de recibir una multa récord: 1.260 millones de dólares. La suma final ronda aproximadamente los 4.000 millones de dólares. Además, BP podría recibir una demanda por daños y perjuicios de hasta 7.800 millones de dólares.

El mayor exportador de armas

En 2011, la venta de armas de EE.UU. al mundo se triplicó hasta 66.300 millones de dólares, las tres cuartas partes del mercado mundial. El US Congressional Research Service atribuyó este ascenso a un aumento de las ventas a los aliados del Golfo Pérsico.

6. Brasil: 2.477 billones de dólares.

7. Reino Unido: 2.445 billones de dólares.

8. Italia: 2.194 billones de dólares.

9. Federación Rusa: 1.858 billones de dólares.

10. India: 1.848 billones de dólares.

LOS MÁS CAROS...

57.848 dólares

Bate de cricket

Un bate perteneciente a Mahendra Singh Dhoni (India) –el capitán y *recordman* del equipo nacional de cricket de la India– se vendió en una subasta por 161.295 dólares a R. K. Global Shares & Securities Ltd. (India) en la cena de caridad «East Meets West» organizada por Dhoni, que tuvo lugar en Londres (R.U.) el 18 de julio de 2011.

Guante

Un guante que perteneció al cantante Michael Jackson (EE.UU.) fue adquirido por Ponte 16 Resort (China) por 420.000 dólares en el Hard Rock Cafe de Nueva York (EE.UU.), el 21 de noviembre de 2009. *(Para más prendas desorbitadamente caras, ver abajo.)*

420.000 dólares

Bloque de LEGO®

El 3 de diciembre de 2012, Brick Envy, Inc. (EE.UU.), una web de coleccionistas especializada en LEGO, vendió un bloque de LEGO de 4 × 2 y 25,6 g de oro de 14 quilates. La compra la hizo un cliente anónimo que pagó 12.500 dólares.

12.500 dólares

Señuelos para patos

El 20 de septiembre de 2007 se vendieron dos señuelos para patos tallados por A. Elmer Cromwell (EE.UU.), llamados *preening pintail drake* y *sleeping Canada goose*, a un comprador que desembolsó 1,13 millones de dólares por cada uno. La firma Stephen O'Brien Jr. Fine Arts de Boston (Massachusetts, EE.UU.) se encargó de la transacción.

Calendario

Un calendario que contenía los diseños de los trajes de los personajes de *Alicia en el País de las Maravillas*, de Lewis Carroll, se vendió por 57.848 dólares como parte de una subasta benéfica para ayudar al Muir Maxwell Trust y a la Fettes Foundation (ambos de R.U.) celebrada en el Fettes College de Edimburgo (R.U.), el 3 de julio de 2011.

Bolso de mano

Un bolso de mano Hermès Diamond Birkin se vendió por 203.150 dólares en una subasta de bolsos y accesorios de lujo organizada por Heritage Auctions en Dallas, Texas (EE.UU.), el 9 de diciembre de 2011.

Coñac (botella)

El 24 de septiembre de 2011, la empresa Cognac Croizet Hong Kong Ltd. (China) vendió a Maggie Vong (Hong Kong) una botella de Cuvée Leonie de 1858 (coñac pre-filoxera) por 156.219 dólares, en el Swatch Art Peace Hotel de Shanghái (China).

32.000
Es el número de cristales Swarovski en el HYLA GST.

Ordenador

El SAGE (Semi-Automatic Ground Environment) es el sistema informático **más caro, más grande** –con 56 ordenadores IBM AN/FSQ-7 que ocupaban un área de 1.860 m²– y **más pesado** (226,8 toneladas) que se haya construido jamás. Creado por IBM conjuntamente con el MIT y el RAND, el SAGE se finalizó en 1963 con un coste aproximado entre 4.000 y 12.000 millones de dólares de la época, si bien se cree que el precio no sobrepasó los 8.000 millones. Se mantuvo en funcionamiento durante más de 20 años.

Contenido descargable

Un diamante esculpido virtual que costaba 77.000 dólares se puso a la venta el 6 de noviembre de 2012 en el videojuego multijugador masivo en línea (MMO) *Curiosity: What's Inside the Cube?* (22Cans, R.U.). El juego consiste sólo en un cubo negro que los jugadores golpean con un cincel virtual hasta lograr descubrir lo que hay dentro.

21.900 dólares

Cámara

Un prototipo de cámara Leica de 35 mm se vendió a un comprador anónimo por 2,16 millones de euros (2,8 millones de dólares) en la subasta WestLicht Photographica en Viena (Austria), el 12 de mayo de 2012. En 1923 se fabricaron sólo 25 prototipos como éste.

Aspirador

El HYLA GST Swarovski Edition con incrustaciones de brillantes cuesta 21.900 dólares. Lo fabrica Hartmut Gassmann (Alemania) y HYLA US Gassmann, Inc. (EE.UU.) y se puede comprar a través de Internet. Hasta el 22 de febrero de 2013 se habían vendido dos unidades.

2,16 millones de euros

PRENDAS PARA SALTAR LA BANCA

El sari más caro: 100.021 dólares. Vendido el 5 de enero de 2008. Confeccionado por Chennai Silks (India).

El vestido más caro: 4,6 millones de dólares. Es el que usó Marilyn Monroe (EE.UU.) en *La tentación vive arriba* (EE.UU., 1955). Se vendió el 18 de junio de 2011.

El traje de una estrella de rock más caro: 300.000 dólares. Fue el mono de «pavo» blanco de Elvis Presley. Se vendió el 7 de agosto de 2008.

El atuendo para la cabeza más caro: 277.292 dólares. Un casco alado de bronce del siglo IV a.C. Se vendió el 28 de abril de 2004.

La camiseta de fútbol más cara: 225.109 dólares. La camiseta con el n.º 10 que usó Pelé (Brasil) en la final de la Copa FIFA del Mundo de 1970. Se vendió el 27 de marzo de 2002.

Cheque

160.000 dólares

El original del pago de 412 dólares hecho por Detective Comics, Inc. a los creadores de Superman Jerry Siegel y Joe Shuster, el 1 de marzo de 1938, se subastó por la *web* ComicConnect.com (EE.UU.) por 160.000 dólares, el 16 de abril de 2012. En éste figura la cifra de 130 dólares en concepto de derechos y propiedad del personaje de Superman.

el 2 de mayo de 2012 a un comprador anónimo en Sotheby's, Nueva York (EE.UU.), por 119,9 millones de dólares. El precio de salida del cuadro –en el que un hombre aparece gritando mientras se lleva las manos a la cabeza– fue de 40 millones de dólares.

Sistema de audio para el hogar

El sistema de altavoces Transmission Audio Ultimate de 15.550 vatios se fabrica por encargo y cuesta 2 millones de dólares. Está compuesto por 12 altavoces de 2,1 m de altura cada uno, fabricados con el aluminio usado en los aviones. Los acabados laterales son de color negro brillante o madera de palo santo y los soportes de granito negro.

DATO:
Acabada la camisa, sobró suficiente oro como para elaborar un juego de anillos y ¡un par de brazaletes a juego!

Atún

Un atún rojo se vendió por 1.767.370 dólares en el mercado del pescado de Tsukiji en Chūō, Tokio (Japón), el 5 de enero de 2013. Pesaba 222 kg.

Whisky
El 15 de noviembre de 2010,

125.000 dólares australianos

Cóctel

«The Winston», un cóctel creado por Joel Heffernan (Australia), se vendió en el Club 23 de Melbourne (Australia), el 7 de febrero de 2013, por 125.000 dólares australianos. La bebida –que requiere 16 h de trabajo debido a su compleja decoración de chocolate con polvo de nuez moscada– contiene 60 ml del coñac Croizet Cuvée Leonie de 1858 *(ver izquierda)*.

Nombre de dominio de Internet

El nombre *insure.com* se vendió en octubre de 2009 a la empresa de mercadotecnia en línea Quinstreet por 16 millones de dólares.

21.200 dólares

una botella de Macallan de 64 años en Lalique se vendió en la sede que Sotheby's tiene en Nueva York (EE.UU.), por 460.000 dólares.

El 16 de noviembre de 2000, el empresario europeo Norman Shelley compró una colección de 76 botellas del whisky de malta The Macallan por un valor de 341.154 dólares. La **colección de whisky más cara** incluía 76 maltas poco comunes, la más antigua de las cuales databa de 1856.

Cuadro

Los jugadores de naipes de Paul Cézanne se vendió a la familia real de Qatar por 250 millones de dólares en 2011. Este cuadro forma parte de una serie de cinco que el famoso pintor postimpresionista pintó al inicio de la década de 1890.

El **cuadro más caro vendido en una subasta** es una de las versiones que Edvard Munch pintó de *El grito* (1895), que se vendió

861.502 dólares

Recuerdos olímpicos

La Bréal's Silver Cup –el premio del maratón en los primeros Juegos Olímpicos de la era moderna, que se disputó en Atenas (Grecia), en 1896– se vendió por 861.502 dólares a la Stavros Niarchos Foundation (Grecia), el 18 de abril de 2012.

Camisa de oro

El 6 de febrero de 2013, Datta Phuge (India) pagó 6.615.481 rupias (120.219 dólares) por una camisa de 3,2 kg de oro macizo de 22 quilates hecha a medida. Ocurrió en Pimpri Chinchwad, en el estado indio de Maharashtra. La camisa se diseñó en Ranka Jewellers y la confeccionaron 15 orfebres.

La camiseta de béisbol más cara: 4.415.658 dólares. Originalmente perteneció a «Babe» Ruth (EE.UU.). Se vendió el 20 de mayo de 2012.

El vestido de época más caro: 101.500 dólares. El vestido de gala de 1888 diseñado por Charles Frederick Worth (R.U.) y usado por Esther Chapin (EE.UU.) cuando la presentaron a la reina Victoria en 1889. Se vendió el 3 de mayo de 2001.

Los zapatos más caros: 666.000 dólares. Los zapatos rojos que usó Judy Garland (EE.UU.) en *El mago de Oz* (EE.UU., 1939). Se vendieron el 24 de mayo de 2000.

La chaqueta más cara: 1,8 millones de dólares. La chaqueta de badana que usó Michael Jackson (EE.UU.) en su video *Thriller* de 1983. Se vendió el 26 de junio de 2011.

El par de zapatillas deportivas más caras: 4.053 dólares. Las High-top Nike Dunks bañadas en oro de 18 quilates y creadas por Ken Courtney (EE.UU.) para un desfile de moda en Nueva York (EE.UU.) en 2007.

CORREO Y E-MAILS

El buzón a mayor profundidad

Los submarinistas pueden enviar cartas desde un buzón situado a 10 m bajo las aguas de Susami Bay (Japón). El buzón, que oficialmente forma parte de la oficina de correos de Susami, lo comprueban a diario empleados autorizados. En su primer año de funcionamiento (1999), se recogieron más de 4.273 cartas submarinas.

Más tiempo en entregar una saca de correo

El 21 de agosto de 2012, el socorrista de montaña Arnaud Christmann y su vecino Jules Berger encontraron una valija diplomática india en el Mont Blanc (Alpes franceses), cerca del lugar donde se estrelló un avión de Air India en 1966, 46 años después de que se perdiera.

El mayor servicio de correo electrónico

En junio de 2012, Gmail, el servicio de correo electrónico de Google, alcanzó los 425 millones de cuentas mensuales activas, muy por delante de Yahoo! y Hotmail, hecho que lo convirtió en el mayor del mundo.

El sello más caro

El «Treskilling» sueco de color amarillo (un sello rarísimo con un error de color) se vendió el 8 de noviembre de 1996 por 2.870.000 francos suizos (2.255.403 dólares) en la casa de subastas David Feldman de Ginebra (Suiza).

El primer niño enviado por correo

En 1913, unas semanas después de que se implantara el servicio postal en EE.UU., enviaron a un niño de Ohio desde la casa de sus padres a la de sus abuelos, a un kilómetro y medio de distancia, por la magnífica suma de 15 centavos. ¡La práctica siguió hasta 1914, cuando el jefe de Correos emitió una orden que prohibía enviar seres humanos por paquete postal!

La oficina de correos más antigua en funcionamiento

En 2012, la oficina de correos de Sanquhar (Dumfriesshire, R.U.) celebró su 300.º aniversario. Funciona desde 1712, cuando era un relevo postal para entregas de correo a pie y a caballo. Hoy es una popular atracción turística y los visitantes pueden franquear sus cartas con el sello de «La oficina de correos más antigua del mundo».

La conexión a Internet más rápida

Entre el 27 y el 31 de marzo de 2012, los invitados a The Gathering, una fiesta informática anual celebrada en el estadio Vikingskipet Olympic de Hamar (Noruega), usaron una conexión superrápida de 200 Gbit/s (gigabits por segundo). Enviaron mensajes de e-mail a la velocidad de la luz y se descargaron una película de alta definición en blu-ray en tan sólo dos segundos.

2.800
Número de estudiantes que escribieron la carta.

La carta más larga

El 28 de marzo de 2010, los estudiantes de Brahma Kumaris Youth Wing, una organización espiritual de la Universidad de Gujarat (India), escribieron una épica carta de 866 m de largo dirigida a Dios para celebrar su 25.º aniversario y el 75.º aniversario de la universidad.

La oficina de correos más alta

El pueblo de Hikkim (Himachal Pradesh, India) forma parte del Himalaya y se encuentra a una altitud de 4.724 m sobre el nivel del mar. Su oficina de correos abrió en noviembre de 1983 para atender a los 600 habitantes del pueblo. En la actualidad procesa entre 15 y 20 cartas diarias y guarda los ahorros de unas 50 personas.

La furgoneta más rápida de *Postman Pat*

El 30 de agosto de 2012, una furgoneta *Postman Pat* que funcionaba con monedas y que se modificó con un chasis de carreras y un motor de 500 cc de cuatro tiempos, completó una carrera de *drag* de un cuarto de milla (0,402 km) en la York Raceway (Yorkshire, R.U.). Terminó en 17,419 s, a una velocidad terminal de 135,6 km/h.

SELLOS DE AUTORIDAD

El intercambio de sellos más valioso: En octubre de 2005, Bill Gross (EE.UU.) intercambió cuatro sellos «Inverted Jenny» valorados en 2,97 millones de dólares por un sello de 1 centavo con grill del tipo Z, propiedad de Donald Sundman (EE.UU.) valorado en 3 millones de dólares en 2005.

La colección de sellos más cara: El 3 de noviembre de 1993 se vendió la colección Kanai de 183 páginas de sellos de Mauricio por 9.982.033 dólares en la casa de subastas David Feldman de Ginebra (Suiza).

La primera sociedad de magos que aparece en un sello de ámbito nacional: Royal Mail emitió una serie de cinco sellos interactivos el 15 de marzo de 2005 para conmemorar el centenario de Magic Circle (R.U.).

El primer videojuego que aparece en un sello nacional: En 2000, la serie Celebrate the Century del servicio postal norteamericano incluyó un sello de 33 centavos con la imagen de dos niños jugando a la versión Atari 2600 de *Defender*.

La mayor emisión de sellos: En 1929, con motivo del Postal Union Congress, se vendieron 751.250.000 sellos conmemorativos del encuentro.

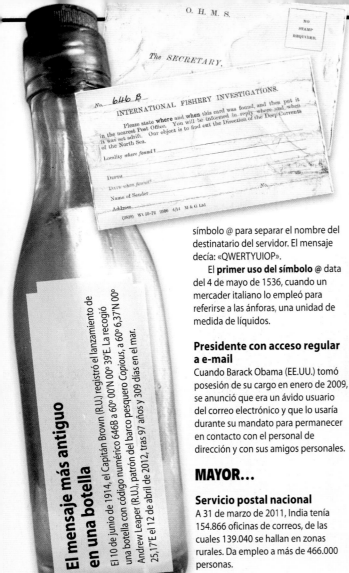

El mensaje más antiguo en una botella

El 10 de junio de 1914, el Capitán Brown (R.U.) registró el lanzamiento de una botella con código numérico 646B a 60° 00'N 00° 39'E. La recogió un botella con código numérico 646B a 60° 6,37'N 00° 25,17'E el 12 de abril de 2012, tras 97 años y 309 días en el mar. Andrew Leaper (R.U.), patrón del barco pesquero Copious, a 60° 6,37'N 00°

símbolo @ para separar el nombre del destinatario del servidor. El mensaje decía: «QWERTYUIOP».

El **primer uso del símbolo @** data del 4 de mayo de 1536, cuando un mercader italiano lo empleó para referirse a las ánforas, una unidad de medida de líquidos.

Presidente con acceso regular a e-mail

Cuando Barack Obama (EE.UU.) tomó posesión de su cargo en enero de 2009, se anunció que era un ávido usuario del correo electrónico y que lo usaría durante su mandato para permanecer en contacto con el personal de dirección y con sus amigos personales.

MAYOR...

Servicio postal nacional

A 31 de marzo de 2011, India tenía 154.866 oficinas de correos, de las cuales 139.040 se hallan en zonas rurales. Da empleo a más de 466.000 personas.

La impresión más rápida de un sello

Para celebrar el 100.º aniversario del primer sello de su país, Liechtensteinische Post AG (Liechtenstein) imprimió un sello en tan sólo 57 min y 50 s. El intento de récord se celebró en la LIBA 2012 Stamp Exhibition (Schaan, Liechtenstein) el 16 de agosto de 2012, y el primer sello lo compró Craig Glenday, Editor jefe del GWR.

Colección de recuerdos de historia postal

El Smithsonian Institution's National Postal Museum de Washington DC (EE.UU.) alberga una colección filatélica y postal de 13.257.549 piezas, entre las que se incluyen artículos de papelería y buzones. Ocupa una superficie de 6.968 m².

SURFING ESPACIAL

Escrito en un portátil Apple Macintosh, el primer correo electrónico espacial fue enviado a través de la red AppleLink (un servicio en línea de Apple antes de que se comercializase Internet).

EL PRIMER...

Avión correo

El 18 de febrero de 1911, tan sólo siete años después de que los hermanos Wright realizaran el primer vuelo a motor, el francés Henri Pequet pilotó un pequeño biplano que transportaba 6.500 cartas desde un campo de aviación en Allahabad a Naini (ambos de India), a 10 km de distancia, en aproximadamente unos 15 min.

E-mail

En 1971, Ray Tomlinson, un ingeniero de la empresa informática Bolt, Beranek and Newman de Cambridge (Massachusetts, EE.UU.) envió el primer e-mail. Era un experimento para ver si podía intercambiar un mensaje entre dos ordenadores. Ray decidió usar el

Más tiempo en entregar una carta

En 2008, Janet Barrett (R.U.), propietaria de una pensión en Weymouth (Dorset, R.U.), recibió una SRC (se ruega confirmación) de invitación a una fiesta dirigida a «Percy Bateman» de parte de «Buffy», originalmente enviada el 29 de noviembre de 1919. Royal Mail tardó 89 años en entregarla.

El primer correo electrónico enviado desde el espacio

El 28 de agosto de 1991, los astronautas Shannon Lucid y James C. Adamson (ambos de EE.UU.) enviaron un mensaje a la Tierra desde la lanzadera *Atlantis* de la NASA. El texto decía: «¡Hola, Tierra! Saludos de la tripulación STS-43. Éste es el primer AppleLink desde el espacio. Lo estamos pasando genial; nos encantaría que estuvierais aquí... ¡Enviad cryo y RCS! Hasta la vista, baby... ¡Volveremos!»

El sello más raro: Dos contendientes comparten el récord a la rareza: un sello «Black on Magenta» de 1 centavo emitido por la Guayana inglesa en 1856 (*derecha*, última vez en el mercado en 1980) y el sueco «Treskilling» amarillo de 1855 (*ver arriba*).

El mayor mosaico de sellos: Voluntarios del South African Post Office y del Hatfield Tuition College (Sudáfrica) crearon un mosaico de 162 m² en el Tshwane Events Centre de Pretoria (Sudáfrica) entre el 12 de septiembre y el 12 de octubre de 2010.

La mayor organización de coleccionistas de sellos: La organización sin ánimo de lucro, American Philatelic Society, es la mayor sociedad de coleccionistas de sellos del mundo, con casi 35.000 miembros en más de 110 países.

La tarjeta postal más antigua: Una postal enviada por Theodore Hook Esq. (R.U.) a sí mismo desde Fulham (Londres, R.U.) en 1840 muestra unos escribanos de correos sentados alrededor de un tintero gigante.

El sello de edición especial más grande: El 6 de noviembre de 2007, TNT Post (Países Bajos) emitió un sello que medía 60 × 49,3 cm.

REDES SOCIALES

Más usuarios de Facebook por países

A 10 de marzo de 2013, EE.UU. contaba con 163.071.460 usuarios de Facebook. El mismo día, según la Oficina del Censo de EE.UU., la población del país ascendía a 315.467.468 personas, lo que significa que un 51,69% de la misma tenía cuenta de Facebook. En segundo lugar se encontraba Brasil, con 66.552.420 usuarios.

El vídeo *online* más visto en 24 horas

Gentleman de PSY, también conocido como Park Jae-sang (Corea del Sur), el gran *hit* de 2013, fue visto 38.409.306 veces el 14 de abril de este mismo año.

Más suscriptores en YouTube

A 16 de mayo de 2013, Smosh, el dúo cómico formado por Anthony Padilla y Ian Hecox (ambos de EE.UU.), contaba con 9.820.623 suscriptores. El canal (www.youtube.com/user/smosh), que contiene pequeños clips cómicos, es también uno de los más vistos de YouTube, con 2.328.054.269 visitas a 16 de mayo de 2013.

El mayor sitio *web* para compartir vídeos

YouTube sigue dominando Internet como la principal fuente de vídeos, con más de 4.000 millones de horas de vídeo vistas y 1.000 millones de usuarios que visitaban el sitio cada mes, en mayo de 2013. En el momento de escribir este libro (mayo de 2013), se agregaban más de 72 h de vídeo cada

LAS MAYORES TENDENCIAS DE 2012		
CATEGORÍA	**PERSONA**	**DETALLES**
Búsquedas globales	Whitney Houston (EE.UU.)	La prematura muerte de la cantante estadounidense Whitney Houston (*arriba*) el 11 de febrero de 2012 hizo que se convirtiera en la mayor tendencia en las categorías Global, Gente y Artistas.
Gente		• El *hit* viral *Gangnam Style*, de PSY, ocupó el segundo lugar en el Global, seguido por el huracán Sandy.
		• El segundo lugar en la categoría Gente fue para la integrante de la realeza británica Kate Middleton. En tercer lugar, se situó la estudiante canadiense Amanda Todd, cuyo trágico vídeo se convirtió en viral después de su muerte.
Artistas		• El protagonista de *La milla verde* (EE.UU., 1999), Michael Clarke Duncan, que murió el 3 de septiembre de 2012, fue segundo en la categoría «Artistas». En tercer lugar, el fenómeno del pop británico One Direction.
Atletas	Jeremy Lin (EE.UU.)	El ascenso de la estrella del básquet de EE.UU. Jeremy *Linsanity* Lin ocupó la primera posición. La estrella de la natación Michael Phelps (EE.UU.) quedó segundo y el *quarterback* de los Denver Broncos Peyton Manning (EE.UU.) quedó tercero.
Eventos	El huracán Sandy (EE.UU.)	La devastación causada por el huracán *Sandy* fue el evento que marcó mayor tendencia. En segundo lugar, las fotografías de la integrante de la realeza británica Kate Middleton embarazada. Y tercero, los Juegos Olímpicos de Londres 2012.
Imágenes	One Direction (R.U.-Irlanda)	One Direction provocó la mayor tendencia relacionada con una foto en Google en 2012. La actriz y cantante norteamericana Selena Gomez fue segunda, seguida por el esperado iPhone 5 de Apple.
Vídeos	Gangnam Style	El *Gangnam Style*, de PSY (Corea del Sur), fue el gran vencedor, mientras que *Somebody That I Used to Know* de Walk Off the Earth (Canadá) fue segundo; con un fuerte componente político, *KONY 2012* de Invisible Children, Inc. quedó tercero.
Películas	Los juegos del hambre (EE.UU., 2012)	La película de ciencia ficción *Los juegos del hambre* ocupó el primer puesto, seguida de la **película de James Bond con más recaudación**, *Skyfall* (R.U., 2012, ver pág. 203), y *Prometheus* (R.U.-EE.UU., 2012) del director Ridley Scott en el n.º 3.
Shows de TV	BBB12 (Rede Globo)	*BBB12* (Big Brother Brasil 12) fue el número 1. La exitosa telenovela brasileña *Avenida Brasil* quedó en segunda posición y *Here Comes Honey Boo Boo*, con la concursante de desfiles de belleza infantil Alana Thompson, en tercera.
Consumos electrónicos	Apple iPad	El iPad 3 y el iPad Mini de Apple ocuparon el primer y tercer puesto, respectivamente en cuanto a tendencias en Google relacionadas con el consumo electrónico. En medio, el *smartphone* Samsung Galaxy S3.

Fuente: Google – Zeitgeist 2012. Las tendencias en Google Zeitgeist se basan en el cambio de volumen de tráfico para cualquier término de búsqueda de un año a otro. Como tal, no es una medida de los temas más buscados sino de aquellos que ascienden rápidamente (es decir, que se convierten en una tendencia).

Más usuarios de Internet per cápita

Según la International Telecommunication Union, Islandia es el país con el porcentaje más alto de personas que usan Internet, con un 95,02% en 2011.

El navegador de Internet más popular

En abril de 2013, el navegador de Internet Google Chrome gozaba de un 39,15% de cuota de mercado, según http://gs.statcounter.com.

El primer tuit

Twitter fue creado por Jack Dorsey (EE.UU.) en 2006 como una red social de *microblogging*. Los usuarios pueden publicar mensajes de texto de hasta 140 caracteres, llamados *tuits*, los cuales se envían a sus suscriptores o «seguidores». El primer tuit lo publicó Dorsey a las 21:50 Tiempo Estándar del Pacífico (PST), el 21 de marzo de 2006 y decía: «Estoy instalando mi twittr».

CITA
«Me encantaría empapelar el interior de mi casa con certificados GWR».
– Misha Collins.

La mayor búsqueda del tesoro digital

Misha Collins (EE.UU.) organizó la «Mayor Búsqueda del Tesoro Internacional que el Mundo Haya Visto Jamás». Se realizó del 29 de octubre al 5 de noviembre de 2012 y tuvo 14.580 participantes. Los 151 ítems incluían un lanzamiento en paracaídas (*izquierda*), un soldado de asalto que limpiaba piscinas (*abajo, izquierda*) y un espectáculo de marionetas en un hospital de niños (*abajo, derecha*).

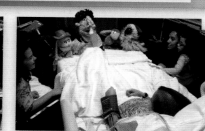

minuto, el equivalente a más de 308.400 largometrajes por semana.

La mayor enciclopedia *online*

Wikipedia fue concebida por Jimmy Wales y Larry Sanger (ambos de EE.UU.) como una enciclopedia gratuita *online* a la que los usuarios de Internet podían adherirse y editar. Wikipedia.com fue puesta en marcha el 15 de enero de 2001. A 22 de mayo de 2013, el sitio contenía 4.238.043 artículos escritos en inglés y más de 37 millones de artículos escritos en conjunto, en 285 idiomas.

La mayor red social *online*

A 31 de marzo de 2013, Facebook podía presumir de tener 1.110 millones de usuarios activos mensuales, con más de 150.000 millones de «amigos» entre ellos.

El **mayor número de «me gusta» en una noticia de Facebook** a 16 de mayo de 2013 es de 4.437.740, tal como puede verse en la página oficial del presidente de EE.UU. Barack Obama en respuesta a su entrada de «Cuatro años más» realizada el 7 de noviembre de

MÁS SEGUIDORES DE TWITTER PARA...

Escritor: Paulo Coelho (Brasil) tiene 7.825.671 seguidores. Entre las obras de Coelho se encuentra *El alquimista*, un superventas aclamado por la crítica.

Empresario: El cofundador de Microsoft y famoso filántropo Bill Gates (EE.UU.) tiene 11.320.473 seguidores.

Actor: Ashton Kutcher (EE.UU.) tiene 14.299.082 seguidores, el mayor número para un actor. Ashton también ostenta el récord de la **primera persona en llegar al millón de seguidores**, cifra que alcanzó en 2009.

Estrella de un *reality* de TV: De la alta sociedad, modelo y estrella de *Keeping up with the Kardashians* y sus secuelas, Kim Kardashian (EE.UU.) tiene 17.810.657 seguidores.

Actriz: La primera actriz latina en ganar un millón de dólares por protagonizar una película (*Un romance muy peligroso*, 1998), Jennifer Lopez (EE.UU.), tiene 18.260.631 seguidores.

Fuente: twitaholic.com.
Todas las estadísticas son correctas a 17 de mayo de 2013

El primer Google+ Hangout en el espacio

El 22 de febrero de 2013, los astronautas Kevin Ford, Tom Marshburn (ambos de EE.UU.) y Chris Hadfield (Canadá) formaron parte del primer Google+ Hangout desde el espacio, en la *Estación Espacial Internacional*. Los tres chatearon *online* con el público durante 20 minutos.

2012 (ver pág. 116). La entrada puede verse aquí: tinyurl.com/obamalikes.

Texas HoldEm Poker (Zynga, 2007) ostenta el récord de **más «me gusta» para un juego en Facebook.** A 16 de mayo de 2013, la página de Texas HoldEm Poker había acumulado 70.206.549 «me gusta».

La estrella de Barbados Rihanna (n. Robyn Rihanna Fenty) es la reina indiscutida de Facebook, con más fans (70.738.592) que cualquier persona del planeta, a 16 de mayo de 2013. El 8 de noviembre de 2012, durante una entrevista en Facebook Live para promocionar su séptimo álbum de estudio, *Unapologetic*, la artista de 25 años dijo ser la **persona con más «me gusta» en Facebook** (un título que le arrebató al rapero Eminem): «No parece real… [pero] es genial saber que les importo [a mis fans].»

A 16 de mayo de 2013, el **mayor número de comentarios en una publicación de Facebook** es de

118.697.614, y lo consiguió el gurú Shri Rajendraji Maharaj Jaap Club (India) en respuesta a una entrada realizada el 27 de marzo de 2012.

Más tuits por segundo

Con las campanadas de la Nochevieja de 2012, en el Tiempo Estándar de Japón, el número de tuits por segundo desde Japón a Corea del Sur llegó a los 33.388.

Este fenómeno se podría explicar en parte por una costumbre japonesa de enviar postales de Año Nuevo, conocida como *nengajo*.

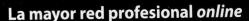

La mayor red profesional *online*

LinkedIn se puso en marcha el 5 de mayo de 2003 como una red social dirigida a empresarios. El 9 de enero de 2013, LinkedIn anunció que había alcanzado los 200 millones de usuarios en todo el mundo. A 31 de diciembre de 2012, crecía a un ritmo de dos miembros por segundo.

El empresario británico Richard Branson *(derecha)* posee el **mayor número de seguidores en LinkedIn.** Fue el primer miembro en llegar al millón de seguidores; a 10 de marzo de 2013, lo seguían un total de 1.521.636 personas.

Más seguidores de Twitter para un grupo de pop

One Direction (R.U.-Irlanda) había conseguido 12.130.152 seguidores en Twitter a 16 de mayo de 2013 a través de su cuenta @onedirection. Los chicos también tienen sus propias cuentas; Harry Styles *(arriba a la derecha)* va a la cabeza, con 12.952.247 seguidores.

La mayor partida *online* de Secret Santa

El sitio *web* redditgifts.com (EE.UU.) organizó la mayor partida *online* de Secret Santa, en la que los participantes envían y reciben regalos de manera anónima. Realizado entre el 5 de noviembre de 2012 y el 15 de febrero de 2013, en el evento participaron 44.805 personas que enviaban y recibían regalos.

El juego más popular en una red social

En enero de 2011, *CityVille* (Zynga, 2010), la aplicación de Facebook más popular, tenía 84,2 millones de jugadores mensuales.

Más amigos en MySpace

Desde que MySpace se puso en funcionamiento en 2003 hasta febrero de 2010, su cofundador Tom Anderson era el primer «amigo» de cada cuenta. A 15 de mayo de 2013, *MySpace Tom* tenía 11.752.308 amigos.

Más dinero conseguido para un proyecto Kickstarter

Kickstarter es una *web* de EE.UU. diseñada para acoger proyectos financiados a través de *crowd funding*. El 18 de mayo de 2012, el proyecto para financiar el Pebble: E-Paper Watch para iPhone y Android se cerró habiendo conseguido 10.266.845 dólares con el apoyo de 68.929 personas.

Atleta: El *galáctico* del Real Madrid Cristiano Ronaldo (Portugal) ha conseguido 18.302.613 fervientes seguidores desde que se unió a Twitter hace seis años.

Estrella de TV: La comediante y presentadora de TV Ellen DeGeneres (EE.UU.), protagonista de *The Ellen DeGeneres Show*, tiene 19.296.433 seguidores.

Político: En total, 31.551.812 personas siguen al presidente Barack Obama (EE.UU.). Obama también sigue a una buena cantidad de personas, 662.594, algo poco usual en una personalidad de su calibre.

Cantante de pop (mujer): La rival del pop más cercana que tiene Justin Bieber es Lady Gaga (EE.UU.). La estrella de *Born this Way* tiene 37.335.980 seguidores. ¿Conseguirán esos *Little Monsters* (sus fans) convertirla en la n.º 1 en 2014?

Cantante de pop: El canadiense Justin Bieber no es sólo la estrella de pop con más seguidores: a 17 de mayo de 2013, tenía el **mayor número de seguidores:** 39.206.786 verdaderos *Beliebers*.

GRAN HERMANO

La mayor red para la vigilancia de las comunicaciones

Echelon es una red de espionaje electrónico creada por las centrales de inteligencia de EE.UU., R.U., Australia, Nueva Zelanda y Canadá. Se fundó en 1947 para compartir datos de inteligencia. Algunos analistas consideran que puede interceptar el 90% del tráfico de Internet y también seguir comunicaciones telefónicas y vía satélite a escala global. En la foto, los radomos –las cubiertas de antena con forma de pelota de golf gigante– que usa Echelon en la estación RAF Menwith Hill, en Yorkshire del Norte (R.U.).

Las primeras *cookies* de Internet

Las *cookies* http –pequeñas piezas de información que los sitios web depositan en tu navegador para recordar detalles como tu contraseña o tus gustos de consumo– las inventó Lou Montulli (EE.UU.) mientras trabajaba para Netscape, en 1994. La primera vez que se usaron en Internet fue en la propia página de Netscape para comprobar si los que visitaban la página lo hacían por primera vez o ya lo habían hecho antes.

1988 e inutilizó casi un 10% de los ordenadores conectados a Internet (unos 60.000 aparatos).

El primer gusano informático en atacar sistemas industriales

El gusano *stuxnet* fue descubierto en 2010. Se propaga de PC en PC a través de un lápiz USB y tiene como objetivo pequeños ordenadores llamados *controladores lógicos programables*, que se usan para supervisar procesos industriales. Al usar los ajustes estándar de las contraseñas, *stuxnet* podía acceder a sistemas industriales mal configurados y afectar los ajustes y las operaciones. Irán –donde se encontraba el 60% de los ordenadores infectados– acusó a Occidente de crearlo para atacar sus bases nucleares, ya que las centrifugadoras que se usaban para enriquecer uranio habían quedado dañadas durante el ataque.

El primer virus informático

El 11 de noviembre de 1983, Fred Cohen, un estudiante del Instituto Tecnológico de Massachusetts (EE.UU.), llevó a cabo la primera demostración de un programa informático que se replica a sí mismo. Ya se había especulado antes sobre cómo debería ser un virus, pero Cohen fue el primero en escribir y ejecutar un código válido.

El primer gusano informático

Los gusanos informáticos son un tipo de *malware* diseñado para propagarse a través de las redes informáticas. El primero, llamado *Creeper* («Enredadera»), lo desarrolló Robert Thomas (EE.UU.) en 1971 mientras trabajaba para BBN Technologies (EE.UU.). Era un programa experimental autorreplicante diseñado para demostrar aplicaciones móviles. Infectaba los ordenadores DEC PDP-10 y mostraba en su pantalla el siguiente mensaje: «Soy la enredadera, ¡atrápame si puedes!».

El **primer gusano que se propagó por la red** fue *Morris*. Lo creó Robert Tappan Morris (EE.UU., *ver abajo a la derecha*), un estudiante de la Universidad de Cornell (EE.UU.). Morris liberó el gusano el 2 de noviembre de

El primer humano infectado con un virus informático

El 27 de mayo de 2010, Mark Gasson (R.U.), de la Universidad de Reading (R.U.), anunció que se había implantado un chip RFID (identificación por radiofrecuencia) en la mano al que infectó con un virus informático. El chip le permitía activar el teléfono móvil y pasar a través de las puertas de seguridad. Al cruzar una de ellas, el sistema que reconocía su chip RFID aceptaba el virus, el cual pasaba a otros chips RFID o a las tarjetas con banda magnética usadas para activar la puerta. Con este virus, Gasson quería demostrar la existencia de potenciales amenazas. Lo diseñó para señalar potenciales amenazas a implantes, tales como los marcapasos y los implantes cocleares.

TAMAÑO **REAL**

Primer *driveby spam*

En enero de 2012, la compañía alemana de seguridad de *e-mails* Eleven anunció el descubrimiento de un nuevo tipo de mensaje maligno que puede infectar un PC con virus y troyanos al abrirlo. Anteriormente, los usuarios podían estar seguros de que los *e-mails* sólo podían infectar sus ordenadores si abrían el adjunto que contenía el

Y QUE CONSTE…

El *spam* debe su nombre a una escena de la serie cómica de la TV británica *Monty Python's Flying Circus*, en la cual el reparto cantaba esta palabra repetidamente para homenajear al *spiced ham* (jamón con especias, *derecha*), un tipo de carne de cerdo (*derecha*). En la década de 1980, la palabra se usaba en las BBS para interrumpir los chats *online*.

La banda de *spameros* más prolífica

En noviembre de 2009, un tribunal de EE.UU. condenó a una banda dirigida por los hermanos Lane y Shane Atkinson (Nueva Zelanda) y Jody Smith (EE.UU.) a pagar 15,5 millones de dólares por mandar *spam* promocionando fármacos y hierbas medicinales. La banda controlaba una red de 35.000 ordenadores y había creado un tercio del correo basura que circulaba por el mundo.

GALERÍA DE *HACKERS* INFAMES

Vladímir Levin (Rusia): En 1994, accedió a las cuentas de los clientes del Citibank y trató de robar 10,7 millones de dólares; lo arrestaron en 1995 y finalmente ingresó en prisión en 1998.

Albert Gonzalez (Cuba-EE.UU.): Cumple una condena de 20 años por *hackear* a varias compañías entre 2005 y 2007 para robar números de tarjetas de crédito (un total de 170 millones).

David Smith (EE.UU.): Responsable de liberar el virus *Melissa* en 1999 que obstruyó y paralizó sistemas de correo electrónico; fue arrestado una semana después y condenado a 10 años.

Gary McKinnon (R.U.): Acusado por el gobierno de EE.UU. de realizar el «mayor *hackeo* de todos los tiempos» a un ordenador militar» en 2001 y 2002; dijo que sólo buscaba ovnis.

Jonathan James (EE.UU., 1983-2008): Arrestado en 2000 por *hackear* un año antes los sistemas del Departamento de Defensa de EE.UU. Fue el **primer menor en ser condenado por un delito informático.**

SÓLO 1.000 MILLONES
Es el número de usuarios de la red bloqueados durante las protestas en línea.

La mayor protesta en Internet

SOPA y PIPA (Stop Online Piracy Act y PROTECT IP Act), dos leyes que propuso el Congreso de EE.UU., provocaron protestas generalizadas en toda la red. El 18 de enero de 2012, tomaron parte al menos 115.000 sitios web, realizando un «apagón» de los contenidos o denegando el acceso a los usuarios. Más de 162 millones de visitantes de la versión en inglés de Wikipedia fueron recibidos con una página de bloqueo que invitaba a los usuarios de EE.UU. a contactar con sus representantes en el Congreso.

...oftware maligno. Esta nueva amenaza, conocida como *driveby spam*, consiste en mensajes en HTML que descargan automáticamente el *malware* usando un JavaScript.

El año con más *spam*
Según la compañía de seguridad informática Symantec, en 2010 el 89,1% de todos los mensajes enviados por todo el mundo era *spam*. Esta cifra cayó a un 75,1% en 2011, debido al cierre de grandes *botnets*, incluida Rustock. La tendencia continuó en

2012, año en que el *spam* representó un 68% de los *e-mails*. En comparación, en 2001 sólo un 8% de los mensajes contenía *spam*.

El primer *rickroll* reseñado
En marzo de 2007, una URL que afirmaba enlazar con el primer trailer del videojuego *Grand Theft Auto IV*, en realidad enviaba a los usuarios al vídeo musical *Never Gonna Give You Up*, de la estrella del pop de la década de 1980 Rick Astley (R.U.). Esta práctica –conocida como «*rickrolling*»– gradualmente se transformó en un «meme» o fenómeno global en la red.

La mayor protesta *rickroll* coordinada

El 10 de febrero de 2008, entre 6.000 y 8.000 integrantes y simpatizantes enmascarados del grupo de activistas de Internet Anonymous se juntaron en al menos 90 ciudades de todo el mundo como parte del Proyecto Chanology, una serie de protestas contra la Iglesia de la Cienciología. Los manifestantes representaron *rickrolls* en vivo *(ver el texto principal)* en centros de la Iglesia de al menos siete ciudades. En la foto, integrantes de Anonymous manifestándose a favor de la privacidad y los derechos humanos en Marsella (Francia), en octubre de 2012.

El primer acto de *hacktivismo* político
Hacktivismo es el término usado para describir una protesta en la que se emplean las redes informáticas con un objetivo político. El primer hecho documentado de este tipo ocurrió en octubre de 1989, cuando se introdujo el gusano «Gusanos Contra los Asesinos Nucleares» en los ordenadores de la NASA y del Departamento de Energía de EE.UU. Se cree que este ataque se originó en Australia, y ocurrió unos días antes de que la nave *Galileo*, que se propulsaba con energía nuclear, fuera lanzada al espacio por el transbordador espacial *Atlantis*.

DATO:
Las máscaras que usan los *hacktivistas* de Anonymous representan a Guy Fawkes, un miembro del llamado Motín de la Pólvora que intentó volar el Parlamento británico en 1605. La máscara la diseñó el dibujante David Lloyd para la novela gráfica *V de Vendetta*, de Alan Moore (ganador del **mayor número de Premios Eisner**, con nueve estatuillas).

Y QUE CONSTE…
La expresión *Gran Hermano* se incorporó a la lengua coloquial gracias al escritor británico George Orwell (1903-1950). En su libro *1984* (1949), el estado ficticio de Oceanía está gobernado por un dictador (que en realidad podría no ser una sola persona) con control absoluto, al que se conocía como el Gran Hermano. Entre otras consignas, en la novela se repetía ésta: «El Gran Hermano te vigila.»

Kevin Poulsen (EE.UU.): Sentenciado a 51 meses de cárcel en 1994 por fraude informático y de correo; ahora es un autor y periodista de renombre.

Adrian Lamo (EE.UU.): Detenido en 2003 por *hackear* los sistemas informáticos de varias empresas de comunicación, cumplió seis meses de arresto domiciliario.

Kevin Mitnick (EE.UU.): El FBI lo arrestó en 1995 por fraude electrónico e informático; pasó cinco años en prisión y hoy se gana la vida como asesor en materia de seguridad.

Michael Calce (Canadá): En el año 2000, paralizó, entre otros, los sitios webs de eBay, Amazon y Yahoo; pasó ocho meses en un reformatorio.

Robert Tappan Morris (EE.UU.): Creó el gusano *Morris* (ver texto) y se convirtió en la primera persona en ser condenada por la Ley Federal de Fraude y Abuso Informáticos (1984).

CÁRCELES

La cárcel más grande (capacidad)

En el Centro Penitenciario Silivri, en Silivri (Turquía), se recluye a criminales peligrosos. Empezó a construirse en 2005 como cárcel de alta seguridad y se acabó en 2008. Aunque tiene una capacidad para 11.000 internos, a principios de octubre de 2012 sólo albergaba a 8.586. Tiene una plantilla de 2.677 personas.

La mayor granja penal

La Louisiana State Penitentiary es una granja penal de Louisiana (EE.UU.), de 7.300 hectáreas y rodeada por el río Misisipi por tres lados. Durante el año fiscal 2009-2010, una plantilla de 1.624 personas vigilaba a un total de 5.193 presos, con un presupuesto anual de 124.035.534 dólares. La granja aloja el corredor de la muerte y la sala de ejecuciones del estado y además es la mayor prisión de máxima seguridad de EE.UU.

Más población en el corredor de la muerte (país)

Según el Informe Anual de 2012 de Amnistía Internacional, en Pakistán había más de 8.000 presos a la espera de ser ejecutados en 2011, más del doble que en EE.UU. Sin embargo, la última ejecución en Pakistán fue en 2008.

La mayor isla penitenciaria

A principios del siglo XIX, los británicos usaron como colonia penitenciaria la Tierra de Van Diemen (el actual estado australiano de Tasmania). La isla tiene una superficie de 67.800 km² y hubo un tiempo en que alojó a unos 75.000 convictos, un 40% de los presos que desde las Islas Británicas mandaban a Australia. En 1853 se suspendieron los traslados a la Tierra de Van Diemen.

La cárcel más grande

Rikers Island es el principal complejo penitenciario de la ciudad de Nueva York (EE.UU.) con 10 prisiones; aquí se retiene a delincuentes menores y en tránsito, quienes no pueden pagar la fianza y quienes cumplen penas de un año como máximo. Alberga a casi 15.000 internos y lo dirige una plantilla de 10.432 personas, con un presupuesto de 1.080 millones de dólares, en 2012. La población media diaria tocó techo en 2003, con 14.533 internos. La estancia media son 54 días.

La mayor población de presos

Según el Centro Internacional para Estudios Penitenciarios, en 2011 EE.UU. batió el récord de población de presos con 2.239.751, con una proporción de 716 por cada 100.000 habitantes, el **mayor número de presos per cápita.** En términos absolutos, China ocupa el segundo lugar, con 1.640.000 presos, pero sólo representa 121 convictos por cada 100.000 habitantes.

La mayor fuga carcelaria

El 11 de febrero de 1979, un empleado iraní de la Electronic Data Systems Corporation lideró un motín en la cárcel de Ghasr, en Teherán (Irán), con la intención de rescatar a dos colegas estadounidenses. Otros 11.000 presos aprovecharon la ocasión y protagonizaron la fuga carcelaria más grande de la historia.

La **mayor fuga del corredor de la muerte** tuvo lugar el 31 de mayo de 1984, cuando seis internos se escaparon del Mecklenburg Correctional Center de Virginia (EE.UU.), fingiendo que estaban desarticulando una bomba. Los capturaron a los pocos días y los ejecutaron a lo largo de los 12 años siguientes.

La fuga más larga

Leonard T. Fristoe (EE.UU.) se fugó de la Nevada State Prison en Carson City (Nevada, EE.UU.), el 15 de diciembre de 1923. Lo delató su hijo el 15 de noviembre de 1969 en Compton (California, EE.UU.), aunque para entonces Leonard ya

TRAS LOS BARROTES
En 2011, se calculó que en las cárceles de EE.UU. cabían 2.134.000 personas; entre prisiones estatales y federales había un total de 4.575 centros.

MENOS CONVICTOS
La República Centroafricana y las Comoras comparten el récord del **menor índice de población carcelaria**, con 19 presos por cada 100.000 habitantes.

LA CÁRCEL Y EL TIEMPO

El preso cumpliendo más pena en Alcatraz: Alvin Karpis (EE.UU.) pasó 26 años como interno en la prisión de Alcatraz, en la bahía de San Francisco, California (EE.UU.), de agosto de 1936 a abril de 1962.

La mayor reclusión de un futuro jefe de Estado: Nelson Mandela (presidente de Sudáfrica, 1994-1999) estuvo internado en tres cárceles del 5 de agosto de 1962 al 11 de febrero de 1990; en total, 27 años, 6 meses y 6 días.

El mayor encarcelamiento de un líder tras su expulsión del poder: El ex general panameño Manuel Noriega (gobernante de facto de Panamá de 1983 a 1989) lleva en la cárcel desde que las fuerzas militares de EE.UU. lo capturaron el 4 de enero de 1990.

El verdugo más tiempo en servicio: William Calcraft (R.U., 1800-1879) ejecutó casi todas las penas de la horca, exteriores e interiores, en la cárcel de Newgate, en Londres (R.U.), durante 45 años, de 1829 a 1874.

La mayor pena por pirateo informático: Brian Salcedo (EE.UU.) fue condenado a nueve años en una cárcel federal el 16 de diciembre de 2004 por complot y numerosos cargos de pirateo tras intentar robar información de tarjetas de crédito.

La cárcel más pequeña

Construida en 1856 y con una capacidad máxima de dos presos, se halla en la isla de Sark, la más pequeña de las cuatro principales de las Islas del Canal del R.U.

tenía 77 años y había disfrutado de casi 46 años de libertad con el nombre de Claude R. Willis.

Las cárceles más seguras

Las cárceles «Supermax» albergan a los criminales más peligrosos. Suelen permanecer aislados en sus celdas durante 23 h al día y apenas pueden formarse o distraerse. Las comidas se pasan por una rendija de la puerta y cualquier actividad se hace individualmente y en una zona confinada. El contacto con el personal, otros internos o el mundo exterior se censura y es mínimo. Los muebles son de metal u hormigón. Cuando sacan a los presos de sus celdas les ponen esposas, cadenas para la cintura y grilletes. Asimismo, el centro cuenta con otras medidas de seguridad como sensores electrónicos y de presión, rayos infrarrojos y perros guardianes.

En EE.UU. hay 25.000 presos en dichas instalaciones. Por ahora nadie se ha escapado de una supermax.

El mayor complejo penitenciario (un edificio)

La Twin Towers Correctional Facility de Los Ángeles (California, EE.UU.) tiene una superficie total de 140.000 m², construida en un terreno de 4 ha. Comprende un edificio de servicios médicos, un centro de traslados, salas de instrucción de cargos y, por supuesto, celdas para los internos.

El mayor barco prisión

El mayor barco prisión operativo es el New York City Prison Barge –también llamado Vernon C. Bain Center–, de 870 camas y situado en el East River de Nueva York (EE.UU.). Forma parte del complejo penitenciario de Rikers Island. Su construcción costó 161 millones de dólares y lleva en Nueva York desde 1992.

El preso liberado más anciano

En 1987, Brij Bihari Pandey (India), un sacerdote hindú de 84 años, y 15 cómplices asesinaron a cuatro personas. Tras un juicio de más de 20 años, en 2009 le condenaron a cadena perpetua. Sin embargo, a causa de su delicado estado de salud lo liberaron por causas humanitarias de la cárcel de Gorakhpur en Uttar Pradesh (India), en junio de 2011, a sus 108 años. Murió al cabo de dos meses, el 25 de agosto de 2011.

Bill Wallace (Australia, 1881-1989) es el **preso más anciano fallecido en la cárcel.** Pasó sus últimos 63 años en el hospital psiquiátrico de Aradale, en Ararat, Victoria (Australia), y allí permaneció hasta fallecer el 17 de julio de 1989, al poco de cumplir 108 años.

Más traslados carcelarios

Lawrence Doyle Conklin (EE.UU.), entre su condena en 1971 y su muerte el 12 de septiembre de 1998, fue trasladado 117 veces por 53 instalaciones penitenciarias distintas de EE.UU.

Más víctimas por un incendio en una cárcel

Los días 14-15 de febrero de 2012, se desató un incendio en la cárcel de Comayagua, en el centro de Honduras (a las afueras de la capital, Tegucigalpa); se cobró la vida de al menos 358 presos y otros quedaron atrapados en su interior.

La cárcel para mujeres de mayor capacidad

La Central California Women's Facility de Chowchilla, en California (EE.UU.), es la mayor cárcel de mujeres. También acoge a todas las internas del corredor de la muerte de California. A 30 de enero de 2013, las instalaciones funcionaban a más del 184,6% de su capacidad, con 3.700 reclusas en un complejo proyectado para 2.004 camas.

VER EL LADO OSCURO DE INTERNET EN LA PÁG. 130

La mayor pena por jugar a un videojuego: En septiembre de 2002, Faiz Chopdat (R.U.) fue condenado a cuatro meses de cárcel por jugar al *Tetris* con el móvil en un vuelo de vuelta a casa y «poner en peligro la seguridad del avión».

Más tiempo en confinamiento solitario: A 17 de abril de 2013, Herman Wallace *(izquierda)* y Albert Woodfox (ambos de EE.UU.) habían cumplido 41 años en confinamiento solitario, principalmente en la State Penitentiary of Louisiana –también conocida como Angola– en EE.UU.

La mayor pena (un solo cargo): En 1981, Dudley Wayne Kyzer (EE.UU.) fue condenado a 10.000 años por asesinar a su mujer. Recibió otras dos cadenas perpetuas por matar a su suegra y a un estudiante.

La mayor pena tras una apelación: En 1994, Darron Bennalford Anderson (EE.UU.) fue hallado culpable de varios crímenes graves y le condenaron a 2.200 años. Tras apelar, volvieron a condenarle, dictaron nueva sentencia y le impusieron una pena de cárcel *adicional* de 9.000 años, de la que luego descontaron 500.

Más tiempo de un perro en el corredor de la muerte: *Word*, cruce de lhasa apso, estuvo retenido en un corredor de la muerte canino 8 años y 190 días, desde el 4 de mayo de 1993, por dos casos de mordedura.

GRANJAS Y AGRICULTURA

El mayor número de cosechadoras recolectando simultáneamente

El mayor número de cosechadoras trabajando juntas en un campo es de 208. Lo consiguió Combines 4 Charity en la granja de Gerry Currans en Duleek, en el condado de Meath (Irlanda), el 28 de julio de 2012.

CULTIVOS Y CEREALES

Las primeras plantas domesticadas
Aunque algunas pruebas invitan a pensar que el cultivo de arroz comenzó en Corea hace 15.000 años, los ocho cultivos más antiguos que se conocen se remontan a los albores del Neolítico. Se trataba del lino, cuatro especies de legumbres y tres de cereales. Todo comenzó en las primeras comunidades agrícolas del

Holoceno que vivieron hacia el 9500 a.C. en la región del Creciente Fértil, en el suroeste de Asia.

La planta más antigua cultivada para comer
En junio de 2006, investigadores de las universidades de Harvard (EE.UU.) y Bar-Ilan (Israel) anunciaron el descubrimiento de nueve higos carbonizados cuya antigüedad se remonta a unos 11.200-11.400 años atrás, en el asentamiento neolítico Gigal I, cerca de Jericó (Israel). Los investigadores creen que esta variedad en particular podría haberse cultivado, por lo que estos higos podrían ser uno de los primeros vestigios conocidos de la fruticultura y, en general, de la agricultura.

El tiempo más rápido en arar un acre
El tiempo más rápido constatado en arar 1 acre (0,404 ha) de acuerdo con las reglas de la United Kingdom Society of Ploughmen es de 9 min y 49,88 s. Lo consiguió Joe Langcake en la Hornby Hall Farm de Brougham, en Penrith (R.U.), el 21 de octubre de 1989. Joe usó un tractor Case IH 7140 Magnum y un arado Kverneland de cuatro cuerpos.

La mayor cantidad de caña de azúcar cortada con la mano en ocho horas
El 9 de octubre de 1961, Roy Wallace (Australia) cortó a mano la friolera de 50 toneladas de caña de azúcar en 8 h en una plantación de azúcar de Giru (Australia).

La mayor producción de trigo
Mike Solari (Nueva Zelanda) cosechó 15,636 toneladas/ha de trigo en

El burro más bajo

KneeHi (nacido el 2 de octubre de 2007) es un macho marrón que vive en la Best Friends Farm de Gainesville, Florida (EE.UU.). El 26 de julio de 2011, medía 64,2 cm hasta la cruz. Jim y Frankie Lee y su hijo Dylan (en la foto) cuidan de este burro miniatura mediterráneo.

181 kg Es el peso máximo aproximado de un ejemplar adulto miniatura.

La mayor cantidad de cereal cosechada en ocho horas
James C. (Jay) Justice III (EE.UU.) cosechó la exorbitante cantidad de 19.196,59 fanegas de trigo con una cosechadora Caterpillar 485 Lexion en la Catfish Bay Farm de Beckley, West Virginia (EE.UU.), el 14 de septiembre de 2001.

8,869 ha en su granja de Otama, Gore (Nueva Zelanda), el 8 de marzo de 2010.
La **mayor producción de cebada** se consiguió en Stockton Park (Leisure) Limited's Edington Mains Farm, en Chirnside (R.U.), con 12,2 toneladas/ha de cebada de invierno en 21,29 ha, el 2 de agosto de 1989.

La raza de ganso más grande
La raza de ganso doméstico más grande es el ganso africano o ganso-cisne. Los adultos machos pesan un promedio de 10 kg y son más altos que las hembras, cuyo promedio es de 8 kg.

LOS ANIMALES DE GRANJA MÁS CAROS

Vaca: 1,3 millones de dólares.

Alpaca: 675.000 dólares.

Oveja: 369.000 dólares.

Caballo de tiro: 112.000 dólares.

Toro: 199.000 dólares.

La cola de poni más larga

Golden Shante, también conocido como *Topper*, un poni Shetland que pertenece a Janine Sparks (EE.UU.) y vive en Brookwood Farm de New Palestine (Indiana, EE.UU.), tiene una cola que medía 4,08 m el 24 de julio de 2010.

El dibujo más grande en un cultivo

El 17 de mayo de 2005, un círculo de maíz aplastado de 55 m de diámetro, con la forma del logo de Ron Bacardí, apareció en Dalponte Farms, una enorme plantación de menta en Richland, Nueva Jersey (EE.UU.). Bacardí compra la menta a la granja y la utiliza para promocionar el mojito, una bebida a base de ron.

ANIMALES

La primera granja de alces

Yevgeny Knorre y el personal de la Reserva Natural de Pechora-Ilych, en las afueras de Yaksha, en la República de Komi (URSS, ahora Rusia), puso en marcha una granja experimental de alces en 1949. Sin embargo, la primera granja dedicada por completo a la domesticación y cría de alces, para la producción de leche y queso, es la Kostroma Moose Farm en Kostroma Oblast (Rusia), fundada en 1963. Allí se mantiene una manada semidomesticada de alces de granja que incluye entre 10 y 15 hembras

productoras de leche. Más de 800 alces han vivido en la granja desde su creación.

La raza equina más escasa

La raza de caballos menos común es la Abaco Barb. Hasta julio de 2010 sólo existían cinco ejemplares, todos estériles, al parecer. Antiguamente habituales en las Bahamas, su extinción se cree que se ha debido a la caza deportiva, el consumo y el envenenamiento ocasionado por los pesticidas agrícolas.

La raza de pavo doméstico más grande

La variedad estándar de pavo doméstico más grande del mundo es la gigante blanca. Los machos adultos (jóvenes) pesan entre 13,5 y 18 kg cuando tienen entre 20 y 24 semanas de vida; y las pavas de la misma edad pesan entre 6,5 y 9 kg. Sin embargo, debido

a su peso, son incapaces de criarse naturalmente y, por lo tanto, tienen que ser inseminados artificialmente.

El **pavo doméstico estándar más pequeño** es el enano blanco. Los machos adultos pesan alrededor de 6 kg y las hembras entre 3,5 y 4,5 kg, hecho que los hace un poco más grandes que los pollos domésticos de mayores dimensiones.

El ternero más pesado

El ternero vivo más pesado en el momento de nacer fue una cría de vaca frisona de 102 kg, en la Rockhouse Farm de Bishopston (Swansea, R.U.), en 1961.

El **ternero más ligero** fue una cría de frisona llamada *Christmas*. Nació el 25 de diciembre de 1993 en Hutchinson (Minnesota, EE.UU.) con tan sólo 4,1 kg.

El mayor número de razas de un mamífero doméstico de granja

La oveja doméstica (*Ovis aries*) posee más razas que cualquier otra especie de mamífero doméstico de granja. Actualmente existen más de un millar de razas diferentes en todo el mundo.

La mayor cantidad de leche producida por una vaca en su vida

La mayor producción de leche en toda una vida registrada por una vaca es de 216.891 kg y la consiguió *Smurf*, una vaca Holstein perteneciente a La Ferme Gillette, Inc., Dairy Farm (Canadá) de Embrun, en Ontario (Canadá).

La raza de pato doméstico más pequeña

El call duck o pato de reclamo pesa menos de 1 kg. Su nombre se debe a su uso original: se criaba como cebo para atraer al ánade real salvaje a las trampas que colocaban los cazadores en marismas y pantanos.

El primer equino clonado

Idaho Gem, una mula doméstica, se convirtió en el primer equino clonado. Nacida el 4 de mayo de 2003, era una copia genética idéntica de su hermano *Taz*, un mulo que había ganado varias carreras. Para conseguirlo, los científicos de la Universidad de Idaho (EE.UU.) combinaron células de mulo con óvulos de yegua.

El primer roedor domesticado

El primer roedor domesticado es el conejillo de Indias o cobaya (*Cavia porcellus*). En los Andes se han encontrado vestigios de ejemplares criados para el consumo que se remontan al año 5000 a.C.

Cabra: 82.600 dólares.

Cerdo: 56.000 dólares.

Perro pastor: 16.216 dólares.

Pato: 2.400 dólares.

Animal virtual: 1.300 dólares por un faisán en el videojuego *FarmVille*.

GIGANTES DEL JARDÍN

- **Calabacín:** 93,7 kg. Lo presentó Bradley Wursten (Países Bajos) en el Dutch Giant Vegetable Championship de Sliedrecht (Países Bajos), el 26 de septiembre de 2009.
- **Calabaza:** *Ver abajo a la izquierda.*
- **Calabaza gris:** 674,31 kg. La cultivó Joel Jarvis (Canadá) y se pesó el 1 de octubre de 2011 en la Port Elgin Pumpkinfest de Ontario (Canadá).
- **Cereza:** 21,69 g. La cultivó Gerardo Maggipinto (Italia) y se pesó el 21 de junio de 2003.
- **Ciruela:** 323,77 g. La cultivó la Minami-Alps City JA Komano Section Kiyo (Japón). Se pesó en Minami-Alps, en Yamanashi (Japón), el 24 de julio de 2012.
- **Fresa:** 231 g. La cultivó G. Andersen de Folkestone (Kent, R.U.), en 1983.
- **Guanábana:** 3,69 kg. La cultivó Ken Verosko (EE.UU.) en Hawái (EE.UU.) y se pesó el 8 de junio de 2010.

La chirivía más pesada

El experto en raíces David Thomas (R.U.) cultivó una chirivía de 7,85 kg y la exhibió en el Malvern Autumn Show, en el Three Counties Showground de Worcestershire (R.U.), el 23 de septiembre de 2011. «Es una chirivía muy fea, ¡pero es la más grande!», dijo David.

La col más pesada

La descomunal col de Scott A. Robb (EE.UU.) alcanzó los 62,71 kg en la Alaska State Fair celebrada en Palmer (Alaska, EE.UU.), el 31 de agosto de 2012. Al enterarse, Robb exclamó: «Llevo haciendo esto unos 21 o 22 años y finalmente ¡he llegado a la cima!».

MÁS PESADOS...

- **Aguacate:** 2,19 kg. Lo cultivó Gabriel Ramirez Nahim (Venezuela). Se pesó el 28 de enero de 2009 en Caracas (Venezuela).
- **Ajo:** 1,19 kg. Lo cultivó Robert Kirkpatrick en Eureka (California, EE.UU.), en 1985.
- **Apio:** 33,9 kg. Lo cultivó Ian Neale (R.U.) y se pesó el 23 de septiembre de 2011 en el Malvern Autumn Show de Worcestershire (R.U.).
- **Arándano:** 11,28 g. Lo cultivó Polana SPZOO en Parczew (Polonia) para Winterwood Farms Ltd. en Maidstone, Kent (R.U.). Se pesó en agosto de 2008.
- **Brócoli:** 15,87 kg. Lo cultivaron John y Mary Evans, de Palmer (Alaska, EE.UU.), en 1993.

La mayor escultura de calabaza

Rob Villafane (EE.UU.) talló un apocalipsis zombi con dos calabazas gigantes – que pesaban 824,86 y 767,9 kg – en Nueva York (EE.UU.), en octubre de 2011.

- **Limón:** 5,26 kg. Lo cultivó Aharon Shemoel (Israel) en Kfar Zeitim (Israel) y se pesó el 8 de enero de 2003.
- **Manzana:** 1,849 kg. La cultivó y cosechó Chisato Iwasaki (Japón) en su plantación de manzanas, en la ciudad de Hirosaki (Japón), el 24 de octubre de 2005.

911,27
Es el peso en kg de la **calabaza más pesada,** que Ron Wallace (EE.UU., recuadro de la izquierda) cultivó en 2012.

- **Nabicol:** 38,92 kg. Lo cultivó Ian Neale (R.U.) y se pesó en el National Gardening Show de Shepton Mallet (Somerset, R.U.), el 4 de septiembre de 2011.
- **Patata:** 4,98 kg. La cultivó Peter Glazebrook (R.U.; *ver el recuadro de la derecha*) y se pesó el 4 de septiembre de 2011 en el National Gardening Show del Royal Bath & West Showground, en Shepton Mallet (Somerset, R.U.).
- **Pepino:** 12,4 kg. Lo cultivó Alfred J. Cobb (R.U.), quien lo presentó en el National Amateur Gardening Show del National Giant Vegetables Championship del R.U., celebrado en Shepton Mallet (Somerset, R.U.), el 5 de septiembre de 2003.
- **Pera:** 2,95 kg. La cultivó la JA Aichi Toyota Nashi Bukai (Japón), en Toyota (Aichi, Japón), el 11 de noviembre de 2011.

RÉCORDS AL AIRE LIBRE

El paseo en cortacésped más prolongado: Gary Hatter (EE.UU.) recorrió 23.487,5 km desde Portland (Maine, EE.UU.) hasta Daytona Beach (Florida, EE.UU.). Lo hizo entre mayo de 2000 y el 14 de febrero de 2001, y tardó 260 días.

La pala de jardín más grande: Yeoman Quality Garden Products (R.U.) exhibió una pala de 3,90 m de altura en Droitwich (R.U.), el 4 de octubre de 2011.

El gnomo de jardín más grande: Ron Hale (Canadá) construyó un gnomo de 7,91 m de altura en 1998.

El mayor nidal: El Heighley Gate Nursery and Garden Centre construyó un nidal de 2,1 m de altura en Morpeth (R.U.), en enero de 2008.

El cobertizo más rápido: El *Gone to Speed* de Edd China registró una velocidad de circulación de 94 km/h, en Milán (Italia), el 1 de abril de 2011.

LAS PLANTAS DE VERDURA Y LOS FRUTALES MÁS ALTOS

TIPO	ALTURA	PRODUCTOR	AÑO
Albahaca	3,34 m	Anastasia Grigoraki (Grecia)	2012
Apio	2,74 m	Joan Priednieks (R.U.)	1998
Berenjena	5,50 m	Abdul Masfoor (India)	1998
Caña de azúcar	9,5 m	M. Venkatesh Gowda (India)	2005
Col de Bruselas	2,8 m	Patrice y Steve Allison (EE.UU.)	2001
Col rizada	5,54 m	Gosse Haisma (Australia)	1987
Judía	14,1 m	Staton Rorie (EE.UU.)	2003
Maíz	10,74 m	Jason Karl (EE.UU.)	2011
Papaya	13,4 m	Prasanta Mal (India)	2003
Perejil	2,37 m	David Brenner (EE.UU.)	2009
Pimiento	4,87 m	Laura Liang (EE.UU.)	1999
Planta de arroz	2,8 m	Tanaji Nikam (India)	2005
Repollo	4,06 m	Woodrow Wilson Granger (EE.UU.)	2007
Tomatera	19,8 m	Nutriculture Ltd. (R.U.)	2000

El pepino más largo

Ian Neale (R.U.) cultivó un pepino que medía 107 cm cuando lo exhibió, el 26 de septiembre de 2011. Su nabicol (ver texto a la izquierda) llamó la atención del rapero y horticultor Snoop Dogg (EE.UU.), quien invitó a este genio de las plantas a su concierto en Cardiff, en octubre de 2011, para intercambiar secretos de jardinería.

- **Piña:** 8,28 kg. La cultivó Christine McCallum (Australia) en Bakewell (Australia) y la cosechó en noviembre de 2011.
- **Rábano:** 31,1 kg. Lo cultivó Manabu Oono (Japón) y se pesó el 9 de febrero de 2003 en Kagoshima (Japón).
- **Remolacha:** 23,4 kg. La presentó Ian Neale (R.U.), de Southport (Gales, R.U.), en el National Giant Vegetables Championship del R.U., en Shepton Mallet (Somerset, R.U.), el 7 de septiembre de 2001.

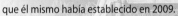

El girasol más alto

Un enorme girasol, cultivado por Hans-Peter Schiffer (Alemania), alcanzó una altura de 8,23 m en Kaarst (Alemania), el 4 de septiembre de 2012. Este auxiliar de vuelo de Lufthansa batió por 20 cm el récord que él mismo había establecido en 2009.

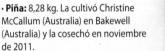

La cebolla más pesada

Peter Glazebrook (R.U.) no pudo ocultar sus lágrimas al presentar una cebolla de 8,195 kg en el Harrogate Flower Show, en Yorkshire del Norte (R.U.), el 13 de septiembre de 2012. Ese día también exhibió la **remolacha más larga**, de 640,5 cm.

PARA COSAS ASOMBROSAS, VER PÁG. 170

CITA

«Hago mi propio abono con restos de hierba, hojas fermentadas y patatas. Las patatas tienen una cualidad especial: poseen una gran cantidad de nutrientes.»

3
Es la altura media máxima en metros que alcanzan las variedades de girasol.

El mayor jardín de hierbas medicinales: El Jardín Botánico de Hierbas Medicinales de Guangxi, situado en la ciudad de Nanning, en la provincia de Guangxi (China), ocupa 201,57 ha y alberga 5.600 variedades distintas.

El mayor jardín vertical: El 31 de agosto de 2012, una pared de vegetación en el Ayuntamiento de Seúl (Corea del Sur) cubrió 1.516 m².

El jardín sobre la playa más extenso: La playa de Santos (Brasil) está bordeada por un jardín de 5,3 km de largo, con una superficie total de 218.800 m².

El jardín con más especies de los árboles más altos: Los Royal Botanic Gardens de Kew, en Londres (R.U.), poseen los ejemplares más altos de 138 especies de árboles.

El mayor jardín aromático: Un jardín aromático para ciegos cubre 36 ha en el National Botanical Garden de Kirstenbosch, en la Montaña de la Mesa, en Ciudad del Cabo (Sudáfrica).

La ciudad con mayor densidad de población

Según la novena edición del anuario *Demographia World Urban Areas,* publicada en marzo de 2013, Daca (Bangladesh) tiene una población de 14.399.000 habitantes en un área de unos 324 km², lo que representa una densidad de población de 44.500 habitantes por km².

En la fotografía, un tren abarrotado sale de la estación de tren del aeropuerto de Daca hacia el festival musulmán de Eid al-Adha (también conocido como el «Festival del Sacrificio»), que se celebra al final del *hajj,* una peregrinación a la ciudad santa musulmana de La Meca (Arabia Saudí). Los musulmanes bangladesíes de todo el mundo lo celebran inmolando ovejas, cabras, vacas y camellos para conmemorar la voluntad del profeta Abraham de sacrificar a su hijo Ismael como un acto de obediencia a Dios.

CORAZÓN DEL ISLAM
Cada año, el *hajj* atrae a un promedio de 2 millones de personas de 140 países, el **mayor número de peregrinos musulmanes.** Cada musulmán debe realizar el viaje al menos una vez en la vida.

CIUDAD DEL FUTURO

Imaginando cómo viviremos

En un futuro, nuestras ciudades crecerán y albergarán cada vez a más gente. Estos paisajes urbanos necesitarán más energía y más alimentos, nuevas formas de transporte y arquitectura, y deberán ser sostenibles para el medio ambiente. ¿Cómo serán estas metrópolis y cómo funcionarán? Durante siglos, arquitectos y urbanistas han tratado de imaginar las ciudades del futuro. Aquí, nos centramos en siete aspectos de la planificación urbana y os ofrecemos una mirada sobre lo que está por venir. ¡De hecho, algunas de las visiones más extraordinarias que os mostramos aquí ya están entre nosotros!

Transporte

A medida que las ciudades crezcan y se hagan más complejas, el transporte podría consumirnos mucho más tiempo e incrementarnos los niveles de polución. Una opción podría radicar en unas cápsulas que se deslizan por el interior de tubos de vacío. Actualmente en China se estudia la posibilidad de fabricar autobuses que permitan el paso de coches *(arriba)*. Mientras tanto, algunos vehículos como el Hiriko Fold eléctrico *(abajo)*, el primer automóvil plegable que se produce en el mundo, contribuyen a reducir el impacto ambiental y el espacio destinado al aparcamiento.

├─ 2,63 m ─┤

├─ 2,07 m ─┤

Competición global

A medida que nos conectemos más globalmente, muchas ciudades deberán competir entre ellas para atraer residentes, negocios y visitantes. Se dice que los pasajeros de avión se duplicarán para el 2030, de manera que las conexiones aéreas serán vitales. Los edificios icónicos y atractivos también ayudarán a las ciudades a competir. Como ejemplo, el **primer rascacielos retorcido,** el HSB Turning Torso *(arriba a la izquierda)* en Malmö (Suecia, 2005). Las atracciones orientadas especialmente a los turistas también revalorizan el perfil de una ciudad, como el parque de 101 hectáreas «Gardens by the Bay» *(arriba)* de Singapur (2012). Las ciudades también realzan su prestigio albergando importantes eventos deportivos, como la Copa FIFA del Mundo o los Juegos Olímpicos, dos competiciones que tendrán lugar próximamente en Río de Janeiro (Brasil).

Planificar comunidades sostenibles será la mayor prioridad de los próximos años. La foto principal de estas páginas muestra una proyección de la Ecociudad de Tianjin, un espacio de 30 km² que se está construyendo a 40 km del centro de la ciudad de Tianjin (China). Diseñada por Surbana Urban Planning Group, la ciudad se abastecerá en parte con energías renovables y al menos la mitad del agua consumida procederá de plantas de reciclado y desalinización. Para reducir las emisiones de carbono, la principal forma de transporte será un sistema de tren ligero, y se pondrá en funcionamiento un plan de reciclado de basuras. Albergará a unas 350.000 personas y debería estar finalizada para el 2020.

FRONTERA MARCIANA

Marte-500, el **mayor simulador de vuelo espacial de alta fidelidad,** funcionó entre 2007 y 2011 en Rusia y fue un experimento para comprobar la viabilidad de las misiones tripuladas a Marte.

Casas extraterrestres

¿Podríamos vivir fuera de la Tierra? En el marco de un proyecto actual de los arquitectos Foster and Partners y la Agencia Espacial Europea se está investigando cómo las técnicas de impresión en 3D podrían permitirnos construir edificios de regolito (suelo lunar) en la Luna. Ya se han usado regolito artificial y cámaras de vacío para crear réplicas. Los planes incluyen residencias para cuatro personas que puedan proteger a los habitantes de los drásticos cambios de temperatura, los meteoritos y los rayos gamma, y estarían ubicadas en el polo Sur lunar, con una luz solar casi perpetua en el horizonte.

4

Diseños urbanos

Actualmente, la **mayor construcción en términos de capacidad** es el complejo Abraj Al Bait Towers *(arriba a la derecha)* en la Meca (Arabia Saudí), un conjunto de torres diseñadas para albergar a 65.000 personas. Sin embargo, entre los fantásticos diseños urbanos para la arquitectura futura se encuentra la pirámide Shimizu *(arriba)* para 750.000 residentes, en Tokio (Japón), propuesta en 2004 para ser construida usando nanotecnología. Todavía en negociaciones está la propuesta de Foster and Partners para el Crystal Island de Moscú (Rusia), con una superficie de 2.500.000 m² y que pretende albergar a 30.000 personas bajo un mismo techo.

5

Rascacielos más altos

Actualmente, el **edificio más alto** es el Burj Khalifa de Dubái (EAU), con 828 m de altura. Pero los futuros rascacielos podrían ser incluso más altos. Sky City One *(izquierda)*, proyectado para Changsha en la provincia de Hunan (China), está diseñado para llegar a los 838 m. Y la Kingdom Tower de Jeddah (Arabia Saudí) está diseñada para sobrepasar los 1.000 m de altura.

6

Sostenibilidad

Uno de los desafíos más complejos para las ciudades futuras radica en cómo ser sostenibles y ecológicamente responsables. Las nuevas ciudades necesitarán utilizar fuentes de energía alternativas, como la eólica, la hidráulica y la solar. La **granja eólica con más capacidad** es la Roscoe Wind Farm *(arriba)* en Texas (EE.UU.), con 627 molinos de viento que, hasta 2011, generaban 781,5 MW. El primer panel capaz de extraer agua dulce de la humedad ambiente se inauguró recientemente en Lima (Perú) *(arriba a la derecha)*.

ANUNCIOS A MEDIDA

Algunos paneles están acondicionados con «programas de reconocimiento» de cara, género y edad, capaces de evaluar nuestros gustos.

7

Ciudades digitales

Jerusalén (Israel) fue la **primera ciudad totalmente equipada con tecnología wi-fi** en 2004. Cuando las ciudades estén más conectadas digitalmente con banda ancha de ultra alta velocidad, *smartphones* y otros aparatos de comunicación, estarán cubiertas por una capa invisible de datos digitales. Esta capa puede que no cambie mucho las ciudades a nivel físico, pero tendrá un gran efecto en los ciudadanos. El MyKad de Malasia *(izquierda)* ya está entre nosotros: una tarjeta inteligente que sirve como licencia de conducir, tarjeta de crédito, monedero digital, tíquet para el transporte público y llave de seguridad.

ESPACIOS URBANOS

La primera Ciudad de Cielo Negro

Para proteger la visión desde el Observatorio Lovell de Flagstaff (Arizona, EE.UU.), los ciudadanos de la localidad acordaron restringir la normativa sobre contaminación lumínica, y en 2001 se la nombró primera Ciudad Internacional de Cielo Negro.

La ciudad que más dinero recauda a través del juego

En 2012, los 35 casinos y otros servicios de juego de Macao (China) generaron más de 38.000 millones de dólares.

El espacio para oficinas más caro

Según una investigación realizada por la promotora inmobiliaria CBRE publicada en diciembre de 2012, el espacio para oficinas en el centro de Hong Kong (China) cuesta 2.651,24 dólares por m² al año.

La mayor densidad de edificios de mármol blanco

El gobierno de Turkmenistán ha reurbanizado una superficie de 22 km² en la capital Asjabad, que ahora exhibe 543 nuevos edificios cubiertos con 4.513.584 m² de mármol blanco. La ciudad también alberga el **mayor número de fuentes en un espacio público:** 27, a junio de 2008, que ocupan 14,8 ha.

El mayor restaurante

En 2002, se construyó en Damasco (Siria) el Bawabet Dimashq Restaurant (Restaurante Puerta de Damasco). Costó 40 millones de dólares y cuenta con 6.014 plazas y una cocina de 2.500 m², y da empleo a 1.800 trabajadores durante las épocas de mayor concurrencia.

El aeropuerto con mayor afluencia de pasajeros nacionales e internacionales

Según el Airports Council International (ACI), 92.365.860 personas volaron hacia o desde el Hartsfield-Jackson Atlanta International Airport de Atlanta (Georgia, EE.UU.) en 2011.

Los primeros autobuses

El primer servicio de ómnibus municipal a motor se inauguró el 12 de abril de 1903. Hacía el recorrido entre la estación de tren de Eastbourne y Meads en East Sussex (R.U.).

EL CARRIL BICI MÁS ANTIGUO

El Ocean Parkway de Brooklyn (Nueva York, EE.UU.) se construyó en 1880 siguiendo las propuestas de Frederick Law Olmsted y Calvert Vaux. En 1894 se dividió el camino peatonal y se creó un camino separado para bicicletas, al que se designó punto de interés histórico en 1975.

ÍDOLO DE MASAS
La Plaza México es grande, pero la **mayor multitud reunida en un estadio** fueron las 199.854 personas que asistieron a un partido de fútbol en el Estadio Maracaná de Río de Janeiro (Brasil), el 16 de julio de 1950.

La mayor plaza de toros

La mayor plaza de toros es Plaza México en la Ciudad de México (México), que se inauguró el 5 de febrero de 1946 y tiene capacidad para 41.262 personas. Ocupa una superficie total de 1.452 m² y tiene un diámetro de 43 m. Aunque se usa principalmente para las corridas de toros, también se celebran combates de boxeo y conciertos.

El museo más antiguo

El Royal Armouries Museum, situado en la Torre de Londres (R.U.), abrió sus puertas al público en 1660.

El tramo más corto de aparcamiento prohibido

En Stafford Street de Norwich (Norfolk, R.U.) hay un tramo de 43 cm de líneas amarillas dobles, situado entre una zona de aparcamiento para residentes y una zona de espera de dos horas.

El mayor aparcamiento automatizado

Las Emirates Financial Towers de Dubái (EAU) tienen un aparcamiento interior automatizado de 27.606 m² con capacidad para 1.191 coches. El sistema de aparcamiento realiza movimientos rápidos, múltiples y simultáneos de palé, y está programado para controlar una capacidad máxima de 360 coches por hora. Se terminó el 26 de junio de 2011.

El cine más pequeño (asientos)

El Palast Kino de Bahnhofstrasse en Radebeul (Alemania) tiene nueve asientos. Propiedad de Johannes Gerhardt (Alemania), abrió el 30 de octubre de 2006 con la película *Smoke* (Alemania-EE.UU.-Japón, 1995).

LAS 10 CIUDADES MÁS HABITABLES

Fuente: Estudio de «habitabilidad» mundial realizado por Economist Intelligence Unit. Puntuaciones basadas en factores como el índice de criminalidad, la red de transporte, la educación, la libertad de expresión, el clima y la atención sanitaria.

1. Melbourne (Victoria, Australia): 97,5%.

2. Viena (Austria): 97,4%.

3. Vancouver (Columbia Británica, Canadá): 97,3%.

4. Toronto (Ontario, Canadá): 97,2%.

=5. Calgary (Alberta, Canadá): 96,6%.

La avenida más ancha

La construcción de la Avenida 9 de julio comenzó en Buenos Aires (Argentina) en 1935 y se completó en la década de 1960. Sus 16 carriles de tráfico más las medianas ajardinadas se extienden unos 110 m, y ocupan más de una manzana entera.

LA MAYOR…

Fuente

La fuente musical de Dadaepo Beach en Busan (Corea del Sur) mide 2.519 m², el equivalente a casi 10 pistas de tenis, y fue construida por el Distrito Saha-gu el 30 de mayo de 2009. El agua alcanza una altura de 55 m, y hay 1.046 chorros y 1.148 luces.

Red de autopistas

La longitud total del National Trunk Highway System de China (NTHS) alcanzó los 98.364 km a finales de 2012.

Biblioteca

La Biblioteca del Congreso de Washington DC (EE.UU.) contiene más de 151,8 millones de referencias, entre las que se incluyen unos 66,6 millones de manuscritos, 34,5 millones de libros, 13,4 millones de fotografías, 5,4 millones de mapas y 3,3 millones de grabaciones, todo ello guardado en unos 1.349 km de estanterías.

Plaza

Merdeka Square en Yakarta (Indonesia) mide unos 850.000 m², unas dos veces el tamaño de la Ciudad del Vaticano, o 1,25 veces el tamaño de Disneylandia en Anaheim (California, EE.UU.).

MÁS LARGO…

Jardín de la cerveza

El 7 de agosto de 2011, Präsenta GmbH y el Internationales Berliner Bierfestival (ambos de Alemania) crearon un jardín de la cerveza de 1.820 m de largo en Berlín (Alemania).

Muelle

El muelle de madera original de Southend-on-Sea en Essex (R.U.) abrió en 1830 y se amplió en 1846. El muelle de hierro actual mide 2,15 km de largo y abrió al público el 8 de julio de 1889.

El primer metro

La primera sección del metro de Londres (R.U.), un tramo de 6 km de la Metropolitan Line desde Paddington a Farringdon, se inauguró el 9 de enero de 1863. En la foto aparece una locomotora de 1898 saliendo de la estación de Baker Street en enero de 2013, en una recreación del primer trayecto en la línea.

Sistema de canales urbanos

Birmingham (R.U.) tiene 183,5 km de canales navegables. El sistema comenzó en 1759, y originalmente eran 280 km.

Paseo

El Bayshore Boulevard de 7,2 km de largo recorre Upper Hillsborough Bay en Tampa (Florida, EE.UU.). Sigue el rompeolas desde Columbus Statue Park a Gandy Boulevard sin interrupción.

PARQUE DE NEUMÁTICOS

Nishi Rokugo Koen en Tokio (Japón) es el mayor parque hecho con neumáticos viejos. Se usaron más de 3.000 neumáticos para crear robots gigantes, dinosaurios, columpios, túneles y barras de mono. Se inauguró en 1969.

El mayor parque de atracciones cubierto

Ferrari World Abu Dhabi en Yas Island (Abu Dabi, EAU) abrió el 4 de noviembre de 2010 y ocupa 700.000 m². La zona central, de 86.000 m², se halla bajo un techo de 200.000 m² y 50 m de alto. Aquí podemos ver a los visitantes conduciendo Ferraris en miniatura el día de la inauguración.

TOCANDO TECHO

Se podrían cubrir 16.750 Ferraris con el aluminio del techo. Sólo el logo de Ferrari mide 65 m de largo y ocupa 3.000 m².

=5. Adelaida (Australia del Sur): 96,6%.

7. Sídney (Nueva Gales del Sur, Australia): 96,1%.

8. Helsinki (Finlandia): 96,0%.

9. Perth (Australia Occidental): 95,9%.

10. Auckland (Nueva Zelanda): 95,7%.

EDIFICIOS MÁS ALTOS

La primera pirámide de piedra labrada

La pirámide escalonada de Saqqara (Egipto) se erigió en 2750 a.C. como sepultura del cuerpo momificado del faraón Zoser. Revestida de piedra caliza blanca pulida, medía 62 m de altura y su base excedía los 1.200 m², hechos que la convirtieron en el edificio más grande del mundo de su época.

El primer rascacielos

El Home Insurance Building, en Chicago (Illinois, EE.UU.), se construyó entre 1884 y 1885. El llamado «padre de los rascacielos» tenía tan sólo 10 plantas, con su cúspide a 42 m. El edificio tenía una estructura de acero lo bastante fuerte como para soportar un revestimiento exterior de piedra.

La mezquita a más altura

La mezquita del rey Abdullah, en el piso 77 del edificio Kingdom Centre en Riad (Arabia Saudí), se encuentra a 183 m de altura. Se terminó el 5 de julio de 2004.

EL EDIFICIO CON CIMIENTOS MÁS PROFUNDOS

Los cimientos de las Torres Petronas, en Kuala Lumpur (Malasia), alcanzan los 120 m de profundidad. Estas torres, de 451,9 m de altura, fueron los edificios más altos del mundo entre 1998 y 2004, hasta ser superados por los 508 m del Taipéi 101, en Taiwán.

La estructura de madera más alta

Una torre de celosía de madera de 118 m en Gliwice (Polonia) es la estructura de madera más alta actualmente en pie. Se construyó en 1935 y en un principio se utilizó para emitir señales de radio. Hoy en día forma parte de una red de telefonía móvil.

El planetario a más altura

El planetario del Kōriyama City Fureai Science Centre, en Fukushima (Japón), se encuentra situado a 104,25 m de altura, en los pisos 23 y 24 del edificio Big-i. Inaugurado en 2001, el planetario tiene la forma de una cúpula inclinada de 23 m de diámetro.

La piscina a más altura

El hotel Ritz-Carlton, situado en lo alto del International Commerce Centre (ICC), en Hong Kong (China), dispone de piscina y *spa* ubicados en el piso 188, a una altura de 474,4 m.

EL EDIFICIO MÁS ALTO VACÍO

La construcción del Ryugyong Hotel, en Pyongyang (Corea del Norte), se detuvo en 1992 después de superar los 330 m de altura. Desde entonces, sus 105 plantas se han mantenido vacías. Las obras se reanudaron en abril de 2008, pero cuando este texto entraba en la imprenta no se había anunciado la fecha de apertura.

MÁS ALTO...

Cine

El complejo de cines más alto del mundo es el UGC Cinema de Glasgow (R.U.), con una altura total de 62 m. Sus 12 pisos abrieron sus puertas el 21 de septiembre de 2001. Alberga 18 pantallas y tiene capacidad para 4.277 personas.

La torre más alta

La Tokyo Sky Tree (Japón), anteriormente conocida como la New Tokyo Tower, se eleva 634 m hasta la cúspide de su mástil, lo que la hace unas dos veces más alta que la Torre Eiffel de París (Francia). Situada en Sumida (Tokio), abrió sus puertas en mayo de 2012 y sirve como torre de radiodifusión y observación, además de albergar un restaurante. La anterior torre de radiodifusión, la Tokyo Tower, ya no era lo bastante alta como para ofrecer una cobertura completa de televisión digital terrestre, pues está rodeada de muchos edificios de gran altura.

TOP 10 DE LAS CIUDADES CON MÁS RASCACIELOS

1. Hong Kong (China): 2.354 edificios de más de 100 m, con una altura conjunta de 333.836 m.

2. Nueva York (EE.UU.): 794 edificios de más de 100 m, con una altura conjunta de 109.720 m.

3. Tokio (Japón): 556 edificios de más de 100 m, con una altura conjunta de 73.008 m.

4. Shanghái (China): 430 edificios de más de 100 m, con una altura conjunta de 59.958 m.

5. Dubái (EAU): 403 edificios de más de 100 m, con una altura conjunta de 66.248 m.

El edificio más alto

El Burj Khalifa mide 828 m de alto. Fue promovido por Emaar Properties e inaugurado oficialmente en Dubái (EAU) el 4 de enero de 2010. Se trata del **edificio con más pisos** (160) y también de la **estructura más alta construida por el ser humano.**

Torre inclinada

La torre del estadio Olímpico de Montreal, en Montreal (Canadá), mide 165 m de alto y tiene un ángulo de inclinación de 45°. Terminada en 1987, la torre está diseñada para soportar el 75% del peso del techo del edificio principal. El edificio con la **mayor inclinación no intencionada** no es la famosa torre de Pisa (Italia), sino el campanario de una iglesia protestante de Suurhusen (Alemania), cuyo ángulo de

EL HOSPITAL MÁS ALTO

El edificio del Hong Kong Sanatorium & Hospital - Li Shu Pui, en Happy Valley, Hong Kong (China), mide 148,5 m de altura. Su estructura de 38 pisos de hormigón y acero fue completada en tres fases entre 1988 y 2008, y alberga más de 400 camas.

LA ESTRUCTURA DE HORMIGÓN MÁS ALTA

Terminados en 2009, los 92 pisos del Trump International Hotel & Tower, en Chicago (Illinois, EE.UU.), alcanzan los 356 m de altura, o 423 m si se cuenta la aguja del edificio. El complejo alberga 486 apartamentos residenciales y un hotel de 339 habitaciones.

inclinación es de 5,19° (el de la torre de Pisa es de tan sólo 3,97°).

Faro

La Yokohama Marine Tower, en el Yamashita Park de Yokohama (Japón), es un faro de acero de 106 m de altura. Su intensidad luminosa es de 600.000 candelas, con un alcance de 32 km, y alberga un observatorio a 100 m de altura. Fue construido para conmemorar el centenario del primer acuerdo comercial entre Yokohama y Occidente, en 1854.

Y QUE CONSTE…

Desde el siglo XIII hasta el final del siglo XIX, el edificio más alto del mundo fue siempre una iglesia o una catedral. Este patrón se rompió en 1901 con la construcción del ayuntamiento de Filadelfia (EE.UU.), de 167 m de altura.

Ópera

El Civic Opera House, en Chicago (Illinois, EE.UU.), es un imponente rascacielos de piedra caliza de 45 pisos y 169 m de altura que puede albergar a 3.563 personas.

Pirámide

También conocida como la Gran Pirámide, la pirámide de Keops en Giza (Egipto) medía 146,7 m de alto cuando se terminó hace 4.500 años. La erosión y el vandalismo han reducido su altura hasta los 137,5 m en la actualidad.

Edificio con estructura de acero

La Willis Tower, en Chicago (Illinois, EE.UU.), es un edificio de oficinas de 442 m de altura y 108 plantas. Descansa sobre una estructura de

La pagoda de madera más alta

La pagoda Tianning, en Changzhou (China) mide 153,79 m de alto. La construcción terminó en 2007. Con sus 13 pisos, coronados por un pináculo de oro, ocupa unos 27.000 m². El coste de su construcción ronda los 300 millones de yuanes (39.630.119 dólares).

El cementerio más alto

El permanentemente iluminado Memorial Necrópole Ecumênica, en Santos, cerca de São Paulo (Brasil), tiene 14 plantas de altura y se eleva hasta los 46 m. El primer entierro tuvo lugar el 28 de julio de 1984. La fotografía muestra los pisos adicionales que actualmente se están construyendo y que harán que el cementerio sea todavía más alto.

acero y pesa 201.848 toneladas. Su diseño incorpora nueve tubos cuadrados de acero con una disposición de 3 × 3. Terminado en 1974, cuenta con 423.637 m² de superficie total.

Edificio universitario

Construida entre 1949 y 1953, la Universidad Estatal de Moscú M. V. Lomonosov, situada en las colinas de los Gorriones, al sur de Moscú (Rusia) se levanta hasta los 240 m de altura.

Depósito de agua

El depósito esferoide de Edmond (Oklahoma, EE.UU.), erigido en 1986, se eleva hasta los 66,5 m de altura y tiene una capacidad de 1.893.000 litros. Lo construyó Chicago Bridge & Iron Company.

Molino de viento

El molino de viento tradicional más alto *en uso* es el De Noordmolen (hoy, un restaurante). Se encuentra en Schiedam (Países Bajos) y mide 33,33 m.

6. Bangkok (Tailandia): 355 edificios de más de 100 m, con una altura conjunta de 48.737 m.

7. Chicago (EE.UU.): 341 edificios de más de 100 m, con una altura conjunta de 48.441 m.

8. Guangzhou (China): 295 edificios de más de 100 m, con una altura conjunta de 42.865 m.

9. Seúl (Corea del Sur): 282 edificios de más de 100 m, con una altura conjunta de 39.308 m.

10. Kuala Lumpur (Malasia): 244 edificios de más de 100 m, con una altura conjunta de 34.035 m.

TIENDAS Y COMPRAS

MÁS GRANDE...

Edificio comercial

En términos de superficie de planta, el mayor edificio comercial bajo un mismo tejado es el edificio de subasta de flores Bloemenveiling Aalsmeer de Aalsmeer (Países Bajos). La superficie de la planta del edificio mide 782.599 m², un espacio suficiente para colocar 14 grandes pirámides.

Grandes almacenes

Los grandes almacenes Shinsegae («Nuevo Mundo») en la ciudad de Centum, en el distrito de Haeundae-gu de Busan (Corea del Sur), cubren 293.905 m², un área equivalente a 50 campos de fútbol.

La mayor tienda en línea

En términos de ingresos, Amazon (EE.UU.) es la mayor tienda en línea con unas ventas netas en 2012 de 61.090 millones de dólares. La empresa emplea a 88.400 personas y su valor de mercado asciende a 119.000 millones de dólares.

La primera tienda invertida

Viktor & Rolf, la firma de alta costura originaria de los Países Bajos, creó la primera tienda invertida del mundo en Milán (Italia), en 2005. Los clientes entran por una puerta del revés y se encuentran con lámparas de araña que salen del suelo, sillas en el techo recubierto con parquet e, incluso, chimeneas invertidas. La diseñaron sus dueños holandeses, Viktor Horsting y Rolf Snoeren, con la ayuda de los estudios Buro Tettero y SZI Design.

La mayor tienda de música en línea

A octubre de 2011, iTunes Store, de Apple, había vendido más de 16.000 millones de canciones por descargas digitales. A finales de 2012, tenía más de 400 millones de compradores y el 29% de las ventas musicales de todo el mundo.

La tienda de dulces más antigua

Con un nombre que ni pintado, la «Oldest Sweet Shop in England» (Tienda de Dulces más Antigua de Inglaterra), en Pateley Bridge (North Yorkshire, R.U.), abrió sus puertas en 1827 y ha vendido dulces hasta el presente. (El «1661» que figura en el dintel es la antigüedad del edificio.) La mayoría de los dulces aún se fabrican en las ollas de cobre y se usan algunos moldes que tienen más de 100 años de antigüedad.

La tienda se inauguró el 3 de marzo de 2009 y, además de los establecimientos de marcas de lujo, alberga un *spa*, un jardín en la azotea y un campo de prácticas de golf con 60 puestos.

Fachada de tienda interior

La tienda de tres plantas de Galerías Lafayette (Francia) ubicada en el Morocco Mall de Casablanca (Marruecos), tiene una fachada interior que cubre una superficie total de 3.381,92 m². La tienda, desarrollada y dirigida por el Groupe Aksal (Marruecos), fue diseñada por Davide Padoa de Design International (R.U.) y se inauguró en noviembre de 2011.

Fachada iluminada

Mall Taman Anggrek, en Grogol Petamburan, al oeste de Yakarta (Indonesia), tiene una fachada curva y continua iluminada con LED que cubre 8.675,3 m² y proyecta imágenes animadas a todo color. Por la noche, toda la pared frontal del edificio brilla gracias a la luz de 862.920 píxeles. La instalación se terminó el 29 de febrero de 2012.

El primer centro comercial

El primer centro comercial del mundo –esto es, un gran número de tiendas individuales agrupadas bajo un mismo techo– estaba en el Foro de Trajano de la antigua Roma (Italia). Diseñado por el arquitecto Apolodoro de Damasco y construido entre el 100 y el 112 d.C., el foro incluía una zona de mercado con 150 tiendas y oficinas distribuidas en galerías de seis niveles.

LAS 10 TIENDAS MAYORES POR SUPERFICIE BRUTA ARRENDABLE

1. New South China Mall
Dongguan (China)
600.153 m².

2. Golden Resources Mall
Pekín (China)
557.419 m².

3. SM City North Edsa
Ciudad Quezón (Filipinas)
482.878 m².

4. 1 Utama
Selangor (Malasia)
465.000 m².

5. CentralWorld
Bangkok (Tailandia)
429.500 m².

Bolsa de compras

Una bolsa de tela de 83,82 m de alto (sin las asas) y 38,10 m de ancho fue confeccionada por Raj Bahadur (India) y exhibida en Ghaziabad (India) en febrero de 2009.

La **mayor bolsa de compras de papel** la expuso la cadena de hipermercados Kaufland (Rumanía) en Bucarest (Rumanía), el 18 de mayo de 2009. La bolsa, de papel reciclado, medía $4,18 \times 6,62 \times 1,79$ m.

Etiqueta de precio

Una etiqueta de precio que medía 3,60 m de largo y 5,07 m de ancho fue confeccionada por el Forum Ankara Outlet y Media Markt en Ankara (Turquía), el 28 de marzo de 2010. La etiqueta gigante se colgó en la publicidad de una nevera, fuera del recinto.

Carro de compras motorizado

El *Monster Kart* es un carro gigante de acero inoxidable construido por

El mayor centro comercial

Teniendo en cuenta la superficie bruta arrendable, es el New South China Mall de Dongguan (China), con 600.153 m² de espacio comercial disponible. Sin embargo, el **centro comercial más grande teniendo en cuenta el área total** es el Dubai Mall (EAU, *en la foto*), que ocupa 1.124.000 m².

Centro comercial bajo tierra

El pasillo peatonal PATH de Toronto (Canadá) tiene 27 km de galerías comerciales, con 371.600 m² de espacio disponible, que albergan alrededor de 1.200 tiendas y servicios. A través del complejo, se puede acceder a más de 50 edificios, cinco estaciones de metro y una terminal de trenes.

Parking de coches

El *parking* en el West Edmonton Mall de Alberta (Canadá) tiene capacidad para 20.000 vehículos, con unas instalaciones suplementarias en un *parking* adyacente para otros 10.000 vehículos. El West Edmonton Mall es el mayor centro comercial de Norteamérica.

La mayor tienda

Walmart (EE.UU.) obtuvo unas ventas globales de 469.160 millones de dólares en 2012. Con base en Bentonville, Arkansas (EE.UU.), el grupo Walmart posee 10.818 tiendas en 27 países y 2,2 millones de empleados.

DETRÁS DE UN NOMBRE

IKEA es el acrónimo de **I**ngvar **K**amprad (el nombre del fundador), **E**lmtaryd (el nombre de su granja) y **A**gunnaryd (su ciudad natal).

La mayor ganancia de unos grandes almacenes

Harrods en Londres (R.U.) declaró unas ganancias de 1.630 millones de dólares en un año, finalizando el ejercicio el 29 de enero de 2011. Estos emblemáticos almacenes –los mayores de Europa– fueron adquiridos por Qatar Holdings en 2010 por 2.300 millones de dólares.

Y QUE CONSTE...

Harrods es la tienda adecuada si quieres adquirir productos de récord como la **bañera más cara**, ¡una cuba de 845.000 dólares realizada a partir de una piedra de cristal amazónico de 9,07 toneladas!

Frederick Reifsteck (EE.UU.) y equipado con un motor Chevrolet 454 de 900 CV. Este carro motorizado se puede conducir y mide 8,23 m de largo, 4,57 m de alto y 2,43 m de ancho. Se presentó en South Wales, Nueva York (EE.UU.), el 20 de abril de 2012. *(Para el **mayor carro de compras**, ver pág. 97.)*

El **carro de compras motorizado más rápido** llegó a los 69 km/h y fue creado por Tesco PLC y The Big Kick en la tienda Tesco Extra de Hatfield, Hertfordshire (R.U.), el 17 de noviembre de 2011.

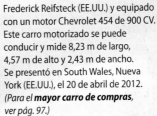

El alquiler de tienda más caro

Por primera vez en 11 años, la Quinta Avenida de Nueva York (EE.UU.) perdió su condición de área más cara del mundo en la que alquilar un negocio. En 2012, el alquiler anual en Causeway Bay, Hong Kong (China), llegó a los 28.309 dólares por m².

La mayor tienda de muebles

Fundada por Ingvar Kamprad en Suecia en 1943, IKEA obtuvo unas ganancias mundiales de 32.590 millones de dólares en 2011. El gigante del mueble –que tiene 131.000 empleados repartidos en 332 tiendas de 38 países– vende una gama de 9.500 productos. En 2011, visitaron sus instalaciones 655 millones de clientes.

=6. Persian Gulf Complex
Shiraz (Irán)
420.000 m².

=6. Mid Valley Megamall
Kuala Lumpur (Malasia)
420.000 m².

=6. Istanbul Cevahir
Estambul (Turquía)
420.000 m².

9. The Dubai Mall
Dubái (EAU)
350.224 m².

10. West Edmonton Mall
Edmonton, Alberta (Canadá)
350.000 m².

Fuente: Emporis

SUBE Y BAJA

La primera pasarela móvil de la historia

En la Exposición Universal celebrada en Chicago (Illinois, EE.UU.) en 1893, se presentó la primera y más larga pasarela móvil de la historia. Gracias a sus niveles independientes, los pasajeros permanecían de pie mientras se movían a 3,2 km/h o podían sentarse en unos bancos y viajar a 6,4 km/h. El artilugio, propiedad de la Columbian Movable Sidewalk Company, trasladaba a los visitantes que llegaban en vapor y recorría aproximadamente 1 km a lo largo de un muelle hasta la entrada del recinto ferial.

El ascensor más alto

En un solo descenso, el ascensor de la mina de oro Mponeng de AngloGold Ashanti, en Sudáfrica, baja a 2.283 m de profundidad, una distancia más de 4,5 veces superior a la que recorren los ascensores del **edificio más alto** del mundo, el Burj Khalifa *(ver más abajo)*. El viaje dura sólo 3 min. Un segundo ascensor lleva a los mineros aún más abajo, hasta los 3.597 m; 4.000 obreros descienden a diario.

La caída a mayor altura por el hueco de un ascensor

Stuart Jones (Nueva Zelanda) cayó 23 plantas –una distancia de 70 m– por un hueco de ascensor mientras trabajaba sobre el techo de una cabina provisional en el Midland Park Building de Wellington (Nueva Zelanda) en mayo de 1998. A pesar de sufrir múltiples heridas, sobrevivió.

El 28 de julio de 1945, Betty Lou Oliver (EE.UU.) sobrevivió a la **caída más larga en un ascensor**, un salto de 75 plantas (más de 300 m) en el Empire State Building de Nueva York (EE.UU.). Fue a parar al sótano. El impacto quedó amortiguado por unos cables apilados en el foso del hueco que formaban una espiral a modo de muelle. El ascensor se vio frenado por la presión del aire en un hueco relativamente hermético.

El peor desastre en un ascensor

Un ascensor de una mina de oro de Vaal Reefs (Sudáfrica) cayó a 490 m el 10 de mayo de 1995. Murieron 105 personas. El accidente lo provocó una locomotora que entró por el túnel equivocado y se precipitó por un hueco, cayendo sobre el techo del ascensor.

El primer remonte para ciclistas

El Trampe Bicycle Lift de Trondheim (Noruega) se inauguró en 1993. Los pasajeros colocaban la pierna derecha en un reposapiés y eran izados a 130 m por la colina de Brubakken, con una pendiente del 20%, a casi 8 km/h. En 2013 lo reemplazó el «CycloCable», un dispositivo similar.

La subida más alta en un ascensor en un edificio

El ascensor principal del rascacielos Burj Khalifa de Dubái (EAU) asciende 504 m en una sola subida. Otros ascensores trasladan a los visitantes a mayor altura. El edificio se inauguró de manera oficial el 4 de septiembre de 2010. Para saber más sobre el Burj, el **edificio más alto**, ve a la pág. 145.

ve a la pág. 145.

• Alberga 57 ascensores y 8 escaleras mecánicas.

• Incluye ascensores de doble plataforma, con una capacidad de 12 a 14 personas por cabina, que suben hasta el mirador del piso 124.

• Dispone de tres «vestíbulos celestiales» en los pisos 43, 76 y 123, donde los pasajeros pueden salir de un ascensor exprés y pasar a otro ascensor que para en todos los pisos de una sección del edificio.

• Ningún ascensor permite acceder a todas las plantas del edificio.

40
Segundos es lo que tardan los dos ascensores en llegar al piso 89.º, a 382 m, desde el suelo.

El ascensor más rápido de un edificio

Los dos ascensores de alta velocidad instalados por Toshiba Elevator and Building Systems (Japón) en el rascacielos Taipei 101 de Taiwán pueden alcanzar los 60,6 km/h. Los sistemas que regulan su presión atmosférica contribuyen a evitar que a los ocupantes se les taponen los oídos.

El elevador de granos más grande

Un elevador de granos utilizado por DeBruce Grain Inc. en Wichita (Kansas, EE.UU.) consta de 310 elevadores distribuidos en triple hilera a cada lado de la torre central de carga. La unidad mide 828 m de largo y 30,5 m de ancho. Cada tanque tiene 37 m de altura y un diámetro interior de 9,1 m, lo que permite almacenar 730 millones de litros de trigo, cantidad suficiente para suministrar la harina necesaria para todo el pan que se consume en EE.UU. durante seis semanas.

El pasillo móvil más rápido

Un pasillo móvil de alta velocidad de la estación de metro de Montparnasse, en París (Francia), trasladaba a los viajeros de cercanías a una velocidad de 9 km/h, unas tres veces más rápido que los pasillos móviles normales. El aparato, de 180 m de largo, fue instalado en 2003, pero dejó de prestar servicio en 2009 por las caídas de los pasajeros y las averías del sistema. En 2011 se inauguró un pasillo móvil convencional.

ASCENSORES INCREÍBLES

AquaDom, Berlín-Mitte (Alemania): Un ascensor de 25 m de altura en el centro de un acuario; es el **acuario más alto que tiene un ascensor.**

Silo de Volkswagen Autostadt (Wolfsburg, Alemania): El sistema de aparcamiento automatizado más rápido utiliza «lanzaderas» robóticas en dos torres de 20 pisos y 48 m de altura para entregar un coche en 45 s.

Falkirk Wheel (Falkirk, R.U.): El **elevador rotatorio de barcos más grande** los transporta entre el Union Canal y el canal del Forth and Clyde.

Ascensor de noria (Universidad de Sheffield, R.U.): Una cadena de 38 cabinas abiertas en constante movimiento en la Arts Tower de la universidad, de 78 m de altura; es el **ascensor de noria más grande.**

Ascensor del Louvre (París, Francia): Un ascensor descubierto con motor hidráulico y pasarela deslizante para salir.

La escalera mecánica más corta

Una escalera mecánica del centro comercial Okadaya More de Kawasaki-shi (Japón), instalada por Hitachi Ltd., salva una altura de tan sólo 83,4 cm.

Más escaleras mecánicas en una red de metro

La red de metro de Washington, DC (EE.UU.) incluye 557 escaleras mecánicas, de cuyo mantenimiento se ocupa un equipo de 90 técnicos contratados.

EL PRIMER...

Ascensor de seguridad

El primer ascensor de seguridad –es decir, construido con un mecanismo de seguridad de piñón y trinquete que impedía la caída de la cabina si los cables se rompían– lo diseñó Elisha Graves Otis (EE.UU.) y se presentó en el Crystal Palace de Nueva York (EE.UU.) en 1854.

El **primer edificio con un ascensor de seguridad permanente** fue el de los grandes almacenes E. V. Haughwout (situados en Broadway, 488-492) de Nueva York (EE.UU.) instalado por Otis en 1857. Lo movía una máquina de vapor y trasladaba a los clientes por las cinco plantas de la tienda.

Ascensor panorámico

El primer ascensor panorámico adosado al exterior de un edificio se instaló en 1956 en el hotel El Cortez de San Diego (EE.UU.) por Harry Handlery, su propietario de entonces. Proyectado por el arquitecto polaco-estadounidense C. J. *Pat* Paderewski, este ascensor acristalado subía 15 plantas y recibió el nombre de *Starlight Express*.

Escalera mecánica espiral

La primera escalera mecánica espiral o curvada plenamente operativa se presentó en un recinto ferial de Osaka (Japón) en 1985. Instalada por la Mitsubishi Electric Corporation, era mucho más complicada y cara que una escalera mecánica convencional debido a sus múltiples puntos centrales, así como a otros problemas de ingeniería.

Escalera mecánica

Jesse W. Reno (EE.UU.) concibió la primera escalera mecánica como una atracción de feria para el Old Iron Pier de Coney Island, en la ciudad de Nueva York (EE.UU.), en septiembre de 1895. Su «elevador inclinado» salvaba una altura de 2,1 m con una inclinación de 25°. Los clientes iban sentados en listones de hierro colado sobre una cinta que se movía a una velocidad de 22,8 m por minuto.

El recorrido más largo en escaleras mecánicas

Suresh Joachim Arulanantham (Sri Lanka-Canadá) recorrió 225,44 km subiendo y bajando las escaleras del Westfield Shoppingtown de Burwood (Nueva Gales del Sur, Australia), un récord en el que invirtió 145 h y 57 min, desde el 25 hasta el 31 de mayo de 1998.

El mecanismo a más altura para probar ascensores

El Tytyri High-Rise Elevator Laboratory de Lohja (Finlandia) desciende 333 m por una mina de piedra caliza. Instalado por KONE (Finlandia), se ha diseñado para probar ascensores de alta velocidad –hasta 17 m/s– destinados a edificios que superen los 200 m de altura.

LOS MÁS LARGOS...

Sistema de escaleras mecánicas

El Central Hillside Escalator Link de Hong Kong consta de un sistema de pasillos móviles de 800 m de longitud que trasladan a los viajeros de cercanías desde el distrito de Mid-Levels y Central Market hasta cerca del puerto de la isla de Hong Kong (China).

Escalera mecánica de metro

Situada en San Petersburgo (Rusia), la estación Admiralteyskaya tiene cuatro escaleras mecánicas paralelas, cada una con una altura de 68,6 m y 770 escalones. La estación se inauguró en diciembre de 2011.

Pasarela móvil (actualmente)

Bajo los parques y jardines de The Domain, en Sídney (Australia), funciona una pasarela móvil de 207 m de largo. Inaugurada oficialmente el 9 de junio de 1961 y construida por el Sydney Botanic Gardens Trust como si de una atracción futurista se tratase, se reconstruyó en 1994. La pasarela presenta una suave inclinación y se mueve a 2,4 km/h.

Remonte

El remonte de Grindelwald–Männlichen (Suiza) tiene 6,239 km de largo. El trayecto se realiza en dos tramos, pero cabe la posibilidad de cubrirlo en toda su longitud sin cambiar de cabina.

El ascensor más alto al aire libre

Los últimos 171,4 m del ascensor acristalado Bailong («Cien Dragones»), de 326 m, están construidos sobre el nivel del suelo por la pared de un farallón de cuarcita del Zhangjiajie National Forest Park en la provincia de Hunan (China).

Ascensor municipal de Oregon City (Oregón, EE.UU.): Transporta a los pasajeros que suben o bajan por un precipicio de 39 m de altura, entre los dos niveles de la ciudad, en 15 s.

CN Tower (Toronto, Canadá): Controlados por una carga eléctrica, los paneles de cristal del suelo se vuelven opacos al principio y al final de cada recorrido de 346 m en el **ascensor más alto con suelo de cristal.**

Ascensor Rising Tide del MS *Oasis of the Seas*: Combinación de ascensor y bar que une los dos niveles del barco; es el **primer ascensor con bar.**

Elevador de barcos de Strépy-Thieu (Le Roeulx, Bélgica): Une los ríos Mosa y Escalda. El **elevador de barcos más alto,** con un recorrido vertical de 73,15 m, puede izar barcazas de 1.350 toneladas de peso.

Ascensor del edificio Umeda Hankyu (Osaka, Japón): Ascensor de 3,3 x 2,8 m con capacidad para transportar a 80 pasajeros; es la **mayor capacidad de pasajeros de un ascensor en un edificio de oficinas.**

HOTELES

INSPIRACIÓN NOVELESCA
El hotel lleva el nombre del novelista francés Julio Verne, autor de Veinte mil leguas de viaje submarino.

El primer hotel de arena
En 2008, quienes veraneaban en la playa de Weymouth, en Dorset (R.U.), pudieron pasar la noche en un hotel hecho completamente de arena. Se necesitaron 600 h para construir este castillo de arena al aire libre de 15 m². Una habitación familiar con una cama doble y una individual costaba 21 dólares la noche. El hotel fue obra del escultor Mark Anderson (R.U.), quien recibió el encargo del sitio web LateRooms.com.

El hotel a mayor altitud
El hotel Everest View, por encima de Namche (Nepal) –el pueblo más cercano al campamento base del Everest– se encuentra a 3.962 m de altitud.

El hotel con más restaurantes
El Venetian Resort Hotel Casino, que se inauguró en mayo de 1999 en Las Vegas (Nevada, EE.UU.), cuenta con 17 restaurantes diferentes (ver derecha).

La mayor cadena hotelera
Wyndham Hotels and Resorts es la mayor cadena hotelera del mundo. Gestiona más de 7.250 hoteles en 50 países. Tiene su sede central en Parsippany (Nueva Jersey, EE.UU.). Entre las cadenas del grupo se incluyen Wyndham, Ramada, Days Inn, Howard Johnson, Planet Hollywood y Travelodge.

El primer hotel giratorio
El Marmara, en Antalya (Turquía), cuenta con 24 habitaciones en su sección superior giratoria, que ofrece vistas al Mediterráneo y a las montañas Bey. Toda la sección flota sobre 433 toneladas de agua en una piscina interior especial y se mueve con sólo seis motores eléctricos de 1 kW. El agua reduce la fricción mientras la sección gira a diario. La construcción de este hotel de 18 pisos finalizó en 2005 tras una inversión de 22 millones de dólares. Lo diseñaron el estudio Hillier Architecture y la empresa de ingeniería MEP.

El primer hotel submarino
A 6,4 m de profundidad se halla la puerta principal del Jules' Undersea Lodge, en Emerald Laguna, en Cayo Largo (Florida, EE.UU.). El hotel cuenta con dos dormitorios y un salón de 2,4 × 6 m. La instalación se construyó en un principio como laboratorio de investigación submarina y más tarde se convirtió en un hotel a iniciativa de Ian Koblick y Neil Monney (ambos de EE.UU.), quienes lo inauguraron en 1986. Entre sus huéspedes se cuentan el ex primer ministro canadiense Pierre Trudeau y la estrella de rock Steven Tyler, cantante de Aerosmith.

En 2012, sus ingresos fueron aproximadamente 4.500 millones de dólares.

El hotel con más fuentes
El hotel Bellagio, en Las Vegas (Nevada, EE.UU.), dispone de más de 1.000 fuentes en su lago artificial de 4,8 ha. ¡Un área equivalente a casi 70 pistas de tenis! Las fuentes lanzan agua a 73 m de altura, acompañada del sonido envolvente de la música

y del despliegue luminoso de más de 4.000 luces programadas.

El hotel más al norte
El hotel con todos los servicios situado más al norte es el Radisson Blu Polar Hotel Spitsbergen, en Longyearbyen, Svalbard (Noruega). El archipiélago de Svalbard va desde la isla de Bjørnøya, en el sur, hasta la de Rossøya, en el norte, el punto más septentrional de Europa.

La mayor flota de Rolls-Royce de una cadena hotelera
El Peninsula Hotels Group posee 28 vehículos Rolls-Royce en todo el mundo. En Hong Kong tiene 14 limusinas Rolls-Royce Phantom (en la imagen), y un Phantom II Sedanca De-Ville de 1936. Dos Phantoms se usan en Pekín, cuatro Phantoms y un Phantom II Sedanca De-Ville de 1934 en Shanghái, dos Phantoms y un Phantom II Sedanca De-Ville de 1934 en Tokio, dos Silver Spurs en Bangkok y otro Rolls-Royce en Beverly Hills. Todos están pintados del mismo color: verde oscuro.

LAS 10 SUITES DE HOTEL MÁS CARAS

1. Royal Penthouse, en el President Wilson Hotel de Ginebra (Suiza): 65.000 dólares la noche. Es la **habitación de hotel más cara** del mundo. Dispone de baño de mármol, piano de cola Steinway, terraza privada y vistas al lago Lemán.

2. Royal Villa, en el Grand Resort Lagonissi de Atenas (Grecia): 45.000 dólares la noche. Incluye terraza de madera, alojamiento para el mayordomo y acceso privado a la playa.

3. Hugh Hefner Villa (ahora Two-Story Sky Villa), en el Palms Casino Resort de Las Vegas (EE.UU.): 40.000 dólares la noche. Dispone de piscina en voladizo, cama giratoria y un espacio para invitar a 250 amigos.

4. Ty Warner Penthouse, en el Four Seasons de Nueva York (EE.UU.): 35.000 dólares la noche. Con ventanales del suelo hasta el techo que ofrecen una vista de 360° de Manhattan, nueve habitaciones y lámparas de araña de cristal tallado.

5. Royal Plaza Suite, en el Hotel Plaza de Nueva York (EE.UU.): 30.000 dólares la noche. Dispone de biblioteca, comedor para 12 personas y gimnasio privado.

Fuente: travel.usnews.com

El hotel de sal más grande

Los suelos, paredes, techos, mesas, sillas, camas y el campo de golf del hotel Palacio de Sal, con 16 habitaciones, en el desierto del Salar de Uyuni (Bolivia), están todos ellos hechos de sal. Hasta su piscina se llena con agua salada. El actual edificio se reconstruyó en 2007 con cerca de un millón de bloques de sal de 35 cm (10.000 toneladas en total). Los bloques están unidos con un tipo de cemento que consiste en una pasta elaborada con agua y sal.

El hotel más antiguo
El Nisiyama Onsen Keiunkan, en Hayakawa, en la prefectura de Yamanashi (Japón), es un hotel de aguas termales que lleva en funcionamiento desde el año 705 d.C.

El hotel más pequeño
El hotel Eh'häusl, en Amberg (Alemania), tiene una superficie total de apenas 53 m². Encajado entre dos edificios más grandes, es demasiado pequeño como para acoger a más de dos personas a la vez.

La vidriera más alta
Quizá de modo sorprendente, la vidriera más alta no se encuentra en una gran catedral sino en el atrio del hotel Ramada, en Dubái (EAU). Se trata de un mural de cristal iluminado de 41,14 m de altura y 9 m de ancho instalado en 1979.

EL MAYOR...

Vestíbulo de hotel
El vestíbulo del Hyatt Regency, en San Francisco (California, EE.UU.), mide 107 m de largo, 49 m de ancho y 52 m de alto: como un edificio de 15 plantas.

Edificio de hielo
Situado a 200 km al norte del Círculo Polar Ártico, el ICEHOTEL de Jukkasjärvi (Suecia) se reconstruye cada diciembre desde 1990.

Ocupa una superficie de 4.000 a 5.000 m². El invierno de 2012-2013 disponía de una recepción de hielo, un bar de hielo, una iglesia de hielo y habitaciones temáticas, como «El nido de los dragones», «Iceberg» y «Aguas bravas».

Balneario
Mission Hills Haikou, en Haikou (Hainan, China), tiene una superficie de 176.284,14 m². La instalación se midió el 17 de octubre de 2012.

Casino
Los huéspedes de las 3.000 habitaciones del Venetian Macao Casino-Hotel Resort, en Macao (China), pueden entretenerse con las 3.400 máquinas tragaperras o los 870 juegos en su área de juego de 51.100 m²: ¡más grande que nueve campos de fútbol americano!

El hotel más grande

Construido en dos fases, entre 1999 y 2008, el complejo Venetian-Palazzo, en Las Vegas (Nevada, EE.UU.), dispone de 7.017 habitaciones y cuenta con un canal interior en su propio centro comercial. Fue diseñado por los estudios de arquitectura KlingStubbins (Venetian) y HKS (Palazzo), y es propiedad de Las Vegas Sands Corp.

Y QUE CONSTE...

El J. W. Marriott Marquis (derecha) es el edificio más alto en albergar exclusivamente un hotel. Sin embargo, hay construcciones más altas que también incluyen servicios hoteleros. En estos hoteles de «uso mixto», al menos el 15% de la superficie total se emplea para un fin distinto al de ofrecer alojamiento (tiendas, residencias u oficinas).

El hotel más alto

El J. W. Marriott Marquis Dubái (EAU), antes conocido como Emirates Park Towers Hotel & Spa, es el hotel más alto del mundo, con sus 355,35 m desde la base hasta la cúspide de su mástil. El hotel lo forman dos torres gemelas de 77 pisos. La primera abrió sus puertas el 11 de noviembre de 2012.

806
Habitaciones en la Torre 1. Se prevé que la Torre 2 abra en 2015.

= 6. Presidential Suite, en el Hotel Ritz-Carlton de Tokio (Japón): 25.000 dólares la noche. Ofrece vistas al monte Fuji, asistente personal y acceso al Ritz-Carlton Club Lounge.

= 6. Bridge Suites, en el Royal Towers de Atlantis (Paradise Island, Bahamas): 25.000 dólares la noche. Dispone de piano de cola, lámpara de oro de 22 quilates y el servicio permanente de siete personas.

8. Royal Suite, en el Burj Al Arab de Dubái (EAU): 22.900 dólares la noche. Incluye cama giratoria con baldaquino, cine privado, biblioteca y ascensor privado.

9. Suite Imperial, en el Park Hyatt Paris Vendôme (Francia): 19.000 dólares la noche. Incluye baño spa (con camilla para masaje) y techos de 4 m de altura.

10. Ambassador's Bure, en Wakaya Club & Spa (Fiji): 4.900 dólares la noche. Dispone de spa, piscina privada y acceso privado al mar.

CASAS Y VIVIENDAS

Tres helipuertos en el tejado con una vista panorámica de la ciudad de Bombay.

Antilia tiene nueve ascensores de gran velocidad para acceder a sus varias secciones; dos ascensores para los aparcamientos; tres para las habitaciones de los invitados; dos para la familia y otros dos para el servicio.

La mayor vivienda de Hollywood

La casa situada en Mapleton Drive 594, en Los Ángeles (California, EE.UU.) ocupa un área de 5.253 m². Aaron Spelling (EE.UU.), productor de series de TV como *Los ángeles de Charlie* y *Beverly Hills 90210*, encargó que se ampliase para que tuviera 123 habitaciones, entre las que se incluye un gimnasio, una bolera, una piscina y una pista de patinaje.

Y QUE CONSTE...

Antes de Antilia *(ver abajo)*, la casa más cara era Hearst Castle *(arriba)* en San Simeón (California, EE.UU.), construida para William Randolph Hearst (EE.UU.) en 1939. Tiene más de 100 habitaciones, una piscina climatizada de 32 m y un garaje para 25 limusinas.

La casa es principalmente una estructura de acero y cristal; tiene seis pisos para la residencia familiar del propietario, su esposa, su madre y sus tres hijos, situados en las seis últimas plantas de la vivienda.

Planta de mantenimiento.

INSPIRACIÓN ANTIGUA
El nombre *Antilia* procede de una mítica isla atlántica. El diseño de la casa obedecía a los antiguos principios arquitectónicos hindúes.

Habitaciones de los invitados.

La **vivienda humana habitada de forma permanente más meridional** es la base antártica estadounidense Amundsen-Scott, construida en 1957 y reconstruida en 1975. Los turistas que visitan la base durante los meses estivales tienen acceso a una tienda, a un banco y a una oficina de correos.

La casa más estrecha

La casa Keret (Varsovia, Polonia) mide 92 cm en su punto más estrecho y 1,52 m en el más ancho. Diseñada por Jakub Szczęsny, del estudio arquitectónico Centrala, tiene una superficie total de 14 m². Una escalera de mano une la habitación, la cocina y el cuarto de baño.

Las casas más antiguas

Las casas del asentamiento neolítico de Çatalhöyük, en la actual Turquía, datan de 7.500-5.700 a.C. Entre 5.000 y 8.000 residentes ocuparon las casas de adobe. Se entraba en los edificios a través de unos agujeros en el tejado que también servían para la ventilación de los humos.

La mayor casa subterránea

El multimillonario de Microsoft Bill Gates (EE.UU.) vive en una mansión subterránea con vistas al lago Washington en Medina (Washington, EE.UU.). El edificio, diseñado por James Cutler y Peter Bohlin y concluido en 1995, ocupa 6.100 m² y es subterráneo en su mayor parte. Alberga siete habitaciones, 24 cuartos de baño, seis cocinas, una piscina de 18 m, un gimnasio de 230 m², una sala con trampolín y un complejo sistema informatizado de gestión de datos, mantenimiento y control medioambiental.

La vivienda más septentrional

Las viviendas más septentrionales del mundo son las cinco residencias permanentes del asentamiento Alert en la isla de Ellesmere, en el Ártico canadiense, a 817 km del polo Norte. Habitado desde 1950, Alert acoge una estación meteorológica y una base de inteligencia de señales.

El centro deportivo de dos pisos incorpora una piscina, un spa y un gimnasio.

La casa más alta

Propiedad de Mukesh Ambani (India, *arriba, con su esposa Nita*) y concluida en 2010, Antilia mide 173 m de alto. Cada una de las 27 plantas posee tres niveles, por lo que la altura del edificio equivale a la de una torre de oficinas de 60 plantas. También es la **casa más grande**, con una superficie total de 37.000 m². Se desconoce su coste exacto, pero ronda los 2.000 millones de dólares, hecho que la convierte en la **casa más cara jamás construida**.

Jardín exterior.

LOS 10 EDIFICIOS RESIDENCIALES MÁS ALTOS

1. Torre Princess
Dubái (EAU): 413,4 m. El **edificio residencial más alto del mundo.**

2. 23 Marina
Dubái (EAU): 395 m.

3. Domain
Abu Dhabi (EAU): 382 m.

4. Elite Residence
Dubái (EAU): 380 m.

5. The Torch
Dubái (EAU): 345 m.

Fuente: Emporis.com

El traslado de una casa a mayor distancia

En agosto de 2006, Warkentin Building Movers, Inc. (Canadá) trasladó una casa a través de Canadá, desde McAuley en Manitoba a un lugar cerca de Athabasca, en Alberta, situado a 1.650 km de distancia. La casa, de 130 m², llegó en perfecto estado tras 40 horas de trayecto.

554
Vehículos aéreos en Spruce Creek, incluyendo aviones, helicópteros y ultraligeros.

La mayor comunidad aeronáutica

Spruce Creek es una urbanización cuyas casas poseen un acceso exclusivo a varios hangares y a una pista de aterrizaje. El lugar, conocido como «el pueblo aeronáutico», se halla cerca de Daytona Beach (Florida, EE.UU.). En 550 ha *(derecha)*, más de 5.000 residentes comparten 700 hangares, una pista de aterrizaje de 1,22 km y pistas de rodaje de 22,5 km, así como instalaciones de abastecimiento de combustible y reparación.

El edificio residencial más alto

La Torre Princess de Dubái (EAU) mide 413,4 m de alto y se concluyó en 2012. La planta ocupada más alta se eleva a 356,9 m.

Los apartamentos residenciales más altos

El Burj Khalifa en Dubái (EAU), construido por Emaar Properties e inaugurado el 4 de enero de 2010, posee la planta residencial más alta, a 385 m. La Torre Khalifa combina un hotel con espacio residencial y empresarial. Las plantas 77 a la 108 son residenciales.

Si se tienen en cuenta las ubicaciones no terrestres, la **vivienda a mayor altitud** que proporciona un lugar de residencia durante períodos de varios meses o más, es la *Estación Espacial Internacional (ISS)*, situada en una órbita de entre 330 y 410 km sobre la Tierra. Lanzada por primera vez en 1998, a bordo de la *ISS* viven por lo general seis científicos y astronautas.

La casa temporal más pequeña

El arquitecto alemán Van Bo Le-Mentzel diseñó en 2012 la bien llamada One-Sqm-House («Casa de 1 m²»). Su único residente puede

El mayor castillo habitado

El Castillo de Windsor, la residencia de la Familia Real Británica en Windsor (Berkshire, R.U.), es una construcción del siglo XII. Está construido en forma de paralelogramo y mide 576 × 164 m.

echarse a dormir inclinando la estructura de madera hacia un lado. Sus cuatro ruedas permiten trasladar el habitáculo, de tan sólo 40 kg, de un lado a otro.

Más habitaciones en una casa

La casa con más habitaciones es Knole, cerca de Sevenoaks (Kent, R.U.). Se cree que tiene 365 habitaciones, una para cada día del año. Construida alrededor de siete patios, su profundidad total desde la parte frontal a la posterior es de unos 120 m. Construida en 1456 por Thomas Bourchier, arzobispo de Canterbury, la amplió Thomas Sackville, primer conde de Dorset, hacia 1603 a 1608. Hoy la administra el National Trust.

Más tiempo viviendo en una residencia

Florence Knapp (10 de octubre de 1873 a 11 de enero de 1988) de Montgomery Township (Pennsylvania, EE.UU.), vivió en la misma casa durante 110 años.

Mayor tasación de una casa

La antigua vivienda de William Randolph Hearst, el gran magnate de la prensa, se ha tasado en 165 millones de dólares. La residencia, de 6.967 m², ocupa 2,6 ha en Beverly Hills (California, EE.UU.) y posee 29 habitaciones,

40 cuartos de baño, tres piscinas y una discoteca. Apareció en la película *El Padrino* (EE.UU., 1972).

Más luces en una propiedad residencial

Timothy, Grace, Emily, Daniel y John Gay (EE.UU.) encendieron 346.283 luces en su hogar de Lagrangeville (Nueva York, EE.UU.), el 23 de noviembre de 2012. El acto, bautizado como ERDAJT Holiday Light Display (por la primera y la segunda inicial de los hijos de la familia) se sincronizó con 154 canciones.

La mayor casa esférica

En São Paulo (Brasil) se halla Casa Bola, propiedad del empresario Lucas Longo. La gigantesca vivienda, de color rojo, realizada en una estructura de acero, mide 9,75 m de diámetro y está dividida en tres niveles. Las dos habitaciones, la cocina y el cuarto de baño están unidos por una rampa curva continua. También posee puertas, armarios y muebles curvados hechos a medida.

DE TAL PALO, TAL ASTILLA
Casa Bola fue construida en 1980 por el arquitecto Eduardo Longo, el padre de Lucas, que también se construyó una casa redonda en la ciudad.

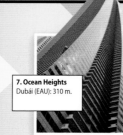

6. Q1
Gold Coast (Australia): 322,5 m; el edificio residencial más alto de Australia.

7. Ocean Heights
Dubái (EAU): 310 m.

8. Torre Infinity
Dubái (EAU): 307 m.

9. East Pacific Center Tower A *(a la izquierda)*
Shenzhen (China): 306 m.

10. Etihad Tower 2
Abu Dhabi (EAU): 305 m.

PALACIOS

El edificio de mayor peso

El Palacio del Parlamento en Bucarest (Rumanía) está construido con 700.000 toneladas de acero y bronce, 1 millón de m³ de mármol, 3.500 toneladas de cristal y vidrio, y 900.000 m³ de madera.

El palacio a más altitud

El Palacio de Potala en Lhasa (Tíbet) está situado en la Montaña Roja en el Valle de Lhasa, a 3.700 m sobre el nivel del mar. Su construcción comenzó en 1645 bajo el quinto gran Dalai Lama. El palacio ocupa una superficie de 400 × 350 m.

El mayor palacio estatal socialista

El Palacio del Parlamento de Bucarest (Rumanía) se construyó en su mayor parte entre julio de 1984 y 1989, durante el gobierno del Partido Comunista Rumano, presidido por su secretario general Nicolae Ceaușescu. El edificio mide 270 × 240 m y 86 m de alto, a los que cabe añadir otros 92 m dedicados a niveles subterráneos. Sus 340.000 m² albergan 1.100 habitaciones y un aparcamiento para 20.000 coches.

El primer palacio real

Aha, el segundo faraón de la Dinastía I, mandó construir un palacio de adobe encalado, o posiblemente de piedra caliza, en Menfis (Egipto) en el siglo 31 a.C. Aha también ordenó que el exterior de su tumba, situada en Abidos, se pareciese a la fachada de un palacio.

El laberinto más antiguo

El laberinto de Hampton Court (Surrey, R.U.) se construyó en 1690 para los reyes Guillermo III y María II de Inglaterra. Los jardineros reales George London y Henry Wise (ambos del R.U.) lo diseñaron y plantaron usando carpes (*Carpinus betulus*) para los setos. El laberinto ocupa 0,2 ha y alberga 800 m de caminos.

El mayor jardín de un palacio

A finales del siglo XVII, André Le Nôtre (Francia) creó un magnífico jardín para el rey Luis XIV en el palacio de Versalles, cerca de París (Francia). Las zonas verdes cubren más de 800 ha, de las que 100 ha corresponden al jardín propiamente dicho.

El mayor palacio usado como galería de arte

El Palacio del Louvre en París (Francia) fue construido y modificado por los reyes de Francia entre 1364 y 1756. Las ampliaciones posteriores le han dado un tamaño de 210.000 m². La famosa pirámide de cristal diseñada por el arquitecto I. M. Pei se añadió al patio en 1989.

La mayor sala hipóstila

La sala hipóstila (sostenida por columnas) del templo de Amón-Ra en Karnak (Egipto) tenía un techo sostenido por 134 columnas gigantes y una superficie de unos 5.000 m², lo bastante grande para albergar 26 pistas de tenis, ¡o la catedral de Nôtre Dame de París! Ramsés I mandó su construcción, llevada a cabo hacia 1290 a.C.

El mayor harén

El Harén Imperial, situado en el palacio Topkapi, residencia de los sultanes del Imperio Otomano (1299-1923) se halla en el Estambul actual (Turquía) y fue construido en varias fases desde 1459 en adelante. Con 400 habitaciones repartidas en varios edificios, muchos de ellos diseñados por el arquitecto otomano Mimar Sinan, es el mayor harén del mundo (los aposentos reservados a las mujeres y prohibidos a los hombres). Denominado a menudo «la jaula dorada», en el Harén Imperial

El palacio más grande

El Palacio Imperial, en el centro de Pekín (China), es un rectángulo de 72 ha que mide 961 × 753 m. Se erigió entre 1407 y 1420, durante la dinastía Ming, bajo la dirección de tres arquitectos, Hsu Tai, Yuan An y Feng Chiao. En su construcción participaron más de un millón de trabajadores. Hoy, el lugar comprende unos 980 edificios con 8.886 habitaciones. El último emperador de China, Puyi, se exilió en 1924. El palacio se convirtió en Patrimonio de la Humanidad en 1987.

LOS 10 SOBERANOS MÁS RICOS (POR PATRIMONIO NETO)

1. Bhumibol Adulyadej, rey de Tailandia: 30.000 millones de dólares.

Fuente: Forbes.com. Todas las cifras corresponden a 2010, el año del último estudio

2. Haji Hassanal Bolkiah, sultán de Brunei: 20.000 millones de dólares.

3. Abdullah bin Abdulaziz Al Saud, rey de Arabia Saudí: 18.000 millones de dólares.

4. Khalifa bin Zayed Al Nahyan, presidente de EAU: 15.000 millones de dólares.

5. Mohammed bin Rashid Al Maktoum, primer Ministro de EAU: 4.500 millones de dólares.

El mayor palacio construido por una sola persona

El Palais Idéal de Hauterives (Francia) lo construyó el cartero de la localidad, Joseph-Ferdinand Cheval, entre 1879 y 1912. Mide 26 m de largo, 12 m de ancho y 11 m de alto.

Y QUE CONSTE...

Cheval (ver arriba) dedicó más de 93.000 h de trabajo a su palacio. Usó piedras de las inmediaciones, guijarros, conchas y caracolas, cementadas con más de 3.500 sacos de cal. El Palais Idéal incorpora una terraza, una galería, una torre, un templo, una tumba, una cúpula, esculturas, una escalera de caracol y una fuente.

vivía la madre del sultán («Valide Sultana»), las concubinas y las esposas, además de niños y demás familiares, junto con eunucos, consortes y favoritas de la corte.

La mayor escuela de equitación en un palacio

Joseph Emanuel Fischer von Erlach (Austria) proyectó la Escuela Española de Equitación del Palacio de Hofburg

en Viena (Austria). Se construyó entre 1729 y 1735. La sala barroca de 55 × 18 m está destinada a complejas representaciones de adiestramiento de los famosos caballos blancos lipizanos y sus expertos jinetes.

Más espacio en una galería de arte

Un visitante tendría que caminar 24 km para visitar cada una de las 322 galerías del Palacio de Invierno en el interior del Museo Hermitage de San Petersburgo (Rusia). Las galerías albergan casi tres millones de obras de arte y objetos arqueológicos.

El mayor palacio religioso

La construcción del Palacio Papal (también conocido como Palacio Apostólico o Palacio Vaticano) en la Ciudad del Vaticano tuvo lugar entre 1471 y 1605. Ocupa 162.000 m² y alberga los Apartamentos Papales, las oficinas de la Iglesia Católica Romana y la Santa Sede, capillas, la Biblioteca Vaticana, museos y galerías de arte.

El primer palacio de hielo

6
Metros de altura del palacio. Sus sofás, sillas, copas de vino y reloj también son de hielo.

Anna Ivanovna, emperatriz de Rusia, encargó un palacio de hielo en San Petersburgo (Rusia) durante el invierno de 1739-1740. Para la construcción del palacio, el arquitecto Piotr Eropkin y el científico Georg Wolfgang Krafft usaron bloques de hielo de 16 m de largo por 5 m de ancho unidos con agua helada. La ciudad recrea el palacio de hielo cada invierno.

El edificio de hielo más alto

En enero de 1992, se completó en Saint Paul (Minnesota, EE.UU.) la construcción de un palacio de hielo erigido para el Winter Carnival. Constaba de 18.000 bloques de hielo que pesaban 4.900 toneladas. Erigido por TMK Construction Specialties Inc., tenía 50,8 m de alto. El Winter Carnival de Saint Paul se organizó por primera vez en 1886 y una de sus atracciones más populares fue su palacio de hielo.

La alfombra más valiosa

Creada para la sala de las audiencias del palacio sasánida de Ctesifonte (Irak), la Alfombra de la Primavera de Cosroes estaba formada por 650 m² de hilo de seda y oro incrustado con esmeraldas. Unos saqueadores la trocearon en el año 635. Los historiadores creen que originariamente su valor ascendía a 195 millones de dólares.

El mayor palacio residencial

El Istana Nurul Iman, cerca de Bandar Seri Begawan (Brunéi), es la residencia del sultán de Brunéi y la sede del gobierno de ese país asiático. Cuenta con 1.788 habitaciones y ocupa 200.000 m².

SÓLO INVITADOS
Al Palacio Imperial también se le llama la «Ciudad Prohibida», porque era el emperador quien tenía que dar permiso para entrar o salir de allí.

6. Hans-Adam II, príncipe de Liechtenstein: 3.300 millones de dólares.

7. Mohammed VI, rey de Marruecos: 2.500 millones de dólares.

8. Hamad bin Khalifa Al Thani, emir de Qatar: 2.400 millones de dólares.

9. Alberto II, príncipe de Mónaco: 1.000 millones de dólares.

10. Karim al-Husseini, Aga Khan IV: 800 millones de dólares.

La moto pilotable más alta del mundo

Fabio Reggiani (Italia) construyó una motocicleta de 5,10 m de altura, desde el suelo hasta lo alto del manillar, y de 10,03 m de longitud. El 24 de marzo de 2012, la condujo por un circuito de 100 m en Montecchio Emilia (Italia). La moto posee un motor V8 de 5,7 litros y se conduce mediante un conjunto de palancas accionadas por el conductor, que se mantiene en pie sobre una plataforma situada delante de la rueda trasera.

MIRA EL
VÍDEO
CON LA APP
GRATUITA

3D EN ESTA PÁGINA
¡ATENCIÓN, REALIDAD AUMENTADA!

REFLOTE DEL *CONCORDIA*

Un salvamento de récord

El 13 de enero de 2012, con el mar en calma, el crucero *Costa Concordia* chocó contra un arrecife sumergido frente a la isla del Giglio, en la costa oeste de Italia. El impacto abrió un boquete de 50 m de longitud a babor del *Concordia*, y la nave encalló a unos 500 m de la costa. De los 3.229 pasajeros y los 1.023 tripulantes, perecieron 30 personas y dos permanecen desaparecidas, aunque puede dárselas por muertas.

El 21 de abril de 2012, las autoridades italianas anunciaron que las compañías de salvamento Titan Salvage y Micoperi tratarían de reflotar y retirar los restos del barco hundido, para que pudiera ser desguazado con seguridad, en lo que sería el **mayor proyecto para reflotar un barco.**

Costa Concordia

En funcionamiento desde 2005, el *Costa Concordia* tiene un arqueo bruto (GT) –la medida de su volumen interno total– de 125.814 y una longitud de 290,2 m. Una hora después de colisionar, se había escorado a estribor a un ángulo de 70°, y quedó encallado en 20 m de agua. Se usaron botes y helicópteros para rescatar a los supervivientes, y los equipos de rescate abordaron el barco con la tarea de buscar en las 1.500 cabinas y las 13 cubiertas públicas. Los esfuerzos de búsqueda y rescate duraron varios meses hasta que se dieron por finalizados.

Antes del accidente

Bajo el mando del capitán Francesco Schettino *(derecha)*, el *Costa Concordia* se había desviado de su ruta estipulada, supuestamente a causa de un reclamo turístico, que consistía en realizar un saludo a los habitantes de la isla del Giglio. El capitán abandonó antes el barco, rompiendo la tradición marítima que dice que todos los pasajeros y la tripulación deben ser evacuados primero.

COSTA CONCORDIA: ESPECIFICACIONES TÉCNICAS	
Constructor	Fincantieri Sestri Ponente (Italia)
Coste	450 millones de euros (570 millones de dólares)
Botado	2 septiembre 2005
Viaje inaugural	14 julio 2006 (bautizo: 7 julio 2006)
Encalló	13 enero 2012
Desplazamiento	51.387 toneladas
Longitud	290,2 m
Manga	35,5 m
Potencia	75.600 kW
Capacidad	3.780 pasajeros; 1.100 tripulantes

La exploración de los buzos

Explorar la nave encallada fue una tarea peligrosa para los buzos. Tuvieron que usar trajes sellados, ya que el equipamiento normal no los protegía de los productos químicos, el combustible y otras sustancias contaminantes que desprendía la nave.

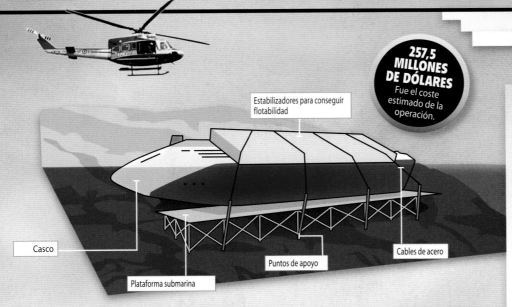

257,5 MILLONES DE DÓLARES
Fue el coste estimado de la operación.

Estabilizadores para conseguir flotabilidad

Casco

Puntos de apoyo

Cables de acero

Plataforma submarina

Salvamento

Los equipos han comenzado a trabajar para recuperar los restos del *Costa Concordia*. Declarado siniestro total, finalmente será desguazado.

El plan: Una vez estabilizada la nave, se colocan bolsas de lechada debajo del casco para dar soporte y ayudar a que el punto de giro del barco no se siga moviendo. Entonces, se instala una plataforma submarina y se sueldan 15 estabilizadores a babor, para conseguir flotabilidad. El barco se alza parcialmente con una grúa y se adosan otros 15 estabilizadores a estribor. Se retiran los cables y el barco entonces puede flotar con libertad.

NAUFRAGIOS Y SALVAMENTOS

El naufragio más antiguo	Un barco de madera de mástil único, que data del siglo xiv a.C. (Edad de Bronce Tardía), naufragó en las costas de Uluburun cerca de Kaş en el sur de Turquía. Descubierto en 1982, llevaba una ingente carga de lingotes de cobre, estaño y cristal, botes de resina, joyas de plata y oro, nueces y especias. *(En la foto de la derecha, una réplica a tamaño natural construida y hundida con fines científicos en 2009.)*
El mayor naufragio	El 12 de diciembre de 1979, estallaron las 321.186 toneladas del superpetrolero *Energy Determination* cuando atravesaba el estrecho de Ormuz, en el golfo Pérsico. El barco se partió en dos. En el momento del accidente, el buque no transportaba cargamento alguno pero el valor del casco ascendía a 58 millones de dólares.
El naufragio más valioso	El *Nuestra Señora de Atocha* se hundió en 1622 en las costas de Key West, en Florida (EE.UU.). Lo encontraron el 20 de julio de 1985 junto con un cargamento de 43,7 toneladas de oro y plata y unos 31,75 kg de esmeraldas. También se recobraron 20 cañones de bronce *(en la foto de la derecha)*.
El naufragio a mayor profundidad	El 28 de noviembre de 1996, Blue Water Recoveries (R.U.) encontró los restos del SS *Rio Grande* en el fondo del océano Atlántico meridional. El pecio, un buque rompebloqueos alemán de la Segunda Guerra Mundial, yace a 5.762 m de profundidad.
El salvamento de un naufragio a mayor profundidad	Blue Water Recoveries (R.U.) recuperó 179 toneladas de cobre ampollado y lingotes de estaño del SS *Alpherat* a una profundidad de 3.770 m en el mar Mediterráneo al este de Malta, en febrero de 1997.
El salvamento comercial a mayor profundidad	El 21 de julio de 1961, la nave espacial norteamericana *Liberty Bell 7* –parte de la misión norteamericana Mercury-Redstone 4– se estrelló en el océano Atlántico y se hundió antes de poder ser rescatada. *(En la foto de la derecha, el helicóptero que se envió a rescatar al único astronauta de la nave, Virgil I. «Guss» Grissom).* La nave espacial yacía a más de 4.500 m de profundidad antes de que fuera rescatada comercialmente por la nave *Ocean Project* el 20 de julio de 1999.
El salvamento con buzos a mayor profundidad	Un equipo de 12 buzos trabajó en el naufragio del HM Cruiser *Edinburgh* –hundido el 2 de mayo de 1942 en el mar de Barents, en las costas de Noruega– a 245 m de profundidad. A lo largo de 31 días (del 7 de septiembre al 7 de octubre de 1981), recuperaron un total de 460 lingotes de oro.

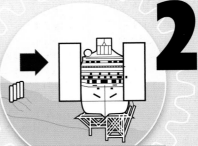

1

Se endereza el *Concordia* a babor.

2

Se agregan estabilizadores por el otro costado.

3

Se retiran los cables. El barco, ya estable, debería flotar libremente.

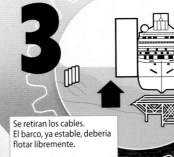

Reflote

En abril de 2013, se adosaron al barco los últimos 30 estabilizadores gigantes (cajas de acero vacías). Llenos de aire, actuarían como brazaletes y permitirían reflotar el barco sobre un lecho marino artificial construido con bolsas de cemento y plataformas de acero.

AVIACIÓN

UNA EXPERIENCIA EMOCIONANTE
Las enormes alas del A380 son un 34% más grandes que las de un Boeing 747 (tanto, que sus extremos «aletean» unos 4 m durante el despegue).

La primera escuela de pilotos propiedad de una mujer

Katherine Stinson (EE.UU.) fue la cuarta mujer que obtuvo la licencia de piloto en EE.UU. Stinson aprendió a volar en 1911 y poco después empezó a hacer vuelos de exhibición. En 1916, fundó con su familia la Stinson School of Flying, en San Antonio (Texas, EE.UU.).

La mayor compañía aeroespacial

En 2012, Boeing (EE.UU.) declaró ventas por 81.700 millones de dólares, unos beneficios de 3.900 millones de dólares y un valor de mercado de 65.360 millones de dólares, todas ellas cifras récord en el sector aeroespacial. Fundada en 1916, la firma tiene hoy día una plantilla de 174.400 trabajadores.

Su planta en Everett (Washington, EE.UU.), donde se ensamblan los aviones, es la **mayor fábrica** del mundo. Inaugurada en 1967, se ha ampliado dos veces y en la actualidad ocupa un volumen total de 13,3 millones de m³, cubriendo una superficie de 399.480 m², lo bastante grande como para albergar casi toda la Ciudad del Vaticano, cuya superficie es de 440.000 m², o lo suficientemente voluminosa como para dar cabida a la gran pirámide de Giza (Egipto) ¡más de cinco veces!

El mayor acuerdo comercial

El 11 de enero de 2011, la compañía aeronáutica europea Airbus firmó un acuerdo con la aerolínea india Indigo para la construcción de 180 aviones: 30 Airbus A320 y 150 de la nueva versión del Airbus A320NEO (New Engine Option). Se trata del mayor acuerdo por número de aparatos de la historia de la aviación comercial, cuyo valor asciende a 15.600 millones de dólares.

La formación de hidroaviones más grande en cruzar el Atlántico

El 1 de julio de 1933, el general italiano Italo Balbo dirigió un vuelo en formación de 24 hidroaviones Savoia-Marchetti S.55X desde Europa hasta EE.UU. Los aviones despegaron de Orbetello, en la Toscana (Italia),

El avión que puede transportar más pasajeros

El Airbus A380, un avión de dos pisos fabricado por EADS (Airbus SAS), voló por primera vez en Toulouse (Francia), el 27 de abril de 2005. El aparato tiene una capacidad nominal de 555 pasajeros, pero una capacidad potencial de 853 dependiendo del diseño del interior. Su envergadura alar es de 79,8 m y su alcance de 15.700 km (9.750 millas). *Arriba, a la izquierda:* entrega de un A380 a la aerolínea Emirates en Hamburgo en 2008. *Arriba, a la derecha:* uno de los lujosos interiores del avión.

sobrevolaron los Alpes e hicieron escala en Islandia, Groenlandia, Labrador y finalmente en el lago Míchigan, en Chicago (EE.UU.), donde llegaron el 15 de julio tras 9.200 km y más de 48 h de vuelo.

El avión más pequeño

El biplano *Bumble Bee Two*, construido por Robert H. Starr (EE.UU.), medía 2,69 m de largo, tenía una envergadura alar de 1,68 m y pesaba 179,6 kg vacío. Podía llevar a una persona. El 8 de mayo de 1988, tras alcanzar una altura de 120 m, se estrelló; el piloto, aunque resultó herido, se recuperó completamente. Llegó a desarrollar una velocidad máxima de 306 km/h.

La primera aeronave con rotor eléctrico basculante

El 5 de marzo de 2013, el constructor de helicópteros AgustaWestland –integrado en el grupo italiano Finmeccanica– presentó el Project Zero, la primera aeronave con rotor eléctrico basculante. Este vehículo único puede pasar de vuelo estacionario a vuelo de avance gracias a dos rotores integrados que giran hasta 90°. Los rotores van situados dentro del ala en lugar de en sus extremos, como sucede con las aeronaves de rotor basculante convencionales.

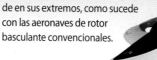

GIGANTES DEL CIELO

El avión más pesado en servicio: El Antonov An-225 *Mriya* (Sueño) tiene un peso máximo al despegue de 640 toneladas. Sólo se construyeron dos unidades.

El avión más pesado en fabricación: El Airbus A380 pesa 560 toneladas.

El bombardero más pesado en servicio: El bombardero ruso Tupolev Tu-160 *Blackjack* tiene un peso máximo al despegue de 275 toneladas y una velocidad máxima de Mach 2,05 (2.200 km/h), aproximadamente.

El avión de hélices más grande: El Antonov ruso An-22 (cuyo nombre en código de la OTAN es *Cock*) tenía una envergadura alar de 64,4 m y un peso máximo al despegue de 250 toneladas.

El bombardero con mayor envergadura: El avión americano de diez motores Convair B-36J *Peacemaker* tenía una envergadura alar de 70,1 m. Su peso máximo al despegue era de 185 toneladas. Lo sustituyó el Boeing B-52 a finales de la década de 1950.

EL PRIMER...

Despegue desde el agua

El 28 de marzo de 1910, el inventor Henri Fabre (Francia) despegó desde el lago Berre, en Martigues (Francia), a bordo de su hidroavión, bautizado como *Le Canard (El Pato)*. Movido por un motor rotativo de 50 CV, el avión recorrió 502 m a una altura de alrededor de 1,8 m.

Aterrizaje en un barco

El 18 de enero de 1911, el piloto Eugene B. Ely (EE.UU.) aterrizó con un Pusher Curtiss en una plataforma de madera montada en la cubierta de popa del USS *Pennsylvania*, en la bahía de San Francisco (California, EE.UU.). Ely empleó sacos de arena atados

a cuerdas y ganchos para frenar la carrera de aterrizaje.

El 2 de agosto de 1917, el comandante de aviación E. H. Dunning, del Royal Naval Air Service británico, aterrizó con un Sopwith Pup en el portaaviones HMS *Furious* mientras estaba en el mar en Scapa Flow, en las islas Orcadas (R.U.). Fue el **primer aterrizaje en un barco en movimiento**.

Salto en paracaídas desde un avión

El 1 de marzo de 1912, el capitán Albert Berry, del Ejército de EE.UU., saltó desde un biplano Benoist sobre Jefferson Barracks, en Saint Louis (Misuri, EE.UU.), desde una altura de 460 m.

El **primer avión en moverse con energía solar** fue el *AstroFlight Sunrise*. El primer vuelo de este avión eléctrico experimental no tripulado fue el 4 de noviembre de 1974 en Bicycle Lake, en el área militar de Fort Irwin, en California (EE.UU.).

El primer avión solar tripulado

El 18 de mayo de 1980, a bordo del *Gossamer Penguin*, Marshall MacCready (EE.UU.), de 13 años de edad, protagonizó el primer vuelo tripulado de un avión solar en el aeropuerto de Shafter, cerca de Bakersfield, California (EE.UU.). Fue elegido como piloto porque pesaba sólo 36,2 kg.

Vuelo en solitario a través del Atlántico de este a oeste

Tras despegar el 18 de agosto de 1932 desde Portmarnock Strand, en Dublín (Irlanda), el capitán Jim Mollinson (R.U.) cruzó el océano Atlántico en solitario a bordo de un Havilland DH80A Puss Moth bautizado como *The Heart's Content*. Aterrizó en Pennfield, en New Brunswick (Canadá), el 19 de agosto de 1932.

Vuelo de un avión tripulado alimentado con baterías y energía solar

El 29 de abril de 1979, el *Mauro Solar Riser*, diseñado y construido por Larry Mauro (EE.UU.), recorrió unos 0,8 km y alcanzó una altura máxima de 12 m en el aeropuerto de Flabob, en Riverside (California, EE.UU.).

El primer auxiliar de vuelo

Heinrich Kubis (Alemania) empezó a atender a los pasajeros del DELAG Zeppelin LZ-10 *Schwaben* en marzo de 1912. También fue jefe del equipo de auxiliares de vuelo del famoso LZ-129 *Hindenburg*, con capacidad para 72 pasajeros, y estaba a bordo del mismo cuando se incendió en Lakehurst (Nueva Jersey, EE.UU.), el 6 de mayo de 1937. Kubis pudo escapar al saltar desde una ventana cuando la cabina se acercaba a tierra.

El avión militar producido durante más tiempo

El Hercules C-130 es el avión militar que se ha fabricado más tiempo de modo continuado. Producido por la compañía Lockheed Martin (EE.UU.), voló por primera vez el 23 de agosto de 1954 y las entregas empezaron en diciembre de 1956. La imagen de arriba muestra una cadena de ensamblaje del C-130.

2.437
Número de Hercules C-130 fabricados a 7 de marzo de 2013.

El helicóptero más grande: El ruso Mil Mi-12 medía 37 m de largo, su peso máximo al despegue era de 103,3 toneladas y el diámetro de sus rotores, de 67 m. Voló por primera vez en 1968, pero debido a problemas técnicos nunca entró en fase de producción.

El mayor hidroavión: El Boeing 314 *Clipper* es el mayor hidroavión dedicado al transporte de pasajeros que ha entrado nunca en servicio, con una envergadura alar de 46,3 m, una longitud de 32,3 m y un peso máximo al despegue de 38,1 toneladas.

El mayor hidroavión militar: El Martin JRM-3 *Mars* tiene una envergadura alar de 61 m y un peso máximo al despegue de 73,5 toneladas. Se construyeron cinco para la Marina de EE.UU. en la década de 1940. Uno sigue en servicio como avión contraincendios.

El helicóptero más grande en servicio: El ruso Mil Mi-26 voló por primera vez en 1977. Cuenta con una tripulación de cinco personas y su peso máximo al despegue es de 56 toneladas.

El biplano más grande en servicio: El Antonov An-2/An-3 tiene una envergadura alar de 18,8 m y un peso máximo al despegue de 5,8 toneladas. Fue fabricado por primera vez en 1947 y puede acomodar a 12 personas.

MAQUINARIA DE CONSTRUCCIÓN

La primera pala mecánica

William Smith Otis (EE.UU.) patentó la pala mecánica en 1839. El aparato se asemejaba a una excavadora hidráulica moderna, con un chasis sobre ruedas, un brazo excavador y una cuchara. Funcionaba con un motor de vapor que transmitía energía a la pala a través de poleas.

La mayor excavadora de demolición de largo alcance

Las excavadoras de demolición de largo alcance se usan para derrumbar edificios altos. Euro Demolition posee una que está compuesta por una excavadora Caterpillar 5110B y una pluma Rusch TUHD 90-5 que puede demoler edificios de 90 m de altura.

El mayor peso levantado por una grúa

El 18 de abril de 2008, la grúa Taisun en el astillero Yantai Raffles de Yantai (China) izó una barcaza lastrada con agua que pesaba 20.133 toneladas. La grúa se usa para instalar módulos en los barcos.

MAYOR...

Bulldozer

El Komatsu D575A Super Dozer pesa 152,6 toneladas y se fabrica desde 1991. Posee una capacidad de 69 m³ y una hoja que mide 7,4 × 3,25 m.

La mayor máquina industrial móvil

El puente transportador F60 mide 502 m de largo y se usa para mover escombros (piedra y tierra que están sobre el carbón en las minas a cielo abierto) por medio de una cinta transportadora. En la década de 1980, la firma alemana TAKRAF fabricó cinco de esos puentes con raíles, cada uno de 80 m de alto y 240 m de ancho, capaces de mover el material a una velocidad de hasta 13 m/min.

La mayor excavadora hidráulica

En octubre de 2012, Caterpillar presentó su nueva Cat 6120B H FS. Con una pala de entre 45 y 65 m³ de capacidad, es capaz de llenar un camión Caterpillar 797F de 363 toneladas en tan sólo tres pasadas. La 6120B es también la primera pala hidráulica que utiliza tecnología híbrida, ya que obtiene energía de la oscilación de la pala cuando ésta desacelera y la almacena en acumuladores de alto rendimiento. En total, la excavadora alcanza un peso descomunal de 1.270 toneladas.

3.360
Es la potencia de salida de su motor SAE J1995 en kilovatios.

El tractor mide 11,72 m de largo y se mueve sobre una oruga.

Autovolquete de dos ejes

El T282B, fabricado por Leibherr en Virginia (EE.UU.), tiene una capacidad de 363 toneladas. El camión fue presentado en 2004 y tiene una longitud de 14,5 m, una anchura de 8,8 m, una altura de 7,4 m y pesa más de 200 toneladas cuando está vacío.

Carretilla elevadora

Tres carretillas elevadoras contrabalanceadas, con capacidad para levantar 90 toneladas, fueron fabricadas por Kalmar LMV (Suecia) en 1991 para construir tuberías de agua en Libia. Cada una pesaba 116.500 kg y medía 16,6 m de largo y 4,85 m de ancho.

Tuneladora

Bertha, la tuneladora, tiene una cabeza de corte de 17,5 m de diámetro y está

La grúa telescópica más alta

La pluma de la Liebherr LTM 11200-9.1 tiene una longitud máxima de 100 m. Está compuesta por ocho tramos de tubos de acero encastrados que se extienden como los de un catalejo, está montada sobre un camión y puede levantar pesos de 1.200 toneladas.

20 M
Es la longitud del vehículo de nueve ejes que transporta la grúa.

10 MAYORES EMPRESAS DE LA CONSTRUCCIÓN POR VENTAS

Datos de KHL Group/Statista.com

1. Caterpillar (EE.UU.): 35.300 millones de dólares. Fundada en 1925; sus orígenes se remontan al diseño pionero del tractor de Benjamín Holt.

2. Komatsu (Japón): 21.750 millones de dólares. Fundada en 1921; comenzó como fabricante de equipamiento para minería.

3. Volvo (Suecia): 10.010 millones de dólares. Fundada en 1927; su primera línea de producción fue el coche ÖV4.

4. Hitachi (Japón): 10.000 millones de dólares. Fundada en 1910; en 1924 produjo la primera locomotora eléctrica DC a gran escala en Japón.

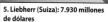

5. Liebherr (Suiza): 7.930 millones de dólares. Fundada en 1949; Hans Liebherr comenzó con su grúa torre móvil de fácil ensamblaje.

GUINNESS WORLD RECORDS 2014

UNA PINZA POTENTE

Una pinza de demolición consiste en unas tijeras potentes montadas en un brazo largo, como de robot. Se usa para cortar grandes estructuras metálicas.

La mayor pinza de demolición

La pinza de demolición Genesis 2500 está enganchada a un brazo excavador Rusch Triple 34-25, lo que le da un alcance de 34 m. El contratista de demoliciones noruego AF Decom la fabricó en 2009 para desmantelar las partes de unas plataformas de petróleo en desuso en el mar del Norte. El brazo de la máquina está dividido en tres tramos para proporcionarle más movilidad y está fabricado en acero.

programada para excavar el túnel de la State Route 99, que pasa por debajo de Seattle, en Washington (EE.UU.). El cortador está compuesto de una larga lámina de acero con 600 pequeños discos cortadores que pulverizan la roca. Construida por la firma japonesa de ingeniería Hitachi Zosen, tiene una longitud de 91 m y pesa 6.350 toneladas.

MÁS LARGOS...

Puente móvil

El puente móvil Sarvatra tiene una arcada máxima de 75 m. Lo desarrolló en 1994 el Defence Research & Development Establishment regional en Pune (Maharashtra) para el Ejército indio. Está compuesto de secciones que se desdoblan para cortar el paso de la carretera o de la masa de agua, permitiendo que crucen vehículos y equipamientos. Consta de cinco unidades montadas en camiones –cada una de 15 m de largo– que se pueden desplegar en 100 min para crear un corredor de 4 m de ancho.

Brazo de grúa torre

El 28 de agosto de 2012, Zoomlion Heavy Industry Science & Technology Development Co., Ltd. (China) fabricó una grúa con un brazo (pluma) que alcanzó los 110,68 m de largo cuando

El constructor robótico espacial más avanzado

Canadarm2 posee un brazo que tiene un alcance de 17,6 m que se usa para colocar en su sitio nuevos módulos en la *Estación Espacial Internacional*. El brazo tiene una punta doble, lo que le permite desplazarse de una punta a la otra de la estación. Puede soportar la inercia de cargas de hasta 116 toneladas.

El carro de combate más blindado

Las Fuerzas Armadas de Israel poseen una versión blindada del Caterpillar D9. La máquina, apodada *Doobi* (palabra hebrea que significa «osito de peluche»), posee un blindaje de 15 toneladas para resistir el impacto de las granadas disparadas con un lanzacohetes.

450 Kilos de explosivos que, se calcula, ha resistido el D9 en servicio.

lo midieron en Changde (provincia de Hunan, China).

El 28 de septiembre de 2012, en Changsha (provincia de Hunan, China), Zoomlion también estableció el récord del **brazo de grúa montado en un camión más largo,** con 101,18 m. La pluma de siete tramos se usa para surtir de hormigón a los grandes espacios de construcción.

La cargadora de ruedas más veloz

Con muchas modificaciones, que incluían el uso de ruedas en lugar de la usual oruga, una cargadora de ruedas Volvo L60G PCP alcanzó los 120 km/h en una pista de 1,8 km, en el aeropuerto de Eskilstuna (Suecia), el 13 de septiembre de 2012. Su velocidad máxima antes de reacondicionarla era de 46 km/h.

6. Sany (China): 7.860 millones de dólares. Fundada en 1989; los primeros productos estaban orientados a materiales de soldadura.

7. Zoomlion (China): 7.170 millones de dólares. Fundada en 1992; se inició con los surtidores de hormigón en 1993.

8. Terex (EE.UU.): 6.510 millones de dólares. Fundada en 1933; originalmente Euclid fabricaba camiones.

9. Doosan (Corea del Sur): 5.830 millones de dólares Fundada en 1896; con 117 años, es la compañía más antigua de Corea del Sur.

10. John Deere (EE.UU.): 5.370 millones de dólares Fundada en 1837; el herrero John Deere comenzó tan sólo con una tienda.

ASIENTOS

La primera silla convencional en el espacio

En 2004, el artista Simon Faithfull (R.U.) mandó al aire una silla convencional hasta una altura de 30 km como parte de la exposición *Artists' Airshow*. Atada a un globo sonda, la silla –y el vídeo de su vuelo hasta la estratosfera– constituyeron la obra de arte denominada *Escape Vehicle N.º 6*.

La primera ejecución en silla eléctrica

William Kemmler (EE.UU.) fue la primera persona ejecutada en la silla eléctrica. Fue condenado a pena de muerte por asesinar a su amante, Tillie Ziegler, con un hacha en 1888 y lo electrocutaron con corriente alterna el 6 de agosto de 1890 en la cárcel de Auburn, Nueva York (EE.UU.). Tardó ocho minutos en morir y hubo que intentarlo en dos ocasiones: la primera con 1.000 voltios y la segunda, con 2.000.

La mayor estructura hecha con bastoncillos de algodón

El 18 de abril de 2002, Monika Veidt de Schönebeck (Alemania) construyó un sillón con 61.422 bastoncillos de algodón. La lamparita y la mesita de café a juego también son de bastoncillos.

Y QUE CONSTE...

Puedes encontrar sillas altas en Lucena (España, 26 m), Núremberg (Alemania, 25 m), Manzano (Italia, 20 m), Washington, DC (EE.UU., 16,25 m) y Anniston, Alabama (EE.UU., 10 m).

El sofá más caro

Es uno de la serie «D» de acero inoxidable del artista israelí afincado en R.U. Ron Arad. Se vendió por 409.000 dólares en Phillips de Pury, en Nueva York (EE.UU.), el 13 de diciembre de 2007.

Las **sillas más caras** jamás vendidas son un par diseñadas por Robert Adam y construidas por Thomas Chippendale (ambos de R.U.). Se subastaron por 2,8 millones de dólares el 3 de julio de 1997 en la sala Christie's, en Londres (R.U.).

¿CUÁNTO MIDE?

La silla mide más o menos como cinco jirafas adultas, o tres cuartas partes de la Estatua de la Libertad en la bahía de Nueva York (EE.UU.).

La silla más grande

XXXLutz, en colaboración con Holzleimbauwerk Wiehag GmbH (ambos de Austria), fabricó la silla más grande del mundo. El descomunal asiento, de 30 m, se acabó y se presentó en Sankt Florian (Austria) el 9 de febrero de 2009.

ASIENTOS SUPERLATIVOS

La silla más cara: Una butaca que perteneció al diseñador francés Yves Saint Laurent se vendió por 21,9 millones de euros (28 millones de dólares) en Christie's, París (Francia), en febrero de 2009.

La silla más ligera: La silla de fibra de carbono *Estrema* de Massimiliano Della Monaca (Italia) sólo pesa 0,617 kg y puede aguantar hasta 100 kg.

La mayor colección de sillas en miniatura: El 13 de marzo de 2008, la colección de sillas en miniatura de Barbara Hartsfield (EE.UU.) constaba de 3.000 piezas.

La primera silla de plástico de producción en serie: La silla Bofinger (BA 1171), diseñada por Helmut Bätzner (Alemania) en 1964, empezó a producirse en 1966.

El primer puf: El modelo *Sacco* lo crearon en 1969 los diseñadores italianos Piero Gatti, Cesare Paolini y Franco Teodoro.

20
El número de fábricas de muebles locales que colaboraron para crear el sofá.

El *sky ski* más alto

William Blair (R.U.) ha creado una *airchair* de 3,28 m de alto para practicar *sky ski* (tipo de esquí acuático) y, tirado por una lancha motora, ha recorrido más de 100 m con éxito.

El juego de las sillas musicales más multitudinario

El 5 de agosto de 1989, 8.238 personas participaron al juego de las sillas musicales en la Anglo-Chinese School de Singapur. Tres horas y media después, Xu Chong Wei ganó al hacerse con la última silla.

El mueble hinchable más grande

Este gigantesco sofá medía 20,5 m de largo por 8,10 m de ancho y 8,10 m de alto, con un volumen de 801 m³. Lo construyó Jacobs Krönung (Alemania) a partir de cuatro partes independientes y lo presentó en Bremen (Alemania) el 14 de abril de 2009.

El sofá más largo

Medía 890,25 m de largo y lo crearon las empresas de muebles de Sykkylven (Noruega), el 14 de junio de 2009. Se expuso en el Sykkylvsbrua, un puente que salva el fiordo de Sykkylven, y era 10 veces más largo que el anterior sofá que ostentaba el récord.

La sentadilla estática contra la pared más larga

La Dra. Thienna Ho (Vietnam) se mantuvo en cuclillas con la espalda contra la pared durante 11 h, 51 min y 14 s en el gimnasio World Team USA de San Francisco, California (EE.UU.), el 20 de diciembre de 2008.

El baile con silla más multitudinario

En la mayor coreografía de baile con silla participaron 271 personas en The Stiletto Gym, organizada por el FIMB Yoga and Wellness Center (EE.UU.) en Riverside, Misuri (EE.UU.), el 5 de noviembre de 2011.

Más gente haciendo ejercicios con una silla

El 9 de septiembre de 2012, un total de 262 personas participaron en una clase de «bastón-fu», una actividad de bajo impacto basada en las artes marciales que enseña técnicas de autodefensa a los mayores. Se celebró en Silvera for Seniors en Calgary (Alberta, Canadá) y el participante más anciano fue Hazel Gehring, de 98 años.

El juego de comedor más rápido

Fast Food es un conjunto de muebles de comedor que puede conducirse y que alcanzó una velocidad máxima de183,14 km/h –la media de dos trayectos en direcciones opuestas– en el circuito Santa Pod Raceway de Northamptonshire (R.U.) el 5 de septiembre de 2010. Perry Watkins (R.U.) lo inventó… y lo condujo.

6
Son las toneladas que pesa esta gigantesca tumbona. Más que un elefante macho.

La mayor tumbona

Nada mejor para tener un buen sitio en la playa que llevarse la mayor tumbona del mundo. De 9,57 m de largo por 5,77 m de ancho y 8,36 m de alto, el gigantesco asiento realizado por Pimm's (R.U.) se expuso en Bournemouth (R.U.), el 22 de marzo de 2012. Su diseñador, Stuart Murdoch, aparece arriba.

ENTRA EN CASAS EXTRAORDINARIAS EN LA PÁG. 152

El mueble tapizado más antiguo que se conserva: El artesano John Casbert tapizó esta silla con su reposapiés en 1661 para el obispo de Londres, William Juxon.

El sofá más rápido: Glenn Suter, de Nueva Gales del Sur (Australia), condujo su sofá a 163,117 km/h en septiembre de 2011.

La mecedora más grande: Dan Sanzaro (EE.UU.) construyó una mecedora de 12,83 m de alto, que midieron el 4 de septiembre de 2008, en Cuba, Misuri (EE.UU.).

La mayor pila de sillas humana: Los Peking Acrobats (China) alcanzaron los 6,4 m de altura con su pila de sillas humana en Los Ángeles (California, EE.UU.), en octubre de 1999.

La primera silla volada: En 1926 el arquitecto Mart Stam (Países Bajos) construyó su emblemática silla (sin patas traseras, de una sola pieza) con viejas tuberías del gas.

PIEZA A PIEZA

25 × 25,5 cm. Los aficionados pueden rodar su propia película con la cámara de cine LEGO PC y el software de edición de películas.

El robot más rápido en resolver un cubo de Rubik

El 11 de noviembre de 2011, el CubeStormer II completó un cubo de Rubik en tan sólo 5,270 s en Londres (R.U.), 0,28 s menos que Mats Valk (Países Bajos) quien, en marzo de 2013, fue el ser humano más rápido en realizar tal proeza. Mike Dobson y David Gilday (R.U.) montaron el robot para ARM Holdings (R.U.) con cuatro kits de LEGO Mindstorms NXT.

El plató cinematográfico más pequeño (a la venta)

El Steven Spielberg MovieMaker Set de LEGO, lanzado el 1 de abril de 2001, incluye todo cuanto los niños necesitan para construir un mini plató de cine de

Más competiciones Ninjago de LEGO en 24 horas (en diferentes lugares)

Ninjago es un popular juego de lucha con figuritas ninja creado por LEGO. El 17 de febrero de 2012, los forofos de Ninjago se reunieron en 44 tiendas LEGO de toda Norteamérica para una frenética competición de 24 horas. Los contendientes disputaron 18.559 combates con figuras personalizadas.

LA MAYOR...

Imagen construida con LEGO

Cinco mil niños usaron más de dos millones de bloques multicolores para crear una imagen de los 26 cantones suizos. Medía 153 m² y la auspició LEGO GmbH (Alemania) en colaboración con Manor AG y Pro Juventute (ambos de Suiza) en Berna (Suiza) el 6 de octubre

La torre LEGO® más alta

La estructura más alta construida con bloques de plástico interconectables es la torre de 32,5 m de altura erigida en Praga (República Checa) para celebrar el 80.º aniversario de la empresa LEGO. Rower Miroslava Knapková colocó la última pieza al final del cuarto día, el 9 de septiembre de 2012. Se usaron unos 500.000 bloques para completar la torre.

ALTO Y PODEROSO
La construcción de torres con LEGO viene de lejos. La primera se realizó en Londres en 1988 y medía 15,2 m.

de 2012. La cita se llevó a cabo bajo el lema: «Los niños construyen el futuro de Suiza».

Colección de juegos LEGO

Kyle Ugone, de Yuma (Arizona, EE.UU.), posee la mayor colección LEGO del mundo: 1.091 juegos completos a 23 de julio de 2011.

Lección de construcción de juguetes (en diferentes lugares)

Doscientos ochenta y siete aficionados a LEGO aprendieron a montar una locomotora con un carrito, usando 82 piezas en un evento organizado por Merlin Entertainments Group Ltd (R.U.). La actividad se realizó de manera simultánea el 15 de noviembre de 2012 en nueve centros LEGOLAND® Discovery de todo el mundo y en el complejo turístico LEGOLAND Windsor.

MÁS LARGO...

Puente LEGO

El 6 de octubre de 2008, los visitantes de la exposición «SteinZeit im Phaeno» («La Edad de Piedra en Phaeno»), celebrada en Wolfsburg (Alemania), llevaron la construcción de LEGO a las más altas cotas con la construcción de un puente de 14 m de largo supervisada por los expertos en LEGO René Hoffmeister y Klaas H. Meijaard.

Estructura LEGO

Construida en forma de milpiés gigante, la estructura LEGO más larga medía 1.578,81 m (el equivalente a unas 32 piscinas olímpicas) y contaba con 2.901.760 piezas. El récord se logró en Grugliasco, Turín (Italia) el 13 de febrero de 2005.

TODA UNA A... T-REXIÓN
El T-Rex fue la pieza más grande de la exposición itinerante «The Art of the Brick» («El arte del bloque» de Sawaya. Lo construyó durante el verano de 2011 «en honor de los miles de niños que disfrutan con LEGO».

El mayor esqueleto de dinosaurio LEGO

El Dinosaur Skeleton, de Nathan Sawaya (EE.UU.), es el esqueleto más grande hecho con bloques LEGO. Es un esqueleto de Tyrannosaurus rex de tamaño natural que mide 6 m de largo y está compuesto por 80.020 piezas.

DATO: Desde 1949 se han producido más de 400.000 millones de bloques LEGO. ¡Si se apilaran, podrían hacerse 10 viajes de ida y vuelta a la Luna!

LOS 10 LEGOS MÁS GRANDES

1. En el número 1 de la lista de construcciones LEGO se encuentra la maqueta del Taj Mahal, lanzada al mercado en 2008 y con la friolera de 5.922 piezas.

2. Le pisa los talones el Halcón Milenario Star Wars Ultimate Collector, aparecido en 2007 y con 5.195 piezas.

3. El Puente de la Torre de Londres ocupa la tercera posición. Creado en 2010, contiene 4.287 piezas.

4. Con 3.803 piezas, le sigue la popular Estrella de la Muerte de La Guerra de las Galaxias, lanzada al mercado en 2008.

5. Le sigue de cerca la Estrella de la Muerte II, con 3.441 piezas y presentada en 2005.

Más colaboradores en una escultura

Cartoon Network contrató a Kevin Cooper (R.U.) para que diseñase una enorme escultura LEGO de Bloxx, el nuevo personaje de la serie *Ben 10: Omniverse*, con la ayuda de 18.556 colaboradores. Estaba compuesta de 240.000 piezas y se construyó en nueve lugares distintos del R.U. entre el 4 de agosto y el 4 de octubre de 2012.

VIVIENDA LEGO

Esta enorme mansión LEGO cuenta con dos plantas y cuatro habitaciones. ¡Incluso los cristales de las ventanas están hechos con bloques de LEGO!

EL MÁS ALTO…

En 2009, Guinness World Records creó una serie de categorías basadas en la torre LEGO más alta construida en varios períodos de tiempo, a solas o por parejas, y con una o dos manos. Entre los récords actuales se incluye:

- **Un minuto, dos manos:** El 5 de junio de 2010, Andy Parsons (R.U.) apiló 131 bloques LEGO en 60 s, en el Butlin's de Minehead (Somerset, R.U.).

- **Un minuto, una mano:** El año siguiente, el 26 de diciembre de 2011, en el Butlin's de Skegness (Lincolnshire, R.U.), el británico Chris Challis erigió una pila de 48 bloques de altura en un minuto y usando sólo una mano.

- **30 segundos, una mano:** El 11 de noviembre de 2012, Viktor Nikitoviae (Países Bajos) construyó una torre de 28 bloques de altura en 30 s usando sólo una mano, en el museo NEMO de Ámsterdam (Países Bajos). La torre alcanzó los 27 cm.

- **30 segundos, por parejas:** El 4 de noviembre de 2012, Madelyn y Maddox Corcoran (ambos de EE.UU.) construyeron una torre de 31 bloques en el Moss Park de Orlando (Florida, EE.UU.).

915 MILLONES

Maneras diferentes de combinar seis bloques LEGO.

La casa LEGO más grande

La mayor casa construida con piezas de plástico medía 4,69 m de alto, 9,39 m de largo y 5,75 m de ancho. La construyó James May (R.U.) con la ayuda de 1.200 voluntarios para *James May's Toy Stories* en Dorking (Surrey, R.U.), el 17 de septiembre de 2009.

Y QUE CONSTE…

LEGO *Star Wars II: The Original Trilogy* cuenta con 50 personajes exclusivos del juego y permite que los jugadores mezclen y combinen partes del cuerpo para crear más de un millón de personajes distintos. De hecho, es el **videojuego de acción y aventuras con más personajes.**

El mayor LEGO Technic

Este camión Mercedes Benz Unimog U 400, a escala 1:12,5, es el mayor juego Technic de LEGO puesto a la venta. Lo componen 2.048 piezas. El camión tiene una grúa neumática con una pinza y un torno elevador en la parte delantera.

FANTÁSTICO PLAS-TECH

El Unimog dispone de dirección, tracción y suspensión en las cuatro ruedas, así como de un motor muy completo.

Mayor parada de soldados clon de *La Guerra de las Galaxias*

El 27 de junio de 2008, LEGO (R.U.) reunió un incomparable ejército de 35.210 figuritas de soldados clon de Star Wars LEGO en Slough (Berkshire, R.U.). Se necesitaron seis horas y media para crear el temible ejército, liderado por un Darth Vader, también de LEGO.

6. A una vertiginosa altura, se encuentra la Torre Eiffel, con 3.428 piezas. Apareció en 2007.

7. Girando en séptimo lugar, la maqueta del Gran Carrusel, con 3.263 piezas. Se presentó en 2009.

8. El Destructor Estelar de Clase Imperial de *La Guerra de las Galaxias* tiene 3.096 piezas. Hizo su primer vuelo en 2002.

9. La maqueta de la Estatua de la Libertad mide 0,76 m de alto y se construye con 2.882 piezas. Se sacó al mercado en 2000.

10. En 2005, la maqueta de la silueta de Nueva York (no a escala) irrumpió en el mercado con 2.747 elementos, entre los que hay coches, un ferry e incluso un monorrail.

INGENIERÍA NAVAL

El objeto de más peso levantado en el mar

El buque grúa *Saipem 7000* (Italia) batió el récord de levantamiento de peso en alta mar al elevar el tope de una plataforma integrada (SID) de 12.150 toneladas desde un carguero hasta la plataforma Sabratha, en el yacimiento petrolífero de Bahar Essalam (Libia), en octubre de 2004. El levantamiento duró tan sólo 4 h, a lo que ayudaron unas condiciones meteorológicas casi perfectas en el mar Mediterráneo.

La primera plataforma autoelevable para la construcción de parques eólicos marinos

El Buque Instalador de Turbinas (TIV por sus siglas en inglés) *MPI Resolution* fue construido en Qinhuangdao (China). Con 130,5 m de eslora y 38 m de manga, puede operar a 5-35 m de profundidad y sus seis patas le permiten levantarse fuera del agua y convertirse en una plataforma estable para construir parques eólicos marinos.

La excavadora submarina más potente

La RT-1, construida por Soil Machine Dynamics Ltd. (R.U.), es un vehículo de 160 toneladas, sin conductor y con desplazamiento sobre orugas, proyectado para cavar zanjas de hasta 2 m en el lecho oceánico a fin de proteger los conductos submarinos; posee una potencia de 2.350 kilovatios y mide 16 m de largo, 13 m de ancho y 7,5 m de alto.

La mayor plataforma fuera de costa de extracción de gas

La Troll A, una plataforma de extracción de gas emplazada en el mar del Norte frente a la costa noruega, es el **objeto móvil más pesado fabricado por el ser humano**. El peso en seco de su estructura flotante se cifra en 656.000 toneladas. Con una altura de 369 m, para su construcción se emplearon 245.000 m³ de hormigón y 100.000 toneladas de acero (equivalente a 15 Torres Eiffel).

El mayor parque eólico marino

El parque eólico Greater Gabbard tiene 140 turbinas Siemens SWT-3.6-107 capaces de generar 500 megavatios de electricidad; se encuentra situado en el mar del Norte, a 25 km del R.U., y transmite corriente por tres cables de 45 km.

La mayor barrera flotante de contención de petróleo

Construida por Ro-Clean Desmi, la Ro-Boom 3500 mide 3,5 m de ancho cuando está desinflada. La anchura desinflada de este tipo de barreras suele oscilar de 0,5 a 2 m. La importancia de este invento se pone de manifiesto si se tiene en cuenta que cada año se vierten 3.770 millones de litros de petróleo en los océanos del mundo.

La mayor grúa flotante semisumergible

Explotado por Heerema Marine Contractors (Países Bajos), el *Thialf* es un semisumergible de 201,6 m de eslora con una capacidad de carga de 14.200 toneladas.

El *Thialf* transporta dos grúas de 95 m de altura capaces de levantar objetos conjuntamente. La sección inferior del casco del *Thialf* puede inundarse, lo que permite aumentar su calado (es decir, hacer que flote a más profundidad en el mar) en 20 m. Este enorme incremento en el peso del buque proporciona la estabilidad necesaria para levantar cargas de semejante peso al tiempo que permite al *Thialf* operar con mar brava.

LAS PEORES COSAS OCURREN EN EL MAR

El viaje más largo en un bote salvavidas: 1.300 km, desde isla Elefante hasta Georgia del Sur (Antártida) en 17 días (llegada el 19 de mayo de 1916), por sir Ernest Shackleton (R.U.) y cinco de sus hombres en el bote salvavidas *James Caird*.

El peor desastre en un ferry: El *Doña Paz* se hundió el 21 de diciembre de 1987. Oficialmente llevaba 1.500 pasajeros, pero es posible que transportara 4.000. Sólo sobrevivieron 24.

El mayor hundimiento voluntario de barcos: El 27 de noviembre de 1942, en Tolón (Francia), 73 barcos de la Armada francesa fueron hundidos para impedir su captura por las tropas alemanas.

Más tiempo solo a la deriva: El camarero segundo Poon Lim (nacido en Hong Kong), de la Marina Mercante del Reino Unido, pasó 133 días solo (del 23 de noviembre de 1942 al 5 de abril de 1943).

Más civiles rescatados en el mar: 4.296 civiles japoneses, rescatados por el carguero estadounidense USS *Brevard* (AK-164), el 23 de enero de 1946.

GUINNESS WORLD RECORDS 2014

LOS MÁS LARGOS...

Gasoducto marino
El gasoducto Nord Stream consta de un par de gasoductos paralelos que discurren a lo largo de 1.222 km bajo el mar Báltico. El 8 de octubre de 2012, ambos gasoductos se pusieron en funcionamiento por primera vez, uniendo Vyborg (Rusia) con Greifswald (Alemania). El gasoducto puede transportar 55.000 millones de m³ de gas al año.

Cable submarino de fibra óptica
La luz constituye la base de todas las comunicaciones del mundo moderno, y muchos miles de kilómetros de cables de fibra óptica yacen en el fondo de los océanos. El más largo de todos estos cables de fibra óptica es el Sea-Me-We 3 (siglas inglesas de Sudeste Asiático-Oriente Próximo-Europa Occidental). Con una longitud de 39.000 km, es propiedad de Tata Communications (India) y entró en servicio a finales de 2000.

Cable eléctrico submarino
Un cable eléctrico submarino de 577,5 km de largo conecta la red eléctrica noruega de Feda con la red eléctrica holandesa de Eemshaven. Se inauguró el 11 de septiembre de 2008. El cable sencillo pesa 37,5 kg por metro; el cable doble pesa 85 kg por metro. El cable posee una capacidad de 700 megavatios.

El faro más antiguo
El ingeniero civil británico Robert Stevenson construyó el Bell Rock Lighthouse, cuyas obras concluyeron en 1811. Se halla en Bell Rock, un pequeño arrecife de arenisca situado a unos 18 km de la costa oriental de Escocia. El faro, de granito y arenisca, mide 35,3 m desde los cimientos hasta lo alto de la linterna.

La plataforma a más profundidad en el océano
La plataforma flotante de prospección y producción de petróleo *Perdido* está montada en aguas de 2.438 m de profundidad. Su diseño es cilíndrico y casi toda su estructura permanece sumergida para proporcionar estabilidad. Propiedad de Shell, fue instalada en el golfo de México en agosto de 2008 y empezó a extraer petróleo y gas el 31 de marzo de 2010.

LOS MÁS PROFUNDOS...

Pozo de petróleo
Antes de que explotara y se hundiera en 2010 (lo que provocó el peor vertido de crudo de la historia de EE.UU.), la plataforma semisumergible *Deepwater Horizon* consiguió perforar a una profundidad vertical de 10.062 m en el yacimiento petrolífero de Tiber, en el golfo de México.

Aguas en que ha operado un buque de perforación
El 11 de abril de 2011, la compañía Transocean (EE.UU.) anunció que su buque perforador en aguas ultraprofundas *Dhirubhai Deepwater KG2* había perforado en el lecho marino a una profundidad de 3.107 m frente a las costas de la India.

736
Número de trabajadores que puede alojar el *Thialf*. La estructura contiene también un helipuerto acondicionado para que opere un Boeing Chinook 234.

La perforación más profunda en el océano por profundidad del lecho marino
El 9 de septiembre de 2012, y mientras perforaba en el océano Pacífico frente a la costa de la península de Shimokita (Japón), el buque oceanográfico japonés *Chikyū* perforó a 2.466 m por debajo del lecho marino, lo que multiplica casi por ocho la altura de la Torre Eiffel.

La peor explosión accidental en un barco: 1.635 personas murieron cuando el carguero *Mont Blanc*, con explosivos a bordo, chocó con otro barco en el puerto de Halifax (Nueva Escocia, Canadá), el 6 de diciembre de 1917.

El peor desastre en un submarino nuclear: El submarino nuclear ruso K-219 se hundió en el océano Atlántico el 6 de octubre de 1986 cuando transportaba dos reactores nucleares y 16 misiles nucleares.

Más muertos en un desastre petrolero en alta mar: El incendio de la plataforma petrolífera Piper Alpha en el mar del Norte el 6 de julio de 1988; murieron 167 personas de un total de 225 trabajadores.

El peor vertido de petróleo: El «Lakeview Gusher» empezó el 14 de marzo de 1910 en el yacimiento petrolífero de Midway-Sunset (California, EE.UU.). Duró 18 meses y se derramaron unos 9 millones de barriles de petróleo (1.430 millones de litros).

El peor desastre en una regata: 23 barcos se hundieron o se abandonaron del 13 al 15 de agosto de 1979 en un temporal de fuerza 11 en la 28.ª edición de la Fastnet Race. Murieron 19 personas.

VEHÍCULOS INAUDITOS

40
Pasajeros es la capacidad del *Midnight Rider*, cuya tripulación es de cuatro personas.

de 22 coches se pusieron en funcionamiento al unísono, haciendo que el suelo vibrase a una velocidad de 6,325 mm/s. El resultado fue el equivalente al estallido de una alta carga explosiva de 300 kg detonada a 500 m del sismógrafo. El evento fue organizado por la revista *Fast Car* y por www.talkaudio.co.uk (ambas de R.U.).

El coche más ligero

Louis Borsi (R.U.) construyó y condujo un coche de 9,5 kg con un motor de 2,5 cc capaz de alcanzar los 25 km/h.

El coche más largo

Con un equipamiento que incluye una cama de agua extragrande y una piscina con trampolín, el coche más largo es una limusina de 26 ruedas de 30,5 m de longitud concebida por Jay Ohrberg (EE.UU.). Su diseño permite que el vehículo se doble por la mitad,

El coche más peludo

Maria Lucia Mugno (Italia) posee un hirsuto Fiat 500 cubierto con 100 kg de pelo natural. Se presentó y pesó en el plató de *Lo Show dei Record*, en Roma (Italia), el 4 de marzo de 2010.

aunque también puede emplearse como vehículo rígido. Fue construido originalmente para su uso en películas y anuncios publicitarios.

El mayor salto con rampa en una limusina

El 28 de septiembre de 2002, Michael Hughes (EE.UU.) saltó una distancia de 31,39 m a bordo de una limusina Lincoln Town Car de tres toneladas

La limusina más pesada

Midnight Rider pesa unos imponentes 22.933 kg. Michael Machado y Pamela Bartholemew (ambos de EE.UU., *arriba*), diseñaron este coloso de 21,3 m de largo y 4,1 m de altura en California (EE.UU.). Comenzó a operar el 3 de septiembre de 2004. *Midnight Rider* cuenta con tres salones y un bar separado, y su decoración interior se inspira en los vagones de tren Pullman, que se hicieron populares desde mediados del siglo XIX. Cuando se toca su claxon suena la melodía de «Midnight Rider», de The Allman Brothers.

La mayor orquesta de cláxones de coche

El 12 de junio de 2011, como parte de la séptima carrera Pausaer Trabant, celebrada en Ebersgrün (Alemania), un grupo de 212 coches se reunieron para tocar con sus cláxones la canción infantil «All My Ducklings». El evento fue organizado por el Trabant Club Pausa e.V. (Alemania).

El asiento de coche más grande

En septiembre de 2004, con motivo de la feria de automóviles *Lust am Auto*, en Mannheim (Alemania), se fabricó un asiento de coche de gran tamaño de 3,4 m de altura, 2,17 m de ancho y 2,54 m de fondo. Lo adquirió en una subasta una escuela de educación primaria de Hemhofen, en Baviera (Alemania), y se midió el 10 de diciembre de 2006.

El mayor modelo de coche motorizado

Sheikh Hamad bin Hamdan Al Nahyan (EAU) construyó un descomunal modelo motorizado a una escala de 4:01 de un Willy Jeep de 13,62 m de largo, 6,18 m de ancho

y 6,46 m de alto. Se midió en el Emirates National Auto Museum de Abu Dabi (EAU), el 3 de noviembre de 2010.

El mayor «terremoto» provocado por equipos de música de coches

El 22 de octubre de 2008, en el Santa Pod Raceway de Northampton (R.U.), los equipos de música

El cochecito de niño más rápido

Colin Furze (R.U.) construyó un cochecito motorizado capaz de correr a 86,04 km/h. Se probó en la Shakespeare County Raceway de Stratford-upon-Avon (R.U.), el 14 de octubre de 2012. *(Más vehículos admirables de Colin en la pág. 173.)*

GRANDES MONTAÑAS RUSAS

La montaña rusa de acero más alta: *Kingda Ka*, en Six Flags Great Adventure, un parque en los alrededores de Jackson (Nueva Jersey, EE.UU.). Tiene una altura máxima de 139 m.

Mayor caída en una montaña rusa de madera: *El Toro*, en Six Flags Great Adventure, cerca de Jackson (Nueva Jersey, EE.UU.), incluye una caída desde 54 m de altura. Su punto más elevado alcanza los 57,3 m.

La montaña rusa de acero más rápida: *Formula Rossa*, en el Ferrari World de Abu Dabi (EAU), puede acelerar hasta los 240 km/h y ascender 52 m en 4,9 s.

La montaña rusa de acero más larga: *Steel Dragon 2000*, en Nagashima Spaland en Mie (Japón), mide 2.479 m de largo y tiene una altura máxima de 95 m.

La montaña rusa de madera más larga: *The Beast*, en Kings Island (Ohio, EE.UU.), mide 2.286 m de largo.

El scooter para discapacitados más largo

Construido por Orchard Mobility (R.U.), el *Limobilizer* es un scooter de 2,9 m de longitud. Fue medido en Somerset College, en Taunton (Somerset, R.U.), el 25 de octubre de 2012.

en el Perris Auto Speedway de Perris, en California (EE.UU.).

La limusina más alta

Construida por Gary y Shirley Duval (ambos de Australia), la limusina más alta mide 3,33 m desde el suelo hasta el techo. Dispone de dos motores separados y un sistema de suspensión independiente para cada una de sus ocho ruedas de camión. Su montaje llevó algo más de 4.000 h.

MÁS RÁPIDO...

Coche anfibio

Movido por un motor y una transmisión basados en los del Corvette LS, el *WaterCar Python* alcanza una velocidad máxima de 96 km/h en el agua y puede acelerar de 0 a 96,5 km/h en 4,5 s en tierra. El *Python* se construye a mano y por encargo, con precios a partir de 200.000 dólares.

Cortadora de césped

Don Wales (R.U.), de Project Runningblade, condujo una cortadora de césped a una velocidad de 141,35 km/h en Pendine, Carmarthenshire (R.U.), el 23 de mayo de 2010.

Cama móvil

Edd China (R.U.) creó y condujo la cama móvil más rápida. Alcanzó una velocidad de 111 km/h en una calle privada de Londres (R.U.) el 7 de noviembre de 2008 durante el Guinness World Records Day.

El talentoso Edd también construyó la **oficina más rápida,** capaz de alcanzar una velocidad máxima de 140 km/h. Edd condujo su escritorio por el puente de Westminster y la City de Londres (R.U.), el 9 de noviembre de 2006, durante el Guinness World Records Day de ese año. *(Para otras creaciones de Edd, véase a la derecha.)*

Scooter para discapacitados

La velocidad máxima alcanzada por un scooter para discapacitados es de 133,04 km/h, marca lograda por Klaus Nissen Petersen (Dinamarca) en Danmarks Hurtigste Bil, Vandel (Dinamarca), el 3 de junio de 2012.

Camión monstruo

El 17 de marzo de 2012, Randy Moore (EE.UU.) condujo un camión Aaron Outdoors a 155,78 km/h durante el zMAX Dragway, en el Charlotte Motor Speedway, en Carolina del Norte (EE.UU.).

Inodoro remolcado

El 4 de abril de 2011, Brewton McCluskey (EE.UU.) alcanzó una velocidad de 83,7 km/h montado

La camioneta lechera más rápida

Desarrollada por un equipo británico con el mecánico (y poseedor de varios récords) Edd China *(en la foto),* el conductor Tom Onslow-Cole y eBay Motors, alcanzó una velocidad de 124,77 km/h en Wokingham (R.U.), el 18 de octubre de 2012. El evento se encuadraba en el patrocinio de eBay Motors del equipo West Surrey Racing.

en un inodoro (que iba instalado en un kart modificado) en el South Georgia Motorsports Park, en Adel (Georgia, EE.UU.).

Coche de policía

El Lamborghini Gallardo LP560-4 de 2009 alcanza una velocidad máxima de 370 km/h. Sólo 30 agentes tienen permiso para conducirlo. Se emplea principalmente en la autopista entre Salerno y Reggio Calabria (Italia).

El coche más pequeño apto para circular

Austin Coulson (EE.UU.) es el creador de un coche de apenas 63,5 cm de alto, 65,41 cm de ancho y 126,47 cm de largo. Fue medido en Carrollton (Texas, EE.UU.), el 7 de septiembre de 2012.

Sin embargo, éste no es el **coche más bajo apto para circular.** Tal honor corresponde a *Mirai,* cuya parte más elevada se levanta apenas 45,2 cm del suelo. Lo creó Hideki Mori (Japón) y los estudiantes del curso de ingeniería del automóvil del instituto Okayama Sanyo, en Asakuchi (Japón), y se presentó el 15 de noviembre de 2010.

40 km/h
Máxima velocidad legal a la que Austin puede conducir su coche por las carreteras.

Y QUE CONSTE...

La decoración pintada del diminuto vehículo de Austin se inspira en el avión militar P51 Mustang. En sus laterales aparece inscrito el código identificador del barco en el que sirvió su abuelo durante la Segunda Guerra Mundial.

La montaña rusa de acero con más pendiente: *Takabisha,* en el parque de atracciones de Fujikyu Highland (también llamado parque de atracciones de Fuji-Q Highland), en Fujiyoshida (Japón), tiene una inclinación de 121° durante 3,4 m.

La montaña rusa de madera con más pendiente: *Outlaw Run,* en Silver Dollar City, en Branson (Misuri, EE.UU.), tiene una caída en un ángulo de 81°.

Más carriles invertidos en una montaña rusa: *The Smiler,* en Alton Towers, Staffordshire (R.U.), cuenta con 14 inversiones a lo largo de su carril de 1.170 m.

La montaña rusa más antigua: *Leap-the-Dips,* en el Lakemont Park de Altoona, en Pennsylvania (EE.UU.), abrió en 1902. Se cerró para su restauración de 1985 a 1999, pero hoy está en pleno funcionamiento.

La montaña rusa más antigua en continuo funcionamiento: *The Scenic Railway,* en el Luna Park de Saint Kilda, en Melbourne (Australia), abrió sus puertas el 13 de diciembre de 1912 y ha estado en funcionamiento desde entonces.

MOTOS

La primera moto

La primera bicicleta equipada con un motor de combustión interno tenía un cuadro de madera. La fabricó Gottlieb Daimler (1834-1900) en Bad Cannstatt (Alemania) entre octubre y noviembre de 1885. Wilhelm Maybach (1846-1929) fue el primero que la montó. Alcanzaba una velocidad máxima de 19 km/h y su motor de cuatro tiempos de un solo cilindro de 264 cc generaba 0,37 kW (0,5 CV) a 700 rpm.

MÁS RÁPIDAS...

Moto (adaptada)

El 25 de septiembre de 2010, Rocky Robinson (EE.UU.) logró una velocidad media de 605,697 km/h en su *Top Oil-Ack Attack* adaptada en un tramo de 1 km, en Bonneville Salt Flats, en Utah (EE.UU.).

Moto (convencional)

Richard Assen (Nueva Zelanda) alcanzó una velocidad de 420,546 km/h en una moto convencional en Bonneville Salt Flats, en Utah (EE.UU.), el 23 de septiembre de 2011. La palabra *convencional* se refiere a una moto fabricada en serie en contraposición a las que tienen un diseño

aerodinámico «modificado», si bien la moto de Assen –una Suzuki GSX1300R Hayabusa– se adaptó «parcialmente» para que Assen no fuese dentro del carenado.

La **máxima velocidad alcanzada por una mujer en una moto convencional** son los 374,208 km/h. Lo estableció Leslie Porterfield (EE.UU.), también a lomos de una Hayabusa, en Bonneville Salt Flats, el 5 de septiembre de 2008.

Monociclo

Kerry McLean (EE.UU.) alcanzó los 91,7 km/h montado en un monociclo en Irwindale (California, EE.UU.), el 10 de enero de 2001. Pilotaba una monorrueda de 1,22 m de ancho y 30 kW (40 CV). Una monorrueda es una gran rueda que gira por unas guías en cuyo interior se alojan el motor y el ocupante.

Moto tándem

La máxima velocidad alcanzada por una moto con piloto y pasajero es de 291,98 km/h, marca

La moto fabricada en serie más rápida

Impulsada por un motor de turbina de gas Rolls-Royce Allison, la MTT Turbine Superbike alcanza una velocidad máxima de 365 km/h, aunque MTT asegura que ha llegado a superar los 402 km/h. Tales cifras se deben a los 213 kW (286 CV) que desarrolla la rueda trasera, con 577 Nm de torque a 2.000 rpm, hecho que la convierte en la **moto fabricada en serie más potente de todos los tiempos.**

Cuando salió a la venta en 2004, la MTT Turbine Superbike costaba 185.000 dólares y se convirtió en la **moto fabricada en serie más cara de todos los tiempos.**

La moto más rápida (motor de pistón)

La MV Agusta F4 R 312 es la moto de serie con motor de pistones (frente a las de motor a reacción) más rápida, con una velocidad máxima de 312 km/h, de ahí las cifras que figuran en su denominación oficial. Los pistones –en este caso, hechos de titanio– convierten la presión en un movimiento de rotación que impulsa la rueda trasera.

lograda por Erin Hunter y Andy Sills (ambos de EE.UU.) a bordo de una BMW S1000RR en Bonneville Salt Flats (Utah, EE.UU.), el 20 de septiembre de 2011. La pareja realizó dos trayectos cronometrados en direcciones opuestas y se turnaron como piloto y pasajero.

DATO:
No sorprende que la Y2K sea la moto más rápida y potente, cuando se sabe que el motor de turbina de gas Rolls-Royce Allison 250 que mueve este monstruo lo utilizaban helicópteros Bell JetRanger.

PARA MÁS DEPORTES DE MOTOR VER PÁG. 248

ALARDES Y PROEZAS

Más piruetas en moto en 30 s: Horst Hoffmann (Alemania) realizó 21 giros durante el Centro Festival en Oberhausen (Alemania), el 9 de septiembre de 2006.

Derrape más multitudinario: El equipo Harleystunts and Smokey Mountain Harley-Davidson reunió a 213 pilotos derrapando con sus motos en Maryville (Tennessee, EE.UU.), el 26 de agosto de 2006.

Más posturas de yoga consecutivas en una moto: Yogaraj C. P. (India) realizó 23 posturas de yoga en el plató de *Guinness World Records - Ab India Todega*, en Bombay (India), el 17 de febrero de 2011.

Más personas subidas en una moto: El Army Service Corps Motorcycle Display Team Tornadoes apretujó a 54 de sus miembros (todos de la India) en una moto en la base de la fuerza aérea de Yelahanka, en Bangalore (India), el 28 de noviembre de 2010.

El caballito más rápido sobre hielo: Ryan Suchanek (EE.UU.) ejecutó un caballito sobre hielo a 152,89 km/h en el lago Koshkonong, en Wisconsin (EE.UU.), el 5 de febrero de 2011.

pilotando sus Hero Hondas por la cordillera de Chang Chenmo, cerca de Marsemikla (India), el 29 de agosto de 2008. La altitud fue confirmada mediante GPS y verificada por el jefe de la patrulla fronteriza india.

La primera moto producida en serie
La fábrica de motos alemana Hildebrand & Wolfmüller abrió sus puertas en 1894 y en sus primeros dos años produjo más de 1.000 motos, todas ellas con un motor refrigerado por agua de 1.488 cc y dos cilindros de cuatro tiempos.

La moto más pesada

La imponente *Harzer Bike Schmiede*, obra de Tilo y Wilfried Niebel, de Zilly (Alemania), pesaba 4,749 toneladas el 23 de noviembre de 2007, hecho que la convertía en la moto más pesada. Con 5,28 m de largo y 2,29 m de alto, la moto, que la mueve el motor de un tanque ruso, la fabricó un equipo de mecánicos y soldadores durante casi un año.

Mayor distancia recorrida en moto en 24 horas
L. Russell *Rusty* Vaughn (EE.UU.) recorrió 3.249,9 km en 24 h durante el 2010 Harley-Davidson Electra-Glide Limited FLHTK en el área de pruebas de Continental en Uvalde, Texas (EE.UU.), entre el 9 y el 10 de agosto de 2011.

La moto más cara vendida en una subasta
Adjudicada por 464.835 dólares, sin incluir impuestos ni comisiones, la 1922 Brough Superior SS80, conocida como *Old Bill*, se subastó en H&H Classic Auctions (R.U.) el 23 de octubre de 2012 en el Imperial War Museum de Cambridgeshire (R.U.).

Moto fúnebre
El reverendo Ray Biddiss (R.U.) alcanzó los 227,08 km/h montado en su moto fúnebre Triumph Rocket 2.340 cc, en Elvington Airfield, York (R.U.), el 10 de mayo de 2011.

Scooter
Tras mejorar el motor de su scooter, Klaus Nissen Petersen (Dinamarca) alcanzó los 133,04 km/h en Danmarks Hurtigste Bil, en Vandel (Dinamarca), el 3 de junio de 2012.

VIAJES

Mayor altura alcanzada
Seis miembros del North Calcutta Disha Motorcycle Club (todos de la India) alcanzaron los 6.245 m de altura

La moto de mayor cilindrada
La Triumph Rocket III se mueve con un motor de tres cilindros de 2.294 cc, el mayor jamás montado en una moto fabricada en serie. Desarrolla una potencia de 104 kW (140 CV) y 200 Nm de torque, más que la mayoría de automóviles de turismo.

Máxima velocidad de una moto a reacción

Según certifica oficialmente la IHRA (International Hot Rod Association), Kevin Martin (EE.UU.) alcanzó una velocidad máxima de 325,97 km/h pilotando la moto a reacción *Ballistic Eagle* durante los Spring Nationals, celebrados en Rockingham Speedway (Carolina del Norte, EE.UU.) el 24 de abril de 2009.

La moto de serie más potente
La Vyrus 987 C3 4V «Kompressor» genera 157,3 kW (213 CV) y posee un motor de 1.198 cc proveniente de la Ducati 1098R. Va equipada con un compresor para aumentar su potencia.

La moto más larga

Con capacidad suficiente para 25 personas, la moto más larga mide 22 m. La fabricaron Direct Bikes Ltd. y Colin Furze (ambos de R.U.), y se presentó y midió el 27 de julio de 2011 en el aeródromo de Saltby, en Leicestershire (R.U.).

56 km/h
Velocidad máxima que alcanza la moto más larga.

La moto eléctrica más rápida
En 1 km fulgurante, la SWIGZ Electric Superbike Prototype (EE.UU.) alcanzó una velocidad de 316,899 km/h pilotada por Chip Yates (EE.UU.), en Bonneville Salt Flats (Utah, EE.UU.), el 30 de agosto de 2011.

El más rápido en pasar sobre 21 bidones de gasolina en una moto de trial: Jake Whitaker (Nueva Zelanda) pasó sobre 21 bidones en 10,933 s en Pekín (China), el 16 de diciembre de 2011.

Menor distancia entre un avión y una moto cruzándose en pleno vuelo: Veres Zoltán y Gulyás Kiss Zoltán (ambos de Hungría) se cruzaron a una distancia de 2,42 m en Etyek (Hungría), el 7 de septiembre de 2008.

El caballito invertido más largo con una moto de cross: Gary Harding (EE.UU.) realizó un caballito invertido de 86,2 m de largo con una Kawasaki KX250T8F en Mason Dixon Dragway, en Boonsboro, Maryland (EE.UU.), el 22 de agosto de 2010.

Máxima velocidad con los ojos vendados: Billy Baxter (R.U.) alcanzó los 265,33 km/h en una Kawasaki Ninja de 1.200 cc con los ojos vendados. En el RAF (hoy MoD) Boscombe Down de Wiltshire (R.U.), el 2 de agosto de 2003.

El caballito invertido más largo de una moto con dos pasajeros: Craig Jones (R.U.) recorrió 305 m acompañado de Wing Tat Chui en el circuito de Donington Park, Derby (R.U.), el 8 de mayo de 2006.

ACCIDENTES AÉREOS

El primer piloto muerto en un accidente de avión a motor

El 7 de septiembre de 1909, Eugène Lefebvre (Francia, *arriba*), ingeniero y piloto de la Wright Company, sufrió un accidente con el avión que estaba probando en Juvisy-sur-Orge (Francia). Fue el primer piloto (y la segunda persona) que moría en un accidente de avión. El **primer accidente mortal de avión** ocurrió el 17 de septiembre de 1908, cuando Thomas E. Selfridge (EE.UU.) murió en un avión pilotado por el pionero de la aviación Orville Wright.

La primera caja negra

En 1956, el Dr. David Warren (Australia) diseñó un prototipo resistente a los accidentes, denominado Unidad de Memoria de Vuelo ARL para registrar la conversación de la tripulación durante un vuelo y otros datos antes de un accidente. El Dr. Warren estaba trabajando en los Aeronautical Research Laboratories de la Defence and Science Technological Organization en Melbourne (Australia). Comenzó a interesarse por la electrónica a los nueve años de edad, cuando su padre le regaló una radio de galena en 1934. Poco después, su padre murió en uno de los primeros accidentes aéreos en Australia,

El lugar más peligroso para volar

El informe anual publicado en 2012 por la Asociación Internacional de Transporte Aéreo informó que los viajes en avión en África son nueve veces más peligrosos que la media mundial. En 2011, África tuvo un índice de accidentes (medido en aviones destruidos o declarados siniestro total por millón de vuelos) de 3,27, aunque esta cifra representa una mejora del 56% respecto al año anterior.

el del avión de Havilland 86 *Miss Hobart* ocurrido en el estrecho de Bass, al sur de Victoria, entre Australia y Tasmania.

El primer accidente de avión causado por un perro

El 29 de noviembre de 1976, un perro pastor alemán que viajaba a bordo de un Piper 32-300 Air Taxi operado por Grand Canyon Air interfirió con los controles. El perro murió junto con el piloto, quien era el único pasajero.

El año más seguro para los accidentes de aviones de pasajeros

Según el informe anual publicado en 2012 por la Asociación Internacional de Transporte Aéreo (IATA), en 2011 el índice de accidentes de aviones construidos en Occidente fue el menor de todos los tiempos. El índice se mide en pérdida de casco (aviones destruidos o declarados siniestro total) por millón de vuelos y fue de 0,37, o una pérdida de casco por cada 2,7 millones de vuelos, lo que representa una mejora del 39% sobre el récord anterior logrado en 2010. El índice de accidentes en la actualidad es tan bajo que alguien que tomara un avión cada día podría viajar 14.000 años sin sufrir un accidente.

El amaraje más exitoso

No es la primera vez que un avión de pasajeros ameriza sin víctimas mortales en caso de emergencia, para el vuelo 1549 US Airways Airbus A320 realizó un amaraje en el que se salvaron todos los pasajeros: 155 civiles y la tripulación. El avión del Capitán Chesley «Sully» Sullenberger sufrió una serie de colisiones con pájaros poco después de despegar del aeropuerto de LaGuardia el 15 de enero de 2009. Los motores se pararon, pero el avión amaró en el río Hudson sin que los pasajeros sufrieran heridas graves.

38.000 Libras de propulsión de cada uno de los 4 motores del Concorde. Eran los motores de reacción más potentes de vuelos comerciales.

Más víctimas mortales en un avión supersónico

El primer y único accidente de un Concorde sucedió el 25 de julio de 2000, cuando un Concorde Air France se estrelló y fallecieron 113 personas: 100 pasajeros, nueve miembros de la tripulación y cuatro civiles en tierra. El vuelo 4590 chocó contra un hotel cerca de la ciudad de Gonesse, al norte de París (Francia). El Concorde había despegado del aeropuerto París-Charles de Gaulle, pero se estrelló al estallar uno de sus depósitos de combustible, perforado por un trozo de caucho de una de las ruedas que había reventado durante el despegue. A su vez, la rueda se había pinchado en la pista con un trozo de metal.

PARA AVIACIÓN, CONSULTA LA PÁG. 160

LOS ACCIDENTES DE AVIACIÓN MÁS LETALES

Fuente: planecrashinfo.com

1. Nueva York (EE.UU.), 11 de septiembre de 2001: 2.907 muertes
B767 de American Airlines, B767 de United Airlines; ataque terrorista. Citado por planecrashinfo.com como un solo incidente; el total incluye las muertes en tierra.

2. Tenerife, Islas Canarias, 27 de marzo de 1977: 583 muertes
B747 de Pan Am, B747 de KLM; colisión en pista (*ver arriba, a la derecha*).

3. Monte Osutaka (Japón), 12 de agosto de 1985: 520 muertes
B747 de Japan Airlines; fallo mecánico.

4. Nueva Delhi (India), 12 de noviembre de 1996: 349 muertes
B747 Saudi; IL76 kazajo; colisión en el aire (*ver arriba, a la derecha*).

5. Bois d´Ermenonville (Francia), 3 de marzo de 1974: 346 muertes
DC10 de Turkish Airlines; fallo mecánico.

Más víctimas mortales en una colisión de dos aviones en tierra

El 27 de marzo de 1977, dos Boeing 747 chocaron en la pista del aeropuerto de Tenerife en las Islas Canarias, y fallecieron 583 personas. Un avión de la KLM intentó despegar sin permiso y chocó con un Pan Am 747 que transitaba por una pista con poca visibilidad.

El primer accidente de avión causado por un cocodrilo

El 25 de agosto de 2010, un cocodrilo iba metido dentro de una bolsa de deportes en un vuelo interior de Kinshasa a Bandundu, en la República Democrática del Congo. Cuando el reptil escapó, los aterrorizados pasajeros se precipitaron a la cabina de mando, lo que desequilibró el avión Let L-410 Turbolet. Murieron 20 pasajeros y la tripulación. El cocodrilo fue uno de los dos únicos supervivientes, pero lo sacrificaron con un machete.

La categoría de accidentes de aviación más frecuente

El *State of Global Aviation Safety Report* 2011 de la Organización de Aviación Civil Internacional confirma que los incidentes en pista supusieron el 59% de los accidentes en 2005-2010. No obstante, el accidente que tiene más probabilidades de causar víctimas mortales es la pérdida de control durante el vuelo, que representa el 29% de todas las muertes y el 4% de los accidentes.

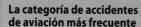

La peor colisión en el aire

El 12 de noviembre de 1996, un Boeing 747 saudí y un carguero Ilyushin de Air Kazakhstan chocaron cerca del Aeropuerto Internacional de Delhi (India) y murieron 349 personas. Fue el peor accidente en el aire en cuanto a número de víctimas: 23 tripulantes y 289 pasajeros en el avión saudí, y 10 tripulantes y 27 pasajeros del carguero.

Más aviones de combate perdidos en tiempos de paz

La Real Fuerza Aérea Británica perdió seis de sus ocho aviones de combate Hawker Hunter el 8 de febrero de 1956 en la base de la RAF en West Raynham (R.U.). Iban a realizar una formación de combate aéreo a 45.000 pies, pero fueron desviados a su base en Marham debido al mal tiempo. Un repentino deterioro en la visibilidad descartó el uso de aproximaciones visuales, y no había tiempo suficiente para usar los radares de aproximación. Cuatro pilotos saltaron cuando se quedaron sin combustible, uno realizó un aterrizaje forzoso y sobrevivió y otro murió. Dos aviones aterrizaron con éxito.

El peor accidente de helicóptero

El 19 de agosto de 2002, unos separatistas chechenos dispararon un misil contra un helicóptero Mi-26 sobrecargado. Chocó contra un campo de minas y murieron 127 pasajeros y la tripulación. El checheno Doku Dzhantemirov fue declarado culpable de terrorismo por un tribunal ruso y condenado a cadena perpetua.

Y QUE CONSTE...

Según un estudio realizado por la Junta Nacional de Seguridad del Transporte norteamericana que recopila todos los accidentes sufridos por aviones norteamericanos comerciales entre 1983 y 2000, el índice de supervivencia es del 95,7%. De las 53.487 personas implicadas en un accidente, sobrevivieron 51.207.

VUELO 191

El 2 de agosto de 1985, fuertes vientos azotaron un Lockheed L-1011 TriStar 1; 134 personas murieron a bordo del avión al chocar cerca del Dallas/Fort Worth International Airport en Texas (EE.UU.).

El peor año de muertes por accidentes aéreos

El año 1985 fue el peor referente a muertes por accidentes aéreos, aunque la cifra difiere según la fuente. Según planecrashinfo.com, que mantiene una base de datos, aquel año murieron 2.670 personas en accidentes aéreos. Tres accidentes sumaron 1.105 víctimas mortales: el vuelo 182 de Air India (329 víctimas mortales), el vuelo 123 de Japan Airlines (520) y el vuelo 1285 de la canadiense Arrow Air (256). En la imagen aparecen los restos del vuelo Delta 191 *(ver a la derecha)*.

6. Océano Atlántico, 177 km al oeste de Irlanda, 23 de junio de 1985: 329 muertes
B747 de Air India; bomba.

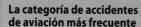

7. Riad, Arabia Saudí, 19 de agosto de 1980: 301 muertes
L1011 de Saudi Arabian Airlines; fuego y humo.

8. Golfo Pérsico, cerca de Bandar Abbas, 3 de julio de 1988: 290 muertes
A300 de Iran Air; abatido por misiles de EE.UU.

9. Shahdad (Irán), 19 de febrero de 2003: 275 muertes
IL-76MD de los Cuerpos de la Guardia Revolucionaria Islámica; mal tiempo.

10. Chicago (Illinois, EE.UU.), 25 de mayo de 1979: 273 muertes
DC10 de American Airlines; fallo mecánico.

BARCOS

El buque de guerra operativo más rápido

Las sigilosas corbetas con misiles de la clase Skjold de la Armada Real de Noruega, que puso en servicio la primera en 1999, pueden superar los 60 nudos (110 km/h). El sexto buque de la clase Skjold, KNM *Gnist*, se entregó en noviembre de 2012.

El navío francés *Le Terrible*, de 2.900 toneladas, desarrolló 45,25 nudos (83,42 km/h) en 1935, la **mayor velocidad alcanzada por un destructor**.

El mayor portacontenedores por capacidad

Aunque es algo menor que los buques Maersk clase E, el CMA GCM *Marco Polo* tiene mayor capacidad de carga. Mide 396 × 54 m y puede transportar 16.020 TEU (unidad equivalente a 20 pies) –esta unidad se basa en las dimensiones de un contenedor estándar de 20 pies de longitud (6 m)–. El *Marco Polo* empezó a navegar el 7 de noviembre de 2012.

El mayor transatlántico

Aunque hoy en día los grandes barcos de pasajeros se destinan a cruceros de recreo, el RMS *Queen Mary 2*, cuyo viaje inaugural comenzó el 12 de enero de 2004, se diseñó como un verdadero transatlántico. Mide 345 m de eslora por 41 m de manga y puede viajar a 29,5 nudos (54,6 km/h).

El primer buque de superficie que llegó al polo Norte

El rompehielos soviético NS *Arktika* de propulsión nuclear empezó las pruebas marítimas el 3 de noviembre de 1974 y navegó hasta 2008. Podía romper capas de hielo de 5 m de grosor y el 17 de agosto de 1977 se convirtió en el primer buque de la historia en alcanzar el polo Norte geográfico.

MAYOR...

Dique flotante de hormigón

El SS *Peralta* se construyó como petrolero y se botó en 1921. Mide 128 m de eslora por 15,4 m de manga y tiene un tonelaje bruto (volumen interno) de 6.144 toneladas. Hoy funciona como dique flotante para proteger una zona de almacenamiento de madera en el río Powell en la Columbia Británica (Canadá).

El primer petrolero de doble función

Acabado en 2002, el MT *Tempera* es el primer petrolero con doble función, por la que el buque se desplaza marcha atrás para romper el hielo. Se emplea esta técnica porque el diseño de un casco para viajar hacia delante rompiendo el hielo resulta ineficaz en mar abierto. El buque posee propulsores acimutales, que pueden girarse 180° para generar la marcha atrás.

Buque jamás construido

Con 458,45 m de eslora, el superpetrolero (ULCC) *Seawise Giant* –rebautizado *Happy Giant*, *Jahre Viking*, *Knock Nevis* y *Mont*– tenía un peso muerto de 564.763 toneladas. El término *peso muerto* se refiere al peso que un buque puede transportar con seguridad, tripulación y mercancía incluidas.

TIPOS DE BARCOS

Los transatlánticos trasladan pasajeros entre dos destinos establecidos. Los cruceros, en cambio, suelen tener una finalidad recreativa.

El mayor granelero

La naviera surcoreana STX Offshore & Shipbuilding construyó los buques *Vale Beijing* y *Vale Qingdao*, que recibieron sus primeras cargas en diciembre de 2011 y junio de 2012, respectivamente. Cada uno puede transportar unas 404.389 toneladas de mineral de hierro.

MAYOR POR DESPLAZAMIENTO

Portaaviones (en construcción): USS *Gerald R. Ford* (EE.UU.). Eslora: 333 m, aprox.; manga (anchura máxima): 45 m, aprox.; desplazamiento con carga completa: 101.000 toneladas aprox.

Buque de guerra: *Yamato* (foto) y *Musashi* (ambos de Japón). Eslora: 263 m; manga: 38,7 m; desplazamiento con carga completa: 71.111 toneladas.

Buque hospital: USNS *Mercy* (foto) y USNS *Comfort* (ambos de EE.UU.). Eslora: 272,5 m; manga: 32,2 m; desplazamiento con carga completa: 62.922 toneladas.

Crucero de batalla: Clase Admiral (R.U.). Eslora: 262,3 m; manga: 31,7 m; desplazamiento con carga completa: 49.136 toneladas.

Buque anfibio de asalto: Clase Wasp (EE.UU.). Eslora: 257 m; desplazamiento con carga completa: 36.740 toneladas.

En 2010 se convirtió en el **mayor buque desguazado** tras ser llevado al desarmadero de Alang (India).

Buque naufragado

El superpetrolero (VLCC) *Energy Determination,* de 321.186 toneladas de peso muerto, sufrió una explosión y se partió en dos en el estrecho de Ormuz, en el golfo Pérsico, el 12 de diciembre de 1979. El valor del casco era de 58 millones de dólares.

El **buque naufragado más valioso** fue hallado por el cazatesoros Mel Fisher (EE.UU.) cerca de la costa de Cayo Hueso en Florida (EE.UU.), el 20 de julio de 1985. El barco *Nuestra Señora de Atocha* transportaba 40 toneladas de oro y plata, y unos 31,75 kg de esmeraldas cuando se hundió por un huracán en septiembre de 1622, con 265 personas a bordo, de las que sólo sobrevivieron cinco.

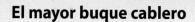

El mayor buque cablero

El MV *Solitaire* tiene un peso muerto de 127.435 toneladas. Lo construyeron como granelero en 1972, pero lo transformaron en buque cablero en 1998. Mide 300 m de eslora –397 m contando el equipo de instalación– por 40,6 m de manga, y puede transportar 22.000 toneladas de cable, que tiende a razón de 9 km al día.

MÁS LARGO...

Portacontenedores

Con una eslora de 397 m, una manga de 56 m y una profundidad desde el borde de la cubierta hasta la quilla de 30 m, el MV *Emma Maersk* es el mayor buque portacontenedores. Con una tripulación de 30 personas, viaja a una velocidad máxima de 25 nudos (47,2 km/h). Puede transportar más de 11.000 contenedores.

Buque militar

El USS *Enterprise* (CVN-65), inaugurado en 1961 y en servicio hasta 2012, mide 342 m de eslora aunque su desplazamiento es menor que los últimos de la clase Nimitz. El *Enterprise* es un buque único; se proyectaron otros cinco de su clase pero nunca se armaron. Tenía una capacidad para 5.828 personas, contando la tripulación y las aeronaves, que eran unas 60 ampliables a 90. Fue, además, **el primer portaaviones a reacción nuclear.**

Crucero

El SS *Norway,* con un tonelaje bruto de 76.049 toneladas, mide 315,53 m de eslora y tiene capacidad para 2.032 pasajeros y una tripulación de 900 personas. Cuando lo armaron en 1960, se llamaba SS *France* pero Knut Kloster (Noruega) lo compró en junio de 1979 y lo rebautizó. Con base en Miami, Florida (EE.UU.), suele cubrir las rutas del Caribe.

Velero

Los veleros gemelos franceses *Club Med 1* y *2* miden 187 m de eslora. Tienen cinco mástiles de aluminio y 2.800 m² de velas de poliéster controladas por ordenador. En cada uno caben unos 400 pasajeros. Con una superficie de vela relativamente pequeña y sus potentes motores, se trata en teoría de motoveleros.

El mayor crucero

El MS *Allure of the Seas* mide 362 m de eslora por 66 m de manga y tiene un peso bruto (volumen total de los espacios cerrados) de 225.282 toneladas. Se eleva 65 m sobre la línea de agua.

El *Allure of the Seas* cuenta con 16 cubiertas para pasajeros y puede alojar a 6.318 huéspedes. Su velocidad máxima son 22 nudos (40,7 km/h). La fotografía de *arriba a la derecha* muestra el centro comercial al aire libre y las suites; *a la derecha*, la galería de paseo. Entre sus muchos servicios, dispone de balneario, heladería y discoteca.

Submarino: 941 clase Akula (Rusia). Designación OTAN: «Typhoon». Eslora: 171,5 m; desplazamiento sumergido: 26.500 toneladas.

Submarino de ataque: Clase Oscar II (URSS). Eslora: 154 m; desplazamiento con carga completa: 16.600 toneladas.

Ekranoplano*: El «Monstruo del mar Caspio» (URSS). Eslora: 106 m; envergadura: 40 m; peso: 540 toneladas.

*vehículo cuyas alas están cerca del suelo, o el agua, durante el vuelo

Aerodeslizador: Clase Zubr (Rusia). Designación OTAN: «Pomornik». Eslora: 57 m; manga: 22,3 m; desplazamiento con carga completa: 535 toneladas.

Hidroala: *Aleksandr Kuhanovich* (URSS). Designación OTAN: «Babochka». Desplazamiento con carga completa: más de 400 toneladas.

MIRA EL
VÍDEO
CON LA APP
GRATUITA

UN MONSTRUO ENORME

Fanny, también conocida como Project Tradinno (una fusión de las palabras tradición e innovación) es un dragón de 11 toneladas que funciona con un motor turbo diésel de 2 litros y 140 CV.

¡ATENCIÓN, REALIDAD AUMENTADA!
3D EN ESTA PÁGINA

El robot andador más grande

El mayor robot andador de cuatro patas mide 15,72 m de largo, 12,33 m de ancho y 8,20 m de alto. Obra de Zollner Elektronik AG (Alemania), se presentó el 27 de septiembre de 2012 en Zandt (Alemania). Esta poderosa bestia mecánica, que abajo puede verse sin su cubierta de escamas, funciona con control remoto y se fabricó para la obra de teatro que más tiempo lleva en la cartelera alemana.

MISIÓN A MARTE

El mayor róver marciano: explorando el «planeta rojo»

El *Curiosity* es el cuarto róver de la NASA que aterriza con éxito en Marte, tras *Sojourner* (1997), *Spirit* y *Opportunity* (ambos 2004). De 3 m de largo y 899 kg de peso, posee un tamaño similar al de un coche pequeño y el doble que los mayores vehículos anteriores. Puede recorrer 200 m al día sobre la abrupta superficie marciana. Aterrizó en el cráter Gale el 6 de agosto de 2012. Los científicos escogieron esta ubicación porque creían que allí se podrían encontrar pruebas de las posibilidades de que el planeta pudiese albergar vida en el pasado.

6.144
Diferentes longitudes de onda de luz ultravioleta, visible e infrarroja que pueden registrarse.

«Siete minutos de terror»

Así es como los científicos y los ingenieros de la misión de la NASA calificaron la secuencia de aterrizaje del *Curiosity*. Se empleó una técnica jamás usada en la exploración planetaria: primero, se usó el escudo térmico de la nave para disminuir la velocidad al entrar en la atmósfera marciana; después, la nave se deshizo del paracaídas que había desplegado, encendió los retrocohetes para proseguir con la desaceleración y descendió el róver con un cable.

Después de depositarlo con suavidad en la superficie, se cortó el cable y la nave se alejó volando de lado antes de impactar, para evitar que chocase contra el propio róver.

RÉCORD ABURRIDO
En la imagen aparece el primer agujero perforado en Marte para la recogida de muestras; sólo mide 1,6 cm de diámetro y 6,4 cm de profundidad.

El láser del *Curiosity*

La ChemCam, alojada junto con la MastCam en el mástil del róver, alberga un láser infrarrojo de 1.067 nanómetros diseñado para vaporizar pequeñas cantidades de roca a una distancia de hasta 7 m. Tras cada disparo, la ChemCam analiza el espectro de luz emitida por el vapor.

Y QUE CONSTE…

¿Pesa una maldición sobre Marte? De las 40 misiones a Marte desde 1960, 22 han fracasado. A modo de chanza, suele hablarse de un «gran monstruo galáctico» que devora las sondas. En ningún otro planeta han fracasado tantas misiones. Abajo mencionamos unas cuantas.

MISIONES FALLIDAS A MARTE

Hasta la fecha, la NASA cifra en 16 el número de misiones de exploración marciana que han tenido éxito (junto con otros dos éxitos parciales). Entre los fracasos encontramos:

SONDA	ORIGEN	FECHA DE LANZAMIENTO	¿QUÉ OCURRIÓ?
Phobos-Grunt	Rusia	8 nov 2011	Los propulsores no se encendieron; está en la órbita de la Tierra
Beagle 2	Europa	2 jun 2003	Conducida a Marte por *Mars Express*, pero se perdió al aterrizar
Mars Polar Lander	EE.UU.	3 ene 1999	Contacto perdido al llegar a Marte
Mars Climate Orbiter	EE.UU.	11 dic 1998	Se estrelló en lugar de entrar en la órbita marciana debido a una confusión entre unidades anglosajonas y universales; costó 327,6 millones de dólares, el **error de conversión más caro** de todos los tiempos
Nozomi	Japón	4 jul 1998	No consiguió entrar en la órbita de Marte
Mars '96	Rusia	16 nov 1996	Fallo del motor en la órbita de la Tierra
Mars Observer	EE.UU.	25 sep 1992	Contacto perdido tres días antes de llegar a Marte
Phobos 1 y 2	URSS	7 y 12 jul 1988	Contacto perdido con las sondas y las naves en órbita
Mars 3	URSS	28 may 1971	La sonda sólo funcionó 20 s en la superficie antes de perder el contacto
Zond 2	URSS	30 nov 1964	Éxito del vuelo de reconocimiento de Marte, pero un fallo en la radio impidió que la Tierra recibiera datos
Mariner 3	EE.UU.	5 nov 1964	La misión de reconocimiento fracasó debido a un fallo en el lanzamiento; permanece en la órbita solar
Mars 1	URSS	1 nov 1962	Retransmitió durante 61 días, en pleno vuelo de reconocimiento hasta que falló el sistema de orientación de antenas
Mars 1M N.º 1 y N.º 2	URSS	10 y 14 oct 1960	Ambas sondas sufrieron fallos en el sistema de control y sólo recorrieron 120 km antes de estallar

Terreno estratificado en el Monte Sharp

El *Curiosity* se dirige hacia Aeolis Mons (Monte Sharp), el pico que se erige a 5.500 m en el centro del cráter Gale. El panorama obtenido por la cámara Mast del róver (MastCam) permite apreciar unas nítidas capas horizontales en la montaña. El recuadro muestra un primer plano de una pequeña roca rota con material blanquiazul expuesto.

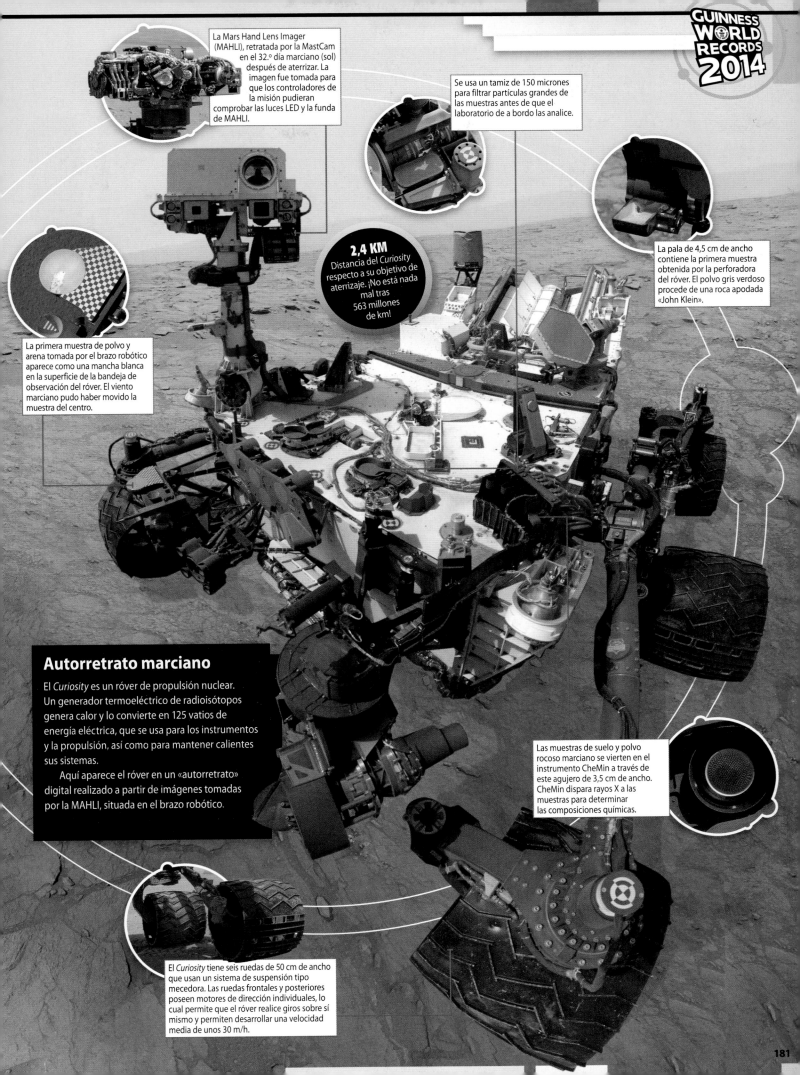

La Mars Hand Lens Imager (MAHLI), retratada por la MastCam en el 32.º día marciano (sol) después de aterrizar. La imagen fue tomada para que los controladores de la misión pudieran comprobar las luces LED y la funda de MAHLI.

Se usa un tamiz de 150 micrones para filtrar partículas grandes de las muestras antes de que el laboratorio de a bordo las analice.

2,4 KM
Distancia del *Curiosity* respecto a su objetivo de aterrizaje. ¡No está nada mal tras 563 millones de km!

La pala de 4,5 cm de ancho contiene la primera muestra obtenida por la perforadora del róver. El polvo gris verdoso procede de una roca apodada «John Klein».

La primera muestra de polvo y arena tomada por el brazo robótico aparece como una mancha blanca en la superficie de la bandeja de observación del róver. El viento marciano pudo haber movido la muestra del centro.

Autorretrato marciano

El *Curiosity* es un róver de propulsión nuclear. Un generador termoeléctrico de radioisótopos genera calor y lo convierte en 125 vatios de energía eléctrica, que se usa para los instrumentos y la propulsión, así como para mantener calientes sus sistemas.

Aquí aparece el róver en un «autorretrato» digital realizado a partir de imágenes tomadas por la MAHLI, situada en el brazo robótico.

Las muestras de suelo y polvo rocoso marciano se vierten en el instrumento CheMin a través de este agujero de 3,5 cm de ancho. CheMin dispara rayos X a las muestras para determinar las composiciones químicas.

El *Curiosity* tiene seis ruedas de 50 cm de ancho que usan un sistema de suspensión tipo mecedora. Las ruedas frontales y posteriores poseen motores de dirección individuales, lo cual permite que el róver realice giros sobre sí mismo y permiten desarrollar una velocidad media de unos 30 m/h.

TELESCOPIOS ESPACIALES

El mayor telescopio espacial de infrarrojos

El observatorio espacial *Herschel* de la Agencia Espacial Europea (ESA), de 7,5 × 4 m y 3.400 kg, se lanzó el 14 de mayo de 2009. Su espejo reflector de 3,5 m es el **más grande enviado al espacio**. Emplazado a unos 1,5 millones de kilómetros de la Tierra, ha realizado observaciones con longitudes de onda infrarrojas y submilimétricas. Su rango espectral le permite ver a través de las nubes de polvo que esconden el centro galáctico y las regiones de formación estelar.

La primera detección de explosiones cósmicas de rayos gamma

Estados Unidos desarrolló los satélites *Vela* para detectar las pruebas nucleares terrestres que contravenían el Tratado Parcial de Prohibición de Ensayos Nucleares de 1963. El 2 de julio de 1967, los *Velas 3* y *4* detectaron un destello de rayos gamma que no coincidía con ninguna prueba nuclear conocida. Aunque no estaban diseñados para servir como instrumentos astronómicos, habían descubierto por casualidad los destellos de rayos gamma que hoy se asocian con las supernovas de galaxias remotas. El descubrimiento se mantuvo en secreto hasta 1973.

Más cometas descubiertos por una nave espacial

La nave espacial *SOHO* (siglas inglesas de Observatorio Solar y Heliosférico) de la ESA/NASA se lanzó en diciembre de 1995 con el propósito de estudiar el Sol desde L1, un punto situado entre el Sol y la Tierra en el que se anulan las gravedades de ambos cuerpos celestes. Hasta octubre de 2012, la *SOHO* había descubierto 2.378 cometas, aunque siempre de manera fortuita.

El mayor telescopio espacial para detectar planetas

El telescopio espacial *Kepler* de la NASA se lanzó el 7 de marzo de 2009 desde Cabo Cañaveral (EE.UU.) en un cohete *Delta II*. La nave medía 2,7 × 4,7 m y poseía una masa de 1.052,4 kg. Desde su lanzamiento, y hasta enero de 2013, el *Kepler* ha seguido a la Tierra en una órbita heliocéntrica y ha empleado su espejo de 1,4 m de ancho y su cámara de 95 megapíxeles para identificar 2.740 candidatos a planetas que orbitan alrededor de 2.036 estrellas.

La exposición más larga del telescopio espacial *Hubble*

El Campo Ultra Profundo del *Hubble* es una fotocomposición que se dio a conocer el 25 de septiembre de 2012 y muestra una pequeña porción de cielo en la constelación de Fornax, tras una década de observaciones. El tiempo de exposición supera los 2 millones de segundos. La imagen contiene unas 5.500 galaxias independientes.

Más misiones tripuladas a un telescopio espacial

El telescopio espacial *Hubble* (HST) es el único observatorio espacial diseñado para que los astronautas lo visiten y se ocupen del mantenimiento. La primera misión fue la STS-61 en diciembre de 1993, en la cual se reparó una aberración esférica de su espejo primario. El transbordador espacial realizó otras cuatro misiones al *Hubble* en febrero de 1997, diciembre de 1999, marzo de 2002 y mayo de 2009.

El primer observatorio lunar

El *Apolo 16*, la penúltima misión tripulada que se envió a la Luna, pasó casi tres días en las Tierras Altas de Descartes desde el 21 de abril de 1972. Uno de los experimentos realizados fue la instalación de una cámara-espectrógrafo de rayos ultravioletas que utilizaba un telescopio de 7,6 cm para captar objetos como la Tierra, las nebulosas y los cúmulos de estrellas. El aparato fue colocado a la sombra del módulo lunar para evitar su recalentamiento.

Y SIGUE ALLÁ ARRIBA...
Aunque la película tomada con la cámara de rayos ultravioletas regresó a la Tierra para su revelado, el telescopio continúa en la Luna.

TELESCOPIOS ESPACIALES HISTÓRICOS

Telescopio espacial *Hubble*: Equipado con un espejo reflector de 2,4 m. Lanzamiento: 24 de abril de 1990 en el transbordador espacial. Despliegue: 25 de abril de 1990.

Telescopio de rayos X *Chandra*: Dotado de cámara de alta resolución (HRC); espectrómetro de imagen avanzado CCD (ACIS); espectrómetros de rejilla de baja y alta energía (LETGS y HETGS, respectivamente). Lanzamiento: 23 de julio de 1999.

Telescopio *XMM-Newton*: Equipado con tres telescopios de rayos X. Lanzamiento: 10 de diciembre de 1999 con un cohete *Arianne 5*.

Observatorio de rayos gamma *Integral*: Incorpora monitor de rayos X, cámara óptica, espectrómetro de rayos gamma y cámara de rayos gamma. Lanzamiento: 17 de octubre de 2002.

Telescopio espacial de rayos gamma *Fermi*: Lleva un detector de explosiones de rayos gamma y un telescopio de gran superficie. Lanzamiento: 11 de junio de 2008.

El telescopio espacial más frío

La misión *Planck* de la ESA es un observatorio espacial concebido para estudiar el fondo cósmico de microondas. Para detectar esta débil radiación –un resto de la primera luz que se generó poco después del Big Bang– es preciso que los instrumentos de la nave se conserven muy fríos. Lanzada el 14 de mayo de 2009, la misión *Planck* utiliza refrigeración activa junto con un escudo para protegerse del Sol y así alcanzar una temperatura operativa de –273,05 ºC, una décima de grado por encima del Cero Absoluto (–273,15 ºC).

Y QUE CONSTE…

Los 18 segmentos que forman el espejo del telescopio *James Webb* están fabricados con berilio (₄Be) –un elemento relativamente raro– revestido de oro. Combinados, estos espejos forman una superficie más de 5,5 veces mayor que la del *Hubble*.

El cuerpo celeste más cercano captado por el telescopio espacial *Hubble*

El 16 de abril de 1999, los astrónomos dieron a conocer la primera imagen de la Luna captada con el telescopio espacial *Hubble*. La imagen se tomó mientras el espectrógrafo del telescopio estaba midiendo los colores de la luz solar reflejada desde la superficie lunar. La imagen consiste en un primer plano del cráter de Copérnico que muestra objetos de tan sólo 85 m. La Luna, nuestro vecino celeste más próximo, dista 384.400 km de la Tierra.

El *Hubble* es el **telescopio espacial más grande,** pesa 11 toneladas, tiene una longitud total de 13,1 m y el reflector mide 2,4 m. Al haber costado 2.100 millones de dólares, es también el **telescopio más caro.**

El telescopio de rayos X más potente

Lanzado en julio de 1999, el telescopio *Chandra*, de rayos X, posee una capacidad de resolución equivalente a la que se requeriría para leer una señal de STOP a 19 km de distancia. Su extrema sensibilidad es posible por el tamaño y pulido de los espejos. Si el estado de Colorado (EE.UU.) fuera tan liso como los espejos del *Chandra*, el monte Pikes Peak, de 4.299 m de altura, se levantaría a menos de 2,2 cm.

Con una masa de 22.753 kg, el telescopio posee también el récord de la **carga útil más pesada lanzada por el transbordador espacial.**

El radiotelescopio espacial más grande

El 18 de julio de 2011, Rusia lanzó el *Spektr-R* desde el cosmódromo de Baikonur (Kazajistán), diseñado para trabajar con radiotelescopios terrestres utilizando una técnica llamada *interferometría*. Al llegar al espacio, desplegó una antena parabólica de radio de 10 m de diámetro formada por 27 «pétalos» de fibra de carbono.

El mayor espejo espacial en construcción

El telescopio espacial *James Webb* de la NASA está pensado para suceder al telescopio espacial *Hubble*. Su espejo primario constará de 18 segmentos hexagonales, con un diámetro combinado de 6,5 m y una superficie colectora de luz de 25 m².

PARA MÁS LUNAS, ENFOCA LA PÁG. 186

Granat (antiguo *Astron 2*): Incorporaba un telescopio de radiación de rayos gamma, uno de rayos X y un espectroscopio. Lanzamiento: 12 de enero de 1989. Fin de las transmisiones: 27 de noviembre de 1998.

Telescopio *Herschel* (antiguo *FIRST*): Incorpora un espejo de 3,5 m de diámetro. Lanzamiento: 14 de mayo de 2009.

Telescopio *Planck*: 1,5 m de diámetro. Equipado con el instrumento de baja frecuencia (LFI) y el instrumento de alta frecuencia (HFI). Lanzamiento: 14 de mayo de 2009.

Telescopio espacial de infrarrojos *Spitzer*: Incorpora un telescopio de 85 cm de diámetro. Incluye espectrógrafo de infrarrojos, fotómetro de imágenes en multibanda, una matriz de sensores de infrarrojos. Lanzamiento: 25 de agosto de 2003.

Telescopio espacial *Kepler*: Lleva un telescopio con una abertura de 0,95 m y un espejo primario de 1,4 m. Lanzamiento: 6 de marzo de 2009.

= Tamaño de un astronauta en comparación con el de cada telescopio espacial.

ESPACIO DE USO CIVIL

$30 MILLONES
Cuantía de los premios concedidos por el Google Lunar X Prize.

El mayor premio X

El 13 de septiembre de 2007, Google y la Fundación X Prize anunciaron el Google Lunar X Prize, una competición para la exploración lunar financiada con fondos privados. De los diferentes premios disponibles, el mayor –20 millones de dólares– se concederá al primer equipo financiado con fondos privados que construya un robot que alunice y recorra 500 m en la superficie lunar. Los premios, en el caso de que no se concedan antes, expirarán a finales de 2015.

El primer astronauta comercial

Tras el éxito del primer vuelo espacial a bordo del *SpaceShipOne* de Scaled Composites (EE.UU.), realizado el 21 de junio de 2004, su piloto, Mike Melvill (EE.UU.), fue condecorado por la US Federal Aviation Administration con las primeras alas de astronauta.

A febrero de 2013, la única otra persona condecorada con alas de astronauta es Brian Binnie (EE.UU.), por el éxito del vuelo a bordo del *SpaceShipOne* realizado el 4 de octubre de 2004. *(Ver «Hitos del turismo espacial», abajo.)*

El primer anuncio rodado en el espacio

El 22 de agosto de 1997, el astronauta Vasily Tsibliyev (Rusia) apareció en un anuncio publicitario bebiendo leche Tnuva a bordo de la estación espacial *Mir*. También fue la primera vez que se enviaba al espacio leche en forma líquida.

El satélite comercial más pesado

El satélite comercial más pesado es *TerreStar-1*, con una masa de lanzamiento de 6.903,8 kg, incluido el propulsor. Fue construido por Space Systems/Loral (EE.UU.), y está gestionado por Dish Network Corporation (EE.UU.). *TerreStar-1* se lanzó el 1 de julio de 2009 a bordo de un cohete Ariane 5 ECA, de Arianespace, y se utilizará como satélite de comunicaciones durante unos 15 años.

El satélite de comunicaciones de más capacidad

El satélite de comunicaciones *ViaSat-1* tiene un rendimiento (la cantidad de información que un sistema puede gestionar en un período determinado) de 134 gigabits por segundo. El satélite, lanzado desde el cosmódromo de Baikonur (Kazajistán) el 19 de octubre de 2011 a bordo de un cohete Proton Breeze M, se halla en órbita geoestacionaria sobre Norteamérica a una longitud de 115,1º oeste.

El mayor sistema global de navegación

Los sistemas globales de navegación son constelaciones de satélites situados en órbita alrededor de la Tierra que permiten a los usuarios señalar su ubicación en la Tierra usando la triangulación, una forma de calcular la posición relativa de un

El mayor hábitat espacial hinchable

Construidos por Bigelow Aerospace (EE.UU.), *Genesis I* y *Genesis II (a la derecha, en órbita)* son prototipos inflables no tripulados destinados a probar la viabilidad de los futuros módulos espaciales tripulados. Miden 4,4 m de largo y 2,54 m de diámetro, y tienen un volumen interno presurizado de 11,5 m³. *Genesis I* y *Genesis II* se lanzaron el 12 de julio de 2006 y el 28 de junio de 2007, respectivamente.

LA PRIMERA EMPRESA MINERA DE ASTEROIDES

Fundada oficialmente en noviembre de 2010, Arkyd Astronautics es una empresa estadounidense (ahora, una filial de Planetary Resources Inc.) que se presentó en una conferencia de prensa el 24 de abril de 2012 en el Museum of Flight de Seattle (Washington, EE.UU.). Planetary Resources Inc. es una empresa privada cuyo objetivo es explotar la riqueza mineral de los asteroides. Entre sus inversores se encuentran el director de cine James Cameron (Canadá), el cofundador de Google, Larry Page (EE.UU.), y el empresario y turista espacial Charles Simonyi (EE.UU., n. en Hungría, *ver abajo*).

El mayor funeral en el espacio

El 22 de mayo de 2012, la misión Dragon C2+ comenzó con el lanzamiento de un cohete Falcon 9. La segunda fase del cohete llevaba un bote con muestras de los restos incinerados de 308 personas, entre ellas el astronauta norteamericano Gordon Cooper y el actor canadiense James Doohan, quien interpretó a «Scotty» en *Star Trek*.

HITOS DEL TURISMO ESPACIAL

El primer civil en el espacio (mujer): Además de ser el primer civil en el espacio, Valentina Tereshkova también se convirtió en la **primera mujer en el espacio** cuando participó en el vuelo orbital *Vostok 6*, el 16-19 de junio de 1963.

El primer civil en el espacio (hombre): Konstantin Feoktistov (Rusia) hizo su único vuelo espacial a bordo del *Voskhod 1* el 12-13 de octubre de 1964.

El primer turista espacial (hombre): El empresario norteamericano Dennis Tito fue el primer turista espacial. El viaje de Tito a la *EEI* duró del 28 de abril al 6 de mayo de 2001.

El primer vuelo espacial tripulado y financiado con fondos privados: El 21 de junio de 2004, Mike Melvill (EE.UU.) voló en el *SpaceShipOne* a una altitud de 100,12 km, despegando y aterrizando en el aeropuerto de Mojave, en California (EE.UU.).

La mayor altitud de un astronauta comercial: El 4 de octubre de 2004, Brian Binnie (EE.UU.) voló en el *SpaceShipOne* a 111,99 km sobre el desierto de Mojave, en California (EE.UU.). Éste fue el tercer y último vuelo espacial del avión.

La primera carga comercial en un transbordador espacial

Cuando el transbordador espacial *Columbia* despegó el 11 de noviembre de 1982, llevaba dos satélites de comunicaciones comerciales en su bodega: *SBS 3* y *Anik C3*, propiedad de Satellite Business Systems (EE.UU.) y Telesat Canada, respectivamente. La misión, *STS-5*, era el quinto vuelo del programa US Space Shuttle.

400
Transmisiones (TV, teléfono y comunicaciones) de *Telstar 1* en sus primeros seis meses.

El primer satélite activo de comunicaciones de transmisión directa

Construido por Bell Telephone Laboratories (EE.UU.), *Telstar 1* se lanzó el 10 de julio de 1962. Este satélite esférico medía 87,6 cm de diámetro; iba equipado con células solares y baterías para transmitir activamente comunicaciones intercontinentales en la Tierra. Cesó su actividad el 21 de febrero de 1963.

punto refiriéndose a otros puntos conocidos. El Global Positioning System (GPS) de EE.UU. usa 31 satélites y el GLONASS de Rusia, 24 satélites, cada uno en órbitas que proporcionan un 100% de cobertura de la superficie terrestre. El servicio BeiDou de China emplea 14 satélites y proporciona cobertura de navegación para Asia, pero su objetivo es crecer a 35 satélites. Se espera que el sistema Galileo de Europa esté en pleno funcionamiento en 2019, con 30 satélites. GPS y GLONASS entraron en funcionamiento en 1994 y 1995, respectivamente.

Los satélites artificiales más activos en una zona orbital

A diciembre de 2012, había 1.046 satélites activos y operativos alrededor de la Tierra. La órbita terrestre baja se extiende hasta unos 1.700 km de altitud. Con 503 satélites activos y operativos, es la zona con mayor número de satélites. La órbita geosíncrona, a una altitud de unos 35.700 km, está ocupada por unos 432 satélites activos y operativos.

La mayor plataforma marina de lanzamiento espacial

La plataforma de lanzamiento *Odyssey*, propiedad de Sea Launch (EE.UU.), es una plataforma de lanzamiento de cohetes autopropulsada y semisumergible que mide 132,8 m de largo y 67 m de ancho. Esta antigua plataforma petrolífera del mar del Norte proporciona alojamiento a 68 trabajadores y se dedica al lanzamiento de vuelos espaciales comerciales desde su inauguración en marzo de 1999.

La primera misión de reabastecimiento de la *EEI* por una empresa privada

El 22 de mayo de 2012, la empresa espacial privada norteamericana SpaceX lanzó la misión Dragon C2+ a la *Estación Espacial Internacional (EEI)*. Una cápsula Dragon no tripulada despegó de Cabo Cañaveral (Florida, EE.UU.) sobre un cohete Falcon 9 y fue al encuentro de la *EEI*. El 25 de mayo, el brazo robot de la estación capturó la cápsula *(izquierda)*. La tripulación de la *EEI* descargó el cargamento de la cápsula y la recargó con artículos para la Tierra. Tras casi seis días acoplada a la *EEI*, la cápsula Dragon se desacopló y cayó al océano Pacífico *(arriba)*.

EXHIBICIÓN DE PANELES
La dos «alas» prominentes de la cápsula Dragon están equipadas con ocho paneles solares que suministran energía a la nave.

La primera turista espacial (mujer): El 18 de septiembre de 2006, Anousheh Ansari (Irán) despegó en la cápsula Soyuz TMA-9 en una visita de 10 días a la *Estación Espacial Internacional (EEI)*.

Más visitas turísticas al espacio: Charles Simonyi (EE.UU., n. en Hungría) realizó su primer vuelo espacial el 7 de abril de 2007. El 26 de marzo de 2009, a los 60 años de edad, efectuó un segundo viaje. El destino de ambos viajes fue la *EEI*.

El viaje turístico más caro: En 2009, una visita a la *EEI* costaba 20-35 millones de dólares. Desde 2001, siete personas han hecho el viaje, entre las que se incluye Guy Laliberté (Canadá), el fundador del *Cirque du Soleil (segundo por la izquierda en la fila de abajo)*.

El primer avión espacial comercial: *SpaceShipTwo* hizo su vuelo de prueba inaugural el 23 de marzo de 2010. Richard Branson (R.U.), propietario de Virgin Galactic, planea usar el avión para llevar turistas espaciales al borde de la atmósfera terrestre.

El primer puerto espacial comercial: Situado en Nuevo México (EE.UU.), Spaceport America se ha construido para facilitar iniciativas comerciales en el espacio, incluyendo el turismo, y abrió oficialmente en octubre de 2011. Se han realizado doce lanzamientos suborbitales hasta agosto de 2012.

LUNAS

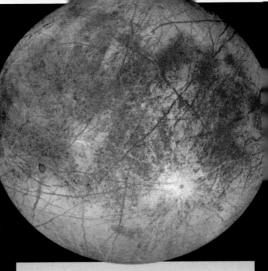

La luna más grande comparada con su planeta

El diámetro de la Luna, de 3.474 km, equivale a 0,27 veces el de la Tierra. La Luna es la mayor de las tres lunas del sistema solar interior y el único mundo que ha sido visitado por el ser humano. Desde la Tierra siempre vemos la misma cara de la Luna; la más lejana permanece invisible.

El planeta enano con más lunas

Plutón (que en 2006 fue «degradado» a la categoría de planeta enano) tiene cinco lunas: Caronte, descubierta en 1978, Nix e Hidra, descubiertas en 2005, y otras dos descubiertas en 2011 y 2012 y que de momento se conocen como S/2011 P 1 y S/2012 P 1. Algunos científicos consideran que Caronte forma con Plutón un planeta doble.

La luna más cercana a un planeta

El satélite marciano Fobos se encuentra a 9.378 km del centro de Marte, lo que equivale a 5.981 km sobre la superficie.

La superficie más lisa del sistema solar

Europa, la gran luna helada de Júpiter, es el cuerpo sólido más llano del sistema solar. El único relieve prominente en su superficie tiene la forma de crestas de unos cientos de metros de altura.

3,8
Centímetros de distancia que la Luna se aleja de la Tierra cada año.

El planeta con más lunas

A 2013, se han descubierto un total de 67 satélites naturales en la órbita de Júpiter. Saturno ocupa el segundo lugar, con 62 lunas. La Tierra, Marte, Urano, Neptuno y Plutón (el planeta enano) tienen una, dos, 27, 13 y cinco lunas respectivamente. La mayoría de las lunas jovianas y saturnianas son cuerpos pequeños e irregulares de hielo y roca, y es casi seguro que muchas son asteroides capturados.

Las primeras imágenes de la Luna

Las primeras imágenes de la superficie de la Luna fueron tomadas por la sonda espacial soviética *Luna 9 (derecha)*. La pequeña sonda se lanzó el 31 de enero de 1966, alunizó el 3 de febrero y transmitió datos hasta el 7 de febrero.

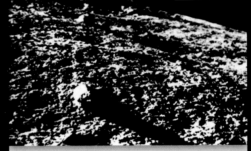

Los primeros hombres que pisaron la Luna

Neil Alden Armstrong (EE.UU., *arriba*), comandante de la misión *Apolo 11*, se convirtió en el primer hombre que pisó la Luna al poner el pie en el Mar de la Tranquilidad, el 21 de julio de 1969 a las 02:56:15 GMT (tiempo medio de Greenwich), y el 20 de julio de 1969 a las 22:56:15 EDT (tiempo del Este). Salió del módulo lunar *Eagle* seguido por el Coronel Edwin Eugene *Buzz* Aldrin, Jr. (EE.UU., *derecha*). Sólo otros 10 hombres han pisado la Luna; los hemos enumerado abajo.

La luna más alejada de un planeta

Neso, la 13.ª luna de Neptuno, se observó el 14 de agosto de 2002 y se la reconoció como tal en 2003. Mide unos 60 km de diámetro, orbita el planeta a una distancia media de 48.370.000 km y tarda 25,66 años en completar una órbita.

El cráter más profundo del sistema solar

El cráter de impacto Polo Sur-Aitken de la Luna tiene 2.250 km de diámetro y un promedio de 12.000 m de profundidad. Como comparación, Londres mide 56 km de este a oeste (40 veces menos) y el Everest, la **montaña más alta del mundo,** cabría dentro del cráter y aún sobrarían más de 3.000 m.

OTROS HOMBRES QUE PISARON LA LUNA*

1969

*Todas las horas GMT
Todas las nacionalidades EE.UU.

3. Pete Conrad:
Apolo 12
Pisó la Luna: 19-20 de noviembre de 1969
Edad en su primer paseo lunar: 39 años, 5 meses y 17 días.

4. Alan Bean: *Apolo 12*
Pisó la Luna: 19-20 de noviembre de 1969
Edad en su primer paseo lunar: 37 años, 8 meses y 4 días.

5. Alan Shepard: *Apolo 14*
Pisó la Luna: 5-6 de febrero de 1971
Edad en su primer paseo lunar:
47 años, 2 meses y 18 días; Shepard se convirtió en la **persona de más edad que pisó la Luna** el 5 de febrero de 1971.

6. Edgar Mitchell: *Apolo 14*
Pisó la Luna: 5-6 de febrero de 1971
Edad en su primer paseo lunar: 40 años, 4 meses y 19 días.

7. David Scott:
Apolo 15
Pisó la Luna: 31 de julio-2 de agosto de 1971
Edad en su primer paseo lunar: 39 años, 1 mes y 25 días.

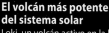
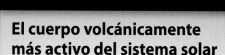

El volcán más potente del sistema solar

Loki, un volcán activo en la luna Ío de Júpiter, emite más calor que todos los volcanes activos de la Tierra juntos. Su enorme caldera tiene una superficie de más de 10.000 km² y suele estar inundada de lava líquida.

La actividad geológica más fría observada

Unos géiseres activos de gas nitrógeno helado entran en erupción al entrar en contacto con la fina atmósfera de Tritón, la gran luna de Neptuno. Los penachos se elevan a varios kilómetros de altura. Con una temperatura de −235 °C, los lagos de agua de Tritón están completamente helados, tan duros como el acero.

El cuerpo volcánicamente más activo del sistema solar

De la superficie de Ío, una de las lunas de Júpiter, surgen unos enormes penachos volcánicos que se elevan cientos de kilómetros. Dicha actividad viene determinada por la energía de las mareas procedentes del interior de Ío, que resulta de las interacciones gravitatorias entre Júpiter, Ío y Europa, una de las otras lunas.

Los mayores lagos extraterrestres

En enero de 2004, unas imágenes por radar de la misión *Cassini* de la NASA y la ESA revelaron unos 75 lagos de metano cerca del polo Norte de Titán, una de las lunas de Saturno. Los más grandes miden 110 km de ancho. Titán también alberga el **mayor mar de metano**, Kraken Mare, una masa de 1.170 km de diámetro con una superficie similar a la del mar Caspio en la Tierra (371.800 km²).

...ólo seis planetas en nuestro sistema ...olar tienen lunas. Abajo figuran las ...unas más grandes de cada planeta.

Luna (Tierra)
En comparación con la Tierra:
Radio: 0,2727
Masa: 0,0123
Volumen: 0,020

Fobos (Marte)
En comparación con la Tierra:
Radio: 0,0017
Masa: 0,0000000018
Volumen: 0,000000005

Ganímedes (Júpiter)
La mayor luna del sistema solar
En comparación con la Tierra:
Radio: 0,413
Masa: 0,025
Volumen: 0,0704

Titán (Saturno)
En comparación con la Tierra:
Radio: 0,404
Masa: 0,0225
Volumen: 0,066

Titania (Urano)
En comparación con la Tierra:
Radio: 0,1235
Masa: 0,00059
Volumen: 0,0019

Tritón (Neptuno)
En comparación con la Tierra:
Radio: 0,2122
Masa: 0,0036
Volumen: 0,0096

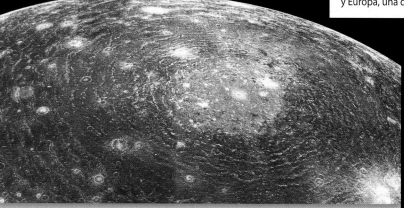

Más cráteres en una luna

La luna con más cráteres es Calisto, el más exterior de los cuatro satélites de Júpiter, una antigua reliquia cuya superficie está totalmente cubierta de cráteres de impacto. No existen pruebas de otros procesos geológicos. Calisto tiene aproximadamente el mismo tamaño que Mercurio, con un diámetro de 4.800 km.

Los mayores penachos de hielo

El criovolcanismo es la erupción de material frío como nitrógeno, agua o metano. Los científicos habían predicho el criovolcanismo activo en Encélado, la sexta mayor luna de Saturno, desde que las dos sondas *Voyager*, a principios de la década de 1980, mostraran la juventud, desde el punto de vista geológico, de esta luna helada. En 2005, la nave *Cassini* tomó imágenes de unos enormes penachos de agua helada en el polo Sur que se habían elevado a 505 km de altura, distancia equivalente al diámetro de Encélado.

Y QUE CONSTE...

Del 16 de enero al 23 de junio de 1973, el rover soviético *Lunokhod 2* recorrió 37 km por el extremo oriental de Mare Serenitatis (Mar de la Serenidad) en la Luna. **Es la mayor distancia recorrida en otro mundo.**

EL PRIMER...

Asteroide encontrado con una luna

En 1993, la nave *Galileo* de la NASA pasó por el asteroide Ida de camino a Júpiter. Cuando los científicos examinaron las imágenes del recorrido, el 17 de febrero de 1994, descubrieron que Ida, que mide 53,6 km en su eje más largo, tiene su propio satélite natural. Esta luna, a la que se llamó Dactyl, una ninfa de la mitología griega, sólo mide 1,6 × 1,4 × 1,2 km y orbita Ida cada 20 horas.

Descubrimiento de actividad volcánica extraterrestre

Poco después del encuentro del *Voyager 1* con Júpiter el 5 de marzo de 1979, la ingeniera de navegación Linda Morabito (EE.UU., n. Canadá) descubrió una prominencia anómala en la luna Ío mientras examinaba unas imágenes. Aunque al principio parecía pertenecer a otra luna, pronto se confirmó que formaba parte de la misma Ío. Morabito había descubierto el primer volcán activo en un mundo distinto a la Tierra.

CONSULTA RÉCORDS DE LA TIERRA EN LA PÁG. 12

8. James Irwin: *Apolo 15*
Pisó la Luna: 31 de julio-2 de agosto de 1971
Edad en su primer paseo lunar: 41 años, 4 meses y 14 días.

9. John Young: *Apolo 16*
Pisó la Luna: 21-23 de abril de 1972
Edad en su primer paseo lunar: 41 años, 6 meses y 28 días.

10. Charles Duke: *Apolo 16*
Pisó la Luna: 21-23 de abril de 1972
Edad en su primer paseo lunar: 36 años, 6 meses y 18 días, lo que lo convierte en el **hombre más joven que pisó la Luna.**

11. Eugene Cernan: *Apolo 17*
Pisó la Luna: 11-14 de diciembre de 1972
Edad en su primer paseo lunar: 38 años, 9 meses y 7 días; aunque fue el 11.º en alunizar, cuando salió de la superficie lunar el 14 de diciembre de 1972, Cernan se convirtió en el **último hombre que pisó la Luna.**

12. Harrison Schmitt: *Apolo 17*
Pisó la Luna: 11-14 de diciembre de 1972
Edad en su primer paseo lunar: 37 años, 5 meses y 8 días.

ELECTRICIDAD

La primera pila

Las «pilas partas» son dos jarras de arcilla que aparecieron en 1936 en una tumba próxima a la actual ciudad de Bagdad (Irak). Datadas hacia el 200 a.C., sus bocas estaban selladas con un tapón de asfalto que mantenía fijo un tubo de cobre en cuyo centro se insertaba, sin llegar a tocarlo, una fina varilla de hierro. Al llenar la jarra con líquidos ácidos o zumo de frutas, se generaba una pequeña corriente de 1,5-2 voltios (V), lo que dio lugar a la primera pila conocida.

La primera central eléctrica

En 1878, Sigmund Schuckert construyó en Ettal (Bavaria, Alemania) la primera central eléctrica del mundo. Las instalaciones, de propiedad privada, empleaban 24 dinamos alimentadas por un motor de vapor y proporcionaban la corriente necesaria para iluminar los jardines del palacio de Linderhof, cerca de Ettal.

La **primera central eléctrica pública** se hallaba en el n.º 57 del viaducto de Holborn (Londres, R.U.). Construida por la compañía Edison Electric Light Station, se inauguró en enero de 1882 y suministraba corriente para iluminar el viaducto de Holborn y los establecimientos de la zona.

La mayor bobina de Tesla

Inventada por Nikola Tesla (EE.UU., nacido en Serbia) hacia 1891, la bobina de Tesla genera electricidad de alto voltaje y baja corriente. Suele emplearse para iluminar las exposiciones de los museos científicos y en clases de ciencias. La bobina de Tesla de mayor tamaño que se mantiene en funcionamiento es el sistema de dos bobinas y 130 kilovatios (kW) montado en lo alto de una escultura de 12 m de altura en Gibbs Farm, en el puerto de Kaipara (Nueva Zelanda).

El generador de Van de Graaff más grande

El mayor generador de Van de Graaff del mundo se halla en el Museo de la Ciencia de Boston (Massachusetts, EE.UU.). Sirvió para explorar la ciencia del átomo. Construido por el físico Robert J. Van de Graaff (EE.UU.) en la década de 1930, el generador consta de dos esferas de aluminio conjuntas de 4,5 m montadas sobre columnas de 6,7 m de altura y puede generar 2 millones de voltios.

6.000
Peso en toneladas de cada uno de los generadores principales.

La mayor producción de una central hidroeléctrica

Terminada el 4 de julio de 2012, la presa de las Tres Gargantas, en el distrito de Yiling (Yichang, provincia de Hubei, China) es capaz de generar 22.500 megavatios (MW). Esta central hidroeléctrica a orillas del río Yangtsé consta de 32 generadores principales, capaces de producir 700 MW cada uno, y dos generadores más pequeños de 50 MW que proporcionan corriente a la central.

HITOS ELÉCTRICOS

1752

1752: Para probar las propiedades eléctricas de los rayos, Benjamin Franklin (EE.UU.) hizo volar una cometa en medio de una tormenta. Al alcanzarla el rayo, Franklin recogió la descarga eléctrica.

1800

1800: Alessandro Volta (Italia) inventó la pila voltaica, la primera capaz de producir una corriente eléctrica constante y fiable.

1808

1808: Humphry Davy (R.U.) inventó la primera «lámpara de arco» eficaz, un pedazo de carbón que resplandecía al fijarse por cables a una pila.

1821

1821: Michael Faraday (R.U.) inventó el primer motor eléctrico.

1837

1837: Thomas Davenport (EE.UU.) creó el motor eléctrico industrial, muy usado hoy en día en los electrodomésticos.

La pila más potente

Capaz de almacenar 36 megavatios por hora (MWh), la pila más potente del mundo se halla instalada en un edificio construido al efecto, más grande que un campo de fútbol, en Zhangbei (provincia de Hebei, China). La pila regula y almacena la energía producida en la zona por turbinas eólicas de 100 MW y 40 paneles fotovoltaicos de 40 MW, que en caso de apagón total pueden suministrar electricidad a 12.000 hogares durante una hora.

La central mareomotriz más potente

La central mareomotriz del lago Sihwa en Corea del Sur se inauguró el 4 de agosto de 2011. Aprovechando un dique construido en 1994 para controlar las inundaciones, esta presa mareomotriz utiliza unas turbinas sumergidas de 25,4 MW –10 en total– que proporcionan a la central una capacidad de salida de 254 MW.

El voltaje de transmisión más alto en funcionamiento

Con 1.150 kilovoltios (kV), la línea de alta tensión Ekibastuz-Kokshetau (Kazajistán) es la más potente del mundo. Construida en tiempos de la Unión Soviética como la línea de alto voltaje 1101, los cables se extienden a lo largo de 432 km y están montados sobre torres con una altura media de 60 m.

MÁS LARGOS...

Chispa artificial

Con un pulso de muchos millones de voltios, el generador Marx del Instituto de Investigación de Energía de Siberia (SIBNIIE por sus siglas en inglés) de Novosibirsk (Rusia) utiliza 896 condensadores que transmiten 1.225 millones de julios por cada descarga del generador. Produce espectaculares arcos de luz eléctrica de 150 m que salvan distancias de 70 m.

Circuito eléctrico humano

Los profesores y alumnos de la Merrill Middle School de Oshkosh (Wisconsin, EE.UU.) formaron, el 2 de junio de 2010, un circuito eléctrico de 378 personas alimentado por una *powerball* de bajo voltaje.

La torre de alta tensión más alta

Terminada en 2010, la torre de Damaoshan conduce cables de alta tensión desde el monte Damaoshan (provincia de Zhejiang) hasta las islas Zhoushan (ambos en China). Su torre en celosía mide 370 m de altura, pesa 5.999 toneladas y tiene una capacidad de 600.000 kW por día.

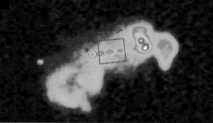

La corriente eléctrica más intensa del universo

Los jets cósmicos se producen cuando, desde el núcleo de galaxias activas, se expulsa materia a gran velocidad. Se cree que proceden de grandes agujeros negros: la materia se comprime en pequeños volúmenes hasta que adquiere la energía suficiente para proyectarse al espacio.

Científicos de la Universidad de Toronto (Canadá) han descubierto una corriente eléctrica de 1.000.000.000.000.000.000 amperios generada por un jet cósmico en una galaxia llamada 3C303, a más de 2.000 millones de años luz de distancia. La probable causa del jet –al que se le calculan unos 150.000 años luz de longitud (mayor que el diámetro de la Vía Láctea)– son los campos magnéticos provenientes de un gran agujero negro.

En la fotografía superior, la galaxia 3C303 se indica por el punto rojo de la izquierda. La flecha roja señala la dirección del jet.

Más electricidad generada por bicicletas en una hora

La mayor cantidad de electricidad producida por ciclistas en una hora son 4.630 vatios por hora (Wh), récord conseguido por Siemens (Australia y Nueva Zelanda) en Melbourne (Victoria, Australia), el 11 de diciembre de 2012.

Línea de alta tensión

La línea de corriente continua de alta tensión (HVDC por sus siglas en inglés) más larga es el enlace de Rio Madeira, en Brasil, tendido a lo largo de más de 2.500 km entre Porto Velho y São Paulo. La línea transfiere energía hidroeléctrica desde la presa de Itaipu hasta São Paulo atravesando vastas extensiones de bosque pluvial amazónico.

El **período de construcción más largo de una línea de alta tensión** son nueve años. Con un coste aproximado de 1.000 millones de dólares, el proyecto Inga-Shaba Extra High Voltage DC Intertie se inició en 1973 y se terminó en 1982. La línea enlaza la central hidroeléctrica de Inga con los campos de extracción intensiva de minerales de la provincia de Katanga (antigua Shaba), en la República Democrática del Congo.

1844: Samuel Morse (EE.UU.) inventó el telégrafo eléctrico, una máquina capaz de transmitir mensajes a larga distancia a través de un cable.

1878: Joseph Swan (R.U.) creó la primera bombilla incandescente (llamada «lámpara eléctrica»), pero se fundió con rapidez.

1879: Después de muchos experimentos, Thomas Edison (EE.UU.) inventó una bombilla incandescente que pudo utilizarse durante unas 40 h sin fundirse.

1948: Los científicos de los Bell Telephone Laboratories de New Jersey (EE.UU.) inventaron el primer transistor.

1954: La central nuclear APS-1 de Obninsk (URSS, ahora Rusia) empezó a generar electricidad con fines comerciales. Hoy es la **central nuclear que lleva más tiempo en funcionamiento.**

TABLA PERIÓDICA

De lo más elemental…

El 6 de marzo de 1869, el químico ruso Dmitri Ivanovich Mendeléyev presentó *La dependencia entre las propiedades de los pesos atómicos de los elementos (derecha)* –**la primera tabla periódica de los elementos**– ante la Sociedad Química de Rusia. Su trabajo demostró que los elementos podían ordenarse en función de su peso atómico, es decir, según la masa combinada de los tres tipos de partículas (protones, neutrones y electrones) que componen un átomo. También demostró que los elementos podían agruparse cuando compartían propiedades similares como, por ejemplo, metales con metales.

Y QUE CONSTE…

Todos los elementos de estas páginas figuran con su número atómico (el número de protones en el núcleo de cada átomo de que está compuesto dicho elemento) y su símbolo químico abreviado.

Radón $_{86}$Rn
El elemento más denso que se mantiene en estado gaseoso al aire libre

El radón es el más pesado de los gases nobles de la Tabla Periódica que se dan en estado natural; su densidad ronda los 9,73 kg/m³, unas ocho veces superior a la densidad de la atmósfera de la Tierra al nivel del mar (1,217 kg/m³).

UNA IDEA MUY NOBLE
Los gases nobles –neón, argón, xenón, radón, criptón y helio– son incoloros e inodoros, con baja reactividad química.

AW 222   100 ml

Radon
(Rn - gaseous)

For medical use only!

Litio $_3$Li
El metal menos denso

A temperatura ambiente, el metal menos denso es el litio, con 0,5334 g/cm³, más o menos la mitad de la densidad del agua. Aleado con metales como el aluminio o el cobre, puede producir metales ligeros y resistentes, y también se utiliza para fabricar pilas.

Hierro $_{26}$Fe
El elemento más común en la Tierra por masa

De la masa total de la Tierra, el 32,1% está compuesto de hierro, y el centro del planeta consta de un 88,8% (lo que explica la fuerza del campo magnético terrestre). El centro propiamente dicho conforma un 35% de la masa total de la Tierra.

Hidrógeno $_1$H
El elemento más común en el cuerpo humano por número de átomos

Combinados con oxígeno en forma de agua *(molécula inferior)*, los átomos de hidrógeno representan el 63% del número de átomos que integran una persona. El oxígeno ($_8$O) es el **elemento más común del cuerpo en términos de masa**, con el 65% del peso total.

75
Porcentaje de hidrógeno de la masa elemental del universo.

Plata $_{47}$Ag
El elemento con mayor conductividad eléctrica

A temperatura ambiente, la conductividad eléctrica de la plata es de 6,29 × 10⁷ S·m⁻¹ (siemens por metro, una unidad de medida que indica la facilidad de un material para transportar carga eléctrica). Se emplea mucho en joyería, cubertería y monedas, pero también en los contactos eléctricos y espejos. Sin embargo, al tratarse de un metal precioso que cuesta muy caro, el cable de cobre se utiliza con más frecuencia como conductor de electricidad.

La plata posee también la **conductividad térmica más alta** de todos los elementos, con 429 W·m⁻¹·K⁻¹. La conductividad térmica mide la facilidad con que el calor viaja a través de un elemento y se representa en vatios por metro kelvin.

LOS 10 ELEMENTOS MÁS COMUNES EN EL UNIVERSO

1. Hidrógeno: Utilizado en las industrias petrolíferas y químicas, y para procesar alimentos. Antaño se empleaba en los dirigibles, pero hoy el helio se considera más seguro.

2. Helio: Sirve para refrigerar los reactores nucleares y para presurizar los cohetes con combustible líquido; se utiliza para inflar globos.

3. Oxígeno: En los cohetes se usa como oxidante en los combustibles y para soldar con oxiacetileno; en los hospitales para facilitar la respiración de los pacientes.

4. Carbono: Se utiliza, como el grafito, para lubricar, como pigmento en la tinta para imprimir y en la tinta china; en los lápices; el diamante es un alótropo del carbono.

5. Neón $_{10}$Ne: Empleado en anuncios luminosos, tubos de televisión, indicadores de alto voltaje y como refrigerante criogénico.

Berkelio $_{97}$Bk
El elemento más raro de la Tierra

Se ha calculado que la cantidad del elemento radiactivo berkelio en la corteza terrestre oscila entre 10 y 50 átomos, hecho que lo convierte en el elemento más raro del planeta que se da de forma natural.

Osmio $_{76}$Os
El elemento más denso que se da en estado natural

La densidad del osmio es de 22,59 g/cm³, más o menos el doble que la del plomo (11,34 g/cm³). Debido a la toxicidad de los óxidos de osmio, casi nunca se utiliza en su forma natural, sino por lo general aleado con otros metales.

Estaño $_{50}$Sn
El mayor número de isótopos estables en un elemento

Los elementos de la Tabla Periódica tienen unas variedades denominadas isótopos, que se diferencian del elemento básico en el n.º de neutrones dentro del núcleo del átomo. Los isótopos pueden ser estables o inestables, y se desintegran emitiendo radiaciones. El estaño tiene la mayor cantidad de isótopos estables, 10.

Polonio $_{84}$Po
El elemento más radiactivo que se da en estado natural

Las muestras de polonio suelen presentar un brillo azul debido a la intensa radiación que ioniza las partículas de gas alrededor de la muestra. El grado de desintegración es tal que una pequeña muestra de polonio puede alcanzar temperaturas de unos 500 °C, y la radiación resultante puede matar a una persona.

Helio $_2$He
El punto de fusión más bajo de todos los elementos

Excepcionalmente, el helio permanece en estado líquido con un Cero Absoluto (0K, o −273,15 °C) en la presión atmosférica. Incluso el helio sólido es infrecuente; «parece» helio líquido (*arriba, derecha*) y puede comprimirse hasta el 60% de su volumen sólido, unas 100 veces más comprimible que el agua.

Carbono $_6$C
El elemento con más alótropos

Algunos elementos aparecen en formas diferentes en cuanto a estructura, color o propiedades químicas; estas variaciones reciben el nombre de alótropos. El carbono tiene siete alótropos: grafito, diamante (*izquierda*), carbono amorfo, lonsdaleíta, carbino, fulerenos y nanotubos de carbono.

0,0005
Porcentaje de helio en la atmósfera de la Tierra.

Oro $_{79}$Au
El elemento más maleable

La maleabilidad de un metal mide hasta qué punto puede ser estirado o prensado en láminas. El oro es el elemento más maleable, pues se pueden obtener panes de oro de tan sólo 0,0025 mm de espesor. Se utiliza mucho para dorar muebles, ribetear las páginas de los libros y en la fabricación de joyas.

BUENO PARA BRILLAR
El tungsteno se utiliza en los filamentos de bombillas y lámparas porque la corriente eléctrica puede calentarlo hasta la incandescencia sin que llegue a fundirse.

Wolframio $_{74}$W
El punto de fusión más alto de todos los elementos

El wolframio (también llamado tungsteno) pasa del estado sólido al líquido a los 3.410 °C. Se dice que el carbono alcanza un punto de fusión más alto, 3.550 °C, pero, en realidad, con presiones atmosféricas normales no se funde hasta el estado líquido, sino que se sublima y se convierte en gas.

6. Hierro: Muy utilizado en la construcción, con frecuencia en forma de acero aleado. Se emplea en maquinaria, cascos de barcos grandes, piezas de automóviles y acero inoxidable.

7. Nitrógeno $_7$N: Es un componente químico del amoníaco (utilizado como fertilizante y para obtener ácido nítrico) y se emplea como refrigerante para congelar y transportar alimentos. Se usa para inflar los neumáticos de los aviones.

8. Silicio $_{14}$Si: Muy utilizado en los chips de los ordenadores y para fabricar transistores y dispositivos electrónicos sólidos. También para fabricar ladrillos y hormigón.

9. Magnesio $_{12}$Mg: Elemento de los fuegos artificiales y las bengalas. Se utilizaba en las fotografías con *flash*. Usado en aleación por las industrias aeronáutica, automovilística y armamentística.

10. Azufre $_{16}$S: Usado en la síntesis del ácido sulfúrico, muy utilizado para producir fertilizante. Se emplea en las pilas como «ácido de batería» y para fabricar pólvora.

FOTOGRAFÍA

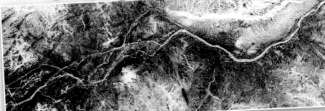

El objeto más pequeño fotografiado

En julio de 2012, físicos de la Griffith University (Australia) anunciaron que habían fotografiado un átomo. Emplearon un campo eléctrico para atrapar a un «ion» de iterbio al que iluminaron para obtener una imagen de la sombra que proyectaba con un microscopio de gran resolución. La imagen se grabó en un CCD, una especie de película fotográfica electrónica. Un ion de iterbio tiene un diámetro de aproximadamente 400 picómetros, ¡solamente 0,4 millonésimas de milímetro!

Hippolyte Bayard se presenta a sí mismo caído hacia un lado y aparentemente muerto, en una imagen que creó como acto de protesta. Bayard creía que nunca tuvo el reconocimiento que se merecía como inventor de la fotografía, cuyo procedimiento se atribuyó a Louis-Jacques-Mandé Daguerre (Francia) y William Henry Fox Talbot (R.U.).

El mayor sistema fluvial extraterrestre fotografiado

En diciembre de 2012, la sonda *Cassini* de la NASA fotografió una red fluvial de más de 322 km de largo en Titán, la luna más grande de Saturno. Titán es un mundo helado, sin agua líquida, y se cree que el río transporta hidrocarburos líquidos de etano y metano.

La fotografía más cara en una subasta

Rhein II, una fotografía del Rin bajo un cielo gris, tomada por el artista alemán Andreas Gursky, se vendió por 4.338.500 dólares (incluyendo la comisión para el intermediario), en una subasta que se celebró el 8 de noviembre de 2011 en la sala Christie's de Nueva York (EE.UU.).

La cámara más alejada de la Tierra

En enero de 2013, la sonda *Voyager 1* de la NASA estaba a 18.500 millones de kilómetros de nuestro planeta. Lanzada en 1977, lleva dos cámaras que integran el sistema de toma de imágenes científicas.

La mayor exposición fotográfica

Las exposiciones fotográficas duran por lo general una fracción de segundo. El obturador de la cámara se abre y se cierra rápidamente para que una cantidad de luz cuidadosamente medida llegue hasta la película. El artista alemán Michael Wesely realizó una fotografía cuya exposición se prolongó durante 34 meses, casi tres años. La imagen obtenida, tomada entre 2001 y 2003, captura la demolición y reconstrucción del Museo de Arte Moderno de Nueva York. Wesely emplea filtros que reducen de forma drástica la cantidad de luz que llega hasta la película, hecho que le permite dejar el obturador abierto durante períodos muy largos.

Más bombillas de flash empleadas para tomar una fotografía

El 8 de mayo de 2011, Jason Groupp (EE.UU.) empleó 300 bombillas de flash para tomar una foto en Cincinnati, Ohio (EE.UU.).

La primera imagen falsa

En *Autorretrato como ahogado* (1840), el pionero francés de la fotografía

La mayor imagen digital

En diciembre de 2010, Frank G. A. Faas y sus colegas del Centro Médico de la Universidad de Leiden (Países Bajos) compusieron, a partir de 26.434 tomas de microscopio electrónico, una imagen digital de una lámina de un embrión de pez cebra de 1,5 mm de largo, que mide 921.600 × 380.928 píxeles (es decir, 351.063.244.800, lo que equivale a 281 gigapíxeles de datos).

La cámara instantánea de mayor éxito

En 1947, Edwin Land (EE.UU.), fundador de la Polaroid Corporation, creó un sistema de fotografía en un único paso basado en el principio de transferencia de difusión, que permite reproducir la imagen registrada por la lente de la cámara directamente sobre una superficie fotosensible. Polaroid dejó de fabricar película para sus cámaras en 2008.

MAYOR...

Fotografía

El 18 de diciembre de 2000, Shinichi Yamamoto (Japón) imprimió una

La imagen panorámica más grande

Una imagen de 320 gigapíxeles, tomada desde la BT Tower de Londres (R.U.) por 360Cities (R.U.), está compuesta por 48.640 imágenes independientes unidas para crear una única panorámica. Si se imprimiera a una resolución normal mediría 98 m de ancho y 24 m de alto, casi tanto como el Palacio de Buckingham.

PIONEROS DE LA FOTOGRAFÍA

La fotografía más antigua conocida que se conserva: De Joseph Niépce (Francia), en 1827. Muestra la vista desde la ventana de su casa.

La primera fotografía conocida en la que aparece una persona: *Boulevard du Temple*, París (Francia), de Louis-Jacques-Mandé Daguerre (Francia). Hacia 1838.

La primera fotografía en color permanente: Se tomó el 5 de mayo de 1861 con un método que inventó James Clerk Maxwell (R.U.) mediante el cual se capturan tres colores por separado. La imagen, de una cinta de tartán, fue tomada por Thomas Sutton (R.U.).

La primera radiografía: Fue tomada por Wilhelm Röntgen (Alemania), inventor del proceso, el 22 de diciembre de 1895 en la Universidad de Würzburg (Alemania).

La primera fotografía infrarroja: La tomó el profesor Robert Williams Wood (EE.UU.). Apareció en octubre de 1910 en el *Photographic Journal* de la Royal Photographic Society, y representa un paisaje.

588.000 MILLONES
Imágenes por segundo que esta cámara puede capturar.

Exposición fotográfica simultánea

Una exposición de obras de Martin Parr (R.U.) titulada *Common Sense* pudo verse en 41 galerías de todo el mundo el 1 de abril de 1999.

Certamen fotográfico

El certamen «Wiki Loves Monuments 2011», organizado por Vereniging Wikimedia Nederland entre el 1 de julio y el 31 de septiembre de 2011, atrajo a 168.208 participantes.

La mayor colección de cámaras instantáneas

En mayo de 2011, Wong Ting Man (Hong Kong) poseía 1.042 cámaras instantáneas capaces de realizar una foto sobre papel sin necesidad de ninguna impresión o proceso por separado. Empezó a coleccionarlas en 1992.

La cámara más rápida

En diciembre de 2011, el Instituto Tecnológico de Massachusetts (EE.UU.) dio a conocer una cámara capaz de tomar imágenes con una exposición de 1,7 billonésimas de segundo. Con esta técnica pueden realizarse películas que muestran la luz en movimiento.

fotografía de 145 m de largo y 35,6 cm de alto. La imagen panorámica se tomó a partir de un negativo de 30,5 m de largo y 7 cm de alto.

cámaras de televisión de 4,56 m de largo, 1,7 m de ancho y 1,6 m de alto.

Cámara estenopeica

En junio de 2006 se utilizó un hangar para aviones de 13,71 × 48,76 × 24,38 m de tamaño a modo de cámara estenopeica para realizar una fotografía de 9,62 × 33,83 m. La sesión fue organizada por The Legacy Project en El Toro, California (EE.UU.). El tiempo de exposición fue de 35 min.

Cámara CCTV

El 10 de julio de 2011, Darwin Lestari Tan y PT TelView Technology (ambos de Indonesia) crearon en Bandung (Indonesia), un circuito cerrado de

Daguerrotipo

Creado por David Burder (R.U.), *Big Bertha* es una cámara de daguerrotipo de 2 m² capaz de tomar imágenes de hasta 0,6 × 2,12 m. Burder realizó un daguerrotipo de este tamaño el 18 de noviembre de 2003 para *Industrial Road Show*, de la BBC (R.U.).

Este procedimiento fotográfico debe su nombre a su inventor, Louis-Jacques-Mandé Daguerre.

5
Número total de cámaras 20 × 24 construidas por Polaroid.

La mayor cámara Polaroid

En 1976, Polaroid Corporation construyó el primer prototipo de la mayor cámara Polaroid, que todavía está en uso hoy en día: la 20 × 24. Esta cámara, que realiza fotos instantáneas de 50,8 × 70 cm, pesa 107 kg y va montada sobre una base con ruedas.

La primera imagen digital: Obra de Russell A. Kirsch (EE.UU.) en 1957, la tomó en el National Bureau of Standards, en Washington, DC (EE.UU.). En ella aparece su hijo, Walden.

La primera vista completa de la Tierra: La tomó el satélite de la NASA ATS-3 el 10 de noviembre de 1967, cuando orbitaba sobre Brasil a 37.000 km de altura.

El primer JPEG: «JPEG» (Joint Photographic Experts Group) es uno de los formatos digitales de imagen más conocidos. Los primeros JPEG fueron un conjunto de cuatro imágenes de prueba usadas por el JPEG Group y creadas el 18 de junio de 1987 en Copenhague (Dinamarca).

La primera imagen de un espectro rojo: Los espectros rojos son descargas eléctricas que se generan por encima de tormentas eléctricas a altitudes de hasta 100 km. La primera imagen de uno de ellos fue tomada por casualidad en 1989 con una cámara de televisión de bajo nivel de luz.

La primera cámara en fotografiar un objeto que no se puede ver: En las «imágenes fantasma» un flash especial genera dos haces de fotones. Uno ilumina el objeto, mientras el otro entra en la lente de la cámara, donde se forma una imagen del objeto aunque su luz nunca haya estado en contacto directo con él. Se dio a conocer en mayo de 2008.

LÍMITES DE LA CIENCIA

El dispositivo de escucha más sensible

En enero de 2012, científicos de la Ludwig Maximilian University de Múnich (Alemania) publicaron detalles del dispositivo de escucha más sensible conocido hasta la fecha. Suspendieron nanopartículas de oro de tan sólo 60 nanómetros en una gota de agua y atraparon una dentro de un rayo láser.

Luego la observaron mientras calentaban otras partículas cercanas a la gota con un rayo láser distinto. La primera nanopartícula recogió la presión resultante: unas ondas sonoras correspondientes a una sensibilidad de unos −60 decibelios, una millonésima parte de lo que puede detectar el oído humano.

6 M Diámetro del agujero al chocar un fragmento de meteorito con el hielo del lago Chebarkul (Rusia).

El mayor impacto registrado en la Tierra

El 15 de febrero de 2013, un meteorito de unos 17 m de ancho entró en la atmósfera aproximadamente a unos 65.000 km/h y explotó a 30-50 km sobre Chelyabinsk, en Rusia central. Las ondas infrasónicas del meteorito se registraron en 17 estaciones del Sistema Internacional de Vigilancia de la Organización del Tratado de Prohibición Completa de los Ensayos Nucleares. El impacto, equivalente a unos 500 kilotones de TNT, fue el mayor registrado en la Tierra desde el ocurrido en Tunguska en 1908, y el mayor medido con instrumentos modernos.

La primera telecomunicación por neutrinos

Las partículas de neutrino subatómicas atraviesan la materia con facilidad, pues rara vez interactúan con ella. Científicos de Fermilab en Batavia (Illinois, EE.UU.) usaron con éxito un rayo de neutrinos para enviar por primera vez un mensaje a un detector. El mensaje, que transmitía la palabra *neutrino,* se envió a 1 km, del cual 240 m eran roca sólida, a 0,1 bits por segundo. El equipo anunció su logro el 13 de marzo de 2012.

El cristal más fino

En enero de 2012, un equipo internacional de científicos anunció la creación accidental de un cristal de sílice que tan sólo medía tres átomos de grosor. El cristal de sílice está compuesto de dióxido de silicio (SiO_2; es decir, dos átomos de oxígeno y uno de silicio). Este nuevo descubrimiento puede considerarse como un cristal bidimensional, ya que el SiO_2 posee un grosor mínimo de tan sólo tres átomos.

El mayor número primo conocido

El 25 de enero de 2013, Curtis Cooper (EE.UU.), un catedrático de informática de la University of Central Missouri en Warrensburg (Misuri, EE.UU.), descubrió el mayor número primo (es decir, un número natural divisible sólo por 1 y por sí mismo): $2^{57.885.161}-1$, de 17.425.170 dígitos.

El mordisco más fuerte de un animal terrestre

En febrero de 2012, científicos de las universidades de Liverpool y Manchester (ambas de R.U.) publicaron sus conclusiones acerca de un estudio sobre la fuerza de las mandíbulas del *Tyrannosaurus rex.* Hicieron una maqueta en 3D del cráneo del dinosaurio con un escáner láser y luego le aplicaron músculos digitales. Al hacer que los músculos cerraran las mandíbulas, se calculó que la fuerza máxima generada en los dientes posteriores era de 57.000 N, el equivalente a la fuerza que hace un elefante de tamaño medio cuando se sienta en el suelo.

La temperatura más alta creada por el hombre

El 13 de agosto de 2012, científicos del Gran Colisionador de Hadrones ubicado en el CERN de Ginebra (Suiza), anunciaron que habían logrado temperaturas de más de 5 billones de K, y tal vez de hasta 5,5 billones de K (unos 800 millones de veces más calientes que la superficie del Sol). El equipo involucrado en el experimento ALICE hizo colisionar iones de plomo al 99% de la velocidad de la luz para crear un plasma de quark-gluones, un estado de la materia que llenó el universo justo después del *Big Bang.*

DATO: Kelvin (K) es la unidad de temperatura del Sistema Internacional (SI) de medidas. Es una escala absoluta basada en la mínima temperatura posible (0 K equivale a −273,15 °C). Su nombre fue propuesto por William Thomson, primer Barón Kelvin (R.U., 1824-1907).

LOS 10 SUPERORDENADORES MÁS RÁPIDOS

1. *Titan* (Cray) TFLOP/s: 17.590,0 Núcleos: 560.640 Potencia (kW): 8.209,00.

2. *Sequioa* (IBM) TFLOP/s: 16.324,8 Núcleos: 1.572.864 Potencia (kW): 7.890,00.

3. K computer (Fujitsu) TFLOP/s: 10.510,0 Núcleos: 705.024 Potencia (kW): 12.659,89.

4. *Mira* (IBM) TFLOP/s: 8.162,4 Núcleos: 786.432 Potencia (kW): 3.945,00.

5. *JUQUEEN* (IBM) TFLOP/s: 4.141,2 Núcleos: 393.216 Potencia (kW): 1.970,00.

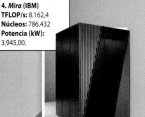

El kilo más exacto

El kilogramo es la única unidad de masa del SI cuya definición se basa en un prototipo físico: un cilindro de platino e iridio fabricado en 1889 que se conserva en la Oficina Internacional de Pesos y Medidas de Sèvres, cerca de París (Francia). Actualmente, los científicos están intentando cambiar la definición del kilogramo relacionándolo con mediciones precisas de una constante física denominada *constante de Planck*.

El planeta extrasolar más cercano

En octubre de 2012, los astrónomos que usaban el Observatorio La Silla (Chile) del Observatorio Europeo Austral anunciaron el descubrimiento de un planeta en el sistema estelar más cercano a la Tierra. Alfa Centauri B se encuentra a 4,37 años luz del Sol y es una de las tres estrellas del sistema Alfa

Centauri. Orbitándola a una distancia de tan sólo 6 millones de km, Alfa Centauri Bb es un pequeño planeta con una masa ligeramente superior a la de la Tierra. Sólo tarda 3 días, 5 h y 39 min en completar una órbita, y tiene una temperatura de unos 1.200 °C.

El mayor asteroide visitado por una nave espacial

La nave espacial *Dawn* de la NASA es una sonda espacial no tripulada cuya misión es explorar los dos mayores asteroides del cinturón de asteroides entre Marte y Júpiter. El 11 de agosto de 2011, *Dawn* llegó al asteroide 4 Vesta, que tiene un diámetro de unos 525,4 km y está clasificado como planeta enano. Pasó poco más de un año orbitando el asteroide antes de partir el 4 de septiembre de 2012 en una trayectoria que le permitirá encontrarse con el aún mayor asteroide 1 Ceres y orbitarlo a principios de 2015.

El satélite de observación de la Tierra que más tiempo lleva en funcionamiento

Landsat 5 es un satélite de observación de la Tierra desarrollado por la NASA y lanzado el 1 de marzo de 1984 desde la Base Vandenberg de la Fuerza Aérea en California (EE.UU.). Gestionado por la Administración Nacional Oceánica y Atmosférica (1984 a 2000) y por el Servicio Geológico de Estados Unidos (USGS, 2001-2013) como parte del programa Landsat, ha completado más de 150.000 órbitas de

la Tierra y enviado más de 2,5 millones de imágenes de la superficie terrestre. El 21 de diciembre de 2012, el USGS anunció que retiraría el *Landsat 5* tras fallar un giróscopo.

El mayor megarrobot controlado por *smartphone*

Kuratas, un megarrobot andante que funciona con diésel, mide 4 m de alto y pesa 3,62 toneladas, se controla mediante un piloto automático situado en el interior de la «cabina de mando» o por control remoto con un *smartphone* 3G. Lo presentó el inventor Kōgorō Kurata (Japón) en el Wonder Festival de Tokio (Japón) el 29 de julio de 2012, y puede comprarse por 1,3 millones de dólares en Suidobashi Heavy Industry (Japón).

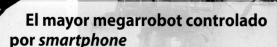

El ordenador más rápido

Titan, un Cray XK7 del Oak Ridge National Laboratory de Tennessee (EE.UU.) puede alcanzar 17.590 TFLOP/s (billones de operaciones de coma flotante por segundo) en el Linpack Benchmark usando 560.640 núcleos. *Titan* logró el primer puesto en la lista TOP500 de los superordenadores más potentes del mundo cuando, el 12 de noviembre de 2012, se publicó la 40.ª lista *(ver abajo)*.

CUESTIÓN DE CÁLCULO
El proyecto TOP500 clasifica a los ordenadores basándose en la velocidad a la que resuelven ecuaciones lineales, lo que se conoce como el Linpack Benchmark.

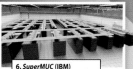

6. SuperMUC (IBM)
TFLOP/s: 2.897,0
Núcleos: 147.456
Potencia (kW): 3.422,67.

7. Stampede (Dell)
TFLOP/s: 2.660,3
Núcleos: 204.900
Potencia (kW): s.d.

8. Tianhe-1A (NUDT)
TFLOP/s: 2.566,0
Núcleos: 186.368
Potencia (kW): 4.040,00.

9. Fermi (IBM)
TFLOP/s: 1.725,5
Núcleos: 163.840
Potencia (kW): 821,88.

10. DARPA Trial Subset (IBM)
TFLOP/s: 1.515,0
Núcleos: 63.360
Potencia (kW): 3.575,63.

La mayor colección de recuerdos de *La Guerra de las Galaxias*

Steve Sansweet (EE.UU.) ha reunido unos 300.000 artículos en su Rancho Obi-Wan en el norte de California (EE.UU.). A 15 de mayo de 2013, se han auditado y catalogado 90.546 artículos, una cifra que ya triplica a la del anterior Guinness World Records. Sansweet calcula que tardará varios años en completar las tareas de catalogación, pues su colección sigue aumentando.

FAN DE LA FUERZA
Steve dirigió los departamentos de Gestión de Contenidos y Atención a los fans en Lucasfilm durante 15 años, y los sigue asesorando en todo cuanto concierne al trato con los fans.

VÍDEOS VIRALES

Adueñándose del mundo, de visita en visita

Los vídeos «virales» tienen un nombre muy apropiado. Se propagan a través de internet con más rapidez de lo que puedas escribir una frase como «Tienes que ver esos gatitos. Son *taaan* monos». Su popularidad es tal que la carga de vídeos se ha convertido en todo un negocio. De hecho, sólo un clip casero, el conocidísimo *Charlie bit my finger - again!,* se halla en el Top 10 de todos los tiempos de YouTube. El resto de la lista lo dominan vídeos musicales. Por primera vez el pop se ha convertido en un fenómeno verdaderamente mundial. Ya no es cierto que todo venga de Occidente y de EE.UU. en particular. Gracias a los vídeos en línea, algunas estrellas como cierto moderno surcoreano pueden acumular más de 1.000 millones de visitas en menos de seis meses.

La subida de vídeos sigue siendo un poderoso híbrido entre la tecnología del siglo xxi y el mero cotilleo. Y no debe subestimarse: ciertas filmaciones pueden derrocar un gobierno… o avergonzar a nuestra abuela.

TOP 10 CANALES YOUTUBE POR SUSCRIPTORES			
CANAL	¿QUÉ ES?	SUS	VISTO
Smosh	Escenas de comedia de Ian Hecox y Anthony Padilla (ambos de EE.UU.)	9.781.472	2.323.432.710
Jenna Marbles	Comedia del alter ego de Jenna Mourey (EE.UU.)	8.780.770	1.103.995.980
NEW VIDEO EVERY TUESDAY	Comentarios y *gags* de Ray William Johnson (EE.UU.)	8.704.762	2.293.529.143
nigahiga	*Gags* de Ryan Higa (EE.UU.)	8.252.930	1.436.187.701
Rihanna	Vídeos pop y filmaciones entre bastidores de la cantante de Barbados	8.104.461	3.630.912.069
BECOME A BRO TODAY!	Comentarios de videojuegos de PewDiePie, alias de Felix Kjellberg (Suecia)	7.701.817	1.598.921.599
Machinima	Red de videojuegos estadounidense con noticias, trailers y demos	7.580.450	4.217.963.856
Hola, soy German (vídeo todos los viernes)	Bromas y comentarios jocosos de Germán Alejandro Garmendia Aranís (Chile)	6.780.904	482.609.012
OneDirectionVEVO's channel	Vídeos pop y *chat* con la mayor banda de chicos del mundo	6.438.005	1.536.384.997
BrandonJLa /freddiew	Películas cortas cargadas de efectos especiales con un toque de videojuegos por Brandon J. Laatsch (EE.UU.)	5.453.961	834.061.819

Fuente: Socialbakers. Datos vigentes a 14 de mayo de 2013

**1. *Gangnam Style*
PSY
1.598.585.367 de visitas**
Vídeo musical oficial, subido el 15 de julio de 2012.

10 MILLONES
Número de visitas diarias de «Gangnam Style» en su momento álgido.

**3. *On the Floor*
Jennifer Lopez y Pitbull
668.860.098 de visitas**
Vídeo musical oficial, subido el 3 de marzo de 2011.

**4. *Love the Way You Lie*
Eminem y Rihanna
560.292.597 de visitas**
Vídeo musical oficial, subido el 5 de agosto de 2010.

**5. *Party Rock Anthem*
LMFAO, Lauren Bennett y GoonRock
540.403.117 de visitas**
Vídeo musical oficial, subido el 8 de marzo de 2011.

**6. *Charlie bit my finger – again!*
525.007.126 de visitas**
Vídeo casero, subido el 22 de mayo de 2007.

TÍTULO VÍDEO	USUARIO	SUBIDO	VISITAS
PSY – GANGNAM STYLE	officialpsy	15 jul 2012	971,5 millones
Somebody That I Used to Know – Walk off the Earth (Gotye – Cover)	walkofftheearth	14 feb 2012	140,2 millones
KONY 2012	invisiblechildreninc	7 mar 2012	94,5 millones
«Call Me Maybe» por Carly Rae Jepsen – Feat. Justin Bieber, Selena, Ashley Tisdale & MORE!	CarlosPenaTV	18 feb 2012	54,9 millones
Barack Obama vs. Mitt Romney. Epic Rap Battles Of History Season 2	ERB	15 oct 2012	45,4 millones
A DRAMATIC SURPRISE ON A QUIET SQUARE	turnerbenelux	11 abr 2012	39,6 millones
WHY YOU ASKING ALL THEM QUESTIONS? ..#FCHW	SpokenReasons	21 ene 2012	39,5 millones
Crystallize – Lindsey Stirling (Dubstep Violin Original Song)	lindseystomp	23 feb 2012	38,5 millones
Facebook Parenting: For the troubled teen	Tommy Jordan	8 feb 2012	35,5 millones
Felix Baumgartner's supersonic freefall from 128,000 ft – Mission Highlights	redbull	14 oct 2012	30,6 millones

LOS 10 VÍDEOS MÁS VISTOS EN YOUTUBE 2012

Fuente: YouTube

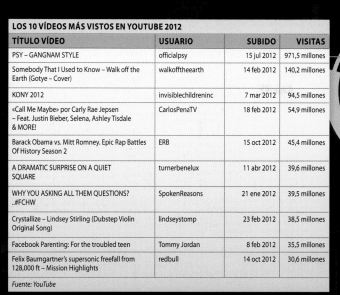

15 MB DE FAMA
En 2012, el número de usuarios de internet que subieron al menos un clip a un sitio de compartir vídeos creció del 21 al 27%.

38.114.277
Veces que se ha compartido *On the Floor*, de Jennifer Lopez, el **vídeo más compartido** según viralvideochart. unrulymedia.com, a 14 de mayo de 2013.

EL ÉXITO DE LA LISTA DE ÉXITOS
En 2013, el US Billboard Hot 100 comenzó a incluir las visiones de vídeos en la fórmula que usa para compilar la lista de éxitos.

2. Baby
Justin Bieber y Ludacris
857.398.511 de visitas
Vídeo musical oficial, subido el 19 de febrero de 2010.

DATO:
Estadísticas YouTube
23 de abril de 2005: *Me at the Zoo* (primer vídeo, subido por el cofundador, Jawed Karim).
2013: 1.000 millones de usuarios y 4.000 millones de horas/mes de visitas.
Visitas fuera de EE.UU.: 70%.
99% de las visitas: De un 30% de vídeos.
2.000 millones de visitas: A vídeos de Obama y Romney en la campaña electoral de 2012.

7. Waka Waka (This Time for Africa)
Shakira
524.443.371 de visitas
Canción oficial de la Copa del Mundo FIFA 2010, subido el 4 de junio de 2010.

8. Bad Romance
Lady Gaga
518.440.711 de visitas
Vídeo musical oficial, subido el 23 de noviembre de 2009.

9. Ai Se Eu Te Pego
Michel Teló
501.025.764 de visitas
Vídeo musical oficial, subido el 25 de julio de 2011.

10. Call Me Maybe
Carly Rae Jepsen
455.334.605 de visitas
Vídeo musical oficial, subido el 1 de marzo de 2012.

PUBLICIDAD

La valla publicitaria más cara

Una zona en la entrada del Burj Khalifa (Dubái, EAU) alojó la valla publicitaria más cara en junio de 2012, cuando la empresa de bebidas energéticas Go Fast y Skydive Dubai unieron sus fuerzas para promocionar sus servicios con ayuda de un hombre vestido con una mochila cohete. El anuncio, durante el cual el hombre sobrevolaba la valla, duraba 30 s y costó unos 15.000 dólares.

El primer anuncio clasificado

El *Publick Adviser*, publicado por Thomas Newcomb en Londres (R.U.), 19 de mayo-28 de septiembre de 1657) fue el primer periódico dedicado por entero a la publicidad, dirigido a «todas las personas que están de algún modo relacionadas con el negocio de la compra-venta».

El primer gerente de marca

Thomas J. Barratt (R.U.), quien se incorporó a la empresa A&F Pears (los fabricantes del jabón Pears) en 1865, puede considerarse el primer gerente de marca del mundo. Reconocido como el «padre de la publicidad moderna», adoptó un enfoque sistemático y combinó atractivas imágenes creadas por importantes artistas de la época, como el pintor prerrafaelita John Everett Millais (R.U.), con eslóganes memorables para promocionar la marca.

La mayor audiencia de un anuncio en directo

El 14 de octubre de 2012, unos 8 millones de personas se conectaron a YouTube para ver cómo Felix Baumgartner (Austria) realizaba un salto con caída libre hacia la Tierra *(ver pág. 68)*. Llegaba así a su fin el proyecto Red Bull Stratos, que había durado 7 años y costó 20 millones de dólares. El evento, en el que se hizo un uso exhaustivo del logo y la marca del patrocinador, habría tenido aún más audiencia si la demanda no hubiera sobrepasado la capacidad del servidor.

El anuncio más antiguo

Se encontró un anuncio de un librero entre las ruinas de Pompeya, la ciudad cerca de Nápoles (Italia) que fue destruida y sepultada bajo las cenizas tras la erupción del Monte Vesubio en el año 79 d.C.

Antes de eso, las inscripciones de unos mercaderes babilonios que datan del año 3000 a.C. pueden considerarse los primeros anuncios escritos.

El primer anuncio en una televisión pública

El primer anuncio que se emitió en la televisión pública fue en el canal WNBT de la NBC de Nueva York (EE.UU.), el 1 de julio de 1941. El producto anunciado era un reloj Bulova. El coste ascendió a 9 dólares, el equivalente a 141 dólares en la actualidad.

Los primeros *banners*

Los primeros *banners* (anuncios incrustados en páginas web y emitidos por un servidor de anuncios), se lanzaron el 27 de octubre de 1994

Los mayores honorarios pagados a un actor por un anuncio

El 15 de octubre de 2012, Brad Pitt (EE.UU., *arriba a la derecha*) se convirtió en el primer rostro masculino del perfume Chanel N.º 5 para un anuncio con el que ganó un récord de 7 millones de dólares.

Nicole Kidman (Australia, *arriba*), quien también anunció Chanel N.º 5, ganó 3,71 millones de dólares en 2004, los **mayores honorarios pagados a una actriz por una campaña publicitaria.**

La campaña publicitaria más larga

El oso *Smokey* apareció por primera vez en un anuncio de prevención de incendios el 9 de agosto de 1944 con su famosa advertencia: «Sólo tú puedes prevenir los incendios forestales». La campaña sigue en la actualidad, con pequeñas variantes.

El primer anuncio en un periódico

El *Perfect Diurnall*, editado por Samuel Pecke en Londres (R.U.) en el siglo XVII, publicó sus primeros anuncios en noviembre de 1646 a seis peniques por inserción, y eran de libros; luego se ampliaron a tratamientos médicos y a fumigaciones.

El primer anuncio de TV

El uso de la televisión para promocionar un producto se remonta a la Hairdressing Fair of Fashion en noviembre de 1930 en Londres (R.U.). Los peluqueros Messrs Eugene Ltd., de Dover Street (R.U.), usaron un circuito cerrado de TV para promocionar su técnica de la permanente.

«LAS MEJORES MARCAS 2012», SEGÚN INTERBRAND

1. COCA-COLA: 77.839 millones de dólares. «El nombre más universalmente conocido del mundo.»

2. APPLE: 76.568 millones de dólares. «Pocas empresas han captado nuestra imaginación y han inspirado tanta devoción…»

3. IBM: 75.532 millones de dólares. «…considerada una de las marcas más innovadoras, rentables y sostenibles…»

4. GOOGLE: 69.726 millones de dólares. «Aunque las opiniones sobre Google+ y las otras innovaciones de Google varían, el gigante de los navegadores ha tenido un año productivo.»

5. MICROSOFT: 57.853 millones de dólares. «Sigue siendo una de las marcas de tecnología más reconocidas… Se estancó un poco en 2012…»

El espacio publicitario más caro

Un anuncio de 30 s durante la Super Bowl XLVII 2013 costó 3,8 millones de dólares, el más caro en la historia de la televisión. El coste había aumentado 300.000 dólares el año anterior, y cada año ha seguido aumentando de forma continua a pesar de la recesión. Entre los anunciantes de este año se encuentran Taco Bell, Samsung y Doritos *(en la imagen)*.

MARCA	ANUNCIO	NÚMERO DE VECES
Volkswagen	*The Force* (2011)	465.824
Budweiser	*Respect 9/11* (2002)	426.691
Old Spice	*The Man Your Man Could Smell Like* (2010)	413.138
Doritos	*House Rules* (2010)	279.149
e*trade	*Girlfriend* (2010)	49.323
Budweiser	*Whassup?* (2010)	31.870
Snickers	*Betty White* (2010)	19.989
Apple	*1984* (1984)	18.787
Doritos	*Snack Attack Samurai* (2010)	17.180
Audi	*Green Car* (2010)	17.008

LOS 10 ANUNCIOS DE LA SUPER BOWL MÁS COMPARTIDOS

Basado en el número de veces que se ha compartido un anuncio de la Super Bowl en YouTube (**el sitio para compartir vídeos más grande** del mundo) a 3 de febrero de 2013

en el sitio web HotWired, una antigua filial de la revista *Wired*. En total, se lanzaron 14 anuncios clicables de 468 × 60 píxeles para varias empresas, aunque se considera que el *banner* de AT&T «¿Alguna vez has hecho clic aquí con tu ratón? Lo harás», fue el primero que se vio en línea.

Los mayores ingresos publicitarios por unos Juegos Olímpicos

El 25 de julio de 2012, NBC Universal (EE.UU.) se convirtió en la primera cadena en ingresar más de 1.000 millones de dólares en publicidad durante su cobertura de los Juegos Olímpicos. Esta cifra supera los 850 millones de dólares ganados durante los Juegos de Pekín (2008), y representa los ingresos publicitarios de 5.535 h de imágenes programadas en la NBC, Telemundo y varios afiliados de televisión por cable.

GASTO PUBLICITARIO MUNDIAL
En 2012, se gastaron 495.000 millones de dólares en publicidad en el mundo: ¡70 dólares por persona en la Tierra!

La mayor multa por una *cookie* de rastreo

En agosto de 2012, la Comisión Federal de Comercio de EE.UU. impuso a Google, el mayor buscador de Internet, una multa de 22,5 millones de dólares después de que la empresa rastreara de forma ilegal a los usuarios de Apple iPhone, iPad y Mac en un intento de conseguir datos para el

Más anuncios en una campaña electoral

Durante la campaña de las elecciones presidenciales estadounidenses del 6 de noviembre de 2012, los ciudadanos del país fueron bombardeados con más de un millón de anuncios políticos, el mayor número en una campaña electoral. Un estudio de Wesleyan Media Project reveló que los gastos publicitarios de los dos candidatos a la presidencia, Mitt Romney y Barack Obama (ambos de EE.UU., *en la imagen*), superaban con creces los de cualquier campaña política anterior.

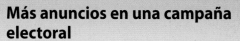

envío de publicidad. Google fue acusada de eludir de forma deliberada la configuración de privacidad de Safari, el navegador de Apple, diseñado para detener el uso de *cookies* de rastreo entre sitios web. Google ha negado cualquier responsabilidad en el tema, y afirma que las *cookies* se colocaron «de manera accidental».

2,7
¡Segundos tardó Usain Bolt, quien aparece en el anuncio, en correr de un extremo a otro!

La mayor valla publicitaria iluminada en interior

El 4 de febrero de 2013, Nissan Motor Co. instaló una valla publicitaria con una superficie de 174,17 m² iluminada con 183.024 LEDS en el Dubai International Airport (EAU).

6. GE: 43.682 millones de dólares. «…GE jugó su mejor baza. En 2012, la marca lanzó GE Works, una plataforma de comunicaciones integrada…»

7. McDONALDS: 40.062 millones de dólares. «…excepcional gestión de marca, presencia mundial significativa… y un enfoque admirable de la fidelización del cliente.»

8. INTEL: 39.385 millones de dólares. «…el último año ha estado lleno de cambios, grandes apuestas y la búsqueda continua por seguir al frente de la incesante revolución informática…»

9. SAMSUNG: 32.893 millones de dólares. «…uno de los mayores éxitos de 2012, marcado por un aumento meteórico del 40% en el valor de la marca…»

10. TOYOTA: 30.280 millones de dólares. «…la resiliencia de la marca Toyota parece haber ayudado al fabricante de coches a reclamar su posición de líder mundial.»

Cifras basadas en un cálculo de Interbrand sobre el valor de cada marca

CINE

The Master (derecha) fue la primera película filmada en 65 mm en los últimos 16 años (con cámaras Panavision System 65), pero muy pocas pantallas están equipadas para proyectar en ese tamaño; 4 de los 5 cines lo hicieron en 70 mm, mientras que el quinto optó por los 35 mm. La **mayor recaudación por pantalla de todos los tiempos** es la increíble cifra de 793.376 dólares, recaudados en sólo dos salas con la película de animación de Disney *El rey león* (EE.UU., 1994); *The Master* ostenta el mismo récord para una película en imágenes reales.

La mayor recaudación (por pantalla) de una película en imágenes reales en el fin de semana de su estreno

The Master (EE.UU., 2012) sólo se estrenó en cinco cines y recaudó una media de 145.949 dólares por pantalla. Escrita, dirigida y producida por Paul Thomas Anderson (EE.UU.). Joaquin Phoenix da vida a un vagabundo que se une a una secta liderada por «El Maestro», interpretado por Philip Seymour Hoffman.

Más Oscars al mejor actor

En la ceremonia de los Oscars del 24 de febrero de 2013, Daniel Day-Lewis (R.U.) se convirtió en el primer actor en ganar tres premios en la categoría de Mejor Actor cuando recogió una estatuilla por su interpretación de Abraham Lincoln en *Lincoln* (EE.UU., 2012; *arriba, derecha*). En ocasiones anteriores, lo había ganado por su interpretación de Christy Brown *(arriba)* en *Mi pie izquierdo* (Irlanda, 1989) y de Daniel Plainview *(centro)* en *Pozos de ambición* (EE.UU., 2007).

La mayor recaudación en un fin de semana de estreno

Los vengadores (EE.UU., 2012) recaudó 207.438.708 dólares en los cines de EE.UU. en el fin de semana inmediato a su estreno (el 4-6 de mayo de 2012). Batía el récord logrado por *Harry Potter y las reliquias de la muerte: Parte II* (R.U.-EE.UU., 2011).

La película también logró los récords por: la **mayor recaudación por pantalla**, con una media de 47.698 dólares en cada una de las 4.349 salas en el fin de semana inmediato a su estreno en EE.UU.; la **mayor recaudación en la primera semana de estreno** (y la **mayor recaudación en una semana** en la historia del cine), con 803,3 millones de dólares en todo el mundo; la **mayor recaudación en 10 días**, con 1.070 millones de dólares hasta el 13 de mayo de 2012; la **película que más rápido ha ganado 500 millones de dólares** (dos días) y, en términos absolutos, el **producto de entretenimiento que más rápido ha ganado 1.000 millones de dólares** (ver pág. 208).

La mayor proporción entre presupuesto y taquilla

Con un presupuesto de producción de tan sólo 15.000 dólares y una recaudación total de 196.681.656 dólares en todo el mundo, *Paranormal Activity* (2009), de Oren Peli (Israel-EE.UU.), logró una increíble proporción entre presupuesto y taquilla: 1:13.112 (es decir, recaudó 13.112 dólares por cada dólar gastado).

Más público en la proyección de una película

Un total de 28.442 personas acudieron al estreno del documental *Honor Flight* (EE.UU., 2012). Freethink Media (EE.UU.) rodó la película para la organización benéfica Stars and Stripes Honor Flight (EE.UU.) que se estrenó en el estadio Miller Park de Milwaukee (Wisconsin, EE.UU.), el 11 de agosto de 2012.

La mayor recaudación de una película en 2D en el fin de semana de su estreno

El caballero oscuro: la leyenda renace (EE.UU.-R.U., 2012), protagonizada por Tom Hardy (R.U., *arriba*) en su papel del villano Bane y por Christian Bale (R.U., *recuadro*) como el superhéroe, recaudó 160.887.295 dólares en el fin de semana de su estreno, el 20-22 de julio de 2012.

LOS 10 ACTORES DE HOLLYWOOD MEJOR PAGADOS

Fuente: Forbes, basado en las ganancias calculadas entre mayo de 2011 y mayo de 2012.

1. Tom Cruise (EE.UU.) 75 millones de dólares.

=2. Leonardo DiCaprio (EE.UU.) 37 millones de dólares.

=2. Adam Sandler (EE.UU.) 37 millones de dólares.

4. Dwayne Johnson (EE.UU.) 36 millones de dólares.

5. Kristen Stewart (EE.UU.) 34,5 millones de dólares.

LA NOMINADA MÁS JOVEN: OSCAR A LA MEJOR ACTRIZ

Quvenzhané Wallis (EE.UU., n. 28 de agosto de 2003), de nueve años de edad, se convirtió en la actriz más joven que recibe una nominación al Oscar. Llegó a la lista de nominadas en la categoría de Mejor Actriz por su interpretación en *Bestias del sur salvaje* (EE.UU., 2012).

LA NOMINADA DE MÁS EDAD: OSCAR A LA MEJOR ACTRIZ

Emmanuelle Riva (Francia, n. el 24 de febrero de 1927) obtuvo una nominación al Oscar a la Mejor Actriz en 2012 por *Amor* (Francia-Alemania-Austria, 2012). Riva tenía 84 años de edad cuando interpretó el papel, y la ceremonia de los premios se celebró en su 86.º cumpleaños.

Más directores en una película

La película independiente *The Owner* (2012) se rodó en varios idiomas y tuvo 25 directores de 13 países. La película sigue a una mochila en su viaje por el mundo, y entrelaza una gran variedad de culturas, idiomas y estilos de rodaje en una única narración. Se estrenó en todo el mundo el 25 de mayo de 2012.

La primera canción de una película Bond que gana un Oscar

El tema principal de la película de James Bond del mismo nombre, «Skyfall», escrito por Adele (nombre artístico de Adele Adkins) y Paul Epworth (ambos de R.U.), fue la primera canción Bond en ganar un Oscar a la Mejor Canción Original.

La película Bond menos taquillera

A pesar de tener un reparto lleno de estrellas, *Casino Royale* (1967), la parodia surrealista de Charles Feldman (EE.UU.) de la serie Bond, recaudó 277.841.894 dólares (teniendo en cuenta la inflación en 2012), hecho que la convierte en la película Bond menos taquillera.

DATO:
Jackie también ostenta un récord al **mayor número de escenas peligrosas de un actor vivo.** Debutó en 1962 a los 8 años de edad y ha aparecido en más de 110 películas desde 1972. Realiza sus propias escenas peligrosas y hasta ahora se ha roto la nariz (tres veces), los dos pómulos, la mayoría de los dedos de la mano y el cráneo.

Más créditos en una película

La superestrella de Hong Kong Jackie Chan desempeñó 15 funciones en *Zodiaco chino* (China, 2012): escritor, director, actor, productor, productor ejecutivo, cinematógrafo, director artístico y de producción, coordinador de catering y de escenas peligrosas, iluminador, compositor, decorados, escenas peligrosas y vocalista del tema principal.

Más países considerados para el Oscar a la mejor película extranjera

Antes de desvelar las nominaciones a los Oscars 2012, la Academia de las Artes y las Ciencias Cinematográficas (AMPAS) anunció que había recibido candidaturas para la Mejor Película Extranjera de un récord de 71 países, entre los que se incluía Burkina Faso, Islandia, Albania y Afganistán, y las primeras candidaturas de Groenlandia, Malasia y Kenia.

El actor más taquillero

A mayo de 2012, el actor Samuel L. Jackson (EE.UU.) había aparecido en 75 películas, que han recaudado unos 9.500 millones de dólares en todo el mundo. Sin duda, en 2013 no tardará en superar los 10.000 millones de dólares.

La película sin cortes más larga

Agadam (India, 2012) dura 2 h, 3 min y 30 s sin editar (excluyendo el principio y los créditos finales). Fue producida por Last Bench Boys Productions (India) y estrenada el 7 de abril de 2013.

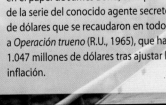

La película de James Bond más taquillera

Skyfall (R.U.-EE.UU., 2012), protagonizada por Daniel Craig en el papel de James Bond, es la película más taquillera de la serie del conocido agente secreto. Los 1.108 millones de dólares que se recaudaron en todo el mundo superan a *Operación trueno* (R.U., 1965), que habría recaudado 1.047 millones de dólares tras ajustar las cifras a la inflación.

SKYFALL CAÍDO DEL CIELO
Es la 7.ª película más taquillera de todos los tiempos, la británica de más éxito y la de más éxito estrenada en los cines británicos.

6. Cameron Diaz (EE.UU.) 34 millones de dólares.

7. Ben Stiller (EE.UU.) 33 millones de dólares.

=8. Sacha Baron Cohen (R.U.) 30 millones de dólares.

=8. Johnny Depp (EE.UU.) 30 millones de dólares.

=8. Will Smith (EE.UU.) 30 millones de dólares.

EFECTOS ESPECIALES

vivió dos veces (EE.UU., 1936), se estrenó rápidamente para aprovechar la popularidad del nuevo 3D y sorprender al público con sus escenas de arañas, puños y cadáveres que parecían salir de la pantalla.

La mayor recaudación el fin de semana del estreno en 3D

La versión en 3D de *Los Vengadores* (EE.UU., 2012) recaudó 207.438.708 dólares en EE.UU. el fin de semana de su lanzamiento, el 4-6 de mayo de 2012. Fue **la mayor recaudación en un fin de semana** de la historia del cine, no sólo en 3D.

Más asistencia a una proyección en 3D

Seis mil ochocientos diecinueve aficionados disfrutaron con el estreno alemán de *Hombres de Negro 3* (EE.UU., 2012) en un acto organizado por Sony Pictures y o2 en el o2 World de Berlín (Alemania), el 14 de mayo de 2012.

La primera película rodada en 48 fotogramas por segundo

El hobbit: Un viaje inesperado de Peter Jackson (EE.UU.-Nueva Zelanda, 2012) es la primera película de gran presupuesto rodada y proyectada a 48 fotogramas por segundo (fps), en vez de los 24 habituales. Al rodarse a tal velocidad se obtiene una imagen más nítida y, en palabras de Jackson, «un visionado mucho más cómodo y realista».

PELÍCULAS EN 3D

La primera película en 3D de un gran estudio

El 9 de abril de 1953, Columbia Pictures se convirtió en la primera productora en lanzarse al mercado 3D con el estreno *El hombre en las tinieblas* (EE.UU., 1953). La película, un *remake* de la cinta de cine negro *El hombre que*

El mayor estreno de una película en 3D

El fin de semana de su estreno, el 15-17 de julio de 2011, *Harry Potter y las reliquias de la muerte: Parte 2* (EE.UU., 2011) se proyectó en 4.375 pantallas de EE.UU. y en otras 17.000 de todo el mundo. Aparte, logró la **mayor recaudación bruta en el estreno,** con 91.071.119 dólares sólo en EE.UU.

La mayor recaudación de una película en 3D

Avatar (EE.UU., 2009) –rodada y estrenada en 3D digital– se ha convertido en la **película con mayor recaudación de la historia,** al obtener la exorbitante cifra de 2.782.275.172 dólares. Dirigida por James Cameron (Canadá, *abajo*), *Avatar* fue el resultado del **mayor proyecto de captura de imagen.** Los Giant Studios (EE.UU.) tardaron tres años en rodar y tratar todas las imágenes. En vista del éxito, a Cameron puede considerársele el **director de cine en 3D con más éxito** *(ver abajo).*

La película en 3D más cara

Aunque dicen que *Avatar* (ver arriba) es la película más cara de la historia, su presupuesto oficial ascendía «sólo» a 237 millones de dólares. La cinta de animación de Disney *Enredados* (EE.UU., 2010) cuenta con el mayor presupuesto asignado a una película en 3D: 260 millones de dólares. *(Ver también pág. 206).*

El director de cine en 3D con más éxito

Aunque sólo ha rodado una película en 3D, James Cameron (Canadá) es el director de cine en 3D con más éxito por lo que respecta a la recaudación internacional en taquilla. *Avatar* (2009) se ha convertido en la **película con mayor recaudación de la historia** *(ver arriba).* Asimismo, también es el director con **más películas de mil millones de dólares,** que son *Avatar* y *Titanic,* un récord que comparte con Christopher Nolan (EE.UU.) y Peter Jackson (Nueva Zelanda).

Sin embargo, en cuanto a directores con tres películas en 3D o más, Robert Zemeckis (EE.UU.) es el **director con más éxito,** ya que *Beowulf* (EE.UU., 2007), *Polar Express* (EE.UU., 2004) y *Cuento de Navidad* (EE.UU., 2009) suman más de 829 millones de dólares. Zemeckis, pionero del cine en 3D moderno, revolucionó el sector desarrollando la innovadora tecnología de captura del movimiento. Además, es el segundo director que más ha recaudado en la historia.

PIONEROS EN EFECTOS ESPECIALES

Estudio cinematográfico de efectos especiales: Construido en 1896 en Montreuil-sous-Bois, París (Francia), por el realizador de efectos especiales e ilusionista Georges Méliès, sus instalaciones eran un híbrido de estudio fotográfico y plató con maquinaria teatral.

Cortometraje con efectos especiales: El cortometraje mudo de un minuto *Execution of Mary, Queen of Scots* (EE.UU., 1895) fue el primer metraje de cine con *stop action,* dando la impresión de una decapitación.

Uso de la doble exposición en una película: En *Santa Claus* (R.U., 1898) de George Albert Smith (R.U.), se representaba una escena sencilla de dos niños durmiendo con la llegada de Papá Noel superpuesta en un círculo en el mismo plano.

Uso del procedimiento de Schüfftan en una película: Concebido por Eugen Schüfftan (Alemania) en 1923, se usó por primera vez en *Die Nibelungen* (Alemania, 1924) y luego con más fama en *Metrópolis* (Alemania, 1927), como se ve aquí. Las maquetas eran de enormes paisajes urbanos y con un espejo montado delante de la cámara se reflejaban las miniaturas.

Oscar por los efectos especiales: *Vinieron las lluvias* (EE.UU., 1939) ganó un Oscar por las escenas de las épicas inundaciones. Fred Sersen (Checoslovaquia) de 20th Century Fox usó y supervisó una combinación de escenas reales y miniaturas en una pantalla partida.

La película en 3D con imágenes reales más cara

Basada en el libro *Una princesa de Marte* (1917), de Edgar Rice Burroughs (EE.UU.), la cinta de aventuras y ciencia ficción *John Carter* (EE.UU., 2012) –dirigida por Andrew Stanton (EE.UU.)– tenía un presupuesto de 250 millones de dólares, en parte por su gran reparto de criaturas fantásticas extraterrestres.

fotograma a fotograma, empleando programas de diseño gráfico.

El personaje digital más exhaustivo

Creado por Industrial Light & Magic (ILM) para *Transformers: El lado oscuro de la Luna* (EE.UU., 2011), *Colossus*, la serpiente Decepticon, se ha convertido en el personaje digital más complejo y de mayores dimensiones que ha aparecido en una película. Consta de 86.000 elementos geométricos y 30 millones de polígonos. La perforadora gigante con tentáculos aparece en una escena muy complicada en la que destruye un rascacielos de Chicago.

El objeto digital más extenso

El Planetario –un mapa interactivo del universo en 3D– que aparece en *Prometheus* (EE.UU.-R.U., 2012), film dirigido por Ridley Scott, consta de 80

La primera película en 3D en generar una secuela

Las primeras películas 3D eran en su mayoría producciones para explotar el nuevo formato, pero *La mujer y el monstruo* (EE.UU., 1954) de Universal, con un «aterrador» hombre anfibio, tuvo un éxito para engendrar una secuela, *La venganza del monstruo de la laguna negra* (EE.UU., 1955), rodada y lanzada en 3D.

a 100 millones de polígonos. La escena requirió siete meses de trabajo y 80 técnicos y artistas especializados en efectos especiales de la empresa australiana Fuel VFX.

MAQUILLAJE

Más Oscars en varias disciplinas técnicas

Richard Taylor (Nueva Zelanda), supervisor de efectos de Weta Workshop en Wellington (Nueva Zelanda), ha ganado cinco Oscars técnicos en tres disciplinas distintas, todo un récord: Mejores Efectos Visuales por

King Kong (Nueva Zelanda-EE.UU.-Alemania, 2005) y Mejor Diseño de Vestuario y Mejor Maquillaje por *El retorno del rey* (EE.UU.-Nueva Zelanda-Alemania, 2003).

Más personajes representados con maquillaje de efectos especiales

El actor Bill Blair (EE.UU.) ha aparecido en una vasta serie de películas y series de ciencia ficción desde 1989, como *Star Trek*, *Babylon 5*, *Salto al infinito* y *Alien Nation*; con el maquillaje de efectos especiales, a 6 de mayo de 2011, había representado 202 papeles.

CGI (IMÁGENES GENERADAS POR ORDENADOR)

El primer personaje CGI con pelaje realista

La compañía de efectos visuales Industrial Light & Magic (ILM, EE.UU.), mediante el renderizado digital, creó un pelaje realista para *Kitty*, el tigre dientes de sable, que aparece en *Los Picapiedra* (EE.UU.,1994) en su versión cinematográfica con imágenes reales.

La primera película con agua digital

Hormigaz (EE.UU., 1998), de DreamWorks, fue pionera en el uso del *software* para imitar el agua. Para lograr efectos realistas se crearon simulaciones basadas en la física. Antes, los efectos de los líquidos se dibujaban,

Más Oscars por el maquillaje

Rick Baker (EE.UU.) ha ganado siete Academy Awards® en toda su carrera. El primero fue por *Un hombre lobo americano en Londres* (1981) en la 54.ª Ceremonia de los Premios de la Academia, celebrada el 29 de marzo de 1982 y el último, por *El hombre lobo* (2010), se le concedió en la 83.ª ceremonia, el 27 de febrero de 2011.

12
Las nominaciones a un Oscar de Rick hasta hoy.

Película en 3D en color: El público tuvo que ponerse unas gafas con filtros de color para ver *Bwana Devil* (EE.UU., 1952), la espectacular historia de dos leones devoradores de hombres, escrita y dirigida por Arch Oboler (EE.UU.).

Cámara con control de movimientos dirigida por ordenador: Usada en *La Guerra de las Galaxias* (EE.UU., 1977), era capaz de memorizar y repetir sofisticados movimientos de cámara.

Personaje virtual en un éxito de taquilla: El Terminator T-1000, archienemigo del personaje de Arnold Schwarzenegger en *Terminator 2: El Juicio Final* (1991), fue creado por ILM (EE.UU.) mediante ordenadores Silicon Graphics.

Película filmada por completo con decorados virtuales: *Able Edwards* (EE.UU., 2004) fue producida por Graham Robertson (EE.UU.) y estrenada en el South by Southwest Film Festival de Austin, Texas (EE.UU.), el 15 de marzo de 2004. Se rodó con actores reales sobre una pantalla verde.

Película en 3D digital: *Chicken Little* (EE.UU., 2005) fue la primera película comercial en distribuirse en formato estereográfico 3D digital. A diferencia de otras cintas anteriores, podía verse con o sin gafas polarizadas.

ANIMACIÓN

El estudio de animación con más éxito

Desde el primer largometraje animado del estudio, *Antz* (EE.UU., 1998), DreamWorks Animation SKG (EE.UU.) ha producido películas que han generado unos ingresos brutos de 10.436.283.235 dólares en todo el mundo, capaces de eclipsar incluso los 9.266.841.464 dólares recaudados por Disney (EE.UU.). Aquí aparecen los actores de *Madagascar 3* (2012).

25
Películas de animación realizadas por DreamWorks desde 1998.

El estudio de animación más prolífico

Aunque Disney ha producido en conjunto más películas de animación (67 en los 76 años transcurridos desde que *Blancanieves y los siete enanitos* se proyectó por primera vez en los cines), DreamWorks Animation SKG ha mantenido un ritmo de trabajo mucho más veloz, con 25 títulos estrenados desde 1998, a una media de 1,8 películas al año (Disney produce actualmente una media de 0,9 largometrajes al año).

La película de animación más cara con captura de imagen en movimiento

La versión con captura de imagen en movimiento en 3D de *Canción de Navidad* (EE.UU., 2009), dirigida por Robert Zemeckis (EE.UU.), costó 200 millones de dólares. En este proceso, las actuaciones de los actores son filmadas en vídeo –por lo general en 3D– y transferidas después a personajes digitales que repiten sus movimientos.

Más Oscars al Mejor Largometraje de Animación

Desde que se introdujo en los Oscars esta categoría en 2001, Pixar (EE.UU.) ha ganado siete de los 13 premios, por *Buscando a Nemo* (2003), *Los Increíbles* (2004), *Brave* (2012) y una racha triunfadora de cuatro años con *Ratatouille* (2007), *WALL•E* (2008), *Up* (2009) y *Toy Story 3* (2010).

La película de animación *stop-motion* más taquillera

Chicken Run: Evasión en la granja (R.U., 2000) había recaudado 225 millones de dólares en todo el mundo hasta el 31 de diciembre de 2000. La película fue creada por Aardman Animations (R.U.), el estudio responsable de los exitosos cortos y largometrajes de Wallace & Gromit, rodados fotograma a fotograma.

CUENTO DE ENREDO
Enredados fue la 50.ª película de la serie «Clásicos Animados» de Disney. *Blancanieves y los siete enanitos* (1937) fue la primera.

UN GRAN RATÓN
El 13 de noviembre de 1978, el mítico Mickey Mouse de Disney se convirtió en el **primer personaje de ficción del Paseo de la Fama de Hollywood.**

La película de animación más cara

Hasta febrero de 2013, *Enredados* (EE.UU., 2010) es la película de animación más cara jamás realizada, con un presupuesto de 260 millones de dólares. La recreación del cuento de hadas de Rapunzel manejó el quinto presupuesto más elevado para cualquier filme, y es el único largometraje de animación que figura en la lista de las 20 películas más caras de todos los tiempos.

HITOS DEL CINE DE ANIMACIÓN

La primera película de animación en 2D: *Humorous Phases of Funny Faces* (EE.UU., 1906), de J. Stuart Blackton (EE.UU., n. en R.U.), caricaturas dibujadas con tiza blanca sobre una pizarra, filmadas fotograma a fotograma, borradas después y redibujadas.

La primera serie de animación en horario estelar: *Los Picapiedra*, creada por William Hanna y Joseph Barbera; se estrenó en la ABC Television (EE.UU.) en septiembre de 1960.

El primer uso de una animación generada por ordenador (CG) en una película importante: *Tron* (EE.UU., 1982).

La primera animación con captura de imagen en movimiento en un videojuego: *El príncipe de Persia*, creado en 1989 por el diseñador y programador Jordan Mechner (EE.UU.).

La banda sonora de animación más vendida: *El rey león* (EE.UU., 1994), con 7,84 millones de ventas confirmadas en EE.UU. y más de 10 millones de unidades vendidas en todo el mundo.

2
Días que tardó Danny Elfman en componer el famoso tema de *Los Simpson* en 1989.

Más triunfos consecutivos en los Oscars

La categoría de Mejor Cortometraje (Dibujos Animados) fue introducida en los Oscars en 1932, y Walt Disney Productions ganó el premio en los ocho años siguientes.

EN TAQUILLA

Más rapidez de una película de animación en recaudar 100 millones de dólares

Sólo dos películas de animación han recaudado 100 millones en los tres días posteriores a su estreno: *Shrek tercero* (EE.UU., 2007) y *Toy Story 3* (EE.UU., 2010). Batieron el récord el 18 de mayo de 2007 y el 18 de junio de 2010, respectivamente.

La película de animación en 3D más exitosa

Toy Story 3 (EE.UU., 2010) ha recaudado 1.060 millones de dólares en todo el mundo desde su estreno el 18 de junio de 2010. La película estableció también el récord del **fin de semana de estreno más exitoso de una película de animación en 3D,** tras recaudar 110.307.189 dólares desde su primer fin de semana.

La *sitcom* más duradera

Los Simpson (FOX) se ha convertido en la serie más duradera en la televisión de EE.UU. En la primavera de 2012 concluyó su 23.ª temporada. El 19 de febrero de aquel año se emitió el episodio 500. En 2011, la serie se renovó por dos temporadas más, con lo cual alcanzará el histórico récord de 25 temporadas en antena en 2014.

En 2010 se produjeron en total 12 largometrajes de animación en 3D, el **mayor número de largometrajes de animación en 3D estrenados en un año.**

Toy Story 3 es también la **primera película de animación que recauda 1.000 millones de dólares** en las taquillas de todo el mundo, al haber alcanzado esa histórica cifra total el 30 de agosto de 2010. Esto la convierte también en el **primer largometraje animado por ordenador con la recaudación más alta.**

El estudio de animación en lengua no inglesa más exitoso

Fundado en Koganei (Tokio) en 1985, el Studio Ghibli (Japón) es el estudio

El primer *anime* que gana un Oscar

El viaje de Chihiro (2001) ganó el premio a la Mejor Película de Animación en la 75.ª edición de los Oscars. La película es el *anime* más taquillero, con 274,9 millones de dólares recaudados en todo el mundo, la **película de animación en lengua no inglesa que ha generado más ingresos** y la película japonesa de cualquier género con mayor recaudación en taquilla.

Más nominaciones al Oscar de una película de animación

WALL·E (EE.UU., 2008) fue nominada al Oscar en seis categorías: Mejor Largometraje de Animación, Guión Original, Música, Canción, Mezcla de Sonido y Montaje Sonoro.

La **primera película de animación que ganó un Oscar** fue *Árboles y flores (recuadro),* un cortometraje de ocho minutos de la serie «Silly Symphonies» («Sinfonías tontas») que triunfó en la quinta edición de los premios de la Academia en 1932; le reportó a Walt Disney un Oscar al Mejor Cortometraje (Animación), una categoría introducida el mismo año.

de animación más rentable instalado fuera de EE.UU. Ha producido 18 largometrajes, pero los nueve títulos estrenados desde *La princesa Mononoke* (1997) sellaron un nuevo acuerdo de distribución con Disney-Buena Vista (EE.UU.) y han recaudado más de 1.000 millones de dólares en todo el mundo.

El estudio con mayor recaudación media

Pixar ha producido 13 largometrajes desde 1995, que han generado unos ingresos brutos de 7.800 millones de dólares en todo el mundo, con una media de 601.707.296 dólares por título.

A WALT DISNEY *SILLY SYMPHONY* FLOWERS and TREES · UNITED ARTISTS PICTURES

6
Semanas que tardó *WALL·E* en recaudar 200 millones de dólares en EE.UU.

El primer largometraje animado por ordenador: *Toy Story* (EE.UU., 1995).

El primer uso de animación CARI: *Dragonheart* (EE.UU., 1996) utilizó la animación CARI («caricatura») de Industrial Light & Magic (EE.UU.) para crear efectos de piel y tejido humanos en personajes animados.

La primera película de animación generada por ordenador con personajes fotorrealistas: *Final Fantasy: La fuerza interior* (EE.UU., 2001).

La primera película de animación nominada al Oscar a la Mejor Película en Lengua No Inglesa: *Vals con Bashir* (Israel-Alemania-Francia-EE.UU., 2008), dirigida por Ari Folman (Israel).

El primer largometraje de animación en 3D estereoscópico: *Monstruos contra alienígenas* (EE.UU., 2009) se creó en formato estereoscópico en vez de ser transferida a 3D una vez terminada.

SUPERHÉROES

El videojuego más vendido basado en un cómic

El Hombre de Acero quizá sea el **primer superhéroe protagonista de un videojuego** (*Superman* se lanzó para la Atari 2600, en 1979). El videojuego más vendido basado en un tebeo es *Batman: Arkham City* (Rocksteady, 2011). En septiembre de 2012 se habían vendido 7,19 millones de copias.

El primer superhéroe

Lee Falk (EE.UU.) creó al Hombre Enmascarado en 1936, dos años antes que Superman. La tira narraba las aventuras de Kit Walker, quien llevaba una máscara y un mono violeta ceñido al cuerpo.

El **primer superhéroe que murió** fue The Comet, alias John Dickering, creado por Jack Cole (EE.UU.) para *Pep Comics* en enero de 1940. Desapareció 17 números después, en julio de 1941, cuando unos esbirros de su archienemigo, Big Boy Malone, lo acribillaron a tiros.

Y QUE CONSTE...

El **cómic mensual más duradero** es *Detective Comics*. DC Comics lo publica sin interrupción en EE.UU. desde marzo de 1937. En el n.º 27 (mayo de 1939) apareció Batman.

La primera superheroína

La primera mujer que apareció como superheroína fue Fantomah, una princesa del antiguo Egipto que cambiaba de forma creada por Barclay Flagg (seudónimo de Fletcher Hanks, EE.UU.) para el n.º 2 de *Jungle Comics*, publicado en marzo de 1940.

La primera superheroína enmascarada y disfrazada (que nació de modo «natural») fue The Woman in Red, creada por Richard Hughes y George Mandel (ambos de EE.UU.) para el n.º 2 de *Thrilling Comics*, publicado en marzo de 1940.

El cómic más caro

Un ejemplar en estado casi perfecto del n.º 1 de *Action Comics*, publicado en 1938 y en el que aparecía Superman por primera vez, se vendió a un comprador anónimo a través de la web de subastas ComicConnect.com por 2,16 millones de dólares –incluida la comisión del intermediario–, el 30 de noviembre de 2011.

El estreno en más salas de una película de superhéroes (un solo país)

El caballero oscuro: La leyenda renace (EE.UU., 2012) se estrenó en 4.404 salas de EE.UU. el 20 de julio de 2012, un lanzamiento sólo superado por *La saga Crepúsculo: Eclipse* (EE.UU., 2010; en 4.468) y por *Harry Potter y el misterio del príncipe* (R.U./EE.UU., 2009; en 4.455).

El «reinicio» más taquillero

Según una comparación efectuada por *Box Office Mojo* sobre películas «reiniciadas», *The Amazing Spider-Man* (EE.UU., 2012) resultó ser la más taquillera, con una recaudación de 262.030.663 dólares, con lo que superó a *Star Trek* (EE.UU., 2009), *Batman Begins* (EE.UU., 2005) y *Casino Royale* (R.U., 2006), entre otras cintas.

MUY ADAPTABLE

Con ocho largometrajes de acción hasta el 2012 que llevan su nombre, Batman es **el personaje de cómic más adaptado.**

62
Número de películas de acción basadas en cómics de Marvel hasta 2012.

La película de superhéroes más taquillera

Los Vengadores (EE.UU., 2012), de Marvel, recaudó 1.511.757.910 dólares en todo el mundo durante 22 semanas, entre el 4 de mayo y el 4 de octubre de 2012.

Este film repleto de estrellas es también **la película que ha tardado menos en recaudar 1.000 millones de dólares:** tan sólo 10 días desde que se estrenase en todo el mundo.

LOS 10 SUPERHÉROES MÁS TAQUILLEROS

1. Batman: 3.718 millones de dólares.

Fuente: Box Office Mojo. Cantidades totales de las películas (1978-2013) que hayan protagonizado estos personajes. Cifras exactas a enero de 2013.

2. Spider-Man: 3.248 millones de dólares.

3. X-Men: 1.890 millones de dólares.

4. Los Vengadores: 1.511 millones de dólares.

5. Iron Man: 1.209 millones de dólares.

La **película más taquillera protagonizada por una superheroína** es *Catwoman* (EE.UU., 2004), protagonizada por Halle Berry (EE.UU.), que recaudó 82.102.379 dólares en todo el mundo. A pesar de ello, la película fue un fracaso de crítica y también comercial, pues no llegaron a recuperarse los 100 millones de dólares invertidos.

El objeto de Batman más caro vendido en una subasta John O'Quinn (EE.UU.) pagó 335.000 dólares por un batmóvil utilizado en la película *Batman Forever* (EE.UU.), dirigida por Joel Schumacher (EE.UU.), en la subasta de coches Kruse International que se celebró en Las Vegas (Nevada, EE.UU.) en septiembre de 2006.

Más personas disfrazadas de Superman

La mayor concentración de personas disfrazadas de Superman fue de 437, récord conseguido por Nexen Inc. (Canadá), en la sede central de Nexen Inc., en Calgary (Canadá), el 28 de septiembre de 2011. Nexen utilizó este intento de récord para el lanzamiento de su campaña de recogida de fondos para United Way bajo el lema «Sé un superhéroe».

La mayor colección de objetos de Superman

Herbert Chavez (Filipinas) posee una vastísima colección de objetos relacionados con Superman, que constaba de 1.253 piezas hasta el 22 de febrero de 2012; incluso se ha sometido a varias operaciones de cirugía plástica para parecerse al personaje.

Y QUE CONSTE…

Stan Lee (EE.UU.) –seudónimo de Stanley Lieber (n. 1922)– creó el personaje de Spider-Man en colaboración con el dibujante Steve Diko (EE.UU.) en 1962. Entre otros galardones, Lee posee una estrella en el Paseo de la Fama de Hollywood.

Más películas basadas en la obra de un creador de cómics

A febrero de 2013, se han rodado en Hollywood 18 adaptaciones de las historias creadas por Stan Lee (EE.UU.). En la fotografía inferior aparecen los protagonistas estelares de *X-Men: Primera generación* (EE.UU., 2011), la más exitosa de las películas de estos superhéroes.

El cómic más vendido

X-Men 1 (Marvel Comics, 1991), creado por Chris Claremont (R.U.) y Jim Lee (EE.UU.), vendió 8,1 millones de ejemplares. Lee diseñó cuatro portadas distintas que se publicaron a la vez en octubre de 1991. Un mes después, se reeditó el cuadernillo con una cubierta desplegable con las cuatro.

492.937,50 DÓLARES
Precio más alto que se ha pagado por un ejemplar del primer número de *X-Men*. Heritage Auctions (EE.UU.) lo subastó el 26 de julio de 2012.

El primer superhéroe televisivo

Superman se convirtió en el primer superhéroe de cómic con serie televisiva propia cuando *Las aventuras de Superman*, protagonizada por George Reeves (EE.UU.), se distribuyó en 1952.

El traje de Superman que llevaba Reeves se vendió por 129.800 dólares en la subasta Profiles in History celebrada en Los Ángeles (California, EE.UU.) el 31 de julio de 2003. Se convirtió en el **traje de una serie televisiva subastado a un precio mayor**.

La película más cara basada en un personaje de cómic

Con un presupuesto que superó los 270 millones de dólares, *Superman Returns. El Regreso* (EE.UU., 2006), de Bryan Singer (EE.UU.), es la película más cara basada en un personaje de cómic.

X-CEPCIONAL
A 28 de junio de 2012, Eric Jaskolka (EE.UU.) posee la **mayor colección de objetos de X-Men**, con un total de 15.400 piezas.

6. La Masa: 1.133 millones de dólares.

7. Los Increíbles: 631 millones de dólares.

8. Hancock: 624 millones de dólares.

9. Los Cuatro Fantásticos: 619 millones de dólares.

10. Superman: 484 millones de dólares.

MÚSICA POP

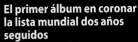

El primer álbum en coronar la lista mundial dos años seguidos

21 de Adele (R.U., nombre artístico de Adele Adkins) vendió 18,1 millones de copias en 2011 y 8,3 millones en 2012. Con unas ventas mundiales de 26,4 millones de discos a finales de 2012, su álbum se colocó entre los 50 mejor vendidos de la historia.

Más premios BRIT

Robbie Williams (R.U.) ha ganado 17 premios BRIT en total, algunos en solitario y otros con Take That.

En El récord del **grupo con más premios BRIT,** con un total de ocho, lo comparten Coldplay y Take That (ambos del R.U.). Coldplay igualó la marca de Take That, lograda entre 1993 y 2011, al recibir el premio a la Mejor Actuación en Directo en 2013. También tienen tres premios al Mejor Grupo Británico.

El álbum con más vídeos musicales

Kono Hi no Chime wo Wasurenai (No olvidaré las campanas de este día), el álbum debut de SKE48 (Japón), fue lanzado en su país en septiembre de 2012. El DVD con material extra tenía 63 vídeos que mostraban el talento vocal de cada una de sus 63 integrantes.

El juez más joven de *Factor X*

Demi Lovato (EE.UU., n. 20 de agosto de 1992, *arriba izquierda*) tenía 19 años y 278 días el 24 de mayo de 2012, día en que comenzó a grabar la segunda temporada de *Factor X* en EE.UU. junto con Simon Cowell, L. A. Reid y Britney Spears. Lovato apadrinó la categoría «Jóvenes Adultos», aunque ninguno de sus artistas llegó a la final.

El sencillo de venta digital más rápida

El 14 de agosto de 2012, «We Are Never Ever Getting Back Together», de Taylor Swift, de su álbum *Red* (2012), se colocó en el n.º 1 de la lista de ventas de sencillos de iTunes 50 min después de que se hubiese puesto a la venta. La primera semana vendió 623.000 unidades.

Más temas digitales vendidos en un país en una semana

En EE.UU., durante la semana que acababa el 30 de diciembre de 2012, se vendió la cifra récord de 55,74 millones de canciones digitales, con «I Knew You Were Trouble» de Taylor Swift a la cabeza (con 582.000 copias). Con el pico de esa semana, las ventas de música digital en EE.UU. en 2012 alcanzaron el récord de 1.336 millones de dólares.

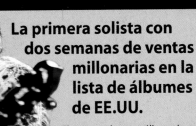

La primera solista con dos semanas de ventas millonarias en la lista de álbumes de EE.UU.

El tercer y el cuarto álbum de estudio de la princesa del *country-pop* Taylor Swift (EE.UU.) –*Speak Now* de noviembre de 2010 y *Red* de noviembre de 2012– vendieron más de un millón de copias en su primera semana en el mercado, 1,04 y 1,20 millones, respectivamente.

1,31 MILLONES
De copias de *Oops! ... I Did it Again* vendidas por Britney Spears en marzo de 2000. La única artista que supera a Taylor en un lanzamiento.

Más semanas seguidas en la lista de sencillos del R.U. (varios sencillos)

A 6 de abril de 2013, y desde su primer n.º 1 «Run This Town», alcanzado el 12 de septiembre de 2009, Rihanna (Barbados, de nombre Robyn Rihanna Fenty) se había mantenido 187 semanas seguidas en la Top 75 del R.U.

Esta creadora de éxitos, con más de 100 millones de discos vendidos, ha colocado 29 canciones distintas en las listas desde septiembre de 2009, 22 de ellas como solista o primera voz.

FANS EN TWITTER
A 2 de mayo de 2013, Rihanna tenía 29.437.398 seguidores.

LOS 10 MÚSICOS MEJOR PAGADOS (2011-2012)

1. Dr. Dre, nombre artístico de Andre Young (EE.UU.): 110 millones de dólares.

2. Roger Waters (R.U.): 88 millones de dólares.

3. Elton John (R.U.): 80 millones de dólares.

4. U2 (Irlanda): 78 millones de dólares.

5. Take That (R.U.): 69 millones de dólares.

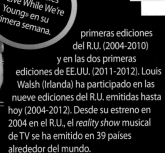

341.000
Ventas digitales de «Live While We're Young» en su primera semana.

El grupo del R.U. con el debut más alto en la lista de sencillos de EE.UU.

Con «Live While We're Young», los One Direction *desde la izquierda:* Harry Styles, Zayn Malik, Liam Payne, Louis Tomlinson (todos del R.U.) y Niall Horan (Irlanda)– se colocaron en el n.º 3 de la lista de sencillos de EE.UU. el 20 de octubre de 2012; fue el debut más alto de un grupo casi o totalmente británico en los 55 años de historia de los *Billboard* Hot 100.

El vídeo musical más visto

«Gangnam Style», de la estrella surcoreana del pop PSY (nombre artístico de Park Jae-sang), es el vídeo de música más visto en la red, así como el **vídeo más visto de cualquier tipo** *(ver pág. 198).* A 2 de mayo de 2013, el vídeo había sido visto por la asombrosa cantidad de 1.573.485.358 veces en YouTube.

La app de música más popular de Facebook

En marzo de 2013, había registrados 25,94 millones de usuarios activos mensuales y 9,05 millones de usuarios activos diarios en el servicio de música en *streaming* Spotify (Suecia) en Facebook. En noviembre de 2012, *Music Week* dijo que 62,6 millones de canciones se habían reproducido 22.000 millones de veces en todas las apps de música de Facebook, equivalente a 210.000 años de música.

EL MÚSICO INDEPENDIENTE MÁS VISTO EN YOUTUBE

A 2 de mayo de 2013, los vídeos del punteo de guitarra de «jwcfree», es decir Sungha Jung (Corea del Sur), habían sido vistos 670.705.977 veces. El récord de la **intérprete independiente más vista en YouTube** lo ostenta Venetian Princess, es decir, Jodie Rivera (EE.UU.), quien había recibido 385.278.784 visitas en la misma fecha.

primeras ediciones del R.U. (2004-2010) y en las dos primeras ediciones de EE.UU. (2011-2012). Louis Walsh (Irlanda) ha participado en las nueve ediciones del R.U. emitidas hasta hoy (2004-2012). Desde su estreno en 2004 en el R.U., el *reality show* musical de TV se ha emitido en 39 países alrededor del mundo.

El padrino con más ganadores

Morgan, nombre artístico de Marco Castoldi (Italia), ha apadrinado a cuatro ganadores de la versión italiana de *Factor X:* Aram Quartet, Matteo Becucci, Marco Mengoni y, la más reciente, Chiara Galiazzo en la edición de 2012.

El mayor Harlem Shake

El dúo de *indie rock* Matt & Kim (EE.UU., nombre artístico de Matt Johnson y Kim Schifino) se apuntaron a la moda del baile Harlem Shake –basado en el sencillo de 2012 «Harlem Shake» de Baauer (EE.UU., nombre artístico de Harry Rodrigues)– frente a 3.344 personas en el Houston Field House del Rensselaer Polytechnic Institute en Troy, Nueva York (EE.UU.), el 11 de febrero de 2013.

El álbum debut más semanas seguidas en la Top 10 del R.U.

El 4 de mayo de 2013, *Our Version of Events,* de Emeli Sandé (R.U.), cumplía 63 semanas seguidas entre los 10 primeros puestos del R.U., incluidas 10 semanas como n.º 1. Batió el récord que The Beatles habían ostentado durante 50 años con *Please Please Me,* que estuvo 62 semanas seguidas tras su lanzamiento en marzo de 1963.

FACTOR X

El juez con más participaciones

Hasta hoy, son dos los jueces o padrinos que han participado en nueve temporadas de *Factor X.* Su creador Simon Cowell (R.U.) apareció en las siete

La posición más alta de un sencillo del R.U. de un músico independiente

«Forever Yours», de Alex Day (R.U.), entró en la lista en el n.º 4 el 31 de diciembre de 2011. Alex, de 24 años, es un *videoblogger* que promociona su música con las redes sociales. Como solista, apareció en las listas con los sencillos de 2012 «Lady Godiva» y «Stupid Stupid», y también con Chartjackers «I've Got Nothing», 2009 y Sons of Admirals «Here Comes My Baby», 2010. A 27 de marzo de 2013, 109.779.806 personas habían visto su canal de YouTube, *nerimon.*

El juez ganador más joven

El 7 de octubre de 2012, Charice (Filipinas, de nombre Charmaine Pempengco, 10 de mayo de 1992) tenía 20 años y 150 días cuando apadrinó a K. Z. Tandingan (de nombre Kristine Tandingan) y la condujo a la victoria de la primera edición de *Factor X* emitida en Filipinas.

El solista más joven con 5 álbumes n.º 1 en EE.UU.

Justin Bieber (Canadá, n. 1 de marzo de 1994) conquistó el n.º 1 con *My World 2.0* (2010), *Never Say Never: The Remixes* (2011), *Under the Mistletoe* (2011), *Believe* (2012) y *Believe Acoustic* (2013) antes de cumplir 19 años. El 22 de octubre de 2012, se convirtió en el **primer artista con un canal de música visto 3.000 millones de veces.** A 27 de marzo de 2013, su canal de YouTube se había visto un total de 3.542.692.835 veces.

6. Bon Jovi (EE.UU.): 60 millones de dólares.

7. Britney Spears (EE.UU.): 58 millones de dólares.

=8. Paul McCartney (R.U.)
=8. Taylor Swift (EE.UU.): 57 millones de dólares.

=10. Justin Bieber (Canadá)
=10. Toby Keith (EE.UU.): 55 millones de dólares.

Fuente: Forbes.com
Basado en los ingresos totales de mayo de 2011 a mayo de 2

MÚSICA EN DIRECTO

4
Días tardó Simpson en viajar de Londres (R.U.) a Oymyakon.

Se necesitaban 120 camiones para transportar aquel escenario de acero de aspecto futurista que costó entre 23 y 30 millones de dólares. Cada «pata» de la estructura contaba con un potente sistema de sonido suficiente para todo un recinto, 72 *subwoofers* independientes e iluminación propia. Se construyeron tres mastodónticos escenarios.

El primer músico muerto por saltar del escenario

Patrick Sherry (R.U.), líder de Bad Beat Revue, murió a causa de las heridas sufridas en la cabeza tras saltar del escenario en el club Warehouse de Leeds (R.U.), el 20 de julio de 2005.
El carismático vocalista, de 29 años, se fracturó el cráneo cuando se lanzó de cabeza desde una grúa de iluminación mientras

El concierto más frío

El 24 de noviembre de 2012, Charlie Simpson (R.U.) actuó a una temperatura de −30 °C en Oymyakon (Rusia). Tocó para los lugareños de este remoto pueblecito siberiano, célebre por ser **el lugar poblado más frío** de la Tierra.

Más conciertos en directo en 24 horas (varias ciudades)

The Flaming Lips (EE.UU.) dieron ocho conciertos en varias ciudades de EE.UU. en 24 h como parte de los O Music Awards, celebrados el 27 y el 28 de junio de 2012. El grupo tocó durante al menos 15 min en cada ciudad antes de montarse en su autobús y poner rumbo a su siguiente destino.

Más público

Rod Stewart (R.U.) reunió a unos 4,2 millones de fans en la playa de Copacabana, en Río de Janeiro (Brasil), en la nochevieja de 1994. Jamás se había reunido tanto público para un concierto gratuito –aunque dicen que hubo quien sólo acudió para ver los fuegos artificiales de medianoche–.
El 18 de febrero de 2006, en el mismo

lugar, The Rolling Stones (R.U.) tocaron ante unos 2 millones de fans.
En la misma ciudad, en el estadio de Maracaná, tanto Paul McCartney (R.U.) como Tina Turner (EE.UU.) actuaron ante unas 180.000 a 184.000 personas: la **mayor afluencia de público de pago por un solista.** El ex Beatle tocó el 21 de abril de 1990 y Turner, el 16 de enero de 1988.
En el concierto Molson Canadian Rocks for Toronto, celebrado el 30 de julio de 2003 en el Downsview Park de Toronto, Ontario (Canadá), había 489.176 personas, la **mayor afluencia de público de pago por un cartel.**
Actuaron, entre otros, The Flaming Lips (EE.UU.), AC/DC (Australia) y Justin Timberlake (EE.UU.).

El mayor escenario

Entre 2009 y 2011, durante su 360.° Tour, U2 (Irlanda) tocó bajo «The Claw», una estructura de cuatro patas con forma de garra de 50 m de alto y 2.694 m^2.

LA MAYOR DEMANDA DE ENTRADAS

Para el excepcional concierto de reunión de Led Zeppelin (R.U.) en el O2 Arena de Londres del 10 de diciembre de 2007, se solicitaron más de 20 millones de entradas. Tal fue la demanda para las 18.000 entradas disponibles que en eBay se vendieron hasta por 3.654 dólares, más de 14 veces su precio original (253 dólares).

tocaba la última canción del espectáculo «Club NME».

La mayor recompensa por un elemento de atrezo

En una actuación de Roger Waters (R.U., *ver abajo*) el 27 de abril de 2008 en el Coachella Valley Music and Arts Festival en Indio, California (EE.UU.), se soltaron por accidente los cables que amarraban un globo en forma de cerdo gigante. Los organizadores ofrecieron una recompensa de 10.000 dólares y cuatro pases vitalicios para Coachella (valorados en su momento en 36.900 dólares) si se recuperaba íntegra la pieza del atrezo, un elemento habitual en los espectáculos del antiguo bajista de Pink Floyd. Dos días después, a unos 14 km de distancia, en La Quinta (California, EE.UU.) hallaron el «cerdo capitalista» de 12 m de largo transformado en «amasijos de jirones de plástico pintados con espray».

Más público en una gira musical en 12 meses

Según la asistencia media a los primeros 122 conciertos de las 134 fechas totales del «Voodoo Lounge Tour» de The Rolling Stones (R.U.), se calcula que, entre el 1 de agosto de 1994 y el 1 de agosto de 1995, 5.769.258 personas presenciaron el espectáculo en todo el mundo, a una media de 47.289 asistentes por concierto.

LAS 10 GIRAS CON MÁS INGRESOS BRUTOS DE 2012

1. Madonna
Ciudades/conciertos: 67/88
En bruto: 296,1 millones de dólares.

2. Bruce Springsteen & The E Street Band
Ciudades/conciertos: 66/81
En bruto: 210,2 millones de dólares.

3. Roger Waters
Ciudades/conciertos: 48/72. **En bruto:** 186,4 millones de dólares.

4. Coldplay
Ciudades/conciertos: 49/67
En bruto: 171,3 millones de dólares.

5. Lady Gaga
Ciudades/conciertos: 50/80
En bruto: 161,4 millones de dólares.

Fuente: www.pollstarpro.com

El primer concierto de *rock 'n' roll*

El Moondog Coronation Ball, celebrado el 21 de marzo de 1952 en el Cleveland Arena de Ohio (EE.UU.), se ha calificado como el «Big Bang del *rock 'n' roll*». Lo organizaron el DJ Alan Freed y el propietario de una tienda de música, Leo Mintz; encabezaban el cartel el saxofonista Paul Williams y los Huckelbuckers (todos de EE.UU.). Al cabo de media hora, se suspendió por la aglomeración de público y los incidentes, ya que más de 20.000 alborotadores habían asaltado un recinto con aforo para 9.950 personas.

El festival anual de música popular más antiguo

El Reading Festival del R.U. nació como el itinerante National Jazz (& Blues) Festival antes de trasladarse a su sede fija de Reading en 1971. El evento, que dura tres días, lleva celebrándose desde 1961, aunque en 1984 y 1985 el ayuntamiento reclamó el emplazamiento para su explotación y lo cancelaron al no encontrar ningún recinto alternativo.

El **festival anual de música popular más antiguo sin interrupciones** es el Pinkpop Festival, celebrado consecutivamente durante los

Más cláusulas adicionales para un concierto

Entre 1982 y 1983, los Van Halen (EE.UU.) se embarcaron en una gira por EE.UU. con 98 etapas y 53 páginas escritas a máquina solicitando, por ejemplo, cinco habitaciones con una «temperatura agradable», arenques en crema agria, 44 sándwiches variados y M&M's (pero no los marrones). Las cláusulas no eran un capricho: su cumplimiento les permitía saber si los organizadores habían leído el contrato atentamente.

Más nacimientos en un concierto

El 6 de diciembre de 1969, la Cruz Roja estadounidense certificó cuatro nacimientos –aparte de cuatro sonoros fallecimientos– en el caótico y tristemente célebre concierto de Altamont Speedway (hoy Altamont Raceway Park), con The Rolling Stones como cabeza de cartel y con una asistencia de 300.000 personas. Se celebró en Tracy (California, EE.UU.).

LA PRIMERA GIRA POR ESTADIOS DE UN MÚSICO

Elvis Presley (EE.UU., 1935-1977) esbozó los conciertos en estadios con una gira de 5 actuaciones por el noroeste de la costa del Pacífico entre agosto y septiembre de 1957. La primera actuación se considera el primer concierto de *rock* en un estadio.

EL PRIMER GRUPO EN DESTRUIR SUS INSTRUMENTOS

En una actuación en The Railway Hotel de Harrow, Londres (R.U.), en 1964, el guitarrista Pete Townshend de The Who (R.U.) «remató» su guitarra Rickenbacker después de que se le rompiera el mástil accidentalmente contra el techo bajo del recinto.

El paquete VIP más caro de un concierto

Las entradas reservadas en primera fila «Diamond VIP Experience» para la gira «Circle» de Bon Jovi (EE.UU.) de 2010 costaban 1.875 dólares cada una. El paquete incluía una silla de colección del concierto («Te sientas aquí, ves el concierto y te la llevas a casa»), una recepción anterior al espectáculo y el programa completo de la gira autografiado.

últimos 43 años en Limburg (Países Bajos). Con más de 2 millones de visitantes y 644 actuaciones distintas desde 1970, Pinkpop cuenta con una asistencia media anual de casi 50.000 personas.

Más álbumes en directo

Desde 1969, los Grateful Dead (EE.UU.) han sacado 121 álbumes completos oficiales y en directo. De éstos, 105 se han lanzado tras la disolución de la banda en 1995.

6. *Cirque du Soleil*: «Michael Jackson: The Immortal»
Ciudades/conciertos: 74/172
En bruto: 140,2 millones de dólares.

7. Kenny Chesney & Tim McGraw
Ciudades/conciertos: 22/23
En bruto: 96,5 millones de dólares.

8. Metallica
Ciudades/conciertos: 21/30
En bruto: 86,1 millones de dólares.

9. Elton John
Ciudades/conciertos: 78/95. **En bruto:** 69,9 millones de dólares.

10. Red Hot Chili Peppers
Ciudades/conciertos: 72/77
En bruto: 57,8 millones de dólares.

TV

La primera emisión en 3D del mensaje de Navidad de la reina Isabel II

El 25 de diciembre de 2012, el mensaje anual de Navidad de la reina Isabel II (R.U.) se retransmitió en 3D por primera vez. «Queríamos hacer algo un poco diferente y especial en su aniversario» –explicó un portavoz del palacio de Buckingham–, «así que, por lo que a la tecnología se refiere, hacerlo por primera vez en 3D parecía una buena idea.»

Los ingresos anuales más altos para una estrella de la televisión

Mujer: A pesar de que sus ganancias se redujeron en 125 millones de dólares respecto del año anterior, Oprah Winfrey (EE.UU.) aún ganó 165 millones de dólares entre mayo de 2011 y mayo de 2012, según la revista *Forbes*. Eso significa que sigue siendo la mujer que más dinero gana en televisión. Las principales empresas de Oprah son su productora Harpo –responsable de *Dr. Phil*, *Rachael Ray*, *The Dr. Oz Show* y Discovery's OWN (la Oprah Winfrey Network)–, su revista *O* y la emisora *Oprah Radio*, en XM Satellite Radio.

El docudrama de TV más visto

Al emitirse en 212 territorios diferentes en todo el mundo, el programa británico *Top Gear* (BBC) es el docudrama de TV más visto. Este programa sobre automovilismo se estrenó en 1977 y fue reestrenado en 2002. Actualmente lo presentan Jeremy Clarkson *(arriba)*, Richard Hammond y James May (todos de R.U.).

Hombre: A 1 de mayo de 2012, la estrella masculina de televisión con más ingresos –y, de hecho, el hombre de la televisión con más ingresos en cualquiera de sus actividades, incluida la actuación– es Simon Cowell (R.U.). Fundador de SYCO Entertainment (R.U./ EE.UU.), Cowell se embolsó 90 millones de dólares por hacer de juez en *The X Factor USA* y por apadrinar grupos musicales como One Direction (R.U.), que se hizo famoso en la versión británica del *show*.

El presentador más duradero

El astrónomo aficionado Sir Patrick Moore (R.U., 1923-2012) presentó la serie mensual de observación del cielo y el **programa más antiguo en antena presentado por una misma persona,** *The Sky at Night* (BBC), desde su primera edición en 1957 hasta el episodio 722, «Reaching for the Stars», que se emitió el 7 de enero de 2013.

Más horas frente al televisor (por país)

De acuerdo con Ofcom, el regulador británico de la industria de la comunicación, el espectador medio de EE.UU. vio 293 min de TV diarios en 2011. Italia ocupa el segundo lugar con 253 min, seguida por R.U. con 242 min.

El beso más largo en pantalla en un programa de TV

Malik Anthony y Merilee Rhoden (ambos de EE.UU.) se estuvieron besando en la boca durante 3 minutos y 28 húmedos segundos en *The Jeff Probst Show* en Los Ángeles (California, EE.UU.). El episodio se emitió el día de San Valentín, el 14 de febrero de 2013.

El mayor consumo de TV por Internet

En lo que se refiere a mirar TV por Internet en directo o a la carta, R.U. está a la cabeza. De acuerdo con el *7th International Communications Market*

La serie de TV mejor valorada

En base a las críticas publicadas, *Breaking Bad* (AMC, 2008-2013) obtuvo una puntuación de 99 sobre 100 en la web Metacritic.com en 2013. En la serie, Bryan Cranston (EE.UU.) encarna a Walter White, un profesor de química de instituto al que le diagnostican un cáncer de pulmón, pasa la crisis de los cuarenta y acaba por dedicarse a vender drogas. Creada por Vince Gilligan (EE.UU.), es una producción televisiva de Sony Pictures y se emite en el canal de cable AMC.

NADA MAL
Breaking Bad también se distingue por ser la **serie de TV mejor valorada de todos los tiempos,** debido a su increíble puntuación en Metacritic.

PRESENTADORES FUERA DE SERIE

El presentador que ha retransmitido un programa a mayor profundidad: Alastair Fothergill (R.U.) retransmitió *Abyss Live* (BBC, R.U.) a 2,4 km bajo el agua, el 29 de septiembre de 2002.

El primer presentador de TV: En 1936, la estrella de la radio Leslie Mitchell (1905-1985) se transformó en el primero de los tres presentadores de TV escogidos para el incipiente servicio televisivo de la BBC.

El presentador de «gazapos» más duradero: Denis Norden CBE (R.U., n. el 6 de febrero de 1922) presentó programas de gazapos durante 29 años. Su primer programa fue *It'll be Alright on the Night*, emitido el 18 de septiembre de 1977; y el último, *All the Best from Denis Norden*, en septiembre de 2006.

Más episodios de ¿Quién quiere ser millonario? presentados: El presentador Gerry Scotti, conocido también como Virginio Scotti (Italia), ha presentado 1.593 episodios, tal como se certificó en *Lo Show dei Record* en Milán (Italia), el 5 de mayo de 2011.

El presentador de TV más joven: Luis Tanner (Australia, n. el 9 de mayo de 1998) presentó por primera vez *Cooking for Kids with Luis* (Nickelodeon) el 25 de octubre de 2004, con 6 años y 168 días.

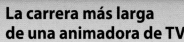

LA ACTRIZ MEJOR PAGADA POR EPISODIO DE TV

La 14.ª temporada de *Ley y Orden: Unidad de víctimas especiales* (NBC) se estrenó en EE.UU. en septiembre de 2012, lo que permitió que Mariska Hargitay (EE.UU.) recuperara el trono de la actriz mejor pagada por episodio, con un total estimado de 500.000 dólares.

EL ACTOR MEJOR PAGADO POR EPISODIO DE TV

Ashton Kutcher (EE.UU.) gana al menos 700.000 dólares por cada episodio de la serie *Dos hombres y medio* (CBS). Kutcher reemplazó en la serie a quien ostentaba el récord previamente, Charlie Sheen (EE.UU.), quien ganaba 1,2 millones de dólares por episodio.

dólares sólo por los derechos para emitir los Juegos Olímpicos de Londres en 2012.

La serie de TV más pirateada

De acuerdo con el weblog de intercambio de archivos TorrentFreak, la serie de TV más descargada es la fantasía épica medieval de la HBO, *Game of Thrones*, cuyo episodio más popular alcanzó 4.280.000 descargas en 2012. La cifra promedio de descargas por cada episodio de la segunda temporada fue de 3,9 millones.

La carrera más larga de una animadora de TV

La actriz Betty Marion White Ludden (EE.UU., n. el 17 de enero de 1922), más conocida como Betty White, debutó en televisión en 1939 y, hasta el 25 de febrero de 2013, con 91 años y 39 días, aún aparecía en la pantalla. Su carrera abarca 74 años.

...Report de Ofcom (R.U.) casi un cuarto de los usuarios británicos de Internet (23%) dicen hacer uso de los servicios de TV por la red semanalmente, motivados por la facilidad de acceso de los servicios a la carta de la TV *online*, tales como BBC iPlayer, Sky Go y 4OD.

La serie de ciencia ficción más antigua en antena

Hasta el 18 de mayo de 2013, se habían emitido un total de 798 episodios de *Doctor Who* (BBC, R.U.). Este total incluye 239 tramas y un telefilme pero no incluye las parodias, *spin-offs* o webisodios. La grabación de la octava temporada del nuevo formato, protagonizada una vez más por Matt Smith (R.U.) como el undécimo doctor, está programada para septiembre de 2013.

La cobertura más completa de unos Juegos Olímpicos

La cobertura de Londres 2012 a través de una multiplataforma digital convirtió los Juegos Olímpicos en el evento mejor cubierto de todos los tiempos. En la NBC (EE.UU.) a través de NBC Sports Network, MSNBC, CNBC, Bravo, Telemundo y NBCOlympics.com, hubo disponible un total de 5.535 h de cobertura desde Londres, mientras que BBC Sport (R.U.) emitió 2.500 h por televisión y *online*, con hasta 24 emisiones en directo en alta definición, y páginas *web* para cada atleta, país, deporte y estadio. En China, la CCTV realizó 610 millones de conexiones sólo para iPads, *smartphones* y dispositivos conectados.

En junio de 2011, la emisora estadounidense NBC firmó un acuerdo de 4.380 millones de dólares con el Comité Olímpico Internacional para emitir los Juegos Olímpicos por televisión en EE.UU. desde 2014 a 2020, el **acuerdo por derechos olímpicos más caro**. NBC pagó 1.200 millones de

74
Años que Bruce Forsyth ha aparecido en televisión.

La carrera más larga de un animador de TV

Sir Bruce Forsyth (R.U.) debutó en 1939 cuando tenía 11 años en el programa de la BBC (R.U.) *Come and Be Televised*, y presentó su primer programa, *Sunday Night at the London Palladium* (ATV/ITV), en 1958. Su aparición más reciente fue en 2012, como copresentador del *Strictly Come Dancing Christmas Special* (BBC).

La presentación más larga de un maratón de compras por TV

El presentador Steve Macdonald (R.U.) emitió en directo durante 25 h y 2 min en el plató del programa de compras *Price Drop* en Londres (R.U.), el 28 de octubre de 2012.

El personaje literario de carne y hueso más retratado en la pantalla

Sherlock Holmes ha aparecido en el cine y la TV más que cualquier otro personaje humano de la literatura universal. Hasta abril de 2012, Holmes había sido encarnado al menos 254 veces en diferentes series de TV y películas. El **personaje más retratado** de cualquier tipo es el demonio, que ha sido caracterizado en 849 películas y episodios de TV hasta la misma fecha.

El objeto de Batman más caro vendido en una subasta

Es un batmóvil usado en la serie de TV *Batman* de la década de 1960 (ABC, EE.UU., 1966-1968), vendido por 4.620.000 dólares, incluida la prima, en la subasta de coches Barrett-Jackson en Scottsdale (Arizona, EE.UU.), el 19 de enero de 2013.

1 DÓLAR
Es el precio que pagó el *tuneador* de coches George Barris por un Lincoln Futura en 1965; 15 días y 15.000 dólares después, ¡lo había transformado en el batmóvil!

Más horas en la TV de EE.UU.: El 15 de septiembre de 2011, el presentador Regis Philbin (EE.UU.) acumulaba 16.746 h en antena durante sus 52 años de carrera profesional.

La persona más poderosa de la TV: La revista *Forbes* sitúa a Oprah Winfrey (EE.UU., n. en 1954) como la persona más poderosa en televisión, debido principalmente a que posee su propia cadena de TV.

El presentador de *realities* más rico: Richard Branson (R.U.), estrella del *reality* de 2004 *The Rebel Billionaire: Branson's Quest for the Best* (FOX, EE.UU.), posee una fortuna estimada en 4.600 millones de dólares.

Más magacines de TV presentados por la misma persona: La presentadora japonesa Tetsuko Kuroyanagi ha presentado 9.486 episodios de su programa diario *Tetsuko no Heya* («La habitación de Tetsuko») desde que fue emitido por primera vez por la TV Asahi (Japón) el 2 de febrero de 1976.

La carrera más extensa como naturalista en TV: Sir David Attenborough, que celebró su 60.º aniversario en pantalla en 2012, se unió a la BBC (R.U.) en 1952 y presentó su primer programa, *Zoo Quest*, en 1954.

VIDEOJUEGOS

12
Años que lleva Brett coleccionando. Empezó su museo de los juegos en 2005.

MARKADE

La máquina de arcade más pequeña

Mark Slevinsky (Canadá) ha creado una máquina diminuta, pero con la que se puede jugar perfectamente. Mide tan sólo 124 × 52 × 60 mm. Este ingeniero informático la construyó partiendo de cero en 2009 y escribió su propio sistema operativo, FunkOS, para programar sus clones de *Tetris*, *Space Invaders* y *Breakout*.

La mayor colección de objetos de videojuegos

En 1989 los padres de Brett Martin (EE.UU.), que tenía ocho años, le regalaron un Mario de 4 cm que sostenía una seta. Hasta octubre de 2012, Brett acumulaba 8.030 artículos relacionados con videojuegos, que guarda en su Video Game Memorabilia Museum (videogamemm.com). El Mario inflable (*izquierda*)

procede de un escaparate y es uno de los primeros y más raros artículos de *marketing* que Nintendo comercializó. Aunque se han fabricado más artículos para Mario que para ningún otro personaje de videojuegos, Link es el que más le gusta a Brett.

El juego para PC con ventas más rápidas

Diablo III (Blizzard, 2012) vendió 3,5 millones de copias en las primeras 24 h desde su lanzamiento, con 4,7 millones de jugadores el primer día. Esto no incluye a los 1,2 millones de jugadores que recibieron gratis el juego como parte de una promoción del abono anual de *World of Warcraft*.

El juego de deportes vendido con mayor rapidez

El juego de fútbol *FIFA 13* (Electronic Arts Canada, 2012) vendió 4,5 millones de unidades en una semana.

El *home run* más largo en *Wii Sports*

Brandon Christof (Canadá) se anotó un *home run* de 201,7 m en *Wii Sports* (Nintendo, 2006), en Shakespeare (Ontario, Canadá) el 4 de noviembre

Menos tiempo de un videojuego en recaudar 1.000 millones de dólares

A los 16 días de su lanzamiento, *Call of Duty: Modern Warfare 3* (Infinity Ward/Sledgehammer Games, 2011), había obtenido unos beneficios brutos de 1.000 millones de dólares.

La serie de videojuegos más duradera

Durante los 32 años y tres meses transcurridos desde su lanzamiento hasta su más reciente salida al mercado, *Flight Simulator* es la serie que más ha durado: hasta septiembre de 2012. Lanzada en un principio por el

desarrollador subLOGIC, en octubre de 1979 para el Apple II, el juego lo adquirió Microsoft para distribuirlo como *Flight Simulator 1.00* en 1982. La serie consta hoy de 16 títulos.

Más récords mundiales de *Super Mario Kart*

Leyla Hasso (R.U.), de 13 años, no había nacido cuando se lanzó *Super Mario Kart* (Nintendo EAD) en 1992, pero el 19 de septiembre de 2012 poseía 30 de los 40 posibles récords de tiempo de la versión para PAL, es decir, 26 más que su rival inmediata, Tanja Brönnecke (Alemania).

El margen de victoria más amplio contra un ordenador en *FIFA 12*

Cuando se trata de *FIFA 12* (EA Canada, 2011), Jacob Gaby (R.U.) juega en su propia liga. El 20 de agosto de 2012 estableció el récord del margen de victoria más amplio frente a un ordenador, al vencerlo por 189-0, jugando como el FC Barcelona contra el Fulham FC en Bushey (Hertfordshire, R.U.).

LOS JUEGOS MÁS VENDIDOS POR GÉNEROS

Deportes: *Wii Sports* (Nintendo, 2006). 80,91 millones de copias.

Todas las cifras proceden de VGChartz.com hasta el 15 de enero de 2013

Plataforma: *Super Mario Bros.* (Nintendo, 1985). 40,24 millones.

Carreras: *Mario Kart Wii* (Nintendo, 2008). 33,33 millones.

Juegos de rol: *Pokémon Red/Green/Blue/Version* (Game Freak, 1996). 31,37 millones.

Disparos: *Call of Duty: Modern Warfare 3* (Infinity Ward/Sledgehammer Games, 2011). 29,67 millones.

de 2012, batiendo así su propio récord de 197,8 m.

El juego de *Pong* más grande

Atari, Inc. (EE.UU.) creó un juego de *Pong* con una superficie de 3.878 m² para exhibirlo en el Marriott Hotel de Kansas City (Misuri, EE.UU.), el 16 de noviembre de 2012.

El primer campeonato mundial de videojuegos

Copatrocinado por Twin Galaxies y *That's Incredible* (EE.UU., ABC), la North American Video Game Olympics se celebró en Ottumwa (Iowa, EE.UU.), el 8 y el 9 de enero de 1983. El campeonato se disputó con cinco juegos –*Frogger*, *Millipede*, *Joust*, *Super PAC-Man* y *Donkey Kong Jr.*– y contó con 19 participantes. El vencedor, y por tanto el **primer campeón mundial de videojuegos**, fue Ben Gold (EE.UU.).

Más polígonos por coche en un videojuego de carreras

La carrera por conseguir un realismo cada vez mayor en los gráficos de coches para videojuegos está obligando a los desarrolladores a incrementar el número de polígonos, como se denomina a las formas discretas empleadas para construir los coches y otros objetos en 2D. El anterior poseedor del récord era *Gran Turismo 5* (Polyphony Digital, 2010) para PS3, con 400.000 polígonos por vehículo. *Forza Motorsport 4* ha superado con holgura esa cifra al llegar hasta los 800.000 polígonos por coche.

LOS JUEGOS MÁS ELOGIADOS POR LA CRÍTICA

La siguiente lista de récords se basa en las clasificaciones de Metacritic hasta el 19 de marzo de 2013. Cuando el puesto más alto es compartido por más de un juego, el récord se ha concedido a aquel con mayor número de reseñas.

N64: *The Legend of Zelda: Ocarina of Time* ....99% (Nintendo)

XBox 360: *Grand Theft Auto IV* ....98% (Rockstar Games, 2008)

PS3: *Grand Theft Auto IV* .... 98% (Rockstar Games, 2008)

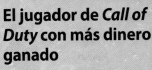

El jugador de *Call of Duty* con más dinero ganado

El experto en FPS Will «BigTymer» Johnson (EE.UU.) es el jugador de *Call of Duty* que ha ganado más dinero. Entre 2009 y 2012, Will obtuvo 135.000 dólares en cuatro títulos de *Call of Duty* en la Major League Gaming Pro Circuit. Will lleva participando en competiciones *online* desde 2009 y, al apretar los botones cuando juega, prefiere utilizar el índice antes que el pulgar; así nunca deja de apuntar.

EL «DEBER» DE LA CARIDAD
Activision, editor de *Call of Duty*, ha creado una fundación sin ánimo de lucro; ayuda a encontrar trabajo a veteranos de guerra de EE.UU.

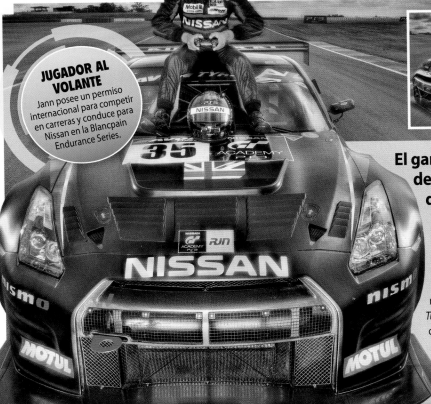

JUGADOR AL VOLANTE
Jann posee un permiso internacional para competir en carreras y conduce para Nissan en la Blancpain Endurance Series.

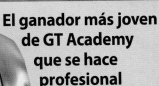

PS1: *Tony Hawk's Pro Skater 2* .... 98% (Activision, 2000)

Wii: *Super Mario Galaxy 2* .... 97% (Nintendo, 2010)

Xbox: *Halo: Combat Evolved* ....97% (Microsoft Game Studios, 2001)

PS2: *Grand Theft Auto III*.....................97% (Rockstar Games, 2001)

PC: *Half-Life 2* ....96% (VU Games, 2004)

Wii U: *Runner2: Future Legend of Rhythm Alien* .... 96% (Gaijin Games, 2013)

iOS: *World of Goo HD* .... 96% (2D Boy, 2010)

3DS: *The Legend of Zelda: Ocarina of Time 3D* .... 94% (Nintendo, 2011)

PS Vita: *Persona 4 Golden* .... 93% (Atlus Co., 2012)

DS: *Grand Theft Auto: Chinatown Wars*..93% (Rockstar Games, 2009)

PSP: *God of War: Chains of Olympus*... 91% (SCEA, 2008)

Wii U: *Runner2: Future Legend of Rhythm Alien* .... 91% (Gaijin Games, 2013)

El ganador más joven de GT Academy que se hace profesional

Jann Mardenborough (R.U.) ganó el 2011 GT Academy, una iniciativa de Nissan y PlayStation para dar a los mejores jugadores de *Gran Turismo* la oportunidad de conducir un coche de carreras profesional. Tras vencer con sólo 19 años, Jann fue el ganador más joven de GT Academy.

Acción-aventura: *Grand Theft Auto: San Andreas* (Rockstar, 2004-2008). 23,59 millones.

Simulación: *The Sims* (Maxis, 2000-2003). 14,91 millones.

Juegos informales: *Just Dance 3* (Ubisoft, 2011). 12,06 millones.

Lucha: *Super Smash Bros. Brawl* (Nintendo, 2008). 11,49 millones.

MMORPG: *World of Warcraft* (Blizzard Entertainment, 2004). 6,25 millones.

LOS INICIOS DE MESSI

El entrenador del FC Barcelona estaba tan ansioso por fichar al joven Messi que escribió un contrato en el único papel que tenía a mano: ¡una servilleta!

Más premios Ballon d'Or de la FIFA

El Ballon d'Or de la Fédération Internationale de Football Association (FIFA) se concede al futbolista más destacado de la temporada anterior tras la votación de entrenadores, capitanes y periodistas deportivos. El 7 de enero de 2013, Lionel Messi (Argentina) recibió el prestigioso trofeo del «Balón de Oro» por cuarta vez. Arriba pueden verse los galardones recibidos consecutivamente desde 2009. El excepcional Messi también marcó **más goles en un año natural** –91 en total, contando los marcados con su club y la selección nacional argentina, pero excluyendo los de partidos amistosos–, un récord logrado el 22 de diciembre de 2012, en un partido de la liga española contra el Valladolid, que terminó con un resultado de 3-1.

DEPORTES EXTRAÑOS

Deportes alternativos de todo el mundo

¿Por qué algunos deportes, como la natación sincronizada o el lanzamiento de disco, se incluyen en campeonatos mundiales como los Juegos Olímpicos y otros quedan relegados a un ámbito más regional? ¿Por qué la gimnasia rítmica es más «deportiva» que, por ejemplo, el lanzamiento de haggis? ¿Por qué lo es el triple salto, pero no el salto del canal? En el Guinness World Records se considera por igual a todas las personas que se atreven a batir un récord. Por ello, aquí celebramos algunas de las competiciones y campeonatos más exóticos e inusuales. Es posible que no encuentres todos estos eventos en ESPN. Sin embargo, todos merecen un adjetivo superlativo. O dos...

El mejor lanzamiento de bosta de vaca: La pregunta de si a las boñigas de vaca secas –o «chips»– se les puede dar forma de esfera es algo que afecta a los récords en este deporte. La mayor distancia alcanzada bajo la norma de 1970 de «no esferificada y 100% orgánica» es de 81,1 m, marca lograda por Steve Urner (EE.UU.) durante el Mountain Festival de Tehachapi, en California (EE.UU.), el 14 de agosto de 1981.

El mejor tiempo en el Wife Carrying World Championships: El 1 de julio 2006, Margo Uusorg y Sandra Kullas (ambos de Estonia) completaron la carrera de obstáculos de Sonkajärvi (Finlandia), de 253,5 m de longitud, en 56,9 s. Se trata de la mejor marca desde que en 2002 se estableció un peso mínimo para la esposa.

La regata de calabazas-barca más larga: La Pumpkin Regatta and Parade se lleva celebrando anualmente desde 1999 en Windsor, Nova Scotia (Canadá). Primero tiene lugar un desfile de PVC (Personal Vegetable Crafts, obras de artesanía con verduras), al que sigue la carrera, que se disputa sobre una distancia de 800 m en el lago Pesaquid. Los competidores van a bordo de calabazas gigantes ahuecadas, a remos o con motor.

El récord de lanzamiento de haggis: Lorne Coltart de Perthshire (Escocia, R.U.), lanzó un haggis a 66 m en los Bearsden & Milngavie Highland Games de Escocia (R.U.), el 11 de junio de 2011. Su lanzamiento llegó tan lejos que la cinta de medición se quedó corta.

El combate de lucha con dedo con más tradición: El *Fingerhakeln* se lleva celebrando en Baviera (Alemania) desde el siglo XIV, cuando los rivales competían por el favor de las mujeres. Hoy en día, los luchadores se dividen en categorías por peso en el Finger Wrestling Championships, que se celebra en distintas ciudades. Los competidores, situados a lado y lado de una mesa, tratan de atraer a sus rivales tirando de una correa que sujetan con un dedo.

DATO: Un hoyo de alrededor de 6 × 3 m de ancho y más de 30 cm de profundidad se rellena con puré de patata. Para evitar el desperdicio de alimentos, se emplean copos viejos o restos de esta hortaliza.

Más triunfos en el Mashed Potato Wrestling Championships: Steve-O Gratin, mote de Steve Barone (EE.UU.), fundó la Mashed Potato Wrestling Federation. Steve, que aparece en la foto *arriba a la izquierda* junto con Rowdy Roddy Potato Head, ha ganado el campeonato en cuatro ocasiones, entre 2006 y 2008, en Barnesville (Minnesota, EE.UU.) y Clark (Dakota del Sur, EE.UU.).

Más victorias consecutivas en el World Pea Shooting Championships: Estos campeonatos se celebran todos los años en Witcham (Cambridgeshire, R.U.). Tres personas han logrado tres veces la victoria. El último fue David Hollis (R.U.), quien venció en el período 1999-2001.

La mayor competición de kingyo sukui:
El arte de recoger peces con una delicada cuchara de papel –o *poi*– pudo contemplarse a gran escala el 4 de agosto de 2002 con 60.000 peces de colores, 15.000 medaka (pececitos de acuario japoneses) y 10.000 litros de agua. El evento fue organizado por Masaaki Tanaka, del gremio de Fujisawa-Ginza-Doyokai, en Kanagawa (Japón).

RÉCORD	LUGAR Y FECHA	CANTIDAD	POSEEDOR RÉCORD
La mayor batalla anual con comida	Fiesta de la Tomatina, en Buñol (España). Récord establecido en 2009	125 toneladas de tomates	La Tomatina (España)
El mayor campeonato de conker	En el R.U., todos los años. Récord establecido el 9 de octubre de 2011	395 competidores	Hampstead Heath Education Centre (R.U.)
La mayor batalla con globos de agua	Universidad de Kentucky (EE.UU.), con 175.141 globos, 27 de agosto de 2011	8.957 competidores	Christian Student Fellowship (EE.UU.)
El primer campeonato de contar ovejas	Pasaron frente a los participantes en 2002 en Nueva Gales del Sur (Australia)	277 ovejas contadas	Peter Desailly (Australia)
La mayor batalla de pasteles de espuma de afeitar	Organizada en Dallas, Texas (EE.UU.), el 31 de julio de 2012	714 participantes	Ringling Bros y Barnum & Bailey (EE.UU.)
Lanzamiento de teléfono móvil a más distancia (hombres)	2007 UK Mobile Throwing Championships	95,83 m	Chris Hughff (R.U.)
Lanzamiento de teléfono móvil a más distancia (mujeres)	2006 UK Mobile Throwing Championships	53,52 m	Jan Singleton (R.U.)
Más gusanos encantados	2009 World Worm Charming Championships (R.U.)	567 gusanos	Sophie Smith (R.U.)
Mayor batalla con pistolas de agua	Fiestas patronales de Valladolid (España), 2007	2.671 participantes	Coordinadora de Peñas de Valladolid (España)
Hueso de cereza escupido a más distancia	International Cherry Pit-Spitting Championship (EE.UU.), 2004	28,51 m	Brian Krause (EE.UU.)

La transmisión más rápida en código morse:
En junio de 2005, Andrei Bindasov (Bielorrusia) transmitió 230 señales de texto en código morse en el sexto campeonato mundial de la International Amateur Radio Union de telegrafía de alta velocidad, en Primorsko (Bulgaria).

El mayor columpio de kiiking:
El objetivo del kiiking es completar un giro de 360º con un columpio, y cuanto más largas sean las cuerdas del asiento, mejor. El 21 de agosto de 2004, Andrus Aasamäe (Estonia), empleó en Haapsalu (Estonia) uno que medía 7,02 m.

28
Medallas de oro ganadas –de 34 posibles– por robots de EE.UU. durante los RoboGames de 2005.

El caracol escupido a más distancia:
El 16 de julio de 2006, en Moguériec (Francia), Alain Jourden (Francia) defendió su título de ganador en el Winkle Spitting World Championship con un lanzamiento de 10,4 m.

La mayor competición de robots:
Un total de 646 ingenieros, 466 robots y 13 países participaron en los RoboGames de 2005, celebrados en la San Francisco State University (California, EE.UU.). El evento incluyó competiciones de fútbol con perros robot Aibo reprogramados, de sumo entre robots, de lucha contra el fuego, de habilidades musicales y carreras de robots bípedos.

El salto del canal más largo:
El 27 de agosto de 2011, Bart Helmholt (Países Bajos) saltó una distancia de 21,51 m por encima del agua valiéndose de una pértiga de aluminio, en Linschoten (Países Bajos), durante los campeonatos de su país. El deporte es conocido localmente como *fierljeppen* (salto de longitud).

La carrera más larga de un hombre contra un caballo: The Man vs. Horse Marathon se celebra anualmente desde 1980 en Llanwrtyd Wells (Gales, R.U.). La carrera discurre por más de 35,4 km de terreno accidentado. Se disputó por primera vez para resolver una discusión de pub sobre quién de los dos era más rápido. A medida que la carrera se ha modificado para igualar las condiciones del corredor con las del caballo y su jinete, la competición se ha equilibrado. Los corredores han ganado dos veces, en 2004 y 2007.

MÁS DEPORTES EN LA PÁG. 262

La carrera de cucarachas más larga: Desde 1980, cada 26 de enero se celebran carreras en el Story Bridge Hotel de Brisbane (Australia). Las cucarachas se liberan en el centro de una pista circular y gana la primera que llega al borde.

POR LOS AIRES

EN RESUMEN: Por lo que respecta a los deportes aéreos, el año 2012 fue más evolutivo que revolucionario, con notables avances en tecnología y gestas individuales que permitieron batir más de 200 récords nuevos. Gracias a los progresos espectaculares en parapente, vuelo sin motor y vuelo con traje aéreo, los pilotos han podido realizar hazañas que hasta hace poco sólo eran posibles en aviones convencionales.

El haber conseguido 568 *infinity tumbles* consecutivos en un parapente demuestra no sólo el refinamiento alcanzado en el diseño de estos aparatos, sino también la maestría con el ala, parecida a un paracaídas. El récord de la **mayor distancia volando en ala delta** resulta igual de impresionante: con 764 km, se aproxima a los récords batidos por planeadores convencionales a principios de la década de 1960. Las barreras para practicar estos deportes nunca han sido tan frágiles, hecho que –junto con la mejora continua de las capacidades– promete un futuro apasionante.

VUELO SIN MOTOR

El vuelo a más altura
Hombres: El récord absoluto de altura en un planeador quedó fijado en 15.460 m por Steve Fossett (EE.UU.) sobre El Calafate (Argentina), el 29 de agosto de 2006.
Mujeres: El récord mundial absoluto de altura en monoplaza de una mujer lo estableció en 12.637 m Sabrina Jackintell (EE.UU.) sobre el Black Forest Gliderport de Colorado Springs (EE.UU.), el 14 de febrero de 1979.

La mayor distancia libre en triángulo
Hombres: Klaus Ohlmann (Alemania) voló 1.756,1 km en un planeador de clase abierta sobre Chapelco (Argentina), el 12 de enero de 2011. Ohlmann *(abajo)* posee en la actualidad 18 récords mundiales en la clase Open ratificados por la FAI, y ha batido 36 récords durante su carrera como piloto de planeador.
Mujeres: Susanne Schödel (Alemania) cubrió una distancia en triángulo de 1.062,5 km sobre Bitterwasser (Namibia), el 20 de diciembre de 2011.

La distancia más larga sobre una pista en triángulo
Hombres: Klaus Ohlmann cubrió 1.750,6 km sobre Chapelco (Argentina), el 12 de enero de 2011.
Mujeres: Pamela Hawkins (R.U.) voló 1.036,56 km desde Tocumwal, en Nueva Gales del Sur (Australia), el 25 de diciembre de 1998; también posee el récord de **mayor distancia libre**, al haber volado 1.078,2 km el 5 de enero de 2003.

La ida y vuelta a más distancia
Hombres: Klaus Ohlmann realizó un vuelo de ida y vuelta de 2.245,6 km desde Chapelco en Argentina, el 2 de diciembre de 2003.

Mujeres: Reiko Morinaka (Japón) recorrió 1.187 km, también desde Chapelco en Argentina, el 30 de diciembre de 2004.

PARAPENTE

El vuelo a más distancia
Hombres: La mayor distancia en línea recta recorrida por un parapentista son los 502,9 km que anotó Nevil Hulett (Sudáfrica) en Copperton (Sudáfrica), el 14 de diciembre de 2008.
Mujeres: Seiko Fukuoka-Naville (Japón) pilotó su parapente Niviuk Icepeak 6 a lo largo de 336 km en un vuelo de 10 h desde Quixadá (Brasil), el 20 de noviembre de 2012.

La ida y vuelta a más distancia
Hombres: El 27 de junio de 2012, Arduino Persello (Italia) cubrió 282,4 km desde Sorica (Eslovenia) hasta Longarone (Italia) y regresó al punto de partida.
Mujeres: El 19 de agosto de 2009, Nicole Fedele (Italia) voló 164,6 km desde Sorica (Eslovenia) hasta Piombada (Italia) y regresó al punto de partida.

La mayor distancia libre en un planeador

El 12 de enero de 2010, Klaus Ohlmann (Alemania) voló 2.256,9 km con un planeador Schempp-Hirth Nimbus-4DM en El Calafate (Argentina). El término *distancia libre* designa una pista que consta de un solo tramo en línea recta, con puntos de partida y llegada prefijados y ningún punto de giro.

Más *infinity tumbles* consecutivos en parapente

Un *infinity tumble* es una maniobra parecida al *looping* en la que el piloto y parapentista describe verticalmente un círculo. Se trata de un ejercicio muy difícil en el que debe equilibrarse el impulso y las fuerzas aerodinámicas. Horacio Llorens (España), cuatro veces campeón del mundo de parapente, consiguió 568 rotaciones consecutivas el 21 de diciembre de 2012 tras saltar desde un helicóptero a 6.000 m y desplegar su vela, con los suspentes saliendo en primer lugar, desde una bolsa de salto fijada al patín del helicóptero. Batió su récord mientras sobrevolaba el yacimiento arqueológico de Tak'alik Ab'aj, en Guatemala.

Y QUE CONSTE…

Con cada vuelta que daba, Horacio Llorens *(ver arriba)* perdía 10 m de altura. Experimentó fuerzas de 6G con cada rotación y tuvo que mantener la cabeza encogida sobre los hombros para protegerse el cuello, por lo cual debió «sentir», más que ver, su posición y avance.

Más velocidad en un avión de 1.750 a 3.000 kg con motor de pistones en 15 km

El 23 de abril de 2012, Will Whiteside (EE.UU.) voló sobre un tramo de 15 km de la autopista interestatal 505, al oeste de Sacramento (California, EE.UU.) en su avión ruso Yakovlev YAK-3 de la Segunda Guerra Mundial a una velocidad media de 614,02 km/h. Ningún avión con motor de pistones de la franja de los 1.750-3.000 kg de peso ha volado con mayor velocidad.

Más distancia a gol prefijado en línea recta

Hombres: El 26 de octubre de 2012, todos los miembros del equipo Sol de Brasil –Frank Brown, Donizete Lemos, Samuel Nascimento y Marcelo Prieto– batieron a título individual un récord en línea recta de 420,3 km desde Quixadá hasta Ceará (ambos en Brasil).

Mujeres: El 14 de noviembre de 2009, Kamira Pereira Rodrigues (Brasil) voló 285,3 km desde Quixadá hasta Castelo do Piauí (ambos en Brasil).

ALA DELTA

Más distancia en vuelo

Hombres: Dustin Martin (EE.UU.) y Jon Durand (Australia) partieron de Zapata en Texas (EE.UU.) el 4 de julio de 2012; Martin volaba con su Wills Wing T2C y Durand con su Moyes Delta Litespeed RX 3.5. Los dos batieron el récord anterior de 700,6 km, pero Martin salió victorioso al aterrizar 3 km por delante de Durand en Lubbock (Texas) a 764 km del punto de partida.

Mujeres: El récord femenino de distancia en línea recta de la FAI son los 403,5 km recorridos por Kari Castle (EE.UU.) desde Zapata, en Texas (EE.UU.), el 28 de julio de 2001.

Más velocidad sobre una pista triangular de 100 km

Hombres: Dustin Martin voló en torno a un circuito triangular de 100 km desde Zapata, en Texas (EE.UU.), el 26 de julio de 2009, a una velocidad media de 49 km/h.

Mujeres: El 31 de diciembre de 1998, Tascha McLellan (Nueva Zelanda) registró una velocidad media de 30,81 km/h sobre una pista triangular desde Forbes, en Nueva Gales del Sur (Australia).

PARACAIDISMO

Más distancia en pilotaje de campana

Conocido también como *swooping*, en el pilotaje de campana participa un paracaidista acrobático que despliega el paracaídas (campana) a 1.524 m e inicia después un pronunciado descenso rotativo antes de nivelarse y completar un recorrido.

Nick Batsch (EE.UU.) pilotó su campana recorriendo una distancia de 151,95 m el 15 de junio de 2012 sobre Rockmart, en Georgia (EE.UU.), el máximo conseguido en competición (subclase G1); también posee el récord (G2) de **más distancia absoluta pilotando una campana,** al haber cubierto 222,45 m sobre Longmont en Colorado (EE.UU.), el 29 de julio de 2011.

Mujeres: El día anterior al récord en competición de Batsch, el 14 de junio de 2012, su compatriota, la estadounidense Jessica Edgeington, estableció el récord femenino de distancia, 120,18 m, también sobre Rockmart, en Georgia. Y, al igual que Batsch, posee también el récord en G2 (mujeres) de **más distancia**

El viaje a más distancia en paramotor

Miroslav Oros (República Checa) realizó un viaje de 9.132 km en un paramotor a través de su país, con salida en Sazená y llegada en Lipová-lázně, desde el 1 de abril hasta el 30 de junio de 2011.

Más distancia a gol prefijado de un piloto de ala delta

Esta disciplina obliga al piloto de ala delta a declarar antes del despegue la distancia que va a recorrer volando y a cubrir después dicha distancia (en vez de tomar una ruta semialeatoria definida por las corrientes de aire). Jon Durand (Australia) realizó un vuelo de 557 km desde Zapata hasta Sterling City, en Texas (EE.UU.), el 17 de julio de 2012.

absoluta pilotando una campana, batido el día siguiente al de su homólogo varón (30 de julio de 2011) en Longmont (Colorado) con una distancia de 168,32 m.

La formación más numerosa en paracaidismo vertical

General: El récord de la formación más numerosa en paracaidismo acrobático en la subclase *performance* (G2) de la FAI lo estableció un equipo de 138 paracaidistas que descendieron en formación de copo de nieve, el 3 de agosto de 2012, durante un festival celebrado cerca de Chicago (Illinois, EE.UU.).

Mujeres: El récord de mujeres está fijado en 41 paracaidistas en vertical sobre Eloy, en Arizona (EE.UU.). Se registró el 26 de noviembre de 2010.

PRECOCIDAD

Jon empezó a volar con ala delta en tándem a los nueve años, en compañía de su padre, y voló por primera vez solo a los 14. Ha pasado más de 10.000 h en el aire.

MÁS CAMPEONATOS DEL MUNDO GANADOS		
Acrobacias aéreas (hombres)	2	Petr Jirmus (Checoslovaquia): 1984, 1986
		Sergei Rakhmanin (Rusia): 2003, 2005
Acrobacias aéreas (mujeres)	6	Svetlana Kapanina (Rusia): 1996, 1998, 2001, 2003, 2005, 2007
Acrobacias en vuelo sin motor (equipo)	9	Polonia: 1985, 1987, 1989, 1991, 1993, 1999, 2001, 2003, 2011
Acrobacias en vuelo sin motor (individual)	7	Jerzy Makula (Polonia): 1985, 1987, 1989, 1991, 1993, 1999, 2011
Vuelo sin motor	3	George Lee (R.U.): 1976, 1978, 1981
		Ingo Renner (Australia): 1983, 1985, 1987
Ala delta (hombres)	4	Manfred Ruhmer (Austria): 1999, 2001, 2003, 2013
Ala delta (mujeres)	5	Corinna Schwiegershausen (Alemania): 1998, 2004, 2006, 2008, 2013
Parapente (hombres)	1	Siete hombres han ganado otros tantos títulos
Parapente (mujeres)	3	Petra Krausova-Slívová (Eslovenia): 2003, 2007, 2011
Parapente (equipos)	7	Suiza: 1991, 1993, 1995, 1997, 2001, 2003, 2005
Precisión en parapente (hombres)	2	Matjaž Feraric (Eslovenia): 2003, 2007
Precisión en parapente (mujeres)	2	Markéta Tomášková (República Checa): 2005, 2011
Precisión en parapente (equipos)	4	Eslovenia: 2003, 2005, 2007, 2011

Datos vigentes a 27 de marzo de 2013

FÚTBOL AMERICANO

EN RESUMEN: En la 93.ª temporada de la NFL regresaron las superestrellas Peyton Manning y Adrian Peterson, que se habían lesionado, e irrumpieron con fuerza los quarterbacks Andrew Luck, Russell Wilson y Robert Griffin III, incorporados en 2012. Mientras tanto, un quarterback veterano, Drew Brees de los New Orleans Saints, amplió su marca de lanzar al menos un pase de touchdown en 54 partidos consecutivos, la racha más larga en la historia de la liga.

En la Super Bowl, los Baltimore Ravens, entrenados por John Harbaugh, vencieron por 34-31 a los San Francisco 49ers, entrenados por Jim Harbaugh, en febrero de 2013 cuando los dos hermanos se enfrentaron en alineaciones opuestas por primera vez en un partido de Super Bowl. El partido se suspendió durante 34 min por un corte de electricidad en el interior de la Superdome, en Nueva Orleans. Las luces se apagaron inmediatamente después de que Jacoby Jones, de los Baltimore, devolviese el chute de salida en la segunda mitad a 108 yardas, un récord para un touchdown de Super Bowl. Ray Lewis, el líder de los Ravens, ganó su segundo anillo de la Super Bowl 12 años después del primero. Ningún otro jugador ha esperado más entre título y título.

TEMPORADAS DE LA NFL

Menos pérdidas de balón
El récord del menor número de balones perdidos en una temporada de 16 partidos de la NFL lo batieron los New England Patriots (EE.UU.) en 2010 con 10, pero fue igualado por los San Francisco 49ers (EE.UU.) en 2011, la primera temporada que el equipo fue dirigido por Jim Harbaugh y Trent Baalke.

Menos balones sueltos
Los New Orleans Saints (EE.UU.) perdieron 6 balones sueltos en 2011, y ganaron 7.474 yardas ofensivas: el **mayor número de yardas ofensivas de un equipo.**

Más partidos con 100 yardas de recepción por un jugador
Calvin Johnson *(arriba, a la derecha)* al anotar su 11.º partido con 100 yardas de recepción el 22 de diciembre de 2012, igualó la marca de Michael Irvin de los Dallas Cowboys (ambos de EE.UU.) en 1995.

Más transformaciones de goles de campo de 50 o más yardas
Blair Walsh (EE.UU.) transformó 10 goles como pateador (kicker) con los Minnesota Vikings en 2012. Cuando jugó en la Universidad de Georgia, en Athens (EE.UU.), las transformaciones de goles de campo largo logradas por Walsh le granjearon el apodo de «el asesino de Athens».

Más intentos de pase
Matthew Stafford (EE.UU.) hizo 727 intentos de pase como quarterback de los Detroit Lions en 2012.

Más yardas de pase en una primera temporada
Andrew Luck (EE.UU.) acumuló 4.374 yardas de pase en su primera temporada con los Indianapolis Colts en 2012; también batió el récord de **más yardas de pase en un partido de un quarterback debutante,** con 433 al vencer a los Miami Dolphins el 4 de noviembre de 2012.

Más recepciones de un tight end
Jason Witten (EE.UU.) jugaba con los Dallas Cowboys en 2012 cuando anotó 110 capturas de balón. El 28 de octubre de 2012 estableció el récord de **más capturas de un tight end (ala cerrada),** con 18.

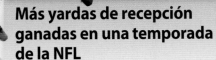

132 MILLONES De dólares: valor máximo del contrato de siete años de Johnson con los Detroit Lions.

Más yardas de recepción ganadas en una temporada de la NFL
Calvin Johnson (EE.UU.) ganó 1.964 yardas de recepción con los Detroit Lions en 2012; es el **primer jugador de la NFL con al menos 1.600 yardas de recepción en temporadas consecutivas,** jugando con los Lions en 2011 y 2012. En 2012 jugó el **mayor número de partidos consecutivos con 10 o más capturas:** 4 en total.

Más temporadas consecutivas de un quarterback con al menos 40 pases de touchdown

En 2011-2012, Drew Brees (EE.UU.) de los New Orleans Saints se convirtió en el primer jugador de la historia de la NFL con al menos 40 pases de touchdown en temporadas consecutivas. Tan sólo otro jugador ha anotado más de 40 pases de touchdown en dos temporadas: Dan Marino. Y sólo otros cinco jugadores han superado los 40 en una temporada: Tom Brady, Peyton Manning, Aaron Rodgers, Kurt Warner y Matthew Stafford.

Más yardas ganadas por los dos equipos en un play-off

El mayor número de yardas ganadas en un partido por los dos equipos es 1.038. Los últimos en conseguirlo fueron los New Orleans Saints (626, el **mayor número de yardas ganadas por un equipo en un play-off de la NFL**) y los Detroit Lions (412) el 7 de enero de 2012 *(en la fotografía)* al igualar el récord del 30 de diciembre de 1995 de los Buffalo Bills (536) y los Miami Dolphins (502).

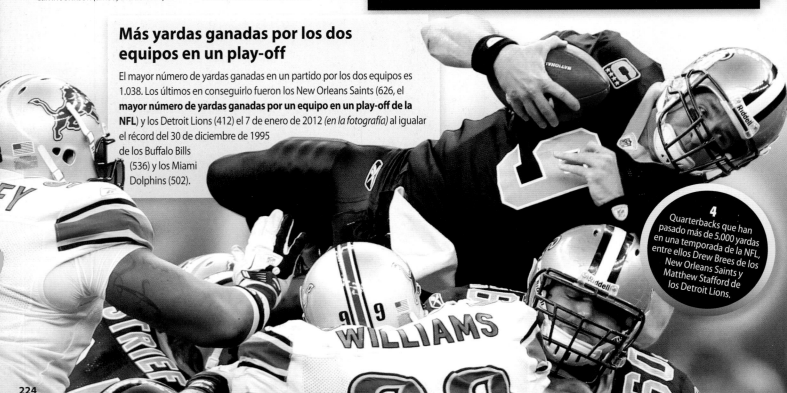

4 Quarterbacks que han pasado más de 5.000 yardas en una temporada de la NFL, entre ellos Drew Brees de los New Orleans Saints y Matthew Stafford de los Detroit Lions.

ASES DE LA SUPER BOWL

ASES DE LA SUPER BOWL					
Más Super Bowls ganadas	6	Pittsburgh Steelers	El entrenador más veterano que gana	65 años y 159 días	Tom Coughlin (EE.UU., n. 31 ago 1946), New York Giants
El touchdown más largo	108	Jacoby Jones (EE.UU.), Baltimore Ravens, 3 feb 2013	El jugador más veterano que anota	42 años y 11 días	Matt Stover (EE.UU., n. 27 ene 1968), Indianapolis Colts
Más público	103.985	XIV, 20 ene 1980, Pittsburgh Steelers contra LA Rams	El jugador más joven	21 años y 155 días	Jamal Lewis (EE.UU., n. 26 ago 1979), Baltimore Ravens
Más pases iniciales consecutivos completos	9	Eli Manning (EE.UU.), New York Giants, 5 feb 2012	Más yardas de recepción ganadas en una carrera	589	Jerry Rice (EE.UU.), San Francisco 49ers y Oakland Raiders
Más goles de campo en una carrera	7	Adam Vinatieri (EE.UU.), New England Patriots e Indianapolis Colts	Más yardas de pase ganadas en un partido	414	Kurt Warner (EE.UU.), Saint Louis Rams
Más pases completos en una carrera	127	Tom Brady (EE.UU.), New England Patriots	Más pases de touchdown en una carrera	11	Joe Montana (EE.UU.), San Francisco 49ers

Más pases completos consecutivos en un partido de Super Bowl

Tom Brady (EE.UU.) completó 16 pases jugando con los New England Patriots contra los New York Giants el 5 de febrero de 2012 en la Super Bowl XLVI; también comparte el récord de **más pases completos en un partido de Super Bowl** (32) con Drew Brees.

CARRERAS EN LA NFL

Más goles de campo de 50 o más yardas

Jason Hanson (EE.UU.) ha anotado 52 goles de campo de 50 o más yardas como pateador con los Detroit Lions desde 1992. Hasta marzo de 2013, es el **jugador en activo más veterano de la NFL.**

Más puntos

El pateador Morten Andersen (Dinamarca), apodado «El Gran Danés», sumó 2.544 puntos a lo largo de una carrera de 25 años que empezó en 1982 con los New Orleans Saints.

Más touchdowns

El plusmarquista Jerry Rice (EE.UU.) anotó 208 touchdowns entre 1985 y 2004 jugando con los San Francisco 49ers, los Oakland Raiders y los Seattle Seahawks.

Más balones sueltos provocados por un jugador en una temporada

Osi Umenyiora (R.U.) de los New York Giants provocó 10 balones sueltos en la temporada 2010. En la temporada 2012 lo igualó Charles Tillman (EE.UU.) de los Chicago Bears, que batió el récord de **más balones sueltos provocados por un jugador en un partido,** cuatro contra los Tennessee Titans el 4 de noviembre de 2012.

El gol de campo más largo en la NFL

Un gol de campo de 63 yardas ha atravesado los postes en cuatro ocasiones, la más reciente por una jugada de David Akers (EE.UU., *arriba*) de los San Francisco 49ers el 9 de septiembre de 2012, que se ha sumado a Sebastian Janikowski (Polonia) de los Oakland Raiders, Jason Elam (EE.UU.) de los Denver Broncos y Tom Dempsey (EE.UU.) de los New Orleans Saints.

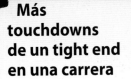

El retorno de patada más largo para un touchdown

Jacoby Jones (EE.UU.) logró un retorno de 108 yardas para un touchdown con los Baltimore Ravens el 14 de octubre del 2012 y otra vez en la Super Bowl XLVII el 3 de febrero de 2013 *(ver también Ases de la Super Bowl, arriba).* Así, igualó la distancia de Ellis Hobbs (EE.UU.) el 9 de septiembre de 2007 y de Randall Cobb (EE.UU.) el 8 de septiembre de 2011.

PARA FÚTBOL EUROPEO, VER PÁG. 254

Más touchdowns de un tight end en una carrera

Tony Gonzalez (EE.UU.) realizó 103 capturas de touchdown mientras jugó con los Kansas City Chiefs y Atlanta Falcons desde 1997 hasta el final de la temporada 2012.

ATLETISMO

EN RESUMEN: Conservar un título olímpico en pista cubierta y al aire libre señala a un atleta como verdaderamente grande, y en 2012 dos ingresaron en tan selecto club. El jamaicano Usain Bolt defendió su título en 100 y 200 m, y con su victoria en 200 m se convirtió en el primer hombre de la historia olímpica que ganaba dos oros en la prueba. Por su parte, la etíope Tirunesh Dibaba defendió su título en los 10.000 m y, junto con su oro en 5.000 m de Pekín, sus actuaciones se sitúan entre las mejores de todos los tiempos.

Jessica Ennis respondió a las expectativas del país anfitrión en el heptatlón y realizó una de las actuaciones más sobresalientes de los Juegos. Y ningún resumen estaría completo sin mencionar la impresionante proeza de David Rudisha en 800 m. El corredor keniata incendió la pista de Londres tras ganar una de las carreras de media distancia más electrizantes de todos los tiempos.

JUEGOS OLÍMPICOS Y PARALÍMPICOS

La primera victoria en sprints de 100 y 200 m en juegos sucesivos
Usain Bolt (Jamaica) consiguió el histórico doblete en los Juegos Olímpicos disputados en Londres (R.U.) en 2012, al establecer una marca de 9,63 s en los 100 m el 5 de agosto y otra de 19,32 s en los 200 m el 9 de agosto. Cuatro años antes, en Pekín (China), Usain había corrido los 100 m en 9,69 s (el 16 de agosto) y los 200 m en 19,30 s (el 20 de agosto). Bolt igualó el récord de Carl Lewis (EE.UU.) de **más victorias en los 100 m en los Juegos Olímpicos.** Lewis ganó en 1984 y 1988 con un tiempo récord de 9,92 s.

Más oros en 10.000 m femeninos
La plusmarquista múltiple Tirunesh Dibaba (Etiopía) defendió su título en los 10.000 m en Londres 2012 con un

tiempo de 30 min y 20,75 s; cuatro años antes, su tiempo en los Juegos de Pekín había sido de 29 min y 54,66 s.

En noviembre de 2009, Dibaba registró también un tiempo de 46 min y 28 s, la **carrera de 15 km en ruta más rápida.**

El medallista más joven en 800 m
Timothy Kitum (Kenia, n. el 20 de noviembre de 1994) ganó el bronce en la final de los 800 m masculinos en Londres (R.U.), el 9 de agosto de 2012, a la edad de 17 años y 263 días.

Más oros en 5.000 m en los Campeonatos de Europa

Mo Farah (R.U.) es el único atleta en ganar más de un título de 5.000 m en los Campeonatos de Europa de Atletismo: en Barcelona en 2010 y en Helsinki (arriba) en 2012.

PRUEBAS MASCULINAS EN PISTA AL AIRE LIBRE

Prueba	Tiempo	Nombre (nacionalidad)	Fecha
100 m	9,58	Usain Bolt (Jamaica)	16 ago 2009
200 m	19,19	Usain Bolt (Jamaica)	20 ago 2009
400 m	43,18	Michael Johnson (EE.UU.)	26 ago 1999
800 m	1:40,91	David Rudisha (Kenia)	9 ago 2012
1.000 m	2:11,96	Noah Ngeny (Kenia)	5 sep 1999
1.500 m	3:26,00	Hicham El Guerrouj (Marruecos)	14 jul 1998
1 milla	3:43,13	Hicham El Guerrouj (Marruecos)	7 jul 1999
2.000 m	4:44,79	Hicham El Guerrouj (Marruecos)	7 sep 1999
3.000 m	7:20,67	Daniel Komen (Kenia)	1 sep 1996
5.000 m	12:37,35	Kenenisa Bekele (Etiopía)	31 may 2004
10.000 m	26:17,53	Kenenisa Bekele (Etiopía)	26 ago 2005
20.000 m	56:26,00	Haile Gebrselassie (Etiopía)	26 jun 2007
25.000 m	1:12:25,4	Moses Cheruiyot Mosop (Kenia)	3 jun 2011
30.000 m	1:26:47,4	Moses Cheruiyot Mosop (Kenia)	3 jun 2011
3.000 m obstáculos	7:53,63	Saif Saaeed Shaheen (Qatar)	3 sep 2004
110 m vallas	12,80	Aries Merritt (EE.UU.)	7 sep 2012
400 m vallas	46,78	Kevin Young (EE.UU.)	6 ago 1992
4 × 100 m relevos	36,84	Jamaica (Yohan Blake, Nesta Carter, Michael Frater, Usain Bolt)	11 ago 2012
4 × 200 m relevos	1:18,68	Santa Monica Track Club (EE.UU.) (Michael Marsh, Leroy Burrell, Floyd Heard, Carl Lewis)	17 abr 1994
4 × 400 m relevos	2:54,29	EE.UU. (Andrew Valmon, Quincy Watts, Harry Reynolds, Michael Johnson)	22 ago 1993
4 × 800 m relevos	7:02,43	Kenia (Joseph Mutua, William Yiampoy, Ismael Kombich, Wilfred Bungei)	25 ago 2006
4 × 1.500 m relevos	14:36,23	Kenia (Geoffrey Rono, Augustine Choge, William Tanui, Gideon Gathimba)	4 sep 2009

PRUEBAS MASCULINAS DE CAMPO AL AIRE LIBRE

Prueba	Distancia/puntos	Nombre (nacionalidad)	Fecha
Salto de altura	2,45 m	Javier Sotomayor (Cuba)	27 jul 1993
Salto con pértiga	6,14 m	Sergei Bubka (Ucrania)	31 jul 1994
Salto de longitud	8,95 m	Mike Powell (EE.UU.)	30 ago 1991
Triple salto	18,29 m	Jonathan Edwards (R.U.)	7 ago 1995
Peso	23,12 m	Randy Barnes (EE.UU.)	20 may 1990
Disco	74,08 m	Jürgen Schult (Alemania)	6 jun 1986
Martillo	86,74 m	Yuriy Sedykh (Rusia)	30 ago 1986
Jabalina	98,48 m	Jan Železný (República Checa)	25 may 1996
Decatlón	9.039 puntos	Ashton Eaton (EE.UU.)	23 jun 2012

Datos vigentes a 9 de abril de 2013

PARA CARRERAS DE MARATÓN, VER LA PÁG. 246

Más rapidez en 100 m (T44)
Hombres: El paralímpico Jonnie Peacock (R.U.) registró un tiempo de 10,85 en la prueba masculina de 100 m T44 (amputación por debajo de la rodilla en una extremidad) en Indianápolis (EE.UU.), el 1 de julio de 2012. Peacock posee también el récord paralímpico, con una marca de 10,90 s en la final disputada en Londres (R.U.), el 6 de septiembre de 2012.
Mujeres: April Holmes (EE.UU.) corrió los 100 m femeninos en 12,98 s en Atlanta (EE.UU.), el 1 de julio de 2006; también posee el récord paralímpico, con un tiempo de 13,13 s registrado en Atenas (Grecia), el 22 de septiembre de 2004.

Más rapidez en 200 m (T42)
Hombres: Richard Whitehead (R.U.) estableció un tiempo de 24,38 s en los 200 m T42 (amputación por encima de la rodilla en una extremidad

Más rapidez en 4 × 100 m relevos (mujeres)
El equipo estadounidense de 4 × 100 m relevos (desde la izquierda, Carmelita Jeter, Bianca Knight, Allyson Felix y Tianna Madison, todas de EE.UU.) superó un récord que se había mantenido durante casi 27 años cuando anotó un tiempo de 40,82 s en Londres (R.U.), el 10 de agosto de 2012. El récord anterior en 4 × 100 m relevos (41,37 s) lo había fijado Alemania del Este en Canberra (Australia), el 6 de octubre de 1985.

PRUEBAS FEMENINAS EN PISTA AL AIRE LIBRE

Prueba	Tiempo	Nombre (nacionalidad)	Fecha
100 m	10,49	Florence Griffith-Joyner (EE.UU.)	16 jul 1988
200 m	21,34	Florence Griffith-Joyner (EE.UU.)	29 sep 1988
400 m	47,60	Marita Koch (RDA)	6 oct 1985
800 m	1:53,28	Jarmila Kratochvílová (República Checa)	26 jul 1983
1.000 m	2:28,98	Svetlana Masterkova (Rusia)	23 ago 1996
1.500 m	3:50,46	Qu Yunxia (China)	11 sep 1993
1 milla	4:12,56	Svetlana Masterkova (Rusia)	14 ago 1996
2.000 m	5:25,36	Sonia O'Sullivan (Irlanda)	8 jul 1994
3.000 m	8:06,11	Wang Junxia (China)	13 sep 1993
5.000 m	14:11,15	Tirunesh Dibaba (Etiopía)	6 jun 2008
10.000 m	29:31,78	Wang Junxia (China)	8 sep 1993
20.000 m	1:05:26,60	Tegla Loroupe (Kenia)	3 sep 2000
25.000 m	1:27:05,90	Tegla Loroupe (Kenia)	21 sep 2002
30.000 m	1:45:50,00	Tegla Loroupe (Kenia)	6 jun 2003
3.000 m obstáculos	8:58,81	Gulnara Samitova-Galkina (Rusia)	17 ago 2008
100 m vallas	12,21	Yordanka Donkova (Bulgaria)	20 ago 1988
400 m vallas	52,34	Yuliya Pechonkina (Rusia)	8 ago 2003
4 × 100 m relevos	40,82	EE.UU. (Allyson Felix, Carmelita Jeter, Bianca Knight, Tianna Madison)	10 ago 2012
4 × 200 m relevos	1:27,46	Equipo «azul» de EE.UU. (LaTasha Jenkins, LaTasha Colander-Richardson, Nanceen Perry, Marion Jones)	29 abr 2000
4 × 400 m relevos	3:15,17	URSS (Tatyana Ledovskaya, Olga Nazarova, Maria Pinigina, Olga Bryzgina)	1 oct 1988
4 × 800 m relevos	7:50,17	URSS (Nadezhda Olizarenko, Lyubov Gurina, Lyudmila Borisova, Irina Podyalovskaya)	5 ago 1984

PRUEBAS FEMENINAS DE CAMPO AL AIRE LIBRE

Prueba	Distancia/puntos	Nombre (nacionalidad)	Fecha
Salto de altura	2,09 m	Stefka Kostadinova (Bulgaria)	30 ago 1987
Salto con pértiga	5,06 m	Yelena Isinbayeva (Rusia)	28 ago 2009
Salto de longitud	7,52 m	Galina Chistyakova (URSS)	11 jun 1988
Triple salto	15,50 m	Inessa Kravets (Ucrania)	10 ago 1995
Peso	22,63 m	Natalya Lisovskaya (URSS)	7 jun 1987
Disco	76,80 m	Gabriele Reinsch (RDA)	9 jul 1988
Martillo	79,42 m	Betty Heidler (Alemania)	25 may 2011
Jabalina	72,28 m	Barbora Špotáková (República Checa)	13 sep 2008
Heptatlón	7.291 puntos	Jackie Joyner-Kersee (EE.UU.)	24 sep 1988
Decatlón	8.358 puntos	Austra Skujytė (Lituania)	15 abr 2005

Datos vigentes a 9 de abril de 2013

o amputaciones combinadas de brazo y pierna) en Londres (R.U.), el 1 de septiembre de 2012.
Mujeres: Kelly Cartwright (Australia) registró 35,98 s en el Adelaide Track Classic de Australia, el 28 de enero de 2012.

Más rapidez en 100 m (T34)
Hombres: El plusmarquista olímpico Walid Ktila (Túnez) consiguió el récord mundial en 100 m T34 (parálisis cerebral, silla de ruedas) con un tiempo de 15,69 s en Kuwait City (Kuwait), el 17 de enero de 2012.
Mujeres: Hannah Cockroft (R.U.) estableció el récord mundial en 17,60 s en Nottwil (Suiza), el 20 de mayo de 2012, y el récord paralímpico en 18,06 s en Londres (R.U.), el 31 de agosto de 2012.

Más distancia en lanzamiento de club (F51)
Hombres: Željko Dimitrijević (Serbia) consiguió un lanzamiento de 26,88 m en la clase F51 en Londres (R.U.), el 31 de agosto de 2012. Esta prueba consiste en lanzar un palo y es el equivalente paralímpico del lanzamiento de martillo. Participan atletas con parálisis cerebral (F31, F32); los que compiten en silla de ruedas (F51) hacen el lanzamiento sentados.
Mujeres: Catherine O'Neill (Irlanda) consiguió un lanzamiento de 15,83 m en Nové Mĕsto nad Metují (República Checa), el 18 de agosto de 2001.

CAMPEONATOS MUNDIALES DE LA IAAF

Más medallas ganadas (equipo)
EE.UU. ha ganado 275 medallas en los Campeonatos Mundiales de la IAAF (se instituyeron en 1983): 132 de oro, 74 de plata y 69 de bronce.

Más medallas ganadas
Hombres: Carl Lewis (EE.UU.) ganó 10 medallas de 1983 a 1991: ocho de oro (récord que comparte con Michael Johnson, 1991-1999), una de plata y una de bronce.
Mujeres: Merlene Ottey (Jamaica) ganó 14 medallas en los Campeonatos Mundiales: tres de oro, cuatro de plata y siete de bronce.

Más victorias en jabalina
Hombres: Jan Železný (República Checa) ganó la prueba masculina de lanzamiento de jabalina de la IAAF en 1993, 1995 y 2001; también es el atleta que ha ganado **más medallas de oro olímpicas en jabalina (hombres)** con sus victorias en 1992, 1996 y 2000.
Mujeres: Trine Hattestad (Noruega) y Mirela Manjani (Grecia) batieron el récord femenino de jabalina de la IAAF dos veces: en 1993 y 1997, y en 1999 y 2003, respectivamente.

Más victorias campo a través
Hombres: Kenia sumó 24 victorias en carreras de campo a través del Campeonato Mundial (el primero se celebró en 1973) entre 1986 y 2011.
Mujeres: Kenia posee el récord femenino: 10 victorias entre 1991 y 2011.

Más altura en salto con pértiga en pista (mujeres)
Jenn Suhr (EE.UU.) saltó 5,02 m en Albuquerque (Nuevo México, EE.UU.), el 2 de marzo de 2013. La medallista de oro en los Juegos Olímpicos disputados en Londres en 2012 superó el récord de 5,01 m fijado por Yelena Isinbayeva (Rusia) en febrero de 2012. El récord del **salto con pértiga a más altura en pista (hombres)** son los 6,15 m anotados por Sergei Bubka (Ucrania), el 21 de febrero de 1993.

Más puntos en heptatlón masculino en pista cubierta
Ashton Eaton (EE.UU.) acumuló 6.645 puntos en Estambul (Turquía), el 10 de marzo de 2012. Este atleta, uno de los más versátiles del mundo, anotó las marcas siguientes: **60 m:** 6,79 s; **salto de longitud:** 8,16 m; **lanzamiento de peso:** 14,56 m; **salto de altura:** 2,03 m; **60 m vallas:** 7,68 s; **salto con pértiga:** 5,20 m; **1.000 m:** 2 min y 32,77 s.

1968
Año en que Daniel, el padre de David, ganó la plata olímpica en 4 × 100 m relevos.

Más rapidez en 800 m masculinos
David Rudisha (Kenia) anotó un tiempo de 1 min y 40,91 s cuando ganó la final de 800 m de los Juegos Olímpicos en Londres, el 9 de agosto de 2012, superando su propio récord de 1 min y 41,01 s establecido en Rieti (Italia) el 29 de agosto de 2010.

DEPORTES DE PELOTA

EN RESUMEN: En los Juegos Olímpicos de Londres celebrados en 2012 el equipo masculino de Alemania y el femenino de los Países Bajos se anotaron sendas victorias en hockey sobre hierba. Asimismo, el triunfo de los Países Bajos en la Riverbank Arena del Olympic Park igualó el récord de tres oros que poseía Australia. Alemania se llevó el oro en la prueba masculina de voley playa, y EE.UU. –las plusmarquistas Misty May-Treanor y Kerri Walsh Jennings formaban parte del equipo– ganó el torneo de mujeres.

Por lo demás, Irene van Dyk efectuó su 212.ª aparición con la selección nacional de netball de Nueva Zelanda, y los Países Bajos siguieron dominando el korfball tanto en las competiciones mundiales como en las europeas. Irán vio frustrado su empeño en ganar su sexto oro en voleibol sentado masculino en los Juegos Paralímpicos, récord que se halla en posesión de Bosnia y Herzegovina, mientras que China prolongó su racha ganadora con una tercera victoria consecutiva.

DATO:
El lacrosse se basa en un antiguo juego de los nativos americanos. Solía celebrarse entre distintas tribus, contando a veces con la participación de cientos de jugadores, y podía durar días.

LIGA DE FÚTBOL AUSTRALIANO (AFL)

Más victorias consecutivas en la Grand Final
Los Brisbane Lions ganaron la Grand Final de la AFL tres veces, en 2001-2003.

El récord de **más público en una Grand Final de la AFL** son los 121.696 espectadores en el Melbourne Cricket Ground de Victoria (Australia), el 26 de septiembre de 1970.

La racha ganadora más larga
El récord de más partidos seguidos ganados en la división de honor de la AFL se sitúa en 23, marca establecida por el Geelong entre 1952 y 1953.

Más goles a lo largo de una carrera en la AFL
Tony Lockett (Australia) marcó 1.360 goles en 281 partidos de 1983 a 2002.

LIGA DE FÚTBOL CANADIENSE (CFL)

El gol de campo más largo en temporada normal
Paul McCallum (Canadá) anotó un gol de campo de 62 yardas jugando en los Saskatchewan Roughriders contra los Edmonton Eskimos, el 27 de octubre de 2001.

Más intentos de pase de un quarterback en una carrera deportiva
Anthony Calvillo (EE.UU.) efectuó 9.241 intentos de pase con Las Vegas Posse, los Hamilton Tiger-Cats y los Montreal Alouettes de 1994 a 2012. Calvillo ha batido muchas marcas a lo largo de sus 18 años de carrera en la CFL. Para estos tres equipos ha anotado los récords de **más pases completados a lo largo de una carrera** (5.777), **más pases de touchdown a lo largo de una carrera** (449) y **más yardas de pase a lo largo de una carrera** (78.494), desde 1994 hasta 2012.

Calvillo ha establecido también los récords de **más pases completados en un partido** (44), con los Alouettes contra los Hamilton el 4 de octubre de 2008, y el de **más pases completados en la Grey Cup** (179), de nuevo con los Alouettes.

El récord de **más yardas de recepción a lo largo de una carrera** son 15.787 y lo batió Geroy Simon (EE.UU.) con los Winnipeg Blue Bombers y los BC Lions desde 1999.

Más victorias en el Hockey Champions Trophy

Hombres: Australia ha ganado 13 veces –algo sin precedentes– el Hockey Champions Trophy (instituido en 1978): en 1983-1985, 1989-1990, 1993, 1999, 2005 y 2008-2012.
Mujeres: El récord de más victorias en el Hockey Champions Trophy femenino –el primero se celebró en 1987– se sitúa en seis, compartidas por dos equipos. Australia ganó en 1991, 1993, 1995, 1997, 1999 y 2003, y los Países Bajos, en 1987, 2000, 2004-2005, 2007 y 2011.

HOCKEY

Más EuroHockey Nations Championships ganados
Hombres: El EuroHockey Nations Championship es la principal competición internacional europea de hockey sobre hierba. El país que ha ganado más campeonatos es Alemania (antes República Federal de Alemania), con siete victorias entre 1970 y 2011.
Mujeres: Los Países Bajos han cosechado ocho victorias en competiciones femeninas entre 1984 y 2011.

Más apariciones en hockey internacional a lo largo de una carrera
Hombres: El bicampeón olímpico Teun de Nooijer (Países Bajos) jugó con el equipo de su país 431 veces entre 1994 y el 25 de enero de 2011.

Mujeres: El récord de más apariciones internacionales de una mujer son 425 y lo batió Natascha Keller (Alemania) desde 1994 hasta 2012.

La mayor victoria en un partido olímpico
Hombres: El tercer partido olímpico de 1932 terminó con una victoria de India frente a EE.UU. por 24-1.
Mujeres: El partido de Sudáfrica contra EE.UU. disputado en la Riverbank Arena de Londres (R.U.) el 6 de agosto de 2012, terminó con la victoria de Sudáfrica por 7-0.

LACROSSE

Más apariciones internacionales (mujeres)
Vivien Jones (R.U.) jugó en 97 partidos internacionales (85 con Gales, nueve con los Celtas y tres con Gran Bretaña) desde 1977 hasta 2001.

Más títulos de la Major League Lacrosse

Los Chesapeake Bayhawks (EE.UU.) han conquistado cuatro títulos de la Major League Lacrosse (MLL), en 2001, 2003, 2010 y 2012; los dos primeros los ganaron con el nombre de Baltimore Bayhawks antes de reubicar la franquicia en Washington, D.C. y jugar como los Washington Bayhawks en 2007-2009 y los Chesapeake Bayhawks desde 2010.

TIROS A LA RED
Drew Westervelt (izquierda) de los Chesapeake Bayhawks y Chris O'Dougherty de los Denver Outlaws el 26 de agosto de 2012 en Boston (Massachusetts, EE.UU.).

CAMPEONATOS, COPAS Y TÍTULOS

Primeros puestos en la Liga de Fútbol Australiano (AFL) (la Liga Victoriana de Fútbol se disputó por primera vez en 1897; la sustituyó la AFL en 1990)	16	Carlton
		Essendon
Campeonatos Mundiales de Voley Playa (hombres)	5	Brasil
Campeonatos Mundiales de Voley Playa (mujeres)	4	EE.UU.
		Brasil
Copas Sam Maguire de Fútbol Gaélico	36	Kerry
Campeonatos Mundiales de Balonmano (hombres)	4	Suecia
		Rumanía
		Francia
Campeonatos Mundiales de Balonmano (mujeres)	4	Rusia
Campeonatos Mundiales de Lacrosse en Pista	3	Canadá
Campeonatos Mundiales de Korfball	8	Países Bajos

Datos vigentes a 25 de marzo de 2013

Más oros olímpicos en hockey sobre hierba

Mujeres: El equipo femenino holandés de hockey sobre hierba *(arriba)* se alzó con su tercer oro en Londres 2012, habiendo ganado con anterioridad en 1984 y 2008. Este récord lo comparte con Australia, que ganó en 1988, 1996 y 2000.
Hombres: India ganó la medalla de oro masculina ocho veces entre 1928 y 1980.

El margen más amplio de victoria en un partido de campeonato de la MLL

Los Baltimore Bayhawks vencieron a los Long Island Lizards por 21-12 en Columbus (Ohio, EE.UU.) en 2001.

Más goles a lo largo de una carrera en la MLL

Mark Millon (EE.UU.) sumó 206 goles en su carrera en la MLL con los Baltimore Bayhawks y los Boston Cannons en 2001-2005.

NETBALL

Más títulos en los Juegos de la Commonwealth

Dos países han ganado dos títulos en los Juegos de la Commonwealth: Australia en 1998 y 2002, y Nueva Zelanda en 2006 y 2010. El netball se ha incluido cuatro veces en los Juegos de la Commonwealth: en Kuala Lumpur (Malasia) en 1998; en Manchester (R.U.) en 2002; en Melbourne (Australia) en 2006, y en Delhi (India) en 2010.

Más victorias en la Serie Mundial

Nueva Zelanda ha ganado la Serie Mundial de Netball dos veces, en 2009 y 2010. Esta competición internacional se rige por reglas modificadas y se disputa todos los años entre los seis mejores equipos del mundo. La **puntuación más alta de un equipo en una final de la Serie Mundial de Netball** son 33 puntos, anotados por Inglaterra contra Nueva Zelanda en Liverpool (R.U.), el 27 de noviembre de 2011. Inglaterra derrotó a Nueva Zelanda, la selección campeona, por 33-26.

Más victorias en los Campeonatos Mundiales de Netball

Australia ha ganado los Campeonatos Mundiales de Netball 10 veces: en 1963, 1971, 1975, 1979, 1983, 1991, 1995, 1999, 2007 y 2011. Los campeonatos se instituyeron en 1963.

Más victorias en el Campeonato Africano de Balonmano

Hombres: Túnez ganó el Campeonato de Naciones Africanas de Balonmano nueve veces entre 1974 y 2012. En la fotografía aparecen Lasse Svan *(a la izquierda)*, de Dinamarca, y Kamel Alouini, de Túnez, el 20 de enero de 2013.
Mujeres: Angola ganó 11 veces entre 1989 y 2012.

VOLEIBOL

El mayor torneo de voleibol

La 39.ª edición de los Campeonatos Juveniles Nacionales de Voleibol de la Amateur Athletic Union (AAU) se celebró en el Orange County Convention Center y el ESPN Wide World of Sports de Orlando (Florida, EE.UU.) desde el 19 hasta el 27 de junio de 2012. La división, integrada por 16 clubes, contó con la participación récord de 2.631 jugadores en 192 equipos.

Más victorias en la Copa del Mundo de Grandes Campeones de Voleibol

Brasil ha ganado la Copa del Mundo de Grandes Campeones de la Federación Internacional de Voleibol (FIVB) tres veces: en 1997, 2005 y 2009.

Más Campeonatos del Mundo de Voley Playa (hombres)

El Campeonato del Mundo de Voley Playa se celebra cada dos años. Brasil ha ganado cinco títulos de parejas masculinas: en 1997, 1999, 2003, 2005 y 2011.

Dos equipos han ganado los títulos femeninos en cuatro ocasiones: EE.UU. en 2003, 2005, 2007 y 2009; y Brasil en 1997, 1999, 2001 y 2011.

Más medallas de oro paralímpicas en voleibol sentado

Hombres: Irán ha ganado cinco veces la competición paralímpica de voleibol: en 1988, 1992, 1996, 2000 y 2008.
Mujeres: El mayor número de medallas de oro ganadas en el torneo paralímpico femenino de voleibol sentado son tres, obtenidas por China en 2004, 2008 y 2012.

Más apariciones internacionales en netball

Desde 1994 hasta 2012, la sudafricana Irene van Dyk ha jugado en 211 partidos internacionales de netball: 72 partidos con su país natal (1994-1999) y, desde 2000, 139 veces con Nueva Zelanda, su patria de adopción.

TORTUGA MILLONARIA

Misty, apodada *La Tortuga*, posee el récord de los ingresos más altos a lo largo de una carrera en voley playa, que ascienden a 2.132.733 dólares.

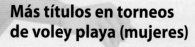

Más títulos en torneos de voley playa (mujeres)

Misty May-Treanor (EE.UU.) se retiró en julio de 2012 tras ganar un oro en los Juegos Olímpicos de Londres *(ver más arriba)*; concluyó su carrera con más victorias en torneos que ninguna otra jugadora, al haberse anotado 112 triunfos desde abril de 2000.

BÉISBOL

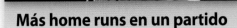

EN RESUMEN: Ha sido un año fantástico para la Major League Baseball (MLB). Los San Francisco Giants ganaron la World Series en octubre de 2012 gracias a Pablo Sandoval (Venezuela), un formidable bateador que anotó tres home runs en un partido de World Series, algo que sólo habían logrado con anterioridad cuatro jugadores. Con todo, la demostración de poderío más impresionante de toda la temporada la debemos a Josh Hamilton (EE.UU.), quien anotó cuatro home runs en un partido con los Texas Rangers en mayo del mismo año.

En abril de 2012, Jamie Moyer (EE.UU.), lanzador de los Colorado Rockies, se convirtió en el ganador más longevo de la Major League. Con 49 años y 151 días, superó el récord que ostentó Jack Quinn (EE.UU., 49 años y 70 días) durante 80 años. Moyer añadió una victoria más en mayo al elevar el récord a 49 años y 180 días. En ese partido se anotó también un sencillo en dos carreras y se convirtió en el jugador más longevo con una carrera impulsada.

La temporada 2012 fue también notable por uno de los partidos sin hits más raros jamás disputados. Los Seattle Mariners lo consiguieron en junio mediante una combinación de seis lanzadores diferentes. Desde junio de 2003, no se habían utilizado tantos jugadores para un partido sin hits.

BATEADORES

La racha más larga sin hits en postemporada

En 2012, Robinson Canó (República Dominicana) realizó 26 apariciones consecutivas en el home sin conectar hit jugando en los New York Yankees, con quienes había debutado en la Major League en 2005. Su promedio de bateo fue muy bajo: 0,075.

Más carreras impulsadas por un bateador designado a lo largo de una carrera profesional

David Ortiz (R. Dominicana) ha impulsado 1.147 carreras como profesional con los Minnesota Twins y los Boston Red Sox desde 1997. Apodado *Big Papi*, estableció también el récord de **más home runs por un bateador designado a lo largo de una carrera profesional** (353) mientras jugó con estos dos equipos.

Más home runs a lo largo de una carrera profesional

El mayor número de home runs a lo largo de una carrera profesional en la MLB –y el **mayor número de home runs de un bateador zurdo a lo largo de una carrera profesional**– es de 762. Los anotó Barry Bonds (EE.UU., n. el 24 de julio de 1964) jugando con los Pittsburgh Pirates y los San Francisco Giants en 1986 a 2007. En 2007 se convirtió también en la **persona más longeva que empezaba un partido de béisbol All-Star,** con 42 años y 351 días el 10 de julio de 2007.

Bonds posee conjuntamente el récord de **más home runs anotados en una sola postemporada,** ocho, mientras jugaba con los San Francisco Giants en 2002. Este récord lo igualaron Carlos Beltrán (Puerto Rico), con los Houston Astros en 2004, y Nelson Cruz (República Dominicana), con los Texas Rangers en la postemporada de 2011.

Más home runs ganadores a lo largo de una carrera profesional

Un home run ganador es un home run obtenido en el lanzamiento final del partido y que acaba con una victoria para el equipo local. Desde 1991, Jim Thome (EE.UU.) ha anotado 13 con los Cleveland Indians, los Philadelphia Phillies, los Chicago White Sox, Los Angeles Dodgers, los Minnesota Twins y los Baltimore Orioles. El decimotercero lo consiguió el 23 de junio de 2012, cuando jugaba con los Phillies.

Más home runs en un partido

El mayor número de home runs anotados en un partido de MLB son cuatro. Esta hazaña la han logrado 16 jugadores, el más reciente de los cuales fue Josh Hamilton (EE.UU.) jugando con los Texas Rangers contra los Baltimore Orioles el 8 de mayo de 2012.

El beisbolista que ha jugado en más franquicias de la Major League

Octavio Dotel (República Dominicana) ha jugado en 13 equipos desde que debutó en 1999: New York Mets, Houston Astros, Oakland Athletics, New York Yankees, Kansas City Royals, Atlanta Braves, Chicago White Sox, Pittsburgh Pirates, Los Angeles Dodgers, Colorado Rockies, Toronto Blue Jays, Saint Louis Cardinals y Detroit Tigers.

Más home runs bateando con la izquierda y la derecha en el mismo partido

Mark Teixeira (EE.UU.) ha anotado home runs ambidiestros (bateados con la izquierda y la derecha) 13 veces con los Texas Rangers, los Atlanta Braves, Los Angeles Angels y los New York Yankees desde 2003.

Más temporadas consecutivas de 30 o más home runs desde el principio de una carrera deportiva

Albert Pujols (República Dominicana) acumuló 12 temporadas consecutivas anotando 30 o más home runs con los Saint Louis Cardinals y Los Angeles Angels of Anaheim desde 2001 a 2012.

Más home runs anotados en un partido de World Series

Cuatro jugadores han anotado tres home runs en un partido de World Series: Pablo Sandoval (Venezuela, *en la fotografía*), con los San Francisco Giants en 2012; Albert Pujols (República Dominicana), con los Saint Louis Cardinals en 2011; Reggie Jackson (EE.UU.), con los New York Yankees en 1977; y *Babe* Ruth (EE.UU.), con los New York Yankees en 1926 y 1928.

NACIMIENTO DE LA WORLD SERIES
Los Boston Americans vencieron a los Pittsburgh Pirates por 5-3, ganando el primer «Clásico de otoño» oficial en 1903.

RÉCORDS EN LA WORLD SERIES DE LA MAJOR LEAGUE BASEBALL (MLB)		
Equipo		
Más títulos (el primero se concedió en 1903)	27	New York Yankees
Más victorias consecutivas	5	New York Yankees, 1949-1953
Más espectadores acumulados	420.784	Seis partidos entre Los Angeles Dodgers y los Chicago White Sox, 1-8 oct 1959; los Dodgers ganaron por 4-2
Jugador		
Más home runs	5	Chase Utley (EE.UU.) de los Philadelphia Phillies, World Series 2009 contra los New York Yankees; Reggie Jackson (EE.UU.) de los New York Yankees, World Series 1977 contra Los Angeles Dodgers
Más partidos lanzados	24	Mariano Rivera (Panamá) de los New York Yankees en 1996, 1998, 1999, 2000, 2001, 2003 y 2009
Más premios MVP	2	Sanford *Sandy* Koufax, 1963, 1965; Robert *Bob* Gibson, 1964, 1967; Reginald Martinez *Reggie* Jackson (todos de EE.UU.), 1973, 1977

Datos vigentes al final de la temporada 2012

Más partidos terminados por un lanzador

Mariano Rivera (Panamá) ha terminado 892 partidos con los New York Yankees desde 1995.

El total de Rivera de 1.051 partidos con los Yankees representa el récord de **más partidos lanzados con un equipo.**

El prolífico lanzador posee también el récord de **más partidos salvados a lo largo de una carrera profesional,** con 608 acumulados durante su período con los Yankees desde 1995.

Más home runs de grand slam como profesional

Dos jugadores han anotado 23 home runs de grand slam: Lou Gehrig (EE.UU., *recuadro*) con los New York Yankees en 1923-1939 y Alex Rodriguez (EE.UU., *fotografía principal*) con los Seattle Mariners, los Texas Rangers y los New York Yankees desde 1994.

Pujols comparte el récord de **más carreras impulsadas durante un partido de World Series** –seis–, que anotó para los Saint Louis Cardinals en el partido 3 de la World Series 2011 el 22 de octubre. Así igualó la marca establecida por Bobby Richardson (EE.UU.) con los New York Yankees en el partido 1 de la World Series de 1960 el 5 de octubre, y por Hideki Matsui (Japón) con los New York Yankees en el partido 6 de la World Series 2009, el 4 de noviembre.

LANZADORES

El primer lanzador que salva 600 partidos

Trevor Hoffman (EE.UU.) salvó un total de 601 partidos con los Florida Marlins, San Diego Padres y Milwaukee Brewers desde 1993 hasta 2010.

El partido inaugural más largo

El 5 de abril de 2012, los Toronto Blue Jays (Canadá) derrotaron a los Cleveland Indians EE.UU.) por 7-4 en 16 innings *(derecha)* en el partido inaugural más largo de la historia de la Major League.

Más lanzadores utilizados en un partido sin hits

Dos equipos han utilizado a seis lanzadores: los Houston Astros contra los New York Yankees, el 11 de junio de 2003, y los Seattle Mariners contra Los Angeles Dodgers (todos de EE.UU.), el 8 de junio de 2012.

El promedio más bajo de carreras limpias permitidas

En 2012, el lanzador de los Tampa Bay Rays, Fernando Rodney (República Dominicana), consiguió un promedio de carreras limpias permitidas (ERA) de 0,60, un récord para un jugador que lanza al menos 50 innings en una temporada.

150
Velocidad media en km/h de la bola rápida de Kimbrel durante la temporada 2012.

Más home runs permitidos por un lanzador

Jamie Moyer (EE.UU.) concedió 522 home runs desde 1986 hasta 2012 jugando con los Chicago Cubs, Texas Rangers, Saint Louis Cardinals, Baltimore Orioles, Seattle Mariners, Boston Red Sox, Philadelphia Phillies y los Colorado Rockies.

EQUIPOS

Más victorias en casa al empezar una temporada

Los Angeles Dodgers (EE.UU.) ganaron sus primeros 13 partidos en casa al comienzo de la temporada 2009, superando así la marca anterior de 12 establecida por los Detroit Tigers en 1911.

Por el contrario, entre 1993 y 2012 los desafortunados Pittsburgh Pirates (EE.UU.) batieron el récord de **más temporadas consecutivas perdiendo,** con 20.

Más carreras en un partido

Los Texas Rangers (EE.UU.) fijaron un récord moderno (desde 1900) en un solo partido al anotarse 30 carreras cuando derrotaron por 30-3 a los Baltimore Orioles, el 22 de agosto de 2007.

El récord de **más home runs de grand slam anotados por un equipo en un partido** lo fijaron en tres los New York Yankees (EE.UU.) al vencer por 22-9 a los Oakland Athletics, el 25 de agosto de 2011. Los home runs de grand slam los anotaron Robinson Canó (República Dominicana), Russell Martin (Canadá) y Curtis Granderson (EE.UU.).

Menos errores como segunda base

El récord de la MLB de **más partidos consecutivos jugados por un segunda base sin un error** se sitúa en 141, fijado por Darwin Barney (EE.UU., *arriba*) jugando con los Chicago Cubs en 2012, y por Plácido Polanco (República Dominicana) con los Detroit Tigers en 2007.

El primer lanzador que poncha a la mitad de los bateadores en una temporada

Craig Kimbrel (EE.UU.) de los Atlanta Braves es hasta la fecha el único lanzador en la historia de la Major League en eliminar a la mitad de los bateadores en una temporada. Kimbrel anotó 116 ponchados frente a 231 bateadores en 2012. Sus 16,7 ponchados por cada nueve innings son también un récord de la Major League.

BALONCESTO

EN RESUMEN: En los Juegos Olímpicos de Londres de 2012, la selección de EE.UU. mantuvo su dominio al batir sendos récords cuando su equipo masculino se aseguró su 14.ª medalla de oro y el femenino, la séptima (y la quinta consecutiva: otro récord más).

La FIBA celebró su 80.º aniversario y anunció que la 17.ª edición de la Copa del Mundo de Baloncesto, que se celebrará en Madrid (España), será la última del actual ciclo de cuatro años para evitar que coincida con la Copa del Mundo de la FIFA. El nuevo ciclo de la FIBA empezará en 2019.

En la NBA, la 67.ª temporada empezó espectacularmente cuando Los Angeles Lakers despidieron a su entrenador Mike Brown tras cinco partidos y LeBron James se convirtió en el jugador más joven que alcanzaba los 20.000 puntos en una carrera deportiva. En baloncesto femenino, el Notre Dame venció al Ohio State por 57-51 en noviembre de 2012 en el primer partido disputado por mujeres… ¡en un portaaviones!

El jugador más joven que anota 30.000 puntos

Kobe Bryant (EE.UU., nacido el 23 de agosto de 1978) tenía 34 años y 104 días de edad al alcanzar los 30.000 puntos cuando Los Angeles Lakers ganaron por 103-87 a los New Orleans Hornets el 5 de diciembre de 2012. Es el más joven de los cinco jugadores que han alcanzado esta cifra total: Wilt Chamberlain contaba 35 años; Kareem Abdul-Jabbar y Karl Malone, 36; y Michael Jordan, 38.

25,5 Promedio de puntos por partido anotados por Kobe en su carrera profesional.

Más tiros bloqueados en un partido de play-off de la NBA

Tres jugadores han bloqueado 10 tiros en un partido de play-off: Hakeem Olajuwon (Nigeria/EE.UU.), Mark Eaton (EE.UU.) y, más recientemente, Andrew Bynum (EE.UU., *arriba*) jugando con Los Angeles Lakers contra los Denver Nuggets el 29 de abril de 2012.

Más oros olímpicos (hombres)

La selección de EE.UU. ha ganado 14 de los 18 torneos olímpicos de baloncesto celebrados entre 1936 y 2012: venció en siete finales consecutivas entre 1936 y 1968 y volvió a triunfar en Montreal en 1976. El 12 de agosto de 2012 derrotó a España por 107-100 en Londres (R.U.). La URSS (1972 y 1988), Yugoslavia (1980) y Argentina (2004) son los otros únicos equipos que han ganado la final olímpica masculina.

Más margen de victoria en una final olímpica (mujeres)

La selección de EE.UU. obtuvo su quinto oro olímpico consecutivo en los Juegos celebrados en Londres en 2012 tras eliminar a Francia por 86-50 el 11 de agosto. Su margen de victoria, 36 puntos, es el más amplio en los 36 años de historia del baloncesto olímpico para mujeres. Este fue el séptimo título del equipo, que le reportó el récord de **más oros olímpicos en baloncesto femenino,** aunque quien ha acumulado **más puntos de carrera en partidos olímpicos de mujeres** es una jugadora australiana. Lauren Jackson lleva anotados 550 puntos desde que efectuó su debut olímpico en los Juegos de 2000 celebrados en Sídney (Australia).

NBA

El entrenador en ganar 100 partidos en menos tiempo

Tom Thibodeau (EE.UU.) cosechó 100 victorias en 130 partidos durante su carrera profesional, un partido menos que el récord previo de Avery Johnson (EE.UU.), entrenador de los Dallas Mavericks, en 2006. La victoria de Thibodeau se produjo cuando los Chicago Bulls ganaron al Orlando Magic por 85-59 el 19 de marzo de 2012.

Más temporadas seguidas de un equipo con 50 victorias

Los San Antonio Spurs (EE.UU.) terminaron la temporada 2011-2012 con un récord de 50-16. Superaban así los 50 partidos ganados consecutivamente en una decimotercera temporada.

Más minutos jugados sin transformar un tiro libre en una temporada

Durante la temporada 2011-2012, Josh Childress (EE.UU.) jugó con los Phoenix Suns 34 partidos, con una duración total de 491 min, sin transformar un solo tiro libre; hizo 0/2 desde la línea de tiro libre.

La racha perdedora más larga en postemporada

La racha de 13 derrotas de los New York Knicks (EE.UU.) empezó en la postemporada 2000-2001 y no acabó hasta los play-offs de la 2011-2012, al vencer por 89-87 al Miami Heat.

El peor porcentaje de victorias en una temporada

Los Charlotte Bobcats (EE.UU.) batieron un récord de 7-59 en la temporada 2011-2012 con un porcentaje de tan solo 0,106.

El primer jugador que alcanza los 20.000 puntos, 8.000 asistencias y 2.000 robos

Gary Payton (EE.UU.) se anotó con los Boston Celtics el punto 20.000 de su carrera al jugar contra los Portland Trailblazers el 10 de noviembre de 2004, rompiendo la barrera del triplete.

Más intentos de lanzamientos de tiros libres en un partido de la NBA

Dwight Howard (EE.UU.) jugaba con el Orlando Magic en la victoria por 117-109 frente a los Golden State Warriors, el 12 de enero de 2012, cuando lanzó 39 tiros libres. Howard transformó 21 de los 39 intentos y superó la marca de 34 de Wilt Chamberlain con los Philadelphia Warriors contra los Saint Louis Hawks, el 22 de febrero de 1962.

14.812
Minutos jugados por Katie Smith a lo largo de su carrera desde 1998.

Más minutos jugados en una carrera en la WNBA

Tina Thompson (EE.UU., *izquierda*) había jugado 15.112 min hasta el 20 de febrero de 2013. Su compañera del Seattle Storm, Katie Smith (EE.UU., *derecha*) es quien ha jugado **más minutos por partido durante una carrera en la WNBA**, con 33,1.

WNBA

Menos partidos para alcanzar 1.000 rebotes

Tina Charles (EE.UU.) necesitó 89 partidos durante su carrera profesional para alcanzar los 1.000 rebotes, superando así el récord de 92 establecido por Yolanda Griffith (EE.UU.); ha jugado con el Connecticut Sun desde que fue seleccionada con el n.º 1 en 2010.

La mayor diferencia a mitad de partido

El equipo de Tina Charles, el Connecticut Sun (EE.UU.), iba ganando por 61-27 al New York Liberty el 15 de junio de 2012 y acabó venciendo por 97-55. El margen de victoria del Sun a mitad de partido mejoró el previo de 33 puntos conseguido por el Seattle Storm (60-27) jugando contra el Tulsa Shock el 7 de agosto de 2010.

Más asistencias

Ticha Penicheiro (Portugal) dio 2.599 asistencias en 454 partidos jugando con los Sacramento Monarchs, Los Angeles Sparks y el Chicago Sky desde 1998; también posee el récord de **más asistencias por partido**, con 5,7.

Más victorias consecutivas al empezar una temporada

Los Minnesota Lynx (EE.UU.) empezaron 2012 en plena forma al apuntarse 10 victorias seguidas y batir el récord precedente de 9 fijado por Los Angeles Sparks en 2001 y 2003. En 2012 los Minnesota Lynx establecieron también el récord del **porcentaje más alto de tiros de campo en un partido**: 0,695 cuando se impusieron por 107-86 al Tulsa Shock el 10 de julio de 2012. Los Lynx transformaron 41 de los 59 intentos de tiros de campo.

Más tiros libres

Tamika Catchings (EE.UU.) ha jugado con el Indiana Fever desde 2002, un período durante el cual ha realizado 1.573 tiros libres. Además de contribuir a las victorias de EE.UU. en 2012 cuando formaba parte del equipo olímpico, también se ha anotado el récord de **más robos en una carrera deportiva**, con 845. Cuando jugaba en el instituto en 1997 fue la primera de las dos únicas jugadoras que han conseguido un doble quíntuple, es decir, cinco marcas totales de dos cifras en puntos, rebotes, asistencias, robos y tiros bloqueados, aunque esta proeza nunca se ha logrado en el baloncesto universitario o profesional.

Más partidos jugados

Tangela Smith (EE.UU.) ha jugado 463 partidos con los Sacramento Monarchs, Charlotte Sting, Phoenix Mercury, Indiana Fever y San Antonio Silver Stars desde 1998, de los cuales ha iniciado 400.

Más canastas de 3 puntos intentadas por un jugador (carrera en la NBA)

Ray Allen (EE.UU.) había intentado 6.980 canastas de 3 puntos hasta el 19 de febrero de 2013, de las cuales, y hasta esa misma fecha, había anotado 2.797: el **mayor número de canastas de 3 puntos en una carrera en la NBA** jugando con los Milwaukee Bucks, Seattle SuperSonics, Boston Celtics y Miami Heat.

Y QUE CONSTE...

Ray Allen también ha sido actor; recibió elogios por su papel de la joven promesa Jesus Shuttlesworth en *Una mala jugada*, de Spike Lee (EE.UU., 1998).

PARA MÁS DEPORTES DE EE.UU, VER PÁG. 224

FIBA, NBA Y WNBA		
FIBA (International Basketball Federation)		
Más Campeonatos Mundiales de la FIBA (el primero se celebró en 1950)	5	Yugoslavia/Serbia
	4	EE.UU.
	3	URSS
Más Campeonatos Mundiales Femeninos de la FIBA (el primero se celebró en 1953)	8	EE.UU.
	6	URSS
	1	Australia
NBA (National Basketball Association)		
Más títulos de la NBA (el primero se celebró en 1946-1947)	17	Boston Celtics (EE.UU.)
	16	Minneapolis/Los Angeles Lakers (EE.UU.)
	6	Chicago Bulls (EE.UU.)
Más minutos jugados en la NBA	57.446	Kareem Abdul-Jabbar (EE.UU.)
	54.852	Karl Malone (EE.UU.)
	50.000	Elvin Hayes (EE.UU.)
Más tiros libres en la NBA	9.787	Karl Malone (EE.UU.)
	8.531	Moses Malone (EE.UU.)
	7.737	Kobe Bryant (EE.UU.)
WNBA (Women's National Basketball Association)		
Más títulos de la WNBA (el primero se celebró en 1997)	4	Houston Comets (EE.UU.)
	3	Detroit Shock (EE.UU.)
	2	Los Angeles Sparks (EE.UU.)
		Phoenix Mercury (EE.UU.)
		Seattle Storm (EE.UU.)
Más minutos jugados en la WNBA	15.112	Tina Thompson (EE.UU.)
	14.821	Katie Smith (EE.UU.)
	13.546	Taj McWilliams-Franklin (EE.UU.)
Más tiros libres anotados en la WNBA	1.573	Tamika Catchings (EE.UU.)
	1.477	Lisa Leslie (EE.UU.)
	1.412	Katie Smith (EE.UU.)

Estadísticas correctas hasta el 20 de febrero de 2013

BOXEO

EN RESUMEN: Los Juegos Olímpicos de Londres celebrados en 2012 presentaron el boxeo a un público más amplio que nunca, gracias en gran parte a la introducción de las categorías femeninas, una decisión que conquistó «uno de los últimos bastiones de la desigualdad olímpica», según el Comité Organizador de los Juegos Olímpicos y Paralímpicos de Londres. En el campo profesional, los hermanos Wladimir y Vitali Klitschko (Ucrania) defendieron sus títulos de peso pesado con mano de hierro, al tiempo que Floyd Mayweather, Jr. (EE.UU.), campeón en cinco categorías, se mantuvo invicto.

Mientras tanto, una luminosa estrella brilla en el horizonte: el americano Andre Ward. Invicto tras 26 combates, es el actual campeón mundial de la WBA de peso supermediano y de la WBC de la misma categoría y en el futuro podría batir algún récord.

24
Combates anteriores en los que Tavoris Cloud quedó invicto.

El campeón mundial de boxeo más veterano

El 9 de marzo de 2013, Bernard Hopkins (EE.UU., n. el 15 de enero de 1965, *arriba a la izquierda*) se convirtió en el boxeador más veterano en ganar un gran título mundial. Con 48 años y 53 días, Hopkins superó al entonces campeón Tavoris Cloud (EE.UU., *arriba a la derecha*) en el combate a 12 asaltos por la corona mundial de peso semipesado de la IBF, en el Barclays Center de Brooklyn, en Nueva York (EE.UU.).

Menos combates para ganar el Campeonato del Mundo de peso pesado

El 15 de febrero de 1978, Leon Spinks (EE.UU.) superó al entonces campeón, Muhammad Ali (EE.UU., cuyo nombre de nacimiento es Cassius Marcellus Clay, Jr.) tras 15 asaltos en el Hilton Sports Pavilion de Las Vegas (EE.UU.) y se hizo con el título en su octavo combate como profesional.

Más tiempo transcurrido entre dos títulos mundiales de peso pesado

George Foreman (EE.UU.) se hizo con la corona mundial de peso pesado el 22 de enero de 1973 en Kingston (Jamaica), donde derrotó a Joe Frazier (EE.UU.) tras dos asaltos. Al año siguiente, el 30 de octubre de 1974, perdió el

Menos golpes en un combate por el título a 12 asaltos

El 20 de octubre de 2012, Randall Bailey (EE.UU., *arriba a la izquierda*) perdió por los puntos su título mundial de peso welter de la IBF frente a Devon Alexander (EE.UU., *arriba a la derecha*), tras un combate a 12 asaltos en el Barclays Center de Brooklyn, en Nueva York (EE.UU.). Durante el combate, CompuBox tan sólo contabilizó 45 golpes por parte de Bailey. El combate se había programado para el 8 de septiembre, pero se retrasó porque Bailey se lesionó en un entrenamiento.

título al ser noqueado en el octavo asalto por Muhammad Ali (EE.UU.) en Kinsasa (República Democrática del Congo). Foreman volvió a ganar los campeonatos de la WBA y de la IBF 20 años después, el 5 de noviembre de 1994, tras noquear al entonces vigente campeón Michael Moorer (EE.UU.) en el décimo asalto de un combate en Las Vegas (EE.UU.). *(Arriba, derecha, más información sobre Foreman.)*

Los primeros hermanos en poseer simultáneamente un título mundial de peso pesado

Vitali Klitschko recuperó el título de la WBC el 11 de octubre de 2008, cuando su hermano Wladimir (ambos de Ucrania) era el campeón de la WBO, la IBF y la IBO.

El primer campeón mundial invicto de peso pesado

Con un total de 49 victorias, Rocky Marciano (EE.UU., cuyo nombre de nacimiento era Rocco Francis Marchegiano, 1923-1969) fue el primer –y único– campeón mundial de peso pesado en ganar todos los combates de su carrera profesional, que se desarrolló entre el 17 de marzo de 1947 y el 21 de septiembre de 1955.

El campeón más bajo de peso pesado

El 23 de febrero de 1906, con sus 170,18 cm de altura, Tommy Burns (Canadá) venció por puntos a Marvin Hart (EE.UU.) tras 20 asaltos y se hizo con el Campeonato del Mundo y se convirtió en el ganador del título de peso pesado más bajo de todos los tiempos.

El primer boxeador manco

Michael Costantino (EE.UU.), que nació sin la mano derecha, hizo su debut profesional en la categoría de peso crucero el 27 de octubre de 2012 en

Y QUE CONSTE...

Con 27 combates en total, Joe Louis (EE.UU., 13 de mayo de 1914-12 de abril de 1981) es el **boxeador que ha peleado en más combates por un título mundial de peso pesado.** Louis ganó su primer título el 22 de junio de 1937 y lo defendió con éxito en 25 ocasiones hasta su regreso (en el combate por su título número 27), el 27 de septiembre de 1950; después de 15 asaltos no pudo recuperar la corona mundial al derrotarle los puntos el entonces campeón Ezzard Charles.

El ganador más joven del título mundial de peso pesado

Mike Tyson (EE.UU., n. el 30 de junio de 1966, *izquierda*) se convirtió, a la edad de 20 años y 145 días, en el boxeador más joven en ganar un título de peso pesado. Tyson puso fin al reinado del campeón Trevor Berbick (Canadá, *abajo*) en dos asaltos, haciéndose con la corona de la WBC el 22 de noviembre de 1986 en el hotel Hilton de Las Vegas (EE.UU.).

18

Años: la diferencia de edad entre Foreman y Moorer cuando se enfrentaron en el MGM Grand en 1994.

El campeón mundial de peso pesado más veterano

A los 45 años y 299 días, *Big George* Foreman (EE.UU., n. el 10 de enero de 1949, *arriba, derecha*) se convirtió en el campeón del mundo de peso pesado más veterano al noquear al entonces campeón Michael Moorer (EE.UU.). Foreman derribó a *Double M* en el décimo asalto del combate en el MGM Grand de Las Vegas (EE.UU.) el 5 de noviembre de 1994, recuperando un título del que había sido desposeído por Muhammad Ali 20 años antes, en el «Rumble in the Jungle».

Brooklyn, en Nueva York (EE.UU.), tras vencer a su oponente, Nathan Ortiz (EE.UU.), en el segundo asalto. Aunque se considera a Costantino un peso semipesado, el combate se desarrolló en el límite superior.

El campeón del mundo de peso medio más veterano

A Javier Castillejo (España, n. el 22 de marzo de 1968) se le considera el mejor boxeador español de todos los

EL SEÑOR DEL ANILLO

En mayo de 2013, después de ganar 44 combates de 44, Mayweather era un campeón invicto.

CITA

«He llevado puestos los guantes de boxeo desde antes de que pudiera caminar y he pasado toda mi vida en gimnasios.»

tiempos: ganó la corona de la WBA tras derrotar al campeón, Felix Sturm (Alemania), el 15 de julio de 2006 en el décimo asalto de un combate celebrado en el Color Line Arena de Hamburgo (Alemania). Tenía 38 años y 115 días.

Más defensas consecutivas del título mundial de peso supermediano

Joe Calzaghe (R.U.) y Sven Ottke (Alemania) han defendido su título en 21 ocasiones. Calzaghe alcanzó la cifra tras vencer a Mikkel Kessler (Dinamarca) en Cardiff (R.U.), el 3 de noviembre de 2007. Ottke logró su 21.ª victoria frente a Armand Krajnc (Suecia), el 27 de marzo de 2004, en Alemania.

Más golpes asestados en un combate por un campeonato

El boxeador estadounidense de origen mexicano Antonio Margarito propinó 1.675 golpes en un combate a 12 asaltos por el título de la WBO de peso welter contra Joshua Clottey (Ghana), en Atlantic City (New Jersey, EE.UU.), el 2 de diciembre de 2006.

Y QUE CONSTE...

El 21 de septiembre de 1985, Michael Spinks *(arriba a la derecha)* derrotó a Larry Holmes (ambos de EE.UU.) después de 15 asaltos, haciéndose con el Campeonato del Mundo de la IBF en el hotel y casino Riviera de Las Vegas (EE.UU.). Fue el **primero en conquistar una corona mundial de peso pesado siendo vigente campeón de peso semipesado.**

El primer ganador de todos los títulos de peso supermediano

Joe Calzaghe (R.U.), quien se retiró el 5 de febrero de 2009, fue el primer boxeador en conquistar los cuatro títulos principales (WBO, IBF, WBC y WBA) de campeón mundial de peso supermediano.

Más asaltos consecutivos

El 20 de octubre de 2012, Gerry Cronnelly (Irlanda) combatió en 123 asaltos contra 42 oponentes en el hotel Raheen Woods de Athenry, en el condado de Galway (Irlanda).

El primer oro femenino en unos Juegos Olímpicos

La peso mosca Nicola Adams (R.U.) derrotó a la china Ren Cancan por 16-7 después de cuatro asaltos de dos minutos en la primera final olímpica de todos los tiempos de boxeo femenino, que tuvo lugar en el ExCeL arena de Londres (R.U.), el 9 de agosto de 2012.

La **medalla de oro más joven** es de la boxeadora Claressa Shields (EE.UU., n. el 17 de marzo de 1995), que con sólo 17 años y 145 días derrotó a Nadezhda Torlopova (Rusia) en la final de peso medio (75 kg), el 9 de agosto de 2012.

Las mayores ganancias anuales de un boxeador

Floyd Mayweather, Jr. (EE.UU.) no sólo es el boxeador con mayores ingresos, sino también el **deportista con mayores ingresos.** Según la lista *Forbes* de 2012, ganó 85 millones de dólares por su victoria en dos combates. El primero contra Victor Ortiz (EE.UU.) por el título mundial de peso welter de la WBC, el 17 de septiembre de 2011, en el que ganó 40 millones de dólares. El segundo contra Miguel Cotto (Puerto Rico) por el título de peso supermediano de la WBA, el 5 de mayo de 2012.

DEPORTES DE LUCHA

EN RESUMEN: En los Juegos Olímpicos de Londres celebrados en 2012, tres luchadores ganaron su tercer oro olímpico consecutivo: Saori Yoshida y Kaori Icho (ambas de Japón) vencieron, respectivamente, en las categorías de peso ligero y peso medio de lucha libre femenina, y el uzbeko Artur Taymazov añadió una medalla más a las que había ganado en Atenas y Pekín.

En taekwondo, Corea del Sur dominó en el medallero, en categoría masculina y femenina.

El Ultimate Fighting Championship (UFC) tuvo a su primera campeona: *Rowdy* Ronda Rousey (EE.UU.). Por su parte, la leyenda del UFC Anderson *The Spider* Silva (Brasil) logró el **mayor número de victorias en peso medio**, el **mayor número de victorias consecutivas** y el **mayor número por KO.** ¡Cualquiera le dice algo!

Valentina Vezzali (Italia) ganó nueve medallas olímpicas de esgrima: seis de oro, una de plata y dos de bronce, lo que la convirtió en la **esgrimista con más medallas olímpicas.** Ganó el oro con el equipo de florete y la plata en florete individual en los Juegos Olímpicos de Atlanta de 1996; el oro en florete individual y por equipos en los de Sídney, en 2000; el oro en florete individual en los de Atenas, en 2004, y el oro en florete individual y bronce en florete por equipos en los de Pekín, en 2008. En 2012, en los Juegos de Londres, ganó el oro en florete por equipos y el bronce en florete individual.

Más medallas de oro olímpicas en judo

El único ganador de tres oros olímpicos en judo es Tadahiro Nomura (Japón), que venció en la categoría de peso superligero (60 kg) en 1996, 2000 y 2004. El judo femenino se convirtió en deporte olímpico en 1992, y ninguna competidora ha ganado más de una medalla de oro.

ESGRIMA

El primer medallista olímpico y paralímpico

Sólo un atleta ha ganado medallas tanto en Juegos Olímpicos como Paralímpicos. Fencer Pál Szekeres (Hungría) obtuvo el bronce con la selección masculina de florete en los Juegos Olímpicos de Seúl (Corea del Sur), en 1988. Herido en un accidente de autobús en 1991, empezó a competir en silla de ruedas y ganó el oro en florete individual en Barcelona (España), en 1992, y en florete individual y sable individual en Atlanta (EE.UU.), en 1996. También ganó tres medallas de bronce como paralímpico: en florete individual en Sídney (Australia), en 2000, y Pekín (China), en 2008, y en sable individual en Atenas (Grecia), en 2004.

Más medallas olímpicas de esgrima

Edoardo Mangiarotti (Italia) ganó 13 medallas olímpicas –seis de oro, cinco de plata y dos de bronce– en florete y espada entre 1936 y 1960.

Más oros olímpicos en lucha libre (mujeres)

Saori Yoshida (Japón, *arriba*) ganó tres medallas de oro en la categoría de peso ligero: en los Juegos de Atenas (2004), Pekín (2008) y Londres (2012). La luchadora de peso medio Kaori Icho (Japón) ganó también tres medallas de oro en los mismos Juegos.

Sus tres victorias individuales en florete en los Juegos de 2000, 2004 y 2008 suponen el **mayor número de oros olímpicos consecutivos en florete individual (mujeres).**

UFC

Más victorias consecutivas en el UFC

El Ultimate Fighting Championship (UFC) es una competición de artes marciales mixtas con ocho categorías por peso. El mayor número de victorias consecutivas en el UFC son las 17 logradas por Anderson *The Spider* Silva (Brasil) entre 2006 y 2012. Silva también tiene el récord de **más victorias por KO en el UFC**, con 20 entre 2000 y 2012. El **mayor número de victorias en combates por el campeonato de peso medio del UFC** son las 11 logradas entre 2006 y 2012 por, de nuevo, el temible Silva. El récord de Silva comprende su primera victoria más las 10 veces que defendió el título con éxito.

El **mayor número de victorias en combates por el campeonato de peso welter del UFC** son las 10 logradas por Georges Saint-Pierre (Canadá) entre 2006 y 2012.

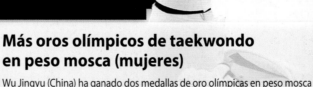

Más oros olímpicos de taekwondo en peso mosca (mujeres)

Wu Jingyu (China) ha ganado dos medallas de oro olímpicas en peso mosca femenino (49 kg), en los Juegos de Pekín (2008) y Londres (2012).

DATO:
La primera referencia a un deporte de lucha en los antiguos Juegos Olímpicos se remonta a 648 a.C., con el pancracio, una mezcla de artes marciales con elementos de lucha y boxeo.

RAÍCES ANTIGUAS
El taekwondo (que significa «el arte del pie y la mano») es un arte marcial coreano con unos 2.000 años de historia.

¿SUPERHOMBRES Y SUPERMUJERES? VE A LAS PÁGS. 102 Y 104

JUDO

Más campeonatos del mundo de judo (mujeres)
Japón ha ganado tres veces el campeonato mundial de judo por equipos, en 2002, 2008 y 2012.

El oro olímpico de judo más veterano
Con 33 años y 118 días, Dae-Nam Song (Corea del Sur, n. el 5 de abril de 1979) ganó el oro olímpico de judo en la categoría de 90 kg en el ExCeL centre de Londres (R.U.), el 1 de agosto de 2012. Song derrotó a Asley González (Cuba) en la final, gracias a un *waza-ari* como «punto de oro» durante la prórroga.

Más campeonatos de peso pluma del UFC
El mayor número de victorias en combates por el campeonato de peso pluma del UFC son las cuatro logradas por José Aldo (Brasil) entre 2011 y 2013. El récord comprende el primer título que ganó más las tres veces que lo defendió con éxito.

El combate más largo de lucha libre
Por iniciativa de Shockwave Impact Wrestling (EE.UU.), y con la participación de seis luchadores, el 6 de noviembre de 2010 se celebró el Ultimate Iron Man Match –una competición de lucha libre profesional de 12 h de duración– durante la Shelby County Fairgrounds, en Sídney, Ohio (EE.UU.). *Arriba*, Dark Angel (también conocido como Mike White) se enfrenta al enmascarado American Kickboxer II (también conocido como Brandon Overholser, ambos de EE.UU.).

15
Edad de Lisa cuando estableció el récord, situado anteriormente en 2,15 m.

MÁS MEDALLAS DE ORO OLÍMPICAS EN DEPORTES DE LUCHA

Esgrima (mujeres)	6	Valentina Vezzali (Italia): 2000, 2004 y 2008 (individual); 1996, 2000 y 2012 (equipos)
Esgrima (hombres)	7	Aladár Gerevich (Hungría): 1948 (individual); 1932, 1936, 1948, 1952, 1956, 1960 (equipos)
Judo (mujeres)	1	(Ver pág. 236)
Judo (hombres)	3	(Ver pág. 236)
Taekwondo (mujeres)	2	Chen Yi-an (Taiwán): 1988 y 1992
		Hwang Kyung-seon (Corea del Sur): 2008 y 2012
Taekwondo (hombres)	2	Ha Tae-kyung (Corea del Sur): 1988 y 1992
Lucha libre (mujeres)	3	Kaori Icho (Japón), 63 kg: 2004, 2008 y 2012
		Saori Yoshida (Japón), 55 kg: 2004, 2008 y 2012 (ver pág. 236)
Lucha libre (hombres)	3	Aleksandr Vasílyevich Medved (Bielorrusia): 1964, 1968 y 1972
		Buvaysa Saytiev (Rusia): 1996, 2004 y 2008
		Artur Taymazov (Uzbekistán): 2004, 2008 y 2012
Lucha grecorromana (hombres)	3	Carl Westergren (Suecia): 1920, 1924 y 1932
		Aleksandr Karelin (Rusia): 1988, 1992 y 1996

Datos actualizados a 15 de abril de 2013

TAEKWONDO

El arte marcial más popular
Según Taekwondo Chungdokwan, la rama británica de la World Taekwondo Federation, en todo el mundo unos 50 millones de personas practican el taekwondo, que es el deporte nacional de Corea del Sur.

Más campeonatos mundiales de taekwondo (hombres)
De 1973 a 2009, el equipo masculino de Corea del Sur ganó el título en 19 ocasiones.

El **mayor número de victorias en campeonatos mundiales de taekwondo (mujeres)** es de 12, de nuevo logradas por el equipo de Corea del Sur, entre 1997 y 2011.

Más oros olímpicos de taekwondo en peso medio (mujeres)
Hwang Kyung-seon (Corea del Sur) ha ganado en dos ocasiones la competición olímpica de peso medio de taekwondo (67 kg), en los Juegos de Pekín 2008 y Londres 2012.

El medallista olímpico de taekwondo más joven (hombres)
El 8 de agosto de 2012, durante los Juegos de Londres, Alexey Denisenko (Rusia, n. el 30 de agosto de 1993) ganó una medalla de bronce en la categoría de 58 kg. Tenía 18 años y 344 días.

LUCHA

Más oros olímpicos de lucha libre en peso superpesado (hombres)
El mayor número de oros olímpicos conseguidos por un luchador son los tres que Artur Taymazov (Uzbekistán) se colgó en Atenas 2004, Pekín 2008 y Londres 2012.

Más campeonatos mundiales de lucha libre (hombres)
Dos luchadores han ganado estos campeonatos en siete ocasiones: Aleksandr Medved (Bielorrusia), en la categoría de más de 100 kg entre 1962 y 1971, y Valentin Jordanov (Bulgaria), en la categoría de 55 kg entre 1983 y 1995.

La primera campeona del UFC
Ronda Rousey (EE.UU.) fue proclamada primera ganadora de peso gallo del UFC durante una conferencia de prensa celebrada en Seattle, Washington (EE.UU.), el 6 de diciembre de 2012. Rousey defendió su título frente a Liz Carmouche (EE.UU.) en el UFC 157 de Anaheim, California (EE.UU.), el 23 de febrero de 2013.

La patada de arte marcial a más altura sin ayuda (mujeres)
El 12 de mayo de 2012, Lisa Coolen (Países Bajos) lanzó una patada hasta los 2,35 m de altura en el Sportcomplex de Bandert en Echt (Países Bajos). Coolen realizó una patada frontal en salto, un movimiento de taekwondo también conocido como *twimyo ap chagi*.

CRÍQUET

EN RESUMEN: El pasado año se vio cómo el capitán Alastair Cook (R.U.) y Michael Clarke (Australia), ejercieron su liderato mostrando paciencia y resistencia extremas, mientras que Shikhar Dhawan (India) anotó la **centena más rápida de un bateador en un debut de test** (85 pelotas).

Rahul Dravid (India), Ricky Ponting (Australia) y Andrew Strauss (R.U.) anunciaron su retirada en 2012, mientras que el mejor jugador de su generación –el «Pequeño Maestro» Sachin Tendulkar (India)– se retiró de los ODI con una cifra récord de 18.426 carreras (a un promedio de 44,83), 49 centenas y 96 cincuentenas a partir de 452 entradas.

Antillas ganó el World T20 (su primer trofeo importante desde 2004) y Sudáfrica se convirtió en el equipo a batir en las tres modalidades de juego. Las australianas añadieron la Copa del Mundo de febrero a la corona del World T20 cuando ganaron en octubre de 2012 para mantenerse como la fuerza dominante en el críquet femenino.

CITA
«Si no te empleas a fondo, no mereces ganar nada.»

El jugador de críquet mejor pagado

Mahendra Singh Dhoni, capitán del equipo de críquet de India, ganaba 26,5 millones de dólares al año hasta junio de 2012, según la revista *Forbes*. Los ingresos derivados del críquet se quedan en casi nada frente a los 23 millones de dólares que ganó promocionando firmas como Reebok y Sony.

EL PRIMER...

Jugador que marca un seis con el primer lanzamiento en un partido de test
Chris Gayle (Jamaica) mandó la pelota del lanzador rápido bangladesí Sohag Gazi fuera del límite del campo en el primer lanzamiento del partido de test n.º 2.051, que empezó en Mirpur (Bangladesh) el 13 de noviembre de 2012.

Equipo que defiende con éxito un título mundial de T20
Australia conservó el título mundial femenino de Twenty20 del International Cricket Council (ICC) al derrotar a Inglaterra por cuatro carreras en el Premadasa Stadium de Colombo (Sri Lanka), el 7 de octubre de 2012.

Equipo que declara su primera entrada y pierde por una entrada
Al final del primer día del segundo partido de test contra India en el Rajiv Gandhi International Stadium de Hyderabad (India) el 2 de marzo de 2013, Australia declaró su primera entrada con 237 por 9. Como respuesta, India hizo 503 all out (todos eliminados) en su primera entrada, poniéndose en cabeza por 266 carreras. En el cuarto día del partido, los australianos quedaron todos eliminados por 131, perdiendo por una entrada y 135 carreras.

MÁS...

«Ducks» en críquet Twenty20
Hasta el 22 de marzo de 2013, el récord de más ducks (puntuación cero)

Más wickets en un internacional T20

El lanzador lento off-spinner esrilanqués Ajantha Mendis es el único jugador de críquet que ha anotado seis wickets en un partido internacional Twenty20 (T20), y por dos veces. El 8 de agosto de 2011 anotó seis wickets por 16 carreras en cuatro overs contra Australia en el Pallekele International Cricket Stadium (Sri Lanka). El 18 de septiembre de 2012 en el ICC World Twenty20, y de nuevo en Sri Lanka, anotó seis wickets por ocho carreras en cuatro overs.

CARRERAS, WICKETS Y CAPTURAS

Partidos de test		
Más carreras	15.837	Sachin Tendulkar (India), 1989-2013
Más wickets	800	Muttiah Muralitharan (Sri Lanka), 1992-2010
Más capturas (defensa-fielder)	210	Rahul Dravid (India), 1996-2012
Internacionales de un día		
Más carreras	18.426	Sachin Tendulkar (India), 1989-2012
Más wickets	534	Muttiah Muralitharan (Sri Lanka), 1993-2011
Más capturas (defensa-fielder)	195	Mahela Jayawardene (Sri Lanka), 1998-2013
Internacionales Twenty20		
Más carreras	1.814	Brendon McCullum (Nueva Zelanda), 2005-2013
Más wickets	74	Umar Gul (Pakistán), 2007-2013
Más capturas (defensa-fielder)	33	Ross Taylor (Nueva Zelanda), 2006-2013

Datos comprobados a 22 de marzo de 2013

El primer jugador que anota 5 centenas en los primeros 5 partidos de test como capitán

Los cinco primeros partidos de test de Alastair Cook como capitán de Inglaterra arrojaron para el prolífico marcador zurdo puntuaciones de 173, 109 not out, 176, 122 y 190. Sus 190, anotados en la primera entrada del tercer partido de test contra India disputado en Calcuta el 6-7 de diciembre de 2012, lo convirtieron en el jugador más joven que anotaba 7.000 carreras de test (a los 27 años y 347 días) y en el primer marcador de centenas de Inglaterra, con 23.

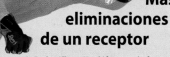

El primer equipo nacional que encabeza todas las modalidades

Cuando Sudáfrica derrotó a Inglaterra en un internacional de un día (ODI) en Ageas Bowl (Southampton, R.U.) el 28 de agosto de 2012, fue la primera selección en el críquet internacional que encabezaba a la vez las clasificaciones de test, ODI y T20 del ICC.

obtenidos por un bateador en partidos internacionales de Twenty20 estaba en 7 y lo había batido Luke Wright (R.U.). El bateador middle-order anotó sus 7 ducks en 36 entradas.

Cincuentenas en una carrera deportiva Twenty20

Brendon McCullum (Nueva Zelanda) elevó su cuenta de medias centenas internacionales Twenty20 a 12 (incluidas dos que convirtió en centenas) cuando anotó 74 carreras de tan sólo 38 lanzamientos jugando contra Inglaterra en Seddon Park (Hamilton, Nueva Zelanda), el 12 de febrero de 2013.

Centenas en críquet internacional

Sachin Tendulkar (India) anotó 100 centenas en partidos de test y ODI entre el 14 de agosto de 1990 y el 16 de marzo de 2012.

Partidos de test como capitán

Graeme Smith (Sudáfrica) fue el primer jugador de críquet que alcanzaba los

100 partidos como capitán en partidos de test con los Proteas en el primer test contra Pakistán jugando en casa en Johannesburgo el 1 de febrero de 2013, día de su 32.º cumpleaños. Hasta el 4 de febrero de ese año, había ganado 48 de sus 100 partidos como capitán y anotado 26 centenas en partidos de test.

Lanzamientos recibidos en partidos de test

Rahul Dravid (India) ha hecho frente a 31.258 pelotas en su carrera en partidos de test. El bateador diestro jugó el último de sus 164 partidos de test contra Australia en Adelaida en enero de 2012.

Más centenas dobles de test en un solo año

El capitán de test australiano Michael Clarke anotó una centena doble sin ser eliminado el día inaugural del segundo test entre Australia y Sudáfrica que se disputó en Adelaida (Australia) el 22 de noviembre de 2012, consiguiendo su cuarta puntuación de 200 o más en 2012. Durante el año natural, Clarke anotó 1.595 carreras de test, con un promedio de 106,33 carreras por entrada.

Más eliminaciones de un receptor

A. B. de Villiers (Sudáfrica, *en la fotografía*) y Jack Russell (R.U.) han anotado 11 capturas en un partido de test. La marca de Russell se produjo mientras jugaba contra Sudáfrica, el país anfitrión, en el New Wanderers Stadium de Johannesburgo el 30 de noviembre y el 2-3 de diciembre de 1995. De Villiers igualó su récord jugando contra Pakistán en el mismo estadio el 2-4 de febrero de 2013.

CRÍQUET FEMENINO

Más victorias en la Copa del Mundo Femenina del ICC

La Copa del Mundo Femenina se ha celebrado en 10 ocasiones desde 1973. Australia ha ganado seis veces: 1978, 1982, 1988, 1997, 2005 y 2013.

Más carreras en ODI (mujeres)

La capitana inglesa Charlotte Edwards anotó su carrera n.º 4.845 en partidos internacionales femeninos de un día cuando la selección de Inglaterra, actual campeona del mundo, derrotó a India en la Copa del Mundo 2013 en Bombay (India) el 3 de febrero.

Más carreras totales en un ODI (mujeres)

Australia (289 por 6) superó el 288 por 6 de Nueva Zelanda faltando 20 lanzamientos en el North Sydney Oval de Australia el 14 de diciembre de 2012. Batió así un récord con 577 carreras totales en un partido femenino de ODI.

Más carreras en un internacional de Twenty20

Brendon McCullum anotó 123 carreras para Nueva Zelanda contra Bangladesh en el torneo mundial Twenty20 del ICC en Pallekele (Sri Lanka) el 21 de septiembre de 2012; obtuvo 7 seises y 11 cuatros al batear 58 pelotas.

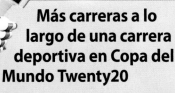

Más carreras a lo largo de una carrera deportiva en Copa del Mundo Twenty20

Mahela Jayawardene (Sri Lanka) ha anotado 858 carreras en 25 entradas, con un promedio de 40,85 carreras por entrada, en los cuatro torneos mundiales Twenty20 del ICC (2007, 2009, 2010 y 2012) celebrados hasta la fecha. Aquí aparece mandando otra pelota hacia el límite del campo, mientras lo observa el receptor antillano Denesh Ramdin, en la final del torneo mundial Twenty20 de 2012 disputado en Colombo (Sri Lanka).

SALVE, MAHELA
En 2006, Jayawardene consiguió la puntuación más alta en test de un esrilanqués, 374, jugando contra Sudáfrica en Sri Lanka.

CICLISMO

EN RESUMEN: En 2012 los periódicos hablaron mucho de ciclismo, aunque no siempre de forma positiva. En otoño se reveló información sorprendente sobre cómo uno de los grandes nombres de este deporte, el estadounidense Lance Armstrong, conseguía mejorar su rendimiento en las carreras. Sin embargo, esta noticia no pudo eclipsar los grandes triunfos del verano de 2012, empezando por los logros de Bradley Wiggins (R.U.), quien se convirtió en el primer corredor que ha ganado el Tour de Francia y una medalla de oro olímpica en el mismo año. La hazaña le valió el título de Caballero en la ceremonia del New Year Honours de 2013.

Otra estrella del R.U., Sir Chris Hoy, anunció su retirada el 18 de abril de 2013 tras ganar una quinta medalla de oro en los Juegos de Londres (2012) y establecer un récord olímpico para un ciclista de pista. Con 12 medallas, el equipo británico dominó las pruebas y se llevó el oro en 8 de las 18 disciplinas. Ningún otro país logró sumar más de un oro.

La circunnavegación más rápida en bicicleta

Alan Bate (R.U.) tan sólo necesitó 127 días para dar la vuelta al mundo en bicicleta. Recorrió una distancia de 29.467,91 km y, si se incluyen los traslados, de más de 42.608,76 km. El viaje, que se prolongó entre el 31 de marzo y el 4 de agosto de 2010, comenzó y llegó a su término en el Gran Palacio de Bangkok (Tailandia).

La carrera ciclista a mayor altitud

La I Ruta Internacional de la Alpaca, de 500 km de distancia, alcanza los 4.873 m de altitud a su paso entre Juliaca y Ayaviri (Perú). La carrera inaugural se celebró entre el 25 y el 28 de noviembre de 2010.

La puntuación más alta en un ejercicio individual de ciclismo artístico

En el ciclismo artístico los competidores van montados en bicicletas de piñón fijo. Durante 5 min realizan piruetas que los jueces puntúan de acuerdo con su calidad.

Hombres: La nota más alta lograda por un ciclista en categoría individual son los 208,91 puntos que se otorgaron a David Schnabel (Alemania) en Kagoshima (Japón), el 6 de noviembre de 2011.

Mujeres: Sandra Beck (Alemania) logró 181 puntos en la prueba de ciclismo artístico femenino durante una competición que se celebró en Erlenbach (Alemania), el 17 de noviembre 2012. Beck ha ganado cinco veces la medalla de plata en campeonatos mundiales de ciclismo artístico (2005, 2008, 2009, 2011 y 2012).

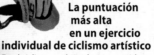

La medallista olímpica más veterana en la prueba de campo a través

El 11 de agosto de 2012, con 40 años y 228 días, Sabine Spitz (Alemania, n. el 27 de diciembre de 1971) ganó una medalla de plata en la prueba de campo a través en Hadleigh Farm, Essex (R.U.). Esta modalidad se convirtió en deporte olímpico en los Juegos de Atlanta (1996).

JUEGOS OLÍMPICOS

El equipo más rápido en los 500 m en salida parada (mujeres)

Gong Jinjie y Guo Shuang (ambas de China) registraron un tiempo de 32,422 s en los 500 m en salida parada en el Velódromo de Londres (R.U.), el 2 de agosto de 2012.

La persecución por equipos más rápida en 4 km (hombres)

El 3 de agosto de 2012, el equipo de Gran Bretaña (compuesto por Steven Burke, Ed Clancy, Peter Kennaugh y Geraint Thomas) estableció un tiempo de 3 min y 51,659 s en la prueba masculina de persecución por equipos en 4 km y logró el oro olímpico en Londres (R.U.).

29
Medallas de oro para el R.U. en Londres 2012. EE.UU ganó más oros en total: 46.

Más oros olímpicos ganados en ciclismo en pista

Sir Chris Hoy (R.U.) ha ganado cinco medallas de oro en ciclismo en pista: en kilómetro contrarreloj en Atenas (2004), en velocidad individual, velocidad por equipos y Keirin en Pekín (2008), y en velocidad por equipos en Londres (2012).

El mejor tiempo en los 750 m en salida parada (hombres)

El 2 de agosto de 2012, el equipo de Gran Bretaña (formado por Philip Hindes, Jason Kenny y Sir Chris Hoy) ganó el oro olímpico en el Velódromo de Londres (R.U.) y estableció un nuevo récord mundial de 42,6 s.

Más medallas en ciclismo en ruta (hombres)

El veterano Alexander Vinokourov (Kazajistán) logró su segunda medalla olímpica en ciclismo en ruta al vencer, sobre una distancia de 250 km, en los Juegos Olímpicos de Londres (2012). Anteriormente había conseguido la plata en los Juegos de Sídney (2000).

Más medallas de oro en ciclismo en ruta

Kristin Armstrong (EE.UU.) se convirtió en la primera persona en defender con éxito un título olímpico de ciclismo en ruta (incluida la modalidad contrarreloj) al vencer en la contrarreloj femenina de los Juegos Olímpicos de Londres (2012). Cuatro años antes, el 13 de agosto de 2008, había vencido en la misma prueba en Pekín (China).

Armstrong (EE.UU., n. el 11 de agosto de 1973) se convirtió en la **ganadora más veterana de una medalla de oro olímpica en ciclismo en ruta** cuando, en los Juegos de Londres (2012), con 38 años y 356 días, defendió con éxito su título de contrarreloj después de completar los 29 km de la prueba en 37 min y 34,82 s.

Más metros ascendidos en 48 horas

Jacob Zurl (Austria) ascendió en bicicleta el equivalente a 28.789 m en Oberschöcklweg (Austria), entre el 20 y el 22 abril de 2012. Zurl dio 164 vueltas a un circuito de 1,8 km que se elevaba 1.753,2 m y tenía una pendiente media del 9,8%.

9,8%

La ciclista olímpica más joven en campo a través

El 11 de agosto de 2012, a la edad de 23 años y 63 días, Julie Bresset (Francia, n. el 9 de junio de 1989) se convirtió en la ganadora más joven al obtener una medalla olímpica en campo a través tras vencer en los 4,8 km de la prueba femenina disputada en Hadleigh Farm (Essex, R.U.).

Los 3 km más rápidos de persecución por equipos (mujeres)

El 4 de agosto de 2012, con 3 min y 14,051 s, el equipo británico (Dani King, Laura Trott y Joanna Rowsell) ganó el oro olímpico en la prueba femenina de persecución por equipos en el Velódromo de Londres (R.U.). El trío batió su propio récord mundial de 3 min y 15,669 s, establecido el día anterior en la ronda de clasificación.

El oro olímpico en pista más joven (mujeres)

Laura Trott (R.U., n. el 24 de abril de 1992) tenía 20 años y 102 días cuando se hizo con la medalla de oro en la prueba femenina de persecución por equipos en los Juegos Olímpicos celebrados en Londres en 2012 (arriba).

UCI (UNIÓN CICLISTA INTERNACIONAL)

Los 500 m en salida parada más rápidos (mujeres)

El 8 de abril de 2012, Anna Meares (Australia) rodó 500 m en 33,010 s en los Campeonatos del Mundo de Ciclismo en Pista de la UCI celebrados en Melbourne (Australia).

Los 200 m lanzados más rápidos (mujeres)

El 19 de enero de 2013, en el Campeonato del Mundo de Ciclismo en Pista de Aguascalientes

(México), Tianshi Zhong (China) rodó los 200 m de esta prueba en 10,573 s.

Más competidores en el Campeonato del Mundo de BMX de la UCI

Se celebró entre el 29 y el 31 de julio de 2005 en el Palais Omnisport de Paris-Bercy (Francia) y atrajo a 2.560 competidores de 39 países.

Más victorias en Campeonatos del Mundo de BMX de la UCI

Hombres: Kyle Bennett (EE.UU.) ha ganado tres veces estos campeonatos, en 2002, 2003 y 2007.
Mujeres: Dos ciclistas comparten este récord: la argentina Gabriela Díaz ganó tres Campeonatos del Mundo de BMX de la UCI, en 2001, 2002 y 2004; Shanaze Reade (R.U.) igualó su hazaña con los de 2007, 2008 y 2010.

TOUR DE FRANCIA

Más victorias (celebrado por primera vez en 1903. En 1919 empezó a distinguirse al vencedor de la general con el maillot amarillo)		
5	Jacques Anquetil (Francia): 1957, 1961-1964	
	Bernard Hinault (Francia): 1978, 1979, 1981, 1982 y 1985	
	Miguel Indurain (España): 1991-1995	
	Eddy Merckx (Bélgica): 1969-1972 y 1974	
3	Louison Bobet (Francia): 1953-1955	
	Greg LeMond (EE.UU.): 1986, 1989 y 1990	
	Philippe Thys (Bélgica): 1913, 1914 y 1920	

Datos vigentes a 15 de abril de 2013

El país más laureado en Campeonatos del Mundo de Ciclismo en Pista de la UCI

A 22 de marzo de 2013, Francia había ganado 353 medallas en Campeonatos del Mundo de Ciclismo en Pista de la UCI, con 129 de oro, 107 de plata y 117 de bronce. En segundo lugar, y a cierta distancia, se encuentra Gran Bretaña, con 218 medallas. La primera edición de los campeonatos fue en Chicago (EE.UU.), en 1893.

El primer ciclista en ganar el mismo año el Tour de Francia y una medalla de oro olímpica

Bradley Wiggins (R.U.) completó un verano memorable para el ciclismo británico al conseguir la victoria en la contrarreloj masculina de los Juegos Olímpicos de Londres el 1 de agosto de 2012 (derecha), tan sólo 10 días después de convertirse en el primer ciclista británico en ganar el Tour de Francia (abajo). Su victoria en la contrarreloj, con un tiempo de 50 min y 39 s, supuso la séptima medalla olímpica para Wiggins.

CITA
«Es como un sueño. Cuando era niño nunca imaginé que un día lograría esto.»

Y QUE CONSTE...

Sus victorias en Londres (2012) convirtieron a Bradley Wiggins y Chris Hoy en los deportistas olímpicos británicos más laureados de todos los tiempos. Cada uno ha logrado siete medallas olímpicas: Wiggins tiene cuatro de oro, una de plata y dos de bronce, y Hoy, seis de oro y una de plata. Sus éxitos les valieron el título de *Sir*.

GOLF

EN RESUMEN: Durante el año pasado, Rory McIlroy ha batido toda clase de récords, ganando torneos en el circuito de la USPGA o encabezando la lista de ganancias económicas. McIlroy es de una nueva generación de jóvenes estrellas, entre las cuales están los chinos Guan Tianlang y Andy Zhang, así como la neozelandesa Lydia Ko, que han causado sensación con apenas 15 años. Respecto a la vieja guardia, Tiger Woods parece volver a su mejor nivel, mientras que Ernie Els y Phil Mickelson siguen sumando victorias.

La Ryder Cup 2012, celebrada en el Medinah Country Club, Illinois (EE.UU.), fue inolvidable. Liderada por Ian Poulter (R.U.), Europa realizó una de las mayores remontadas de los 85 años de historia de la competición, dándole la vuelta a un 10-4 en contra para ganar por 14½ a 13½, en un partido que se conoce como el «Milagro de Medinah».

La puntuación más baja en un campo de 18 hoyos

Rhein Gibson (Australia) obtuvo 55 puntos en un recorrido de par 71 en el River Oaks Golf Club, en Edmond, Oklahoma (EE.UU.), el 12 de mayo de 2012. El recorrido de Rhein incluyó dos eagles y 12 birdies, e hizo el par en el resto de hoyos.

El menor tiempo en jugar un partido de golf en cada continente

Heinrich du Preez (Sudáfrica) completó un campo de 18 hoyos en cada continente (con excepción de la Antártida) en 119 h y 48 min, entre el 22 y el 27 mayo de 2007. Empezó al mediodía en Pretoria (Sudáfrica), y luego se trasladó a Alemania, Argentina, EE.UU. y Australia, para terminar su maratoniana sesión a las 11:48 en un campo de golf de Bangkok (Tailandia).

68.877.458 DÓLARES
Ha ganado Phil Mickelson en la PGA.

Más victorias de un zurdo en el circuito de la PGA

Phil Mickelson (EE.UU.) es diestro en todo excepto en el golf. Entre 1998 y 2013 ganó 41 torneos jugando como zurdo. *Lefty* Mickelson también ostenta el récord de **más grandes torneos ganados por un zurdo,** con victorias en el Masters de Augusta en 2004, 2006 y 2010, y en el Campeonato de la PGA en 2005.

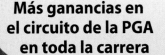

Más ganancias en el circuito de la PGA en toda la carrera

Hasta el 8 de marzo de 2013, Tiger Woods (EE.UU.) había ganado en el circuito de la PGA 102.122.300 dólares. Woods es **el jugador de golf con mayores ganancias anuales.** En junio de 2012 acumulaba 59,4 millones de dólares entre premios y publicidad, según *Forbes*, y ocupaba el tercer puesto en la lista de 2012 de deportistas mejor pagados.

La clase más multitudinaria

El 23 de enero de 2011, 1.073 alumnos asistieron a Golf PARa Todos, en el campo de golf El Camaleón, en Playa del Carmen (Quintana Roo, México).

El aeropuerto con el mayor campo de golf

El aeropuerto internacional de Don Mueang, en Bangkok (Tailandia), tiene un campo de golf de 18 hoyos entre sus dos pistas principales. Pertenece a la Real Fuerza Aérea Tailandesa y no está rodeado por ninguna valla.

El putting green más grande

El Spring Lake Golf Resort, en Sebring, Florida (EE.UU.), cuenta con un putting green de un acre entero (3.908 m²), una superficie equivalente a poco más de 15 pistas de tenis. El green se encuentra en el hoyo número nueve del campo Osprey.

RYDER CUP

Más victorias consecutivas de un equipo en la Ryder Cup

EE.UU. ha ganado la Ryder Cup (que es bienal) siete veces seguidas en dos ocasiones. La primera racha se dio entre 1935 y 1955 (la competición no se celebró durante la Segunda Guerra Mundial), y la segunda, entre 1971 y 1983.

El capitán más joven en la Ryder Cup

El legendario jugador Arnold Palmer (EE.UU.) tenía 34 años y 31 días cuando en 1963 fue capitán del equipo de EE.UU. en el East Lake Country Club, en Atlanta, Georgia (EE.UU.).

La ganadora más joven en el circuito de la LPGA

Lydia Ko (nacida en Nueva Zelanda el 24 de abril de 1997) tenía 15 años y 122 días cuando ganó el CN Canadian Women's Open en el Vancouver Golf Club (Canadá), en agosto de 2012.

PGA

Más ganancias en el circuito europeo sénior en toda la carrera

A 12 de marzo de 2013, Carl Mason (R.U.) había ganado 2.403.565 euros a lo largo de toda su carrera, que comenzó en el año 2003.

El putt más largo (en un torneo)

Jack Nicklaus (EE.UU.) embocó un putt de 33,5 m en el Torneo de Campeones de 1964. Nick Price (Zimbabwe) lo igualó en el Campeonato de la PGA de 1992.

A POR JACK

Tiger Woods tenía 37 años en diciembre de 2012. En 1977, con su misma edad, Jack Nicklaus (EE.UU.), también había ganado 14 grandes y participado en 60 como profesional. Todavía ganaría 4 más. ¿Podrá Woods batir su récord?

MÁS VICTORIAS Y MARCADORES MÁS BAJOS

Open Británico		
Más victorias	6	Harry Vardon (R.U.)
Marcador total más bajo (72 hoyos)	267 (66, 68, 69, 64)	Greg Norman (Australia), Royal St George's, 15-18 de julio de 1993
Open de Estados Unidos		
Más victorias	4	Willie Anderson (R.U.)
		Bobby Jones, Jr. (EE.UU.)
		Ben Hogan (EE.UU.)
		Jack Nicklaus (EE.UU.)
Marcador total más bajo (72 hoyos)	268 (65, 66, 68, 69)	Rory McIlroy (R.U.), Congressional Country Club, Bethesda, Maryland (EE.UU.), 16-19 de junio de 2011
Masters de Estados Unidos		
Más victorias	6	Jack Nicklaus (EE.UU.)
Marcador total más bajo (72 hoyos)	270 (70, 66, 65, 69)	Tiger Woods (EE.UU.), August National Golf Club, 10-13 de abril de 1997

El ganador más veterano en el circuito europeo

El 18 de noviembre de 2012, Miguel Ángel Jiménez (nacido en España el 5 de enero de 1964) ganó el UBS Hong Kong Open –que forma parte del circuito europeo desde 2001– con 48 años y 318 días. Esa victoria fue la tercera de Jiménez en el torneo, tras las obtenidas en 2005 y 2008, y amplió hasta 12 su récord de **más victorias en el circuito europeo de un jugador de 40 años o más**.

1.710.000 DÓLARES
Es el premio que se lleva el ganador.

El torneo de golf con mayores premios económicos

El Professional Golfers' Association Tour Players Championship, que se disputa anualmente en Sawgrass, Florida (EE.UU.), reparte 9.500.000 dólares en premios. Matt Kuchar (EE.UU., *en la imagen*) fue el vencedor en 2012.

Más victorias en el circuito asiático

Thongchai Jaidee (Tailandia) ganó 13 torneos entre 2000 y 2010. El circuito comenzó a celebrarse en 1995 y es el más importante de la región, aparte el de Japón, que celebra el suyo propio.

El marcador más bajo por debajo del par en el Campeonato de la LPGA

Dos jugadoras han conseguido una puntuación de 19 bajo par: Cristie Kerr (EE.UU.), en 2010, y Yani Tseng (Taiwán), en 2011. Ambos marcadores se establecieron en el Locust Hill Country Club, en Pittsford, Nueva York (EE.UU.).

OPENS

El jugador más joven

Andy Zhang (n. en China el 14 de diciembre de 1997) tenía 14 años y 183 días al iniciar su participación en el Open de EE.UU. 2012 en el Olympic Club de San Francisco (California, EE.UU.), el 14 de junio.

La victoria por más margen en el Open Británico femenino

La joven estrella Jiyai Shin (Corea del Sur) completó el recorrido del campo en 71, 64, 71 y 73 golpes. Ganó por 9 de diferencia en el Royal Liverpool Golf Club, cerca de Hoylake, Merseyside (R.U.), del 13 al 16 de septiembre de 2012.

El jugador más joven en el Masters de EE.UU.

Guan Tianlang (n. en China el 25 de octubre de 1998) tenía 14 años y 169 días cuando participó en el Masters de EE.UU. en Augusta, Georgia (EE.UU.), el 11 de abril de 2013. Ostenta el récord de **jugador más joven en clasificarse para el Masters de EE.UU.**, con 14 años y 12 días, y el de **más joven en el circuito europeo de la PGA,** cuando el 19 de abril de 2012 participó en el Volvo China Open, con 13 años y 177 días.

Más victorias en el Open de EE.UU. femenino

Elizabeth *Betsy* Rawls y Mary *Mickey* Wright (ambas de EE.UU.) han ganado cada una cuatro títulos del Open de EE.UU. femenino. Betsy los ganó en 1951, 1953, 1957 y 1960, mientras que Mickey, que ganó 13 grandes campeonatos, se llevó el título del Abierto de EE.UU. femenino en 1958, 1959, 1961 y 1964.

Más dinero ganado en la temporada del debut en el circuito europeo femenino

Carlota Ciganda (España) ganó 251.289,95 dólares en 2012. En una fenomenal temporada de debut, también se la reconoció con los títulos de Jugadora del Año y Novata del Año de la competición, así como con la Orden del Mérito, que se otorga a quien ha conseguido mayores ganancias económicas.

MASTERS

Más birdies en un recorrido del Masters de EE.UU.

Anthony Kim (EE.UU.) realizó 11 birdies en el segundo recorrido en el Augusta National, en Georgia (EE.UU.), el 10 de abril de 2009.

El primer hoyo embocado en un solo golpe

Ross Somerville (Canadá) completó de un solo golpe el hoyo 16 del Augusta National, en Georgia (EE.UU.), el 22 de marzo de 1934.

CITA
«No me gusta que se me ponga en un pedestal... Siempre procuro romper el hielo y que se me vea como una persona normal.»

Más ganancias en el circuito europeo durante toda la carrera

Hasta el 8 de marzo de 2013, y desde 1989, Ernie Els (Sudáfrica) había ganado 28.384.297 euros en el circuito europeo. Els ostenta también el récord de **puntuación más baja en un torneo del circuito de la PGA tras disputar 72 hoyos,** con 31 bajo par en el Mercedes Championships de 2003, celebrado en el Kapalua Resort de Maui (Hawái, EE.UU.) y finalizado el 12 de enero.

HOCKEY SOBRE HIELO

EN RESUMEN Rusia derrotó a los 10 rivales con los que se enfrentó para ganar la medalla de oro en el 76.º Campeonato del Mundo de Hockey sobre Hielo, celebrado en mayo de 2012. Se convirtió en la primera campeona invicta desde que el equipo de la URSS lo consiguiera en 1989. Fue la tercera medalla de oro para Rusia en los últimos cinco años y la 26.ª de todos los tiempos, incluida la URSS. El máximo goleador del campeonato, el ruso Evgeni Malkin (quien juega en la NHL con los Pittsburgh Penguins) recibió el galardón al mejor jugador del torneo.

Durante la temporada 2012-2013, una huelga de personal obligó a reducir a 48 los 82 partidos previstos. Cuando se retomó la liga, los Blackhawks de Chicago realizaron un arranque fulgurante estableciendo el récord de mejor inicio de temporada en la NHL, jugando sus primeros 24 partidos sin perder en el tiempo reglamentario (hasta el 6 de marzo de 2013).

Más espectadores en un partido de hockey sobre hielo

La mayor asistencia confirmada a un partido de hockey sobre hielo son los 104.173 espectadores del «The Big Chill at the Big House», entre la Universidad de Michigan y la Universidad del Estado de Michigan (ambas de EE.UU.), en el Michigan Stadium, en Ann Arbor, Michigan (EE.UU.), el 11 de diciembre de 2010.

El marcador más elevado en un partido internacional de hockey sobre hielo

La selección femenina de Eslovaquia venció 82-0 a Bulgaria en un partido preolímpico de clasificación, jugado en Liepāja (Letonia) el 6 de septiembre de 2008.

El contrato más largo en la NHL

Dos jugadores han firmado contratos por 15 años: Rick DiPietro (EE.UU.), con los New York Islanders, el 12 de septiembre de 2006, e Ilya Kovalchuk (Rusia), con los New Jersey Devils, el 3 de septiembre de 2010. El contrato de DiPietro asciende a 67,5 millones de dólares, y el de Kovalchuk a 100 millones de dólares.

Más victorias consecutivas como local de un equipo de la NHL

Los Detroit Red Wings (EE.UU.) establecieron un récord en la NHL con 23 victorias consecutivas como local en la temporada 2011-2012, superando el anterior registro de 20 que ostentaban los Boston Bruins (1929-1930) junto con los Philadelphia Flyers (1975-1976).

MÁS…

Goles consecutivos en un partido de hockey sobre hielo

Ralph DeLeo (EE.UU.) marcó 10 goles consecutivos para el Boston Technical frente al Roxbury Memorial (ambos de EE.UU.) en la Greater Boston Senior League. El partido se jugó en el Boston Tech Arena de Massachusetts (EE.UU.), el 10 de enero de 1953.

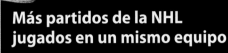

Más partidos de la NHL jugados en un mismo equipo

Nicklas Lidström (Suecia) jugó un total de 1.564 partidos con los Detroit Red Wings desde la temporada 1991-1992 hasta la 2011-2012. Durante ese tiempo ganó cuatro Stanley Cups y fue nombrado mejor defensa de la NHL en siete ocasiones.

Victorias durante su carrera como portero

El portero con más victorias en temporada regular es Martin Brodeur (Canadá), quien ha alcanzado las 656 jugando para los New Jersey Devils desde la temporada 1993-1994.

Otros récords de la NHL en poder del prolífico Brodeur, todos ellos establecidos con los Devils, son: **más partidos de temporada regular jugados por un portero (1.191), más disparos recibidos por un portero en temporada regular**

El equipo con más tandas de penaltis en una temporada de la NHL

Los Minnesota Wild (EE.UU.) participaron en 20 tandas de lanzamientos de penaltis en la temporada 2011-2012, igualando el récord de desempates en una temporada establecido por los Phoenix Coyotes (EE.UU.) en 2009-2010.

Y QUE CONSTE…

Los Minnesota Wild ascendieron a la NHL la temporada 2000-2001, capitaneados por Sean O'Donnell. Marián Gáborík marcó su primer gol a los Mighty Ducks de Anaheim. En 2007-2008, Gáborík fue el máximo goleador de los Wild en una temporada, con 42 tantos.

COPA Y FUENTE

La Stanley Cup de la NHL lleva el nombre de Lord Stanley, un gobernador general de Canadá que donó la primera copa (una ensaladera, de hecho) en 1892.

NATIONAL HOCKEY LEAGUE		
Más apariciones en la Stanley Cup	34	Montreal Canadiens (Canadá), 1916-1993
Más victorias en la Stanley Cup	24	Montreal Canadiens (Canadá), 1930-1993
Más partidos jugados	1.767	Gordie Howe (Canadá), para los Detroit Red Wings y los Hartford Whalers, 1946-1980
Más goles marcados	894	Wayne Gretzky (Canadá), para los Edmonton Oilers, los LA Kings, los Saint Louis Blues y los New York Rangers
Más paradas realizadas	27.312	Martin Brodeur (Canadá), para los New Jersey Devils, 1991-2013
Mayor racha ganadora	17	Pittsburgh Penguins (EE.UU.), del 9 de marzo al 10 de abril de 1993
Máximo goleador en un partido	7	Joe Malone (Canadá), con los Quebec Bulldogs frente a los Toronto Saint Patricks, el 31 de enero de 1920
Equipo máximo goleador en un partido	16	Montreal Canadiens (Canadá), que venció 16-3 a los Quebec Bulldogs, el 3 de marzo de 1920

Datos actualizados el 5 de febrero de 2013

17 es el dorsal de Kovalchuk, en homenaje al difunto jugador ruso Valeri Kharlamov, que lo llevaba.

(29.915), **más minutos jugados en una temporada de hockey sobre hielo de la NHL** (4.697 min, en 2006-2007), **portero con más partidos imbatido en eliminatorias de play-offs** (24), y **portero más veces imbatido** (119).

Años consecutivos en los play-offs de la Stanley Cup

Dos jugadores han participado en los play-offs de la NHL 20 temporadas consecutivas: Larry Robinson (Canadá), jugando con los Montreal Canadiens y Los Angeles Kings entre la temporada 1972-1973 y la 1991-1992, y Nicklas Lidström (Suecia) jugando con los Detroit Red Wings entre la temporada 1991-1992 y la 2011-2012.

Goles marcados por un equipo en una temporada de la NHL

Los Edmonton Oilers (Canadá) marcaron 446 goles durante la temporada 1983-1984.

El **mayor número de goles marcados por un jugador en una temporada de la NHL** son 92, que Wayne Gretzky (Canadá) consiguió para los Edmonton Oilers en 1981-1982.

Goles marcados en el tiempo añadido

Jaromir Jágr (República Checa) ostenta, con 16 tantos, el récord de la NHL de más goles marcados durante el tiempo añadido, que logró jugando para los Pittsburgh Penguins, los Washington Capitals, los New York Rangers y los Philadelphia Flyers entre las temporadas 1990-1991 y 2011-2012.

Medallas de oro en los Juegos Olímpicos de Invierno

Dos selecciones han alcanzado la cifra récord de ocho medallas de oro en los Juegos Olímpicos de Invierno. La primera en lograr la hazaña fue la URSS (que ganó su última medalla de oro en 1992) y más tarde la acompañó Canadá, con su victoria en los Juegos Olímpicos de Invierno de Vancouver 2010.

El **mayor número de medallas de oro en unos Juegos Olímpicos de Invierno conseguidas por un equipo femenino** es tres, récord de Canadá con sus victorias en 2002, 2006 y 2010.

DEPORTES DE INVIERNO EN LA PÁG. 260

Más victorias en tandas de penaltis decisivas en una temporada de la NHL

Ilya Kovalchuk (Rusia), extremo y segundo capitán de los New Jersey Devils, estableció un récord de la NHL ganando en siete tandas de penaltis decisivas durante la temporada 2011-2012, el mayor número de victorias para un jugador en una única temporada desde que la liga adoptó esta forma de desempate en 2005.

Más paradas de un portero de la NHL manteniéndose imbatido en un partido de liga regular

Mike Smith (Canadá), de los Phoenix Coyotes, hizo 54 grandes paradas manteniéndose imbatido en la victoria por 2-0 frente a los Columbus Blue Jackets, el 3 de abril de 2012.

DATO: El padre de Ilya comenzó a entrenarlo poco después de su tercer cumpleaños. Con 18 años, Ilya era el jugador profesional de hockey sobre hielo más joven de los Juegos Olímpicos de Invierno de 2002.

Derrotas de un equipo en el tiempo añadido

En la temporada 2011-2012, los Florida Panthers perdieron 18 partidos en el tiempo añadido, igualando la marca establecida por los Tampa Bay Lightning (ambos de EE.UU.) en 2008-2009.

Partidos consecutivos anotando el gol de la victoria

En febrero de 1921 Newsy Lalonde (Canadá) marcó el gol ganador en cinco ocasiones jugando para los Montreal Canadiens. Le sigue Daniel Alfredsson (Suecia), que se convirtió en el segundo jugador de la NHL en marcar el gol ganador cuatro partidos seguidos, cuando jugaba con los Ottawa Senators, entre el 9 y el 16 de enero de 2007.

El jugador en más equipos de la NHL

Mike Sillinger (Canadá) jugó para 12 equipos durante una carrera de 17 años, de 1990 a 2009: Columbus Blue Jackets, Detroit Red Wings, Florida Panthers, Mighty Ducks de Anaheim, Nashville Predators, New York Islanders, Philadelphia Flyers, Phoenix Coyotes, Saint Louis Blues, Tampa Bay Lightning, Ottawa Senators y Vancouver Canucks.

MARATONES

EN RESUMEN: Los atletas africanos siguen marcando el ritmo en las pruebas de maratón, logrando los mejores tiempos y ganando carreras por todo el mundo. Este año, los kenianos Patrick Makau y Geoffrey Mutai han establecido sendos récords en maratón, mientras el atleta ugandés Stephen Kiprotich conquistaba la gloria olímpica en el Mall, con lo que fue la única medalla de oro de su país en los Juegos Olímpicos de Londres, celebrados en 2012. El trío keniano formado por Edna Kiplagat, Priscah Jeptoo y Sharon Cherop hizo historia en el Campeonato Mundial de Daegu tras lograr el **primer triplete en la prueba de maratón.** Jeptoo ganó la plata en los Juegos Olímpicos de Londres (2012). Y a todos nos conmovieron los trágicos sucesos del Maratón de Boston de 2013. Los corredores del Maratón de Londres (2013) mantuvieron 30 s de silencio al iniciar la prueba y muchos portaron cintas negras en memoria de las víctimas.

de verano de 1984. Fue organizado conjuntamente por las ciudades de Stoke Mandeville (R.U.) y Nueva York (EE.UU.). Compitieron unos 3.000 atletas.

El maratón más al sur
El Antarctic Ice Marathon, que desde 2006 se viene celebrando anualmente en el continente antártico, se corre a 80° de latitud sur.

El **maratón más al norte** que se celebra es el North Pole Marathon. Desde 2002 se disputa cada año en el polo Norte geográfico.

Menos tiempo en completar un maratón en cada continente

Wendelin Lauxen (Alemania, *imagen principal*) corrió un maratón en cada uno de los siete continentes en 21 días, 5 h y 33 min, entre el 31 de octubre y el 21 de noviembre de 2012. ¿No te parece bastante duro? El **mejor tiempo en correr un maratón y ultramaratón en cada continente** es de 1 año y 217 días, marca conseguida por Andrei Rosu (Rumanía, *recuadro*) entre el 31 de julio de 2010 y el 4 de marzo de 2012.

El primer Maratón de Londres
Considerado por muchos como el maratón más importante del mundo, el Maratón de Londres empezó a celebrarse el 29 de marzo de 1981.

El **Maratón de Nueva York** se celebró por primera vez el 13 de septiembre de 1970 en Central Park, 126 hombres y una mujer iniciaron la prueba. El ganador de la carrera masculina fue Gary Muhrcke (EE.UU.), con un tiempo de 2 h, 31 min y 38 s. La mujer que competía no terminó la prueba.

El primer maratón en silla de ruedas en los Juegos Paralímpicos
El maratón en silla de ruedas inaugural se celebró en los Juegos Paralímpicos

4 Victorias de Fearnley en la categoría de silla de ruedas del Maratón de Nueva York.

El London Wheelchair Marathon más rápido
Mujeres: Amanda McGrory (EE.UU.), con un tiempo de 1 h, 46 min y 31 s, el 22 de abril de 2011.
Hombres: El 26 de abril de 2009 el australiano Kurt Fearnley completó el London Wheelchair Marathon en 1 h, 28 min y 57 s.

Más maratones en un año de calendario
R. L. *Larry* Macon (EE.UU.) corrió un total de 157 maratones entre el 1 de enero y el 31 de diciembre de 2012.

Más victorias en el London Wheelchair Marathon
Hombres: David Weir (R.U.) ha conseguido la victoria en el London Wheelchair Marathon en seis ocasiones: 2002, 2006-2008, 2011 y 2012.
Mujeres: El récord femenino de victorias en el London Wheelchair Marathon lo tiene Tanni Grey-Thompson (R.U.) también con seis: 1992, 1994, 1996, 1998, 2001 y 2002.

MÁS RÁPIDO...

Maratón de Berlín
Hombres: El mejor tiempo de un atleta en el Maratón de Berlín es de 2 h, 3 min y 38 s, marca lograda por Patrick Makau Musyoki (Kenia), el 25 de septiembre de 2011. El tiempo de Makau es también la **mejor marca de maratón de todos los tiempos.** Su velocidad media fue de 4 min y 42,9 s por milla y batió el récord anterior por 21 s.

CORRIENDO POR LONDRES Más de 36.000 atletas compitieron en el Maratón de Londres de 2013; en su edición inaugural tan sólo lo hicieron 7.747.

2013 VIRGIN LONDON MARATHON: NUEVOS RÉCORDS MUNDIALES

Aunque las carreras de maratón son un asunto serio para los atletas de élite como los que aparecen más arriba, para otros es una buena excusa para divertirse un poco. ¿Y qué mejor ocasión para hacerlo que el Maratón de Londres, la prueba más importante del mundo? Abajo se muestran algunos de los pintorescos personajes que participaron el pasado año, ordenados por tiempos.

El maratón femenino con más participación

El maratón femenino de Nagoya, Aichi (Japón), el 10 de marzo de 2013, estableció un récord de participación con 14.554 corredoras, frente a las 13.114 del 2012. La ganadora de 2013 fue Ryoko Kizaki (Japón), con 2 h, 23 min y 34 s. Su marca la colocó 17 s por delante del tiempo de la segunda clasificada, Berhane Dibaba (Etiopía), de 2 h, 23 min y 51 s.

Mujeres: Wakako Tsuchida (Japón) estableció un tiempo de 1 h, 38 min y 32 s en Ōita (Japón), el 11 de noviembre de 2001.

Maratón corriendo de espaldas

El 17 de octubre de 2004, en una hazaña sin precedentes del atletismo marcha atrás, el chino Xu Zhenjun completó el Maratón Internacional de Pekín (China) en un tiempo de 3 h, 43 min y 39 s.

Maratón de un equipo enlazado

Unidos entre ellos con cuerdas elásticas atadas a la cintura, los corredores Les Newell, Aaron Burgess, Darrell Bellinger,

Maratón T12 más rápido

El 9 de septiembre de 2012, en los Juegos Paralímpicos de Londres (R.U.), Alberto Suárez Laso (España, *arriba en el centro*) ganó el maratón masculino T12 (discapacidad visual) en 2 h, 24 min y 50 s.

Mujeres: Mizuki Noguchi (Japón) es la mujer que ha corrido el Maratón de Berlín en menos tiempo. El 25 de septiembre de 2005, logró un tiempo de 2 h, 19 min y 12 s.

Maratón de Chicago

Hombres: El 11 de octubre de 2009, Samuel Kamau Wanjiru (Kenia, 1986-2011) completó el Maratón de Chicago en 2 h, 5 min y 41 s. Siete meses antes, el 26 de abril, había establecido el **récord del Maratón de Londres (hombres)**, con 2 h, 5 min y 10 s.

Mujeres: El 13 de octubre de 2002, Paula Radcliffe (R.U.) corrió el Maratón de Chicago en un tiempo récord de 2 h, 17 min y 18 s. El 13 de abril de 2003 batió el **récord femenino del Maratón de Londres** tras establecer un registro de 2 h, 15 min y 25 s, convirtiéndose también en la **mejor marca de maratón en categoría femenina de todos los tiempos.**

Maratón de Nueva York

Hombres: El récord masculino del Maratón de Nueva York lo estableció Geoffery Mutai (Kenia) el 6 de noviembre de 2011, en 2 h, 5 min y 6 s.

Mujeres: El 2 de noviembre de 2003, la keniana Margaret Okayo corrió el maratón de Nueva York en 2 h, 22 min y 31 s.

Maratón en silla de ruedas (T52)

Thomas Geierspichler (Austria) ganó la medalla de oro en el maratón masculino, clase T52 (sin función de las extremidades inferiores), con un tiempo de 1 h, 40 min y 7 s; en Pekín (China), el 17 de septiembre de 2008.

Maratón en silla de ruedas (T54)

Hombres: Heinz Frei (Suiza) ganó el maratón masculino en la categoría T54 (para corredores con lesiones en la médula espinal) con un tiempo de 1 h, 20 min y 14 s. En Ōita (Japón), el 31 de octubre de 1999.

Primer triplete en un Campeonato del Mundo de Maratón

El 27 de agosto de 2011, Kenia ganó las tres medallas en disputa en el Campeonato del Mundo de Atletismo de Daegu (Corea del Sur); ocurría por primera vez en categoría masculina y femenina. En la foto, de izquierda a derecha: Priscah Jeptoo (plata), Edna Kiplagat (oro) y Sharon Cherop (bronce).

Chris Bedford y Julian Richardson (todos de R.U.) cruzaron la línea de meta en el Maratón de Abingdon, Oxfordshire (R.U.), el 21 de octubre de 2012, con un tiempo de 2 h, 57 min y 7 s. Con edades entre los 28 y los 48 años, los miembros del equipo recaudaron casi 3.200 dólares para Mates «n» Dates, una organización benéfica local que ayuda a adultos con problemas de aprendizaje.

Maratón descalzo

El 10 de septiembre de 1960, Abebe Bikila (Etiopía) corrió descalzo el maratón de los Juegos Olímpicos de Roma (Italia), logrando una marca de 2 h, 15 min y 16,2 s. Bikila corrió sin zapatillas porque su patrocinador, Adidas, no pudo encontrarle un par que se le ajustaran cómodamente. Por suerte, el etíope –que era miembro de la Guardia Imperial– había entrenado descalzo, por lo que decidió competir de la misma manera.

Traje de artes marciales (mujeres)
Victoria Carter (R.U.)
3 h, 30 min y 14 s

Cargando una bolsa de 18,143 kg
Mike Ellicock (R.U.)
3 h, 25 min y 21 s

Traje de neopreno
David Ross (R.U.)
3 h, 25 min y 0 s

Insecto (mujeres)
Laura Bartlett (R.U.), como una abeja
3 h, 24 min y 10 s

Astronauta
Subhashis Basu (R.U.)
3 h, 19 min y 37 s

Uniforme escolar (mujeres)
Sophie Wood (R.U.)
3 h, 14 min y 34 s

Uniforme escolar (hombres)
Sam Hull (R.U.)
3 h, 2 min y 53 s

Socorrista
Carl Smith (R.U.)
3 h, 0 min y 1 s

Traje de negocios (hombres)
Joe Elliot (R.U.)
2 h, 58 min y 3 s

Marinero
Stephen Richardson (R.U.)
2 h, 52 min y 32 s

Uniforme de enfermera (hombres)
Michael Harris (R.U.)
2 h, 48 min y 24 s

Disfraz de personaje de cine (hombres)
David Stone (R.U.), como el Capitán Jack Sparrow
2 h, 42 min y 52 s

DEPORTES DE MOTOR

EN RESUMEN: La leyenda alemana Michael Schumacher se llevó su última bandera a cuadros en el Gran Premio de Brasil de 2012, antes de poner fin a la carrera deportiva en Fórmula Uno más exitosa de todos los tiempos.

El Rally Dakar prosigue su exitosa andadura en América del Sur. El equipo francés formado por Stéphane Peterhansel y Jean-Paul Cottret sigue dominando en la categoría de coches, mientras que las de motos, camión y quad han deparado unas carreras emocionantes. En el Campeonato Mundial de Rally (WRC), Sébastien Loeb lleva camino de alzarse con su 10.º título consecutivo.

En NASCAR, Brad Keselowski se alzó con la Sprint Cup por primera vez al ganar cinco carreras. Audi se anotó otra victoria en las 24 Horas de Le Mans, pero aún le queda recorrido para igualar el récord de Porsche.

Más vueltas a mayor velocidad en una carrera deportiva
Entre el 25 de agosto de 1991 y el 22 de julio de 2012, el legendario Michael Schumacher (Alemania) anotó la máxima velocidad en 77 vueltas.

Más victorias obtenidas por un debutante en una temporada
Dos pilotos han ganado cuatro carreras de F1 en la primera temporada en la que participaron: Jacques Villeneuve (Canadá) en 1996 y Lewis Hamilton (R.U.) en 2007.

Más puntos en una temporada
Sebastian Vettel (Alemania, *abajo*) sumó 392 puntos en la temporada 2011.

Más victorias de un fabricante en la carrera de las 24 Horas de Daytona
Porsche (Alemania) ganó la carrera de las 24 Horas de Daytona 22 veces entre 1968 y 2010, con 11 victorias consecutivas en 1977-1987.

FÓRMULA UNO (F1)

Más victorias consecutivas en un Gran Premio
Alberto Ascari (Italia) ganó las seis últimas carreras de la temporada 1952 y la primera de la temporada 1953 con Ferrari (Italia). Michael Schumacher (Alemania, *ver pág. siguiente*) obtuvo también siete victorias consecutivas en la temporada 2004 y también al volante de un Ferrari.

Más velocidad en un Gran Premio
El 4 de septiembre de 2005, Juan Pablo Montoya (Colombia) alcanzó los 372,6 km/h en Monza al volante de un McLaren-Mercedes durante el Gran Premio de Italia. Montoya empezó la carrera en la pole y se mantuvo en cabeza desde el principio hasta el final.

El campeón más joven de F1
Sebastian Vettel (Alemania, n. el 3 de julio de 1987) ganó el Gran Premio de Abu Dhabi en los EAU el 14 de noviembre de 2010, a la edad de 23 años y 134 días. En 2007, con 19 años y 349 días, se convirtió en el **piloto más joven que ganaba un punto en F1** y, en 2008, en el **más joven que ganaba una carrera de F1,** a la edad de 21 años y 72 días.

Más puntos sin ganar una carrera
Pilotando con Prost, Sauber, Jordan, Williams, BMW Sauber y Renault entre 2000 y 2011, Nick Heidfeld (Alemania) acumuló 259 puntos sin ganar un solo Gran Premio.

ISLE OF MAN TT

Más victorias en un año
En 2010, Ian Hutchinson (R.U.) ganó cinco pruebas en el Isle of Man TT, el mayor número logrado en un solo año. Obtuvo el récord tras vencer en las pruebas Senior, Superbike, Superstock y Supersport 1 y 2.

Estos cinco triunfos otorgan también a Hutchinson el récord de **más victorias consecutivas en el Isle of Man TT.**

La vuelta más rápida en Senior TT
En 2009, John McGuinness (R.U.) completó una vuelta en 17 min y 12,30 s a lomos de una Honda CBR1000RR mientras competía en la categoría TT Seniors.

En 2010, Conor Cummins (R.U.) dio la **vuelta más rápida en la categoría TT Superbike:** sólo tardó 17 min y 12,83 s. Montaba una Kawasaki ZX-10R en 2010.

En 2012, Michael Rutter (R.U.) registró la vuelta más rápida en la categoría TT Zero con propulsión eléctrica: 21 min y 45,33 s con una MotoCzysz E1PC. El récord en la categoría femenina en el Isle of Man TT lo ostenta Jenny Tinmouth (R.U.) tras recorrer 60,75 km en 18 min y 52,42 s a una velocidad media de 193,03 km/h.

128 KM/H
Límite de velocidad habitual en las parada en boxes para coches de Fórmula Uno.

La parada en boxes más rápida en F1
El 24 de marzo de 2013, Infinity Red Bull Racing (Austria) paró 2,05 s el coche de Mark Webber en el Gran Premio de Malasia, en el Sepang International Circuit (Sepang, Malasia).

motor de pistones es de 341,92 km/h, alcanzada por Greg Anderson (EE.UU.) en Concord (Carolina del Norte, EE.UU.), el 27 de marzo de 2010.

El 18 de julio de 2010, Michael Phillips (EE.UU.) alcanzó la **máxima velocidad en motocicleta en carreras de drags Pro Stock** a 318,08 km/h en Baton Rouge (Louisiana, EE.UU.). El 13 de agosto de 2005, Anthony Schumacher (EE.UU.) corrió a 543,16 km/h, la **mayor velocidad de un corredor de drags Top Fuel**, en Brainerd (Minnesota, EE.UU.).

Más campeonatos Top Fuel

Joe Amato (EE.UU.) ganó cinco campeonatos Top Fuel de la NHRA en 1984, 1988 y 1990-1992.

Más victorias en el WRC

Entre 2002 y el 4 de mayo de 2013, Sébastien Loeb (Francia) ganó a título individual 78 carreras del Campeonato Mundial de Rally (WRC) pilotando en el equipo Citroën World Rally Team.

NASCAR

Más carreras ganadas en una temporada

En la serie de la National Association for Stock Car Auto Racing (NASCAR) se disputan cuatro carreras principales: Daytona 500 (la primera en 1959), Winston 500 (la primera en 1970), Coca-Cola 600 (la primera en 1960) y Southern 500 (la primera en 1950). Los pilotos con más victorias –tres cada uno– han sido Dave Pearson en 1976, Bill Elliott en 1985 y Jeff Gordon en 1997 (todos de EE.UU.). En 1969, LeeRoy Yarbrough (EE.UU.) ganó las tres carreras aquel año.

Más victorias consecutivas en carreras

Richard Petty (EE.UU.) registró 10 victorias seguidas en 1967.

Ocho pilotos han conseguido cuatro victorias, el **mayor número de victorias consecutivas de la época moderna** (desde 1972); el más reciente fue Jimmie Johnson (EE.UU.), en 2007.

Más victorias consecutivas en campeonatos

Jimmie Johnson y Cale Yarborough (ambos de EE.UU.) han ganado tres campeonatos consecutivos de la NASCAR Cup. Johnson ganó su tercer título seguido en 2008; Yarborough consiguió la proeza entre 1976 y 1978.

El más joven en ganar una carrera

Joey Logano (EE.UU., n el 24 de mayo de 1990) tenía 19 años y 35 días cuando ganó el Lenox Industrial Tools 301 en la New Hampshire Motor Speedway (EE.UU.), el 28 de junio de 2009.

NHRA (NATIONAL HOT ROD ASSOCIATION)

Más velocidad en carreras de drags Pro Stock (coches) de la NHRA

La máxima velocidad terminal de un coche (Pro Stock) de gasolina con

MÁS VICTORIAS EN CAMPEONATOS

Fórmula Uno		
Más Campeonatos Mundiales de Pilotos (el primero se concedió en 1950)	7	Michael Schumacher (Alemania) en 1994-1995 y 2000-2004
	5	Juan Manuel Fangio (Argentina) en 1951 y 1954-1957
	4	Alain Prost (Francia) en 1985-1986, 1989 y 1993
Más Campeonatos Mundiales de Fabricantes (el primero se concedió en 1958)	16	Ferrari (Italia) en 1961, 1964, 1975-1977, 1979, 1982-1983, 1999-2004 y 2007-2008
	9	Williams (R.U.) en 1980-1981, 1986-1987, 1992-1994 y 1996-1997
	8	McLaren (R.U.) en 1974, 1984-1985, 1988-1991 y 1998
NASCAR (National Association for Stock Car Auto Racing)		
Más Campeonatos de Pilotos de la Sprint Cup Series (el primero se concedió en 1949)	7	Richard Petty (EE.UU.) en 1964, 1967, 1971-1972, 1974-1975 y 1979
		Dale Earnhardt, Sr. (EE.UU.) en 1980, 1986-1987, 1990-1991 y 1993-1994
	5	Jimmie Johnson (EE.UU.) en 2006-2010
	4	Jeff Gordon (EE.UU.) en 1995, 1997-1998 y 2001
Rally		
Más Campeonatos del Mundo de Rally (el primero se concedió en 1977)	9	Sébastien Loeb (Francia) en 2004-2012
	4	Juha Kankkunen (Finlandia) en 1986-1987, 1991 y 1993
		Tommi Mäkinen (Finlandia) en 1996-1999
	2	Walter Röhrl (Alemania) en 1980 y 1982
		Miki Biasion (Italia) en 1988-1989
		Carlos Sáinz (España) en 1990 y 1992
		Marcus Grönholm (Finlandia) en 2000 y 2002

Datos vigentes a 18 de marzo de 2013

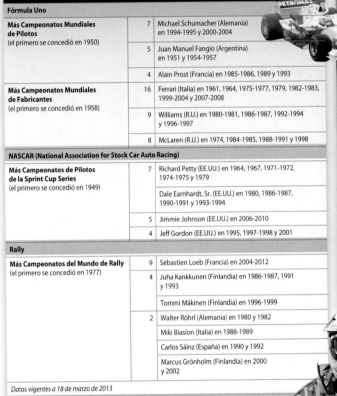

Más victorias en quad de un fabricante en el Rally Dakar

Yamaha (Japón) ha aportado la máquina ganadora en las cinco ediciones de la prueba de quad del Rally Dakar, desde su institución en 2009 hasta 2013.

68 Récord de **pole positions durante una carrera en F1,** todavía en posesión de Michael Schumacher.

Más puntos de un piloto de F1

Entre el 25 de agosto de 1991 y el 25 de noviembre de 2012, Michael Schumacher (Alemania) sumó 1.566 puntos como piloto de Fórmula Uno. Sus 91 victorias en Grandes Premios entre 1992 y 2006 representan el **mayor número de victorias de un piloto en Grandes Premios de F1,** y también conserva el récord de **más victorias de un piloto durante una temporada,** con 13 triunfos en 2004.

ACOSTUMBRADO A GANAR Alejandro Patronelli (Argentina) conduce su Yamaha Raptor 700 hacia la victoria en el Rally Dakar 2012, disputado en Chile.

DEPORTES DE RAQUETA

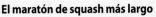

EN RESUMEN: La edad de oro del tenis individual masculino no da señales de llegar a su fin. Los enfrentamientos entre Roger Federer, Rafael Nadal, Novak Djokovic y ahora Andy Murray a menudo se encuentran en la lista de los mejores partidos de la historia. En el tenis femenino, Serena Williams sigue forjando una de las mejores carreras que ha visto este deporte tras completar el Golden Grand Slam en individuales y dobles, y ganar la medalla de oro en los Juegos Olímpicos de Londres (2012), en los que superó a Maria Sharapova por un margen récord.

La malasia Nicol David ganó un increíble séptimo título en el World Open de squash, mientras que China proseguía con su dominio en bádminton y tenis de mesa tras llevarse todas las medallas de oro en los Juegos Olímpicos de Londres (2012).

SQUASH

Más Campeonatos de Europa de squash por equipos
Entre 1978 y 2012, el equipo masculino de Inglaterra ganó 37 Campeonatos de Europa por equipos. Su victoria más reciente fue por 3-0 frente a Francia, el 5 de mayo de 2012. Inglaterra logró el doblete en 2012, después de que su equipo femenino superara al de Irlanda por 2-1 y elevara su récord de **más victorias en el Campeonato de Europa femenino de squash por equipos** a 34 (desde 1973).

La raqueta de squash más grande
La Federación de Squash de Qatar presentó una raqueta de 6,80 m de largo y 2,15 m de ancho en Doha (Qatar), el 7 de diciembre de 2012.

El maratón de squash más largo
Guy Fotherby y Darren Withey (ambos de R.U.) jugaron un partido de individuales que duró 31 h, 35 min y 34 s en Racquets Fitness Centre, en Thame (Oxfordshire, R.U.), entre el 13 y el 14 de enero de 2012.

El **mayor número consecutivo de rivales en partidos individuales de squash** son los 69 a los que se enfrentó Ian Charles (R.U.) en el David Lloyd club de Cardiff (R.U.), el 7 y 8 de mayo de 2011. Ian necesitó 31 h y 55 min para jugar contra sus 69 oponentes.

Más victorias en Campeonatos del Mundo por equipos de bádminton (mujeres)
China ha ganado la Uber Cup (que empezó a jugarse en 1956) en 12 ocasiones (1984, 1986, 1988, 1990, 1992, 1998, 2000, 2002, 2004, 2006, 2008 y 2012). En la imagen, Wang Xin en la final de la Uber Cup 2012 en Wuhan, provincia de Hubei (China).

Más medallas olímpicas de bádminton ganadas por un país
China consiguió ocho medallas (cinco de oro, dos de plata y una de bronce) en los Juegos Olímpicos de Londres (2012); obtuvo todas las medallas de oro posibles (hombres y mujeres). Desde que el bádminton se convirtió en deporte olímpico en 1992, China ha ganado 38 medallas, un hecho sin precedentes.

Más medallas olímpicas de bádminton ganadas
El mayor número de medallas ganadas a título individual son las cuatro conseguidas por la china Gao Ling, quien ganó la de oro en dobles mixtos en 2000 y 2004, la de bronce en el doble femenino en 2000 y la de plata en el doble femenino en 2004.

TENIS

Menos juegos perdidos en una final olímpica femenina de tenis
En la final olímpica femenina de tenis más desigual de la historia, Serena Williams (EE.UU.) sólo perdió un juego frente a Maria Sharapova (Rusia). Williams ganó la medalla de oro en Wimbledon (R.U.), el 4 de agosto de 2012, por 6-0 y 6-1.

En 2012, Williams volvió a hacer historia al ser la **primera en conseguir el Golden Grand Slam en individuales y dobles,** alcanzando uno de los mayores logros de la historia del tenis cuando ganó la competición individual femenina en los Juegos Olímpicos de Londres (R.U.). Ningún tenista, hombre o mujer, había completado antes el Golden Slam –ganar los cuatro grandes torneos más el oro olímpico– en individuales y dobles. (Para más tenis, ver a la derecha.)

Más oros olímpicos en tenis de mesa (hombres)
Ma Lin (China), el n.º 6 de la Federación Internacional de Tenis de Mesa (ITTF), se llevó el oro olímpico en tres ocasiones: en dobles masculino e individual masculino en 2004 y por equipos en 2008. Formó parte del equipo chino que en 2012 ganó la Swaythling Cup por 18.ª vez, el **mayor número de victorias en Campeonatos del Mundo de tenis de mesa de un equipo (masculino),** tras derrotar a Alemania por 3-0 en la final.

BÁDMINTON

El primer jugador de bádminton en revalidar el título olímpico individual
Lin Dan (China), con cuatro títulos, es quien ha ganado **más Campeonatos del Mundo individuales masculinos,** se convirtió en el primer hombre en ganar dos títulos olímpicos individuales consecutivos, tras vencer a Lee Chong Wei (Malasia) por 15-21, 21-10 y 21-19 en el Wembley Arena de Londres (R.U.), el 5 de agosto de 2012.

Títulos mundiales de squash
Nicol David (Malasia) ostenta los récords de **más Campeonatos Mundiales de squash en categoría femenina consecutivos**, con cuatro, **más premios de Jugadora del Año de la Asociación Internacional de Jugadoras de Squash (WSA)**, con seis, y **más títulos en Opens mundiales femeninos**, con siete.

14 Era la edad de Lin cuando se incorporó a la selección nacional china de tenis de mesa.

CAMPEONES DEL MUNDO EN DEPORTES DE RAQUETA

Tenis		
Más títulos masculinos de torneos de la ATP* en pista cubierta	53	Jimmy Connors (EE.UU.), entre 1972-1989
Más títulos masculinos de torneos de la ATP* al aire libre	56	Jimmy Connors (EE.UU.), entre 1972-1989, Guillermo Vilas (Argentina), entre 1973-1983, y Roger Federer (Suiza), entre 2002-2012
Tenis de mesa		
Más títulos masculinos de la Copa del Mundo por equipos	6	China, en 1991, 1994, 2007, 2009, 2010 y 2011
Más títulos femeninos de la Copa del Mundo por equipos	7	China, en 1990-1991, 1995, 2007 y 2009-2011
Bádminton		
Más Campeonatos del Mundo en total	5	Park Joo-bong (Corea del Sur): dobles masculino, 1985 y 1991, y dobles mixtos, en 1985, 1989 y 1991
Squash		
Más victorias en Opens mundiales	8	Jansher Khan (Pakistán) en 1987, 1989-1990, 1992-1996

Datos obtenidos al finalizar la temporada 2012   *ATP: Asociación de Tenistas Profesionales*

El primer set de oro en un Grand Slam de tenis

Un set ganado por un jugador sin ceder un solo punto se conoce como «set de oro». Yaroslava Shvedova (Kazajistán) fue la primera jugadora de todos los tiempos en lograr un set de oro en un Grand Slam. Lo consiguió en Wimbledon frente a Sara Errani (Italia), el 30 de junio de 2012. En el primer set de su partido de tercera ronda contra Errani –décima cabeza de serie y subcampeona de Roland Garros 2012–, Shvedova se anotó 24 puntos seguidos tras realizar 14 golpes ganadores a lo largo del set.

Shvedova venció por 6-0 y 6-4, pero cayó ante la ganadora final del torneo, Serena Williams (EE.UU.), en la siguiente ronda.

El servicio más rápido

Samuel Groth (Australia) –número 189 de la clasificación mundial– logró un ace sirviendo a 263 km/h en Busan (Corea del Sur), el 9 de mayo de 2012, durante un partido contra el bielorruso Uladzimir Ignatik.

Taylor Dent (EE.UU.) logró el **servicio más rápido en Wimbledon,** en Londres (R.U.), el 23 de junio de 2010, después de «lanzar» a 238 km/h.

La mayor asistencia total al Open de Australia

Entre el 16 y el 29 de enero de 2012, 686.006 espectadores asistieron al Open de Australia en Melbourne Park (Australia). Con este torneo se celebraba el centenario de la competición individual masculina.

El primer tenista en ganar tres Opens de Australia consecutivos

Novak Djokovic (Serbia) –número 1 de la ATP– consiguió su tercer título consecutivo en el Open de Australia después de vencer a Andy Murray (R.U.) por 6-7, 7-6, 6-3 y 6-2 en la final celebrada en Melbourne Park, Melbourne (Australia), el 27 de enero de 2013.

Victorias en tenis en silla de ruedas

La jugadora holandesa Esther Vergeer tiene el récord de más medallas de oro paralímpicas con las cuatro ganadas en los juegos de 2000, 2004, 2008 y 2012. La prolífica Vergeer, quien anunció su retirada en febrero de 2013, también ostenta el récord de **más victorias consecutivas** en partidos individuales de tenis femenino en silla de ruedas (470) y **más victorias en Campeonatos del Mundo de tenis en silla de ruedas** (10).

La número 1 mundial más veterana

La jugadora de tenis más veterana en ser la número 1 de la Asociación de Tenistas Profesionales (ATP) es Serena Williams (nacida en EE.UU. el 26 de septiembre de 1981), quien alcanzó el primer lugar en la clasificación el 18 de febrero de 2013, con 31 años y 145 días. A 18 de marzo de 2013, Serena también ostentaba el récord femenino de **más ganancias económicas a lo largo de una carrera como tenista** (ver abajo).

MÁS VICTORIAS OLÍMPICAS

Las superestrellas del tenis, las hermanas Serena y Venus Williams (ambas de EE.UU.), han ganado cuatro títulos olímpicos cada una, compartiendo el récord de **más medallas olímpicas de oro.** Las hermanas también ostentan el récord de **más títulos olímpicos en dobles,** con tres, junto con Reginald Doherty (R.U., 1872-1910).

TOMA EL DINERO Y CORRE

Serena, que ha pasado 19 años compitiendo, es la única deportista que ha ganado más de 35 millones de dólares en premios.

RUGBY

EN RESUMEN: En 2012 despegó una nueva competición de rugby union (a 15) cuando Argentina se unió a los equipos del Torneo de las Tres Naciones, formado por Nueva Zelanda, Australia y Sudáfrica para crear el Rugby Championship. Nueva Zelanda se alzó con el título inaugural, pero Argentina consiguió un fantástico empate a 16 frente a Sudáfrica.

En el Seis Naciones, Ronan O'Gara, de Irlanda, amplió su récord de puntos, y un compañero de equipo, Brian O'Driscoll, fue el máximo anotador de ensayos en la historia de los torneos de las Cinco y las Seis Naciones. En la versión abreviada del juego, los sietes, Nueva Zelanda dominó las Series Mundiales del International Rugby Board (IRB) tras obtener su 10.º título. En la categoría femenina, Inglaterra ganó su octavo Seis Naciones en 2012, e Irlanda sorprendió a muchos en 2013 con el primer título de su historia.

Los récords de rugby league (a 13) también dieron un vuelco cuando Inglaterra ganó otra Copa de Europa en 2012 y se anotó su 12.ª victoria. En Inglaterra, Danny McGuire, de los Leeds Rhinos, realizó su 200.º ensayo en la Súper Liga y se convirtió en el máximo anotador de ensayos en la historia de la liga.

RUGBY UNION (A 15)

Más público en un partido internacional
Un total de 109.874 espectadores asistió a la derrota por 39-35 que Nueva Zelanda infligió a Australia en el Stadium Australia de Sídney el 15 de julio de 2000.

La puntuación más alta
El 17 de noviembre de 1973, en un partido de rugby a 15 de la liga danesa, el Comet venció al Lindo por 194-0.
La **puntuación más alta en un partido internacional de rugby A 15** se registró cuando Hong Kong derrotó a Singapur por 164-13 en un partido clasificatorio para la Copa del Mundo que se disputó en Kuala Lumpur (Malasia), el 27 de octubre de 1994.

177
Puntos anotados por Nueva Zelanda en la primera edición del Rugby Championship.

Más partidos del Rugby Championship ganados
Durante la fase inaugural del Rugby Championship de 2012, Nueva Zelanda ganó los seis partidos en que jugó, derrotando a Australia, Sudáfrica y Argentina tanto en casa como fuera. En la fotografía de arriba, Liam Messam, de Nueva Zelanda, gana un saque lateral en el encuentro contra los Springboks disputado en el FNB Stadium de Johannesburgo (Sudáfrica), el 6 de octubre de 2012.

Más victorias en la Copa del Mundo
Tres equipos han ganado la Copa del Mundo de Rugby dos veces: Nueva Zelanda (1987 y 2011), Australia (1991 y 1999) y Sudáfrica (1995 y 2007). El récord de **más victorias en la Copa del Mundo de Rugby femenino** se sitúa en cuatro, obtenidas por Nueva Zelanda en 1998, 2002, 2006 y 2010.

Más victorias consecutivas en las Tres Naciones
El mayor número de victorias seguidas en el torneo de las Tres Naciones de Rugby Union (Rugby Championship desde 2012) son las cuatro de Nueva Zelanda entre 2005 y 2008.

Más premios al Jugador del Año de la IRB
Richie McCaw (Nueva Zelanda, *arriba*) ha ganado el premio al Jugador del Año concedido por el International Rugby Board (IRB) en tres ocasiones: 2006, 2009 y 2010.
El récord de **más premios al Entrenador del Año de la IRB** lo batió Graham Henry (Nueva Zelanda) en 2005-2006, 2008 y 2010-2011.

Más victorias en torneos de las Cinco y las Seis Naciones
Inglaterra y Gales han cosechado 26 títulos cada uno del Torneo de las Seis Naciones (antes de las Cinco Naciones). En 2013, Gales igualó el récord de Inglaterra.

Más victorias de un equipo en el Torneo de las Seis Naciones
Inglaterra y Francia poseen conjuntamente el récord de más victorias obtenidas por un equipo; 47 cada uno, obtenidas entre 2000 y 2013. Francia ha anotado 1.798 puntos y 175 ensayos, e Inglaterra, 1.923 puntos y 200 ensayos.

Más transformaciones en una carrera internacional
Hasta el 16 de mayo de 2013, Dan Carter (Nueva Zelanda) había realizado 245 transformaciones en 94 partidos jugados con los All Blacks.

El margen más amplio de victoria en una final de la Copa Heineken
Leinster (Irlanda) derrotó al Ulster (R.U.) por 42-14 en Twickenham (R.U.) el 19 de mayo de 2012; estos 28 puntos son el margen de victoria más amplio en las finales de la Copa Heineken. Asistieron 81.774 espectadores: la **mayor concurrencia de público en una final de rugby union de la Copa Heineken.**

Más drops en una carrera internacional
Jonny Wilkinson (R.U.) anotó 36 drops en 97 partidos jugados con Inglaterra y los British and Irish Lions desde 1998 hasta 2011. Jonny ha marcado también el **mayor número de golpes de castigo en una carrera de rugby union internacional,** con 255 goles en sus 97 partidos desde 1998 hasta 2011.
Wilkinson es el **máximo anotador en partidos de la Copa del Mundo,** con 277 puntos en 19 partidos desde 1999 hasta 2011. Su récord comprende 1 ensayo, 28 transformaciones, 58 golpes de castigo y 14 drops.
Hasta el 4 de diciembre de 2012 Wilkinson había realizado el **mayor número de transformaciones durante una carrera en Torneos de las Cinco y las Seis Naciones,** con 89 en 43 partidos jugados del 4 de abril de 1998 al 13 de marzo de 2011.

Más ensayos anotados en una carrera en la Súper Liga
El mayor número de ensayos anotados por un jugador en partidos de rugby union de la Súper Liga son 205, récord batido por Danny McGuire (R.U.) con los Leeds Rhinos entre el 2002 y el 19 de abril de 2013. Su debut como sénior con los Rhinos tuvo lugar el 6 de julio de 2001 contra los Salford City Reds.

Más ensayos a lo largo de una carrera en Torneos de las Cinco y las Seis Naciones

El mayor número de ensayos anotados por un jugador a lo largo de una carrera en las Cinco y las Seis Naciones se eleva a 26, récord que batió Brian O'Driscoll (Irlanda) en partidos jugados entre el 5 de febrero de 2000 y el 16 de marzo de 2013.

La puntuación más alta

El Ngāti Pikiao de Rotorua derrotó al Tokoroa United por 148-0 en un partido sub-17 de la Bay of Plenty Rugby League disputado en Pikiao (Nueva Zelanda), el 10 de julio de 1994.

La **puntuación más alta en un partido internacional de rugby league** son los 120-0 de la derrota que Francia infligió a Serbia y Montenegro durante la Copa del Mediterráneo en Beirut (Líbano), el 22 de octubre de 2003.

Más victorias en la Challenge Cup

El Wigan ha ganado la Challenge Cup de la liga de rugby 18 veces: en 1924, 1929, 1948, 1951, 1958-1959, 1965, 1985, 1988-1995, 2002 y 2011.

Más títulos de la Súper Liga

Los Leeds Rhinos han ganado seis títulos de la liga de rugby de la Súper Liga: en 2004, 2007-2009 y 2011-2012.

Más partidos consecutivos jugados en la State of Origin

Los australianos Johnathan Thurston *(en la fotografía)* y Greg Larson jugaron con Queensland en 24 partidos consecutivos de rugby league de la State of Origin. Los partidos de Larson se disputaron en 1991-1998; los de Thurston, en 2005-2012.

Más títulos de las Series Mundiales de Rugby a Siete del IRB

Las Series Mundiales de Rugby a Siete del International Rugby Board (IRB), que empezó en 1999, la ha ganado Nueva Zelanda 10 veces: en 2000-2005, 2007-2008 y 2011-2012.

El récord de **más ensayos de un jugador en torneos de Sietes del IRB** se cifra en 230, anotados por Santiago Gómez Cora (Argentina) desde 1999 hasta 2009.

RUGBY LEAGUE (A 13)

Más público

Una multitud de 107.558 espectadores asistieron a la gran final de la National Rugby League celebrada en el Stadium Australia de Sídney (Nueva Gales del Sur, Australia), el 26 de septiembre de 1999, cuando el Melbourne derrotó al Saint George Illawarra por 20-18.

MÁS GRAND SLAMS

Dos equipos han ganado tres Grand Slams del Campeonato de las Seis Naciones. Francia triunfó en 2002, 2004 y 2010; Gales quedó victorioso en 2005, 2008 y 2012. En la fotografía de arriba, el capitán galés Sam Warburton celebra la victoria de su equipo por 16-9 frente a Francia en el Millennium Stadium de Cardiff (R.U.), el 17 de marzo de 2012.

MÁS INTERNACIONALES...		
Rugby union		
Convocatorias	139	George Gregan (Australia), 1994-2007
Puntos	1.342	Dan Carter (Nueva Zelanda), 2003-hoy
Ensayos	69	Daisuke Ohata (Japón), 1996-2006
Rugby league		
Convocatorias	59	Darren Lockyer (Australia), 1998-2011
Puntos	278	Mal Meninga (Australia), 1982-1994
Ensayos	41	Mick Sullivan (R.U.), 1954-1963

Datos vigentes a 17 de abril de 2013

Más victorias en el Torneo de las Cuatro Naciones

En el torneo de rugby league de las Cuatro Naciones (se inauguró en 2009), participan Australia, Nueva Zelanda e Inglaterra, más una nación invitada. Australia ha ganado la competición dos veces al derrotar a Inglaterra en 2009 y 2011.

DATO:
Ronan O'Gara *(abajo a la izquierda)* nació en San Diego (California, EE.UU.) en 1977. Se trasladó a Cork (Irlanda) de joven. En 2000 fue seleccionado por primera vez para un partido internacional.

Más victorias en la serie State of Origin

La serie State of Origin se viene jugando todos los años entre Queensland y Nueva Gales del Sur desde 1982. Queensland ganó 17 series entre 1982 y 2012, mientras que Nueva Gales venció 12 veces. Dos series –las de 1999 y 2002– acabaron en empate. En ambos casos Queensland poseía el trofeo y lo conservó. De hecho, ha ganado las siete últimas ediciones, desde 2006 hasta 2012.

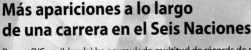

Más apariciones a lo largo de una carrera en el Seis Naciones

Ronan O'Gara (Irlanda) ha acumulado multitud de récords de rugby union en el Campeonato de las Seis Naciones desde 2000. Ronan posee el récord de más apariciones en partidos de un jugador a lo largo de su carrera en el Torneo de las Seis Naciones, con 63 entre el 19 de febrero de 2000 y el 24 de febrero de 2013. Su marca de 557 puntos representa el **mayor número de puntos anotados por un jugador durante una carrera en las Seis Naciones,** en partidos disputados entre el 19 de febrero de 2000 y el 16 de marzo de 2013. O'Gara ha marcado también el **mayor número de golpes de castigo de un jugador en una carrera en las Seis Naciones:** 109 entre el 19 de febrero de 2000 y el 10 de febrero de 2013.

CLUBES

EN RESUMEN: Lionel Messi está reescribiendo los libros de récords en el FC Barcelona, un club que, con 22 títulos nacionales de liga en su haber desde 1929, es uno de los mejores del mundo. En enero de 2013, el maestro del medio campo batió un récord al ganar su cuarto Balón de Oro consecutivo, encabezando un 1-2-3 para el fútbol español con Cristiano Ronaldo, del Real Madrid, en el segundo puesto, y Andrés Iniesta, su compañero del FC Barcelona, en el tercero. El premio reconocía la increíble cifra total de 91 goles en 2012, de los cuales anotó 79 para el Barcelona a razón de más de un gol por partido.

Tampoco deben pasarse por alto los récords de longevidad y excelencia de dos veteranos del Manchester United: Sir Alex Ferguson –quién se retiró en mayo de 2013– llevó a los «diablos rojos» a la victoria y cosechó más títulos de liga que cualquier otro equipo de la liga inglesa, mientras que Ryan Giggs sigue jugando de maravilla a sus cuarenta y tantos.

CHAMPIONS LEAGUE

Más goles (jugadores)
Dos jugadores han anotado 14 veces en una temporada de la UEFA Champions League (antes Copa de Europa). El primer jugador que lo consiguió fue José Altafini (Brasil) cuando jugaba con el AC Milan durante la temporada 1962-1963. Esta marca la igualó Lionel Messi (Argentina) con el FC Barcelona en la temporada 2011-2012.

Más partidos entrenados en la Champions League
Sir Alex Ferguson (R.U.) supervisó su partido 190.º de la Champions League como entrenador del Manchester United cuando su equipo jugó contra el Real Madrid en un partido de UEFA Champions League 2012-2013, que acabó en empate el 5 de marzo de 2013.

Más clubes
Zlatan Ibrahimović (Suecia) ha jugado –y anotado– para seis clubes en la Champions League: Ajax, Juventus, Inter de Milán, FC Barcelona, AC Milan y Paris Saint-Germain, desde 2002 hasta 2012 (ver pág. siguiente).

Más veces acogiendo la final de la Champions League
El Wembley Stadium de Londres (R.U.) ha acogido siete veces la final de la principal competición entre clubes del fútbol europeo: en 1963, 1968, 1971, 1978, 1992, 2011 y 2013.

El hat-trick más rápido
El 7 de diciembre de 2011, Bafétimbi Gomis (Francia) anotó un hat-trick en siete minutos jugando con el Olympique Lyonnais contra el Dinamo de Zagreb en el Stadion Maksimir de Croacia.

El club de fútbol más valioso
Según la revista de finanzas *Forbes,* el Manchester United (R.U.) tenía una capitalización bursátil de 2.200 millones de dólares hasta abril de 2012.

El equipo disfrutó también de la **racha más larga sin derrotas en la Champions League de la UEFA,** desde el 19 de septiembre de 2007 hasta el 5 de mayo de 2009, jugaron 25 partidos sin perder.

Más goles en una temporada de la liga
En la temporada 2011-2012, Lionel Messi (Argentina) marcó 50 goles para el FC Barcelona en 37 partidos. También es el **primer jugador que se ha anotado más de un hat-trick en una temporada de la Champions League:** el primero, contra el Viktoria Plzeň el 1 de noviembre de 2011 y el segundo, contra el Bayer Leverkusen el 7 de marzo de 2012.

Más apariciones consecutivas en la Premier League
Brad Friedel (EE.UU.) atesora el mayor número de apariciones consecutivas en la Premier League: 310. Entre el 14 de agosto de 2004 y el 29 de septiembre de 2012, ha jugado con el Blackburn Rovers, el Aston Villa y el Tottenham Hotspur.

Más goles de un portero
Rogério Ceni (Brasil) anotó 93 goles para el São Paulo FC entre 1997 y 2010. Ceni lanza con regularidad tiros libres y penaltis para su club.

Más goles en competiciones europeas entre clubes
Raúl González Blanco (España) marcó 76 veces para el Real Madrid y el Schalke 04 en la Champions League, Super Cup y Europa Cup desde 1995-1996 hasta el final de la temporada 2011-2012. Desde 1997 a 1998 hasta el final de la temporada 2010-2011, Raúl marcó por lo menos un gol durante 14 temporadas seguidas, el **mayor número de temporadas consecutivas de Champions League anotando goles.**

El torneo más grande
Celebrada en México desde el 2 de enero hasta el 11 de diciembre de 2011, la Copa Telmex 2011 contó con la participación de 181.909 jugadores y 10.799 equipos. El **mayor torneo de fútbol (mujeres)** fue la Copa Telmex 2012, disputada por 27.768 jugadoras y 1.542 equipos.

El primer jugador que aparece en todas las temporadas de la Premier League
Ryan Giggs (R.U.), del Manchester United, ha jugado en las 21 temporadas de la Premier League desde que ésta empezó en 1992-1993; es también el **primer** –y el único– **jugador que ha marcado en todas las temporadas de la Premier League,** con 109 goles hasta el 28 de febrero de 2013.

LIGAS NACIONALES DE FÚTBOL: MÁS VICTORIAS EN LA...

Primera división escocesa (Football League, de 1890-1891 a 1997-1998; Premier League, 1998-1999 hasta hoy)	54	Rangers
Premier League egipcia	36	Al Ahly
Primera división argentina	34	River Plate
Primera división portuguesa (Primeira Liga, de 1934-1935 a 1937-1938 y de 1999-2000 hasta hoy; Primeira Divisão, de 1938-1939 a 1998-1999)	32	Benfica
Primera división española o la Liga	32	Real Madrid
Primera división holandesa (Netherlands Football League Championship, de 1888-1889 a 1955-1956; Eredivisie 1956-hasta hoy)	32	Ajax
Serie A italiana	29	Juventus
Bundesliga alemana	22	Bayern de Múnich
Primera división inglesa (Football League, de 1888-1889 a 1891-1892; Football League First Division, de 1892-1893 a 1991-1992; Premier League, de 1992-1993 hasta hoy)	20	Manchester United
J. League Division 1 japonesa	7	Kashima Antlers

Datos comprobados el 20 mayo de 2013

Más hat-tricks
Alan Shearer (R.U.) sumó 11 hat-tricks a lo largo de su carrera jugando con el Blackburn Rovers y el Newcastle United desde 1992 hasta 2006.

Más goles en una temporada como debutante
En la temporada 1999-2000, Kevin Phillips (R.U.) marcó 30 goles para el Sunderland; fue la tercera temporada de Phillips jugando con los «gatos negros», pero la primera como equipo de la Premier League.

Más goles de un jugador extranjero en la Bundesliga
Claudio Pizarro (Perú) anotó 160 goles para el Werder Bremen y el Bayern de Múnich en la Bundesliga alemana en 1999-2012.

PREMIER LEAGUE

Más títulos de un entrenador
Sir Alex Ferguson *(ver izquierda)* ha ganado 13 títulos de la Premier League como entrenador del Manchester United: en 1992-1993, 1993-1994, 1995-1996, 1996-1997, 1998-1999, 1999-2000, 2000-2001, 2002-2003, 2006-2007, 2007-2008, 2008-2009, 2010-2011 y 2012-2013.
Ferguson ha entrenado al Manchester United en cada una de las 21 temporadas de existencia de la liga inglesa, proeza que también lo convierte en el **entrenador más veterano de la Premier League.**

Más goles de un jugador extranjero en la liga
Hugo Sánchez (México, *izquierda*) marcó 234 goles –récord aún no superado– en la liga española jugando en el Atlético de Madrid, el Real Madrid y el Rayo Vallecano desde 1981 hasta 1994.

Más temporadas como máximo goleador
Jugando con el Arsenal entre 1999 y 2007, Thierry Henry (Francia) fue el máximo goleador de la Premier League durante cuatro temporadas, marcando 21 goles en 2001-2002, 30 en 2003-2004 y 25 en 2004-2005 y 2005-2006.

Más goles de un jugador extranjero en la Premier League
Thierry Henry (Francia) marcó 175 goles para el Arsenal: 174 durante las ocho temporadas con el equipo (1999-2007), y otro por error en 2012.

Más goles en un partido
Cuatro jugadores han marcado cinco goles en un partido de la Premier League: Andy Cole (R.U.) para el Manchester United contra el Ipswich en Old Trafford en Manchester (R.U.), el 4 de marzo de 1995; Alan Shearer (R.U.) para el Newcastle United contra el Sheffield Wednesday en Saint James's Park en Newcastle (R.U.), el 19 de septiembre de 1999; Jermain Defoe (R.U.) para el Tottenham Hotspur contra el Wigan Athletic en White Hart Lane (Londres, R.U.), el 22 de noviembre de 2009, y Dimitar Berbatov (Bulgaria) para el Manchester United contra el Blackburn Rovers en Old Trafford, el 27 de noviembre de 2010.

Más partidos imbatido
Keeper David James (R.U.) jugó 170 partidos sin encajar un gol con los equipos Liverpool, Aston Villa, West Ham, Manchester City y Portsmouth desde el 16 de agosto de 1992 hasta el 1 de marzo de 2010.

261
Goles anotados por Ibrahimović para clubes y su país hasta marzo de 2013.

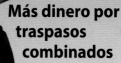

Más dinero por traspasos combinados
Hasta marzo de 2013, Zlatan Ibrahimović ha costado 173,4 millones de dólares en traspasos. Sus movimientos fueron: del Malmö al Ajax (julio de 2001); del Ajax a la Juventus (agosto de 2004); de la Juventus al Inter de Milán (agosto de 2006); del Inter de Milán al FC Barcelona (julio de 2009); del FC Barcelona al AC Milan (agosto de 2010), y del AC Milan al Paris Saint-Germain (julio de 2012). En la foto viste los colores de sus seis últimos equipos, desde el Ajax *(izquierda)* hasta el Paris Saint-Germain *(derecha)*.

FÚTBOL INTERNACIONAL

EN RESUMEN: La selección nacional española está considerada uno de los mejores equipos de todos los tiempos y sus récords así lo demuestran. Su objetivo más ambicioso será conservar la Copa del Mundo de la FIFA que se disputará en Brasil en 2014, una proeza que no ha conseguido ningún equipo desde 1962; y el país anfitrión –entre otros aspirantes– se interpone en su camino.

El capitán egipcio Ahmed Hassan se convirtió en el jugador más seleccionado en el fútbol internacional al efectuar su 184.ª aparición, hecho con el que supera a Mohamed Al-Deayea (Arabia Saudí). No es casualidad que la carrera de Hassan haya coincidido con las victorias de su país en la Copa Africana de Naciones. Hassan ha jugado en ocho torneos y ganado en cuatro, una racha triunfadora sensacional. Todas las miradas se dirigen a Brasil con ocasión de la 20.ª Copa del Mundo. Ya que Brasil juega en casa, ¿podrá ganar –algo sin precedentes– su sexto título?

Entre 2006 y 2010, Egipto obtuvo la victoria en 18 partidos consecutivos, la **racha ganadora más larga en la Copa Africana de Naciones.**

Más goles

Samuel Eto'o (Camerún) marcó 18 goles para Camerún en torneos de la Copa Africana de Naciones entre 1996 y 2010.

El **mayor número de goles en un solo torneo de la Copa Africana de Naciones** son nueve. Los anotó Ndaye Mulamba para Zaire (hoy República Democrática del Congo) desde el 3 hasta el 14 de marzo de 1974 en Egipto.

Más goles en un torneo olímpico femenino

Christine Sinclair (Canadá) marcó 6 goles en Londres 2012, del 25 de julio al 9 de agosto de 2012.

El récord de **más goles de una selección internacional en un torneo de fútbol olímpico femenino** son 16, anotados por EE.UU. en Londres 2012.

Más victorias en la Eurocopa

Alemania (República Federal de Alemania, 1960-1988) ganó 23 partidos de la Eurocopa de la Union of European Football Association (UEFA) entre 1960 y 2012. En el mismo período, la selección batió el récord de **más partidos jugados en la Eurocopa,** con 43.

El gol olímpico más rápido

Oribe Peralta (México) anotó el gol más rápido en competiciones olímpicas de fútbol masculino –y, de hecho, en cualquier final de torneos de la FIFA– cuando el 11 de agosto de 2012 marcó sólo 28 s después de que se iniciase el partido contra Brasil en el Wembley Stadium de Londres (R.U.).

El hat-trick más rápido en fútbol internacional

El internacional japonés Masashi *Gon* Nakayama anotó un hat-trick en 3 min y 15 s contra Brunéi durante un partido clasificatorio para la Copa de Asia, el 16 de febrero de 2000.

COPA AFRICANA DE NACIONES

Más victorias

Egipto ha ganado la Copa Africana de Naciones siete veces: en 1957, 1959, 1986, 1998, 2006, 2008 y 2010.

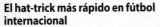

La carrera más larga como árbitro de la FIFA

Sarkis Demirdjian (Líbano) ejerció como árbitro oficial de la Fédération Internationale de Football Association (FIFA) durante 20 años y 10 meses, desde septiembre de 1962 hasta julio de 1983.

La racha ganadora más larga en fútbol internacional

Brasil salió victorioso en 35 partidos (16 de diciembre de 1993-18 de enero de 1996), una proeza igualada después por España (11 de octubre de 2006-20 de junio de 2009).

Más penaltis fallados por un jugador en un partido de fútbol internacional

Martín Palermo (Argentina) falló tres penaltis cuando su equipo perdió frente a Colombia el 4 de julio en Paraguay en la Copa América de 1999.

Más goles internacionales (hombres)

Ali Daei (Irán) anotó 109 goles desde 1993 hasta 2006. Sin embargo, el récord absoluto de **más goles internacionales a lo largo de una carrera (hombres o mujeres)** son 158. Lo estableció Mia Hamm (EE.UU.) entre 1987 y 2004.

COPA AMÉRICA

La competición de fútbol internacional más antigua

El Campeonato de América del Sur (Copa América desde 1975) lo organiza la Confederación de Fútbol de América del Sur (CONMEBOL). Se celebró por primera vez en Argentina en 1916.

El **mayor número de victorias en la Copa América** son 15, conseguidas por Uruguay desde 1916 hasta 2011. «La Celeste», como se conoce a esta selección, derrotó a Paraguay por 3-0 en la final, disputada en el Estadio Monumental de Buenos Aires (Argentina), el 24 de julio de 2011.

Más goles anotados

Dos futbolistas han marcado 17 goles cada uno en torneos de la Copa América: Norberto Méndez (Argentina), entre 1945 y 1956, y Zizinho (Brasil), entre 1941 y 1953.

Más veces seleccionado para partidos internacionales

El centrocampista y lateral Ahmed Hassan jugó en 184 partidos con la selección nacional de Egipto entre el 29 de diciembre de 1995 y el 1 de junio de 2012.

El jugador más joven en finales europeas

Jetro Willems (Países Bajos, nacido el 30 de marzo de 1994) jugó con su país contra Dinamarca cuando tenía 18 años y 71 días, en el partido de la Eurocopa de la UEFA que se disputó en el Metalist Stadium de Járkov (Ucrania), el 9 de junio de 2012.

¡GOL! Con su primer gol para el PSV Eindhoven contra el NEC Nijmegen el 22 de abril de 2012, Willems se convirtió en el anotador más joven de la Eredivisie, la división de honor holandesa.

3
Copas del Mundo de la FIFA en las que ha jugado Casillas (2002, 2006 y 2010).

el 21 de junio de 2004. El **anotador más longevo en una Eurocopa de la UEFA** es Ivica Vastić (Austria), quien contaba 38 años y 256 días cuando marcó un penalti para Austria contra Polonia en el Ernst-Happel-Stadion de Viena (Austria), el 12 de junio de 2008.

Más partidos internacionales sin encajar un gol

El mayor número de partidos de un portero sin encajar un gol son 82. Iker Casillas estableció el récord entre 2000 y 2012 para la selección española, actual campeona del mundo y de Europa.

COPA DEL MUNDO DE MUJERES DE LA FIFA

Más victorias

El equipo femenino alemán ganó su segunda Copa del Mundo de la FIFA en la competición de 2007, disputada en Shanghái (China); también había ganado en 2003. Su récord iguala al de la selección de EE.UU., triunfadora en 1991 y 1999.

Más apariciones

Kristine Lilly (EE.UU.), Bente Nordby (Noruega), Miraildes Maciel Mota, *Formiga* (Brasil), Birgit Prinz (Alemania) y Homare Sawa (Japón) han aparecido cinco veces cada una en Copas del Mundo de Mujeres.

El margen de victoria más amplio en una final de la Eurocopa

Con goles de David Silva *(arriba a la derecha),* Jordi Alba, Fernando Torres y Juan Mata, España derrotó a Italia por 4-0 en la final de la Eurocopa en el Estadio Olímpico de Kiev (Ucrania), el 1 de julio de 2012.

EUROCOPA DE LA UEFA

Más victorias

Alemania ha ganado tres veces la Eurocopa de la UEFA: en 1972, 1980 y 1996 (las dos primeras como República Federal de Alemania).

El gol más rápido

Dmitri Kirichenko (Rusia) marcó uno a 1 min y 7 s después de que comenzase el partido de Grecia contra Rusia de la fase de grupos de la Eurocopa de la UEFA, que se disputó el 20 de junio de 2004 en el Estádio do Algarve en Faro-Loulé (Portugal).

Más goles en un torneo

Michel Platini (Francia) marcó nueve goles en la fase final de la Eurocopa celebrada en Francia desde el 12 hasta el 27 de junio de 1984.

Más público

Celebrada conjuntamente en Polonia y Ucrania desde el 8 de junio hasta el 1 de julio de 2012, la Eurocopa 2012 atrajo a 1.440.896 aficionados.

El anotador más joven

Johan Vonlanthen (nacido el 1 de febrero de 1986) tenía 18 años y 141 días de edad cuando anotó para Suiza contra Francia en Coimbra (Portugal),

Más goles de una jugadora

Birgit Prinz (Alemania) ha anotado 14 goles en partidos de la Copa del Mundo de Mujeres de la FIFA, el último contra Brasil en la final celebrada en el Hongkou Stadium de Shanghái (China), el 30 de septiembre de 2007.

El gol más tardío en una final

Homare Sawa marcó en el minuto 117.° del partido en que Japón venció a EE.UU. en la Copa del Mundo de Mujeres 2011 de la FIFA en Fráncfort (Alemania). El gol de la prórroga dejó un empate de 2-2, y al final triunfó Japón por 3-1 en los penaltis, alzándose con la primera Copa del Mundo del país nipón.

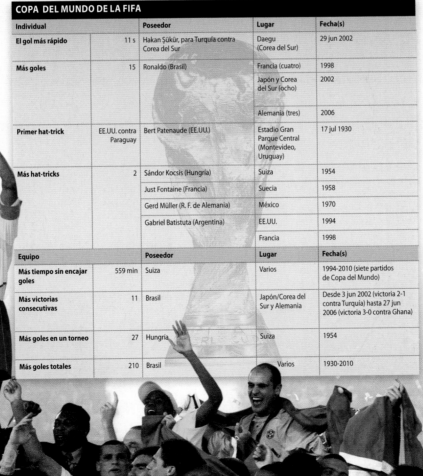

DATO:
Brasil posee el récord de **más apariciones en finales de la Copa del Mundo de la FIFA** por ser la única selección que se ha clasificado para los 19 torneos desde la primera edición, en 1930.

COPA DEL MUNDO DE LA FIFA

Individual		Poseedor	Lugar	Fecha(s)
El gol más rápido	11 s	Hakan Şükür, para Turquía contra Corea del Sur	Daegu (Corea del Sur)	29 jun 2002
Más goles	15	Ronaldo (Brasil)	Francia (cuatro)	1998
			Japón y Corea del Sur (ocho)	2002
			Alemania (tres)	2006
Primer hat-trick	EE.UU. contra Paraguay	Bert Patenaude (EE.UU.)	Estadio Gran Parque Central (Montevideo, Uruguay)	17 jul 1930
Más hat-tricks	2	Sándor Kocsis (Hungría)	Suiza	1954
		Just Fontaine (Francia)	Suecia	1958
		Gerd Müller (R. F. de Alemania)	México	1970
		Gabriel Batistuta (Argentina)	EE.UU.	1994
			Francia	1998
Equipo		Poseedor	Lugar	Fecha(s)
Más tiempo sin encajar goles	559 min	Suiza	Varios	1994-2010 (siete partidos de Copa del Mundo)
Más victorias consecutivas	11	Brasil	Japón/Corea del Sur y Alemania	Desde 3 jun 2002 (victoria 2-1 contra Turquía) hasta 27 jun 2006 (victoria 3-0 contra Ghana)
Más goles en un torneo	27	Hungría	Suiza	1954
Más goles totales	210	Brasil	Varios	1930-2010

Más victorias en la Copa del Mundo de la FIFA

Brasil la ha ganado 5 veces: 1958, 1962, 1970, 1994 y 2002 *(imagen)*. Brasil derrotó a Uruguay el 16 de julio de 1950 en el estadio Maracaná de Río de Janeiro (Brasil). Hubo 199.854 aficionados: el **mayor número en un partido de la Copa del Mundo.**

DEPORTES ACUÁTICOS

EN RESUMEN: En natación, Ryan Lochte (EE.UU.) es el hombre que ha vencido en las pruebas de 100 y 200 m estilos en piscina corta después de batir sendos récords en los Campeonatos Mundiales de Turquía. La selección de EE.UU. no se quedó atrás en los Juegos Olímpicos de 2012 y obtuvo 16 de las 31 medallas de oro totales.

Gary Hunt (R.U.) continúa siendo el mayor exponente del clavadismo: obtuvo su tercer título consecutivo en la World Series. Como la prueba sólo se ha celebrado tres veces, es el único hombre que la ha ganado hasta la fecha.

En vela, sir Ben Ainslie (R.U.) ganó una quinta medalla de oro en los Juegos Olímpicos –algo sin precedentes–, consiguió otro galardón como Marino del Año y está previsto que lidere un equipo británico en la Copa América.

El rescate más rápido en 100 m estilos de la ILSF

El 8 de noviembre de 2012, Samantha Lee (Australia) estableció en Adelaida (Australia) el rescate más rápido en 100 m estilos de la Federación Internacional de Salvamento y Socorrismo (ILSF): 1 min y 11,23 s. En la prueba, los participantes deben nadar 50 m en estilo libre, virar, sumergirse y bucear hasta alcanzar un maniquí colocado a 20 m (hombres) y 15 m (mujeres) de profundidad para llevarlo a la superficie, dentro de la línea de los 5 m de recogida, y arrastrarlo hasta el borde de la piscina.

Más rapidez en 100 m estilos en piscina corta

Ryan Lochte (EE.UU.) nadó los 100 m estilos individuales en 50,71 s el 15 de diciembre de 2012 en los Campeonatos Mundiales de la FINA celebrados en Estambul (Turquía). En esa misma prueba batió también el récord de **más rapidez en 200 m estilos:** 1 min y 49,63 s.

Más victorias en la Red Bull Cliff Diving World Series

Gary Hunt (R.U.) ha ganado la Cliff Diving World Series en tres ediciones consecutivas entre 2010 –la primera– y 2012. También fue el **primer clavadista que ha ejecutado un salto a la carrera en una competición de clavadismo,** al lanzarse al agua en un cuádruple salto mortal carpado de dos vueltas y media durante la prueba inaugural de la World Series, celebrada el 8 de agosto de 2010 en Polignano a Mare (Italia).

NATACIÓN

Más oros olímpicos consecutivos en una prueba

Hombres: Michael Phelps (EE.UU.) ganó los 200 m estilos individuales en los Juegos Olímpicos de Londres, celebrados en 2012, y se convirtió en el primer hombre que obtuvo tres oros olímpicos consecutivos en una sola prueba de natación. Phelps es el **deportista olímpico más condecorado de todos los tiempos,** con 22 medallas (18 de oro, 2 de plata y 2 de bronce) en Atenas (2004), Pekín (2008) y Londres (2012).
Mujeres: Dos mujeres comparten este récord: Dawn Fraser (Australia) en los 100 m estilos en 1956-1964 y Krisztina Egerszegi (Hungría) en los 200 m espalda en 1988-1996.

Más medallas olímpicas consecutivas (mujeres)

Tres mujeres han ganado 12 medallas olímpicas en natación: Dara Torres (EE.UU.) obtuvo cuatro en oro, plata y bronce en 1984-2008; Jenny Thompson (EE.UU.), ocho de oro, tres de plata y una de bronce en 1992-2004, y Natalie Coughlin (EE.UU.), tres de oro, cuatro de plata y cinco de bronce en 2004-2012.

Apnea - peso variable (mujeres)

El 6 de junio de 2012, Natalia Molchanova (Rusia) batió el récord de apnea en mujeres al descender a 127 m de profundidad en Sharm el-Sheikh (Egipto).
El 20 de noviembre de 2012, Alexey Molchanov (Rusia) descendió a 126 m en las Bahamas y estableció otro récord de apnea al realizar la **inmersión más profunda con peso constante.**

SALTOS

Más medallas olímpicas ganadas

Hombres: Dmitri Sautin (Rusia) obtuvo ocho medallas olímpicas en saltos: dos de oro, dos de plata y cuatro de bronce entre 1992 y 2008. El año anterior a su primera participación olímpica, Sautin recibió una puñalada en una pelea callejera, pero se recuperó a tiempo para ganar un bronce en los Juegos Olímpicos de Barcelona (1992).
Mujeres: Dos saltadoras chinas comparten este récord con seis medallas: Guo Jingjing (2000-2008) y Wu Minxia (2004-2012).

Más victorias en plataforma de 10 m en la Serie Mundial de Saltos de la FINA

Hombres: Qui Bo (China) ha ganado tres veces en la prueba de plataforma de 10 m de la Serie Mundial (2009-2011).
Mujeres: Chen Ruolin (China) ha ganado cuatro oros en 10 m (2007-2012).

Más victorias en trampolín de 3 m en la Serie Mundial de Saltos

Hombres: Qin Kai (China) ganó cuatro veces la prueba de trampolín de 3 m masculino de la Serie Mundial de Saltos de la FINA: en 2007 y 2009-2011.
Mujeres: He Zi (China) ganó cuatro veces el título de trampolín de 3 m femenino de la Serie Mundial: en 2009-2012.

Más oros olímpicos consecutivos en una prueba (absoluto)

Mujeres: La saltadora Wu Minxia (China) se convirtió en la sexta mujer en la historia de los Juegos Olímpicos que ganaba una medalla de oro en la misma prueba individual en tres ediciones

N.° 1
EE.UU. en el ranking mundial de waterpolo femenino por equipos hasta el 19 de marzo de 2013.

Más victorias en la Liga Mundial de Waterpolo (mujeres)

EE.UU. ha ganado siete de las nueve competiciones de la Liga Mundial de Waterpolo de la FINA: 2004, 2006-2007 y 2009-2012. La Liga se viene disputando todos los años desde 2004; Grecia ganó en 2005 y Rusia en 2008.

RÉCORDS OLÍMPICOS EN DEPORTES ACUÁTICOS (LONDRES, 2012)

Natación		
1.500 m libres en piscina larga (hombres)	14:31,02	Sun Yang (China)
100 m braza (hombres)	58,46	Cameron van der Burgh (Sudáfrica)
200 m espalda (mujeres)	2:04,06	Melissa *Missy* Franklin (EE.UU.)
200 m braza (mujeres)	2:19,59	Rebecca Soni (EE.UU.)
100 m mariposa (mujeres)	55,98	Dana Vollmer (EE.UU.)
400 m estilos individuales (mujeres)	4:28,43	Ye Shiwen (China)
4 × 100 m estilos relevos (mujeres)	3:52,05	EE.UU. (Franklin, Soni, Vollmer, Allison Schmitt)
Waterpolo		
Más puntos anotados (hombres, equipos)	21	Serbia contra R.U. (21-7); compartido con Rusia (27 sep 2000)
Remo		
Parejas más rápidas sin timonel (hombres)	6:08,50	Eric Murray y Hamish Bond (Nueva Zelanda)
Más medallas ganadas en doble espadilla	3	Eslovenia (Luka Špik e Iztok Čop, 2000-2012)

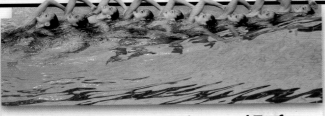

Más victorias de un equipo en el Trofeo Mundial de natación sincronizada

España ha anotado el mayor número de victorias de una selección nacional en el Trofeo Mundial de natación sincronizada, tres en total en 2008, 2010 y 2011. Organizado por la FINA, el Trofeo Mundial se celebra todos los años desde 2006.

Equipos: Rusia ganó ocho medallas de oro olímpicas en natación sincronizada entre 2000 y 2012, arrasando en todas las pruebas de dúos y equipos de ese período. En los Juegos celebrados en 2012 en Londres (R.U.), Natalia Ishchenko y Svetlana Romashina consiguieron medallas de oro en la competición de dúos, y la pareja formó parte del equipo de nueve mujeres que conquistó un oro olímpico en la prueba de equipos el 10 de agosto de 2012.

consecutivas de los Juegos cuando ganó la prueba de trampolín de 3 m sincronizada en 2012. Las otras cinco son la gimnasta Larisa Latynina (URSS, hoy Rusia), prueba de equipos, 1956 a 1964; la nadadora Dawn Fraser (Australia), 100 m libres, 1956-1964; la nadadora Krisztina Egerszegi (Hungría), 200 m espalda, 1988-1996; la amazona Anky van Grunsven (Países Bajos), doma clásica, 2000-2008, y la tiradora Valentina Vezzali (Italia), florete, 2000-2008.

Hombres: El ganador de más medallas de oro sucesivas en la historia de los Juegos Olímpicos –seis– es Aladár Gerevich (Hungría), miembro del equipo de esgrima en la disciplina de sable en 1932-1960.

NATACIÓN SINCRONIZADA

Más oros olímpicos en natación sincronizada

Individual: Anastasia Davydova (Rusia) ha ganado cinco medallas de oro olímpicas en natación sincronizada; se alzó con sendos títulos en la competición de dúos en Atenas (2004) y Pekín (2008), y en la prueba de equipos en Atenas (2004), Pekín (2008) y Londres (2012). Su triunfo más reciente fue como miembro del equipo ruso de nueve mujeres que ganó la medalla de oro en el Aquatics Centre de Londres (R.U.), el 10 de agosto de 2012.

Más rapidez remando de ocho con timonel

En la Copa del Mundo de Remo disputada en Lucerna (Suiza) el 25 de mayo de 2012 se batieron dos récords. El equipo de ocho con timonel femenino de EE.UU. –Esther Lofgren, Zsuzsanna Francia, Jamie Redman, Amanda Polk, Meghan Musnicki, Taylor Ritzel, Caroline Lind, Caryn Davies y la timonel Mary Whipple *(arriba)*– registró un tiempo de 5 min y 54,17 s, y el canadiense de ocho con timonel masculino –Gabriel Bergen, Douglas Csima, Rob Gibson, Conlin McCabe, Malcolm Howard, Andrew Byrnes, Jeremiah Brown, Will Crothers y el timonel Brian Price– anotaron un tiempo de 5 min y 19,35 s.

El medallista más joven en una Copa del Mundo de Saltos de la FINA

Tom Daley (R.U., n. el 21 de mayo de 1994) tenía 13 años y 277 días cuando ganó el bronce en la competición de 10 m sincronizada en Pekín (China) el 22 de febrero de 2008.

VELA OLÍMPICA

La vela es deporte olímpico desde los primeros Juegos en 1896, pero las carreras de 1896 se suspendieron por el mal tiempo.

VELOCIDAD A VELA

Más rapidez en 500 m

Hombres: Paul Larsen (Australia) recorrió 500 m en 14,85 s –una velocidad récord de 65,45 nudos (121,21 km/h)– en el hidroala *Vestas Sailrocket 2* en Walvis Bay (Namibia), el 24 de noviembre de 2012.

Mujeres: El récord de más velocidad a vela alcanzado por una mujer en cualquier embarcación en un recorrido cronometrado de 500 m lo fijó la windsurfista Zara Davis (R.U.), que llegó a los 45,83 nudos (84,87 km/h) –con una tabla Mistral 41 y una Simmer Sail 5.5 SCR– en Lüderitz (Namibia), el 17 de noviembre de 2012.

Más premios al Marino del Año de la ISAF

El mayor número de premios al Marino del Año de la Federación Internacional de Vela (ISAF) en la categoría masculina son cuatro, concedidos a Ben Ainslie (R.U.) en 1998, 2002, 2008 y 2012. Ben posee además el prestigioso récord de **más medallas de oro olímpicas en vela,** al conquistar cuatro oros en cuatro Juegos Olímpicos sucesivos de 2000 a 2012.

PARA MÁS PROEZAS A VELA, VER PÁG. 72

DEPORTES DE INVIERNO

EN RESUMEN: La estadounidense Lindsey Vonn dominó en las montañas, registrando en 2012 la mejor actuación de temporada de la historia. Aquel año ganó su sexto título consecutivo de esquí alpino y hoy se sitúa a un título por detrás Annemarie Moser-Pröll (Austria; 1971-1975; 1978-1979).

Sobre hielo, Escocia ganó su cuarto Campeonato de Europa de Curling Mixto, y las canadienses aumentaron sus victorias en el Campeonato Mundial. En skeleton, Martins Dukurs (Letonia) ganó su cuarto título, mientras que Elena Nikitina (Rusia) se impuso en las pruebas de los Campeonatos de Europa. Las patinadoras de velocidad Lee Sang-hwa y Christine Nesbitt batieron récords en 500 y 1.000 m, respectivamente. Michel Mulder y Heather Richardson anotaron puntuaciones récord en sus sprints.

TRINEO

Más victorias en los Campeonatos Mundiales de Bobsleigh
Alemania ha anotado la cifra récord de 20 victorias en bobsleigh a dos masculino en los Campeonatos Mundiales. *(Para el récord femenino, ver la pág. siguiente.)*

Más medallas de oro olímpicas ganadas (país)
Alemania ha ganado 16 oros olímpicos en bobsleigh. La victoria más reciente fue la de Kevin Kuske y André Lange en la prueba de bobsleigh a dos masculino disputada en Vancouver (Canadá) en 2010. Los dos hombres poseen hoy el récord de **más oros olímpicos en bobsleigh,** con cuatro por cabeza.

243,5
Distancia en metros del mejor salto de Gregor, conseguido en Noruega en 2011.

Más victorias en una temporada de salto de esquí de la Copa del Mundo
Gregor Schlierenzauer (Austria) batió un récord al conseguir 13 victorias individuales (de 27 pruebas) en competiciones de la Copa del Mundo durante la temporada 2008-2009; esto equivale a 2.083 puntos, la **mayor cantidad de puntos anotados en una temporada de la Copa del Mundo de saltos.**

Más rapidez en la Cresta Run
La Cresta Run de Saint Moritz (Suiza) es una pista de hielo de 1.212 m de longitud con un desnivel de 157 m. Los corredores descienden de cabeza sobre trineos a escasos centímetros sobre el suelo. El mejor tiempo registrado en competición es de 50,09 s (87,11 km/h). Lo consiguió James Sunley (R.U.), el 13 de febrero de 1999.

161
Podios conseguidos por Vonn a lo largo de su carrera deportiva.

PATINAJE

Menos puntos combinados en patinaje de velocidad en pista larga
Hombres: Michel Mulder (Países Bajos) anotó 136,790 puntos en la prueba combinada de sprint en pista larga −en 500, 1.000, 500 y 1.000 m− disputada en Salt Lake City (EE.UU.), el 26-27 de enero de 2013.
Mujeres: Heather Richardson (EE.UU.) anotó 147,735 puntos en la combinada de Calgary (Canadá), el 19-20 de enero de 2013.

Más victorias en la International 500 de snowmobile
La International 500 −también llamada «I-500»− se celebra en Sault Sainte Marie, en Míchigan (EE.UU.), y es la carrera de snowmobile más grande y larga del mundo. Corey Davidson (EE.UU.) se ha convertido en la figura más preeminente de este deporte tras ganarla siete veces entre 1998 y 2011.

Durante la carrera de 1996, se registró una temperatura récord de −35 °C, lo que la convierte en la **International 500 más fría** jamás celebrada.

Más puntos de una esquiadora en una temporada de la Copa del Mundo
Lindsey Vonn (EE.UU.) anotó 1.980 puntos durante la temporada de esquí 2011-2012 de la Copa del Mundo; también posee el récord de **más títulos consecutivos de la Copa del Mundo de esquí alpino femenino.** En 2013 ganó su sexto título consecutivo superando así a Annemarie Moser-Pröll (Austria), que ganó cinco títulos seguidos (1971-1975).

MEDALLERO OLÍMPICO DE INVIERNO

Hombres				
Más medallas	12	Bjørn Dæhlie (Noruega)	Esquí de fondo	1992-1998
Más medallas de oro	8	Bjørn Dæhlie (Noruega)	Esquí de fondo	1992-1998
Más medallas de oro en unos Juegos	5	Eric Heiden (EE.UU.)	Patinaje de velocidad	1980
Más medallas individuales	9	Bjørn Dæhlie (Noruega)	Esquí de fondo	1992-1998
Mujeres				
Más medallas	10	Raisa Smetanina (URSS-CEI)	Esquí de fondo	1976-1992
Más medallas de oro	6	Lidiya Skoblikova (URSS)	Patinaje de velocidad	1960-1964
Más medallas de oro en unos Juegos	4	Lidiya Skoblikova (URSS)	Patinaje de velocidad	1964
Más medallas individuales	8	Karin Kania (RDA)	Patinaje de velocidad	1980-1988
		Claudia Pechstein (Alemania)	Patinaje de velocidad	1992-2006
		Gunda Niemann-Stirnemann (Alemania)	Patinaje de velocidad	1988-1998

Datos vigentes a enero de 2013

Más rapidez de una patinadora en 1.000 metros
El 28 de enero de 2012, la patinadora velocista canadiense Christine Nesbitt completó una carrera de 1.000 m en el Olympic Oval de Calgary (Canadá) en 1 min y 12,68 s, recortando en 0,43 s el récord precedente. Con Kristina Groves y Brittany Schussler, Nesbitt comparte además el récord de **más rapidez en equipos femeninos,** con un tiempo de 2 min y 55,79 s el 6 de diciembre de 2009, que batió también en Calgary.

ESQUÍ

Más victorias individuales en la Copa del Mundo de Súper G

Hombres: El récord de más victorias en la Copa del Mundo de Super Giant Slalom, también llamado Súper G, lo situó en 23 Hermann Maier (Austria) desde 1996 hasta 2009.

Mujeres: La esquiadora más destacada en Súper G es Lindsey Vonn (EE.UU.), con 20 victorias en 2006-2013.

El ganador de más edad en una competición de la Copa del Mundo de salto

Takanobu Okabe (Japón, n. el 26 de octubre de 1970) tenía 38 años y 135 días cuando ganó en Kuopio (Finlandia), el 10 de marzo de 2009.

El **ganador más joven en una competición de la Copa del Mundo de salto** es Steve Collins (Canadá), que tenía 15 años y 362 días de edad cuando ganó en Lahti, también en Finlandia, el 9 de marzo de 1980.

El salto más largo

Hombres: El salto más largo de un esquiador en competición quedó fijado en 246,5 m por Johan Remen Evensen (Noruega) en Vikersund (Noruega), el 11 de febrero de 2011.

LA REINA DE LA TABLA
Karine fue aclamada como la snowboarder más grande de todos los tiempos antes de su temprana muerte en Mont Blanc en 2009.

Más victorias en snowboard

Mujeres: El récord de más victorias en la Copa del Mundo se eleva a 20, alcanzadas por Karine Ruby (Francia, *arriba*, 1978-2009) entre 1995 y 2004.

Hombres: Mathieu Bozzetto (Francia) ganó seis veces la Copa del Mundo masculina entre 1999 y 2002.

Mujeres: El salto más largo de una esquiadora lo situó en 127,5 m Anette Sagen (Noruega), que cubrió esa distancia en Oslo (Noruega), el 14 de marzo de 2004.

Más victorias en esquí nórdico

Hombres: En el esquí nórdico, la bota del esquiador no va fijada a los esquís (a diferencia del esquí alpino). Los primeros Campeonatos Mundiales de Esquí Nórdico fueron los de los Juegos Olímpicos de Invierno de 1924 celebrados en Chamonix (Francia), y el mayor número de títulos ganados (Juegos Olímpicos incluidos) son los 17 del noruego Bjørn Dæhlie.

Mujeres: El récord de más títulos de una mujer en esquí nórdico son también 17, y lo batió Yelena Välbe (Rusia) con 10 victorias en individuales y siete en relevos desde 1989 hasta 1998. Con otras siete medallas de plata y bronce, sus 24 victorias en total constituyen también un récord.

Más victorias en bobsleigh femenino en el Campeonato Mundial

Desde que empezó el Campeonato Mundial para mujeres en 2000, Alemania ha ganado siete veces la prueba femenina a dos: en 2000, 2003-2005, 2007-2008 y 2011. Aquí aparecen Sandra Kiriasis y Berit Wiacker en 2011.

Más rapidez en patinaje de velocidad en pista larga de 500 metros

Hombres: En el patinaje en pista larga, los participantes corren en parejas pero contrarreloj (en pista corta corren grupos más grandes). Jeremy Wotherspoon (Canadá) registró un tiempo de 34,03 s en 500 m en Salt Lake City (Utah, EE.UU.), el 9 de noviembre de 2007.

Mujeres: El 20 de enero de 2013, en Calgary (Canadá), Lee Sang-hwa (Corea del Sur) completó los 500 m en 36,80 s.

Más rapidez en patinaje de velocidad en pista corta de 500 metros

Hombres: John Robert *J. R.* Celski (EE.UU.) anotó un tiempo de 39,937 s en Calgary (Alberta, Canadá), el 21 de octubre de 2012.

Mujeres: Meng Wang (China) completó la distancia en 42,60 s en Pekín (China), el 29 de noviembre de 2008.

Más victorias consecutivas en skeleton

Hombres: Martins Dukurs (Letonia, *en la fotografía*) ganó su cuarta Copa del Mundo consecutiva de skeleton (boca abajo) en 2013.

Mujeres: Alex Coomber (R.U., de soltera, Hamilton) ganó tres veces consecutivas la Copa del Mundo de skeleton desde 2000 hasta 2002.

Más rapidez en 5 km descalzo sobre hielo

El 12 de febrero de 2012, Kai Martin (Alemania) completó descalzo una carrera de 5 km de largo en una pista de nieve congelada en la estación de esquí de Van der Valk Alpincenter en Wittenburg (Alemania) en 23 min y 42,16 s.

Más títulos del Campeonato Mundial de Curling ganados (país)

Canadá ha ganado el Campeonato Mundial de Curling en más ocasiones que ningún otro país. El equipo masculino lo ganó 34 veces (1959-2012) y el femenino ha conquistado 15 victorias (1980-2008). En la fotografía aparece el canadiense Wayne Middaugh en la edición de 2012.

PARA PIONEROS EN EL HIELO, VER LA PÁG. 76

DEPORTES VARIOS

EN RESUMEN: Ahora que nuestra abultada sección de deportes llega al final, hemos dejado estas páginas para presentarte lo mejor de otras disciplinas. Aunque estos competidores no tienen su propia sección en el libro de este año, sus proezas merecen ser tenidas en cuenta. Muchos de los récords de 2012 –como por ejemplo, casi todos los hitos en halterofilia– se establecieron en los Juegos Olímpicos celebrados en Londres aquel mismo año, pero hay muchos otros deportes que conviene destacar, desde el kabaddi a los dardos, pasando por el billar o el tiro al blanco.

Más torneos de ranking de snooker ganados en toda una carrera

Con una carrera profesional que comenzó en 1985, a los 16 años, Stephen Hendry (R.U., n. el 13 de enero de 1969) ganó 36 torneos de ranking, incluyendo siete Campeonatos Mundiales y cinco Campeonatos Británicos. El 29 de abril de 1990, se convirtió en el campeón mundial de snooker profesional más joven, con sólo 21 años y 106 días.

Entre sus muchos logros, Hendry consiguió el **mayor número de century breaks en una carrera profesional** (775), el **mayor número de partidas seguidas imbatido** en competición (36, desde el 17 de marzo de 1990 al 3 de enero de 1991) y los **breaks de 147 más competitivos** (11, un total igualado por el británico Ronnie O'Sullivan). Se retiró el 1 de mayo de 2012, después de ser derrotado 13-2 por Stephen Maguire (R.U.) en el Campeonato Mundial en Sheffield (R.U.).

Foso Olímpico

El *trap shooting*, nombre inglés para el Foso Olímpico, se llama así por el mecanismo (*trap*, «lanzaplatos») que lanza blancos de arcilla. Los tiradores no saben de cuál de las tres trampas saldrá el plato y sólo se les permite disparar en dos ocasiones a cada blanco.

Hombres: La puntuación máxima es de 125. Giovanni Pellielo (Italia) la ha obtenido en nueve ocasiones, la última, en Al Ain (EAU), el 18 de abril de 2013.

Mujeres: Jessica Rossi (Italia) consiguió 99 puntos sobre 100 y ganó el oro el 4 de agosto en los Juegos de Londres (2012).

Tiro ISSF, carabina de aire a 10 metros de pie (SH1)

Hombres: El 31 de agosto de 2012, Chao Dong (China) obtuvo 596 puntos en los Juegos Paralímpicos de Londres (R.U.). Igualó el récord obtenido por Jonas Jakobsson (Suecia) en los Juegos Paralímpicos de Pekín (China), el 8 de septiembre de 2008. Los tiradores de SH1 pueden apoyar el peso de sus armas de tiro.

Mujeres: Im-Yeon Kim (Corea del Sur) obtuvo 399 puntos en Seúl (Corea del Sur), el 6 de julio de 2002.

Más participantes en unos Paralímpicos de verano

Los Juegos Paralímpicos de Londres 2012 convocaron a 4.200 atletas de 166 países, que competían en 503 eventos con medalla en 20 deportes diferentes. Entre ellos estaba la nadadora británica Ellie Simmonds, que registró el **menor tiempo en los 200 m estilos (SM6)**, el 3 de septiembre de 2012, con 3 min y 5,39 s, casi 9 s menos que su rival más cercana.

El país con más oros olímpicos consecutivos en una disciplina

Dos países han obtenido el oro de una disciplina olímpica en ocho Juegos de verano consecutivos. Entre 1984 y 2012, EE.UU. ha ganado la competición masculina de natación de relevos de 4 × 100 m estilos y Kenia, los 3.000 m con obstáculos.

El menor tiempo en correr descalzo 100 km

Wayne Botha (Nueva Zelanda) corrió 100 km en 11 h, 14 min y 3 s el 6 de octubre de 2012 en la 15th Annual Sri Chinmoy 24-Hour race en Auckland (Nueva Zelanda).

Más medallas de oro en tiro Olímpico (mujeres)

Kim Rhode (EE.UU.) ganó su tercera medalla de oro en la modalidad de tiro al plato el 29 de julio de 2012, en los Juegos Olímpicos de Londres. Al hacerlo, igualó la marca de **más medallas ganadas en tiro Olímpico (mujeres)**, con cinco entre 1996 y 2012, una hazaña conseguida por primera vez por Marina Logvinenko (Rusia), que ganó cinco medallas, incluyendo dos oros, entre 1988 y 1996.

Más puntos en arco compuesto individual femenino

El 11 de agosto de 2010, Danielle Brown (R.U.) obtuvo 697 puntos en Vichy (Francia), en la modalidad de arco compuesto individual femenino. En la categoría Open, en septiembre de 2012, Danielle defendió con éxito su medalla Paralímpica, batiendo en la final a su compañera de equipo, la británica Mel Clarke. En 2013, sus logros fueron reconocidos con un MBE por su desempeño en el tiro con arco. En su ciudad natal de Skipton (Yorkshire), la oficina postal cubrió un buzón con pintura dorada en su honor.

5
Personas de 17 años se han clasificado para el Campeonato Mundial.

El jugador de snooker más joven en clasificarse para el Campeonato Mundial WPBSA

Luca Brecel (Bélgica, n. el 8 de marzo de 1995) tenía 17 años y 38 días al clasificarse para el Campeonato Mundial 2012 de la World Professional Billiards and Snooker Association (WPBSA) en el Crucible Theatre de Sheffield (R.U.). Brecel batió el récord de Stephen Hendry *(ver a la izquierda)*, que era casi dos meses mayor al clasificarse para su debut en Crucible en 1986.

Más medallas ganadas en tiro Olímpico (hombres)

Carl Townsend Osburn (EE.UU.) obtuvo 11 medallas de tiro en los Juegos de 1912, 1920 y 1924. Su cómputo incluye cinco medallas de oro, cuatro de plata y dos de bronce.

La medallista de halterofilia más joven

Zulfiya Chinshanlo (Kazajistán, n. el 25 de julio de 1993) tenía 19 años y 4 días cuando ganó el oro en los Juegos Olímpicos de Londres 2012 en la categoría femenina de 53 kg *(ver abajo)*, con 95 kg en arrancada y 131 kg en dos tiempos, totalizando 226 kg, el 29 de julio. Chinshanlo, con 53,07 kg, levantó dos veces y media su propio peso.

EL MARATÓN DE DOBLES DE DARDOS MÁS LARGO

Dave Abbott *(foto)*, Gary Collins, Mark Collins y Stephen Morrison (todos de R.U.) jugaron a los dardos durante 38 h y 2 min en el Capel St. Mary Village Club, cerca de Ipswich, Suffolk (R.U.), los días 25 y 26 de mayo de 2012. El grupo obtuvo siete puntuaciones máximas de 180 en su maratoniana sesión.

Más puntos conseguidos en tiro con arco recurvado (ST)

Hombres: Timur Tuchinov (Rusia) obtuvo 659 puntos en Londres (R.U.), el 4 de mayo de 2012. Los tiradores en esta competición paralímpica están en la categoría de pie (ST), en contraposición a las categorías W1 y W2, en las que se compite sentado.
Mujeres: El récord femenino lo ostenta Fangxia Gao (China). Obtuvo 641 puntos en Guangzhou (China), el 13 de diciembre de 2010.

Más Copas Mundiales de kabaddi ganadas (hombres)

El kabaddi es un deporte de contacto, popular en el Sudeste Asiático, en el que dos equipos se turnan para enviar un *raider* al área contraria, que debe

Y QUE CONSTE...

La historia de los Juegos Olímpicos no se ha fraguado sólo en las competiciones. Londres 2012 también ha registrado el **coste más elevado**, 13.010 millones de dólares; el **mayor n.º de controles antidopaje**, 5.000; la **pinta de cerveza más cara** (11,20 dólares); las **medallas de oro más pesadas**, 412 g; la **primera vez que todos los países participantes envían atletas mujeres**; la **primera vez que atletas de ambos sexos compiten en todos los deportes** (26 deportes; 204 países); la **mayor audiencia global para unos Paralímpicos**, unos 4.000 millones de personas.

HILANDO FINO
El «programa corto» es la primera de dos partes en el patinaje artístico, y es la más técnica de las dos. El segundo programa se conoce como «programa libre».

La puntuación más alta en un programa corto de patinaje artístico (hombres)

El 13 de marzo, Patrick Chan (Canadá) obtuvo 98,37 puntos en el Campeonato del Mundo de patinaje artístico 2013, celebrado en London (Ontario, Canadá). Batió su propio récord de 93,02 puntos del 27 de abril de 2011.

capturar jugadores del equipo contrario y volver sin ser tumbado. El kabaddi se originó en India. Los equipos indios masculinos han ganado las tres Copas Mundiales desde su institución en 2010, hasta 2012.

Más competiciones de kabaddi ganadas en los Juegos Asiáticos (hombres)

El equipo indio masculino ha obtenido el mayor número de victorias en los Juegos Asiáticos: seis (1990, 1994, 1998, 2002, 2006 y 2010).

HITOS RECIENTES EN HALTEROFILIA				
Categoría	Peso	Nombre y nacionalidad	Fecha	Lugar
Hombres				
62 kg arrancada	153 kg	Kim Un Guk (Corea del Norte). Igualó el récord de 2002 de Shi Zhiyong (China)	30 jul 2012	Londres (R.U.)
62 kg total	327 kg	Kim Un Guk (Corea del Norte)	30 jul 2012	Londres (R.U.)
77 kg arrancada	175 kg	Lu Xiaojun (China)	1 ago 2012	Londres (R.U.)
77 kg total	379 kg	Lu Xiaojun (China)	1 ago 2012	Londres (R.U.)
94 kg en dos tiempos	233 kg	Ilya Ilyin (Kazajistán)	4 ago 2012	Londres (R.U.)
94 kg total	418 kg	Ilya Ilyin (Kazajistán)	4 ago 2012	Londres (R.U.)
Mujeres				
53 kg en dos tiempos	131 kg	Zulfiya Chinshanlo (Kazajistán)	29 jul 2012	Londres (R.U.)
+75 kg arrancada	151 kg	Tatiana Kashirina (Rusia)	5 ago 2012	Londres (R.U.)
+75 kg en dos tiempos	188 kg	Meng Suping (China)	9 nov 2012	Eilat (Israel)
+75 kg total	333 kg	Zhou Lulu (China)	5 ago 2012	Londres (R.U.)

Datos vigentes a 16 de mayo de 2013

Más peso levantado en la modalidad de halterofilia de 94 kg total (hombres)

Ilya Ilyin (Kazajistán) levantó 418 kg (233 kg en dos tiempos, 185 kg arrancada) en la categoría de 94 kg en Londres (R.U.), el 4 de agosto de 2012, con lo que retuvo el oro Olímpico. Con los 233 kg también logró el récord de **más peso levantado en la categoría de 94 kg en dos tiempos (hombres)**.

406
Kilos levantados por Ilya en Pekín (China) en 2008 para conseguir su primer oro olímpico.

PARA MÁS SUPERHOMBRES, VER LA PÁG. 102.

AGRADECIMIENTOS

Guinness World Records desea expresar su agradecimiento a las siguientes personas, empresas e instituciones por la ayuda prestada en la edición de este año:

Patrick Abrahart; Across the Pond (Julie, Rob, Aaron, Esther, Karen, Reese, James, Tom, Beki, Laura, Nicola); Carmen Maria Alfonzo Portillo; Asatsu-DK Inc. (Motonori Iwasaki, Shinsuke Sakuma, Keiichiro Misumi); Ash Inc.; James (Masha) Ashdown; Charlotte Atkins; Eric Atkins; Freya Atkins; Simon Atkins; Base79 (Richard, Lucy, Ashley, Jana, Jamie); Dr. George Beccaloni, Natural History Museum; Oliver Beatson; Clark Bernat, director (Niagara Falls Museums, Canadá); Bender Helper Impact (Mark Karges, Crystal McCoy, Eric Zuerndorfer, Jerry Griffin); Jack Bennetts; Anisa Bhatti; Christopher Bingham; Michelle A. Blackley, directora de comunicación (Niagara Tourism and Convention Corporation, EE.UU.); Blue Peter; Luke y Joseph Boatfield; Alfie Boulton-Fay; Chiara Bragato; Patrick Bragato; Donald J. Brightsmith; British Sumo Association (Steve Pateman); Bucks Consultants; Marcus Butler; C. Squared; Hayley Jane Campbell; Caroline Carr; Charlie Carter Steel; Rob Cave; CBBC (Joe, Cheryl, Kez); CCTV (Li Xing, Wang Qiao); Camille Chambers; Clara Chambers; Georgina Charles; Louise Chisholm; Finn Chisholm; Dr. Phibul Choompolpaisal; Scott Christie; The Chunichi Shimbun (Tadao Sawada); Dr. L. Stephen Coles, Gerontology Research Group; Mark Collins; Colo; Comic Relief; Paul Conneally, International Telecommunication Union; Connection Cars (Rob y Tracey Dunkerley); Juan Cornejo, PhD; Jeff Cowton, The Wordsworth Trust; Dra. Kate Crosby; Charlie Crowe; Fred Dahlinger, Jr.; Adam *Maldini* Davidson; Ceri Davies; Deft Productions (Sophie Davidson); Denmaur Independent Papers Limited (Julian Townsend); Heather Dennis; Alfie Deyes; Mildred Dimery; Discover Dogs; Emlyn Dodd; East London Gymnastics (Jamie Atkinson); Dave Eaton; Europroduzione/Veralia (Marco, Renato, Carlo); Amelia Ewen; Toby Ewen; Eyeworks Germany (Michael, Guido, Kaethe, Martin); Helen Fair, asistente de investigación (International Centre for Prison Studies); Benjamin Fall; Rebecca Fall; The Fells (Tim, Sue, Simon, Joanna, Becca); Daniel Fernandez; FJT Logistics Limited (Ray Harper, Gavin Hennessy); James Fleetham; Esteve Font Canadell; Formulation Inc. (Sakura, Marcus); Denice Fredriksson (The Vegetable Orchestra); Sarah Freiermuth, The Coral Reef Alliance; Sue Frith, Society of Ploughmen; Frontier International (Satoru Kanda); Justin Garvanovic, European Coaster Club; Arjun Gautam; Rhea Gautam; Yash-Raj Gautam; Jack Geary; Gerontology Research Group; Gerosa Group; Reece Gibbs; Ferran Gil; Damien Gildea; Prof. Stephen Gill; Mike Gilmore; Annabelle Ginger; Ryan y Brandon Greenwood; Victoria Grimsell; Markus Gusset, PhD, World Association of Zoos and Aquariums; Gym Media International (Eckhard Herholz); Christian Hamel; Hampshire Sports and Prestige Cars (Richard Johnston); Jamie Hannaford, National River Flow Archive, Centre for Ecology & Hydrology; Sophie Alexia Hannah Alfonzo; Harlem Globetrotters International, Inc. (Brett Meister); Ruby Hayes; Claire Haywood; Dr. Haze, Circus of Horrors; Bob Headland; Mark Heaton, Rapido3D; Matilda Heaton; High Noon Entertainment (Jim, Rachel, Stephen, Burt, Paul, Brent, Lauren); The Himalayan Database; Marsha Hoover; Hoovercat; Cheryl Howe; Oliver Howe; Colin Hughes; ICM (Michael y Greg); IMG (John, Alex, Anna, Lisa); Image Science & Analysis Laboratory, NASA Johnson Space Center; Integrated Colour Editions Europe (Roger Hawkins, Susie Hawkins, Clare Merryfield); Margaret Johnson, Nezahat Gökyiğit Botanic Garden (NGBG); Res Kahraman, FMG; Alex Keeler; Tony Kirkham, Royal Botanic Gardens, Kew; Granville Kirkup; Dan Koehl; Alan Küffer, Australian Bird & Bat Banding Scheme; Martina Lacey; Tom y Noodle Langridge; Orla Langton; Thea Langton; Frederick Horace Lazell; Deborah E. Legge, investigadora (Niagara Falls Museums, Canadá); Lion Television (Richard, Jeremy, Simon, Dougie, Sue, Patsy); London Gymnastics (Anne McNeill); London Pet Show; London Tattoo Convention; London Toy Fair; London Wonderground; Loose Women; Sean Macaulay; Ciara Mackey; Sarah y Martin Mackey; Theresa Mackey; Esperanza Magpantay, International Telecommunication Union; Mail Online (Steven Lawrence); Christian de Marliave; Missy Matilda; Dave McAleer; Trish Medalen; Miditech India (Nivedith, Niret); Scott Mills; Tamsin Mitchell; Suzanne Moase, conservadora (Niagara Falls Museums, Canadá); Florence Molloy; Harriet Molloy; Joshua Molloy; Sophie Molloy; Colin Monteath; Veronica Murrey, administradora (International Centre for Prison Studies); Stefano Musacchi, Università di Bologna; Prof. Susan Naquin, Princeton University; James Ng; The Nichols Clan (James, Jennifer, Jessica, Jack); Dr. Lukas Nickel; Zhu Ning (Cherry); NTV Europe (Miki Matsukawa y Chieko Otsuka); Official Charts Company; Phil Olsen; Roland J. Oosterbaan (www.waterlog.info); Robert Opie, The Museum of Brands, Packaging and Advertising; Consetta Parker (Rancho Obi Wan); Finlay Paterson; Louise Paterson; Andrew Peacock; Charlotte Peacock; David Peacock; Caitlin Penny; Katharina Pesch; Steve Pitron; Joseph Postman, National Clonal Germplasm Repository; Matt Poulton; Press Association (Cherry Wilson); John Pricci (HorseRaceInsider.com); Abigail Prime; Izzy Prime; Miriam Randall; Ross Rattray; Refine Group; Red Bull; John Reed, World Speed Sailing Records Council; Martyn Richards; Tom Richards; Jane Robertson, Hawk Conservancy Trust; Dan *Stork* Roddick, PhD, World Flying Disc Federation (WFDF); Florian Ruth; Prof. Walter H. Sakai; Nick Seston; Bill Sharp, Billabong XXL Global Big Wave Awards; sherpa Ang Tshering; Samantha Shutts (y todos los del Columbus Zoo); Lyle Spatz (Chairman, Baseball Records Committee, Society for American Baseball Research); Spectratek Technologies, Inc. (Terry Conway, Mike Foster); Glenn Speer; Bill Spindler; Jack Steel; Daisy Steel; Lily Steel; Chelsie Stegemiller; Ray Stevenson; Stora Enso Kabel; Joe Sugg; The Sun (Lee Price y David Lowe); Prof. Kathryn Sutherland; Lilah Simone Swalsky; Dale Swan, Anna Swan Museum, Creamery Square Heritage Centre; Prof. Peta Tait; Charlie Taylor; Daisy Taylor; Holly Taylor; This Morning; Spencer Thrower; TNR; truTV (Marc, Darren, Angel, Stephen, Simmy, Jim, Marissa); Prof. Diana Twede; Virgin (Philippa Russ); Virgin London Marathon (Nicola Okey, Tiffany Osbourne, Fran Ridler); Helmut Wahl; Charlie Wainwright; Muhammad Isa Waley (British Library); Roy Walmsley, World Prison Brief Director (International Centre for Prison Studies); Thom Walton; Richard Weigl; Susan Westermayer; centro comercial Westfield (Grace Charge, Denise Moore); Anna Wharton; Alex White; Oli White; Catherine Wieser, International Canoe Federation (ICF); Dr. Dave Williams, National Space Science Data Center (NSSDC); Emily Williams (así como a todos los miembros de la Lake Roosevelt High School, además de a Coulee Dam, Washington); Rhys Williams, British Horseracing Authority (BHA); Elizabeth Wilson, HarperCollins Publishers; Nick Wojek; Dra. Elizabeth Wood, Marine Conservation Society; Dra. Frances Wood (British Library); Lydia Wood; Patricia Wood; Worcestershire Farriery Services (Matt Burrows); Rueben George Wylie-Deacon; Tobias Hugh Wylie-Deacon; Xujing Cai; YouTube (Billy, Rosie); Zippy Productions (Mitsue Matsuoka); Zodiak Kids (Karen, Delphine, Gary); Zodiak Rights (Matthew, Barnaby, Andreas).

CRÉDITOS FOTOGRÁFICOS

1: Paul Michael Hughes/GWR **4:** Science Photo Library **7:** Robbie Reynolds; Mark Yeoman; Owen Billcliffe **8:** Franco Russo; Matt Crossick/PA; Matt Crossick/PA; Matt Crossick/PA **9:** Simon Jones; Ken McKay; Matt Crossick/PA **6 (EE.UU.):** Mathieu Young **7 (EE.UU.):** Scott Gries/AP; Lyn Hughes/GWR; Lyn Hughes/GWR **8 (EE.UU.):** Carol Kaelson; Cindy Ord/Getty Images **6 (Canadá):** James Ellerker/GWR; Michael G. Manoukian **7 (Canadá):** James Ellerker/GWR; James Ellerker/GWR **9 (Canadá):** Paul Michael Hughes/GWR **6:** Rob Lindblade **7 (Australia):** Joe Murphy; Joe Murphy; Hector Calara **8 (Australia):** Max Fleet/NewsMail **9 (Australia):** Otago Daily Times; Mark Metcalfe/Getty Images **10:** Paul Michael Hughes/GWR **11:** Mathieu Young; Gustavo Ferrari/GWR **12:** Toru Yamanaka/Getty Images **14:** Buckminster Fuller Institute; Getty Images; David Tipling **15:** Chris McGrath/Getty Images; Getty Images; Jimin Lai/Getty Images; Jacky Naegelen/Reuters **16:** Getty Images; Getty Images; Getty Images; Juan Barreto/Getty Images; Getty Images; Getty Images; Getty Images; Getty Images **17:** Getty Images; Getty Images; Science Photo Library; William Foley/Getty Images; Getty Images; Getty Images; Getty Images; Getty Images **18:** Alamy; Getty Images; Getty Images; Getty Images; Getty Images; Getty Images; Getty Images **19:** Getty Images; Arlan Naeg/Getty Images; Getty Images; Getty Images; Getty Images; Jacky Naegelen/Reuters; Getty Images **20:** Christina Dicken/News-Leader; Photoshot; AP/PA; Florin Iorganda/Reuters; Getty Images; NOAA; Getty Images; Getty Images; Getty Images **21:** Photoshot; SuperStock; Mario Tama/Getty Images; Michael Appleton/Getty Images; Getty Images; Getty Images; Getty Images; Getty Images; Getty Images **22:** Antony Njuguna/Reuters; Getty Images; Reuters; Alamy; Getty Images; Getty Images; Getty Images; Bryan y Cherry Alexander **23:** Corbis; Paul Chiasson/AP/PA; NASA; Getty Images; Montana State University; Getty Images; Getty Images; David Gubler **24:** James Ellerker/GWR **28:** Getty Images; Kevin Scott Ramos/GWR; Science Photo Library; NHPA/Photoshot; Getty Images; The Reptile Zoo; Robert Valentic/Nature PL; Getty Images; Getty Images; Bristow; Getty Images **29:** Getty Images; Chime Tsetan; Rex Features; Mark Conlin/Alamy; Ho New/Reuters; Blair Hedges/Penn State; Getty Images; Getty Images; Getty Images; Mario Lutz **30:** Lawrence Lawry/Science Photo Library; Alex Wild; Dave Pinson/Robert Harding; Jeff Rotman/NaturePL; Michael Dunning/Getty Images; Francesco Tomasinelli/Natural Visions; Getty Images; Vincent C. Chen; Getty Images; Andreas Viklund; Getty Images; Getty Images **31:** Ken Lucas/Ardea; NHPA/Photoshot; Mark Moffett/FLPA; Nick Gordon/Ardea; L. Kimsey y M. Ohl; Superstock; Dan Hershman; Getty Images; Getty Images; Getty Images **32:** Corbis; Science Photo Library; Corbis; Getty Images; Getty Images; Piotr Naskrecki/Getty Images; Getty Images; Maurizio Gigli; Geert-Jan Roebers/WNF; Brian V. Brown **33:** John Abbott/NaturePL; Claus Meyer/FLPA; Photoshot; Getty Images; Getty Images; PA; The Natural History Museum (Londres)/Natural History Museum; Renzo Mazzaro **34:** Gerard Lacz/Rex Features; Anup Shah/Getty Images; Jonathan Doster/Getty Images; Sulaiman Salikan; Getty Images; Fotolia; Getty Images; Getty Images; Getty Images **35:** Getty Images; Sergey Gorshkov/Corbis; I. Shpilenok/Still Pictures; Edwin Giesbers/NaturePL; Leon Werdinger/Alamy; Dave Watts/Alamy; Getty Images; Getty Images; Getty Images; Getty Images **36:** Alamy; Rex Features; Rex Features; Dr. Robert Mitchell; Getty Images; MBARI **37:** Elisa Gudrun/EHF; A & J Visage/Getty Images; Black Hills Institute; JAMSTEC; Australian Museum; Gaetan Borgonie/Universidad de Gante **38:** Roslan Rahman/Getty Images; Graham S. Jones/AP/PA; Getty Images; Justin Limoges; **39:** Getty Images; Justin Limoges; Joe Maierhauser; Alamy; Alamy; John MacDougall/Getty Images **40:** James Ellerker/GWR; Tom Gannam/AP/PA; Susan Sternberg; Getty Images; Getty Images; Daniel Munoz/Reuters; Ronald Grant **41:** Roy Van Der Vegt/Rex Features; Paul Michael Hughes/GWR; Andy Anderson/K9 Storm; Si Barber/Eyevine; Getty Images; Getty Images **42:** James Ellerker/GWR; Anita Maric/SWNS; Reuters; Ranald Mackechnie/GWR **43:** AA Rabbits; Ryan Schude/GWR; Getty Images; Rex Features **44:** Paul Michael Hughes/GWR **46:** Javier Pierini/GWR; Paul Michael Hughes/GWR **47:** Paul Michael Hughes/GWR; Paul Michael Hughes/GWR; Paul Michael Hughes/GWR **48:** Rob Fraser/GWR; Paul Michael Hughes/GWR; Getty Images; Getty Images; Getty Images; Getty Images **49:** Sanjib Ghosh/GWR; Paul Michael Hughes/GWR; Getty Images; Getty Images; Getty Images; Getty Images; Getty Images; Getty Images **50:** Ryan Schude/GWR; Ranald Mackechnie/GWR; Phil Robertson/GWR; John Wright/ GWR; Drew Gardner/GWR; Paul Michael Hughes/GWR; Drew Gardner/GWR **51:** Ranald Mackechnie/GWR; Ryan Schude/GWR; Paul Michael Hughes/GWR; Paul Michael Hughes/GWR; Drew Gardner/GWR; Ranald Mackechnie/GWR; Paul Michael Hughes/GWR **52:** Gustavo Ferrari/GWR; Kevin Scott Ramos/GWR; Neil Mackenzie; John Wright/GWR; **53:** Getty Images; Ryan Schude/ GWR; Tim Anderson/GWR **54:** Richard Bradbury/GWR; Paul Michael Hughes/GWR **55:** Paul Michael Hughes/GWR; Paul Michael Hughes/GWR; James Ellerker/GWR **56:** Rex Features; Wellcome Images; Photoshot; Sheng Li/Reuters **57:** Splash news; Gerard Julien/Getty Images; John Phillips/Getty Images **58:** Ettore Loi/Getty Images **59:** Richard Lautens/GetStock **60:** Memoriad; Caters; Memoriad; **61:** Jens Wolf/EPA; See Li/Corbis; Memoriad; Belfast Telegraph; **62:** Paul Michael Hughes/GWR; James Ellerker/GWR; Paul Michael Hughes/GWR **63:** Richard Bradbury/GWR; Sam Christmas/GWR; Paul Michael Hughes/GWR **64:** Jacek Bednarczyk/EPA; Tony McDaniel; Paul Michael Hughes/GWR **65:** Bogdan Cristel/Reuters; Derek Fett; WENN; Paul Michael Hughes/GWR; Getty Images; Getty Images; Getty Images **66:** AP/PA **67:** Brigitte Dusseau/Getty Images **68:** Red Bull; Red Bull; Getty Images; Andreas Rentz/Getty Images; Red Bull **69:** Red Bull; Red Bull; Getty Images; Red Bull; Robert W. Kelley/Getty Images; AFP **70:** Lorne Bridgman; Ho New/Reuters; NASA **71:** Seth Wenig/AP/PA; Seth Wenig/AP/PA; Seth Wenig/AP/PA; Getty Images; Getty Images **72:** Jean-Sebastien Evarard/Getty Images **73:** Don Emmert/Getty Images; Jean-Micel Andre/Getty Images; Getty Images; Getty Images **74:** Kenji Kondo/AP/PA; EPA; Prakash Mathema/Getty Images; Getty Images; Getty Images; Getty Images; Getty Images; Getty Images **75:** Michele Falzone/Getty Images; Paul Hara; AP/PA; Getty Images; Getty Images; Getty Images; Getty Images; Getty Images; Getty Images **76:** Antarctic ICE; Getty Images; Getty Images; Getty Images; Getty Images; Getty Images **77:** Richard Bradbury/GWR; TopFoto **78:** Getty Images; Getty Images; Getty Images; Getty Images **79:** Getty Images; Getty Images; Getty Images; Getty Images; Getty Images; NASA; NASA; Getty Images; Getty Images; Getty Images; Getty Images **80:** Paul Michael Hughes/GWR **82:** The British Library/Getty Images **83:** Bibliotheque Nationale de France; Getty Images **84:** Ranald Mackechnie/GWR **85:** David Munn/Getty Images; Paul Michael Hughes/GWR **86:** Paul Michael Hughes/GWR; Paul Michael Hughes/GWR; Paul Michael Hughes/GWR **87:** Paul Michael Hughes/GWR; Paul Michael Hughes/GWR; Paul Michael Hughes/GWR **89:** James Ellerker/GWR **90:** Richard Faverty/ Beckett Studios; Paul Michael Hughes/GWR; Il Mauri; Eric Evers **91:** Fabrini Crisci; Paul Michael Hughes/GWR **92:** Ryan Schude/GWR **94:** James Ellerker/GWR; Sam Christmas/GWR **95:** Sam Christmas/GWR; Silvie Lintimerov **96:** Richard Bradbury/GWR; Ranald Mackechnie/GWR; Mykel Nicolaou/GWR **97:** Richard Bradbury/GWR; Robin F. Pronk; Getty Images **99:** Charlie Mallon; Ranald Mackechnie/GWR **100:** Paul Michel Hughes/GWR; James Ellerker/GWR; Getty Images; Getty Images; 20th Century Fox; Sony Pictures; United Artists **101:** Kent Horner/WENN; Paul Michael Hughes/GWR; Emmanuel Aguirre/Getty Images; Ranald Mackechnie/GWR; Warner Brothers/Getty Images; Alamy; Sony Pictures; Columbia TriStar **102:** Paul Michael Hughes/GWR; Paul Michael Hughes/GWR; John Wright/GWR; Paul Michael Hughes/GWR **103:** Ranald Mackechnie/GWR; Paul Michael Hughes/GWR; Paul Michael Hughes/GWR; Vincent Thian/AP/PA; Paul Michael Hughes/GWR; **104:** Paul Michael Hughes/GWR; Paul Michael Hughes/GWR; Paul Michael Hughes/GWR **105:** Paul Michael Hughes/GWR; Ranald Mackechnie/GWR **106:** Subhash Sharma/GWR; Brendan Landy **107:** Frank Rumpenhorst/EPA; Sukree Sukplang/Reuters; Diane Bondareff/AP/PA; Paul Michael Hughes/GWR; Steve Niedorf; **108:** Kimberly Roberts; Brian Fick; Paul Michael Hughes/GWR; Getty Images; **109:** Sandy Huffaker/Eyevine; Jim Goodrich; Getty Images; Getty Images; Paul Michael Hughes/GWR **110:** Paul Michael Hughes/GWR; Paul Michael Hughes/GWR; Getty Images; Getty Images; Getty Images; Getty Images **111:** Paul Michael Hughes/GWR; Rex Features; Getty Images; Getty Images; Getty Images; Getty Images; Getty Images **112:** Sam Christmas/GWR; Paul Michael Hughes/GWR; Paul Michael Hughes/GWR; Sam Christmas/GWR; Getty Images; Getty Images; Getty Images; Getty Images **113:** Paul Michael Hughes/GWR; Paul Michael Hughes/GWR; Paul Michael Hughes/GWR; Getty Images; Getty Images; Getty Images **114:** Paul Michael Hughes/GWR; Richard Bradbury/GWR; Paul Michael Hughes/GWR; Getty Images; Getty Images; Getty Images; Getty Images; Getty Images **115:** Paul Michael Hughes/GWR; David Livingston/Getty Images; Paul Michael Hughes/GWR; Getty Images; Getty Images; Getty Images; Getty Images **117:** Jewel Samad/Getty Images **118:** Paul Michael Hughes/GWR **120:** Getty Images; Roberto Schmidt/Getty Images; Daniel Berehulak/Getty Images; Getty Images; Getty Images; Getty Images; Getty Images; Getty Images **121:** Mario Tama/Getty Images; William Andrew/Getty Images; Getty Images; Getty Images; Getty Images; Getty Images; Getty Images; Getty Images; Getty Images **122:** Francois Durand/Getty Images; Marcelo A. Salinas/Getty Images; Getty Images; Alamy; Getty Images; Getty Images; Getty Images; **123:** Arnd Wiegmann/Reuters; Richard Levine/Alamy; Mladen Antonov/Getty Images; Darren McCollester/Getty Images; Rex Features; Getty Images **124:** Lou Bustamante/Profiles in History; Getty Images; Christie's; Getty Images **125:** Comic Connect; Alex Coppel/Rex Features; EuroPics; Louisa Gouliamaki/Getty Images; SCP Auctions; Getty Images; Getty Images **126:** Daniel Acker/Getty Images; Stu Stretton **127:** Eddy Risch; NASA; BNPS **128:** Getty Images; Michael Caulfield/Getty Image; Getty Images; Getty Images **129:** Getty Images; Getty Images; Getty Images; Getty Images; Getty Images; Getty Images **130:** PA; Shaun Curry/Getty Images **131:** Stan Honda/Getty Images; Anne Christine Poujoulat/Getty Images; Erin Lubin/Getty Images; Dan Callister/Getty Images; Graham Hughes/PA **132:** Corbis; Sophie Elbaz/Corbis; Lucy Nicholson/Reuters; Getty Images **133:** Doug Houghton/Alamy; Damian Dovarganes/AP/PA; Lea Suzuki/Corbis; Jon Super/PA **134:** PA; James Ellerker/GWR; Alamy; Getty Images; Tim Scrivener; Tim Scrivener/Rex Features **135:** Getty Images; SuperStock; Getty Images; Eric

GUARDAS

Delanteras, de izquierda a derecha

Fila 1: La mayor clase de eficiencia energética; más huevos cascados con una mano en una hora; el té con más gente; el maratón de barbacoas más largo; la mayor batalla de serpentinas; el presidente más longevo de un club de golf; el mayor mosaico con balones de fútbol.

Fila 2: El bizcocho más largo; más tapones de botellas sacados con la cabeza en un minuto; el mayor rizo doble en un coche; el caballito más veloz con una motocicleta sobre hielo; el mayor baile de samba; más rapidez en pegar una persona a una pared con papel adhesivo; World Record Project de Jesse Hoagland.

Fila 3: El mayor desfile de bikinis; la mayor pintura hecha con huellas; la mayor velocidad alcanzada en los 100 m sobre zancos con muelles; la mayor ración de puré de patatas; la mayor cantidad de bálsamo para labios; el mayor número de ruedas de queso parmesano aplastadas a la vez.

Fila 4: El maratón más largo jugando al baloncesto en silla de ruedas; la mayor colección de abrebotellas; más rotaciones individuales de palos haciendo malabares tumbado (cuatro palos); más jugadores en un partido amistoso de fútbol a cinco; el primer «1080» sobre un monopatín; el atleta más joven de X Games; la mayor colección de rompecabezas.

Fila 5: La polenta más grande; la mayor velocidad obtenida al empujar un cochecito a lo largo de 10 km; la clase de magia más numerosa; más coches lavados en una hora (en varios sitios); el mayor pastel de calabaza; la mayor bandera en paracaidismo acrobático; el mayor nudo del diablo.

Traseras, de izquierda a derecha

Fila 1: El mayor tee de golf; la mayor limpieza submarina; el mayor estofado de carne; la mayor galleta rellena de nata; la fila de calcetines más larga; el medio maratón más rápido a campo a través empujando un cochecito; más saltos en un minuto; la mayor colección de recuerdos de Chevrolet.

Fila 2: El mayor número de competiciones Lego® Ninjago spinner en 24 horas (varios sitios); la mayor clase de cocina; la mayor comida com dim sum; la mayor sonrisa humana; la mayor cantidad de castillos de arena construidos en una hora; el mayor número de gente desaparecida en un truco de ilusionismo; la mayor cantidad de chiles troceados en 30 segundos.

Fila 3: La mayor cantidad de tapones de botellas sacados con la cabeza en un minuto; la mayor concentración de gente echando un pulso; la ciruela más pesada; el mayor mosaico de lentejuelas; el mayor desfile de bikinis; el beso más largo; el mayor número de magos en un espectáculo de magia.

Fila 4: La mayor concentración de gente disfrazada de vaca; el mayor trozo de natillas; el ladrido más potente; más cliffhangers en BMX (con un pie en el manillar) en un minuto; más tiempo en posición de tabla; más distancia driblando una pelota de hockey.

Fila 5: El repollo más pesado; la mayor exposición de candelabros de siete brazos encendidos; la mayor concentración de gente disfrazada de personajes de Star Trek; la mayor estrella humana; la mayor colección de juegos de magia; el mayor mezclador de alta velocidad; la tirolina más larga.

7.346
Número de libros del *Guinness World Records* que harían falta para igualar el peso de los dinosaurios carnívoros más grandes.

ÚLTIMA HORA

1.285
Kilos de chocolate se emplearon en esta escultura.

El vehículo más rápido propulsado con café

El 19 de febrero de 2013, en Stockport (Manchester, R.U.), Martin Bacon (R.U.) construyó y condujo un coche propulsado con granos de café que alcanzó una velocidad media de 105,45 km/h. El evento lo apoyó Co-op, cadena de supermercados que celebraba su 10.º aniversario vendiendo café.

El primero en fotografiar todas las especies de ave del paraíso

Las 39 especies reconocidas de ave del paraíso fueron fotografiadas por el doctor Tim Laman (Japón) durante una búsqueda que duró ocho años. El 23 de octubre de 2012, se publicó el libro *Birds of Paradise: Revealing the World's Most Extraordinary Birds*, con todas esas fotografías.

La mayor pompa de jabón flotando (en interior)

El 11 de enero de 2013, SamSam BubbleMan, también conocido como Sam Heath (R.U.), hizo volar una pompa de jabón con un volumen de 3,3 m³ en la Hinde Street Methodist Church de Londres (R.U.), para el programa de la BBC *Officially Amazing*.

La sopa de letras más grande

Mel Crow (EE.UU.) empleó casi 51.000 letras dispuestas en 204 columnas y 250 filas para formar más de 5.500 palabras y frases en una sopa de letras que fue presentada en forma

La escultura de chocolate más grande

Andrew Farrugia (Malta) modeló un tren de chocolate de 34,05 m de largo. La escultura representaba una antigua locomotora de vapor en un extremo y un aparato de estilo más moderno en el otro, así como vagones individuales. El expreso comestible fue presentado en la estación de Bruselas Sur (Bélgica), el 19 de noviembre de 2012.

de póster de 3 × 4,7 m en el campus del Eagle Gate College, en Utah (EE.UU.), el 18 de enero de 2013. La lista de términos y frases a encontrar incluía nombres de actores famosos, así como 200 palabras secretas adicionales. Tate Publishing & Enterprises permite su descarga a través de tinyurl.com/melcrow.

El gato doméstico más largo de todos los tiempos

Mymains Stewart Gilligan, también conocido como *Stewie*, era un Maine Coon que medía 123 cm de largo. Desde el 28 de agosto de 2010 ya ostentaba el récord de **gato (doméstico) más largo**, mientras que en 2013 se certificó que era el más largo de todos los tiempos. Por desgracia, fuimos informados de que *Stewie*, propiedad de Robin Hendrickson y Erik Brandsness (EE.UU.), murió en enero de 2013.

Las cien carreras más rápidas en críquet profesional

El 23 de abril de 2013, Chris Gayle (Jamaica) logró cien carreras con sólo 30 bolas en Bangalore (India) con los Royal Challengers contra los Pune Warriors en un partido de la Indian Premier League. Con su demoledor bateo, Gayle evitó el out en 175 ocasiones, logrando 13 fours y 17 sixes. Tras 20 overs, los locales consiguieron un 263 a 5 y ganaron el partido por 130 carreras.

La mayor ola surfeada (surf de remo)

El 21 de diciembre de 2012, Shawn Dollar (EE.UU.) surfeó una ola que medía 18,5 m desde el valle hasta su cresta en Cortes Bank, un arrecife situado 166 km al oeste de San Diego (EE.UU.). Su hazaña fue confirmada en mayo de 2013 por el comité del Billabong XXL Global Big Wave Awards, que le otorgó el Pacifico Paddle Award y el título de XXL Biggest Wave, además de un premio en metálico de 30.000 dólares.

El golfista más joven del circuito europeo de la PGA

El adolescente chino Ye Wo-cheng (n. el 2 de septiembre de 2000) tenía 12 años y 242 días cuando jugó el Volvo China Open en el Binhai Lake Golf Club (China), el 2 de mayo de 2013.

El mayor número de singles Top 10 en un mismo álbum

El 27 de abril de 2013, después de que «I Need Your Love», canción interpretada por Ellie Goulding, alcanzara el n.º 7, Calvin Harris (R.U.) consiguió que ocho temas de su álbum de 2012 *18 Months* entraran en el Top 10 de grandes éxitos,

El beso más largo

Ekkachai y Laksana Tiranarat (ambos de Tailandia) unieron sus labios durante unas increíbles 58 h, 35 min y 58 s, en Pattaya (Tailandia), entre el 12 y el 14 de febrero de 2013. Con este beso superlativo del día de San Valentín en una competición, la pareja ganó 100.000 baht (3.380 dólares) en efectivo y dos anillos de diamantes.

El zapato más grande

El 12 de abril de 2013, Electric sekki (Hong Kong) confeccionó un zapato de 6,4 m de largo, 2,39 m de ancho y 1,65 m de alto. El zapato lo realizaron en Hong Kong (China) Peter Solomon y Amiee Squires-Wills, de Electric sekki, quienes recibieron su certificado de manos del juez Charlie Wharton *(izquierda)*. A la derecha, aparece el fabricante de zapatos Marco Boglione, de Superga.

ZAPATO ESPECTACULAR
Este zapato de gran tamaño fue exhibido en el centro comercial Harbour City de Hong Kong (China), entre el 12 de abril y el 12 de mayo de 2013.

Más premios Laurence Olivier obtenidos

El curioso incidente del perro a medianoche, adaptación de Simon Stephens de la novela del mismo título de Mark Haddon (ambos de R.U.), igualó los siete premios Olivier conseguidos por *Matilda the Musical* (ver pág. 115) el 29 de abril de 2013, entre los que destacan los correspondientes a Mejor Obra Nueva, Mejor Actor y Mejor Director.

algo sin precedentes. Entre los éxitos del álbum había dos números 1 en el R.U.: «We Found Love», con Rihanna, y «Sweet Nothing», con Florence Welch, de Florence + the Machine. Michael Jackson (EE.UU.) era el anterior poseedor del récord, cuando colocó siete temas de sus álbumes *Bad* (1987) y *Dangerous* (1991) en el Top 10.

La mayor peregrinación ininterrumpida

Arthur Blessitt (EE.UU.) lleva caminando desde el 25 de diciembre de 1969 y afirma haber realizado la mayor peregrinación alrededor del mundo. A 24 de abril de 2013 había recorrido 64.752 km predicando la Biblia,

visitando los siete continentes, la Antártida incluida, y pasando por 321 países, archipiélagos y territorios diversos cargando con una cruz de madera de 3,7 m de altura.

Menos tiempo en escribir un mensaje de texto (SMS) en un teléfono móvil con pantalla táctil

El 24 de abril de 2013, Mark Encarnación (EE.UU.) escribió un mensaje de texto de 160 caracteres (SMS) con un teléfono móvil de pantalla táctil en 20,53 s. Ocurrió en Redmond (Washington, EE.UU.), frente a las instalaciones de Microsoft Studios.

La obra de un artista vivo más cara vendida en una subasta

La pintura *Domplatz, Mailand* (1968) de Gerhard Richter (Alemania) se vendió por 37,1 millones de dólares el 15 de mayo de 2013 en la sala Christie's de Nueva York (EE.UU.), siendo adquirida por Don Bryant, fundador de la Napa Valley's Bryant Family Vineyard. La obra más cara hasta entonces, *Benefits Supervisor Sleeping* (1995), del artista británico Lucian Freud, se había vendido por 33,64 millones de dólares el 13 de mayo de 2008.

Más ollies en skateboard en un minuto

Gabriel Peña (EE.UU.) realizó 72 ollies en un minuto en Houston, Texas (EE.UU.), el 7 de abril de 2013. Tienes más información sobre los ollies –quién los inventó, qué son y qué récords se han batido con ellos– en la pág. 108.

DATO:
Desde 2012, *Morgan* es la tercera perra que ostenta el récord. Se yergue sobre la mayoría de perros –incluyendo a su amigo *Terrier* de la foto– y de la anterior titular del récord, *Bella* (ver pág. 40), que supera en 3,22 cm.

La perra más alta viva

Morgan es una gran danés propiedad de Dave y Cathy Payne, de Strathroy-Caradoc, Ontario (Canadá). Según se constató el 9 de enero de 2013, mide 98,15 cm de altura desde el suelo hasta sus hombros. Esta cariñosa giganta de 90,7 kg y cuatro años de edad come al día siete tazas de alimento seco (pienso) y dos de alimento húmedo.

Más tarjetas de visita recogidas en 24 horas

James Fleetham, de C Squared (R.U.), recogió un total de 402 tarjetas de visita en el The Festival of Media Global 2013 de Montreux (Suiza), los días 29 y 30 de abril de 2013. De acuerdo con las directrices, James tuvo que tratar personalmente con cada uno de los titulares de las tarjetas, bajo la atenta mirada de un juez.

El mayor espectáculo de fuegos artificiales

El 10 de noviembre de 2012, Kuwait celebró el 50.º aniversario de la ratificación de su constitución con una gran explosión –77.282 para ser exactos– de fuegos artificiales. El evento, que tuvo lugar en Kuwait City, comenzó a las 20:00, duró 64 min e incluyó un espectáculo de luz y sonido.

5
Kilómetros de costa se ocuparon para el lanzamiento de los fuegos artificiales.